中华传世藏书

【图文珍藏版】

中华名人百传

王书利⊙主编

线装书局

目 录

文坛巨擘

奇才名女

中华名人百传

文坛巨擘

王书利⊙主编

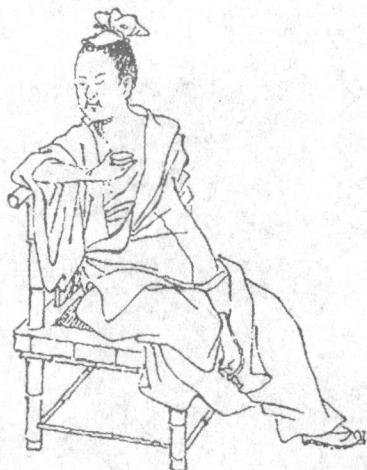

导　读

　　文学是表述人类情感的工具,文学家们正是通过简单的文字,给世人留下了无数的鸿篇巨著,让人们充分领略了文学的无穷魅力。翻开本书,你可以发现,其实每位文学家的生活历程、成才之路本身就是一部极佳的、罕有的作品。

　　中国,这个古老而又充满活力的国度。她那辉煌灿烂的古代文学,在世界文学中,有着举足轻重的地位。她的文学创作起源早,而且一直遥遥领先世界,其他国家从来没有能超越她这成就,甚至模仿不了。

　　现在的我们,都会很自然把很多东西与西方欧美做比较。其实,在中国古代时候,其经济、文化、政治各方面的辉煌成就,与同时期的他们是根本没有什么可比性。差距太大了,不是一两百年问题,一般是一两千年,至少也有六七百年,他们太落后了。现在他们有些方面,最多也就领先我们三四十年。很多方面我们已经赶上来了,单从中国古代文学发展的历史来看,就不难看出,历来我们这个古老的国度,都在扮演着一个伟大的巨人形象。

　　本卷《文坛巨擘》向读者展示了中国辉煌的五六千年文学史,通过读一位位伟大的文学大师的个人传记,让我们骄傲,也让我们有底气、有自信向世界高喊:为伟大的中华民族复兴而奋斗!

千古诗圣

——杜甫

名人档案

杜甫: 字子美,自号少陵野老,汉族,河南巩县(今河南巩义市)人。世称杜工部、杜拾遗,盛唐时期伟大的现实主义诗人。他忧国忧民,人格高尚,一生写诗1400多首,诗艺精湛,被后世尊称为"诗圣"。

生卒时间: 712~770年。

安葬之地: 洛阳市东约23公里的偃师县杜楼村北。

性格特点: 忧国忧民,人格高尚。杜甫虽然是个现实主义诗人,但是他也有狂放不羁的一面。性格"褊躁傲诞",自视清高。

历史功过: 杜甫生活在唐朝由盛转衰的历史时期,其诗多涉笔社会动荡、政治黑暗、人民疾苦,他的诗反应当时社会矛盾和人民疾苦,因而被誉为"诗史"后人尊称他为"诗圣"。杜甫忧国忧民,人格高尚,诗艺精湛。杜甫一生写诗一千四百多首,其中很多是传颂千古的名篇,比如"三吏"和"三别",并有《杜工部集》传世;其中"三吏"为《石壕吏》《新安吏》和《潼关吏》,"三别"为《新婚别》《无家别》和《垂老别》。杜甫的诗篇流传数量是唐诗里最多最广泛的,是唐代最杰出的诗人之一,对后世影响深远。

名家评点: 杜甫被后世尊称为"诗圣",与李白并称为"李杜",是中国文学史上伟大的现实主义诗人。

笔架山下

嵩山山脉绵延起伏,横亘中州大地。由闻名遐迩的"中岳"往西,连绵数百里,一路奇峰秀峦,延伸到河南巩县境内。这里有一座造型奇特的山,三峰并峙呈"山"字形,远远望去,犹如一只巨型的笔架,当地人名之曰笔架山。此山为黄土质,山势陡峭,壁如刀削,俯仰之间不见寸草。山下有一村叫瑶湾村,村民在山下凿壁为窑,世世代代居住在里面。

也许是造物主有意的安排，以如椽巨笔挥写一代历史的诗人杜甫，就诞生在笔架山左起第一峰下的一孔窑洞里。

杜甫，字子美，唐玄宗先天元年（712年）出生在一个世代"奉儒守官"的家庭里，其十三世祖杜预，是西晋著名将领。他英勇善战，人称"杜武库"；又谋略深广，曾在某次对东吴作战时"以计代战一当万"。他既通天算、工程，又通经济、法律，还精通《左传》，是一位出色的历史学家。杜预本是京兆杜陵（陕西西安东南）人，其少子杜耽为晋凉州（甘肃武威）刺史。杜耽的孙子杜逊于东晋初年迁到襄阳，任魏兴（陕西安康西北）太守。杜逊就是襄阳杜氏的始祖，所以《旧唐书·文苑本传》里说杜甫"本襄阳人"。杜逊的孙子杜乾光为齐司徒右长史，乾光子杜渐为梁边城太守，杜渐子杜叔毗为北周硖州（湖北宜昌西北）刺史，叔毗子杜鱼石为隋获嘉（治所在河南境内）县令。鱼石子杜依艺为巩县令，举家迁往巩县，成为襄阳杜氏的支脉。依艺子杜审言是武后时代著名诗人，曾官拜膳部贞外郎。少年时代与李峤、崔融、苏味道并称"文章四友"。及长诗名颇显，与沈佺期、宋之问齐名，在近体诗的形式上做出了很多贡献。杜审言的长子杜闲，就是杜甫的父亲，曾任兖州（山东济宁）司马，奉先（陕西乾县）县令。

出生在这种家庭，杜甫是颇感自豪的。他在给他二姑妈写的墓志里，不无炫耀地说："远自周室，迄于圣代，传之以仁义礼智信，列之以公侯伯子男。"在写给唐玄宗的《进雕赋表》里也一再申说其家"自先君恕、预以降，奉儒守官，未坠素业矣"。

到了杜甫降生时，杜甫的家庭也仍然是被乡亲们艳羡的大户人家，每逢婚娶丧葬照旧很热闹，但他们家庭的气象，终究没有了往日的恢宏而江河日下了。

公元712年的某一天，瑶湾村杜闲家的一孔清冷的窑洞里，传出了一声婴儿的长啼，一个新的生命诞生了。这响亮的啼哭仿佛预示了我们的传主一生的哀愁惨苦，随着这声长啼，多舛的命运就像精灵一样，紧紧地附在杜甫的身上。

已过而立之年的杜闲，在功业上却无甚建树，微薄的俸禄，支撑一个大家庭已是时常捉襟见肘（此时杜审言已卒，杜闲为长子，要供养整个家庭），现在又增加了吃饭的人口。然而初为人父总是人生一大幸事。而当幸运之神降临之时，厄运的魔鬼也闯进了家门。妻子崔氏在生下第一个儿子之后，还没有来得及看上亲爱的儿子一眼就撒手人寰与世长辞了。

无奈，杜闲只有把襁褓中的杜甫送到了洛阳建春门内仁风里二姑妈家里，因为二姑妈家里有一个比杜甫大不了多少的表兄。

二姑妈是一个大仁大义的人。她笃信佛教，泛施爱心，她对过早失去母亲的侄子，倾注了全部的母爱，达到了一般人难以想象的程度。

有一年流行瘟疫，杜甫与表兄同时染病，巫婆来了，告诉姑妈说，睡在堂前柱子东南角那张床上的，可以平安无事。姑妈听了，赶忙给两个孩子换了床，让杜甫睡在巫婆认为安全的地方。在这世界上，有什么样的感情能超越母子之情呢？可是姑妈有比一般母亲更为宽广的胸襟，具有一般人所难以理解得更为广博的爱。

在姑妈的精心呵护下，杜甫从死神之手中挣脱出来，一天天地好转。而表兄病势一天比一天沉重，终于夭折了。

后来说起二姑妈，杜甫总是感慨不已。每当他把这动人的故事说给朋友听时，朋友

们都为之动容,情不自禁地流下热泪。

二姑妈还是杜甫人生旅程上的第一个教师。在二姑妈的教导下,杜甫学到了很多知识,像《诗经》《尚书》等儒家的经典著作的学习,就是从二姑妈那里启蒙的。更为重要的是,二姑妈的侠义、慷慨、博爱等高尚品操,潜移默化地影响了杜甫。这为杜甫后来成为人民的诗人、时代的歌手打下了坚实的基础。

开元五年(717年)6岁的杜甫跟随家人来到了河南郾城。在县城的大街上,杜甫有幸观赏到了当时著名艺人公孙大娘表演的剑器、浑脱舞。在人山人海之中,公孙大娘身着戎装,精神抖擞,双剑舞动如同翻江倒海,又如雷霆轰鸣,惊得周围的观众个个目瞪口呆。这种紧张、精彩、壮观的场面,连当时的著名书法家张旭看了都受到了很深的感染从而使其书艺大进。六岁的杜甫虽说对此不可能有深刻的理解,但当时的热烈宏阔的场面,公孙大娘的风采,杜甫是铭记在心了,所以五十年后在夔州看到公孙大娘的弟子表演剑器舞时,还勾起了孩提时代的美好回忆,写下了《观公孙大娘弟子舞剑器行》。

杜甫早慧,年幼时就表现出敏捷的才思,后来,他在《壮游》一诗中说自己"七龄思即壮,开口咏凤凰。九龄书大字,有作成一囊"。在他十四五岁的时候,就已活跃于当时文坛。"出游翰墨场"深受前辈们的喜爱。连当时著名的文学家、书法家李邕以及以那首《凉州词》闻名天下的王翰都愿意与他结交,也为当时文坛名宿崔尚,魏启心所赏识,不无夸张地把他比作汉代的班固和扬雄。

然而,此时杜甫的童心尚未泯灭。金秋时节,庭园里硕果累累,缀满枝头。金黄色的梨子、紫红色的脆枣掩映在翠绿之中。清风徐来,诱人的清香断断续续送至鼻端。此时此刻,怎么能在书房里坐得住呢?忽而爬到梨树上,忽而跪到枣树下,健壮活泼,简直像头小牛犊儿。(《百忧集行》)

开元十二年(724年)十一月,唐玄宗率领朝廷文武百官皇亲国戚来到洛阳,一时洛阳成了全国政治、文化的中心。杜甫在洛阳得贤达之士的引荐,时常出入于音乐爱好者岐王李范和玄宗的宠臣崔涤的府邸,在那里能听到当时著名歌唱家李龟年的美妙歌声。这歌声同公孙大娘的剑器舞一样,沟通了他的艺术感觉,对他的诗歌创作产生了积极的影响。40多年后,杜甫在潭州(长沙)又遇到了李龟年,写下了这样四句诗:

岐王宅里寻常见,崔九堂前几度闻。

正是江南好风景,落花时节又逢君。

——《江南逢李龟年》

据《明皇杂录》载,安史之乱后,李龟年流落江南,为人歌唱佐酒,沦为街头艺人。他那哀怨凄婉的歌声,人们听了无不下泪。此时此地杜甫再遇李龟年,却别有一番滋味在心头。国破家亡,离乱人生,诗人已不能醉心于音乐的审美享受了。

开元十九年(公元731年),即在20岁的时候,杜甫走出了书斋,开始了长达十年的漫游生活。

也许是唐代的时尚,学子们在书斋里学习了书本知识之后,在科考或求仕之前,总是要离家远游一番。之所以这样做,无非是做一些自我宣传,结识一些有权势、有地位、有名望的人物,以便在科考或求仕时,得到他们的举荐。当然其中也不乏怀有奇情逸志之士,全没有功利主义的念头,只是想饱览一下祖国的名山大川,于山高云深之处,飞泉流

瀑之间访仙问道。但无论是哪一种人,他们在游历的过程中,都必然地领略了途径之地的山川风光,了解了那里的自然环境和人文习俗,接触到了人民的生活,因而他们也都不同程度地开阔了视野,写出了一些较好的作品。

这时的唐帝国正是史称"开元盛世"的时代。从开元初年到天宝初年(713 年~742 年)这 30 多年是李氏王朝的鼎盛时期。粮食丰收,仓廪充实;商业、手工业也很发达,经济十分繁荣。社会秩序稳定,治安良好,路不拾遗,夜不闭户。此时正是"远行不劳吉日出"的好时候。而当时的交通事业也很发达,陆路四通八达,馆驿林立;水路纵横交错,京杭大运河纵贯大半个中国。从洛阳登舟便可直抵江南。杜甫第一次漫游就是由洛阳乘船,沿京杭大运河,经淮阴、历扬州,过长江而抵江南的。

杜甫第一次漫游,之所以选择了江南,不外这样两个原因。杜甫从小生长在北方,生活在洛阳文化的氛围里。在他学习的诗中,除了其家诗——祖父杜审言的诗外,主要是六朝时谢灵运、谢朓、阴铿、何逊、鲍照、庾信等人的诗作。从"孰知二谢将能事,颇学阴何苦用心""庾傍文章老更成,凌云健笔意纵横"等诗句中,我们就足以看出杜甫对他们的尊崇。此番下江南,就是要重践先贤们的游踪,寻觅历史遗迹,观赏这些文人骚客所歌咏过的山山水水。此外,杜甫在江南还有一些亲戚。他的四叔杜登,在武康(浙江湖州)任县尉,还有一个姑夫,叫贺扬,任常熟县尉,另外还有一些远亲。杜甫来到江南,一则是探望亲戚,二则也可以得到他们的接济。

在姑苏(今苏州),杜甫游览了虎丘。据史书记载,春秋时代,吴王阖闾为了给自己营造陵墓,动用数万工役,从临湖口取土在苏州西北堆成一座土山,置一白虎雄踞其上,故曰虎丘。诗人在虎丘凭吊了吴王阖闾的坟冢。当年阖闾刺杀吴王僚而自立,曾灭亡徐国,打败过强盛的楚国并一度占领了楚国的郢都,是何等了得的英雄,而眼前的坟墓却是破败荒凉。吴王阖闾当年的铸剑池,虽历尽沧桑却风光依旧。数丈峭壁之下,莹莹一池,红日相映,波光灿然。走出郁郁苍苍的虎丘林,穿过姑苏城,来到当年吴王阖闾的狩猎场——长州苑。苑内地势开阔,水陆相接。时值菡萏怒放,池碧花红,清香四溢。出姑苏西门,又拜谒了建于东汉永兴二年(106 年)的太伯庙。庙内供奉的这位周太伯是周代原始领袖古公亶父的长子。他的三弟(即王季历)有贤德,而且有圣子昌(即后来的周文王),古公亶父欲立季历为王,但又不能废长立幼。太伯为了让贤,偕其二弟仲雍奔蛮荆之地,断发文身,以示其不可用。时移世异,人事代谢,诗人抚今追昔,感慨良多。

诗人又来到回塘。塘面宽阔,水汽氤氲。嵯峨的门楼倒映水中。远远望去,烟波浩渺。看到这些,诗人不由得生出东游扶桑的念头,想去看看东瀛究竟是个什么样子。遗憾的是诗人并没有成行,不然的话,在中日文化交流史上,这将是灿烂的一页。

离开姑苏南下,过钱塘江,登西陵(萧山区西)古驿台,在会稽山回味了越王勾践的史迹,履践了秦始皇的行踪。五月里,杜甫来到绍兴西南的鉴湖。鉴湖又称镜湖,传说黄帝曾在这里造镜,故得名。所谓鉴湖,取其水面平静,光可鉴人之意。鉴湖湖面宽广,东接曹娥江,与湖汐相通。这里的景致曾引发了著名诗人李白的向往与难耐的渴求,以致在梦中"一夜飞渡镜湖月"。鉴湖地属古越国,是出美女的地方。美貌绝伦的西施就出生在这里。

溯曹娥江而上,来到浙江嵊县南的剡(shan)溪,这里也是李白曾梦游神追的地方。

这时杜甫离家已经四年了。为了参加开元二十三年(735年)的进士考试,他必须返回故乡。因此他浮光掠影地游览了天姥山之后,便匆匆北还了。

杜甫这次漫游,还曾在江宁(今南京)短暂逗留过。在江宁,六朝时声名显赫的王导、谢安家族已成过眼云烟,给他留下深刻印象的是瓦棺寺里的顾恺之的维摩诘壁画。瓦棺寺始建于东晋兴宁二年(364年),据张彦远《名画记》载,东晋顾恺之(字长康,小字虎头)为瓦棺寺绘维摩诘像,绘事毕,竟轰动全城,其画光彩耀目,观者无数,寺庙因此而获益。杜甫看到这幅画时,已时隔二百七十年了,但它仍如磁石一般紧紧地吸引了杜甫,他如饥似渴地观赏完画作之后,又从江宁人许八那里索要了画像图样。23年后,杜甫在长安送许八归江宁时,还一再提起这件事。

唐代的科举考试,基本上是因袭隋代的旧制。考生大体有三类:一是在学馆里读书,然后由学馆举荐的"生徒";一是由乡里保荐,经州县遴选然后直接参加科考的"乡贡";一是由皇帝钦点的叫"制举"。杜甫因出身于官宦人家,享有一定的特权,不必从学馆做起,但他必须回到故乡,经过乡、县的举荐,以"乡贡"的名义参加科考。

唐代科考,除进士,明经二科仍因隋制外,又增设明法、明字、明算诸科,而以进士、明经为主。进士科重文辞,以考诗赋为主,此时也考时务策等;明经科则重经术。无论参加哪一科的考试,考生统叫"举人"(这里举人的概念与后世不同)。自高宗、武则天以来,进士科最为社会所重。参加进士科考试,是走上仕途的重要途径。考场一般设在京都,由于开元二十一年雨水太多,谷物歉收,唐玄宗在第二年便行幸洛阳,在洛阳一直住到开元二十四年十月,所以开元二十三年的科考是在洛阳福唐观举行的。进士考试由吏部考功员外郎主持,后来改由礼部侍郎主持,考官叫作"知贡举"。举子们在考前在京城里一般要向达官显宦或社会名流献上自己的作品,这叫作"温卷",然后由于他们推荐和奖掖,才有及第的希望。然而当时才高性傲的杜甫并没有买他们的账,考功员外郎孙狄又是个不辨良莠的庸才,结果,文章似班、扬的杜甫居然落第。此次科考,举子两千。仅取前二十七名,难度是很大的,但就杜甫的文才,名在孙山后是杜甫所始料不及的。因此,这次科考失利对杜甫是一个不小的打击。

科考后,杜甫在洛阳住了不久,便开始了第二次漫游。这次漫游的地区是齐、赵(今河南、山东、河北一带)。他后来回忆这段生活,在《壮游》中写道:

放荡齐赵间,裘马颇清狂。
春歌丛台上,冬猎青丘旁。
呼鹰皂枥林,逐兽云雪冈。
射飞曾纵鞚,引臂落鹙鸧。
苏侯据鞍喜,忽如携葛强。

若不是杜甫自己说,我们无论如何也不能把诗中这些行为跟"诗圣"联系起来。诗中的杜甫简直就是一位强悍的猎手。你看他,飞鹰走马,箭无虚发,连正在飞行中的鸟也能射下。

喜好任侠,大概是唐人的时尚。大诗人李白也是"十五好剑术""曾手刃数人"的侠客。侠义思想对杜甫的影响是潜移默化的,公孙大娘的剑器舞、二姑妈的舍己为人对他的影响自不待言,二叔杜并的侠义故事,杜甫在童年时代就耳熟能详了。

武后时，杜甫的祖父杜审言曾被贬为吉州（今江西吉安）司户参军，与同僚司户郭若讷不睦。吉州司马周季重为郭若讷所蛊惑，诬陷杜审言，将其投入大牢。当时年仅十六岁的杜并，看到父亲蒙冤，便决心为父报仇。一天，周季重在府中举行宴会，杜并混入府中，乘机抽短刀猛刺周季重，杜并当时被乱棍打死，周季重受了重伤，临死时很为构陷杜审言一事而后悔。他说，我不知道杜审言有这样的孝子，是郭若讷把我害了。杜审言竟因此而得救。

在杜甫诗中有不少写鹰和马的诗，特别是写马的，不管是真马还是绘画作品中的马，总能写出马的精气神来。他还常以鹰和马来比喻壮士，如"骅骝开道路，鹰隼出风尘"。杜甫晚年在夔州时，已年老多病，有一次多吃了几杯，一时兴起还飞马从山上跑下，差点摔死。

杜甫此番漫游，往北到过邯郸。春天里，杜甫在丛台上引吭高歌；冬天里，和武功人苏源明一道骑马在青丘打猎。杜甫的父亲杜闲此时在兖州任司马，自然他要到兖州去。一则探望父亲，二则要取得经济上的补充，以维持其骑肥马衣轻裘的生活。就在这个时候，他写出了后来在他诗集中，写作年代最早的诗——《登兖州城楼》。在鲁南，杜甫还去峄山看了秦相李斯的勒石，更其重要的是去曲阜拜谒了孔夫子庙。大概受了《孟子》"孔子登东山而小鲁，登泰山而小天下"的启示，诗人又造访了五岳之尊的泰山，写下了著名的诗篇《望岳》。诗中写道：

> 岱宗夫如何？齐鲁青未了。
>
> 造化钟神秀，阴阳割昏晓。
>
> 荡胸生层云，决眦入归鸟。
>
> 会当凌绝顶，一览众山小。

开元二十九年（741年），在外游荡了10年的杜甫由山东回到洛阳，在洛阳与偃师之间的首阳山下尸乡亭附近凿了几孔窑洞住了下来。他之所以住在这里，是因为这里埋葬着二位杜氏家族中最让他崇敬的人物：一位是他的远祖晋代名将杜预；另一位就是武后时代著名宫廷诗人，杜甫的祖父杜审言。10年漫游并没有打开事业的成功之门，科考也落第了，好诗也没写下多少，如今已届而立之年，面对二位先人，羞愧难当。于是，写下了《祭远祖当阳君文》，以示"不敢忘本，不敢违仁。"

可能是在这一年里，杜甫成了亲。夫人杨氏，是司农少卿杨怡之女。婚后夫妻二人同甘共苦相敬如宾。杜甫是很忠实于爱情的人，他非常爱自己的妻子，即使是短暂的分别，也写出动人的思念之诗。妻子杨氏，是典型的贤淑女性，她的后半生，跟随杜甫尝尽了人间酸辛，但她无怨无悔，始终陪伴着杜甫。

第二年，恩比生母的二姑妈辞世了，杜甫悲恸欲绝，他给姑妈守制，并写下了凄婉动人的墓志——《唐故万年君京兆杜氏墓志》。志中写到姑妈对他的养育之恩，尤其是姑妈舍亲子救侄子一段，写得感人至深。

殡葬了姑妈，又过了两年，老祖母又去世了。料理完了丧事，空闲下来就时常去洛阳走走。就在这一年的初夏，杜甫在洛阳城里遇见了唐代另一伟大诗人李白，两颗巨星相聚了。

天宝元年（742年），李白42岁时，因吴筠的推荐，唐玄宗下诏征赴长安。初到长安

时，太子宾客贺知章一见便叹为"谪仙人"，连玄宗召见时也"降辇步迎"。实际上，唐玄宗所欣赏的仅是李白的才华，把他当作点缀升平的御用文人。而这是大违李白素志的，因此在一度狂放纵酒的生活之后，李白上书请还。

天宝三载，李白出长安至洛阳，准备南游梁宋。就在这时和杜甫相遇了。此时杜甫30岁，李白已经44岁了；杜甫仅小有名气，而李白已声名显赫了，但这些都没有成为友谊的障碍，两人一见如故，结下了深挚的友谊。

李白潇洒、飘逸、豪放的气质深深地吸引了杜甫，把他带入了一个全新的文化氛围。虽然杜甫身上也存有一些侠义的气质，但他毕竟还是一个安分的儒者，而李白就不同了，他不仅是一位天才的诗人，还兼有侠客、隐士、策士、酒徒等人的气质。于是，杜甫开始喜好交接游侠了，也开始去访仙问道了。他在送给李白的第一首诗《赠李白》中，先是表白了"二年客东都，所历厌机巧"的思想，对于洛阳上层社会勾心斗角的厌恶，是深受李白影响的。接着就是一连串的道家术语。大意是说，自己将托迹神仙，虽然有可以延年益寿的"青精饭"，但苦于资金乏匮，无法去山上炼金丹。最后回复李白，答应一同去山林采药访道，到梁宋一带漫游，采摘可以使人长生不老的玉芝。

天宝四载，杜甫又开始了他的第三次漫游。先是和李白跨过黄河来到王屋山。王屋山坐落在山西垣曲和河南济源市之间，是中条山的分支，济水的源头。这里是道教的圣地，山上有清虚洞天，著名道士华盖君就在那里修道。可惜二人到时，华盖君已经死去。

经过一段时间的交往，杜甫与李白的友谊日深一日。杜甫在《与李十二白同寻范十隐居》里写道："余亦东蒙客，怜君如弟兄。醉眠秋共被，携手日同行。"从这几行诗里，足见二人的手足之情。李白对杜甫也是相见恨晚，短时的分离，也要寄上他的思念。他面对鲁中的美酒不能尽兴，听着齐地的歌声不能动情，他的思念如同东去的汶水，流向远方的朋友。两人暂别数日，也切盼同聚，《鲁郡东石门送杜二甫》诗曰："醉别复几日，登临遍池台，何时石门路，重有金樽开。"

从王屋山下来，李白前往陈留（今开封）拜访他的从祖李允彦，杜甫也随后赶来。这年秋天，他们遇到了著名边塞诗人高适。

高适大概生于武后长安二年（702年），字达夫，渤海蓨（河北景县）人。20岁时曾到长安，求仕未果。于是北上蓟门，漫游燕赵，想在边塞寻求报国立功的机会，也没有找到出路。此后在梁宋山东一带过了十几年的流浪生活。早在开元末年，高适与杜甫就在汶上相识，此番故友重逢，倍感亲切。这三位诗人，性格都很豪放，他们在一起登高怀古、饮酒赋诗、探讨学问。后来杜甫在《遣怀》中，描述了当时的情况："忆与高李辈，论交入酒垆。两公壮藻思，得我色敷腴。气酣登吹台，怀古视平芜"。

他们三人还一同到单父（山东单县）的大泽中去打猎。那里是一个天然猎场，"鹰豪鲁草白，狐兔多肥鲜"。三人一起忘情地飞鹰逐兔，纵酒高歌。

不久，他们先后离开了鲁南，高适南游楚地，杜甫和李白去了齐州（今济南）。李白此行，要去紫阳宫领受北海高天师的道篆（道教的秘文），杜甫则是探望担任临邑（齐州属县）主簿的弟弟杜颖。适逢担任北海太守的李邕来到济南。李邕是唐代著名书法家，字泰和，扬州江都人。工文、善书，尤擅以行楷写碑。取法二王而多所增益，笔力雄浑而自成一家。由于常给人写墓志，给庙宇写碑文，润资颇丰，过着豪奢的生活。他经常接济一些穷困的朋友,因此在社会上享有盛誉。杜甫少年时在洛阳曾得李邕青睐,所以杜甫把李邕引为知己。故而杜甫前去拜望他。已是古稀之年的李邕和杜甫一起游览了历下亭、新亭。宴席上,杜甫面对湖光山色,即兴写下了"海右此亭古,济南名士多"的名句。历下亭上,竹色波光,花暗影移。他们把盏话旧情,酒酣耳热之际,李邕把近几十年来的当代诗人评价一过,使杜甫获益匪浅。

这时李白已回到兖州,他的家就在兖州附近的任城(济宁),杜甫随后也来到兖州,与李白在秋日重逢,写下了这样四句诗:

秋来相顾尚飘蓬,未就丹砂愧葛洪。

痛饮狂歌空度日,飞扬跋扈为谁雄。

——《赠李白》

从这首诗里我们不难看出作者流露出的失意与落魄,他意识到不能继续"飘蓬"下去了,也不能再"空度日"了,也意味着两人要分手了。这次相逢是两位大诗人最后的聚首,不久李白要重游江东,杜甫则要西去长安求仕。两人在兖州城东石门分手,临别时李白写下五言古风一首,抒发了依依惜别之情。令人遗憾的是,从此以后石门路上的金樽再也没有为他们二人重开,两颗巨星分别走上了不同的运行轨迹,永远地分手了。过于豪放的李白在不断结识的新朋友的饮宴中,逐渐把杜甫淡忘了,但杜甫却一往情深,不断写出感人肺腑的怀念李白的诗篇。在长安"寂寞书斋里,终朝独尔思"。天宝六载春,杜甫看到窗外枝头新绿,又想起远在江东的朋友,切盼"何时一樽酒,重与细论文"。随着对李白的怀念,对李白的认识也逐步加深。在上引诗里,杜甫还写道:"白也诗无敌,飘然思不群。清新庾开府,俊逸鲍参军",显然已把李白高置于他早年崇拜的庾信、鲍照之上了。在安史之乱中,杜甫称李白的诗"笔落惊风雨,诗成泣鬼神","文采承殊渥,流传必绝伦"。我们知道,李白在世时就已诗名大振了,但真正研究、标榜李白是中唐以后的事情。此时对李白的诗作出恰如其分的评价,除却作者的远见卓识而外,就是与李白有心底深处的沟通。乾元二年(公元759年)杜甫居秦州,在寓所闻知李白因永王李璘故流放夜郎,心急如焚,写下《天末怀李白》,惦念李白是否收到自己的信函而得到及时的安慰,想象负冤的李白去夜郎途经汨罗江时,会去凭吊同病的屈原。其《梦李白二首》写得辞真意切,催人泪下。他时刻为生离死别的朋友悬着一颗心。江南当时是热带雨林气候,瘴气弥漫,瘟疫流行,而流放那里的朋友一点消息也没有,怎能放心得下呢?由于白日的苦思冥想,晚间李白竟入梦来。在梦中,杜甫与李白之魂展开了对话。杜甫说,你如今并无自由,如何生翅飞来,该不是已成鬼魂了吧?不然的话,这么远的路程,怎么能顷刻间来到呢?由于李白频繁入梦,杜甫深感李白厚意,然而梦醒之后,总不见李白的影子,便不免有些烦恼。诗中还托梦中李白仓促之中语:我来一趟实在不容易啊!山高路远,江湖之上风急浪高,稍不留神就会坠落水中。说完,白发苍苍的李白,愁苦、忧郁地从杜甫梦中离去。于是,杜甫震怒了,为什么"冠盖满京华,斯人独憔悴"?"孰云网恢恢,将老身反累"?呐喊之后,杜甫又断言,李白的"千秋万岁名"是"寂寞身后事"。

穷困潦倒

天宝五载(746 年)杜甫来到了京都长安。来长安的意图是非常明显的,那就是求仕。杜甫出生在一个世代做官为宦的家庭,接受的是正统的儒家思想的教育,"学而优则仕"的思想在他头脑中根深蒂固。他知道要想实现政治理想,必须走做官的路,而且越是做大官,越是容易实现自己的抱负和理想。从现实情况看,杜甫已经三十五岁了,已有家室,再靠父亲的俸禄来生活似乎也说不过去,再说父亲杜闲也由兖州司马改任奉先(陕西乾县)令,来长安也可以离父亲近一些。

此时的唐帝国已经走上了下坡路,唐玄宗李隆基做了几十年的太平国君便志得意满,日益沉湎于声色犬马之中,不愿过问政事了。一切政要皆出自宰相李林甫之手。唐玄宗起初宠爱武惠妃,惠妃死后,后宫数千粉黛,竟无当其意者。后来听说儿子寿王李瑁的妃子杨玉环很美,他竟不顾乱伦之议,先让杨玉环出家做道士,以便与儿子脱离关系,然后将其纳入宫中,不久封为贵妃,宠爱无比。杨贵妃得宠后,杨氏一门鸡犬升天,兄妹五人,家家大兴土木,每家宅邸耗资以千万计。杨贵妃的三个姊妹,都被封为国夫人,自由出入宫廷,生活奢侈糜烂。

宰相李林甫,人谓"口有蜜,腹有剑"。执政十九年,嫉贤妒能,排斥异己,大兴冤狱构陷忠良。开元老臣张九龄、严挺之等被逐出朝廷郁郁而死,贺知章也上疏请度为道士归还乡里。就在杜甫进京的这一年,李林甫罢李适之左相,贬为宜春太守,次年李适之被迫饮鸩自尽。天宝六载又遣人棒杀北海太守李邕。李林甫曾召集谏官,宣称"今明主在上,群臣将顺之不暇,勿用多言"。自此无人敢进谏。李林甫所用之人,不是像王铁、杨国忠那样的贪官,就是像陈希烈那样的庸才。这时的唐玄宗虽成为一个昏君,但也有片时的清醒,天宝六载,他曾颁诏让天下有一技之长之士到京候选。李林甫主持这次考试,结果竟一人不取。反过来还向玄宗道喜,说应试的人都很平常,可见"野无遗贤"。包括元结、杜甫在内的应试者,就这样断送了前程。

杜甫本来对这次考试寄托了很大的希望,他把这次考试看作自己人生历程中的一个转机,想不到竟被李林甫愚弄了,所以在他的诗里,曾一再提起这件伤心事。

求仕无成,对杜甫是一个不小的打击,接踵而来的是更为沉重的打击。大概就是这一年,杜甫的父亲在奉先任上去世了。父亲一死,主要的经济来源断绝了。为了生存,他不得不低声下气在贵族府邸充任宾客。所谓宾客,实际上是高级奴仆。当时社会部分贵族还存前朝遗风,附庸风雅,在家里延揽一些文人墨客、画工乐师,谓之宾客。他们或陪主人饮酒宴游,或为主人捉刀代笔应酬人事往来。宾客们须察言观色,小心伺候,稍不留意便砸掉饭碗。做宾客的收入不敷家用,杜甫还上山采药或自种一些药材,拿出去换些钱来。杜甫在《奉赠韦左丞文二十二韵》中,曾描绘了宾客的酸辛:"朝扣富儿门,暮随肥马尘;残杯与冷炙,到处潜悲辛。"

唐代是诗歌的时代,前面曾讲到举子们在科考前投诗"温卷"的事情,向公卿大夫投诗也是谋职求仕的一条途径。这在当时是较为普遍的现象,大家并不认为是不光彩的事情，相反认为"以文得禄，亦为荣"。

杜甫为了谋到职位，也开始向达官们投诗了。他最先投给的，便是上面提到的韦左丞韦济。这位韦左丞，天宝七载由河南尹迁尚书左丞，当年在河南曾到首阳山下尸乡亭访过杜甫，可杜甫已西去长安了。后来他升迁也来到长安，常在同僚前称颂杜甫的诗句，因此杜甫将他视为知己，于是向他倾吐了胸中块垒。

在给韦济的诗中，一开始就指出了"纨绔不饿死，儒冠多误身"这种不平的社会现状。然后叙述了他少年时代如何"读书破万卷，下笔如有神"，写诗作赋，可与汉代的扬雄、建安时期的曹子健匹敌，当代文坛名宿李邕、王翰都肯放下架子与他结识。不想会落到这种几乎乞讨的田地。诗中还写了他内心的矛盾，想去东游大海，再度回到那种自由浪漫的生活中，但又舍不得离开终南山下的长安，因为他还想"立登要路津"以"致君尧舜上，再使风俗淳"。除了投给韦济的诗外，他还写了《赠翰林张学士》《赠起居田舍人澄》等，但这些诗寄出去，如石沉大海，他仍旧过着穷愁潦倒的生活。

天宝十载（751年）正月初八到初十，三天内唐玄宗连续举行了祭祀玄元皇帝、太庙和天地三个盛典。杜甫此时正走投无路，只好趁此机会直接向最高统治者自荐了。他连进三篇《大礼赋》，以及《进三大礼赋表》。

想不到这三篇赋竟发生了作用，玄宗阅后很赏识他的才华，让他在集贤院待诏，让宰相考试他的文章，杜甫一时名声大噪。结果，虽然"词感帝王尊"，却不曾谋到一官半职，考试之后便没了下文。尽管这样，杜甫还不死心，天宝十三载，他又连进了两篇赋——《封西岳赋》和《雕赋》。在进赋表里，杜甫把自己写得可怜兮兮，比如他写道："臣本杜陵诸生，年过四十，经术浅陋，进无补于明时，退尝困于衣食"，"伏惟明主哀怜之，无令役役，便至于衰老也。"杜甫此时穷得昏了头，竟不加选择地向那些口碑不佳而且自己也不敬重的权要们投诗，如京兆尹鲜于仲通、哥叔翰、左丞相韦见素，甚至通过鲜于仲通向奸贼杨国忠发出"有儒愁饿死"的哀号。

他呼天天不应，呼地地不灵。本来就患有肺疾，天宝十载又患了疟疾。病后到友人王倚家中诉说："头白眼暗坐有胝，肉黄皮皱命如线。"同年冬天，他寄诗给咸阳、华原两县的朋友："长安苦寒谁独悲？杜陵野老骨欲折。……饥卧动即向一旬，敝衣何啻悬百结。君不见空墙日色晚，此老无声泪垂血。"

杜甫在长安曾住在东南郊杜陵附近的少陵，所以他自称"杜陵野老"，有时也称"少陵野老"或"杜陵布衣"，诗中展现的画面惨不忍睹。天冷了，没有御寒的冬衣，满是补丁的单衣，怎能抵得住西北风的侵袭，加上终日食不果腹，又冷又饿地蜷缩在床上，一躺就是半个月，眼泪哭干了也无人肯来帮助。在这一时期的诗文里，常出现"饿死"二字，可见诗人的确是挣扎在死亡线上，而他的幼子的确在此后不久饿死了。

政治上的失意，经济上的贫困，把杜甫推向了现实，推向了人民。他在写了大量的投赠诗的同时，也写了一些现实性、人民性很强的优秀作品。天宝年间，由于唐代统治者穷兵黩武，边将好大喜功，边境战争连年发生。天宝十载一年之内，鲜于仲通征南诏，高仙芝击大食（阿拉伯），安禄山讨契丹，结果无不兵败而回。为了补充兵源，就大量征招老百姓入伍。杨国忠甚至派遣御史分道抓人，强迫当兵。杜甫在长安北渭水上的咸阳桥上，亲眼所见强征来的士兵由此开赴边疆。士兵们的爹娘、妻子拦住道路，拽住亲人的衣服

顿足痛哭，哭声连成了一片，直冲云天，据此，杜甫写下了《兵车行》。

天宝十一载，李林甫死，杨贵妃的堂兄杨国忠继任宰相。他缺德少才，凭借裙带关系起家。除做宰相外，还身兼四十余职。他卖官鬻爵，大肆收受贿赂，家中仅丝绢就积三千多万匹。有一年关中大雨成灾，唐玄宗一时清醒问及此事，杨国忠派人挑选最好的禾苗进献，说"雨虽多，不害稼也"，唐玄宗竟信以为真。抚凤（陕西凤翔）太守房琯曾报告水灾，杨国忠马上派御史追查，致使无人再敢报灾。他生活作风糜烂，与杨贵妃的姐姐虢国夫人私通。两人经常出双人对同骑出游，一路调笑戏狎，污人耳目。春天里，他们一同游宴曲江，美味珍馐，箫鼓琴瑟，热闹非凡。杜甫看在眼里，义无反顾地写了《丽人行》予以嘲讽和鞭挞。

天宝十二载，长安一带旱涝相继，杜甫在少陵的几亩薄田实在难以维持一家人的生计，这年秋天，他把妻子儿女送到奉先寄居。奉先令姓杨，是杜闲的继任，又可能是妻子的本家，另外杜甫的舅父崔顼任白水尉，奉先距白水不远，也可得到舅父的接济。这时杜甫经常往来于奉先和白水之间，不过他自己仍住在长安。

天宝十四载，杜甫在长安已经呆了整整九年，可能是他投给左丞相韦见素的诗发生了作用，这年十月，他被任命为河西县尉。出人意料的是，求官求了九年的杜甫竟一口拒绝了。从个人利害来看，这可能是个肥缺，因为它可以直接骑在老百姓头上敲诈勒索，至少可以过上衣食无忧的生活。但是，杜甫宁肯饿死也不愿去做那种高适所说的"拜迎官长心欲碎，鞭挞黎庶令人悲"的官。由于杜甫的拒绝，统治者又改派他做右卫率府胄曹参军。这是一个掌管兵甲器杖和门禁锁钥的正八品下的小官，对于满腹经纶的杜甫来说，似乎是在开玩笑，不过这总比敲骨吸髓地直接欺压老百姓要好得多。他决定要接受这个职务之后，先到奉先探望了妻子。十一月的一天夜里，杜甫只身一人从长安出发，旷野之上，百草凋零。狂风撕扯着大地，掳起大片砂石。寒流透过单薄的衣衫直入骨髓。杜甫一双枯手已冻得僵直，连衣带断了都不能接上。一路上他思前想后，把这些年的生活检讨一遍。他并非没有李白那样遨游江湖之上，潇洒送日月的情怀，只因他放心不下人民，切盼有一个体恤百姓的政府。他把这希望寄托在皇帝身上，当然这皇帝是无比的英明，又从谏如流。再加上他这种如尧舜时代的稷与契一样的贤臣，那将是多么美好的社会啊。可如今。在长安苦熬九年却做了一个在率府看管兵器的小官，施展政治抱负将从何谈起？当他走到骊山下，天已破晓。他知道玄宗和贵妃正在华清宫里避寒。赐予温泉淋浴的都是达官，参与皇帝饮宴的都是贵族，而他们所享用的这些东西又是来自哪里呢！原来"彤庭所分帛，本自寒女出"，这些财物又是如何到的彤庭呢？结论是"鞭挞其夫家，聚敛贡城阙"。玄宗与杨氏姊妹宴桌上驼峰兽蹄，霜橙香橘，长安街头的饿殍，蒙太奇般地在脑中闪现，他愤怒地喊出了"朱门酒肉臭，路有冻死骨。"

杜甫回到奉先家中，一进家门就听见一片号咷，原来他那最小的儿子刚刚因饿而死。街坊邻居都伤心落泪，为人父者更是惭愧有加。但此时杜甫所悲悯的并不限于自己的小家。他想，像他这样的不纳租税，不服兵役的家庭尚且如此，一般老百姓更不知怎样贫困呢？他不仅忧己，而且忧人，不仅忧人，而且忧天下。他的忧愁已经超越了终南山，遍及天下了。

从奉先回到长安，在率府里刚开始工作，安禄山的胡兵就打到了洛阳，中原大地上，长达八年的安史之乱爆发了。

天宝十五载五月,杜甫在长安沦陷前一个月,被迫离开了长安,开始了他的流亡生活。

唐玄宗后期,均田制被破坏,府兵制瓦解;唐玄宗本人昏庸无道,荒淫奢侈,政府极度腐败;边防节度使权力过大,中央政府尾大不掉;政治黑暗,用人不明,养痈成患,最终导致了安史之乱。

安禄山是营州(辽宁锦州)人,是个混血儿(其父为胡人,其母为突厥人),因得幽州节度使张守珪的赏识,从小军官一步步提拔为高级将领。天宝元年为平卢节度使,天宝三年兼范阳节度使,天宝十年又兼河东节度使,一人统辖三镇18万兵马。安禄山生性狡诈,善于伪装,在玄宗面前装出天真诚实的样子,博得了玄宗的信任。比如他身体肥胖,体型怪异,肚子突出垂过膝盖。玄宗问他肚子里有什么东西,他回答说,只有一颗忠心而已。玄宗听后十分高兴。他又拜杨贵妃为干娘,在玄宗贵妃面前装疯卖傻,逗他们开心,玄宗对他深信不疑。他见唐朝政治腐败,武备松弛便阴谋造反。以汉人严庄、高尚为谋士,以胡将为核心,又以罗、奚、契丹等少数民族八千余人为军队骨干,积极准备叛乱。

史思明原名史窣干,也是胡人与突厥人的混血儿,与安禄山同乡,也是张守珪提拔起来的将领,最后官至平卢兵马使。

安禄山素与杨国忠有矛盾,杨国忠执政,天下怨声载道。天宝十四载,安禄山、史思明在范阳(北京)以诛杨国忠为名,举兵15万,号称20万,南下进攻长安。乱军来势凶猛,唐王朝毫无应变准备。河北本为安禄山所辖,叛军一到,守城官吏非逃即降,叛军几乎没有遇到抵抗就渡过了黄河,进逼洛阳。玄宗急派封常清前往洛阳募兵御敌,高仙芝率禁军加上临时在长安征募的市井子弟屯驻陕州。

封常清在洛阳所募6万乌合之众,从未受过军事训练,一触即溃,安禄山占领洛阳,封常清败至陕州,认为陕州无险可守,而且潼关无兵,即和高仙芝一起退守潼关。他们这样做在军事上是正确的,但监军宦官却诬二人无故弃城,玄宗即命将封、高二人斩首。又派哥叔翰将兵二十万镇守潼关。安禄山占领洛阳后便忙着做大燕皇帝,他的军队虽逼近潼关,却不曾积极进攻,这样就形成了相持的局面。

天宝十五载五月,杜甫离开长安来到奉先,然后率全家到了白水,住在舅父崔顼家中。从他的《白水县崔少府十九翁高斋三十韵》看,这时杜甫还有心欣赏白水的崇冈野旷,聆听泉韵鸟语,因为他对哥叔翰镇守潼关很有信心,他的好友高适也在军中。但他在诗中又写道:山峦里充溢着兵气,波光里闪烁着剑影,似乎也感觉到了情况的不妙。

哥叔翰在潼关,认为只可坚守,不宜轻出,可杨国忠诬其拥兵逗留,坐失战机。玄宗听信其言,一再催促出战。哥叔翰无奈,痛哭出城,结果唐军在灵宝大败,全军覆没,他本人也做了俘虏。六月九日,潼关沦陷。潼关失守后,玄宗带领后宫仓皇出逃。行至马嵬坡(陕西兴平),禁军哗变,杀死杨国忠,并强烈要求处死杨贵妃。为保全自己性命,玄宗不敢犯众怒,忍痛令杨贵妃自缢。

潼关失守,白水必不能保,杜甫不能在高斋稳坐了。于是,白发苍苍的杜甫,又挈妇将雏跌跌撞撞地挤在了流亡的人群之中。

由于体弱和过度的疲劳,杜甫陷在蓬蒿里实在走不动了,妻子儿女也不知去向。和

他在一起的表侄王砅已经骑马走出了十几里,不见了杜甫,又一路呼喊着找了回来,于蓬蒿之中拉起了杜甫,让他骑在马上,王砅牵着缰绳逃离险境,与妻子会合。一家人来到彭衙时,已是深更半夜。小女儿饿得直哭,怕招来野兽忙把她揽在怀里,用手捂住她的嘴。儿子已经懂些事了,在路边找些苦李权且充饥。天公也不佑人,一旬之内阴雨连绵,道路泥泞不堪。因走得仓促,没带雨具,浑身上下淋得透湿,山风吹来战栗不已。加上腹中无食,一天也走不了几里,饿了就寻野果充饥,困了就在低矮的树冠下休息。就这样走了几天,终于到了离鄜州远的同家洼。这里有杜甫的一个老朋友孙宰。半夜里,敲开了大门,孙宰看到杜甫一家的模样,赶忙烧水让他们洗脚解乏,并剪纸作旐,为杜甫一家招魂。当酒饭摆上桌时,又累又困的孩子们已烂睡如泥了。

在孙宰家休息了几日,杜甫便把家小安置在鄜州城北的羌村,这时由于连日的淫雨,鄜州附近的三川山洪暴发了,大水吞噬了农田,举目望去一片汪洋。在羌村,杜甫听到太子李亨(肃宗)继位灵武的消息,一阵欣喜,他把复兴的希望寄托在李亨身上。八月洪水落下,他便只身北上延州(延安),拟出庐子关奔灵武。但他没走多远,就被胡兵捉住,原来鄜州一带也被胡人占领了。因为杜甫官小位卑,又无声名,加上满头白发一脸菜色,胡兵也没把他放在眼里,因此不像其他官员那样,押到洛阳逼降,只是把他带到了长安。

在长安,杜甫看到,昔日繁华的京都断壁残垣,血流街衢,满目疮痍。此时杜甫身体囚在长安,眼睛却密切注视着远方的战事。八月,郭子仪与李光弼率朔方军赶到灵武,李亨手下才有了基本军队。九月,政府迁至顺化(甘肃庆阳),十月又迁至彭原(甘肃宁县),肃宗派房琯率兵收复两京。房琯是一个善于慷慨陈词的读书人,用兵打仗则是门外汉。这年十月,房琯的几路兵马惨败于陈陶斜和青坂。杜甫在长安城里亲见胡兵凯旋,在长安市上痛饮狂歌,心中不胜凄楚,写下了著名的《悲陈陶》和《悲青坂》,哀悼为国殉难的烈士。他又担心战略要冲芦子关无人把守,恨不得有人去提醒肃宗,"谁能叫帝阍,胡行速如鬼"。(《塞芦子》)

在困居长安的日子里,杜甫除为国事忧心外,也非常思念自己的亲人。在《月夜》中写道:

今夜鄜州月,闺中只独看。
遥怜小儿女,未解忆长安。
香雾云鬟湿,清辉玉臂寒。
何时倚虚幌,双照泪痕干。

熬过漫长的冬夜,春天悄悄地回到了大地。窗外枝头冒出的几簇新绿,引发了诗人无限的感慨。国破家亡,战火不断,音讯绝无,面对春花春鸟而黯然伤神,稀疏的白发几乎别不住簪子了。他来到曲江头,江边细柳新蒲青嫩翠绿,江头宫殿却重锁千门,一片沉寂。想起当年这里的繁华景象,诗人无限悲伤写下《哀江头》。

至德二年(757年)四月,杜甫伺机逃离长安,穿过两军对峙的前线,沿山间崎岖小路提心吊胆地前行。到处都是胡兵,随时都有被捉去杀头的可能。直到望见太白山上的积雪,快到武功时,才长出一口气。后来他用"生还今日事,间道暂时人"两句诗生动地描绘了当时的情形。

杜甫到达凤翔,"麻鞋见天子,衣袖露两肘"。五月十六日,肃宗派中书侍郎张镐传命,任杜甫为左拾遗。这是一个可以向皇帝提意见的谏官,应该说是一个相当重要的职务。就在他上任的第一个月里,就因上疏营救房琯,卷入了派系斗争的涡流。这件事对杜甫的影响很大,可以说影响了他后半生的生活,后来他无论是寄居秦州,还是滞留西蜀,都直接或间接地与这件事有关。

房琯陈陶兵败本应革职论罪,但因李泌营救,李亨仍让他做宰相。他待人热情好客,当时的诗人贾志,后来与杜甫关系密切的严武都与他有深交。他为人正直,好发议论,慷慨陈词,义形于色,但往往不切实际。朝廷中另一派官僚如贺兰进明、崔圆等则与房琯结怨,常在肃宗面前中伤他,加上房琯政绩不显,且常称病在家高谈释、道,终为肃宗厌弃。至德二年五月,房琯被贬为太子少师。此时杜甫正好受命左拾遗,凭着对房琯的表面印象,极力为房琯开脱,而且措辞激烈,因此触怒肃宗,幸亏张镐搭救,方免一死。肃宗既厌恶杜甫,就在八月里特许他回家探视妻子。

战乱年代条件艰苦,杜甫没有官服,穿一领青袍于闰八月初一徒步北还。一路之上历尽艰辛。某日傍晚时分,杜甫来到自家门前,妻子儿女没想到他能活着回来,一家人哭作一团。邻人听说,都趴在墙头观看,看到此情此景,无不唏嘘下泪。幼小的宗武,已经不认得父亲了,出于天性,他上前抱住父亲的腿,但当杜甫俯身亲吻他时,却又怯生生地跑开了。第二天一早,街坊邻居都携礼物来看望杜甫,他们拿出自家酿的酒,告诉杜甫,你不要嫌这酒味淡,因为黍地无人耕种,现在是战争时期。孩子们都被征去打仗去了。

通过乡亲们的诉说和沿途所见所闻,杜甫真正感受到乱世中人民的疾苦,写了上面所述的《羌村三首》和著名的《北征》。

至德二年九月,长安克复,十月肃宗还京。同年十一月,杜甫携家小来到长安,仍任左拾遗。尽管肃宗嫌弃他,但为了他所忠的皇家的利益,为了老百姓,他始终没有放弃谏官的职责。"避人焚谏草,骑马欲鸡栖","明朝有封事(密奏),数问夜如何",这些诗句就足以说明他对工作的谨慎和对皇家的忠诚。他把国家的存亡、人民的安危系于封建皇帝一身。

由于杜甫好管"闲事",肃宗更不是从谏如流的贤君,所以到了乾元元年(758年)六月,杜甫就被贬为华州司功参军(管理地方的祭祀,学校、选举等文教工作的官吏)。杜甫从来长安到离开,总共七个月,而这次离开长安后就再也没有回来。

他离开长安时,心情十分沉重。不仅"致君尧舜上,再使风俗淳"的愿望无法实现,他甚至怀疑自己的能力了,"无才日衰老,驻马往千门"。当他一步三回头地走出长安城时,他没意识到他走向了更为广阔的天地,走向了人民。

这年冬末,杜甫从华州回洛阳,想看看战乱之后的故乡。当他踏上故乡的土地时,已是次年的春天了。胡马铁蹄践踏后的中原大地荒如冷漠。由于"东西消息稀"而不知"百战今谁在"。走进故里,故宅依旧而物是人非,"乱后谁归得? 他乡胜故乡……汝书犹在壁,汝妾已辞房。旧犬知愁恨,垂头傍我床"(《得舍弟消息》)。诗人东走西串,结果"访旧半为鬼",诗人不由得老泪纵横,喟叹道:"不知临老日,招得几人魂。"

在故乡遇到了青年时代的朋友卫八。光阴荏苒,20多年过去了,昔日的小伙伴如今已鬓发苍苍儿女成行了。老友相逢,灯烛之下举杯畅饮,兵荒马乱的年月,相聚的时光要格外珍惜,因为"明日隔山岳,世事两茫茫"。

至德二年，叛军内讧，安禄山被其子安庆绪所杀。安庆绪封史思明为王，使镇守范阳老巢。史思明重兵在握，不肯受安庆绪节制，郭子仪等乘机攻下洛阳，安庆绪败走邺城。乾元元年，肃宗以郭子仪、李光弼等九节度使围攻邺城。由于肃宗担心将帅权力过大，九路人马竟不设主帅，以致指挥不灵，邺城久攻不下。乾元二年三月，史思明率兵来救邺城。三月三日，唐军大败，战马万匹仅剩三千，甲杖十万丧失殆尽。郭子仪率朔方军退居河阳以保洛阳。杜甫从华州来时，洛阳还很安定，而现在又陷于战乱之中。老百姓躲进深山老林，留守官员早已不知去向。杜甫这时启程返回华州，一路狼烟胡突。他经过新安、石壕、潼关。看到新安的差吏在征召未成年男子当年，潼关的士兵忙碌着修筑城墙，石壕的官吏半夜拉夫，连老妇也不放过……。他把这些所见所闻，写成了他的辉煌诗篇"三吏""三别"。

杜甫回到华州，正值炎热夏季。由于久旱酷热难当，连鸟都懒得飞翔；池塘干涸了，鱼都死在烂泥中。晚上燥热得难以入睡，毒蝎爬来爬去，打开门窗透透气，蚊叮虫咬又让人无法忍受；白天苍蝇乱飞，恶心得饭都吃不下去。面对堆积如山的文书，杜甫急得简直要发疯了。但他想到前线的士兵，披甲荷戈，整宿地击斗呐喊，连澡都不能洗，便又释然了。就是在这样的条件下，他替郭使君写成《进灭残寇形势图状》，陈述了敌我双方的形势，指出唐军应如何避实就虚，消灭盘踞在邺城的胡兵。在《乾元元年华州试进士策问五首》里，他提出了当时关于赋税、交通、征役、币制等迫切需要解决的问题。

从洛阳回来后，杜甫思想上发生了很大的变化，他看到了李亨跟李隆基并没有什么不同，他看到了官吏们是怎样对待人民的，这一切跟他过去理想中的政治大相径庭，于是他感到绝望。他在《立秋后题》中写道："平生独往愿，惆怅年半百，罢官亦由人，何事拘形役"。就在这年秋天，他毅然辞去了官位。

杜甫的辞官，表现了他对最高统治集团的绝望，对政治的厌倦；另外，也是不得已而为之。前面曾提到杜甫卷入派系斗争之事。我们知道，李亨上台多少有点抢交椅的味道。在宦官李辅国的拥戴之下，他半推半就地当上了皇帝。李辅国却因拥戴肃宗由功臣而权臣日渐跋扈起来，朝廷之事无巨细都需经过他的首肯。他一方面离间玄宗父子，加深其矛盾；一方面打击玄宗旧臣，制造党争。房琯本玄宗旧臣，虽曾为肃宗重用，但他早成过时黄花，所以也成了李辅国打击的重点。在凤翔时就被贬为太子少师，回长安后在满朝欢庆之中随喜迁为金紫光禄大夫，但很快又贬为邠州刺史。杜甫因上疏营救房琯，从为房党，随着房琯的贬绌，杜甫被免职也是早晚的事。加上他早就厌倦了官场生涯，正好借坡下驴，提出辞官。这样，从在率府管理兵器算起，到在华州任司功参军，满打满算总共两年半的官场生涯就永远地结束了。

离开华州要去向何方呢？洛阳老家是回不去了，那里正处在战乱之中。去长安？一是杜甫在那里伤透了心，二是付不起京城昂贵的生活费用。这时，他得知从侄杜佐在秦州（甘肃天水）东柯谷盖了几间草堂，曾多次帮助杜甫、受房李党争牵连被逐出京师的大云经寺僧人赞公，也在秦州凿了几孔窑洞。于是，杜甫决定举家西去秦州。

杜甫一家历尽艰辛来到秦州时，这里还相对平静。在从侄杜佐家里寄居了一段时间后，曾打算在秦州定居，僧人赞公曾帮他在城南西枝村觅得一块建筑草堂的基地，但苦无银两。初来秦州靠亲友资助过活，杜甫觉着这不是长久之计，于是又重操旧业，卖起药来。但卖药所得能有几何？填饱一家人肚皮仍是问题。早上起来，天寒地冻，由于不生火、不汲水做饭，井水都结了冰。饿了就到树林中拾些苦柏子充饥，有时竟干脆饿着。"囊中恐羞涩，留得一钱看"，虽然不无解嘲、调侃的意思，但杜甫实际上也实在是太穷了。

饥寒交迫之下，杜甫的疟疾又发作了，经常地发高烧，他觉着身上的骨髓都快耗尽了。

生活是这样的穷愁潦倒，而诗歌却获得了丰收。这一段时间，包括后来到同谷，由同谷再到成都途中所写诗歌，流传下来的达一百二十余首。这些诗无论叙事、抒情，还是写景、状物，都有极高的造诣，大大地丰富了我国古典文学艺术的宝库。

杜甫在秦州呆了不到四个月，衣食无着。后来听说同谷是个好地方，不仅良田里出产可以充饥的薯蓣，而且山林里还有蜂蜜、冬笋。十月里，全家又来到同谷。不想同谷还不如秦州。这里正是大雪封山，为了觅取食物，杜甫身穿短褐，扛着锄头，和儿子一起到深山去挖"黄独"（山芋），结果"黄独无苗山雪盛，短衣数挽不掩胫。此时与子空归来，男呻女吟四壁静"。这是一幅多么凄惨的景象啊！外面大雪蔽野，屋内没有炊烟，实指望挖些野山芋回来充饥，却又两手空空而返，屋里除了四面墙，一无所有，一家人只有瑟缩着挤在一起，熬过这饥寒交加的漫漫长夜了。

如果在同谷继续住下去，全家只有饿死一条路。于是，在这年十二月一日，杜甫又率家人迁向四川成都。

蜀中草堂

乾元二年（759年）岁末，杜甫一家经过一年的长途跋涉，由甘肃同谷出发，过嘉陵江到陕西略阳，然后由略阳翻五盘岭入蜀，往广元登龙门阁，穿剑门至德阳，风餐露宿，历尽寒暑终于到达成都。初到成都时，住在成都西郊浣花溪寺里。第二年春天，在城西七里浣花溪畔找到了一块荒地，在一棵据传有二百年历史的大楠树下搭起了一座"草堂"，开始了他"漂泊西南"的生活。

在亲友的帮助下，杜甫一面营建草堂，一面四处索求树秧，经过两三个月的苦心经营，一座规模并不宏伟但可遮风避雨的草堂终于在暮春时节搭建成了。草堂周围，载满了银桃、绵竹，还有蜀中特有的桤树。杜甫还在大楠树下开辟了一块药圃。一家人不胜欣喜。春燕也来凑热闹了，里里外外忙着在堂下筑起了新巢。

草堂的位置据杜诗描绘是背对城郭，在少城碧鸡坊石笋街外，百花潭北，万里桥及浣花溪西，临近锦江，凭窗向西北眺望可见山巅终年积雪的西岭。这座草堂以及堂前的浣花溪，成为后人景仰的圣地。

这时是肃宗上元元年（760年），唐帝国仍处在内忧外患之中。史思明邺城击败唐军之后，即杀安庆绪，自立为大燕皇帝，并乘胜再度占领洛阳。安史之乱期间，唐统治者将河西、陇右军队大批征调入援，造成西北边防空虚。杜甫早在秦州时就屡次提到边界烽火，这时吐蕃人趁火打劫，攻占了陇右诸州，后来曾一度攻入长安。虽然不久后退出，但陇右十余州仍在吐蕃人的控制之下，长安时刻处在危机之中。

由于战乱,人民大批流亡,土地荒芜。统治者为了支付巨额军费开支,向人民征收各种名目的苛捐杂税。此外,肃宗还采纳御史中丞第五琦的建议,一再铸造高面值新币,造成了严重的通货膨胀。百姓不堪其苦,此后不久,江淮地区就爆发了农民起义。

这时的成都,远离战火,四川又是自古以来闻名遐迩的天府之国,尽管有大批难民流亡在此,但比其他地方,还是比较容易活命的。所以这时杜甫的心情比较好,诗歌里也拂去了往日的阴霾。他在《卜居》中写道:在浣花溪的西端,一座静谧的草堂,掩映在青翠的林中。清澈的澄江,在眼前流过,它带走了人们的忧愁。蜻蜓们愉快地上下翻飞,一对美丽的鸂鶒悠闲地浮在水面上,不时下潜捕食游鱼。即使他去拜谒武侯祠,也因"映阶碧草""隔叶黄鹂"这些景致而稀释了历史的凝重。他又在《江村》一诗中写道:

> 清江一曲抱村流,长夏江村事事幽。
> 自去自来堂上燕,相亲相近水中鸥。
> 老妻画纸为棋局,稚子敲针作钓钩。
> 但有故人供禄米,微躯此外更何求?

的确,这是自安史之乱以来杜甫一家从未有过的安逸。杜甫也真投入地去做一个农夫,否则不会有"好雨知时节,当春乃发生"等人生体验。但杜甫毕竟不是地地道道的农民,复杂而辛苦的田间劳作也远没有诗中那样浪漫。譬如他要逐棵为林木除虫害。在百草凋敝前要冒着难耐的针刺清除药圃里的莠草。这些对一个真正的老农来说算不了什么,但对一个年过半百、体弱多病的儒者来说,便是难以想象的。实际上,杜甫一家基本上是靠朋友的接济过活的,否则连粗茶淡饭也难以为继。所以杜诗里有"惯看宾客儿童喜,得食阶除鸟雀驯","厚禄故人书断绝,恒饥稚子色凄凉"的句子。到了秋天,家中米瓮告罄,便向老友彭州刺史高适求援:"百年已过半,秋至转饥寒,为问彭州牧,何时救急难。"

上元二年(761年)秋天,一阵狂风刮得江翻石走,堂前那棵童童如盖的大楠树被连根拔起,颓然倒地。杜甫为此伤心不已,草堂也因之黯然失色。八月里又一阵狂风,刮得昏天黑地,卷走了草堂顶上的三重茅草。无知的村童欺杜甫年老无力追赶,将风吹落的茅草抢走,杜甫喊哑了嗓子也制止不住。傍晚时分,风停了,浓云却又上来,顷刻间下起大雨。屋顶没有遮盖物,家里没有一块干地方。一床布被盖了多年,棉絮已经板结,儿子睡觉不老实还将被里蹬裂,现在又淋上了雨,本来就神经衰弱的杜甫怎样熬过这漫漫长夜呢?就在这不眠之夜里,诗人想到了很多,但他最先想到的是跟他一样或还不如他的人们,"安得广厦千万间,大庇天下寒士俱欢颜"。这是多么高尚的品格、多么宽广的胸襟啊!自己是这般光景,先想到的还是别人,非但如此,他还愿以自我牺牲来换取众人的幸福。

诗人对他的故乡及流落他乡的弟妹们也是念念不忘。当时洛阳尚未收复,家乡一带胡马横行,弟妹们杳无信息,这一时期诗歌,多是"我已无家寻弟妹,君今何处访庭闱"。"安得如鸟有羽翅,托身白云归故乡"等内容。

为了生计,他要"强将笑语供主人",却仍免不了"悲见生涯百忧集",有时甚至出现"痴儿不知父子礼,跳怒索饭啼门东"这样的困窘局面。

这年十月,成都尹崔光远病故,朝廷派严武担任成都尹,兼剑南西川节度使。在严武未到任之前，由高适代理成都尹。高适曾多次帮助杜甫，在代理成都尹的两个月里，常到草堂看望杜甫。之后任蜀州(四川崇庆)刺史时，杜甫也去拜访过他，并在蜀州一带的新津、青城等地游览，留下了《后游》《游修觉寺》等优美的诗篇。

年底，严武由巴州来到成都。严武与杜甫本为世交，又因房琯故被人目为一党，所以对杜甫格外看顾。他时常派人给杜甫送来钱米，有时还亲携酒食到浣花溪畔造访杜甫，也常请杜甫到府尹厅中谦会。应该说，严武在成都时，杜甫的日子最好过。

但好景不长。宝应元年(762年)四月，玄宗、肃宗先后死去，代宗李豫继位。七月，召严武入朝。对此杜甫有喜有忧，所忧者，在成都没了靠山(指经济上的)；所喜者，房党又被启用，杜甫也萌生了回长安再仕的念头。他在送严武入朝的诗中就表白了"此生那老蜀，不死会归秦"的态度。他哪里知道，就在他送严武的时候，成都少尹徐知道就在成都叛乱，非但"归秦"不成，成都也回不去了。

徐知道本是成都少尹兼侍御史，此人有野心。严武在成都时，他不敢造次，但当严武一离开成都，他便把严武的头衔都加在自己身上。他派兵把住剑阁天险，阻绝南北交通，西取邛州(邛崃)，勾结西南诸夷于七月起兵。由于内部不和，八月二十三日就被高适率兵击败，徐知道也被部将李忠厚杀死。李忠厚又在成都屠戮人民，血流漂杵。此时杜甫因送严武身在绵州，妻子儿女却在成都，他心急如焚。成都不敢回，北去又不成，只好去了东川节度使的所在地梓州(四川三台)。

绵州到梓州路程虽不远，但山高路险，时有流寇出没。日暮时分，杜甫一人踽踽独行于林间小径，一路提心吊胆，"马惊不忧深谷坠，草动只怕长弓射"。这年秋天，杜甫来到梓州，晚秋时曾一度潜回成都将妻小接到梓州。

上元二年(761年)时，史思明就被其子史朝义杀死。李豫继位后又借回纥兵收复洛阳，叛军的几个主要将领降唐，宝应二年，史朝义穷蹙自杀，安史之乱遂告结束。

杜甫在梓州听到官军收复河南、河北，喜泪纵横，妻子脸上也有了难得的笑容，心想这种漂泊生活该结束了。于是他漫卷诗书，纵酒放歌，准备放舟经巴峡穿巫峡，回河南老家去。

安史之乱虽已结束，但战火远未熄灭，先是李豫借来的回纥兵，更甚于当年李亨借的那一批，入得洛阳后，抢掠奸淫无恶不作。后是河北、山东等地又形成藩镇割据，剑南、山南、甚至京畿之地时常发生节度使叛乱。吐蕃族的胃口也越来越大，已不满足河西、陇右地区的占领，举兵东犯。他们联络党项、羌、吐谷浑等少数民族，于宝应二年九月越过陇山攻陷泾州，十月又陷邠州。由于长安一带无唐军抵抗，他们竟兵不血刃占领长安，代宗仓皇逃至陕州。

在这种情况下，杜甫无法实现回归的愿望。大概由于严武的缘故，杜甫在梓州受到了刺史章彝的照顾，但杜甫也为此付出了代价。他要陪着这位刺史饮宴、出游、打猎，时刻小心谨慎，生怕一时不留神开罪了这位大人。与昔日如壑底游鱼一般的生活相比，此时简直就成了丧家犬。

上元二年四月，房琯迁礼部尚书，随即又任晋州刺史，八月改任汉州刺史。李豫登基后第二年四月又被任命为刑部尚书。这年春天，杜甫曾去汉州拜访房琯，但他已离汉州赴长安了。房琯走到阆州，病在客舍，八月四日死在阆州。杜甫听说后，九月赶到阆州，

吊唁了这位同乡知己，写了《祭故相国清河房公文》。

在这两三年里，杜甫常往来于梓州、绵州、阆州之间，宝应元年曾去射洪凭吊过陈子昂。"三年奔走空皮骨"，没有一处能让他安身立命。他既怀念成都草堂，又想东游吴楚，寻觅旧友。从章彝那里筹足了川资后，于广德二年春携家至阆州，拟乘船沿嘉陵江下渝州（重庆）。这时杜甫收到京兆功曹的任命，一则京兆功曹这个官位对杜甫没有多大吸引力，二则东游计划已经拟就，所以他拒绝任命。正当杜甫投诗向各方辞行时，严武又被符命为成都尹兼剑南节度使。严武是杜甫朋友中对他照顾最多，官职最高而又不须仰视的人，文韬武略兼具，又非常爱才，待人也比较宽容。严武一来，杜甫就放弃了东游计划，全家回到成都。

暮春三月的一天，杜甫推开草堂门，霉气扑鼻，野鼠满屋乱窜，打开书卷，里面净些干死的壁鱼。水槛和药栏都已朽烂颓败，一派荒凉。听说杜甫回来了邻人都来看望，严武听说后也派人来问寒问暖。杜甫豢养的老犬见到故主，高兴得围着主人团团转。

经过一番整理，草堂又恢复了昔日的生气。冰雪消融，春燕又忙着衔泥筑巢；春江水暖，鸳鸯在水中悠闲游弋；活泼的白鱼不时跳出水面，似乎耐不住水底的寂寞。到了夜晚，江清影动，溪静花闲，所有物种都陶醉在春的怀抱里。这时杜甫的心情也格外好，写下不少歌咏山水风光的诗。连幼儿也能背出的"两个黄鹂鸣翠柳，一行白鹭上青天。窗含西岭千秋雪，门泊东吴万里船"，就是此时在草堂写的。

严武第一次任成都尹时，就有诗劝杜甫做官，此番严武再度举荐，杜甫没有理由拒绝，于是接受了节度使署中参谋、检校工部员外郎的职务。

这时杜甫已53岁了，自困守长安以来一直疾病缠身：肺病、疟疾、头风、此时又添了风痹，坐久了就四肢麻木。长期漂泊江湖，闲散惯了，受不了幕府里严肃紧张的生活。加上同僚们互相猜忌，所以不到半年，他就辞去幕府职务，回到草堂。

永泰元年（765年）正月，老友高适病故了，这对杜甫是一个沉重的打击，因为高适是与杜甫保持友谊时间最长的朋友。这年四月，严武也去世了。早在梓州时，杜甫已感到朋友的零落，如今更是孤苦伶仃了。严武一死，经济上的援助也断绝了。于是，杜甫于五月率全家离开成都，泛舟东下。

湘江孤舟

永泰元年五月，杜甫一家登舟经嘉州（乐山）、戎州（宜宾）、渝州，七月到达忠州（忠县）。在忠州江边龙兴寺小憩，两月后抵云安。在路上写了《旅夜书怀》，解释了辞官的原因："名岂文章著，官应老病休"。这时杜甫确实病得厉害。长期漂泊，湿寒侵入，致使肺病和风痹发作，到长安后就不能前行了，在长安严县令的水阁里休养了一个冬季。第二年春天，杜甫病势渐轻，暮春时来到夔州。

唐代的夔州属山南东道，设都督府，州制在今奉节东南十余里的地方。南临瞿塘峡，东毗白帝城，山川秀美，气象壮观。杜甫刚到夔州时，住在"客堂"，所谓客堂，就是在山坡上临时搭盖的简易住房，住的多是一些流民和当地的穷人。这种客堂散乱地分布在山坡

上，居民过着半原始的生活。在山上是不能打井汲水的，当地人的习俗是先到山上找到山泉，然后用竹筒一节节引至家中。客堂离水源远的，竹筒竟长达数十里。水筒的任何一个环节出了问题都会影响吃水，要及时排查、修理。杜诗里就记录了仆人信行往返四十里修水筒的事情。听说乌鸡可治疗风痹，杜甫养了一群乌鸡，结果弄得家里锅翻盆打凌乱不堪，杜甫催促儿子宗文在东墙下扎起了鸡栏。他还打发仆人采摘苍耳，用以治疗风湿痹痛。

到了秋后，柏茂琳由邛南节度使迁夔州都督。柏茂琳原为严武属下，或许因着严武的缘故，对杜甫很是看顾。先是把杜甫家迁至城内"西阁"，后又将州东东瀼溪的部分公田租给杜甫耕种。次年春天，杜甫搬到城东的赤甲山居住，大概为了方便管理田产。三月，柏都督又将州西的西瀼溪西的四十亩柑林赠予杜甫。

相比较而言，杜甫在夔州的生活是好的，至少吃饱肚子不成问题。此时家里还雇了一些仆人（有些可能是短工），除了前面提到的信行外，还有伯夷、辛秀、阿稽等人。经过疗养，杜甫身体也大有好转。他除了有时参加一些农业劳动外，大部分精力投入了诗歌创作。据统计，他在夔州不到两年的时间里，写了四百三十七首诗（不包括亡佚的），差不多占他现存诗的百分之三十。

这些作品内容丰富，有的是歌咏夔州山水风光的，像白帝城、滟滪堆、瞿塘峡、鱼复浦、赤甲山、白盐山以及武侯祠、高唐观等都有所描绘；有的是反映夔州人民生活的，《负薪行》《最能行》是其代表作；有的是回忆过去生活的传记体诗篇，如《壮游》《昔游》等，为我们今天研究杜甫留下了珍贵的史料；另外还有一些记人的，有张九龄、李邕、严武等八人，总称"八哀诗"。

由于精力充沛，在体裁上他多写律诗，百韵的排律就是在这时写成的。其七言律诗，无论在形式上还是在内容上都达到了新的高度。

虽然生活上过得去，但这里的气候条件相当恶劣。此时杜甫患有多种疾病，除已述病症外，还有糖尿病，牙齿脱落了一半，耳朵也聋了。也许他已感觉到自己将不久人世，所以更加强烈地思念故乡、思念亲人。

大历三年（768年）正月中旬，杜甫一家乘一条自备小船离开夔州，顺江而下，三月来到江陵。江陵是交通枢纽，陆路往北可通过襄阳去洛阳、长安；水路往南可去长沙、桂林，往东可去汉口。杜甫并不打算在江陵久住，在此只是探访一下亲友，了解一下北方的情况。

这时商州兵马使刘洽叛乱，北去交通阻隔。八月，吐蕃又进攻凤翔，北方又受到战争威胁，北归计划又成泡影。

当时卫伯玉为荆南节度使（荆南为江陵府方镇），与杜甫曾有交往，从弟杜位就在节度署里任行军司马，郑虔之胞弟郑审为江陵府少尹，杜甫来到这里，本指望能得到他们的帮助，结果大失所望。这时杜甫耳朵全聋了，右臂也偏枯了，一副可怜巴巴的样子，到亲友府上去拜访，门人都不肯替他通报，即使见了，态度也很冷淡。杜甫陷入了极度尴尬的境地，在诗中把自己描绘成摇尾乞怜的狗，要时常现出感恩的媚笑，不敢多言多语。家家都借遍了，已经无人肯施舍或借贷给他了。

无奈，秋天又顺江而下，到了湖北公安，不想处境更为艰难，不但朋友冷淡他，连亲戚

也不理睬他了。在公安呆不下去，年底又漂至岳州（岳阳）。他只身登上岳阳楼，凄凉地说道："亲朋无一字，老病有孤舟"。尽管杜甫落到了这般田地，他还一如既往地关心着人民。一路上写了《岁晏行》《遣遇》《宿花石戍》《客从》等反映人民痛苦的诗篇。

在岳州没有活路，次年正月又前往潭州（长沙）。夏初抵潭州，无亲可投，仍住船上，靠在渔市上摆摊售药糊口。拟秋后去汉阳，然后取道归故里，因无川资没能成行。大历五年四月，臧玠在潭州作乱，杜甫又逃至衡州。本想去投奔在郴瑕的旧相识衡州刺史韦之晋，但到衡州后韦之晋改任潭州刺史去了潭州。这时他想去郴州投靠任郴州录事参军的舅父崔伟，就溯郴水而上，行至耒阳境内，时值江水暴涨，无法前行，只好停泊在方田驿。在茫茫大水中，杜甫一家竟饿了五天。耒阳令聂某听说后派人送去酒肉，杜甫一家才免一死。耒阳至郴州尚有二百里水路，且是上行，大水不退一时难以前进；再者杜甫思想上也忌讳这条"左迁之路"，于是又折回潭州。就在这年冬天，诗人在由潭州至岳州途中，写下了《风疾舟中伏枕书怀》这首绝笔之作。诗人遥望着北国的上空，一片苍凉。四周水气阴森，淫雨滞重，身上鹑衣百结，寒风刺骨。由于病势沉重，服下药后，虚汗涔涔，自知死期已至，就是在这种情况下，诗人还牵挂着藩镇跋扈未能消除，忧虑着"战血流依旧，军声动至今"。

大历五年（770年）冬，诗人在完成最后一首诗后不久，就在湘江之上的孤舟中悄然而去了。

杜甫死后，家人无力安葬，只好把他的灵柩权厝在岳州昌江（平江）县小田村。四十三年后，他的孙子杜嗣业（宗武之子）费尽周折，才把他的遗骸运回河南偃师，葬在首阳山下，并请诗人元稹写了墓志。

诗人杜甫就是这样度过了他悲惨的一生，生前很少有人真正理解他，死后的一段时间内又是那样的寂寥和凄惶。这是特定社会历史阶段对他的生命意义做出的合乎逻辑的价值估量。因为他高尚的品格、出众的才华以及独特的个性早已为他框定了人生的路向和命运的轨迹，他无论在封建中国的哪一个朝代，都注定是悲剧的结局。

杜甫的一生又是光辉、伟大的一生。作为"诗史"，他以他的诗歌生动地反映了唐代的社会生活，勾勒出历史车轮碾过的印辙；作为"诗圣"，他给我国古典文学宝库留下了丰厚的遗产。他以他的诗，表现出对人民无比的同情和热爱，同时又对封建统治集团进行了辛辣的讽刺和无情的鞭挞，因此赢得了后人对他的崇敬与爱戴。

文坛巨擘

——苏轼

名人档案

苏轼:字子瞻,又字和仲,号"东坡居士",世人称其为"苏东坡"。汉族,眉州(今四川眉山,北宋时为眉山城)人,祖籍栾城。

生卒时间:1037~1101年。

安葬之地:葬于河南郏县。

性格特点:襟怀宽阔。

历史功过:北宋著名文学家、书画家、词人、诗人,美食家,唐宋八大家之一,豪放派词人代表。其诗,词,赋,散文,均成就极高,且善书法和绘画,是中国文学艺术史上罕见的全才,也是中国数千年历史上被公认文学艺术造诣最杰出的大家之一。其散文与欧阳修并称欧苏;诗与黄庭坚并称苏黄;词与辛弃疾并称苏辛;书法名列"苏、黄、米、蔡"北宋四大书法家之一;其画则开创了湖州画派。

名家评点:王国维:以宋词比唐诗,则东坡似太白,欧、秦似摩诘,耆卿似乐天,方回、叔原则大历十子之流。

蔡嵩:东坡词,胸有万卷,笔无点尘。其阔大处,不在能做豪放语,而在其襟怀有涵盖一切气象。若徒袭其外貌,何异东施效颦。东坡小令,清丽纡徐,雅人深致,另辟一境。设非胸襟高旷,焉能有此吐属。

胡仔:"中秋词自东坡《水调歌头》一出,余词尽废。"

两度出川

宋仁宗嘉祐四年(1059)深秋,一叶轻舟沿岷江入长江,向下游飞驰而去。江水流经

三峡时，因河床狭窄，流速大增，惊涛拍岸，激起雪白浪花，颇有些惊心动魄。江两岸，连绵的群山已是落木萧萧。山径上，三三两两的农人樵夫，匆匆赶路，他们并不知道，自己的身影，已被普通客船上的文学臣擘摄入诗中。

船上看山如走马，倏忽过去数百峰。前山槎牙忽变态，后岭杂踏如惊奔。仰看微径斜缭绕，上有行人高缥缈。舟中举手欲与言，孤帆南去如飞鸟。

站在船头的诗人刚吟毕，他身后的高个子青年便拍手称好。船侧那位长者微笑着唤来书童，命他速进舱内备好纸墨，以便录下这首新诗。

长者姓苏名洵，字明允，号老泉。高个子是他的次子，名辙，字子由。而吟诗的便是他的长子，名轼，字子瞻，即后来成为北宋文坛霸主的苏东坡先生。在唐宋八大家文章魁首中，苏家父子就占去三席，其余五位是韩愈、柳宗元、欧阳修、王安石、曾巩。苏轼是位旷世奇才，人品学问均为世人称颂，诗词文书画诸方面均有极深造诣。当然，这是后话。现在，他刚刚步入仕途，与父亲弟弟相伴进京受命。

苏家祖籍河北栾城，二百年前迁居四川眉山，虽不是豪门巨富，却也称作耕读世家，现今在眉山纱縠行内有一所幽雅的宅院，城外有几亩薄田。苏洵生性聪慧，年轻时并不致力于学问功名，一味好游。后来，他的一位兄长中了举人，对他影响很大，他便将希望寄托在自己的两个儿子身上。他的夫人程氏出身书香门第，不仅读过很多书，也很有见识。夫妇两人请当地最有学问的名士教习苏轼苏辙兄弟。每当苏洵外出，程夫人就亲自督促两个儿子读书上进，并教导他们从小立下报效祖国大志。有一次，她亲自给苏轼讲解《后汉书·范滂传》，当讲到范滂因反对宦官专权而被逮捕，范母大义凛然，临别还教导儿子以气节为重时，苏轼天真地问母亲："我若是范滂，母亲您会怎样？"程夫人直截了当地说："那我就学范母！"

苏轼年纪轻轻就显示出超常的文学才华。他的老师刘微之作《鹭鸶诗》中有两句为："渔人忽惊起，雪片逐风斜。"苏轼认为"逐风斜"不能准确地描写出鹭鸶的形象，遂改为"雪片落蒹葭"，颇受老师赞许。学习之余，他与弟弟和邻居的孩子在房前屋后玩耍。有一次他在空地上凿出一块鱼形石头，碧绿的底子上，布满晶亮的银点，做成砚台用着很好，这块被他命名为天石砚的石头成了他家的传家宝。有时候，孩童们还到城外更远一些的山坡上游戏，使他接触到一般平民百姓的劳动生活。苏轼一生都铭记下层人民，可以说，苏轼兄弟是在一个健康良好的环境里成长起来的。如何能够使他们的学识才华被人承认并造福于社会？当时最好的出路，便是通过科举考试步入仕途。

三苏父子第一次出川，走的是旱路。二十一岁的苏轼和十八岁的苏辙随父亲经阆中，出褒斜谷，到长安。稍做调整后，便东行到达京城汴梁，即现在的开封。

那一次他们进京的目的就是为了让苏轼苏辙参加科举考试。苏家兄弟先顺利地通过了举人考试，于嘉祐二年（1057）正月参加进士考试。这道关口最重要，为了选拔好人才，宋仁宗任命礼部侍郎、翰林侍读学士欧阳修任主考官，国子监直讲梅圣俞为副考官。欧阳修是当时的文章大家，主张平易流畅、言之有物的文风，反对艰涩雕琢的"时文"。这一次，他出的考试题是《刑赏忠厚之至论》。苏轼挥洒自如，慷慨陈词，仅用了 600 余字，便阐明了以仁治国，严明赏罚适度的政治主张。梅圣俞读了这篇好文章，立即拿给欧阳修看，因卷子还密封着，欧阳修便以为这么好的文章，必定出自自己的学生曾巩，为了避

嫌，把这篇夺魁之作排在了第二名。后来，苏轼见到欧阳修，欧阳修很是高兴，忽然想起苏轼文章中有"皋陶曰杀之三，尧曰宥之三"，便问典出自何处。苏轼回答说典出自《三国志·孔融传》。欧阳修回去查找，并未找到这个典，再问苏轼，得到的回答是：曹操灭袁绍，以袁熙妻赐曹丕。孔融说，过去武王伐纣以妲己赐周公。曹操惊问此事出于何书，孔融回答："以今度之，想当然耳。"苏轼此番便是学孔融，"想当然耳"。欧阳修见苏轼博闻强记，又十分机警，感叹道，这个人善读书，善用书，将来他的文章必定独步天下。

科举考试的最高形式是由皇帝亲自主持的殿试。同年三月，苏轼兄弟同榜高中进士及第。与此同时，苏洵拿着好友张方平的引荐信拜见欧阳修，同时献上自己写的二十篇论文。欧阳修认为这些文章大有荀况之风，便推荐给皇上。一时间，公卿大夫争相传阅。苏洵的文章如此精妙，他又有两位出色的儿子同榜中了进士，没有人不羡慕苏家父子的旷世才华。据说，宋仁宗回到后宫兴高采烈地对皇后说："我为子孙选得了两位宰相人才。"

按当时习俗，新科进士要向主考官上谢表。欧阳修读了苏轼文采飞扬的谢表后，又进一步盛赞道："读了苏轼的谢书，不觉汗出。痛快哎呀！老夫我应当避开，让他出人头地。"又说，再过三十年，人们只知苏轼，不会再知道我了。

正当三苏名噪京师时，家乡传来噩耗，程老夫人于四月初八日病故。父子三人匆匆收拾行装，返家奔丧。程老夫人被安葬在眉山安镇乡可龙里老翁泉旁，这里风景幽雅，山清水秀，被后人称作苏坟。

在将近三年的"丁忧"（即守丧）期间，苏家兄弟继续读书著文，为第二次出川做着准备。

现在，他们选择从水路向京师进发。二次出川，苏轼的情绪十分高涨，因为他和弟弟已经顺利通过了科举考试，进入了国家政治生活的内圈，锋芒初试，他们便一鸣惊人，今后的前程一定光辉灿烂。更让二人高兴的是，他们这次出门，都带了年轻的妻子。早在前次离家前，父母担心他们二人一朝考中进士，会被京城的高官显宦们抢去招婿，所以为他们娶了本地好人家的女孩儿。苏轼娶的是青神县乡贡进士王方之女王弗。王弗颇有才学，她很敬佩自己才华横溢的丈夫。当丈夫进京赶考时，她与弟媳一同侍奉婆母，直至老夫人去世。这次姒娌二人陪伴各自丈夫出去闯前程，当然是又兴奋，又激动。

一家五口带着家丁沿长江而行，两厢是应接不暇的奇峰异境，每经一处名胜古迹，他们必得登临游览，回到船上，父子三人少不得吟咏唱和，每得佳作，必定笔录下来。到江陵弃舟改走旱路时，已经积了一百多首，汇编起来，成为著名的《南行集》，也称作《江行唱和集》。集中所有诗篇，或凭吊古人，或感叹今世，或歌咏风物人情，都是有感而发。其中不少构思奇特，描摹逼真的作品，倍受后人称道。

浪迹天涯

到达京城开封后，苏轼被任命为河南福昌县主簿，苏辙被任命为渑池县主簿，均为九品小官，但二人都未去赴任，原因是欧阳修惜才如命，推荐他们参加秘阁制科考试。这是

一项临时性考试，苏轼参加的是"极言直谏科"。试前，他写了二十五篇《进策》，考试时，又做了六篇文章，最后，宋仁宗又亲自出题，苏轼当殿作《御试制科策》一篇，被评为三等。这项殊荣在整个北宋时代获得的人数也只是凤毛麟角。

苏轼这一系列文章比较系统地表达了这位青年学子的基本政治观点和治国韬略，对时政的针砭鞭辟入里，因此，朝廷中不论是保守派还是激进派，都嫌他过于锋芒毕露，因而对他心怀芥蒂。也许正是从这个时候起，苏轼在仕途上的艰辛曲折和命运多舛，就已埋下了祸根。宋仁宗却十分赏识他的敏锐和忠心，认为他直言正谏，针砭时弊，对巩固宋王朝的根本地位是有益的，对他大加褒扬。不久，便任命他为大理评事签判凤翔府，这意味着职务的升迁。弟弟苏辙送他到郑州西门外，兄弟二人自幼一同读书，形影相随，此次远别，实属无奈。紧接着，苏辙也到商州做官去了。

凤翔府地处陕西关中，距京兆（长安）很近，既是军事重镇，又拥有大量历史文化遗迹。在签判凤翔府的两年多时间里，苏轼饱览了周秦汉唐古迹，先后写下了《骊山》《骊山三绝句》《凤翔八观》《郿坞》等许多咏怀的壮丽诗篇。当然，他更多的精力是用在公务上边，努力实践着他在《进策》中提出的政治主张。

在《到凤翔任谢表》中，苏轼便提出减轻老百姓负担的问题。凤翔老百姓最怕的是服"衙前役"。所谓衙前之役，便是官府随时抽派人力去做苦工，不仅干粮自备，还要包赔损坏丢失的物品。比如将终南山的木材茅竹砍伐下来，扎成排筏顺渭水黄河运送到京城，以做建筑材料。每逢秋季暴雨成灾，山洪暴发，把竹木筏子冲垮流失，为了包赔这些损失，老百姓往往倾家荡产。赔不起就得蹲大牢，只要一进监牢，不贿赂官吏就休想出来。真是民怨沸腾，民不聊生。苏轼一方面寻找机会，搭救受害民众，一方面出谋划策，选择春季枯水期运送木料，以减少事故损失。他的主张局部地解决了一些问题，但到了嘉祐八年（1063），宋仁宗驾崩，为修建陵墓，朝廷专门指派重臣韩琦担任山陵使。修陵需要大量竹木，也就顾不得许多了。

凤翔地方自然灾害比较严重，经常困扰农民的是旱灾，祈雨成了地方官的一门必修课。苏轼深怀一颗为民造福之心虔诚地去做这件事，在他这一时期的作品中多有表现。如："我来秋日午，旱久石床温。安得云如盖，能令雨泻盆。""安得梦随霹雳驾，马上倾倒天瓢翻。"有一次，久旱逢甘霖，百姓们在田野间欢呼庆祝，苏轼见了喜形于色，便将官舍中新建的一座小亭命名为"喜雨亭"。又欣然提笔，写了一篇纪念文章，这就是有名的《喜雨亭记》。

他担任的签判职务，主要是掌管州府文书，并协助太守处理日常公务。刚到凤翔时，太守是宋选，苏轼与他配合得十分协调。后来，陈公弼接任太守。陈公弼是四川青神人，与苏轼算半个老乡，他为官严厉，处世寡合，一般下属都敬畏。苏轼年轻气盛，有学识有辩才，遇事见解独到，因此引起陈太守反感，两人经常发生争执，关系一度十分紧张。这种情况到苏轼快要离开凤翔时才有所缓和。陈太守有个小儿子，名叫陈慥，字季常，倒是与苏轼情趣相投，二人经常一同骑马出猎，他们此时结下的友谊一直持续到晚年。若干年后，苏轼写了一篇《方山子传》，就是为这位朋友而作。

宋仁宗驾崩后，英宗继位，改号治平。第二年，英宗因久慕苏轼才名，将他调回京城，一心想提拔重用他。据说，英宗有意让他进翰林院，却遭到宰相韩琦的力主反对。理由

是苏轼年纪太轻,资历太浅,晋升过快会遭到众人非议,不如给他低一些的职位,待他有了政绩再重用不迟。不管韩琦内心如何想的,他的这些理由还是颇有道理的,苏轼不仅不因此仇视韩琦,而且终生都很感激他。

正当此时,苏轼年轻的妻子王弗突然因病去世,享年二十七岁。

王弗不仅受到过良好的家庭教育,是位才女,而且性情温淑,姿色万千。苏轼与她的感情一直融洽。在凤翔任上,每当有客人来访,她总是站在屏风后边,仔细听主客之间的谈话,待客人走后,她便发表自己的看法。她常说,凡是那些过分急着要交友的人,往往是别有所图,这种人背叛起朋友来也是很快的。她由此提醒初入仕途的丈夫谨慎择友。她的话往往会被事实所验证,苏轼对她识人的能力由衷地钦佩。

王弗的去世,使苏轼万分悲痛,以至十年以后,他做密州太守时,为了悼念王弗,还填了一首《江城子》。词曰:

十年生死两茫茫,不思量,自难忘。千里孤坟,无处话凄凉。 纵使相逢应不识,尘满面,鬓如霜。

夜来幽梦忽还乡,小轩窗,正梳妆。 相顾无言。唯有泪千行。 料得年年肠断处,明月夜,短松冈。

显而易见他对王弗的思念是绵绵无绝期的。他与王弗生有一子,名迈,字伯达,此时才六岁。

不幸的事接踵而至。王弗死后不到一年,父亲苏洵也撒手人寰。苏洵虽然文名誉满京师,却还是一介平民。所以,当英宗和朝臣们赠送银两给苏轼时,他委婉拒绝,唯一的要求,就是为父亲求得一个官职,也就是给死者争取一个光彩的名分。这在那个时代是十分正常的,也是孝的一种体现。英宗满足了苏轼的一片孝心,他赐给苏洵的官衔是光禄寺丞。

苏家兄弟在京城会齐,共同扶苏洵和王弗的灵柩,仍循水路回到家乡四川眉县。苏洵和王弗被葬于安镇乡可龙里程老夫人墓旁。

又是长达二十七个月的“丁忧”。苏轼和苏辙远离京师官场,重又过上恬适安然的田园生活。在服丧期满时,王弗的弟弟为姐夫提亲,女方也是王姓亲戚,她便是王弗的堂妹王闰之,人称二十八娘。闰之比王弗小六岁,早年也常见苏轼,不过那时她还是位羞答答的小姑娘,做梦也想不到自己会成为苏轼的继室。她才学虽不及王弗,性情却更加温柔可人。婚后她对堂姐的儿子苏迈非常好,视同己出。

宋英宗在位才四年就病逝了。他的儿子神宗继位时刚满二十岁,改号熙宁。当苏轼兄弟拖家带口第三次出川时,已是熙宁元年(1068)的七月了。这次出川后,苏家兄弟浪迹天涯,再也没能回到这富饶美丽的家乡来。

变法风云

宋神宗继位前后,朝廷中正酝酿着一场疾风暴雨式的政治改革,史称“王安石变法”。

宋朝自开国以来,上自宫廷,下至各级官僚,骄淫奢侈之风日甚一日,开支极大,加上

连年水旱虫灾,农业歉收,北方西夏、契丹等少数民族屡犯边境,积贫积弱的状况长期难以改变,国力从未达到过强盛。宋仁宗在世时,曾启用范仲淹、富弼、韩琦等人着手改革,历史上称作"庆历新政"。由于保守派势力强大,这次革新运动不到三年就流产了。

宋神宗登极时年轻有为,很想大展宏图,让赵家的江山在自己手中重整旗鼓。他很快将改革家王安石请出来,为自己出谋划策。

王安石在当时是个莫衷一是的人物,反对他的人称之为"拗相公"。据说,他性格孤僻,不修边幅,对此野史上有不少记载。早年他在韩琦府上做幕僚,常常读书思考通宵达旦,黎明时才打个盹儿,然后顾不上梳头洗脸,就匆忙赶去见韩琦。韩琦见他蓬头垢面,不修边幅,以为他刚刚宿妓归来,对他印象很坏,后来见他文章越做越出色,才刮目相看。有一次,安石的朋友对安石夫人说:"你丈夫最爱吃兔肉丝。"夫人很感惊讶,因为她观察多年,也不知道丈夫的特别嗜好,王安石对吃饭向来马马虎虎。朋友说:"昨天宴席上,他独自将一盘兔肉吃光了,还不能说明问题吗?"安石夫人笑了,说:"你们下次试着把别的菜放在他的面前。"当朋友把别的菜挪到他面前时,他照吃不误。他只吃离自己最近的一盘菜。还有一桩轶闻则令人无法相信。说是宋仁宗宴请大臣们吃饭,发给每人一个钓竿,令大臣们自钓一尾鲜鱼做下酒菜。当太监将一盘鱼饵端上来时,王安石竟把鱼饵当作菜肴全部吞进肚子。宋仁宗认为吃了一粒鱼饵尚可理解,吃了那么多还未发现就有些做作了。因此对他有了成见。

宋英宗当政时,王安石消沉了几年。据说他曾反对过英宗继承皇位,因此自觉回避了。但他却有机会接近太子,向太子推销自己的改革主张,深为太子器重。这位太子就是后来的宋神宗。

宋神宗先任命王安石为江宁知府,不久又擢升他为翰林。王安石虽接受了这一任命,却故意拖延不到皇上面前报到。人们疑惑他是在考验皇上,看他是否真心想进行改革。熙宁元年(1068)四月,王安石终于来到开封,神宗皇帝大悦,特许他自由出入宫廷。王安石将自己多年来观察思考策划的成果在神宗面前和盘托出,为大宋王朝的前景设计好一整套新的蓝图。王安石变法涉及国家政治、军事、经济、财政、贸易的各个方面,归纳为青苗法、免役法、均输法、市易法、方田均税法、农田水利法、将兵法、保马法、保甲法等。在吏制上,则力主改革科举制度。客观地说,王安石制定的一系列新法虽含有一定的空想成分,但王安石不失为一名有胆略有见识的政治家,他制定的限制豪门巨富,帮助农民发展生产的政策是有积极性的。

出于各种复杂的原因,王安石的新法受到多数朝廷重臣的顽强抵制,其中包括"庆历新政"时期的一些改革派。

苏轼兄弟就是在这样一种政治风云变幻、疾风暴雨即将来临的背景下重返朝廷,不可避免地立即被卷入这场纷争中去。

按照苏轼的一贯主张,他并不是一位保守人物。早在他青少年时期,对范仲淹等的"庆历新政"就寄予了极大的热情。他参加科举考试所做的二十五篇《进策》,和在凤翔任上写的《思治论》,无不贯穿着革故鼎新、富国强兵的精神。但面对新法,他却站在了保守派一边。

总括起来,苏轼反对王安石变法的原因大致有四。其一,他主张渐变,反对王安石骤

变；其二，他主张通过严格的选拔制度使用人才，反对以是否拥护新法为界限，"招来新进勇锐之人"；其三，他所信赖并与之有紧密联系的老臣如欧阳修等，坚决反对新法；其四，他对王安石的印象不好。这也许是受了父亲苏洵的影响。

当时有一篇激烈抨击王安石的文章《辨奸论》，就是以苏洵的署名出现的。虽然后世学者考证这篇文章系伪托苏洵之名而作，但也有人认为空穴不来风。在这篇文章里，王安石被描写为"衣臣虏之衣，食犬彘之食，囚首丧面谈诗书"的人，作者认为"凡事不近人情者"肯定是大奸大邪。《辨奸论》流传极广，以至于被学校用作范文，不论其作者是谁，此文的观点还是对苏轼产生了深远影响。

苏轼试图用自己的观点去影响神宗，但又不知神宗能否赞同自己的意见。恰好朝廷准备下一道诏书，在江南一带减价购买花灯四千盏，以做上元节皇宫灯会之用。苏轼便写了一篇《谏买浙灯状》，劝皇帝体恤百姓疾苦，不要因享乐去加重百姓负担。神宗采纳了他的意见。苏轼进而写了《议学校贡举状》，反对新法中对考试制度的改革。他还接连上书，批评议论新法的弊端。

这种直言不讳反对变法的举动，很快引起新派人物的不满。他们联合起来，共同主张让苏轼去当开封府的推官。开封府推官是个忙职，如果让苏轼陷到琐碎芜杂的公务堆里不可自拔，他不是就没功夫在皇帝面前直言进谏吗？这就是新派人物们的如意算盘。谁知苏轼处理公务惊人的迅速，不仅将分内的事做得井井有条，还利用出乡试考题的机会，策动青年学子反对新政。

苏轼很快被罢免开封府推官的职务。王安石的亲戚兼随从谢景温趁机告了他一状，无中生有地说他在扶苏洵灵柩回乡时，利用官船贩运私盐。这种诬陷自然是无证可查的，却大大激怒了一贯光明磊落的苏轼，他自知在京城呆下去没有什么意义了，便请求到外地去。神宗很认真地考虑了他的请求，派人对他进行考察，结果是他可出任太守，但因新派政敌从中作梗，神宗只得给了他一个杭州通判的职位。苏轼并不太重视官职大小，他早已羡慕杭州的湖光山色，也就痛痛快快带着家眷赴任去了。

在此前后，为了使新法得以顺利实行，宋神宗批准所有因反对王安石变法，而申请离开朝廷的官员的请求，他们当中包括欧阳修、司马光、曾巩、张方平等，还有苏轼的弟弟苏辙。

恢复六井

苏辙早苏轼一年离开京师，随张方平到陈州，做的是陈州学官。苏轼于熙宁四年（1071）七月赴杭州任，绕道陈州看望弟弟，在那里住了两个多月。后来两人一同探望住在颍州的恩师欧阳修。

欧阳修此时已彻底脱离政治纷争，归隐山林。他原来有号醉翁，此时又自称六一居士。据说"六一"指的是"一个老翁、集古一千卷、藏书一万卷、琴一张、棋一盘、酒一壶"，可见晚年幽娴自在的生活。欧阳修用美酒佳肴款待两位平生最得意的门生，与他们谈论时事，讲究文章，十分快意。席间，苏家兄弟插花起舞，儿童般地唱起祝寿歌，欧阳修对自

己的长寿也信心十足。他们万没料到，此一番聚会竟成永诀。苏轼到杭州的第二年，欧阳修便与世长辞。噩耗传来，苏轼挥泪如雨，来不及奔丧，只得面北焚香，遥祭一番。

苏轼南行路过镇江，曾在金山寺逗留。那天夜晚，他登高远眺，却见长江之水浩浩荡荡，天上星光与江中渔火明明灭灭，偶尔传来几声水鸟尖锐的鸣叫，令人心悸。他不由想起远在长江上游的家乡，想起当年与父亲和弟弟出三峡时的情景，那时是何等踌躇满志，一腔报国热忱，却不知十年后的今天，会落得遭人诽谤，被迫离开朝廷的下场。想到此，不免有些伤感。

但是，当他率领全家来到杭州城时，一切旅愁和乡思便消失殆尽。

杭州的湖光山色使他陶醉了、倾倒了。

美丽如画的西湖，绕湖的青翠群山，如烟的柳丝，还有历朝胜迹，深深震撼着才子敏感的心灵。不论春夏秋冬、阴晴雨雪，苏轼一有闲暇，便忘情地漫游在湖岸山野，他的脚迹印满了杭州的每一条山径。在通判杭州的三年多时间里，他的咏景诗取得丰硕的成果，除了那首脍炙人口的《饮湖上，初晴后雨》的咏西子湖第一诗外，还有许多流传千古的名句，至今仍脍炙人口，可说是妇孺皆知。

大自然变幻多姿的神韵从诗人笔端汨汨而出。"天欲雪，云满湖，楼台明灭山有无。水清石出鱼可数，林深无人鸟相呼。""黑云翻墨未遮山，白雨跳珠乱入船。""游人脚底一声雷，满座顽云拨不开。天外黑风吹海立，浙东飞雨过江来。""夏潦涨水深更幽，西风落木芙蓉秋。飞雪暗天云拂地，新蒲出水柳映洲。"……

在杭州这座举世闻名的山水窟中，苏轼的文学活动离不开两类处在特殊社会阶层的人，其一是有学问的僧人，其二是才艺双全的歌妓。

西湖周围的山岭中，零星分散着许多寺庙古刹，如灵隐寺、西菩提寺、海会寺、普安院、净慈寺等，均是天下名僧出没的场所。居住在孤山的诗僧惠勤，早年追随欧阳修，深得欧阳公的称赞，苏轼当然对他心驰神往，所以刚到杭州就去访问他，同时还结识了另一僧人惠思。他们一见如故，很快成为好朋友，经常在一起谈诗论禅。还有一位道潜（即参寥子）和尚也与苏轼频频交往，日后他在苏轼遭难时，陪伴他度过了一段漫长岁月，这在后文中还要提到。

道潜居住在西湖寿星寺，传说苏轼第一次拜访他时，曾说他平生第一次进寿星寺，可觉得寺中景致屋宇特别熟悉，他当场说出从方丈室到忏堂间有92级台阶。道潜派人一数，毫厘不爽。苏轼就疑心自己前世是这个庙里的和尚。另有一次，时逢三伏，苏轼游庙疲惫，便脱光膀子在竹林中的长凳上睡熟，一位小和尚偶然路过，的确看见他背上有黑痣如星斗一般。这些传说不论是否真实，却说明苏轼确是寿星寺的常客。

与苏轼最要好的和尚当属佛印。佛印身世比较复杂，他与新党中的活跃分子李定是同母异父的兄弟。也许李定不愿承认歌妓出身的母亲，在母亲去世时不去守丧，苏轼曾对此加以鞭挞，所以，李定日后欲置苏轼于死地而后快，这在下一节中也会讲到。无论如何，佛印却与苏轼是莫逆之交。佛印生得高大英俊、聪慧博学，精通佛理，苏轼在京城时就和他很熟，把他引见到神宗面前，神宗一高兴就颁了一张度牒给他，令他到金山寺当了和尚。佛印出家以后，并不愿静心修行，仍是寄情游乐，成了一个四处飘游的云游僧。他每次出行，都带着骡队，还经常饮酒吃肉。杭州便是他经常去的地方。这个时期的苏轼

与出家人相处并非出于信仰上的原因,他对佛术的爱好多半出于对参禅的爱好,参禅接近于哲理对话,他与佛印常常进行这种对话,除此之外,两人还是最好的游伴,毫无芥蒂的知心朋友。

关于苏轼与歌妓们的交往,传说就更多了。

宋代自开国以来,由于受宫廷腐化生活影响,民间蓄婢养妓之风十分流行。尤其在杭州这样的风景名胜,更是处处青楼。官府对妓家有一套完整的管理制度,凡入了花籍的,也被称作官妓,兼有听候官方差遣的义务。妓女基本上没有人身自由,命运凄苦。相比之下,她们当中色艺出众的高级妓女境况稍佳。这些女子自幼受到严格的训练,到十几岁时,便诗词歌赋,琴棋书画,样样精通,个别人甚至与文人雅士们等量齐观。文士们大凡有了新的诗词作品,大都交给她们去演唱传播。从某种意义上说,歌妓们客观上起到了推动诗词创作发展的作用。文人们与歌妓交往,自然有色情的成分,但也不排除其中不少是艺术实践活动,在这里,诗词与音乐完美融合。

可以肯定地说,诗人苏轼与歌妓们的交往频繁,从未涉及淫滥,这与他是一位伟大的人道主义者有关。对于地位低贱的妓女,苏轼从来抱着同情、尊重、爱护的态度,因而受到世人的称颂,尤其受到妓女们的爱戴。尽管不少风尘女子对他仰慕有加,但他总能很好地把握自己,从一个角度显示了他的高尚人格。他的家中也养着一个歌舞班子,每逢客人到来,他便诙谐地说:"我这里有几名搽粉的虞候可以侍候你们。"然后令她们演奏一番。将歌姬比作虞候,可见她们在苏府中的境遇是比较好的。

杭州府的官僚们经常在西湖北岸的望湖楼和吴山上的有美堂聚宴,歌妓们听到传唤,总要带着乐器盛妆侍宴。有个府僚看上了一位名叫秀兰的歌妓。某次宴会,秀兰迟到了,那府僚大发雷霆,他疑心秀兰另有所爱,有意躲着自己。府僚让秀兰跪在地上,还让差役打她板子,一时间纷繁扰攘,十分不堪。苏轼为了替秀兰解围,即席填了一首《贺新郎》。词曰:

乳燕飞华屋,悄无人,桐阴转午,晚凉新浴。手弄生绡白团扇,扇手一时似玉。渐困倚、孤眠清熟。帘外谁来推绣户?枉教人梦断瑶台曲。又却是,风敲竹。

石榴半吐红巾蹙,待浮花浪蕊都尽,伴君幽独。浓艳一枝细看取,芳心千重似束。又恐被、西风惊绿。若待得君来向此,花前对酒不忍触。共粉泪,两簌簌。

苏轼令人将墨迹未干的词笺让秀兰去唱。歌声委婉清新,在场所有人齐声喝彩,那府僚也不好再发作了。

灵隐寺有个和尚法名了然,不守佛门清规,十分好色。他常乔装俗人,到青楼妓馆鬼混。后来,他将仅有的一点钱财挥霍殆尽,因此妓女秀奴不愿再接待他。他乘醉强行闯入秀奴闺房,把她杀死。了然被缉补归案,人们发现他臂上还刺着"苦相思"之类的字迹。案卷送到苏轼手中,苏轼当然判了然死刑,又写了一词道:"这个秃奴,修行忒煞,云山顶上空持戒,只因迷恋玉楼人,鹑衣百结浑无奈。 毒手伤心,花容粉碎,色空空色今安在,臂间刺道苦相思,这回还了相思债。"

那时,妓女若想从良,须得经过官府的正式核准,这种手续被称作"除籍"。苏轼曾帮助过希望脱离苦难的妓女除籍。他还说服名妓琴操遁入空门。琴操是一位才女,有一次,她演唱秦观的《满庭芳》,误将其中一句"画角声断谯门"唱成"画角声断斜阳"。她即

席为这首词改了韵脚,却没损害原词的意境。她改动后的《满庭芳》全词如下:

山抹微云,天黏衰草,画角声断斜阳。暂停征棹,聊共引离觞。多少蓬莱旧侣,频回首烟霭茫茫。孤村里,寒鸦万点,流水绕低墙。　　魂伤当此际,轻分罗带,暗解香囊。漫赢得青楼薄幸名狂。此去何时见也? 襟袖上空有余香。伤心处,长城望断,灯火已昏黄。"

苏轼对琴操的才思敏捷十分赞赏,常和她参禅。有一次,苏轼引用唐代大诗人白居易《琵琶行》中的名句:"门前冷落车马稀,老大嫁作商人妇。"琴操听后顿时领悟,脱下艳装,削发作尼姑去了。

有一位十二岁的雏妓,名叫王朝云,不仅眉清目秀,歌喉清脆,而且悟性极高,苏轼看她是棵好苗子,把她收进自己家养的歌舞班中。若干年后,她成为苏轼的侍妾,并在他后半生的家庭生活中扮演了重要角色。

好游乐是文人的秉性,但并不意味着忘记民间疾苦。苏轼的心中一直装着国家大计,由于新法在实际推行中产生的问题,也出于对新法本来就抱着否定态度,苏轼在通判杭州期间,写了不少反映下层社会痛苦生活的诗篇。新法限定政府对茶叶和盐巴实行专卖,江浙一带依靠卖茶贩盐维生的商人便不得不铤而走险,以致触犯法律,身陷囹圄。有一年除夕,苏轼很晚还不能回家,就是因为杭州府监狱中又关进一批私盐贩子。他为此写了一首诗:

除日当早归,官事乃见留。执笔对之泣,哀此系中囚。小人营馔粮,坠网不知羞。我亦恋薄禄,因循失归休。不须论贤愚,均是为食谋。谁能暂纵遣,闵然愧前修。

在这里,苏轼竟将自己与犯人做了比较,说大家都是为了生计,论什么贤和愚啊。

王安石的"青苗法"规定,每年青黄不接,政府可向农民发放贷款,待收获后偿还。这项措施在一定程度上缓解了农民的困境,有利于发展生产。但是,也有一些人,拿着青苗钱任意挥霍,不顾后果。苏轼看到这种现象,写诗道:"杖藜裹饭去匆匆,过眼青钱转手空。赢得儿童语音好,一年强半在城中。"而他另一首著名的《雨中游灵感观音院》,则对遭受天灾人祸的普通百姓表达极大的同情:"蚕欲老,麦半黄,前山后山雨浪浪,农夫辍耒女废筐,白衣仙人在高堂。"

苏轼在杭州以及他后来在密州、徐州、湖州任职时,写了不少批评新法和反映民间疾苦的诗歌,抒发了诗人苦闷彷徨的心情和在现实面前的无可奈何,想不到这些诗在若干年后,竟被用来作为政敌射向他的利箭,几乎置他于死地。

苏轼在杭州期间也曾有过很多好的动议,但因那些靠投机取巧坐上高位的新贵们只知为自己着想,他的意见又怎能受到重视呢? 他只能力所能及做一些实事,例如组织捕蝗救灾,赈济灾民等。他参与完成的最大一件事是重修杭州六井的工程。

苏轼刚到杭州时,杭州太守是沈立,后来,陈襄(字述古)接任了太守一职。陈襄和苏轼看到杭州百姓用水困难,下决心整理六井。杭州靠近东海,地下水又苦又咸,早在唐朝时,后来任了宰相的李泌做杭州太守,他发现西湖下有数眼甜水泉,而这些泉脉恰好经过杭州市区,便组织人力在泉脉上打了六眼大井,解决了杭州人吃水问题。到了宋代,六井渐废,陈襄和苏轼花了将近一年时间,使六井恢复了原有功能。次年,江浙一带大旱,许多地方饮水困难,而杭州城内人畜都有充足的饮用水,老百姓感恩戴德。

苏轼于熙宁七年(1074)任满离杭。此后的七八年间,他先后在密州、徐州、湖州任太守之职,每到一地,都受到百姓拥护爱戴,同时,留下一批优秀的诗篇。元丰二年(1079),他到湖州任上不满三个月,就发生了震动朝野的乌台诗案。苏轼一夜之间成了朝廷的阶下囚。

乌台风波

对于苏轼来说,湖州是一个熟悉地方。早在七年前,他任杭州通判时,就曾到这里考察过水利工程。当时的湖州太守孙觉也是一位博学多才的诗人,与他过往甚密。他的堂兄、大书画家文同(字与可),恰于几个月前在湖州辞世。

文同曾在陕西汉中做官,以画竹闻名于世,他首创不必先勾勒轮廓而落笔即成的写意画法,被誉为"胸有成竹"。他为人清高,当一些富豪仰慕其名,拿着雪白的鹅溪绢来求画时,他将素绢抛在地上说,我直拿它当袜子布。他的竹图只赠给懂得他作品的文友。他赠给苏轼的《筼筜谷偃竹图》就是一幅杰出作品。苏轼到达湖州后,在收拾东西时看到这幅画,想起不久前在这里去世的堂兄,不禁潸然泪下。

这些年,苏轼所到之地,自然灾害都很严重。他离开徐州的前一年,还成功地组织过一次大规模的抗洪。谁知到了湖州这山清水秀的鱼米之乡,所看到的还是土地蛮荒,民不聊生的萧条景象。他立即着手抗灾,号召乡民们不要抛离热土,一起留下来重整家园。正当此际,弟弟苏辙派人送来难以置信的消息:皇帝亲自下令,要把他逮捕押解进京。

自宋神宗采纳王安石的新法以来,十年间,朝廷中始终没有平静过,围绕新法的实施,革新与反革新的斗争愈演愈烈。熙宁七年(1074),王安石第一次被罢相,以观文殿学士知江宁府。借变法之机爬上来的野心家吕惠卿便想取而代之。吕惠卿一面假惺惺在皇上面前挽留王安石,另一方面则在暗中散布对王安石不利的言论,对有希望接替相位的韩绛大加攻击。韩绛自知不是这个阴谋家的对手,就联络一些人恳请神宗皇帝再次起用王安石为相。第二年,王安石二度任宰相,这一次只干了一年,就被吕惠卿及其同党攻了下来。至此,王安石变法宣告彻底失败,而这场政治斗争也蜕变为党派之争,这个阴影在此后几十年间,一直困扰着朝廷,大大损失了宋王朝的元气。

苏轼就是在这种背景下身陷囹圄的。

这件事的直接导火线是他刚到湖州时,按照惯例给皇帝上的一封谢表。《湖州谢表》中有这样两句话:"知其愚不识时,难以追陪新进;察其老不生事,或能牧养小民。"这本来是一种自我解嘲,意思是说苏轼我不合时宜,不能追随朝廷中的新派人物,还是少惹是生非,就在这个小地方当个百姓的父母官吧。谁料"新进"二字大大影射了新贵们,加上苏轼平时言语唐突,眼中掺不进一粒沙子,喉咙容不得半丝鱼刺,遇到看不惯的事就讥讽一番,无形中得罪了一些人,碰到这个机会便群起而攻之。

一马当先的便是佛印和尚那位同母异父的兄弟李定。李定此时正做着御史中丞,他与监察御史舒亶接二连三对苏轼进行弹劾。他们由"新进"联系到"新法",由"新法"联系到皇帝,按照他们的逻辑,反新进就是反新法,反新法就是反皇帝。为了加重罪名,苏

轼的诗集《钱塘集》也成了佐证。他们将诗中的含义任意引申，或断章取义，或肆意夸张，呈献在神宗面前。此时的宰相王珪是个平庸之辈，他为了巩固自己的地位，也随声附和攻击苏轼。

宋神宗是个求贤若渴的皇帝，他虽然从政治上排斥反对新法的大臣，但对苏轼的文章一直青睐有加。这大概也是苏轼遭人嫉恨的原因之一。但是，再有见解的皇帝也抵不住左右宠臣的轮番轰炸，他终于怀疑苏轼是否真的有谋反之心，便下令将苏轼押解进京。不过，当李定等人要求在押解路上，将苏轼寄监夜宿时，神宗没有批准，他说，不过是个诗文案子，押解途中何必一定要寄监呢？

李定总算拿到了逮捕令，但真要执行时，这班人却个个无端退缩。众所周知，苏轼是当朝大才子，在民间威望很高，去捉他的人无疑是冒天下之大不韪。这时，一个叫皇甫遵的人自己跳了出来。皇甫遵官为太常博士，是个掂不出斤两的小人。他领了这个差使，便虚张声势地带着儿子昼夜兼程，直奔湖州而去。

苏轼有位好友叫王诜，是一位驸马，他娶了英宗的二女儿为妻，虽然他们夫妇关系并不融洽，但毕竟是皇亲，消息比较灵通。他听到逮捕苏轼的消息后，赶紧派快马通知苏辙，由苏辙再派家人奔往湖州。抓人的和报信的在通往湖州的驿路上展开竞赛。也是天公有意，皇甫遵的儿子在路上染病卧倒，人马停下来休息一天，这就给了送信人一个机会，赶在头一天晚上到达湖州府衙。

苏轼见到苏辙的来信，十分惊讶，思来想去，除了不赞成新法，自己并无冒犯龙威的地方。他与副手祖无颇商量，祖无颇说："你现在还是朝廷命官，并没见到撤职的命令，当然应当以太守的身份接待朝廷派来的人。"

次日，皇甫遵一行到达湖州，直奔府衙大堂。苏轼身穿官袍，足踏朝靴出来见他。这个无赖的家伙吹胡子瞪眼，一言不发地貌视着苏轼，凶神恶煞，空气紧张到极点。苏轼上前一步道："想我必定有得罪皇上的地方，今天必是赐死了。自己死无遗憾，只求给点时间，到后堂与夫人告别，安排好后事再死。"皇甫遵这才从牙缝里蹦出几个字："还不至于去死。"站在一旁的祖无颇这才上前提醒："太常博士必定带着朝廷的公文吧。"皇甫遵不无傲慢问："你是什么人？"祖无颇报出身份后，皇甫遵才将文书交出来，仅仅是一纸拘捕令而已。

皇甫遵令人除去苏轼头上的乌纱，说话间就要将枷锁套在苏轼项上。苏轼再次请求与家人告别，这才获准。

夫人王闰之、侍女王朝云等早已哭作一团。苏轼佯装出笑脸安慰她们。他知道王闰之是个秉性柔弱的女子，哪里见过这种世面？他走了之后，不知她如何支撑起这个家庭，于是故作轻松地给她讲了一个笑话。他讲的是真宗朝有个叫杨朴的人，平时爱做些怪诗，真宗听说了，传他上朝面君，他从容地去了。真宗问他是否会写诗，他说自己的诗写得很一般，倒是老妻送他出家门时写了一首告别诗，诗中说："且休落托贪杯酒，更莫猖狂爱吟诗。今日捉将官里去，这回断送老头皮。"真宗听了这首打油诗，龙颜大悦，把杨朴放了，让他回家与老妻团聚。苏轼对王闰之说："今天我也碰到类似的情况，你能不能学杨朴的妻子，也给我作上一首诗？"王闰之虽不能诗，但总算是被这故事逗乐了。苏轼被带走后，她强打精神，把被抄得一片狼藉的家收拾起来。她一气之下，令人把苏轼的诗文稿

子拿去烧掉，幸存余下的不足三分之一。幸亏这位才子誉满天下，他的诗文早已传抄出去，否则，将会成为文学史上的一大遗憾。

长子苏迈随同苏轼一同上路。他们在太湖岸边登船，湖州的父老乡亲聚集了一岸，他们看见自己的父母官忽然之间被皇上抓走，像抓一只鸡鸭，十分痛心。送行者的哭声传出很远。

押解船行驶在平静的湖面。天色暗将下去，不一会，月亮升起来了，万顷碧波荡漾着鱼鳞般的银光。船桨拍打着水面，发出单调的响声。苏轼靠在窗前，忽然想起楚大夫屈原，真想学他的样子，一头扎进湖水，以此来清洗自己的耻辱。但他又想起自己的妻儿老小，想起弟弟苏辙，如果自己死了，他们将如何活下去？遂断了死念。

到达京城开封后，苏轼被直接押进御史台的大狱里。因院中栽有几株百年老树，引来成千上万只乌鸦在枝杈间作窝安居，御史台又被称作乌台，这就是苏轼这场文字狱被称作"乌台诗案"的缘由。

狱吏们听说牢房押的是一位大诗人，都争先恐后来看，凭直觉，他们判定苏轼不是坏人。有一位好心的老狱卒对苏轼特别关照，每晚为他打热水洗脚。当苏迈前来探监送饭时，总是给予种种方便。

苏轼并未彻底打消死的念头，他甚至将随身携带的丹丸密藏起来，准备到了无法忍受折磨时，过量服用，一死了之。他与苏迈约定，平时送饭只送蔬菜和肉，若打听到给他判死罪的消息，就送鱼进来。有一次，苏迈有事不能送饭，托京城里的一位亲戚代劳，匆忙中忘记嘱托这件事。那亲戚知道苏轼一向爱吃鱼，便一片好心弄了一尾鲜鱼，下功夫做熟了送进牢房。苏轼一看见碗中盛着一条鱼，以为死期不远，便写了两首绝命诗。

第一首绝命诗是写给弟弟苏辙的，诗中说：

圣主如天万物春，小臣愚暗自忘身。百年未满先偿债，十口无家更累人。是处青山可埋骨，他年夜雨独伤神。与君世世为兄弟，更结人间未了因。

第二首绝命诗是写给夫人和儿子的：

柏台霜气夜凄凄，风动琅珰月向低。梦绕云山心似鹿，魂飞汤火命如鸡。眼中犀角真吾子，身后中衣愧老妻。百岁神游定何处，桐乡知葬浙江西。

诗句凄切婉清，满含着依依不舍之情，夫妇和父子之爱。苏轼连自己死后的葬身之地都选择好了。他想长眠在"浙江西"，实际上已把江南视为自己的第二故乡。

误会当然很快就消除了，这两首面临绝境时写下的诗却长留人间。

苏轼是盛夏被抓进监牢的，对他的审讯直至初冬才结束。一场陷害和营救之间的斗争激烈地进行着。

李定、舒亶、王珪等人必欲置苏轼于死地而后快。他们四处收集材料，罗织罪名，为苏轼概括了四条罪状。一是泥古不化，坚持自己的错误见解；二是狂傲不驯，目无他人；三是能言善辩，危害更大；四是语言犯上，冒犯当今皇上。尤其最末一条，被发挥得淋漓尽致，他们无非是想激怒神宗，让他把苏轼当成一个犯上作乱的反叛分子处死。他们一方面将苏轼表达对新法不满的诗加以夸张，另一方面将一些一般的状物说理的诗牵强附会，说成含沙射影，讥讽当今。例如苏轼有一首咏秀才王复宅子里双桧的诗，诗中说："凛然相对敢相欺，直干凌空未要奇。根到九泉无曲处，世间唯有蛰龙知。"这原本是说桧树

的,王珪非要把它和大宋王朝的根基联系起来。他说"龙"不就是"真龙天子"吗?"蛰龙"是否苏轼自比,想要篡夺皇位?这种解释连神宗都感到兴味索然,他看了案宗后不厌其烦地说:"他吟咏他的桧树,与朕有什么相干?"

与此同时,不少正义风骨的人士也四处奔走,为苏轼打抱不平。令人感叹的是,他们当中不仅有保守派,也有不少革新派人物。

张方平与苏家是世交,此时已致仕隐居南京。听说苏轼获罪下狱,便修了一封言辞激烈的奏折,派儿子张恕送抵京城。张恕深知这封奏折的分量,若让神宗看见必定会勃然大怒,说不定还会起反作用,便没有送上去。后来苏轼见到了这个折子的副本,连连咋舌,是张恕救了我这条命。

作为同胞兄弟,苏辙更是倾尽全力。苏辙与苏轼的性格大不相同。他沉默寡言,为人谨慎,虽然对新法也抱着反对态度,但从不高谈阔论、大加抨击,因此避免许多灾祸。在此之前,他也曾好言相劝,提醒哥哥少发点议论,无奈江山易改,本性难移,到底惹出这场大祸来。苏辙为了挽救兄长的生命,正式向皇帝上书,要求革去自己的官职,以赎苏轼之罪。

朝中重臣吴充、章惇则以历史上的许多明君为例,劝说神宗珍爱人才,容纳不同意见。他们说,如果因为有人发表了不同政见就把他杀掉,皇上就会背上昏愦的恶名,岂不是要被后世嘲笑?这个理由对爱惜名声的神宗很有说服力。

二次罢相的王安石,此时在南京钟山修起一座宅子,命名为半山堂,隐居起来,不愿再过问朝政。苏轼被捕的消息使他十分震惊,他破例与弟弟王安礼一齐出面,一个上书,一个面奏,向神宗进言,论述盛世不杀才士的道理。

连病得奄奄一息的太皇太后都出来说话了。曹太后是宋仁宗的皇后,她把孙子叫到病床前训话,说当初二苏登科时,仁宗亲自对她说,为子孙得了两个相才。如今苏轼入狱,必定是遭人诬陷。曹太后搬出先皇的招牌,也起了很大作用。

总之,经过再三考虑,宋神宗推翻了李定等人的结论,决定无罪释放苏轼。元丰二年(1079)腊月底,神宗下诏贬苏轼为黄州团练副使,"本州安置,不得签书公事";贬苏辙为筠州酒监。乌台诗案共株连大小官员数十人,如王诜、张方平、范镇、司马光等,均被罚铜30斤、20斤不等。

赤壁绝唱

大年三十,苏轼从御史台大狱里出来,惊魂甫定,次日就登上去黄州的路。他带着长子苏迈,冒着风雪,走了一个月。快到黄州地界,远远看见有人打着青伞,牵着白马,立在路边,原来是在凤翔结识的好友陈慥接他来了。陈慥此时已在黄州附近的歧亭归隐。苏轼父子在歧亭休息了五天,渐渐恢复元气。

黄州太守徐君猷久慕苏轼诗名,并不因他是贬官而怠慢于他,不仅为苏轼摆酒接风,还为他在定惠院安排了临时住处。

苏轼住在定惠院,心情十分孤寂,忍不住给旧日的朋友写了许多信,其中有不少是因

乌台诗案受株连而被贬到各地的同僚。他收到一些回信，但更多的人不愿继续和他来往，至此，他才体会到了世态炎凉的真正内涵，开始对人生进行更深一步的思考。

一段时间之后，他的妻儿老小共十几口人奔来与他团聚。他搬到临近长江的临皋亭居住，这里视通万里，据说卧在靠窗的榻上，就可以看见长江上千帆竞发的景致。

大概就是在这里，他正式收王朝云为妾。

苏轼由一名五品知府而身陷囹圄，家中仆妇佣人都飞鸟各投林了，只剩下几名忠心的老家人不忍离去，伺候着夫人王闰之和两位小公子苏迨、苏过。家中歌舞班子也被解散，只有当年在杭州收来的歌妓王朝云不肯离开苏家，这位聪明善良的姑娘此时已出脱得容貌端庄、身材婀娜。她十分爱慕自己的主人，并不因他遭到横祸而改变初衷。她是王闰之的一位得力帮手。她能追随苏家来到黄州，使苏轼感动万分而对她格外敬重。

生活艰难，经济困窘。好在黄州是个小地方，物价比较低，全家才得以靠苏轼那点微薄的薪俸养家糊口。书生自有书生理财的办法。苏轼每个月初，把四千五百个大钱分为三十串，悬挂在屋梁上，每天早晨用叉子挑下来一串，然后把叉子藏起来。一天用下来，如果这串钱还有点节余，就丢进匣子，准备家中有客人来时买酒用。这项家政措施虽简单，却保证全家不致因计划不周而断炊。

接二连三，一些青年学子到黄州投奔苏轼，杭州时结识的诗僧道潜（即参寥子）也来了。家中人口越来越多，好朋友马正卿便为苏轼争取到黄州城东边的一块荒废多年的坡地，约有十亩大小，苏轼开始指挥这一群人垦荒种地。他们去掉石块，烧掉荒草，在犁地时竟发现了暗井和泉眼。功夫不负有心人，第二年，这里便庄稼茂盛，果桑成荫。当地老农对苏轼说，越冬小麦要让牛羊践踏踩蹦，来年便有好收成。苏轼照着做了，果然获得大丰收。开荒种田的收入大大地改变了苏家的经济状况，全家人的心情也舒畅起来。

他们家仍住在临皋亭，此时的黄州人每天早晨看见苏轼先生率领着自己的农耕队穿过镇子到城东坡地上耕作，日落时分，又见他们唱着歌向家中走去。冬天到了，田里的活计不多，他们便在田畔盖了几间房舍，又为苏轼盖了一间书房，书房落成时，恰逢天降瑞雪，苏轼诗兴大发，随手在书房四壁画了许多雪景，这间书房便被命名为雪堂。苏轼从此也有了自己万世流芳的号：东坡。

四川籍的苏轼向来以美食家著称，现在他更有兴趣研究烹调艺术。黄州猪肉便宜，他常用文火炖上大半夜，炖得又酥又烂，早晨吃上一碗，十分可口。后来人们把这种肉叫"东坡肉"。他还用鲜嫩的荠菜与米一起煮菜粥，又好吃，又有营养。

他渐渐变成一位地地道道的农民，脸晒得乌黑，手变得粗糙，穿着平民的服装，在集市上和农夫渔民拥来挤去，遇到粗鲁无礼之辈，还被呵斥一顿，他并不在意，倒是十分同情下层百姓的疾苦。

与黄州隔江相望的武昌（即现在的鄂城）乡村有一种陋习，即每户人家只养两男一女，再生下孩子，就按进水盆溺死。苏轼得知这种事情，又惊又悲，便写信给武昌太守朱寿昌，希望他以严令禁止杀婴。苏轼是伟大的人道主义者，早在徐州任太守时，遇到荒歉之年，他就曾绕城拾取弃婴，还发起建立收养弃婴的机构。现在他推广并发扬这种善举，建议对那些因贫穷养不起孩子的人家，予以适当赈济。朱太守采纳了他的主张，因此挽救了许多小生命，并不忍心杀死亲生骨肉的父母们也十分感激苏轼。

黄州并不是著名的风景胜地，但在诗人眼中，大自然的魅力永远是强烈而神奇的。当生活有了基本的依靠后，苏轼又开始了他的游山玩水。山溪间的兰芽，岩隙中的老树，都令他惊喜非常因而流连其中。上从太守，下至村夫，都有可能成为他的游伴。有一天夜里，苏轼不知缘故失眠了，便起身走到附近的承天寺找一位叫作张怀明的人聊天，这次普通的访问成就了他一篇著名的游记《记承天寺夜游》，全文不过百字：

元丰六年十月十二日夜，解衣欲睡，月色入户，欣然起行。念无与乐者，遂至承天寺寻张怀明。亦未寝，相与步于中庭。庭下如积水空明，水中藻荇交横，盖竹柏影也。何夜无月，何处无竹柏，但少闲人如吾两人耳。

读来令人有身临其境之感。这篇短文遂成了游记典范。

有时他也到歧亭看望陈慥。陈慥的妻子说话粗声大气，他便作了一首小诗打趣："龙丘居士亦可怜，谈空说有夜不眠。忽闻河东狮子吼，拄杖落地心茫然。"这本是友人之间的戏谑之作，因为形象而生动地描绘了陈慥的神态，而使陈夫人永远地背上了泼妇的恶名，至今人们仍把厉害的太太比做"河东狮吼"。

这时发生了一件事情，使人们记起苏轼的流放者身份，说明他并不是一个自由人。有天晚上，苏轼邀请朋友在东坡雪堂喝酒，回到家中夜已经深了，守门人睡得很死，听不到他拍门的声音，他即兴作了一首词：

夜饮东坡醉复醒，归来仿佛三更。家童鼻息已雷鸣，敲门都不应，倚杖听江声。

长恨此身非我有，何时忘却营营。夜阑风静谷纹平，小舟从此逝，江海寄余生。

不料这首词很快传到徐君猷太守耳中，他大为惊讶。虽然徐君猷对待苏轼像密友一般，却从未忘记自己作为地方长官，有责任监视苏轼的行动。他从词中理解出苏轼的满腹牢骚，以为苏轼真的乘小舟逃走了，这可了不得。徐太守亲临皋亭打探消息，却发现苏轼躺在床上酣睡，徐太守这才如释重负。

黄州生活是苏轼一生中的重大转折，也是他文学成就的巅峰期。可以说，苏轼最具有代表性的作品，便是在黄州完成的，这就是人们常常说起的一词两赋。

黄州城西临长江有一座突进江水的巨大石崖，因石色呈褚红，形状酷似兽鼻，当地人称它为"赤鼻矶"，爱说古的老人便把它与三国时的赤壁之战联系起来。其实，三国时曹操与孙权之间那场著名的战役发生在上游夏口（即现在的武昌）以西的长江南岸，距此有几百里地呢。苏轼心中很明白这一点，却将错就错，借眼前之"赤鼻"，说三国之"赤壁"，发思古之幽情，吊古战场之英烈。他因赤壁而作的一词两赋问世以后，这里便被公认为"东坡赤壁"，也称作"文赤壁"，成为长江上的一道风景，引来游人无数，甚至超过了"武赤壁"。

唐末宋初，词作为一种文体，主要用来歌风吟月，大多是才子佳人的抒情遣怀之作，格调以缠绵悱恻、低吟浅唱者为主。其代表人物如晚唐"花间派"、宋初柳永、张先，包括苏轼的恩师欧阳修，甚至古板正经的王安石，都未脱离婉约的模式。只有到了苏轼手中，词的调子才发生了根本性变化。站在红色的巨石上，面对滔滔长江之水，苏轼回想起江面上曾经发生过的血与火的战争奇观，禁不住慷慨陈辞。

大江东去，浪淘尽千古风流人物。故垒西边，人道是三国周郎赤壁。乱石崩云，惊涛裂岸，卷起千堆雪。江山如画，一时多少豪杰。　　遥想公瑾当年，小乔初嫁了，雄姿

英发。羽扇纶巾,谈笑间樯橹灰飞烟灭。故国神游,多情应笑我,早生华发。人间如梦,一樽还酹江月。

这首铿锵有力的《念奴娇·赤壁怀古》写成以后,苏轼照例先交给爱妾王朝云去唱。朝云配上曲谱,竟唱不下去,自己哑然失笑了,她对苏轼说:"像柳永的词,让二八女郎,手执红牙板,轻声曼气地唱'杨柳岸、晓风残月',非常合适。而先生您这种词,只该让关西大汉,击打着铁砧,粗着喉咙喊:'大江东去……'"

朝云果然是位知音,她一语道破了东坡词的独特境界和特点。苏东坡首开豪放派词之先河,让词从青楼闺阁中走向广阔的天地间。

如果说,这首词着重于怀念和感慨古代英雄事迹,那么,《前赤壁赋》和《后赤壁赋》则从怀古引出关于自然、宇宙、人生的畅想和哲理的思考。

《前赤壁赋》成于元丰五年(1082)七月,记叙了他与友人泛舟长江、夜游赤壁的情景。

那是一个天青月亮的初秋夜晚,苏东坡和客人乘小舟到赤壁下游玩。清风徐徐,波澜不惊。苏东坡举起酒杯请客人同饮,一起吟诵曹操的"月明星稀、乌鹊南飞"和《诗经》中的《月出》。不一会儿,月亮从东山升起,移动在北斗和牵牛星座之间。此时,白露横江,水天相接。他们乘坐的小舟像一片苇叶,在万顷波涛中跌宕起伏。江天浩然,使人像在天空中乘风飞翔,简直不知会到达什么地方,飘飘然像离开了人间,人成了长着羽翅的仙人。大家快乐地饮起酒,敲着船帮唱歌。歌中说:"桂木做成的棹,兰叶做成的桨,击打着月影,逆流而上。胸怀广阔悠远,想念着心中的美人却天各一方。"客人吹起了洞箫,和着幽怨的歌声,如泣如诉,余音萦绕不散,感动得水中蛟龙腾动,舟中孤独的渔妇抽泣不止。苏轼有些伤感,坐直身子问客人:"你为什么如此悲哀?"客人说:"'月明星稀,乌鹊南飞'不是曹孟德的诗吗?西望夏口,东望武昌,在这郁郁葱葱、连绵不绝的山水间,不正是周瑜陷曹孟德于困境的地方吗?当初他破荆州、下江陵,顺江东下时的船队首尾有千里之长,旌旗遮天蔽日,而他临江饮酒、横槊赋诗,堪称一时英豪,而今天曹操到哪里去了?何况你我,与渔民樵夫在江渚之上,与鱼虾为伴与麋鹿为友,驾一叶小舟,互相举杯,就好像飞翔在天地间的蜉蝣,又像沧海之一粟。我为人生的短暂而哀伤,羡慕长江的无穷无尽。我真希望能与仙人一起遨游太空,与明月一样永生。又知道这是不可能的,所以把感想寄托在箫声与秋风中。"苏轼说:"你可知道水和月的运行规则吗?江水流过去了,却并未消失,月亮忽盈忽方,却没有增减。从变化的角度来看,天地没有相同的一瞬间。从不变的角度来看,则一切事物都是永存的。又有什么可羡慕的?况且天地万物,各有其主。不是自己拥有的,一丝一毫都不要取。只有这江上的清风,山间的明月,听到的就是声音,看到的就是形状,取之不尽,用之不竭,这是造物主赐给我们的永久,我们应当共享啊!"客人高兴地笑了。大家把杯换盏,把剩下的果菜一扫而光。杯盘狼藉,也不整理,互相枕着在舟中睡去,不知不觉东方天亮了。

《后赤壁赋》记叙的是三个月之后的事。同年十月十五日,苏东坡从雪堂出来,打算回临皋亭家中。两位客人和他一同路过黄泥坂。路上可见霜痕斑斑,树叶已剥落殆尽。看到地上的人影,才想起仰望天空的月亮,大家都高兴起来,歌声此起彼伏。苏轼感叹道:"有客人无美酒,有美酒无菜肴。这么好的清风明月,这么好的夜晚,该做些什么?"客人说:"傍晚时我网得一条鱼,巨口细鳞,好像是人们常说的松鲈。可哪儿能搞到酒呢?"

苏轼回到家中和妻子商讨,妻说:"有一坛酒我已珍藏了很久,正是为了你的不时之需。"于是带上酒和鱼,又来到赤壁下。江水汩汩作声,陡峭的山崖好像有千尺之高。山高显得月小,水位下降后石头自然裸露出来。才短短几个月,江山已面目全非,让人无法相认。苏轼提着衣襟,向崎岖的山石小路上攀登,他来到人迹罕至的山顶,俯身向下,喊两位客人,那二人都不敢跟上来。苏轼的声音划破夜空,草木为之震颤,一时间山鸣谷应,风动水涌。苏轼顿时产生孤凄之感,有些害怕,赶快返回舟中,将船划到中流,然后任其飘荡。这时已到了夜半,四周没有一点声音。恰有一只孤鹤从对岸飞过来,翅膀像车轮,黑裳白衣,嘎嘎鸣叫着,掠过小船向西飞去。客人走后,苏轼醉睡,梦中见一道士,穿着羽毛衣裳,翩然而过临皋亭下,他向苏轼作了一揖说:"赤壁之游快乐吗?"问他姓名,他不作答。"哈哈!"苏轼恍然大悟。"昨天夜里,那鸣叫着从我头上飞过的,就是你吧?"道士也笑了。苏轼从梦中惊醒,开门去看,却什么人都没有。

除了一词两赋外,苏轼在黄州期间的作品很多,真可谓不胜枚举,美不胜收。

仕途风云

苏轼在黄州,一住就是五年。在此期间,远在京城皇宫中的神宗皇帝,一天也没有忘记他。每当苏轼有新作传到禁苑中,神宗都反复诵读,爱不释手。据高太后说,神宗吃饭时只要放下筷子,一定是想读苏轼的文章了。这位有雄心有抱负的皇帝,在王安石变法失败后,也在不断思考,他几次都想起用苏轼等人,终因新党阻止而作罢。

元丰七年(1084)四月,神宗下手谕令苏轼迁到离京城较近的汝州。苏轼依依惜别,告别了自己亲手建造的东坡家园,又登上北去的路程。黄州的百姓成群结队前来送行。陈慥、道潜等几位最要好的朋友则把他送到九江。他们同游风光旖旎的庐山。苏轼写了几首诗,其中最著名的是《题西林壁》:"横看成岭侧成峰,远近高低各不同。不识庐山真面目,只缘身在此山中。"这是一首绝妙的写景诗,更是一首意旨深刻的哲理诗。告别陈慥等人后,苏轼继续东行,他与儿子苏迈同游石钟山,写了一篇游记《石钟山记》,从此这座临江小山声名大震。

初夏时节,苏轼一家先后到达金陵。二次罢相后一直隐居在此的王安石,穿着平民装着,骑着毛驴到江岸迎接他。苏轼也身着平民服装与这位当年针锋相对的政敌相见。他们虽分属不同的政治派别,却彼此十分仰慕对方的才华。在这难得相遇的日子里,彼此诗词唱和,倒也乐在其中。只是在不经意间提到当年的人和事时,王安石有些谨慎。他是让吕惠卿之类两面三刀的家伙害苦了,很担心苏轼出言随便,再闯下新的祸端。

在金陵逗留期间,苏家发生了一件很不幸的事,王朝云头年生下的小儿子苏遁夭折了。这孩子才满十个月,眉眼生得与苏轼十分相像,被视为掌上明珠。也许是年纪太小,耐不住旅途风尘,染上了惊风之症,不出几天,一个活蹦乱跳的孩子便咽了气。苏轼夫妇二人老泪纵横,王朝云更是昼夜以泪洗面,其哭声凄惨,令人心碎。朝云自此后再未生育。

此后的旅途上,全家人心情沉重,苏轼再也没有心思游山玩水。盘缠也日趋窘迫。

到达泗州时,苏轼上表要求留在常州府的宜兴县居住,因他在杭州任通判之职时,曾在此处置了几亩薄田,神宗恩准了他的请求。不久以后,神宗便驾崩了。

神宗弥留之际,高太后便开始主持朝政。神宗的太子才十岁,他就是后来的哲宗。十岁的小皇帝当然什么都不懂,一切唯祖母是听。高太后升为太皇太后,她是一名果断的王安石变法的反对派。她立即废除新法,任命司马光为宰相,把新党一个个逐出京城。因哲宗登基后的年号为元祐,这一时期的政治动荡在历史上称作"元祐更化"。

苏轼的命运因此而发生新的转折。

他被任命为登州太守。登州滨海,常有海市蜃楼奇观出现。苏轼一到登州,就祈祷自己能有亲眼一见海市蜃楼的机会,不出三天,他就如愿以偿。五天后,他又接到新的圣旨,令他立即赴京入朝。

苏轼的政治生涯达到了一生中最辉煌的时期。短短一年中,他连续几次被擢升,先作礼部郎中,后升起居舍人,又升中书舍人,再升翰林学士知制诰,还兼任侍读,也就是说,不但要代皇上起草文件,还兼任小皇帝的老师。算起来,他官至三品。而他的弟弟苏辙,不仅别具才识,且为官勤谨,官最大时做到副宰相。

皇家赏赐给苏轼一袭官袍、一条镶满宝石的玉带、一匹配有金银鞍辔的白马。他每天骑着白马去上朝,轮到值班,就住在皇宫北部的翰林院中,连夜草拟各种诏书。有一次,高太后和哲宗召他面授旨意,然后令人取下御座前的金莲灯送他回书房,这是至高无上荣誉。在此期间,他一共为朝廷起草了800多道诏命。他每月有几天时间必须给哲宗上课。他授课时,不少青年官吏争相旁听。他的文名更加显赫,海内学子每逢到京,都以能拜见苏轼为幸事。当时,最有才华的四位青年:黄庭坚、秦观、晁补之、张耒都拜在他麾下,被称作苏门四学士。

客观地说,冗繁的公务,繁多的应酬,占去了苏轼许多时间和精力,他不可能像在杭州和黄州时那样潜心写作,有些诗作确实是应景之作。但在这个时期,他与云集在京城的书画家,如米芾、李公麟等过往甚密,他在书法绘画及绘画理论上有许多新的发展。由李龙眠绘画、米芾题字的那幅著名的《西园会》图,形象生动,惟妙惟肖地再现了当时以苏轼为首的十六位书画家,在驸马王诜府上聚会时的情景。

苏轼的家庭生活当然也发生了天翻地覆的变化。父亲苏洵在世时,曾在开封买下一所住宅。"乌台诗案"发生后,长子苏迈等人曾在这里住过。后来,为了筹集举家迁往黄州的路费,苏迈将这所房屋卖掉了。现在,他们又买下了另一所更加宽阔的住宅,朝云带着仆人丫鬟将房屋和庭园都收拾得井井有条。孩子们从来没有像现在这样衣食充足,他们可以安心读书了。全家人在苏轼闲暇时一同出游,他们最爱去的地方除去禹王台、繁塔外,便是相国寺。他们有时也到店铺买东西,或上酒楼品尝美味珍馐。黄州东坡时期的艰苦生活仿佛是昨天的一场梦境。

经过"乌台诗案",苏轼大难不死,按说,他应当变得圆滑谨慎起来,至少应当学会自我保护,充分利用自己的名声、地位和影响,好好做上几年太平官,让自己和家人过上舒心日子。但苏轼似乎生来缺乏这种能力,也许命运注定了他的大起大落。因为他的直率和疾恶如仇的性格,他很快便陷入新旧两党的攻击之中。

在他担任中书舍人时,恰逢朝廷贬斥变法时的大红人吕惠卿、李定等人,诏书当然由

他草拟。苏轼举恶不避仇，如实地写出了这些人的恶行，因此引起新党对他的不满。他们故伎重施，总想在苏轼的文章中找到纰漏，以便加在"乌台诗案"的旧账上，新账老账一起算。多亏高太后明察秋毫，屡次驳回诸如此类的诬告陷害，保护了苏轼，才避免了悲剧重演。

保守派对他也未必满意。司马光出任宰相后，全面否定并废除新法。苏轼对此也未置可否。当然，这并不意味着他对王安石变法有了新的看法。当王安石去世时，他代哲宗皇帝草拟过一份敕书，其中对王安石的人品才华大加褒扬，对他的政绩却轻描淡写。苏轼还曾坚决反对以王安石配享宋神宗的祠庙。种种迹象证明，苏轼一生中对王安石的新法都持反对态度。但他是一个实事求是的人。他认为，新法当中也有合理的成分，对老百姓是能带来好处的。他反对废除新法中的合理部分。

有一次，针对是否废除免役法的问题，苏轼和司马光在皇帝面前展开激烈辩论，两人争得面红耳赤。下得朝来，苏轼还连说："司马牛、司马牛。"吃过晚饭后，他的气还未全消，捧着肚子在院子里踱来踱去。婢女们看他这副样子，都掩了嘴笑。苏轼看见后便问："你们只知道笑，可知道我肚子里装的是什么？"一婢说，当然是饭食了。另一婢说，是一肚子好文章，朝云在一旁默而不作。苏轼又让她回答，朝云干干脆脆地说："依我之见，先生一肚皮的不合时宜。"苏轼大笑道："还是朝云最知我心。"说话间，气已消了大半。

不久之后，司马光也辞世了。在丧礼上，苏轼与理学家程颐又发生了冲突。

程颐与胞弟程灏开创了儒家的一个学派，称之为理学，到了南宋时，经朱熹发扬光大，又被称为程朱理学。这个学派强化了儒学刻板保守的一面，其道德主张十分苛刻。一向思想独立，行为旷达的苏轼当然不能接受这个学派。他与程颐在理论和实践上的矛盾就不可避免。

司马光逝世时，恰好满朝文武正在为宋神宗举行灵牌入祠的典礼。皇家的丧仪完成后，苏轼等一群官员赶到司马光家吊唁。主持司马光丧事的程颐把住大门不准他们进府。他说："按照孔老夫子的教导，应哭泣的丧葬日子不能唱歌。你们参加了神宗牌位入祠仪式，必然刚刚听了音乐，怎么能跑来哭丧呢？"大家面面相觑。苏轼便上前回答："孔夫子说哭泣的日子里不能唱歌，又没说唱歌的日子不能哭泣。"程颐一时无言以对。官员们一拥而入。进得府来，却又不见司马光的儿子来迎接，原来又是这位程颐先生不允许。他说，按照古制，孝子应在后堂大悲大恸，怎么能站在灵前接待客人呢？苏轼为此又把程颐指斥了一通。自此，二人产生怨恨。苏轼很讨厌理学家的矫揉造作。

苏轼并非不知道自己开罪人太多，他只是身不由己。他曾说，如果人云亦云，随波逐流，自己会问心有愧，也对不起皇上。如果知无不言言无不尽，则会四面树敌，"不死即废"。因此，他又连连上疏，再次要求去当地方官。元祐四年（1089），苏轼以龙图阁学士出任杭州太守。

二度莅杭

苏轼一家回到阔别十五年的杭州。故地重游，自有许多感慨。尤其是朝云，这位当

年只有十二岁的小歌妓，如今成了饱经忧虑的少妇。湖山依旧，物是人非，当年的姐妹们都已难觅下落，回过头再看看自己，能够遇到苏学士这样的好人，也算三生有幸。

与通判杭州时相比，苏轼少了许多浪漫，多了几分务实。他认认真真做起父母官来。

他前次离开杭州后，这里遭了一次大饥馑，辖区内死人五十余万。这次来杭第二年，又遇到了连续两年的水灾。由于他有了组织救灾的经验，一方面，将灾前所储蓄的常平仓的米拿出来投放市场，用以平抑米价，另一方面，又向朝廷接连火急奏议，要求减少地方上每年必须上缴国库的贡米数量，并请求发放度牒，以赈济灾民。由于他的努力，杭州大灾之年没有饿死一个人。

水灾必然伴随着瘟疫。为防患于未然，苏轼捐出自己做京官时积累的五十两黄金，夫人闰之和侍妾朝云还拿出了一部分首饰，又从府库中拨了一些银两，用这些资金在西湖边办起了一所医院，无代价为杭州的百姓治病，第一年就治愈一千多人。后来，他离开杭州到别处做官，这家医院还发挥着作用。这大概是中国历史上第一座公费医院。

杭州虽有西湖，但因离海较近，每当钱塘江涨潮时，灌进来的海水不少，使居民饮水含有大量盐分。当年他与陈襄太守治理好的六口甜水井，因设施损坏，已失去作用。苏轼请来一位有经验的老道士，按照他的意见，将竹制的引水管改成瓦管，以增加耐用度。供水系统完善后，杭州人吃水问题得以缓解，苏轼便着手疏浚城内运河和改造西湖的两项大工程。

杭州城内共有两条运河，一为茅山河，一为盐桥河。过不了几年，这两条河就被淤泥堵塞一次。贪官污吏借疏浚之机，大肆敲诈勒索，并将清理出来的污泥随处堆放，居民的生活环境受到影响，却敢怒不敢言。苏轼经过实地勘查，决定将流经郊区的茅山河作为容纳海潮的渠道，盐桥河则接连西湖之水，他利用水位差，控制水的流向，又在两河间建闸，防止海潮涨满时进入盐桥河。经过治理，盐桥河水深八尺，河水清澈，不仅卫生，还大大方便了水路交通。

早在唐朝初年，西湖不过是一榛草丛生的野湖，杭州只是湖边的一个小镇。经过几代人的建设，到了白居易任杭州太守时，已初具规模。白居易对西湖进行了一次大整修。他在湖的北部修筑一条东西走向的长堤，人称白堤。此后西湖才成为一处风景名胜，又经过数代人的修建，湖的四周出现了许多亭台轩榭、寺庙建筑，逐渐绿柳成行，荷菱飘香，越来越美丽了。15年前，苏轼通判杭州时，西湖水面已有十分之二被葑草遮住，到了他再次莅杭时，发现有一半的湖面都长满了葑草，湖底也越来越浅。他估算了一遍，如若不修整，只消二十年左右，西湖就将不复存在了。

他向朝廷申请了一部分资金，自己又筹措了些资金，发动老百姓，积极参与改造工程，很快就动手干了起来。他亲临施工现场指挥，饿了就随便盛一碗粗米饭充饥。民工们见太守如此，干活越发卖力，他们除去葑草，将湖淤泥挖出来，在湖的西侧水面上修出一条十里长堤，与北面的白堤遥遥呼应。堤上共修了六座拱桥，建了几座凉亭，宽宽的大堤两侧，种上柳树和芙蓉，湖中多植荷花菱角。西湖变得又美又实用。

工程竣工时，老百姓抬着猪肉美酒，前往府衙慰劳太守，感谢他为老百姓建立了千秋功业。苏轼大喜，令人将猪肉切成方块，炖得又红又酥，分发给民工们，犒劳筑堤大军，一时间，堤岸上欢声雷动。苏轼欣然提笔，用一首《南歌子》描绘了杭州新貌，其中有这样

两句：

> 古岸开青葑，新渠走碧流。会看光满万家楼。

西湖新景吸引着游人，也吸引着苏轼和他的同僚，他们有机会便在湖上游宴。按照惯例，官员们出游时应当摆出仪仗，苏轼最不喜这些繁杂规矩，又不好破例，他经常令仪仗队抬着空轿子出钱塘门，浩浩荡荡绕湖行走，自己则带两名老兵，从涌金门下船，走水路直奔对岸。他还常常将公案设在葛岭或飞来峰下冷泉亭旁，面对山水胜景，他思路格外清晰，处理起公务来"落笔如风雨"，十分迅速，令同事们惊叹不已。

杭州民间流传着许多关于苏轼的故事，他们甚至坚持说苏轼是杭州本地人。为了感恩戴德，老百姓在苏堤上修了一座特殊的亭子，作为他的生祠，中间悬挂起他的影像，经常顶礼膜拜。后来，人们在葛岭上建起四贤祠，纪念历史上四位对杭州做出突出贡献的人物，他们是李泌、白居易、苏东坡、林逋。

元祐六年（1091），苏轼又被召回京城，高太后有意擢升他为宰相。反对他的人便以其弟苏辙已当了副相为由，提出二苏只能留一的建议。程颐等混淆黑白，竟攻击他在杭州时的所作所为是夸大灾情，还说修整西湖是为了供自己游乐，真是欲加之罪，何患无辞。

苏轼厌弃这些没有止休的政治纷争，他又想到地方上任职了。他先在后颍州（阜阳）、扬州等地为官，时间都不太长。

屡遭贬黜

元祐八年（1093）八月，苏轼的第二位妻子王闰之在京城辞世，苏轼写了《祭亡妻同安郡君文》来追悼她。一个月后，高太后也去世了。一场新的政治动荡又迫在眉睫。

宋哲宗 10 岁登基，朝廷大权一直由高太后执掌。随着年龄的增长，哲宗当然不希望这位祖母再独断专行下去，但碍于情面，他不甘于忍耐。老练多智的高太后并非没有看出孙皇的心思，所以在自己病情日笃时，曾对吕大防、范纯仁（范仲淹之子）等执政大臣说："我百年之后，必定有人教唆皇上与你们为敌，到那时你们应早早归隐，让皇上用他自己的人吧。"高太后果然有先见之明，她还没有气断，19 岁的哲宗就一反常态，开始自作主张了。太后刚驾鹤西归，他便来了一个大换血。吕惠卿、章惇等人又小人得势了，而所谓元祐党人一律遭到贬谪。苏轼当然也逃脱不了厄运。

早在签判凤翔时，苏轼就结识了章惇这个人。有一次，他们相互去游玩，见一个深坑上架着朽木桥，那摇摇欲坠的样子，很让人害怕。苏轼不敢从上边过，章惇却大步流星走了个来回。当时苏轼就暗忖，凡是把自己生命当儿戏的人，杀起人来也会不皱眉头。现在，章惇为了自己的地位和利益，毫不留情地对多年的好友下毒手，他凶相毕露，对苏轼等人大加讨伐。宋哲宗对高太后给自己选定的老师苏轼当然缺乏好感，现在章惇弹劾苏轼，正中自己下怀，立即准奏，贬苏轼到边远地区定州任职。虽然有五年的师生之谊，苏轼离京时要求面见哲宗，都未被获准。

绍圣元年（1094），苏轼又被贬到远在广东的英州，因千里迢迢，他便命长子苏迈带着全家到常州的宜兴县居住就食，他早年买下的那点田产此时成了唯一的凭资。他自己只带着幼子苏过、侍妾王朝云向广东进发。因盘缠缺乏，他身体又不好，便请求改走水路。谁知还没到英州，就接到再贬的命令，朝廷贬他为远宁军节度副使惠州安置。

惠州又名惠阳，位于广州东南方向。苏轼历尽艰辛到达这里以后，稍做调整，便四处浏览，他天生一个乐天派，虽然处在逆境，并不因此郁郁寡欢。他立即被陌生的岭南风光所吸引，尤其是市场上那令人眼花缭乱的水果，他饱尝一顿，之后赋诗道："罗浮山下四时春，卢橘黄梅次第新，日啖荔枝三百颗，不妨长作岭南人。"

惠州生活仿佛是黄州生活的真实写照。他又遇到一位爱他诗才的好太守，又是忙着为自己安排一个新的家园。他忆起黄州的东坡，不过，现在他的田园所在地叫白鹤蜂，房前屋后的果木品种也与长江之滨大相径庭。最让他慰藉的是，惠州西部也有一个大湖，虽不及杭州西湖，却也翠峰缭绕，碧波荡漾。这就是惠州西湖，又名丰湖。他常带着朝云和苏过在湖边漫步。

自爱子苏遁在南京夭折后，朝云便一心向佛。这次到惠州前，苏轼曾动员朝云也去宜兴与全家人生活在一起，他不忍心让这位善良的女子再跟着自己东奔西走。谁知从未与他红过脸的朝云生气了。朝云是如此痴心地爱着自己的主人，她永难忘怀自己是怎样侥幸脱离苦海的，也永难忘怀丈夫怎样手把手教她读书写字，她认定了自己此生离不开苏轼。到惠州后，她跟着一位老尼学佛经，常常为苏轼的命运祈祷。苏轼写了几诗赞扬她，其中一首是："不似杨枝别乐天，恰似通德伴伶玄。阿奴络秀不同老，天女维摩总解禅。经卷药炉新活计，舞衫歌扇旧姻缘。丹成随我三山去，不作巫阳云雨仙。"这首诗中用典很多，充满了苏轼对朝云的赞叹。

苏轼最喜欢听朝云唱自己的《蝶恋花》词。词曰：

花褪残红青杏小，燕子飞时，绿水人家绕。枝上柳绵吹又少，天涯何处无芳草。墙里秋千墙外道，墙外行人，墙里佳人笑。笑渐不闻声渐消，多情却被无情恼。

有一次，朝云唱到"枝上柳绵吹又少"时，眼泪如断线珠子般落了下来。她是被词中的伤感情绪感染了？还是在怀念家乡？也许是为当世第一才子的沦落天涯而感怀？总之，苏轼从此以后再也没有听到朝云唱这首词。惠州虽好，朝云却不服这方水土，经常生病。绍圣三年（1096）七月，年仅三十四岁的王朝云在惠州与世长辞，临终，她还用微弱的声音念着《金刚经》中的偈语："一切有如法，如梦幻泡影，如露亦如电，当作如是观。"苏轼将他的第三位妻子埋葬在丰湖之畔的栖霞山寺东南山坡上，并为她题写了墓志铭。王朝云虽然仅仅一位侍妾，但她在苏轼最艰难的日子里总是风雨相伴着他，为他分忧解难，苏轼并不因她出身微贱而轻视她，与自己的夫人一视同仁。

已过花甲之年的苏轼仍然关心人民疾苦，痛恨那些不顾百姓死活，只知拍马逢迎以求加官晋爵的小人。他写了一首《荔枝叹》，借古讽今，抒发心中喷闷。虽然远在岭南，他的诗作仍很快能传到京城，政敌们当然也在密切关注他的言行。一次，他偶然写了一首《纵笔》诗，诗中说：

白发萧散满霜风，小阁藤床寄病容。

报道先生春睡美，道人轻打五更钟。

这首诗被章惇看见了，章惇青面獠牙的冷笑道："苏轼居然这般快活？那么就叫他到

儋州去吧。"

儋州即今海南岛。苏轼在继续南迁的路上,听说弟弟也被贬到雷州半岛,正在他前边赶路呢,他快马加鞭,追上苏辙一行。兄弟两人在此时此地相见,悲喜交加,不禁老泪纵横。他们相伴前行,到达海边,苏轼就要渡海去了,此番分别不知何日才能再见,免不了又一番哭泣,一番叮咛。

海南岛此时尚处于半蛮荒状态,生产方式十分原始,生产力极其低下,经济文化落后的程度令人难以置信,苏轼刚到海南时,语言不通,居住环境恶劣,心情十分沮丧,他有时担心自己永远也回不到内地了。为了开导自己,他把世界比成宇宙中的一个小岛。好比浅坑中有水,水中有根稻草,伏在草上的蚂蚁看着四周也是汪洋一片,人类不正是在世界这个宇宙小岛上的蚂蚁吗?也说不定太阳一出,坑水很快干了,蚂蚁不就可以上岸了吗?

海南岛系黎、汉杂居区,民风淳朴。好交朋友的苏轼很快就和当地人混熟了。有一次,他到一个村里办事,恰逢下雨,就向农妇借了一顶斗笠,一双木屐,穿着回到住处。他这身打扮十分搞笑,惹得邻人前仰后合,有人把他这副形象绘成一幅《东坡笠屐图》,一直流传至今。

海南岛处在湿热地带,传染病盛行,苏轼经常托人从内地购来一些草药,自己配成丸药,供不时之需,也送给当地的病人。这里读书人很罕见,自从苏轼到来,不少有见识的人纷纷将子弟送来投师而学艺,他也着实收了不少学生,至今海南仍有当年他讲学的遗址,被称为"东坡书院"。苏轼的学生姜唐佐后来成为海南岛有史以来的第一位进士。苏轼还利用这段时间,修《论语说》和《易传》两书,实现了他多年的夙愿。

苏轼在海南住了三年多,做梦也想不到"水坑"有"干"的一天,他这只"蚂蚁"又能上岸了。

二十七岁的哲宗去世了,他的弟弟徽宗继位。一朝天子一朝臣,徽宗罢了章惇的相,重新启用"元祐党人"。苏轼等健在的贬官们相继奉命内迁。

星殒常州

徽宗是宋代最荒淫无耻的一个皇帝,当然,这在他即位初期还不明显。他罢章惇的相,主要是章惇曾经反对他继承帝位,再加上太后(神宗的皇后)为苏轼兄弟说了一些好话,因此,他们才能够北归。

苏轼在广州与儿孙们团聚,他取水路向北方慢慢行进。路过一个名叫大庾岭的地方时,曾在一间乡村小店休憩,旅店里有一位老翁向随从探问,问来客是不是苏子瞻大人。当老翁得到肯定的回答时,便对苏轼以大礼相待,说:"苏先生被人百般构陷,今天能北归,这是老天在保佑好人呀!"苏轼为此写诗道:

鹤骨霜髯心已灰,青松合抱手亲栽。

问翁大庾岭头住,曾见南迁几人回?

苏轼这首诗是有感而发。此前不久,当他一片希望,写信给自己最得意的学生之一,也是苏门四学士中最有才气的秦观,得到的却是秦观的死讯。这个消息如晴天霹雳,使

他两天粒米未进。

政治斗争的险恶使他最终决定归隐以安度晚年。他开始托人在宜兴买了房屋，也许是宜兴的士大夫们还对他有所戒备，总之，他这个计划未能实现。他又转向常州买房。

有位知己帮他买到一所老屋，房钱已交过，房契也拿到手了。这天傍晚，他在小路上漫游，听到有妇人的哭泣之声，他循声找去，发现是一位老年妇女哭得正伤心。老妇人说，她的儿子不争气，游手好闲，一味挥霍，现在连祖居老屋都让儿子给卖掉了，弄得她没了安身之处了。苏轼再问，方知正是自己买老妇人的祖屋。苏轼当下便将房契焚毁，将房还给老妇人，自己白白贴了一笔钱财。

他只得借住在一位姓孙的朋友家中。

将近一年的旅途奔波，加上他年老体弱，当生活稍稍安定一些时，他便卧榻不起。正赶上江南闷热潮湿的季节，他一直发着高烧，浑身疼痛难忍，夜间更是难挨。伴随着高烧的是止不住的腹泻，接着，他牙根出血，不能进食。他的身体状况迅速恶化，终于崩溃。

建中靖国元年(1101)七月二十八日，一代文坛巨擘苏轼与世长辞，享年六十六岁。

吴越一带的老百姓沉浸在巨大的悲恸中，他们奔走呼号，哭声不绝于市。全国的文人士子纷纷在家中祭奠这位最受尊敬的前辈，为这颗巨星的陨落写下许多情真意切的祭文。

苏轼去世前两个月，写出了他平生最后一首诗。这是在他看到老朋友、著名画家李公麟为他作的画像后所题的一首诗：

> 心似已灰之木，身如不系之舟。
>
> 问汝平生功业？黄州惠州儋州。

这首诗仿佛是苏轼为自己的一生所做出的一个最精练、最恰当的概括。他一生经历了宋朝五个皇帝的统治时期，五个皇帝都承认他的才华和学识，但由于党派之争，更由于他与众不同的品性，他的命运大起大落，几次面临绝境而又峰回路转。在漫长险恶的人生道路上，他从未停止过文学艺术活动，为后世留下了一大批珍贵的精神财富。

按照兄长生前的遗愿，苏辙将苏轼与嫂嫂王闰之的灵柩合葬于一墓，地址选在苏辙任所的汝州郏城县钓台乡。11年后，苏辙去世，也被安葬在这里。这里被人称作小峨眉。

按照兄长的另一个遗愿，苏辙亲自为苏轼题写了墓志铭。这篇《东坡先生墓志铭》不仅是一篇广传后世、情文并茂的好文章，而且为人们研究苏轼的生平事迹提供了最可靠的依据。

爱国诗人

——屈原

名人档案

屈原：芈姓屈氏，名平，字原；又自云名正则，字灵均，汉族，战国末期楚国丹阳人。楚武王熊通之子屈瑕的后代。

生卒时间：约前340~约前278年。

安葬之地：汨罗山。

性格特点：理想崇高，胸怀博爱，不为恶势力所屈服。忧国忧民、行廉志洁。

历史功过：屈原是个诗人，从他开始，中国才有了以文学著称于世的作家。世界文化名人。他创立了"楚辞"这种文体，也开创了"香草美人"的传统。代表作品有《离骚》《九歌》等。

名家评点：被誉为"衣被词人，非一代也"。王逸盛赞屈原"膺忠贞之质，体清洁之性，直如石砥，颜如丹青；进不隐其谋，退不顾其命，此诚绝世之行，俊彦之英也"。近代学者梁启超首推屈原为"中国文学家的老祖宗"。郭沫若评价屈原是"伟大的爱国诗人"，一颗闪耀在"群星丽天的时代"，"尤其是有异彩的一等明星"。闻一多评价屈原是"中国历史上唯一有充分条件称为人民诗人的人"。《中国文学史》评价屈原是"中国有史以来第一个伟大的爱国诗人"。《中国大百科全书·文学》评价屈原为"中国浪漫主义文学的奠基人"。

动荡时代

战国时期是我国古代一个风云变幻的大动荡、大变革的历史时期。林立的各诸侯国，斗争十分激烈。经过厮杀与兼并，出现了齐、楚、燕、韩、赵、魏、秦七个强国并立的局面。然而七个强国的发展却不平衡。

楚国原是江、汉流域的一个蛮族国家,西周时活动在丹阳(今湖北秭归)一带。公元前 689 年楚文王开始建都于郢(今湖北江陵西北),逐渐地强大了起来,兼并了附近的一些小国,扩大了领域。传至楚庄王的时候(前 613~前 591 年)任用孙叔敖为宰相,整顿内政,平定贵族叛乱,兴修水利,发展生产,使楚国一跃而为强国。公元前 606 年,楚庄王曾一度进军洛邑郊外,派人向周天子问九鼎小大轻重,表示有灭周的野心。公元前 597 年,楚国与晋国大战于邲(今河南郑州北),晋军大败。公元前 594 年,楚国又出兵围宋,宋向晋告急,但晋畏楚不敢出兵,此后,中原各国背晋向楚,楚国取代晋国成为霸主。《韩非子·有度》载:"荆(楚)庄王并国二十六,开地三千里。"楚庄王之后,楚国的辉煌时期也随之过去了。但仍不失为一个疆域广大,人口众多,经济、文化都发展到相当高度的一个大国。只是政治制度却比较落后,政权常操纵在腐朽的氏族贵族的手里。

战国初期,许多国家都进行了变法,取得了良好的效果。最早的是魏国,任用李悝进行政治改革,稳定了政局,发展了经济。继魏之后,楚悼王任用吴起实行变法。当时,楚国国势很弱,国内政治黑暗,阶级矛盾尖锐;北面连遭赵、韩、魏三国的侵犯,西北又受秦国的威胁。吴起认为楚国之所以衰弱的原因,是大臣封君的权势太重,上逼人君而下虐民。因此,他主张废除贵族的特权,选贤任能,重振国威。具体的措施是:一、与王族血缘关系远的贵族,立即取消他们的特权。二、无功的封君子孙,传至三世即取消其爵禄。三、迁贵族到荒僻之乡垦荒。四、加强国防,选练士卒,奖励军功。这些办法,使得楚国日益强大。可惜的是坚持的时间不长,楚悼王死后,吴起就被反对变法的贵族所杀害,变法夭折,楚国也无法保持强盛的国势。

与楚国相仿,韩、齐、燕等国也都经过变法运动,在改善政治状况和促进社会经济的发展,也都起过一定的作用。然而,包括最早变法的魏国在内,这些国家的变法都不彻底,所以其国势都难持续地强大下去。而七国中的秦国却是另外一种景象。

秦国原是地处偏僻的雍州,今天的陕西西部的一个小国,不与中原诸侯会盟,中原各国也视之为夷翟。西周灭亡,秦襄公护送平王至洛邑有功,被封为诸侯,以歧为中心,势力逐渐发展起来了。秦穆公时(前 659~前 621 年)任用百里奚等人,整顿内政,发展生产,国家逐渐富强,疆土向东扩展,与晋国接壤。因有晋的阻挡,秦国不能向东发展,于是向西戎地区发展,遂灭许多西戎小国。《史记·秦本纪》记载:"益国十二,开地千里,遂霸西戎。"春秋后期至战国初,秦国社会生产力有了相当的发展。农业中已经使用了铁器,较多的荒地被开垦为良田,经济和社会面貌都有进一步发展。可是,国家政权却被保守的领主贵族所控制,贵族们垄断政权,干预君位的继承,争权夺利,国君权力较小,国力也很弱。在与列国的竞争中,也处于不利的地位。公元前 408 年,魏国占领秦的河西之地,不久,楚国也控制了黔中、汉中、巴等地。这时,中原各国大多进行过改革,社会有所发展,他们都对秦国有鄙视之意。直到秦孝公任用商鞅变法,情况起了根本的变化。

公元前 361 年,秦孝公即位。他是一个有抱负的国君,想要进行彻底的改革,于是下令招贤。商鞅得知后由魏入秦,孝公任命他为左庶长,开始变法。

公元前 359 年至前 350 年,商鞅两次颁布变法命令。其主要的内容:一、奖励军功,禁止私斗。设爵 20 级,有军功者可以授爵。宗室贵族无军功者,没有爵位和特权。二、废除井田制,允许土地买卖。三、奖励耕织,生产多者,可免徭役;从事工商活动及因怠惰而

贫穷的,籍为官奴。四、编制户口,行"连坐"法。另外还有推行县制和统一度量衡等。

在变法的过程中,新旧势力的斗争十分激烈。秦孝公死后,惠王继位,旧贵族趁势反扑,商鞅被车裂处死。但是新法已经实行了20年,使百姓"家给人足",得到人民的欢迎,所以新法得以实行下去。经过变法后的秦国,社会生产力大大发展了,军队的战斗力也大大加强了,其实力已超出其他六国。此后,秦国开始了兼并六国的行动。

楚国由于吴起变法的失败,到了屈原所生活的楚怀王的时代,政治依旧十分腐朽。王室与贵族总是培植自己的私人势力而打击迫害贤能的人。如《离骚》中所揭露的那样"世混浊而嫉贤兮,好蔽美而称恶",总喜欢隐人善处而扬人恶声。他们媚上压下,拼命搜括百姓。这样发展下去的结果,必然是群臣互相妒忌,奸佞方谀奉承,良臣被排斥疏远,百姓离心,城池不修,既无能人又没强大的军事防御。面对强秦的进攻,总是被动挨打。

战国时期,由于经济的发展,政治制度发生巨大的变化,文化思想界也出现了蓬勃活跃的局面。天文学、医学、农学等科学技术有突出的成就;思想界也出现了"百家争鸣",不同学派的诸子,从不同的阶级利益出发,对当时的政治、学术思想展开了热烈的争辩。主要的思想家有孟轲、荀况、庄周、韩非、公孙龙、惠施、邹衍等人。进步的思想家,大都继承了春秋以来盛行的"民本"思想,他们或主张减轻赋税徭役;或主张"举贤任能",推行贤明政治;或主张实行法治,打击旧贵族,建立封建秩序。反动的思想家,则主张恢复领主的统治,或者幻想回复到原始社会。在哲学领域则展开了朴素唯物主义与唯心主义的斗争,辩证思维与形而上学、诡辩术的斗争。这些政治家与思想家们,把自己的思想主张,用优美的散文表达出来。他们往往采用神话传说、历史故事,或自己编写的寓言来说明道理。内容言之有物、非常丰富;行文多运用当时的口语,文章富有文采,人们喜闻乐见,达到很好的宣传效果。

在文学方面,由于我国第一部诗歌总集《诗经》的诞生,给诗歌的现实主义的创作开辟了道路,它从内容到形式都对后世产生了重要的影响。

科技文化的发展,各个学派的争鸣,促进了不同地区文化思想的交流,有利于促进统一的、高度发达的中华民族文化的形成与发展。

中国文化的起源与巫官密切联系在一起,原始的神话传说与重卜祀相结合,形成巫官文化。然而北方中原地区,政治、经济发展较快,文化的发展也突破巫官文化而步入了史官文化,怀疑天命,重视人事,讲求实际,注意总结历史的经验教训。而南方是徙迁江、汉流域的苗族,他们开化较迟,长期以来被中原各国称之为"蛮夷"。他们依然是信巫鬼,重祭祀,处于巫官文化时期。楚国则是南方文化的代表。由于对鬼神的信仰,就大量保存了富于想象的神话;由于巫风的盛行,又推动了音乐、舞蹈的发展。这样就使楚文化与北方文化形成两个不同的体系。战国时期,经过了长期的斗争,南北方文化交流、融合,形成了一个新的文化高涨时期。

屈原就是生活在这样一个大动荡,大变革与文化高涨的时代里。在政治上,他主张改革,要求废除腐朽贵族的特权,选贤任能,富国强兵;在文化上,他一方面发展南方文化富于想象的浪漫特色,另一方面又接受北方文化重视反映社会现实的优良传统的影响,从而创作了像"楚辞"这样优秀的新兴文学,在中华民族文化史上放出耀眼的异彩。

王胄家世

屈原,名平,出身于楚国贵族,与楚王同姓。他的宗祖屈瑕,是楚武王的儿子,被封在屈这个地方,后代便以屈为氏。从家世渊源来讲,屈原与楚王是同一始祖,这个始祖就是传说中的古帝颛顼高阳氏。屈氏为楚国三大家族屈、昭、景(合称"三闾")之一,出过不少显赫的人物。

屈瑕曾做过莫敖,从他的事迹来看,既从事外交活动,又领兵打仗,地位应该是很高。他的后人屈重、屈到、屈建等人也都做过莫敖这个官职。《左传》里还记载了屈氏家族的一个有名人物屈完。他在齐桓公统率诸侯伐楚的时候,曾代表楚国前往召陵(今河南郾师东南)议和,齐桓公却让他同自己一起乘兵车检阅诸侯的军队,并威胁他说:"以此军作战,谁能抵御;以此军攻城,何城不克。"可屈完却回答说:"君若以德义安抚诸侯,谁敢不服;若要用武力,那么楚国以方城山为城,以汉水为城濠,你的军队再多,也没有用处。"于是,屈完与诸侯订立了盟约,成功地完成外交使命。

战国时期,屈氏家族势力较弱。比较有名的人物有大将屈匄。史载在公元前312年,楚秦在丹阳(今河南淅川)一战,楚国大败,屈匄做了秦国的俘虏。到了屈原时,虽然还保持着贵族的身份,但经济状况已经败落了。所以他在《惜诵》中讲了"忽忘身之贱贫"的话。

据传,屈原出生在荆山南麓的夔邑,即今湖北秭归。屈原出生的日期,许多人根据《离骚》中的"摄提贞于孟陬兮,惟庚寅吾以降。"两句诗推算,但因为使用的方法不同所以有几年的差异。有人推算他的生年当在公元前343年到前339年这几年中某一年正月庚寅日。最近有人推算,他的生日既要是夏历正月的朔日,又要是立春,日名还要是庚寅,这样的日子要经过一千多年才重复一次。那么,屈原是生于公元前336年,楚威王四年的正月初一。(见程嘉哲:《屈原生年之"谜"》《北京社会科学》1996年第4期)尽管对屈原的生年有几种不同的意见,但并不影响他主要是生活在楚怀王与楚顷襄王时期这一历史空间(公元前328~前263年),他的政治及诗歌创作的生涯,也是与这一时期楚国的命运紧紧地联系在一起。

在屈原的幼年时期,楚国已面临着相当严重的危机。大约在公元前333年,苏秦至楚,对楚威王说:"楚国的食物贵于玉,柴薪贵于桂,谒者如同鬼一样难得见到,王则如天帝一样难得见到,现在让你的臣民们吃玉烧桂,通过鬼来见天帝,国家能得到强大吗!""大王的亲族,喜欢伤害贤人以培植私人的势力,大肆搜刮百姓,使大王遭人民嫉恨。"(《战国策·楚策》)可见当时楚国经济凋敝,物价飞涨;权贵专横,排挤贤良,各以私人势力互相倾轧;楚王在深宫过着骄奢淫逸的生活;统治者向百姓大肆聚敛,引起人民的憎恨与仇视,国内已是矛盾重重、危机四伏了。显然,经济的衰落、政治的混乱与阶级矛盾的尖锐,使得楚国国势下降。

当时的社会矛盾有三种:一是强秦与六国之间的矛盾;一是楚、齐、魏、韩、赵、燕六国之间的矛盾;一是统治阶级与劳动人民之间的阶级矛盾。

面对着社会的矛盾，楚威王内心感到很恐惧。他曾答复苏秦说："寡人自己料到，以楚抵挡秦国，是不能取胜的！内与群臣策谋，也是靠不住的。寡人是卧不安席，食不甘味，心中飘摇如高悬的旗，而无所终靠。"(《战国策》)

公元前329年，楚威王卒，子怀王继位。在楚怀王在位的30年间，中国社会的形势又发生急剧的变化，各种性质的社会矛盾都尖锐化、明朗化。

屈原，因为他是楚王的同族，自幼就培养了他浓厚的宗国感情。在《离骚》开头的第一句他就写道："帝高阳之苗裔兮"，说明自己是古帝高阳氏的后代，表明了他为有这样一位始祖及其苗裔所建立起的楚国而感到自豪。所以，他一生都把自己的命运与祖国的命运紧紧地联结在一起。

投江自沉

商鞅变法后的秦国，日益强大，并不断向东方扩张。公元前330年，秦与魏战，大胜，斩首八万，得魏割让的河西之地；同年，秦与赵战，杀赵将，占二邑；前324年，秦占魏的陕邑，前322年又占曲沃、平周；前319年，秦与韩战于(今河南陵)，韩败。秦击败韩、赵、魏三国之后，还不断向东方腹地深入，从而形成对六国的严重威胁。

在这一个时期，六国之间虽也不断发生互相兼并的战争，但都感到强秦的扩展对自己的危害，于是六国诸侯就联合起来向秦反攻。在公元前318年(楚怀王十一年)，楚、齐、魏、赵、韩、燕、宋、卫、中山等各组成联军，由楚怀王为领袖，其主力进至函谷关以攻秦。秦出兵反击，六国败退。第二年秦军又打败了韩赵联军，这次反秦的联合行动就这样失败了。此后，六国之间也时战时和。

就在以楚怀王为首联合攻秦之后，20岁左右的屈原大概就在此时开始在朝廷任职，从此登上了政治舞台。

青年时代的屈原，便有很大的抱负，他珍惜时间，刻苦读书，有广博的知识、超人的见识。《史记·屈原传》中讲他："博闻强识，明于治乱，娴于辞令。"是说他记忆力强，见多识广，懂得古今治乱的道理，而且善于辞令，很有口才。楚怀王很信任他，任命他为左徒之职，"入则与王国议国事，出则接遇宾客，应对诸侯。王甚任之。上官大夫与之同列，争宠而心害其能。"看来这是一个兼管内政与外交、参与军国大事的重要职务。有人说，左徒不过是一个文学侍从，相当于今天的机要秘书，虽是国君身边的近臣，官职却并不高。(见程嘉哲:《屈原生年之"谜"》)这不知是否符合屈原在朝廷中的重要地位？左徒官职究竟有多高，虽难以具体的标明，但是与上官大夫同列，这就是一个尺度。然而这还不是问题的实质与关键。《离骚》中说："众女嫉余之蛾眉，谣诼谓余以善淫。"是说因为自己长得美好，召来周围侍王之人的造谣诽谤。如果一个人在朝廷中根本没有地位，在国事中也根本起不到什么作用的话，哪还能召来别人的嫉恨而造谣诽谤吗？显然是不会的。所以，不管左徒是个秘书也好，与大夫同列也罢，总之，他在朝廷中是起到能够影响国君、在"图议国事"中能起到举足轻重的作用，他的地位是很重要的，故而引起一些小人的妒忌，这才是问题的重要所在。

　　屈原敏感地察觉到楚国所存在的种种危机，并认识到这些危机将会导致楚国的灭亡。而这些危机的形成，都是由统治集团和执政者的腐败所造成的。屈原把这些都反映在《离骚》中，他写道："众竞进以贪婪兮，凭不猒乎求索。"大家都争着往上爬，贪婪不已，贪财好利的心全然不知满足。"惟夫党人之偷乐兮，路幽昧以险隘。"有一批糊涂的人们，只会苟且偷安，他们走的路昏暗、狭隘而且危险。"羌内恕己以量人兮，各兴心而嫉妒。"这些人都对自己宽恕，而严格要求并猜忌别人，他们斗着心机而互相嫉妒。总之，他们争权夺利，唯利是图，排挤贤能，任用宵小，从而使楚国政治日益败坏，国势日渐衰微。《离骚》以桀、纣相比："何桀纣之猖披兮，夫唯捷径以窘步。"夏桀和殷纣是怎样的糊涂，总爱贪恋走捷径而屡自跌跤。

　　面对着腐败与危机，屈原心中十分着急。他有责任为振兴楚国而贡献自己的力量，他要"忽奔走以先后兮，及前王之踵武"。即要急速地为祖国效力而前后地奔走，想要追赶上先王的步伐。屈原认为"先王之道"是治世的"规矩墨绳"。"遵道"便可以"得路"。为了使"国富强"，他向楚王建议："奉先功以照下，明法度之嫌疑。"即本先王之遗教而立法度，实行法治；"举贤面授能，循墨绳而不颇。"即要斥退奸邪，任用贤能，遵循先王之道的准绳，不要出偏差；还需要"重仁袭义"作"善事"，行"美政"。屈原认为："皇天无私阿兮，览民德焉错辅。夫维圣哲以茂行兮，苟得用此下土。"皇天是公正无私的，他只保佑有德行的君主，只有具盛德、行美政的人，才能使国家富强。为此，屈原愿努力奋斗"忍而不能舍也，指九天以为正兮，夫唯灵修之故也"。忍耐痛苦绝不抛弃理想，要请上天作证，我只深忧地忠于君王并无他意。

　　开始，楚怀王对屈原还是很信任的，也颇想有一些改革，所以命屈原"造为宪令"，也就是拟制法令。这虽说不是"更张国宪"，改革体制，但从屈原反对腐朽贵族执政的思想来看，他所拟制的法令中会有对上官大夫之流的权贵不利的条文。所以当屈原只写完草稿时，上官大夫企图迫使屈原按自己的意见修改，屈原当然不会答应。于是，上官便在怀王面前诬陷屈原，说"每一令出"，屈原就当众夸耀，归功于己，"以为非我莫能为也"，以此向众人示思而树立自己的威信。不辨真伪的楚怀王，信以为真，"怒而疏屈平"。（《史记·屈原列传》）这显然是一场"正"与"邪"的政治斗争，但是由于怀王不辨忠奸，屈原在斗争中失败了。屈原的政治理想得不到实现，而腐朽贵族的气焰却更为嚣张了，屈原心中充满愤懑和悲伤。他把这忧郁压抑的情绪，通过自己的作品《离骚》宣泄出来。所以《史记》讲："屈平疾王听之不聪也，谗谄之蔽明也，邪曲之害公也，方正之不容，故忧愁幽思而作《离骚》，离骚者，犹离忧也。"

　　在七国争雄的斗争中，屈原是一贯主张联齐反秦的。楚、齐也曾结为纵亲联合在一起，故而秦国也总是想法破坏楚齐两个大国的联盟，以搬掉自己兼并天下道路上的最大障碍。

　　在楚怀王十二年（前317年），联合诸侯攻秦失败之后，秦国便趁机向赵、韩、魏三国发起攻击。楚怀王十三年，秦攻取赵国的西都、中阳。楚怀王十四年，秦攻取韩国的石亭，又战败赵将泥。楚怀王十五年，秦攻取魏国的焦，又打败韩军于岸门。楚怀王十六年，秦再攻赵，占领蔺地，虏赵将赵庄。在秦国的攻击下，韩、魏不得不与秦讲和。这样，楚国北方的韩、魏都成为秦国的盟邦，从而使楚国北部领土处于秦国的军事威胁之下。

在楚怀王十三年,秦曾灭蜀,占领了巴、蜀等地,楚国西部和西南部领土,也都处在秦国的军事威胁之下。

楚怀王十六年(前313年),秦国又欲攻齐,首先要破楚齐的联盟关系。这时屈原已经被楚王疏远了。有人说大概在被疏远之后,屈原被免去左徒之职,而任三闾大夫,专管昭、屈、景三姓子弟的教育工作。从他的诗作《橘颂》中可以看到他对那些贵族青年,特别注重高尚品德的熏陶及爱国主义的教育。此后,或退居故乡。或许正是秦国看到楚国主张楚齐联合的大臣屈原已离去了,容易破坏楚齐的关系,派张仪来到楚国。《史记·楚世家》中载:"(楚怀王)十六年,秦欲伐齐,而楚与齐从(纵)亲,秦惠王患之,乃宣言张仪免相,使张仪南见楚王。"张仪到了楚国以后,向楚怀王提出楚与齐绝交乃是"一计而三利"之事:一是楚如能与齐绝交,秦愿割商、於之地六百里予楚;二是楚秦结为兄弟之国,齐国力量削弱,楚国北方可得安全;三是秦国感恩于楚,楚国西边境也毋庸担忧了。楚怀王听了之后很高兴,于是,接受张仪的建议而与齐国断绝友好关系。

楚齐绝交固然是由于楚怀王的不明智所致,另一方面也是由于当时复杂的政治斗争形势所迫。首先,楚、齐两国虽结为盟邦,但之间的矛盾也是很尖锐的。在楚怀王之父威王时,为争夺徐州、淮北、东国,楚、齐两国就不断地发生战争。与怀王同时的齐宣王,也是一个不断对外进行扩张,想要臣服秦、楚,独霸天下的人。他在连续打败魏、赵、燕之后,也时常想南割楚国的淮北。为此,楚怀王颇为不安。其次,秦国战败赵、魏、韩之后,打开了大举南侵的道路,同时,秦又占有巴蜀,可以从西方直接进攻楚国的腹地。对于来自秦国的威胁,楚怀王也是心怀恐惧的。怀王认为秦是为攻齐而来说服他的,所以联秦反齐既可减少秦国对楚的威胁,又可以利用秦齐之争,来削两国的势力;而自己呢,可以乘机扩张东部的领土。这样既可解除秦、齐两国的威胁,又可以坐收渔利;况且商、於之地六百里,也是具有诱惑力的。

然而,出乎楚怀王意料之外的是:当楚齐绝交之后,秦却负约食言,戏言只答应给楚国六里之地,这显然是在耍弄而激怒楚王;另外,秦国是实行远交近攻的政策,他真实的行动是在楚齐绝交后,首先是交齐而攻楚,而不是越楚之近而去攻远之齐。

楚怀王知道自己上当了,十分恼怒。于十七年(前312年)出兵攻秦。丹阳一战,秦军大败楚军,斩甲士8万,俘虏了楚大将军屈匄、裨将逢侯丑等70余人,并占领了楚国的汉中地。楚怀王再次集中全国兵力去攻打秦国,战于蓝田,结果楚军又大败。这时,魏、韩两国也趁机南袭楚,攻至于邓。楚国不得不收兵。"而齐竟怒不救楚,楚大困。"(《史记·屈原列传》)大概就是在这种情况下,楚怀王有些悔悟了,他便派屈原出使齐国,争取与齐国和好,重新恢复联盟。已经被疏远了的屈原,再次被委以外交重任,说明他在这方面是最得力的官员,因为他是一贯主张联齐抗秦的,所以或许他还保持了齐人对他的信任。

秦国看到楚国还具有相当势力,一时并无法吞并,又害怕楚、齐再度联盟,于是又派使臣至楚议和,与楚和好。当时秦国要求以武关以外之地来交换楚国的黔中。楚怀王对张仪特别愤恨,所以宁不易地,愿得张仪而献出黔中地。张仪倒不害怕再去楚国,他认为楚怀王的大臣靳尚及宠姬郑袖都会保护他,况且秦强楚弱,他是奉王命使楚,楚何敢加诛于他。张仪来到楚国,怀王不见,而将他囚禁起来,要杀他。张仪用重金贿赂了靳尚,又

通过靳尚贿赂郑袖，并进言：如果楚国不释放张仪，秦王就会用土地和美女来赎他，楚王喜欢秦国美女，你就要失宠了，所以你最好去劝大王放了张仪。郑袖听信了这些话，在怀王面前日夜啼哭说：要是杀了张仪，秦军就要打来，你不如早将我母子送至江南，以免将来遭殃。靳尚等人也在楚怀王面前劝说不能得罪强秦。在这伙人的包围中，楚怀王又动摇了，放了张仪，并像以前那样对他厚礼相待。

张仪被释放后，便以"秦楚合亲"来说服楚怀王。他首先说秦国在经济、军事方面的强大，什么虎贲之士百余万，车千乘，骑万匹，积粟如丘山；还有秦法令严明，将士有勇有谋，士卒不怕艰险，勇于牺牲，能"席卷常山之险，必折天下之脊"。接着又说六国贫弱，绝不是秦国的对手。六国合纵，"聚群弱而攻至强，不料敌而轻战，国贫而数举兵，此危亡之术也"！六国攻秦，无异于驱群羊而攻猛虎，羊敌不过老虎是明明白白的。张仪还进一步恫吓楚怀王：秦西有巴、蜀，且船大粟足，循江而下，用不到十天就可以攻进楚地；秦军出武关，又可以自北向南攻楚，而且还有韩、魏，也可以攻其北，楚国社稷岂可无危险吗？最后张仪建议：秦出兵攻卫阳晋，必控制天下之胸，而楚出兵攻宋、鲁、滕等小国，则泗上十二诸侯小国，尽为楚所有。如果楚王同意的话，请使太子入秦作人质，秦太子也入楚作人质，而且秦楚合亲，两国长期为兄弟友邦，终身互不攻伐，这样做不是最好的吗！

虽然张仪的建议充满威胁、欺骗与诱惑，他的目的是为了离间楚齐的关系，以便秦国对六国各个击破。但是张仪对秦与六国之间力量对比及当时局势的分析，还是比较客观的，楚怀王也清楚这一点，答应了"与秦合亲，约婚姻"。

就在这个时候，屈原从齐国谈判归来。他坚决主张杀掉张仪，反对与秦和亲。他说："前大王见欺于张仪，张仪至，臣以为大臣烹之。今纵弗忍杀，又听其邪说，不可。"楚怀王却认为答应了张仪的建议要求，可以不用再献黔中与秦，况且答应之后再反悔是不可以的。就这样放走了张仪，楚秦两国又成为盟国。这一次楚国在对齐国的外交上，又一次失去信用，使屈原出使齐国所做出的努力都白费了。

楚怀王十九年（前310年），秦惠文王卒，秦武王继位。秦群臣俱不喜欢张仪，张仪离开秦国而去了魏国，第二年便死于魏国。形势似乎发生了一些变化。齐王欲再联合六国而为纵长，又恶楚与秦合，所以派使臣使楚下书，说服楚怀王尊周反秦。见信后，楚怀王尚犹豫不决，群臣的意见也不统一，最后还是同意了齐王的意见，"合齐而善韩"。

楚怀王二十三年（前306年），秦昭王即位。为了破坏楚齐联盟，送给楚国许多礼物；秦女入楚，楚女入秦，秦楚交婚。楚怀王又背齐而和秦。楚怀王二十五年，怀王与秦昭襄王会盟于黄棘（今河南新野东北）。

怀王二十六年，齐、韩、魏三国因楚国背叛纵约，联合伐楚。楚使太子横到秦国做人质，换得秦国的援助。秦派客卿通率兵救楚，三国退兵而去。怀王二十七年，太子横在秦国的一次决斗中杀死一大夫而逃归楚国。第二年秦国以此为借口，联合齐、韩、魏一起伐楚。楚将军唐眜率兵抗击。两军在垂沙（今河南唐河西南）相持6个月，楚军最后大败，唐眜战死，楚军损失很大，并丢失了重丘（今湖北竹山县）。怀王二十九年，秦军又攻打楚国，杀楚将军景缺，士卒死有两万。楚怀王惊恐，又想到联齐，派太子横到齐国做人质。第二年秦国攻下楚国8个城邑。胁迫怀王到武关（今陕西商县东）会面，以缔结盟约。在楚王犹豫不决之际，屈原劝楚王莫去，他说："秦，虎狼之国，不可信，不如毋行。"（《史记

·屈原列传》)大臣昭睢也劝楚王勿往。而楚怀王少子子兰害怕触怒秦国,力劝楚王前去。楚怀王最后决定赴会,可一入武关则被伏兵劫至咸阳。秦昭王像对藩属一样待他,并迫使怀王割巫、黔中等地予秦。怀王坚决不肯,于是被当作人质扣留起来。中间虽曾逃至赵国一次,但因赵不肯接纳而失败。3年后终因忧愤成疾,死于咸阳。

在楚怀王被扣留在秦时,楚国宗室与大臣们便从齐国迎回太子横继承王位,是为楚顷襄王。顷襄王元年(前298年),屈原已是四十岁左右的中年人了。

3年后,楚怀王死于秦国,楚国上下都十分悲痛,当怀王灵柩运回楚国时,楚人痛哭流涕,同时也感到是莫大的耻辱。屈原当然是极为悲愤的。他眷顾楚国,心系怀王,不忘欲反,冀希君之一悟,俗之一改也。其存君兴国而欲反覆之,一篇之中三致志焉。然终无可奈何,故不可以反,卒以此见怀王之终不悟"(《史记·屈原列传》)。屈原最大的悲愤是怀王始终执迷不悟,不能迷途知返,一改"国俗",终落得身死异国的可悲下场。为了悼念怀王,屈原写了《招魂》一诗,假设巫阳受天帝之命,招楚王魂。

秦连年侵犯楚国以及致死怀王之举,激起楚国人民的共同愤慨,人民都想奋起反抗秦国。顷襄王初立,倒也想与父王报仇,然而楚国的一切权力都操纵在腐朽贵族的手里,他们只顾个人眼前利益,根本不考虑国家的安危。在这群小包围之中,随着时间的推移,顷襄王复仇的念头也逐渐冷淡了下来。顷襄王六年(前293年),秦将白起打败韩、魏联军于伊阙,斩首24万。秦昭王趁机写信威胁楚顷襄王,说楚国背叛秦国,秦将率诸侯伐楚,痛快地进行一次决战。顷襄王很是恐惧,不敢迎战,而是设法与秦谋和,第二年迎娶秦女为妇,秦、楚又和好了。

据史载:楚顷襄王是个荒淫、骄横的君主。他不爱恤百姓,横征暴敛,以榨取百姓血汗过着淫逸侈靡的生活。他好宫室台榭,建筑了许多离宫别馆;他喜欢游玩,与大臣们驰骋于云梦之中,游乐于兰台之宫;他好色,宫墙内皆衣锦绣;他爱马,马皆吃人食。由于他的挥霍无度,国库枯竭,城郭空虚,百姓饥饿,民人无褐。在他周围又聚集一些奸邪的贵族封君,如州侯、夏侯、上官大夫、令尹子兰等人,他们用阿谀逢迎的手段,获得楚王的信任,又用阴谋诡计去排挤、陷害正直贤良的大臣。此时的楚国是"楚王恃其国大,不恤其政,而群臣相妒以为功,谀谄用事,良臣斥疏,百姓心离,既无良臣,又无守备"(《战国策·秦策》)。

屈原一贯主张抗击强秦,所以他是不会得到顷襄王的欢心的。再加上令尹子兰指使上官大夫在楚王面前说屈原的坏话,顷襄王就将屈原流放到江南。有人说,屈原没有被流放,他是"愿曾思而远身",自动弃官出走的。屈原的许多诗篇是在顷襄王时期写的,包括《离骚》。(见程嘉哲《屈原生年之"谜"》)这种看法有些道理。《离骚》中有这样的诗句:

灵氛既告余以吉占兮,
(灵氛已把协吉的占辞向我告诉,)
历吉日乎吾将行。
(选定了好的日期我要走向远方。)
折琼枝以为羞兮,
(折来琼树的嫩枝可做我的路菜,)

精琼以为粮。

（磨来美玉的细屑可做我的干粮。）

为余驾飞龙兮，

（为我驾上神速的八尺高的龙马，）

杂瑶象以为车。

（把琼瑶和象齿装饰着我的乘舆。）

何离心之可同兮，

（离心离德的人们哪有方法同流？）

吾将远逝以自疏。

（我要漂泊到远方去离群而索居。）

——译文采自郭沫若《离骚今译》（下同）

　　这样，屈原远离朝廷及那些卑鄙污浊的小人，长期生活于穷乡僻壤、深山大泽之中，并曾和劳动人民多有接触。他这时的生活是艰苦的，他时而跋涉于深山密林中，倾听猿猴声声的哀鸣；他时而徘徊在大江水泽畔，吟诵着自己悲愤的诗篇。在这样的环境里，屈原依然保持"举世混浊我独清，众人皆醉我独醒"的情操，写了许多不朽的作品，其中有：《离骚》《九章》《九歌》《天问》等。

　　楚顷襄王于十八年（前281年），派遣使臣到诸侯国，重新组织合纵，欲以伐秦。秦国听说后，出兵伐楚。第二年，楚军大败，割上庸、汉北地予秦。秦将司马错又攻占楚的黔中；第三年秦将白起攻占楚的鄢、邓、西陵等五城；第四年即公元前278年，白起攻陷了楚国都城郢，灭楚宗庙，烧毁楚先王坟墓。顷襄王东逃至陈城（今河南淮阳）。

　　国都的失陷，给屈原在精神上又一次沉重的打击。他怀着痛苦的心情写下了《哀郢》。其后不久，屈原来到长沙附近的汨罗江，在极端苦闷与绝望中，投江自沉了。时年，他大约是在60岁左右。有人说，从《哀郢》里有"至今九年而不复"一语看，诗人在郢都陷落后，还过了9年的流亡生活。（见程嘉哲：《屈原生年之"谜"》）这种说法恐怕不妥当。如果是这样的话，那么《哀郢》一诗，也是在郢都沦陷9年以后才写的了。人们不禁要问，是什么原因使屈原在国都沦陷了这么长的时间才为之写哀诗呢？既然不说原因，怎能令人信服！其实，这句诗的全句是"忽若去不信兮，至今九年而不复"。应该是写自己因见疑而被迫离开朝廷（或说流放）9年而不复。另外，诗是文学作品，并非历史记录，"三""九"等数不是一个准确的实指数目，而是常被用来泛指一段或短或长的时间而已。所以还是在郢都沦陷不久，诗人难以接受这残酷事实而沉江自杀的，比较能够接近史实。人们为了纪念这位伟大的爱国者及诗人，把五月五日定为他的忌日，使人们千秋万代地怀念着他。

楚辞佳作

　　屈原创作的诗歌，后人称之为"楚辞"。楚辞的本义是楚国体裁的文（歌）辞，即一种文学的体裁。宋朝黄伯思解释"楚辞"说："屈原诸骚皆书楚语，作楚声，纪楚地，名楚物，

故可谓之'楚辞'。"（见陈振孙《直斋书录解题》所引黄伯思《校定楚辞·翼骚》之序言）在这些特点中最主要的是语言与声音的特点，如"楚辞"冲的"若些"（读若所）、"只""羌""谇""蹇""纷""佗傺"等，皆楚国的方言；其声调悲壮顿挫，通常二句一韵，二韵一节。因此我们可以说，"楚辞"是中国最早具有浓厚的楚国地方特色的方言文学。但是屈原在创作诗歌时，并没有把自己的作品称之为楚辞。这个名称是汉代初年才有的。《汉书·地理志》载：

> 始楚贤臣屈原被谗放流，作《离骚》诸赋以自伤悼。后有宋玉、唐勒之属，慕而述之。枚乘、邹阳、严夫子之徒兴于文景之际。而淮南王安亦都寿春，招宾客著书。而吴有严助、朱买臣贵显汉朝，文辞并发。故世传楚辞。

《汉书》王褒传、朱买臣传中均提到"楚辞"这一名称。楚辞是屈原所创，其作品既有屈原的，也包括后人"慕而述之"的写作。西汉末年刘向将楚辞编成集，从此楚辞就有了专书。现在人们称楚辞，如屈原的作品为诗，或诗歌。在汉代则称其为赋。如《史记·屈原列传》里说"作怀沙之赋"，《汉书·贾谊传》中说"作离骚赋"，地理志说"作离骚诸赋"，艺文志著录"屈原赋二十五篇"。刘勰的《文心雕龙》以《离骚》为赋又为诗。但是楚辞虽也称赋，却应当与"汉赋"有所区别。很多汉赋，严格说来只是诗化的散文，而楚辞却是真正的诗歌。

屈原创作楚辞，除他自身的爱国的激情。高尚的思想情操、广博的学识外，他还接受了南方民歌与我国第一部诗歌总集《诗经》的影响。尽管《诗经》是现实主义的代表作，而《离骚》等诗歌是浪漫主义的代表作，但它们同样都是反映了社会现实，体现"诗言志"之意的作品。从表现形式看，屈原的一些诗与《诗经》中一些篇章十分相似，试以《橘颂》和《郑风·野有蔓草》做一比较可见其承袭：

后皇嘉树，	野有蔓草，
橘徕服兮。	零露漙兮。
受命不迁，	有一美人，
生南国兮。	清扬婉兮。
深固难徙，	邂逅相遇，
更壹志兮。	适我愿兮。

《橘颂》为四言，但一小节最后一句为五言，如："绿叶素荣，纷其可喜兮。"而《诗经》早已有这样的句式："有匪君子，终不可谖兮。"（《卫风·淇奥》）

当然给楚辞更直接影响的是南方的民歌。公元前6世纪中叶楚人翻译的一首《越人歌》歌辞是这样的：

今夕何夕兮，搴舟中流！今日何日兮，得与王子同舟！蒙羞被好兮，不訾诟耻。心几烦而不绝兮，知得王子！山有木兮木有枝，心说君兮君不知！

这首民歌的抒情味道很浓；句子的参差不齐，衬字"兮"的多次运用，都增加诗句的舒展流畅及音调的优美。楚辞中的篇章里，很多句子与这类民歌相近。屈原将它吸收过来，经过加工，形式更完美，语言更丰富生动了，使楚辞的这些地方特色更臻完美。

屈原的作品有《离骚》《天问》《招魂》《九章》（9篇）、《九歌》（11篇）等20几篇。司马迁说："余读《离骚》《天问》《招魂》《哀郢》，悲其志。"（《史记·屈原列传》）这个次序应

当是作品的次序,《哀郢》是《九章》中的一篇,故《九章》排第四。《九章》非原题,9 篇诗也非一时之作。《九歌》是祀神乐歌,居最后,是屈原加工过的楚国民歌。

《离骚》是屈原的代表作,是我国现存的第一首抒情长诗,共有 373 句,2477 字。《史记·屈原列传》讲:他因为楚王不听正确的意见,邪曲占了上风,容不得方正,所以"忧愁幽思"而作《离骚》。"离骚者,犹离忧也。"说明《离骚》是在他被疏之后的作品,离骚的含义是离忧,即心烦意乱,忧愁幽思与怨恨的意思。《屈原列传》还讲:"信而见疑,忠而被谤,能无怨乎?屈平之作《离骚》,盖自怨生也。"是屈原在自己被打击,又看到楚国面临危亡,发自内心的悲愤之作,完成于楚顷襄王时期,应该是可信的。

《离骚》全诗可分为 12 个段落,加尾声《乱曰》,共是 13 个段落。(据郭沫若:《离骚今译》)一、诗人通过家世的追溯,美好品质、远大抱负及重视才能培养的叙述,表明了自己热爱生活,愿为祖国效力的心愿。二、以古代贤与暴不同类型做对比,暗示楚王为小人包围,不纳忠言,表明自己对国家的忠心,对楚王轻信多疑的伤心。三、痛心自己培养出来的人才的变节,鄙视群小的争夺财利,又担心自己政治上无所建树,表示一定要效法先贤,不与他们同流合污。四、表明决不为恶势力的袭击而动摇,埋怨楚王不能明辨是非。正邪不能相容,后悔自己看错了路向,似乎应退避自疏,但最终自己将宁死不屈。五、说明现实道路走不通,只好退到想象的境域中去,使精神暂时得以安歇。六、叙述女伴对他的劝告,但亦于事无补,他感到人间的寂寞,于是只好向舜帝去陈诉。七、以古代国家兴亡的道理,反复说明应当起用贤能,可惜自己生不逢时,只好掩涕悲泣。八、写他乘龙驾凤神游虚幻境界,排除险阻去求索崇高的理想,可惜天国中也找不到自己可以寄托的对象。九、从天国到人间,自己的追求一一的碰壁,其原因是被"混浊"势力所阻挡,宫门万重,君王何时能醒悟呢?十、在绝望中去请神巫占卜,借巫者的口吻来考虑自己的去留。十一、借神巫的鼓励,应该往好的那方面去设想,却担心不被见容;善良的人抵不住社会歪风的袭击会变节,而自己却不愿随和。十二、写自己离都门日远,把灵魂上升到深邃的上天,摆脱尘世的羁绊,得到了光明,但是当他一看到祖国,就使他再也难以移步向前。尾声总括了全诗,最后说道:算了吧,国内没有人把我理解,我又何必一定要思念着故都?既然没人和我一起实现美好的政治理想,那我就死去依就殷代的彭咸。从全诗的结构来看,大体可分为两大部分,以"女婆之蝉媛"为界限,前半部分多叙述现实的事情,即对已发生的事情的追述,后半部分则是把自己的理想寄托于虚幻的王国,对未来询问、求索。最后,还是要回到现实中来,但现实又令他绝望,甚至产生去投靠殷代因谏君不听而沉水的贤臣彭咸的念头。

《离骚》,表达了屈原的政治理想及对美好人生的求索。屈原所提出的美政,就是效法古代的贤君尧、舜、禹、汤、文、武,兢兢业业遵循着正义的法则来办事;反对启、羿、浇、桀、纣这些昏君,因贪图逸乐,倚恃强力,荒淫残酷而遭到灭亡。他希望楚王以史为鉴,不要重蹈昏君的覆辙。屈原特别重视"举贤授能",他认为三王时代,政治之所以能够纯正,就是因为有许多贤能的人辅佐君王。他还通过巫咸的口举出许多历史上不拘身份选拔人才的好处。屈原"举贤授能"的主张,正符合大动荡、大变革时代进步的政治趋势。

《离骚》,体现了屈原强烈的爱国思想。他提出并坚持自己的政治理想,是从爱国主义出发的。屈原对楚王所表示的忠诚,就是忠于楚国的表现。例如:

岂余身之惮殃兮，

（我并不怕自己的身子会要遭殃，）

恐皇舆之败绩。

（我怕的是君王的乘舆要被毁坏。）

指九天以为正兮，

（我要请九重的上天做我证人，）

夫唯灵修之故也。

（我悃忱地忠于君王并无他意。）

　　这里都是把楚国的命运与楚王的命运联系在一起来考虑的。他对楚王的忠诚，是寄希望于楚王能够把楚国治理得富强。他不仅不是对楚王唯命是从、俯首帖耳，而且是与楚王危害楚国的行为去进行抗争，当楚王不辨忠奸，不能采纳正确意见造成严重后果时，他又很痛心，以至于怨恨、绝望。他在《离骚》中写道：

荃不察余之中情兮，

（你既不肯监察我胸中的忠诚，）

反信谗而齑怒。

（更反而听信谗言给我以恼怒。）

余固知謇謇之为患兮，

（我诚然知道耿直是不能讨好，）

忍而不能舍也。

（但我却忍耐着痛苦不肯抛弃。）

初既与余成言兮，

（在当初你既已经和我约定，）

后悔遁而有他。

（你奈何反悔了又改变了心肠。）

余既不难夫离别兮，

（我和你的分离也不怎么难堪，）

伤灵修之数化。

（只叹息你的为人呵太没主张。）

　　诗中的荃与灵修，都是指的楚王。起初楚王还是信任屈原的，但听信谗言后，则对屈原产生了恼怒。屈原知道耿直是得不到什么好结果，但还是坚持不改。既然得不到信任，与王分离也没什么难堪的。很明显，忠心于楚王的前提，是要能接受自己正确的政治主张，而使楚国强大起来，否则也只能在政治上分道扬镳了。表现出诗人的气节，也是与他的爱国主义相一致的。

　　屈原的爱国主义还表现在他对祖国大地的无限眷恋上。诗中写道：

陟升皇之赫戏兮，

（在皇天的光耀中升腾着的时候，）

忽临睨夫旧乡。

（忽然间又看见了下界的故丘。）

仆夫悲余马怀兮，

（我的御者生悲，马也开始恋栈，）

蜷局顾而不行。

（只是低头回顾，不肯再往前走。）

当诗人在想象中的皇天遨游的时候，忽然间看到祖国的故丘，就再也不肯往前走了。对于祖国热爱之深，哪怕她处在混浊黑暗中，哪怕对自己还存在许多危险，哪怕自己是在幻想中游历，都绝不能离开自己的祖国。这种至深的爱，有着震撼人心的力量！

《离骚》，体现了屈原对美好人生的不断求索。他追求美与善，而与一切丑恶的事物进行不屈的斗争。在诗中，诗人以香花、香草来比喻自己高洁的品格，而且要永远保持这种高贵的品格，至死不变。和他相对立的那些腐朽的贵族则是苟且、偷安、贪婪、嫉妒，在关键时甚至不惜向敌国变节求荣。他们对正直、廉洁，坚持正确路线的屈原造谣中伤，打击排斥。而屈原决不与他们同流合污，并给以严厉的斥责与辛辣的讽刺。诗人写道：

既替余以蕙兮，

（不怕他就毁坏了我秋蕙的花环，）

又申之以揽。

（我又要继续着用白芷花来替代。）

亦余心之所善兮，

（说到头是我自己的心甘情愿，）

虽九死其犹未悔。

（纵使是死上九回我也不肯悔改。）

他郁邑余佗傺兮，

（我忧郁，我不安，我感受着孤独，）

吾独穷乎此时也！

（我孤独地遭受着今世的困穷！）

宁溘死以流亡兮，

（我就是淹然死去而魂离魄散，）

余不忍为此态也！

（也决不肯同乎流俗，屈节卑躬！）

鸷鸟之不群兮，

（鹰和隼不能够同凡鸟同群，）

自前世而固然。

（原本是自古以来就是这样。）

何方圜能周兮？

（哪有方和圆能够互相通融？）

夫孰异道而相安？

（哪有曲与直能够一概相量？）

诗人坚持不懈地与恶势力做斗争，虽九死也不悔。这种洁身自好，一往无前的精神，能感天地，泣鬼神！所以唐代大诗人李白高度评价屈原的诗歌："屈平辞赋悬日月！"

《离骚》，所揭发咒骂的贪婪、奸险、奢侈、凶暴的宵小、恶棍，实际上是剥削阶级集团的形象；他所歌颂的正直、善良、廉洁、耿介的疾恶如仇的精神，实际是人民性格和人民反抗情绪的折射。所有这些说明了时代对屈原所起的决定作用；同时，也只有亲身经历过这样的遭遇，才能够写得出这样的作品，所以刘勰讲：没有屈原，也就不会有《离骚》（《文心雕龙·辨骚》）。

《离骚》在表现手法上，也取得了很高的艺术成就。

首先，这首长诗善于揭示矛盾和心情的波折。诗中所表现作者的广阔思想，深刻和复杂的感情及自己的遭遇与心情，不是平铺直叙的叙述，而是在处处以忠贞与谗邪之间的对立矛盾中展开。诗人对忠贞的歌颂和对谗邪的指斥，充分显示出分明的是非与强烈的爱憎情感，能引起读者的共鸣，有很强的感染力。

诗人的内心也充满着矛盾，反映到诗中，一方面是自己忠贞不渝的态度，一方面在现实打击下的苦闷彷徨；一方面是女嬃劝他随俗沉浮，不要使自己过于孤立，一方面是诗人不愿放弃自己的理想而接受这个劝告；一方面是灵氛的卜卦，要他合则留，不合则去，但在诗人离开都门遨游时，看到故丘就再也不愿移步向前了。这些矛盾，使诗人心中充满波折，但诗人最终还是坚持自己的理想，为了祖国和理想他宁肯去死，也决不随波逐流，突出的表现了诗人卓越的人格。

其次，《离骚》用象征比喻的方法描写诗人的遭遇，表白自己的爱憎感情。一是用传说与历史故事，以古喻今；二是用花、草、树木等来比喻不同的人物和品行，以鸩鸟代表丑恶专讲坏话的形象，雄鸩代表举止轻佻的形象，鸷鸟代表不屈斗争的形象，凤凰代表善美的形象等等，这些形象比喻精确，可以看出诗人巧妙的构思。三是诗人充分的利用神话传说的材料，把读者带到虚幻缥缈的世界。他把传说中古代美女组织到自己的诗篇里，把日、月、风、云拟人化。他想象自己驾驶着以凤凰为车，以无角白龙为马的神车，月神望舒在前面引导，风神飞廉在后面追赶，向着四方去遨游。在他去上下求索时，天渐晚了，他就向太阳神羲和发出慢行的命令，叫他不要急于回到崦嵫山下。他在想象中驰骋，早晨由苍梧动身，晚上便落到昆仑山的县圃；刚渡过仙河赤水，便又向西海前进。诗人大胆丰富的想象，在读者面前展现了一个昂扬开阔的精神境界。如同奔驰在群山万壑之上的雷鸣闪电，如同高悬在万顷波涛上的皓月亮星，引起人们的惊奇与激动。

然而，诗人的想象是以激烈复杂的现实斗争为背景的，是以真实的感情为基础的。他没有逃避到梦幻的世界，而借以表达他为实现美好理想，而始终坚持不渝地斗争、去不断地上下求索的坚韧不拔的精神。他的幻想始终是现实的积极反映，他在幻想中的行为正是他在现实中对理想执着追求的反映。

我们说《离骚》是我国古代浪漫主义的代表作，因为他用借助想象构成虚幻的境界，来表达、抒发自己强烈奔放，不受现实羁绊的思想感情；他用夸张和大胆的比拟，赞美善良忠正，鞭笞奸邪巧佞，它的精神是积极的、战斗的，充满了现实主义的。

《天问》是距离《离骚》时间最近的屈原的另一首长诗。全诗基本是四言,4 句一节,共 95 节、376 句、1568 字。

《天问》是一首奇特的长诗,几乎全篇都是以问句组成,故而称《天问》。关于题目有两种解释,一说《天问》就是问天的意思,那就是说向天发问了。另一种解释是关于天地现象与事物关系的疑问。诗中的史事包括在事物关系之内,在古人的观念中,这一切都统括于天。"天降下民","天生烝民",连人都是天生的。(见王泗原:《楚辞校释》)作者一口气提出了 167 个问题,并以诗的形式表达出来,这是千古独有的,表现了诗人卓越的文学创作才能。

全诗可分两个大段落。前 112 句是问天地的,后 264 句是问人事的,也就是问有关世间盛衰兴亡的历史传说。两大段落的次序顺理成章,先问开天辟地,后及世间的兴亡,既包括了天地的形成,又包括了世间历代的兴亡史,但主要的篇幅和全诗的主旨却是在后者,它体现了诗人想通过历史传说寻找使国家兴亡的答案。诗中所流露出作者激愤的情绪、思想感情和《离骚》及诗人其他的作品基本上是一致的。

屈原通过对历史传说的质问,发抒了自己的怨愤与不平。例如关于鲧治水的传说,诗人问道:鲧不能胜任治理洪水,众人为什么推举他? 都说不必担忧,何不让他试试看呢? 鸱龟首尾相连,为何就启发了鲧筑堤的想法? 按照他的办法以求成功,天帝为什么对他又要处以极刑? (不任汨鸿,师何以尚之? 佥曰何忧,何不课而行之? 鸱龟曳衔,鲧何听焉? 顺欲成功,帝何刑焉?)在屈原看来,鲧是一个得到众人崇尚的好人,他被处以极刑,与其说是治水的方法错了,倒不如说是因得罪了天帝,因为他为人太耿直了。正如他在《离骚》中所说的那样:"鲧婞直(刚直)以亡身兮,终然夭(死于非命)乎羽(山)之野。"这正是对《天问》中问题的回答。屈原在诗中对一系列历史上暴君的灭亡做了分析。在《天问》中以问话的方式表达,在《离骚》则直接点明。例如《天问》中问:比干反对什么,就被剜心剖肚? 雷开奉承什么,竟赐以高官厚禄? 为什么圣人们美德如一,而结局各式各样? 梅伯被剁成肉酱,箕子则假装疯狂? (比干何逆,而抑沉之? 雷开何顺,而赐封之? 何圣人之一德,卒其异方? 梅伯受醢,箕子佯狂。)《离骚》则直接说:"后辛(纣王)之菹醢(剁成肉酱)兮,殷宗(殷朝王位)用而不长。"《离骚》和《天问》是可以用来互相解释和互相补充的。在《离骚》中屈原提出"举贤授能"的主张,而《天问》中叙述到商汤和周文、武王的胜利时候,也特别强调伊尹、吕望的作用。在《离骚》中有:"皇天无私阿兮,览民德焉错辅。"(主宰一切的上帝他公道无私,他看到有利于民的才能辅佐。)两诗句,在《天问》用问话表现出来:"皇天集命,惟何戒之? 受礼天下,又使至代之?""天命反侧,何罚何佑?"(皇天把大权集中给王者,又怎样警戒于他? 授予天下之位,到时候又使人取代了他? 无命翻来覆去,谁该受罚谁该得助?)这些诗句表明"天命靡常",王者能否统治下去,要看他是否有能利于民的德行,否则他将被取而代之。这也是《天问》一诗的主题所在。有人说:《天问》是一部兴亡史诗,如史诗一般地集中在历史兴亡的故事上,正说明诗人是在总结历史的经验教训,寻找强国的答案,并借此告诫楚王,其爱国的苦心孤诣跃然纸上!

《招魂》,司马迁说是屈原的作品,而王逸认为是宋玉的作品:"宋玉怜哀屈原忠而斥弃,愁懑山泽,魂魄放佚,厥命将落,故作《招魂》,欲以复其精神,延其年寿。"是宋玉为屈

原招魂。此后关于《招魂》的作者便有这样两种不同的意见。根据诗中的内容，联系当时的历史事实，还有全诗的气魄壮伟、意境奇丽与《离骚》《天问》相一致等情况来看，《招魂》的作者确是屈原无疑。所招的乃是楚怀王之魂。楚怀王被骗至秦，囚禁三年，最后郁闷而死，归葬返楚时，举国上下哀伤、怀念，故谥"怀"字，屈原按照楚国的风俗，为之招魂，是非常自然的事。

全诗的结构：开头两节为序言，从"帝告巫阳曰"至"反故居些"为中心部分，最后的"乱曰"为结束语。序言与"乱曰"是以作者的身份说话，中心部分是假设为巫阳受天帝之命，为怀王招魂之言辞。中心部分与首尾部分，在表现手法上也有所不同，巫阳之辞用的是招魂时特用的助词"些"，首尾的作者说话则用的"兮"字。沈括在《梦溪笔谈》中讲："今夔峡湖湘及南北僚人，凡禁咒句尾皆称些，乃楚人旧俗。"可见《招魂》中心部分的形式，完全是遵照着巫祝招魂的形式。

序言：第一节4句，讲诗人自幼清明廉洁，一身正义，但牵于世俗，难以此盛德为主。这就如同在《离骚》中所讲："哀众芳之污秽"（可悲的是一群芳草要遭践踏），是很痛心的话。第二节2句，讲君王没有考察此盛德，长期遭殃而愁苦。这节只两句，从文义上看，似乎下面脱掉了两句。

中心段落主要是巫阳招魂之辞。告诫魂兮归来，不要到东、西、南、北四方去，也不要上天或下幽都（地下）。在那些地方有着许多可怕的东西，是非常危险的。如东方有千仞（8尺为一仞）长的巨人，专门索魂，有10个太阳轮流出动，把金属都烧化了，石头都烧焦了；南方有雕题（额上刻有花纹）黑齿的人，蝮蛇遍地；西方是一片沙漠，水极缺，五谷不生，还有硕大的赤蚁与巨蜂；北方则是千里雪飘，万里冰封，这些地方如何去得！天上与地下情形也是十分可怕的：九重的天门是吃人的虎豹把守，还有竖长着眼睛的豺狼。有一个九头的怪物，力大可拔九千棵树，他把人提到空中摇晃，然后投进深渊，使之痛苦不堪，还要等他报告给上帝，然后你才能闭上眼睛死去。幽都更是可怕，有身体长着九个节的土伯，头上长着锐利的角，并有两只血淋淋的手，追逐起人来跑得飞快。还有长着三只眼睛、虎头牛身的怪物，也喜欢吃人。这些地方更是去不得！

此后，劝魂快快回到楚国，回到郢都来（魂归来兮，反故居些）。进了郢都的城门，便是设施豪华的高大而深邃的宫殿，有众多的九侯淑女侍奉，有珍奇观赏、美食乐舞娱乐，有游戏、打猎，可以尽情地享受与玩乐，极奢侈、舒适、安乐。

最后乱曰：描写与王一起打猎的情况，感叹时光不肯停留（"时不淹"），如《离骚》中所讲"日月忽其不淹兮，春与秋其代序"一样，表现了诗人有一种紧迫感。之后，描绘了江南的景色，以"魂兮归来，哀江南"结束全诗。这最后一句，点明全诗的主旨：哀江南，就是哀楚国，因为江南是楚国主要的地区。从招楚王之魂而写到哀江南，正表达了诗人依恋祖国，哀怜祖国的深情。

《招魂》的创作与当时楚国巫风的流行有着密切关系。同时可以看到屈原知识是多么渊博，思路又是如何的广阔。全诗保留了许多宝贵的神话资料，既与《山海经》的某些记载相类似，又体现了楚文化浪漫幻想的奇妙特色。《招魂》虽描写幻境，却极富现实性。如对上下四方的描写，有一定的历史知识为依据，许多描写比较符合当地的自然情况。再如对宫廷生活享乐的描绘，据后来的楚墓的发掘所证实，也是当时的实际情况。虽然

屈原是反对"淫游以逸田",反对贵族骄奢淫逸的生活方式,但是为了招魂的需要,这样描写是可以理解的。另外从诗中可以看到屈原对上天与幽都是没有好感的。他在《离骚》曾写到天帝的守门人不肯替他开门("吾令帝阍开关兮,倚阊阖而望余"),在《天问》中又替鲧抱不平,指责天公裁判的不公正,故而提出质问。在这里又把上天描写得极其可怕,这说明诗人看重的还是现实,并不寄希望于上苍,体现了诗人积极的现实主义思想,反映的是现实生活,现实的斗争。

《九章》是由《惜诵》《涉江》《哀郢》《抽思》《怀沙》《思美人》《惜往日》《橘颂》《悲回风》九篇作品组成。《九章》这个总标题当是《楚辞》的编者刘向所加。这个题目与用专名的《九歌》《九辩》不同,它是标明了作品的实际篇数。九篇诗作是写于楚顷襄王时,但各篇作时的先后次序,已无法考证。

《橘颂》是《九章》中出色的作品,借对橘品质的颂扬,形象表明作者所坚持的美好理想。诗的开头讲:橘,江南树木中的百果之长,生在南方,不可以随便迁徙。橘树形象很美,绿叶白花,纷然茂盛,但重累的枝条长满利刺,不是可以随便侮弄的;果实圆抟,青黄杂揉,文采斑斓;果瓤精白,像仁人志士一样。诗的第二部分便以橘喻人,一方面是根深蒂固,绝难迁徙;心胸开阔,不求名利;有独立的人格,不从流随俗;另一方面又小心谨慎,终身避免犯过错;执履忠正,行为无私心,故而气节可与天地并存。

《橘颂》把屈原借咏物言志的思想,表达得淋漓尽致。同时诗人选择橘作为讽咏的对象地是有着特别的意义。橘树生长在南方,一旦迁徙到北方,它就变成质量很差的枳,诗人借此表明自己深深扎根于祖国的土壤里,忠实于祖国绝无二心。诗人咏道:"受命不迁,生南国兮。深困难徙,更壹志兮。"这种坚贞的品格,忘我的精神,开阔的心怀,令人佩服并产生了无限的敬仰。

《橘颂》基本上是一首四言短诗,稍有变化,有的小节最后一句是五言。从诗中我们可以看到诗人对事物观察的敏锐与深刻。以橘喻人,构思巧妙。通过橘的习性及美好形象的描述,显示出其美好品德的实质,给读者留下了深刻的印象。屈原开创了咏物诗的先河,给了后人以很大的影响。

《哀郢》是诗人为哀悼国都沦陷而作。诗的开头就讲:"皇天之不纯命兮,何百姓之震愆!民离散而相失兮,方仲春而东迁。"这里是说"天命靡常",天命是靠不住的,害得百姓不安受罪!百姓们家庭离散、亲人相失,刚在早春二月就不得不离开郢都而东迁。这是因为郢都已被秦将白起于楚顷襄王二十一年所攻陷,举国上下不得不东迁亡走至陈(今河南淮阳)。诗人也在其中,也不得不在清早,怀着悲痛的心情,出国门沿着江夏水到远处流亡。("去故乡而就远兮,遵江夏以流亡。出国门而轸怀兮,甲之朝吾以行。")但此时,诗人对郢都留恋之情,比之任何时候都强烈,"望长楸而太息兮,涕淫淫其若霰。过夏首而西浮兮,顾龙门而不见。"望着那高大的梓树而长叹,泪水如雪雨流个不断,过了夏水日再往西去,回头再也看不到郢都的东门了。人越走越远,心情越来越沉重,表达出诗人无比深厚的眷恋。诗人进一步叙述自己无所适从的失落感:"心婵媛而伤怀兮,眇不知其所跖!"(心中眷恋而伤怀,远徙不知其所止。)"凌阳侯之汜滥兮,忽翱翔之焉薄?"(踏着泛滥的波涛,飞到何处可以停止?)他登上大丘远望,悯惜乡邑的富饶,这里将被敌人侵占、践踏,令人无限的悲哀。他想到大殿将变为废墟,国都东门也将荒芜,心中长久不乐,

忧愁紧连着忧愁。只因离郢都的路程太远，隔着长江、夏水已难再涉，流亡到南方已多年没再回去过，心中愁绪万端、哽咽梗塞。他斥责腐朽贵族误国的丑行："外承欢之汋约兮，谌荏弱而难持。"他们只会装出美好的外表，讨好君王，他们既无才能，又很软弱，却只会阻挡忠贤者前进的道路。

在最后结束语的乱辞中，诗人写道："鸟飞返故乡兮，狐死必首丘。信非吾罪而弃逐兮，何日夜而忘之？"鸟可以返回故乡，狐死时头也朝向故乡，而诗人自己呢，无罪而被弃逐，只能日夜思念却无法再回到故乡了。大约就在此后不久，诗人就怀恨自沉了。

《怀沙》应该是诗人最后一篇诗作，即绝命词。"怀沙"的意思就是怀抱沙石沉水之意。司马迁《史记》的屈原传著录"怀沙"全文，并说明："于是怀石，遂自投汨罗以死。"东方朔在《七谏·沈江》中，解释《怀沙》诗时写道："赴湘沅之流澌兮，恐逐波而复东，怀沙砾而自沈兮，不忍见君之蔽雍"可见汉朝时人，都以"怀沙"是怀沙石自沉。屈原在诗中的第一句写的是："滔滔孟夏兮，草木莽莽。"这个时令与相传屈原卒于五月五日的时间，倒是非常相近的。

屈原经历了政治理想不得实现的郁闷，又饱尝祖国遭强秦欺凌以致郢都沦亡的悲哀，当他流亡到荒僻林野之后，痛定思痛，回顾总结自己的一生，在绝笔中，并没有十分冲动的感情，有的是严肃和冷静。他在诗中表明：自己坚定的政治信念，至死不改。"易（变更）初本迪（常道）兮，君子所鄙。章画志墨（彰明法度）兮，前图未改。"而自己的"内厚质正"的品质，也正是君子所赞美的，只是由于宵小挡道，使自己没有贡献力量的机会。在这个世道中，一切都是颠倒错乱的："变白以为黑兮，倒上以为下，凤凰在笯（鸟笼）兮，鸡鹜翔舞。同糅（杂糅）玉石兮，一概（平斗斛之木）而相量。"没有真理，没有是非曲直，有理想、有才能的人得不到信任和重用，反而遭到嫉妒和排斥，甚至迫害："邑犬群吠兮，吠所怪也。非俊疑杰兮，固庸态也。"诗人悲叹自己生不逢时，与时代相抵触，相矛盾。在日暮途穷的时候，只有死才可以解除这个矛盾所带来的痛苦，也只有死才能够保持自己的忠贞。诗人明确表示："舒忧娱哀兮，限之以大故（死亡）。"最后的结束语乱曰：

> 怀质抱情，独无正兮。
> 伯乐既殁，骥焉程兮？
> （我有高洁的品质和激情，却不为人所知，
> 伯乐已经死去，千里马谁认识啊？）
> 民生禀命，各有所错（措施）兮。
> 定心广志，余何畏惧兮？
> （人生各有各的命运，各有各的处理呀。
> 定下心来放开胸襟，我有什么可畏惧？）
> 曾伤爰哀，永叹喟兮。
> 世混浊莫吾知，人心不可谓兮。
> （重伤和无尽的哀怨，我唯有永远的叹息，
> 世道混浊没有知音，人心巨测不堪一提。）
> 知死不可让，愿勿爱（惜）兮。
> （明知免不了一死，对生命我也不再爱惜。）

明告君子，吾将以为类兮。

（明告正直的人士，我将和前贤一样走去。）

表现了诗人在冷静、深入的思考之后，采取了最后的抉择，以表明心迹。《怀沙》语言简练，含意深刻，富有哲理性。屈原一生保持自己的政治理想。美好的品德，绝不随波逐流，变心从俗。最后为世俗所不容而自沉，实现了其"虽九死其犹未悔"的誓言，为后人树立了一个忠贞不屈的榜样！

《九章》中的其余篇章与上述诗作的思想感情是一致的。《惜诵》是怀着痛惜的心情来叙述往事，楚王不理解屈原的一片忠诚，使他彷徨苦闷，但决不随世俗沉浮。《抽思》是屈原流亡汉北时的作品，诗中有"有鸟自南兮，来集汉北"。"抽思"乃抽绎其忧思的意思。《涉江》大约是屈原流亡到江南时的作品。诗中讲："余幼好此奇服兮，年既老而不衰。带长铗之陆离兮，冠切云之崔嵬。

被明月兮佩宝璐。世混浊而莫知余兮，吾方高驰而不顾。"与《离骚》中的"高余冠之岌岌兮"一节所表达的思想，完全是一致的。

《九歌》也是一组诗，共11首。《九歌》原本是古乐名。王逸《天问》注："九辩九歌，启所作乐也。"《左传》："夏书曰：'劝之以九歌。'"当是夏代的乐曲。屈原在《离骚》中，幻想自己离开尘世，上升到光明的天上时，遇到这相传的古代乐舞："奏《九歌》而舞《韶》。"屈原借用《九歌》曲名写了组诗。

《汉书·地理志》载：楚地之俗"信巫鬼，重淫祀"。屈原的《九歌》就是加工楚俗祀神的乐歌。王逸说："九歌者，屈原之所作也。昔楚国南郢之邑，沅湘之间，其俗信鬼而好祠（祀），其祀必作乐鼓舞以乐诸神。屈原放逐，窜伏其域，怀忧苦毒，愁思沸郁。出见俗人祭祀之礼，歌舞之乐，其词鄙陋，因为作九歌之曲。上陈事神之敬，下见己之冤结。"讲述了屈原创作《九歌》的缘由和所要表达的思想内容。

《九歌》的11首诗歌，根据祭歌的对象可以分为三类：

一、天神：东皇太一、云中君、大司命、少司命、东君。

二、地祇：湘君、湘夫人、河伯、山鬼。

三、人鬼：国殇。

第一类关于神的歌词比较庄严，宗教祭祀的意味较浓。第二类神是介于人神之间的，是近似神话中的人物。诗人是以恋爱而终归失败的主题来描写这些神祇，实际上是间接地反映了诗人失望、孤独的痛苦心情。第三类的一篇《国殇》是祭祀为国捐躯的战士而写，表达了作者对烈士们极端颂扬和尊崇的感情。

屈原对诸神的描绘都是很美的，特别表现了他们内心世界的美。他们都蕴蓄着丰富的感情，容貌美丽，被服香洁，生活在虚幻优雅的环境中，如洞庭的"白沙若霜雪，赤岸若朝霞"，巫山神秘的群峰等等；当然他们也有不幸，有分离的悲苦、处境的凄凉，有被遗弃的命运、绝望的孤独。这些情绪都表现了诗人浪漫的幻想与现实之间的矛盾，间接反映了诗人对祖国执着的爱，极欲从丑恶的现实中解脱出来但又难以达到的矛盾心情。

《国殇》是《九歌》中比较特殊的一篇，它不同于其他篇章是对神祇的祭祀歌舞，而是对为祖国战死的英雄们的庄严礼赞，屈原具有一定的"民本"思想，他看到了那些浴血奋战的普通士兵，才是保卫祖国真正可以依靠的力量。真正关心祖国命运的屈原，对这些

为国捐躯的战士,自然十分的崇敬,为他们大唱赞歌。全诗笼罩在壮烈的气氛下,开始描写残酷的战斗已进行到白热化的程度,交战双方车毂交错、短兵相接。但敌人的力量强大,旌旗蔽日,兵若云,冲进楚军,左杀右砍。接下来描绘楚国战士忘我的战斗,他们义无反顾地拼杀,宁愿把尸骨抛弃于原野。最后歌颂战士们勇武、刚强不可欺凌,"身既死兮神以灵,魂魄毅兮为鬼雄"。他们的精神是不死的,同样也体现了诗人自己的爱国热情!

百世流芳

屈原是我国古代史上第一个伟大的爱国诗人,他所创作的楚辞是继《诗经》之后,出现在中国文学史的又一朵奇葩。对以后文学的创作给予巨大的影响。鲁迅在《汉文学史纲要》中说:"较之于诗,则其言甚长,其思甚幻,其文甚丽,其旨甚明,凭心而言,不遵矩度。故后儒之服膺诗教者,或訾面细之。然其影响于后来文章,乃甚或在三百篇以上。"鲁迅先生认为楚辞对后来文章的影响超过了《诗经》。

在屈原之后出现一批楚辞的作家,他们或以屈原为题材,或模仿屈原的作品进行创作,给后人留下不少的篇章。距屈原时代最近的作品有《卜居》与《渔夫》等篇章。这是楚人关于屈原本人故事的创作。王逸曾认为这是屈原自己的作品,后人根据作品叙述的语言来看,认为非屈原的作品。两篇皆以假设问答来表现其主旨。

《卜居》是讲屈原尽忠于楚,但因谗人陷害而被放逐,心烦意乱,不知所从。于是去请教太卜郑詹尹,请他卜一卦,看应如何去做。屈原讲了两种对立的生活态度,而是用一连串的问话提出,如"宁诛锄草茅以力耕乎,将游大人以成名乎?宁正言不讳以危身乎,将从俗富贵以媮(偷)生乎"等。总之,一种是超然高举、廉洁正直,坚持真理,决不妥协;另一种是从世俗、贪富贵,苟且偷生。这两种处世态度哪一种是吉,哪一种是凶?哪一种能行,哪一种不行?作者进一步又说明之所以发出疑问,是因为楚国是非不分,一切都颠倒错乱,廉洁正直的品行无人理解,心中的牢骚解释不开。然而所提出的问题,是不需要回答也无从回答的,郑詹尹只好放下卜具,承认占卜是解决不了这些问题的,爱怎么做就怎么做好了。文中表现了鲜明的是非观念和强烈的爱憎感情。

《渔夫》也是讲两种人生观的对立,它是通过屈原和渔夫(好像是位隐士)的对话展开。渔夫认为做人不要太认真:"举世皆浊,何不淈其泥而扬其波?众人皆醉,何不浦其糟而啜其醨?"(既然世道污浊,何不多挖些烂泥使其更混浊?既然众人都喝醉了,自己何不也饮个痛快?)但屈原不同意这样为人,他说:"吾闻之,新沐者必弹冠,新浴者必振衣。安能以身之察察受物之汶汶者乎?宁赴湘流,葬于江鱼之腹中,安能以皓之白蒙世俗之尘埃乎?"(洗澡了头必须弹出帽子上的灰尘,洗了澡要抖去衣服上的灰尘,哪能使身子的明洁与衣帽上的污垢混在一起?我宁肯跳入江中,埋葬于鱼腹之内,怎么肯使洁白的品质,蒙上尘世的污垢?)

《卜居》和《渔夫》皆散文用韵,是楚辞的变体,为后代散文用韵的先声。它们具有故事性,《渔夫》更富戏剧性、描写形象。如开头"屈原既放,游于江潭,行吟泽畔;颜色憔悴,形容枯槁"这几句的描写,宛如一幅屈子行吟的图画,故而成为后世画家绝好的题材。文章末尾，描写渔夫说服不了屈原，只有莞尔一笑，唱着歌划船离去了，其矛盾无法调和，具戏剧性的冲突。语言优美流畅，比喻贴切。

《史记》屈原传中载："屈原既死之后，楚有宋玉、唐勒、景差之徒者，皆好辞而以赋见称。然皆祖屈原之从容辞令，终莫敢直谏。"在这些效法屈原而作楚辞的人中，以宋玉最为著名。相传他是楚顷襄王时小臣，或说是屈原的学生。《汉书·艺术志》著录宋玉的作品是 16 篇。现在从《楚辞章句》《文选》《古文苑》等书中辑出宋玉作品是 13 篇，但不知是否在汉志中的 16 篇之数。13 篇是否都是宋玉的作品也有人怀疑，如《招魂》应是屈原的作品。比较可靠为宋玉所作只有《九辩》，王逸序："《九辩》者，楚大夫宋玉之所作也。"

《九辩》与《九歌》同，皆本是古乐曲名，而宋玉也是借以为题。全诗分为九章，当然并不是因题目而定，而是根据内容分就的。《九辩》体制与屈原作品极相似，手忙脚乱的楚方言，如"羌""冯""蹇"字的用法，也与屈原的《离骚》《九章》相同。

《九辩》是一首抒情长诗，富有文采。第一段关于秋天的描绘，成了千古传颂佳句：

悲哉秋之为气也，

萧瑟兮草木摇落而变衰。

憭栗兮若在远行，

登山临水兮关将归。

作者把秋天的风景和诗人的感触交织在一起，用远方游子登山临水送别将要回到故乡去的朋友的惜别环境来刻画诗人悲怆的感触，情景交融，十分感人。所表达的是"贫士失职而志不平"的思想情绪，也是本诗的主旨所在。

《九辩》文章虽美，但在思想内容方面，却远远不能和屈原的作品相比。

景差的作品有《大招》，王逸认为是屈原所作，又说"或曰景差"。朱熹则从文章风格考定，说"决为（景）差作无疑"。《大招》也是招楚怀王之魂，因此才称大招。而且诗中所描述居室、饮食、娱乐均与《招魂》略同，并且诗中讲到"万民理""尚贤士"，这些显然是讲诸侯的事。

汉初也有一批楚辞作家，如淮南王刘安的宾客"淮南小山"的《招隐士》一篇，流传了下来。诗的构思大体模仿《招魂》，但所写的是现实中深山密林真实的情况，与《招魂》所描述幻境有所不同。有的学者认为淮南王群臣所作辞赋以类相从，称大山、小山，其意义如同《诗经》的大雅、小雅。以小山为作者，实在无理（见王泗原《楚辞校释》）。

汉初楚辞作品，内容大多是模仿屈原作品，或吟咏屈原事迹，成就不大，但可以了解汉初人对屈原的态度和认识，还是很有价值的。汉朝的楚辞创作已逐渐向汉赋过渡。

屈原不仅给后人留下宝贵的文化财富，而且还留下珍贵的精神财富。首先是不向恶势力屈服，敢于向命运挑战，成为后人学习的榜样。汉代著名文学家贾谊，年轻，有才能，为汉文帝所信任、重用，然而却招来一些宗室、大臣的嫉恨，因而遭打击与排斥。汉文帝也逐渐对他疏远，派他到远离朝廷的长沙工处任太傅。贾谊"意不自得"，路过湘水时作《吊屈原赋》，哀悼屈原并抒发自己的思想感情。伟大史学家、文学家司马迁在遭腐刑之后，同样以屈原为榜样，"屈原放逐，著《离骚》"，是圣贤发愤之所为作，司马迁也"述往事，思来者"，揭露统治者的黑暗腐朽，以发泄内心的郁结。他们都把自己的思想感情，寄托在自己的作品里，这就是我国文学史上批判现实主义优秀传统的由来与发扬。

屈原的爱国主义精神也给后人以极大的影响。例如明末清初的思想家王夫之，就是通过对楚辞的注释，来表达他对明朝灭亡的悲愤心情。

屈原作品中的艺术成就，也是给后人留下的一份宝贵的遗产。首先是他积极浪漫主义的创作方法，为后人树立了典范，成为学习的榜样。他采用神话传说，运用象征和比喻的手法，描绘了色彩奇幻的虚境，显示了一个昂扬开阔的精神世界。但是诗人并没有逃避到虚幻的世界中去，而正是为现实的美好理想的实现而坚持斗争的表现，是建立在现实的基础上的。在屈原之后的许多伟大的浪漫主义作家及其作品，如李白的：诗歌，汤显祖的《牡丹亭》、吴承恩的《西游记》等，都具有这样的特点。其次，屈原的创作，是从民间文学中汲取了丰富的营养，经过了他的提高、锤炼，恰当的表现了自己的思想内容，达到了内容与形式完美的统一，使其成为中国文学乃至世界文学宝库中的珍品。这种艺术创作的经验，也给后代作家以极大的影响。

屈原的影响巨大，以至于两千多年来，研究者数不胜数，著作林林总总，使其成为一专门的学问。首先是要归功于楚人把屈原的作品和事迹保存下来，"高其行义，玮其文采，以相传教"（王逸《离骚序》）。

对屈原及其作品有比较系统的研究，始于汉朝。其中有贡献的如刘安、司马迁、刘向、扬雄、班固、王逸等。

淮南王刘安是汉代第一个研究屈原的人。《汉书·淮南王传》记载："（淮南王）安入朝，献出所作《内篇》，新出，上爱秘之。使为《离骚传》，旦受诏，日食时上。"刘安所作《离骚传》今已失传，据王先谦《汉书注》讲："传为解说之，若《毛诗传》。"说明它是一部注解、说明性质的书，与《毛诗传》有类似。也就是说把屈原的作品也如同对待儒家经典那样，去发掘、解释其中所含的"微言大义"。

司马迁第一个搜集整理了屈原生平事迹并为其作传。司马迁首先抓住了屈原的创作动机，强调《离骚》等作品是针对当时的社会现实而发的"忧愤之志"，是悲愤哀怨之作。这是符合实际情况的，说明司马迁对屈原是真正了解的。当然，对其作品的认识，一定程度上也同意刘安的说法与观点。

东汉王逸所著《楚辞章句》17卷，是至今保存最早的楚辞注本。里面注释的作品是根据刘向编的集于有屈原、宋玉、景差、贾谊等人的创作。王逸对屈原的人格非常推崇，说他："膺忠贞之质，体清洁之性，直若琳矢，言若丹青，进不隐其谋，退不顾其命，此诚绝世之行，俊彦之英也。"王逸看到了屈原作品一定会产生深远影响，他说："所谓金相玉质，百世无匹，名垂罔极，永不刊灭者类！"这个注本保存了他之前的汉朝人的许多解释，很有价值，所以它成为后代各种注本的底本。但是王逸也认为屈原依《诗》制《骚》，这样不可避免地落入汉儒"宗经"的樊篱，其注释也就免不了硬要把屈原的作品与五经扯到一起，出现了许多牵强附会的地方。

南朝刘勰在《文心雕龙》中，特立《辨骚卜篇》，专论楚辞，试图总结文学发展的规律。他看到楚辞，尤其是屈原作品的巨大成就。但在研究方法上，仍以"宗经"为准绳，也出现了一些乖谬。

南朝萧统编集《文选》，是从文学角度选入了屈原的作品。入选《文选》的作品必须情义和辞采内外并茂，偏于一面的概不录取。是萧统有意识地把文学作品和学术著作区分开来。他认为屈原的作品,无论在思想内容还是在辞采方面都堪称上乘之作,而不是把它看成是为"经典",仅此就比别人前进了一大步,对屈原作品的研究有着十分积极的意义。

宋朝洪兴祖著《楚辞补注》17卷。它是依照王逸的注本,在每诗句下先录王注,然后以"补曰"对王注进行补充与纠正,而以补充阐发为主。王注往往只作解释而不讲根据,洪兴祖则引述大量材料,做了较详细的考证;并参考学者们意见,对王注作了文字校勘,所以后人阅读王逸的注本就离不开洪兴祖的补注了。

宋代著名理学家朱熹,对文学也很有研究。他除著《诗经集传》外,著有《楚辞集注》8卷、附《辨证》2卷、《后语》2卷。所收篇目与《楚辞章句》不同,其删除与增添的篇目显示他很有眼光。《辨证》考订旧注的得失,有独创的见解。《后语》中收集了从荀卿到宋代吕大临的"骚体",凡诗赋52篇,从中可以看到楚辞的延续。朱熹注解楚辞,特别强调屈原的忠君爱国思想,但因为他是一个唯心主义的理学家,难免牵涉义理的迂阔。

明末清初大思想家王夫之著有《楚辞通释幻卷》,以此寄寓他对明朝灭亡的悲痛。他十分同情屈原的遭遇,能够休会到屈原忧时伤国的思想感情,他的许多议论对后人颇有启发。

清代研究楚辞有成绩的,如蒋骥,所著有《山带阁注楚辞》6卷,卷首1卷、《余论》2卷、《说韵》1卷。他特别着重对屈原生平事迹的考证,还有其每篇作品的写作年代,虽不尽当,但也不是毫无根据。《余论》主要是订正旧注的错误。《说韵》则可供研究楚辞音读的参考。

著名学者戴震著有《屈原赋注》7卷、《通释》2卷、《音义》2卷。他不采用"楚辞"这一名称,而是用"屈原赋"之称,篇目包括从《离骚》到《渔夫》被认定为屈原作品,共25篇。所注简明,旧注已经明白者,便从略;对旧注纠正的地方都很精详。对《离骚》还做了段落要旨的分析,有助于对原作的理解。《通释》上卷疏证山川地名,下卷疏证草木虫鱼;《音义》则定其韵读,并有文字校勘。全书体例严谨、言必有据,体现了考据学家治学的成绩。

两千多年来,屈原斗争的一生、他的爱国主义精神及其辉煌的诗篇,打动了千千万万人民的心弦并波及到世界各国。日本、朝鲜、东南亚、澳大利亚等地的人民,也同中国人民一样,在端午节吃粽子、划龙舟,来表达对这位伟大诗人的纪念。屈原作品已经被翻译成世界各国的多种文字,在外国读者中也产生了很大的影响。1953年世界和平理事会,还通过了将屈原列为世界文化名人的决定,号召全世界人民隆重纪念他。

屈原的名字与日月同辉。

古文领袖

——韩愈

名人档案

韩愈：字退之，汉族，唐河内河阳（今河南孟县）人。自谓郡望昌黎，世称韩昌黎。

生卒时间：768～825年。

安葬之地：河南省孟州市城西6公里韩庄村北半岭坡上。

性格特点：道济天下，气盛宜言，不平则鸣。

历史功过：韩愈是唐代著名的散文家和重要诗人，其诗力求险怪新奇，雄浑而重气势。韩愈时代的诗坛，已开始突破了大历诗人的狭小天地。韩愈更是别开生面，也创建了一个新的诗歌流派。他善于用强健而有力的笔触，驱使纵横磅礴的气势，夹杂着恢奇诡谲的情趣，给诗思渲染上一层浓郁瑰丽的色彩，造成奔雷掣电的壮观。另外韩诗在艺术上有"以文为诗"的特点，对后世亦有不小的影响。当然韩诗中也有追求怪诞诡谲的游戏文字，是不足取的。著有《韩昌黎集》四十卷，《外集》十卷，《师说》等等。

名家评点：唐代古文运动的倡导者，宋代苏轼称他"文起八代之衰"，明人推他为唐宋八大家之首，与柳宗元并称"韩柳"，有"文章巨公"和"百代文宗"之名。陈寅恪先生《论韩愈》曰："退之者，唐代文化学术史上承先启后转旧为新关键点之人物也。"

勇夺三军

韩文与杜诗，在中国文学史上常作这两类作品的艺术极致，相提并论，垂范后世。苏轼赞曰："诗至于杜子美，文至于韩退之，而古今之变，天下之能事毕矣"。"子美之诗，退之之文,皆集大成者也"。不过,韩愈的经历不同于杜甫,韩愈在中国文化史上的意义也不只是古文。在《潮州韩文公庙碑》中,苏轼对韩愈一生的事业功绩做了全面概括,约为四言:

> 文起八代之衰,而道济天下之溺,
> 忠犯人主之怒,而勇夺三军之帅。

倡古文,济儒道,排佛老,抚叛军;文学与哲学,政绩与军功;匹夫而为百世师,一言而为天下法。昌黎韩公,可谓华夏4000年文明史哺育的此前并不多见的全能文士。

然而,3岁而孤的韩愈,其一生如同他所处的中唐时代,充满了风波、坎坷、辛酸和痛苦。这一时期,王朝更替频繁,国家多灾多难。韩愈经历了代宗、德宗、顺宗、宪宗和穆宗5个朝代,遭遇了吐蕃侵扰、泾原兵变、永贞革新、淮蔡叛乱等等诸事多变。韩愈一生,或近或远、或深或浅地受到这些政治事件的影响和牵涉,57年的人生仕途,大致可分四个阶段。

第一阶段:少年苦读砺志(出生~18岁)。

"念昔始读书,志欲干霸王。"(《岳阳楼别窦司直》)永贞元年秋10月,流放途中登上岳阳楼的韩愈,回忆起少年时代苦读砺志的情境,仍洋溢着雄豪之气。少年韩愈即有凌云之志,这与其家世和身世是密切相关的。

韩愈出生于代宗大历三年(公元768年),祖籍河南河阳,这是安史之乱平定后的第五年,国势由盛转衰,朝野动乱不断。当时的韩家,也是一个虽有文名却日趋衰微的仕宦之家。韩愈七世祖韩耆,后魏时曾任常山太守,封武安成侯。六世祖韩茂,曾任尚书令,兼征南大将军,封安定桓王。入唐后,高祖韩睃,曾任银青光禄大夫,后任雅州都督。其后人,官职或高或低。至韩愈父亲韩仲卿,官止武昌令、鄱阳令和秘书郎,均为从六品以下的小官。虽为仕宦世家,官职却越来越小。祖先的功业,激励韩愈从小立下霸王之志;衰微的庶族之家,使其意识到只有刻苦攻读,登第入仕,才能施展抱负。

韩愈不幸的身世更激发了他苦读的意志。"我生不辰,三岁而孤。蒙幼未知,鞠我者兄。在死而生,实惟嫂恩。"(《祭郑夫人文》)3岁而孤的韩愈,靠兄嫂抚养。7岁时,韩愈随赴京师做官的长兄韩会迁居长安。好景不长,10岁时,其兄韩会受权臣元载一案牵连,由起居舍人贬官岭南,改任韶州刺史。韩愈又随兄南迁。唐代韶州是蛮荒之地,加之身为贬官,心情抑郁,两年后韩会即染病身亡。韩愈又同嫂郑夫人,扶柩北上,返葬中原。回到河阳故乡不久,中原藩镇兵乱,韩家再次南迁,到江南宣城的庄园避难。从3~13岁,韩愈就是在频频动乱中度过的。

韩愈的读书作文,虽遭动乱而始终坚持。七岁而读书,十三而能文。禀性聪敏,"日记数千言";刻苦勤奋,"口不绝吟于六艺之文,手不停披于百家之编。记事者必提其要,纂言者必钩其玄"。因而,少年韩愈竟能通"六经百家学"了。而且,经心于前古之兴亡,留意于当世之得失,求进于仕途之心,勃勃而动;所谓"志欲干霸王""报国心皎洁"。

文章冠世而倾向复古的叔父韩云卿和长兄韩会,对韩愈未来写作古文和成为古文运动领袖,产生了深刻的潜在影响。李白称云卿"文章冠世";韩愈更推崇备至,曾说:"愈叔父当大历世文章独行中朝。"韩会不仅"好谈经济之略,尝以王佐自许",且参与了李华、萧颖士等古文运动先驱变革文风的活动。他有《文衡》一篇,明确提出了文以致用,文助教

化的主张。兄长的志趣,对韩愈确定一生奋斗目标,影响更直接而深刻。

第二阶段:青年登第求仕(19~29岁)。

韩愈以"四举于礼部乃一得,三选于吏部卒无成"概括这一阶段的经历。贞元二年,19岁的韩愈离开宣城赴京师求仕,但仕途不顺。他应试四次,至贞元八年登进士第,时25岁。此次进士考试,以宰相陆贽主司,古文派梁肃为佐,故韩愈登第有其必然;梁肃所举八人"皆天下选,时称龙虎榜"。但后连续二次参加吏部博学宏词科考试,均不中,韩愈便回河阳省祖。其时,嫂嫂郑氏病故宣城,侄儿老成护柩北归。从此,韩愈要担负供养乳母李氏与孤侄老成的责任。生活的重担迫使韩愈再次进京求仕,但三选于吏仍无成。情切之下,韩愈三上宰相书,但宰相贾耽、卢迈等人置之不理。贞元十一年,韩愈怀着不遇之叹失望地离开长安。归途中,有感于"唯以羽毛之异,非有道德智谋"的二鸟得以进荐,作《感二鸟赋》,叹曰:"余生命之湮阨,曾二鸟之不如。"当年9月,韩愈去洛阳,经过田横墓,又感于田横义高而得贤士,作《祭田横墓文》。其文有曰:"昔阙里之多士,孔圣亦云其遑遑;苟余行之不迷,虽颠沛其何伤。"表达了自己复兴儒道,虽颠沛而不彷徨的决心。这是青年韩愈留下的两篇"不平而鸣"的名作。仕途的不顺,磨炼着韩愈的生命意志,"决得失于一夫之目"的考试制度的不合理,更坚定了他复兴儒道,倡导古文的决心。

第三阶段:壮年仕途波荡(29~49岁)。

这一阶段可分为幕府初仕和进京入仕两个时期。贞元十二年,赴汴州以宰相身份任宣武军节度使的董晋辟韩愈为观察推官。其时正"朝食不盈肠,冬衣才掩骼"的韩愈,终于获得一个职务。在汴州3年间,韩愈任职之余讲文析道,并结识了3位终身相交的朋友和学生:孟郊与李翱、张籍。孟、韩结识于长安应试之时,贞元十三年孟郊到汴州,这对诗风相近的忘年之友,切磋斗胜,在中唐诗坛上形成了以"硬语盘空""奇崛险怪"为特点的韩孟诗派。李翱与张籍是韩愈的学生,以后都成为古文运动的中坚。贞元十五年,董晋病逝,韩愈护丧往东都。不到4天,汴军叛乱,杀死代理官员。韩愈虽免于祸,但妻子幼女围困汴州,心急如焚。幸而家属后来得脱,乘舟东趋彭城,韩愈从洛阳到徐州,与家人相聚。危难之中,徐州节度使张建封把韩愈一家安排在符离暂住,后又荐韩愈为节度推官。韩愈在徐州就职不到两年,因不惯刻板的幕吏生活,不久便与李翱一起离开彭城去京师。因张建封病逝,徐军作乱。韩愈因刚离开徐州而脱险,便携全家在洛阳安家。汴徐幕府的初仕生涯,随两次藩镇作乱而结束。韩愈求官,为谋衣食,亦为实现经世初心;然仕进久久不顺,心情愤郁不平。这是韩愈诗文始终充满不遇之叹、不平之鸣的重要根源。

贞元十八年春,是韩愈仕途上的转折,他经吏铨选,授四门博士,终于进京做官。自19岁入京师,至今倏忽17年矣。韩愈执教四门馆,尽职而热忱。第二年进士试,他举荐10人,当年中4名,另5名后来也相继登第;并多半成为古文运动的后劲。

贞元十九年夏秋之际,韩愈由四门博士迁监察御史。柳宗元、刘禹锡、张署、李方叔等也同授此职。韩、柳、刘关系最笃。韩愈曾与柳宗元同游长安慈恩塔,并有题名;古文运动的两位巨擘由此建立文交。但仅隔半年,当长安的深宅大院家家忙着过年时,韩愈门前却是一幕凄惨的离别场面:韩愈被逐出长安,贬为阳山令。原来这年关中旱灾严重,官史则照常征收租税。韩愈亲见"饿者何其稠,亲逢道边死"的惨象,即上奏天旱人饥状,恳求"特敕京兆府"停征赋税。此状一上,得罪幸臣,便被贬为远在广东的阳山令。阳山县、僻壤穷乡,文化落后,县置只有"夹江荒茅篁竹之间,小吏十余家"。韩愈虽心境落寞,却能恪尽职守,施惠于百姓。不到两年,韩愈遇赦北还,阳山百姓多以韩愈的姓名命其子,并把韩愈常去读书的山称为"贤令山"。

贞元二十一年(805年),是唐代历史上连换三帝的动乱之年。唐德宗正月病殁,太子李诵即位,即顺宗;顺宗用王伾、王叔文推行"永贞革新",仅半年即失败;顺宗被逼禅位,8月宪宗即位,第二年改元元和。韩愈对"永贞革新"持反对态度,政治思想同柳宗元相左。而随着顺宗、宪宗的相继即位,他两次遇赦,从阳山至郴州再至江陵。元和元年6月,韩愈自江陵召拜国子博士,再次回京任职。这年韩愈39岁,以后10年间,官职屡经迁调,时降时升。他常与官宦权要相对抗,仕宦一直不得志。不过,随着韩愈文名日盛,身旁始终有一批仰慕者和学生相随。韩愈为之讲道析文,推动古文运动向纵深发展;自己的古文和诗歌创作也取得空前成果,显示出蓬勃的创造力。

第四阶段:晚年大起大落(50~57岁)。

这是韩愈生命的最后7年,也是其仕途上大起大落、大放异彩的7年;可用"因军功两度升迁,论佛骨一贬潮州"概括之。

第一件军功是元和十二年随裴度征讨淮西吴元济叛乱。对征讨淮西,先有大臣谏阻,独裴度排除众议力主用兵,时韩愈有《论淮西事宜状》,条陈平淮策略,与裴度主意相合。裴度出征,韩愈以行军司马相随。韩愈建议裴度乘蔡州城虚,以兵三千间道入蔡擒吴元济;裴度未及采行,而李朔已自唐州提兵雪夜入蔡州,与韩愈谋略一致,果然擒得元济。淮西平,韩愈因功迁刑部侍郎。

韩愈的仕途似乎注定不可能一帆风顺,迁刑部侍郎不到两年,因上《论佛骨表》,险些丧命。当时,长安凤翔寺塔中供佛祖释迦牟尼指骨一节,三十年一开塔。据传开塔之年,必"岁稔人泰"。元和十四年,正值开塔之期,宪宗派人将佛骨迎入宫内供养三日;王公士庶,更是奔走膜拜。韩愈一生倡儒道而排佛老,对此深恶痛绝,便上《论佛骨表》谏阻,言辞尖锐,态度坚决。"忠犯人主之怒",宪宗欲以死罪论处。幸得裴度、崔群等营救,从轻发落,贬韩愈为潮州刺史。"一封朝奏九重天,夕贬潮州路八千",欲除弊事,反遭贬逐,韩愈正是悲愤不已。在去潮州途中,12岁的爱女挐子病夭;草葬路隅,棺非其棺,魂单骨寒,无所托人。尽管如此,韩愈到潮州后仍不忘为民办事。他见潮州没有学校,就找名叫赵德的秀才办起州学。后改授袁州刺史,韩愈又督查全州释放奴婢达730余人;回长安后,他还上奏朝廷下令全国放还被典男女。

长庆二年,升任兵部侍郎。年届55岁的韩愈,又完成一件震动朝野的使命,充满风波的仕途出现了最后一次高潮。长庆元年,镇州兵乱,杀节度使田弘正,立王廷凑。朝廷派深州刺史牛元翼讨伐,反被王廷凑围困。形势紧急,穆宗命韩愈前往宣慰,又旨使见势而行,"无必人"。韩愈临危受命,置身度外,说:"安有受君命而滞留自顾!"疾驱镇州。王廷凑严阵相迎,设甲士于庭。韩愈镇定自若,严辞挫折叛军凶焰,以利害晓喻王廷凑及镇州将士,不用兵刃,化险为夷,令其归服中央。苏轼所谓"勇夺三军之帅",即指此事。功成还朝,转吏部侍郎,这是韩愈最高官职,故吏有"韩吏部"之称。长庆三年,为京兆尹兼御史大夫,京兆在韩愈治下,社会安定,市价平稳,百姓称颂。长庆四年得病,年底病

殁。其时韩愈神色安详,并从容赠言亲友。张籍《祭退之》诗写道:"公有旷达识,生死为一纲。及当临终晨,意色亦不荒。赠我珍重言,傲然委衾裳。"勇夺三军的韩愈,也能从容对待生死。

当然,韩愈一生事业的主要成就在文学方面:在古文运动的倡导,在古文理论的建设,也在把古代散文提到纯文学境界的古文创作。

道济天下

中国古代散文,从语言形式看,可分为散体和骈体两种。从先秦至两汉的上古时期,以散文为主。骈文形成于魏晋,极盛于南北朝,至中唐仍统治文坛。骈文极重格式,有四大特点:即骈偶终篇,四六句式,讲究平仄,多用典故。骈文的唯美主义原则,使大多数作品内容空洞,呆板滞涩,严重妨碍了思想感情的表达。

韩愈所说的古文同骈文相对,是指散行单句,不拘格式,以儒家思想为基本内容,取法先秦两汉古朴文体的散文。他倡导古文运动,就是为复兴儒道、更好地宣扬儒学而主张恢复古代散文传统,反对华而不实的骈文及笼罩文坛的浮艳文风。古文运动在中国思想史和中国文学史上都具有重要意义。从思想史看,韩愈复兴儒学的主张成为宋明理学的先导,故前人有"治宋学必始于唐,而以昌黎韩氏为之率"之说;从文学史看,古文运动除明确提出"文以载道"的主张外,主要是文风、文体和文学语言的革新运动,在文章的演变上有着划时代的意义,对文学散文的发展更产生了直接影响。

韩愈是古文运动的领袖。在韩愈的倡导和推动下,中唐之世才出现了道济天下之溺的古文运动。这一历史结论是有充分依据的。首先,中唐以前的文学理论中无"古文"一词,古文概念的提出始于韩愈。如《题欧阳生哀辞后》云"志在古文""愈之为古文"。其次,古文运动借助儒学复兴运动得以发展,而韩愈是中唐儒学复兴运动中最重要的思想家。他宣扬道统、排击佛教、阐扬《大学》、论述人性,不仅思想丰富而深刻,广泛影响了当时的古文家,而且极大地规范了此后中国文化的面貌。第三,他是一位划时代的古文理论家;虽然从齐梁时的刘勰、裴子野,到初唐的王通、陈子昂,再到天宝后的萧颖士、李华、元结、独孤及、梁肃、柳冕等等,都已提出恢复古文传统、反对浮华骈文的文学主张,但在理论的系统性和深刻性上,韩愈的古文理论使他的先驱者们黯然失色。最后,韩愈作为一位伟大的散文家,以杰出的创作实绩把古文创作提高到真正的文学境界,并以自己的古文理论和创作实绩培养了一批"韩门弟子",古文逐渐压倒了骈文,改变了文坛的风尚,掀起了真正的古文运动;而韩愈的先驱们在创作中都还未能彻底摆脱骈文家积习,创作不能卓然有所树立,对文风影响也未能产生实效。

理论是实践的指南。没有感召人心的古文理论,就难有革除时弊的古文运动。韩愈的古文理论可以概括为三大方面。

一、志在古道而兼通其辞

为复兴古道而倡导古文,用儒道充实古文内容,文道合一而以道为主,这是韩愈古文理论的基础。在《题欧阳生哀辞后》中,韩愈集中阐述了这一观点:"愈之为古文,岂独取其句读不类于今者邪？思古人而不得见,学古道而欲兼通其辞。通其辞者,本志乎古道者也。"

为了复兴儒道,韩愈在理论和实践上做了多方面的努力。首先,建立道统,阐发道义。在韩愈看来,儒家的核心传统所代表的精神价值,是通过圣贤之间的传承过程而成为一个传统的。在《原道》中,他指出,这就是由尧、舜、禹、汤、文、武、周公以至孔子、孟子代代相传的儒家之道;在周公以前,其道见之于行事,自孔孟以后,其道见之于著述。孟子之后道统中断,于是韩愈要把中断千年的道统发扬起来,传递下去。至于"道"的内涵,一是古圣人教给人民的相生相养之道,即生产、交换、医药等等;二是圣人所制定的礼乐刑政制度和所规定的君臣父子之间的伦理关系。在当时,人情溺乎"异学"而古道日渐废弛;于是,韩愈的第二个任务便是反对异学,排击佛教。韩愈排佛的原因,既有经济的也有文化的,更主要是文化方面的。韩愈认为,佛教是异族文化,其"不知君臣之义、父子之情",教义与中国社会的伦理秩序相冲突。以上追孟子、继承道统自命的韩愈,自然认为应排斥反对,甚至提出了"人其人,火其书,庐其居"的激烈主张。紧接着的第三方面便是提倡古文。六朝以来"饰其辞而遗其意"的骈文,已成为表达思想内容的桎梏,而古文不拘形式,不求声律,可以自由地进行抒情叙事说理明道。因此,古文运动是借助儒学复兴运动发展起来的;韩愈是为了排斥异学而倡言古道,又因好古道而好古辞。道是目的,文是手段;道是内容,文是形式;文道合一,以道为本。一言以蔽之,没有道济天下之溺的前提,就没有文起八代之衰的业绩。

二、务去陈言,能自树立

韩愈有一句名言:"非三代两汉之书不敢观,非圣人之志不敢存。"其实韩愈学古并非泥古,而是要在此基础上变古和创新。在《答李翊书》中紧接着写道:"当其取于心而注于手也,惟陈言之务去";在《答刘正夫书》中又说:"能者非他,能自树立,不因循者是也。"从创作实际和创作过程看,韩愈认为只有力去陈言,能自树立,学古而又变古,才能真正写出有价值的文章。

古文作家要做到陈言务去,能自树立,达到文道合一的境界,必须经过三个步骤,在《答李翊书》中,韩愈对此做了创造性的描述:首先,必须广泛研读典籍,以便在自己作品中做到"唯陈言之务去";其次,必须学会识别典籍的真伪以便在自己的作品中排除一切伪杂成分;第三,必须创造出合适的表现形式使文道达到完美的统一,所谓"醇乎其醇",避免作品中内在的缺陷。在《唐宋文举要》中,高步瀛更细致地把它分成古文学习和古文创作的五个阶段。事实上,它所具有的普遍的理论价值,的确并不局限于古文的学习和写作。

在此还必须明确两点。首先,所谓"陈言务去",不只是语言形式也包括思想内容,包括非儒道的佛道"异学"。作为一个文学理论家,韩愈对古文运动的主要贡献就是以严格的儒家观点解释道,并以儒家思想规范古文创作并纯净文学风格。第二,所谓"能自树立",不只是创作中不循故常词必已出,它还包含韩愈更深一层的思考,即企求以文章自树名声而传诸不朽:"然而用功深者,其收名也远。若皆与世沉浮,不自树立,虽不为当时所怪,亦必无后世之传也。"(《答刘正夫书》)这是韩愈倡导古文、艰苦革新的深层的思想动力。朱熹曾批评韩愈:"只是要做好文章,令人称赏而已",就是指韩愈的这种想法;虽

然偏激,也不无依据。

三、气盛宜言,不平则鸣

古文创作的成功,有赖于传统、现实和作者三者的统一。因此,韩愈在提出善学古道的同时,又强调作者要有深厚的道德修养和丰富的生活经验。

所谓"气盛宜言",就是指只有加强道德修养,才能写出充实的文章。韩愈根据孟子的"养气"说,提出了自己的以道德修养为实质的养气论。他认为,要加强道德修养,必须"行之乎仁义之途,游之乎诗书之源";这一过程"无望其速成,无诱于势利",而必须扎扎实实,因为"根之茂者其实遂,膏之沃者其光晔,仁义之人,其言蔼如也";有了这样的修养功夫、道德水平和人格境界,才可能做到"气盛则言之短长与声之高下者皆宜"。(《答李翊书》)只要不拘泥于韩愈的古道内涵,他的"气盛宜言"说是具有普遍的真理性的。

"不平则鸣"和"穷愁易言",则是韩愈在强调作家的生活基础和创作冲动时提出的更为著名的两个观点。在《送孟东野序》中韩愈指出:"大凡物不得其平则鸣;人之言也亦然,有不得已而后言,其歌也有思,其哭也有怀。"韩愈从自己坎坷仕途的强烈感受及对诗文创作的影响出发,提出了"不平而鸣""不平善鸣"的深刻见解。应当指出,一般人认为韩愈的"不平则鸣"和司马迁的"发愤所为作"含义相同,事实上是有区别的。司马迁的"愤"就是"坎壈不平";韩愈的"不平"不等于"坎壈不平",它不但指愤郁,也包括欢乐。在《送高闲上人序》中就说:"喜怒窘穷,忧悲愉快,怨恨思慕,酣醉无聊,不平有动于心,必于草书焉发之。"重言申明,"不平"概括了"喜怒""悲愉"等多种情感。这就是说,只要有生活实感,诗文创作可以"怨"也可以"乐"。当然,从自己的创作实践和审美效果出发,韩愈更倾向于"怨",并比前人更明白地规定了"诗可以怨"的观念,这就是他在《荆潭唱和诗序》里提出的"穷愁易言"的观点:"夫和平之音淡薄,而愁思之声要眇,欢愉之辞难工,而穷苦之言易好也。"为什么有"难工"和"易好"的差别呢? 清初陈兆仑说得好:"盖乐主散,一发而无余;忧主留,辗转而不尽。意味之浅深别矣。"不过这是后话。就韩愈自身而言,"不平则鸣"和"穷愁易言"的观点,不仅丰富了古代的文学理论;而且是作为古文家的韩愈,在创作中突破狭隘的载道论,写出表现真情实感的文学散文的理论前提。

韩愈的古文理论在当时的古文家中产生了广泛的共鸣,从而推动了古文运动的发展,同时,这些观点又深刻影响了后世。文道合一、陈言务去、不平则鸣、穷愁易言,几乎成了中唐以来诗文作者的创作信条,也是今人评价古代诗文的重要原则。

散文大家

在中国散文史上,韩愈是司马迁之后最伟大的散文家,也是唐代八大家之首。明代贝琼《唐宋文衡序》曰:"盖韩之奇、柳之峻、欧阳之粹,曾之严,王之洁,苏之博,各有其体,以成一家之言。"近人钱穆《中国散文》说:"散文确获有纯文学中之崇高地位,应自唐代韩愈开始。散文在纯文学中之地位崇高,其功当首推韩愈。"由此言之,韩愈之文的"文起八代之衰",当包含双重含义:首先他以雄奇雅健的古文创作一扫八代以来浮华颓靡的骈俪之风;同时也由此把这种文体提高到真正的文学境界,使之获得了纯文学的崇高地位。

一部《韩昌黎文集》收存各类散文作品 300 余篇,其中,"杂著 65,书启序 96,哀词祭文 39,碑志 76,笔砚鳄鱼文 3,表状 52"(李汉《韩昌黎集序》)。这里尚未包括 5 卷《顺宗实录》和 30 余篇《外集》中的各类文章。从现代散文分类看,可分为论说文、叙事文、抒情文及应用文,每类都有文学性极高的名篇。如论说文之《原道》《杂说》《师说》《进学解》《送穷文》;叙事文之《平淮西碑》《张中丞传后叙》《画记》《柳子厚墓志铭》;抒情文之《祭十二郎文》《祭柳子厚文》;上述各类中除"杂说"和"解"之外,记、赠序、碑志、祭文等都属应用文。韩愈的赠序极多,文集共收 34 篇,姚鼐说他的赠序"冠绝前后作者";其中《送李愿归盘谷序》被苏轼称为"唐代第一篇文章",而使应用文具有文学性,这是"古文"形成于韩愈的标志,也是韩愈对中国散文发展最大的贡献。

韩文以"奇"著称,雄奇雅健是韩愈各体散文最鲜明的风格特点。具体说明有四个方面。

感激怨怼的真情发露　钱穆指出:人称韩昌黎以文为诗,其实他更能以诗为文,如韩昌黎之赠序,其实都是以诗为文,所谓"以诗为文",就是包括赠序和书札在内,韩愈一反过去的刻板习套,把真性实情发露其中,从而变非审美的应用文为艺术性散文。唐人喜欢写诗赠人,韩愈改用赠序和书札,外形是散文,内情则是诗。如《送孟东野序》是小札,《与孟尚书书》是大札,都可称是一首散文诗。清人说韩愈的《题李生壁》一文是"无韵之诗",这也就是说它是一篇散文诗。而其中最能代表韩愈雄奇风格的是那些"感激怨怼之辞"。在《上宰相书》中韩愈坦率直言:"居穷守约,亦时有感激怨怼奇怪之辞,以求知于天下。"在这类作品中,韩愈常以愤激之笔,发露半世坎壈的不平之情,深蕴文外重旨,最能见出韩愈的真性情和真面目,可视为散文化的咏怀、感遇之作。如《送穷文》写主人公本欲以祭鬼之礼送穷,却最终为穷鬼所屈而延之上座。全文主旨以反语出之:指责"智穷""学穷""文穷""命穷"和"交穷",实为作者的自赞自怜;穷鬼自陈 40 年追随主人的忠心,实为作者自叹半生坎壈遭际。文章以戏谑之笔写出了韩愈重重困难,而明道守志的傲骨亦在幽然的嘲解中见出。《进学解》也以怨怼之词托之于诸生对国子先生的嘲弄。但结尾自比孟子诸大儒之不遇而自慰,更觉冷语不尽。韩愈这类"感激怨怼之词",打破了古文正面立论的常规,用以抒愤寄慨,这并非如裴度指责的"以文为戏",而是丰富表现艺术的重大创新。

汪洋恣肆的雄辩气势　韩愈善辩更雄辩,他的论说文不以逻辑胜,而以气势胜;汪洋恣肆的磅礴气势胜于缜密严谨的逻辑推理。皇甫湜说:"韩吏部之文如长江秋注,千里一道";苏洵说:"韩子之文如长江大河,浑灏流转,鱼鼋蛟龙,万怪惶惑"。这都是对韩文雄辩气势的形象描述。如《讳辩》即以磅礴的雄辩气势写成的原应冷静分析的驳论之文。文章为李贺因父名晋肃不得举进士一事辩护,在举出无可辩驳的法律证据后,厉声问道:"父名晋肃,子不得举进士,若父名仁,子不得为人乎?"在抓住荒谬实质后,又以归谬的推理置人无以对答之地;然后,考之以经、稽之以典,词锋犀利,转守为攻,终于由辩护者变成了挑战者。全文与其说以冷静缜密的逻辑推理说服读者,不如说是以长江秋注般的雄浑气势震撼读者,从而激发人们对荒谬礼教压制人才的强烈愤慨。责问、反问、夸张、归谬,变化多端的结构和大开大合的笔势,都是韩愈增强文章雄辩气势的常用手法。此外,对比手法的巧妙运用尤为引人注目。如《原毁》以"古之君子"同"今之君子"对比,《师

说》以"古之圣人"同"今之众人"对比,互相烘托,纵情畅论,增强论辩的气势。如《进学解》则采用前后两段对比的方法,前段似褒扬,后段似贬责,抑扬顿挫,波澜起伏;中间又穿插排偶之句:"口不绝吟于六艺之文,手不停披于百家之编,记事者必提其要,纂言者必钩其玄";"觝排异端,攘斥佛老,补苴罅漏,张皇幽眇。寻坠绪之茫茫,独旁搜而远绍;障百川而东之,回狂澜于既倒"等等,既是排偶之句,又是警策之语,增强了雄辩的气势,也加强了文章的哲理深度。如果说,感激怨怼的愤激之情是韩文雄奇风格的内在情感基元,那么,汪洋恣肆的雄辩气势是其雄奇文风的外在文体风貌;李翱论韩文:"其词与其意适",即此之谓。

寓理于事的形象表达 这是韩愈散文获得纯文学性的又一要素。在论说文中,韩愈寓理于事的形象表达,主要是通过比喻、细节、场面的描写,化抽象思维为形象思维。《杂说》四篇多以喻论理,其一以云龙相须作譬喻;其二以善医与善计做比较;其三以人与兽的表里同异论人性;其四伯乐相马更为人熟知,艺术性也最强。诸子散文以喻明理,形象与理念简单类举;韩愈此篇就比喻本身层层展开论证,论证过程在故事的叙述中完成,形象与理念浑融无间,比喻本身就具备了足够的逻辑说服力。《送李愿归盘谷序》由送李愿归隐抒吐贤者遭黜、不肖者高升的不平之鸣,全文不发议论,而以大丈夫、隐士及趋进者三种人进行对照,突出三种由不同的社会地位造成的不同的生活方式和精神特征,最后以"其于为人贤不肖何如也"作结,意味深长,爱憎褒贬尽寓其中。而在叙事性的记传文中,韩愈更善于在人物事迹中提炼饶有兴味的典型细节和事件,刻画人物性格,增强作品的形象性和艺术感染力。《张中丞传后叙》是韩愈的名篇,其中南霁云乞救贺兰一段即以其描写的生动形象而广为传诵。在为不见经传的下层官吏写的墓志铭中,韩愈也常用小说家笔法刻画人物性格。如《试大理评事王君墓志铭》是记述"天下奇男子王适"的生平事迹。篇末奇笔生色,细述王适当初求娶处士侯高之女时,以纸卷冒充官人文书,而侯高深信不疑的趣事;虽有违墓志的肃穆格调,却更突出了王适这位"天下奇男子"的形象。《河中府法曹张君墓志铭》则发端突兀,起笔描述一位妇女为实现丈夫遗愿,怀抱婴儿求韩愈为其夫作铭,然后再入正传,使普通小官吏的碑铭罩上一层悲剧性的传奇色彩。《毛颖传》和《石鼎联句诗序》是韩文中小说味最浓的作品;尤其是后者,俨然一篇"聊斋式"的小说,韩愈以奇异的情节刻画了富于神秘感的道士形象,并以寥寥数笔把二生前倨后恭的神态也刻画得栩栩如生。缺乏生动的形象性,韩文的纯文学性和艺术价值是不可想象的。

自然舒展的语言风格 韩愈有"文从字顺各识职"之说,这是对文学语言的要求,也概括了韩文自身的语言特色。作为一位革新文风的语言大师,韩文确有"文从字顺,自然舒展"的鲜明特点。他破骈体为散体,用纯净的散句单行写作,文章语言自然而具音乐节律,屈折舒展,起落自由,若绵绳之在手,缛意编织,得其所欲,运用语言的纯熟,罕见其匹。哀祭之文,主于伤痛,格调肃穆,一般都用骈体韵文写成。韩愈则改用散文,如《祭田横墓文》《祭十二郎文》;这是脱胎换骨的大变化,破除了以前种种限制与拘束,正如脱下紧身衣换了一件宽袖大袍,感到格外的轻松与畅适,作者情感的表达也更为自然亲切。钱基博说得好:"《祭十二郎文》,骨肉之痛,急不暇修饰,纵笔一挥,而于喷薄处见雄肆,于呜咽处见深恳。"倘收散为骈,绝不可能如此真切动人。韩愈对散文语言的革新不仅表现在句式上,还表现在语汇上。他不仅善于吸收古代文章中的有益养料熔铸新词,还善于在当时的口语中选择富于表现力的语言加以提炼。韩愈散文的语言新颖、简洁而生动,韩愈熔铸的大量新词活在现代人的口头,成为现代汉语中的成语或常用词汇。可以说,韩愈是为丰富和美化汉语做出最大贡献的少数古典作家之一。还应指出,韩愈革新文风,破骈体为散体,但并不排除骈词俪语,又能做到随达意之所需,符语言之自然。钱钟书说得好:"骈体文不必是,而骈偶语未可非。世间事理,每具双边二柄,正反仇合;倘求义赅词达,对仗攸宜。"(《管锥编》)韩愈或亦谙此理,故并不因噎废食;骈词俪语恰当运用,不仅义赅词达,也增强了雄辩气势。古文运动从散文演变史看,其实是文风、文体和文学语言的改革运动。因此,韩愈对散文语言的革新创造,并非只有个人的风格学意义,更具有划时代的历史意义。

郁达夫在《中国新文学大系·散文二集序》中指出,现代散文有三大特征:首先,每个作家的每篇散文里所表达的个性比以前任何散文都来得强;其次,不仅题材宽阔,而且对语言的要求很也宽泛,典雅的语言和通俗的语言都可使用;第三,是人性、社会性与大自然的调和,作品达到"一粒砂里见世界,半瓣花上说人情"的艺术境界。显然,现代艺术散文的这些特点在韩文中都有明显的表现。因此,韩文不仅"文起八代之衰",而且开创了现代艺术散文的先河。

诗歌革新

韩愈的诗歌创作可分贞元、元和两期。在40岁以前的贞元时期,主要创作古文,致力古文运动,诗作较少;40岁之后的元和时期,开始大量作诗,前几年创作尤丰。诗以五七言古体为大宗,现存近210首;近体次之,约存160首;此外还有联句诗11首。古近体风格各异,近体律诗稳当,绝句清新;古体则以议论为诗,以学问为诗,以奇怪为诗,最富创造性。

韩愈之文,文起八代之衰;韩愈之诗,诗为唐之大变。叶燮《原诗》对韩诗的划时代意义做过精辟的论述:"唐代为八代以来一大变,韩愈为唐诗之一大变,其力大,其思雄,崛起特为鼻祖。宋之苏、梅、欧、苏、王、黄,皆愈之发其端,可谓极盛。"既指出韩诗在唐诗中的地位,也肯定了它在中国诗歌史上的影响。

为什么说,韩愈为唐诗之大变呢?从中国诗歌艺术的发展史看,诗至盛唐已极尽变化之能事,后人欲出人头地,必须另辟蹊径。而从唐代诗歌史看,天宝之后的大历诗风,气骨顿衰,销尽了盛唐诗人的英雄气概和豪迈情调,为一种疲倦、衰顿、苍老而又冷淡的风貌所取代。韩愈作诗如作文,务去陈言而力求创新,亦不满大历以来衰顿诗风,意在砥柱颓流,扶挟斯道。由此出发,他揣摩李杜,见出杜甫诗风中的奇险之处,尚有推广深化之可能,故一眼觑定,欲从此劈山开道,自成一家,同时也借此改变大历衰顿平庸的诗风。韩愈是成功的,他以奇崛排奡,硬语盘空的创新之作,纠正了大历以来平庸油滑的诗风,也为古典诗歌的表现艺术开凿出了一种新境界。

韩愈诗歌的大变对唐诗的艺术创新主要表现在三大方面。

舒忧娱悲的诗歌内容　关于诗歌内容的这一特点，韩愈曾写道："《南行诗》一卷，舒忧娱悲，杂以瑰怪之言、时俗之好，所以讽于口而听于耳也。"(《上兵部李侍郎书》)韩愈拈出"舒忧娱悲""瑰怪之言""时俗之好"三语，正概括了他诗歌内容的三个方面。一是抒发自己及朋友坎坷人生、困顿失意的牢愁愤懑。抒忧吐悲的自鸣不平，确为韩诗的基本主题和共同情调，而在咏怀、赠答诗中最为强烈。如《此日足可惜一首赠张籍》《促促》《驽骥赠欧阳詹》《八月十五日夜赠张功曹》等等，这些诗篇往往把对国事的忧愤和自己仕途偃塞的失意情怀交织起来，义愤填膺，感慨淋漓。二是"指事实录"，反映社会现实，表现出对人民的深切同情和对王朝弊政、豪族权贵的抨击批判。如《归彭城》写东郡水灾，老弱惊湍，生民流尸，诗人为百姓遭难而叫号呐喊："前年关中旱，闾井多死饥。去年东郡水，生民为流尸。……我欲进短策，无由致彤墀。刳肝以为纸，沥血以书辞。"再如《赴江陵途中寄赠翰林三学士》追忆当年关中旱饥情状，贫民弃沟渠，持男易斗粟，指事实录，为民请命，可与诗人《论天旱人饥状》参读。这些诗篇继承杜甫《北征》《三川观水涨》的写实手法，敷陈其事，不尚辞藻，反映了中唐时代一些重大的历史事实。抨击弊政和批判权贵者，如《丰陵行》指斥皇帝葬仪的糜费和闭锁嫔妓的非人道行为；《华山女》揭发贵族丑行批判道教虚伪性，诗中写女道士自衒姿色，借神仙灵怪惑众而皇帝下诏进宫，结尾微词讽刺，与杜甫《丽人行》笔法相似。这些作品同样贯彻"舒忧娱悲，不平而鸣"的原则，既着力反映社会现实，又注重抒吐忧世之情。三是大量描绘刻画奇山异水、诡怪风物，以求得愉悦性情，也适应时俗爱好；这就是韩愈所说的"杂以瑰怪之言、时俗之好"。这是韩愈和韩孟诗派的作家在诗歌内容上最为独特、与元白诗派及新乐府诗人区别最大的方面。如《南山诗》写终南山之峻异；《送灵师》写瞿塘峡之奇险；《岳阳楼别窦司直》写洞庭波之壮观；《答张彻》写华山道之穷绝；《陆浑山火》写火势之盛炽，怪怪奇奇，直可作一帧西藏曼荼罗画观。此外，韩诗中还有"以丑为美"的求奇之笔。此类作品，既富特色也遭非议，朱熹就说韩愈"作诗说许多闲言语"。其实，这正表明韩愈是位文学家而不是狭隘的道学家。他把"舒忧娱悲"的诗和"志在古道"的文相区别，更影响了后世诗歌发展的道路。诗成为文人"舒忧娱悲"的手段，也日益增强了纯文学性。

奇崛险怪的艺术风格　韩愈的诗风既是多样的，又是发展的。所谓多样，指既有奇崛险怪之作，也有平易清新、朴素无华、天然无饰之篇。如《山石》《杏花》《答张十一功曹》《题楚昭王庙》《早春呈水部张十八助教》等篇，愈朴愈真，讽诵入口。所谓发展，指贞元年间和元和以后诗风随生世经历和心态而发展变化。前期虽也表现了雄才博学、好发议论、格调拗折、造句生新的特点，但从总体看，指事实录而平易朴实之作居多；后期则进一步向奇崛险怪一路发展，如沈德潜所说："大抵遭放逐逆境，有足以激发其性情，而使之怪伟特绝，纵欲自掩其芒角而不能者也。"揭示了人生境遇对诗境诗风的影响，极有见地。

　　然而，奇崛险怪则是韩诗发展成熟的主导风格。司空图读韩诗后写道："观韩吏部歌诗累百首，其驱驾气，若掀雷揭电，奔腾于天地之间，物状奇变，不得不鼓舞而徇其呼吸也。"这道出了一切读韩诗者的共同感受。韩诗奇崛险怪的诗风是由多种因素构成的。其中，探险入幽的奇思幻想；拗折排奡的布局结构；佶屈聱牙的僻字晦句；故意违背常规的险韵重韵；壮伟瑰怪的峥嵘意象；躁动激荡的情感波澜，以及汪洋恣肆的长篇巨幅，是构成奇险诗风的主要艺术因素。而《南山诗》《谴疟鬼》《月蚀诗》《石鼓歌》《陆浑山火》

《游青龙寺》《谒衡岳庙》《岳阳楼别窦司直》及"联句诗"等等,是奇险诗风的代表之作。著名的《南山诗》最为常人喜道,此诗用汉赋排比铺张手法,描述终南山四时景色变化以及各种形态的山势。搜罗奇字、光怪陆离;故用险韵,一押到底;而且连用"或"字诗句51句,叠字诗句14句,最显奇险之风。再如《南山诗》铺列春夏秋冬四时之景,《月蚀诗》铺列东西南北四方之神,《遣疟鬼》则历数医师灸师诅师符师,探幽入险,皆有意出奇。韩诗的"奇崛险怪"和韩文的"雄奇雅健",都可以说是韩愈"感激怨怼"之情的宣泄喷吐,只是一发之于明道之文,一发之于娱悲之诗,故文更雄健而诗偏奇险。在中唐诗坛上,韩孟的奇险与元白的平易,双峰并峙,各臻极境,以诗风的多样化造成了大历之后唐诗的中兴局面。

以文为诗的表现手法 以文为诗是北宋诗评家概括的韩愈诗歌中独特的表现手法,从韩愈诗歌创作的实际看,主要表现在四个方面。第一,以铺张扬厉的赋法为诗。如《南山》即为赋为诗,以汉赋铺张雕绘为工;此外,36韵的《苦寒诗》、40韵的《咏雪赠张籍》及46韵的《岳阳楼别窦司直》,亦模拟物象,铺张宏丽,以赋为诗。第二,以古文章法为诗。如《醉赠张秘书》《赠无本》《八月十五夜赠张功曹》,在结构上无不俨然一篇古文章法。刘熙载《艺概》论曰:韩诗"伏应转接,夹叙夹议,开阖变化,古诗之法。近体亦俱有之,唯古诗波澜较为壮阔耳。"七古成功的原因之一,确与"纯以古文章法行之"相关。第三,以古文句法为诗。这主要表现为大量运用散文句法和以虚字入诗。这有成功的,也有失败的,批评韩诗以文为诗手法的人常以此类例子指责其诗刺目棘口,是有一定道理的。如《嗟哉董生行》句法长短变化,极错综参差之能事,但支离破碎,全无韵律节奏感。成功之作如《月蚀诗》《赠侯喜》,确如陈寅恪所说,"既有诗之优美,复具文之流畅,韵散同体,诗文合一。"第四,以议论为诗。这是韩愈以文为诗最受攻击的一面,但也不能全以为非。《谢自然诗》议论似《原道》翻版,味同嚼蜡;《汴泗交流》议论却颇为成功,深化了诗境。概而言之,韩愈成功的诗中议论,或以形象比喻语出之;或以凝练警策句出之;或为全篇精神之结穴;或与情语相交融出之,等等,博学雄才,无施不可。韩愈的以文为诗,上承杜甫而更进一步,其革新意义在于突破诗的旧界限,开拓诗的新天地,这不但有助其独特诗风的形成,亦成为宋诗新风貌的先驱。

韩愈一生,"道济天下之溺",成为宋明新儒学的先驱;"文起八代之衰",奠定了古代艺术散文之基础;"诗为唐之大变",开拓出诗歌发展的新天地。昌黎韩愈,一代文宗!

傲骨诗仙

——李白

名人档案

李白：字太白，号青莲居士，又号"谪仙人"（贺知章评李白，李白亦自诩）。汉族，我国唐代伟大的浪漫主义诗人，被后人尊称为"诗仙"，与杜甫并称为"李杜"。祖籍陇西成纪（现甘肃省静宁县西南），一说生于中亚西域的碎叶城（在今吉尔吉斯斯坦首都比什凯克以东的托克马克市附近），李白即诞生于此。4岁迁居四川绵州昌隆县（今四川省江油市，这种说法以郭沫若为代表）。一说生于四川省江油市青莲乡。

生卒时间：701年~762年。

安葬之地：安徽马鞍山青山西麓。

性格特点：好任侠，喜纵横，具有"济苍生""安黎元"的进步理想。他一生不以功名显露，却高自期许，以布衣之身而藐视权贵，肆无忌惮地嘲笑以政治权力为中心的等级秩序，批判腐败的政治现象，以大胆反抗的姿态，推进了盛唐文化中的英雄主义精神。李白自由解放的思想情操和具有平民倾向的个性，还使他能更深入地开掘社会生活中的各种人情美。

历史功过：李白的诗以抒情为主。其诗风格豪放飘逸洒脱，想象丰富，语言流转自然，音律和谐多变。他善于从民歌、神话中汲取营养素材，构成其特有的瑰丽绚烂的色彩，屈原而后，他是第一个真正能够广泛地从当时民间文艺和秦、汉、魏以来的乐府民歌中吸取其丰富营养，集中提高而形成他独特风貌的，是屈原以后我国最为杰出的浪漫主义诗人，代表我国古典积极浪漫主义诗歌的新高峰。他具有超异寻常的艺术天才和磅礴雄伟的艺术力量。一切可惊可喜、令人兴奋、发人深思的现象，无不尽归笔底。

名家评点：杜甫对其诗歌有"笔落惊风雨，诗成泣鬼神"（《寄李十二白二十韵》）之评。韩愈云："李杜文章在，光焰万丈长。"（《调张籍》）。唐朝文宗御封李白的诗歌、裴旻的剑舞、张旭的草书为"三绝"。李白的剑术在唐朝可排第二（在裴旻之下），但是，如果李白弃文从武，专心研究剑术，相信是不会亚于裴旻的。与李商隐、李贺三人并称唐代

开元才俊

李白,字太白,生于唐代武则天长安元年,也即公元 701 年。他恰好与这个世纪同龄。

这个世纪的黎明到来之初,武则天已经是日薄西山。不管后世对她如何评价,这位女皇为大唐将近百年的太平天下所起的承前启后的作用,是封建社会的史学家也无法抹杀的。她的两个儿子相继即位,都碌碌无为。她的孙子李隆基却很有出息,堪称雄才大略。他凭他的铁腕登上了大唐天子的宝座,拉开了"开元之治"的帷幕。

前期的唐玄宗,不愧是一个英明的皇帝。他励精图治,任贤用能,又恰好有一批忠良,如姚崇、宋璟、张说、张九龄等人,竭忠尽志地辅佐,于是弊端渐除,德政频颁,更兼连年风调雨顺,人民得以安居乐业,国势也随之蒸蒸日上。

"开元之治"如一轮红日从东方冉冉升起。它的金色的光辉照耀着华夏神州的三山五岳,普照大唐王朝的各道诸州,甚至连偏僻的剑南道绵州昌明县青莲乡也在一片明曦之中。

昌明县是一个四山环绕的小平原,其西北诸峰,林壑尤美,望之蔚然而深秀者,匡山也。以岷山为源头的涪江,自北而南,从东边抱着青莲乡;它的支流盘江,则从西边抱着青莲乡。青莲乡就在这山清秀的平原的中心。这里就是李白的故乡。

这时的李白是一个风华正茂的少年。他五岁入私塾开始识字读书,十岁上便已读完了《诗经》和《书经》。他父亲虽然是从西域经商回来的商人,但是家学渊源,能指导他学习辞赋。李白自己又在诸子百家中发现了奇妙的天地,而且特别对《庄了》和《楚辞》感兴趣。这样一来,他那本来爱好幻想的天性便越发异乎常人。

他看见一切都在金碧辉煌中,他看见一条金光大道从脚下通向远方,他甚至看见开元天子在金銮殿上向他招手。他觉得朝廷颁下的每一道求贤诏、求才诏、求士诏都是对他的召唤,他能平心静气吗?他听说当朝宰相张九龄本是一介寒士,而且僻处南海之隅,居然位极人臣,他能不以此自励吗?他想起老子所说的:"太上有立德,其次有立功,其次有立言。"便觉得人生在世,必须有所"立",才不枉活一世。这样一来,他那天生自负的心性也越发超过常人。

于是,青莲乡、昌明县、绵州……对于他都太小了。

开元八年,二十岁的李白上了成都府,并拜访了益州大都督府长史苏颋。苏颋不仅是三品大员,同时又是当时文章巨擘。他接见了李白并看了他的诗文以后,颇为赞许,但也只说是:"文采可观,而风骨未成。还要继续努力,你可以和司马相如比肩。"至于向朝廷举荐,苏颋却看他太年轻,后来又听说是出身于商家,此事便无下文。李白再去拜访,便侯门深似海了。

李白干脆又东下渝州,因为他听说另一位文坛前辈李邕,正在渝州刺史任上,而且为人疏财仗义,广交天下士人。李白不远千里,正是来投奔他的。结果却连李邕的面也未

见到，只见到一位小吏。据小吏说刺史正在赶写他的煌煌大文《孔子庙堂碑》，已谢客多日矣。

李白赌气上了峨眉山，打算攀上峨眉山的绝顶去寻找那传说中的仙人，跟他修道炼丹去。实际上这不过是一时愤激所致，最终他还是回到了青莲乡，而且遵从苏颋的教导，在距青莲乡三十里的匡山大明寺中专心一志地苦读了三年。他想：不怕人不识荆山玉，只恐胸无万卷书；然后出三峡，泛长江，登五岳，渡黄河，周览名山大川，遍访社会贤达。他相信少则三年五年，多在十年八年，必能遇上能够提拔他这匹千里马的伯乐，把他举荐给开元天子。不鸣则已，一鸣惊人，不飞则已，一飞冲天。建立一番济苍生安社稷的大事业之后，就学那汉代的留侯张良功成隐退，终老林泉，或者学那三国时的诸葛亮鞠躬尽瘁，死而后已。李白一边在深山苦读诗书，一边编织他的辉煌的梦。

当时，在那千载难逢的盛世，整整一代士人，都受到朝廷"广开才路"的鼓舞，谁又不想大有作为呢？谁又没有一个或大或小的金色的梦呢？

离乡远游

开元十二年的春天，二十四岁的李白开始了他的万里之行。

临行之前，他对故乡充满依依不舍之情，对未来更充满了光明的憧憬，于是写下了《别匡山》一诗：

晓峰如画碧参差，藤影摇风拂槛垂。野径来多将犬伴，人间归晚带樵随。看云客倚啼猿树，洗钵僧临失鹤池。莫谓无心恋清境，已将书剑许明时。

李白经成都而南下嘉州（今乐山），又经嘉州而东下渝州（今重庆）。一路行来，不仅山水佳胜使他处处流连忘返，而且蜀江的号子、巴地的山歌也使他时时驻足。到了三峡之内，他又在古称白帝城的夔州奉节住了下来。几乎游遍了巫山十二峰，然后才在次年早春二月，出了三峡。

李白在鄂州江夏（今武汉）期间，正值道教大师司马承祯要去朝南岳衡山途经此地。这司马承祯不但道行高深，而且博学能文，从武后以来即屡次奉诏入京，封以官爵，屡辞不受。李白对此人早有崇敬之心，便特地前去拜访。司马承祯连日来客络绎不绝，宾客满座，但所求无非黄白之术，所谈无非俗套虚文，他只好勉强应付。正感疲倦之际，李白却给他带来一阵清风。他自然抬起半倚的身子，睁开半闭的眼睛，细看这位青年公子风神特异，与众不同。身如青松，目若闪电。接谈之间，更觉此人天资聪颖，识见过人。便看定李白说："君家有仙风道骨，可与神游八极之表"。但又说："观君眉宇之间英气勃勃，言谈之间，不忘苍生社稷，毕竟志在匡济。以你之才识，当此开元盛世，自是鹏程万里。待你事君之道成，荣亲之事毕，再到天台山来找我吧。"年轻人看着道士的白须，现出不解的脸色。司马承祯将麈尾一拂，笑道："岭上白云，松间明月，无往而不相逢。"年轻人恍然大悟，说道："功成，名遂，身退——这正是晚生的素志。"便高高兴兴拜谢而去。

李白回到下处，一连数日，回味着司马承祯对他的指点和赞扬，不禁飘然有凌云之概，于是胡思乱想。他一会儿想起《神异经》中所说的昆仑山有大鸟，名曰希有，南向张左

翼覆东王公，右翼覆西王母。他一会儿又想起《庄子·逍遥游》中所说的鲲鹏。他觉得司马承祯好像是希有鸟，自己则好像是鲲鹏。只有希有鸟能认识鲲鹏，也只有鲲鹏能认识希有鸟。因此李白便开始构思《大鹏遇希有鸟赋》，后来又干脆改为《大鹏赋》。

他迷茫中看见北冥天池中的巨鲲，随着大海的春流，迎着初升的朝阳，化为大鹏，飞起在空中。它一开始振动羽翅，便使五岳为之震荡，百川为之崩奔。接着它便在广袤的宇宙中翱翔，时而飞在九天之上，时而潜入九渊之下，那更是"簸鸿蒙，扇雷霆，斗转而天动，山摇而海倾。"只见它"足系虹霓，目耀日月"；只见它"喷气则六合生云，洒羽则千里飞雪。"它一会儿飞向北荒，一会儿又折向南极。烛龙为它照明，霹雳为它开路。三山五岳在它眼中只是一些小小的泥丸，五湖四海在它眼中只是一些小小的杯盏。古代神话中善钓大鱼的任公子，曾经钓过一条大鱼让全国人吃了一年，见了它也只好甘拜下风。夏朝时候有穷氏之君后羿，曾经射落过九个太阳，见了它也不敢引弓。他们都只有放下钓竿和弓箭，望之兴叹。甚至开天辟地的盘古打开天门一看，也目瞪口呆。至于海神、水伯、巨鳌、长鲸之类，更是纷纷逃避，连看也不敢看了。

……

李白写完《大鹏赋》，感到淋漓尽致的痛快。从少年时代以来，一直在心头汹涌澎湃，而且越来越强烈的豪情逸出，现在总算淋漓尽致地抒发出来了。

李白继续东下，终于到达他憧憬已久的六朝古都——金陵。

金陵的六朝繁华虽已消歇，它在唐代的版图上只不过是江南道的润州江宁县，但毕竟曾经做过三百年的帝王之州。莽莽钟山如蟠龙卧城东，巍巍石头城如猛虎踞城西，云蒸霞蔚的玄武湖掩映在城北，莺歌燕舞的秦淮河萦绕在城南。回首西望，茫茫九派从遥远的天边向它滔滔而来。翘首东望，汇聚了众水的长江又向着大海滚滚而去。依旧是龙盘虎踞，依旧是气象万千，所以唐代的诗人们总是习惯称它为金陵。

李白来到金陵，照例带上他的作品去拜访当地官吏和社会名流，满以为其中必有伯乐。谁知一连奔走多日，却是"十谒朱门九不开"。原来是封禅大典在即，皇帝要在这年的十一月率领文武百官、千军万马以及四方外宾，登泰山，举行祭祀，告业绩天地。这是百载难得一遇的头等重要大事，全国上下早已在进行准备，而现在正是至关重要关头。李白的干谒活动自然没人理睬啰！

李白站在石头城遗址上望着大江思绪万千，他看见万里长江和它的九条支流，浩浩荡荡，奔腾不息，汩汩滔滔，永不休止。他多想扬帆启航，去乘风破浪，大显身手。学那神话中的任公子，以日月为钩，以虹霓为线。钓起一条大鱼来，让全国人民吃他千万年！忽然，他却看见万里长江和它的九条支流上，风平浪静了，再也无风可乘，无浪可破，无鱼可钓了。他这位任公子只好把钓竿收起来。

于是，李白在金陵纵情登览，恣意行乐，享受大唐王朝治定功成的幸福。

李白玩够了金陵又玩扬州。扬州的名山大川，名胜古迹虽不如金陵，但它是淮南道大都督府所在之地，工商业之盛也远远超过金陵，更是无尽的繁荣富庶。

李白在扬州也曾从事干谒，无奈未封泰山之前大家都忙于准备，既封泰山以后大家又忙于庆祝，李白仍是"十谒朱门九不开"，仍然只好乐享太平。

他每日里生活开支巨大，更兼他动辄千二八百地接济落魄公子和风尘佳人。不到一

年,腰间的"万贯"便花得一干二净,而且祸不单行,一场大病更使他潦倒于在小客店中。幸好得到友人孟少府的接济,才免于倒毙街头。

病愈之后,李白仍然走投无路,不得已听从孟少府的劝告,西往安州,给人家当了上门女婿。

初至长安

安州和扬州均属淮南道,不过扬州在它的东头,安州则在它的西头。安州州治安陆,虽不及金陵博大、扬州的繁庶,却也是一个中都督府所在之地。

安陆有一许姓人家,是世代簪缨的名家大族。曾祖许绍是唐高祖的同学,祖父许圉师是唐高宗时的宰相,父亲在唐中宗时也曾当过员外郎。许相爷早已过世,许员外也已辞官归里。员外膝下单生一女,才貌双全,性格贤淑,只因为门第既高,不免择婿过苛,耽误了姑娘豆蔻年华。眼看女儿已经过了二十五岁,许员外这才四处托人,宁愿降格以求,只图招郎上门。孟少府就因受许家之托,看中了李白,觉得此人虽然有些浪荡习气,但为人正直,心地善良,而且才华过人,前途不可限量。许家因为孟少府所说可信,也就接受了李白入赘。

但在古代,这赘婿可是不好当的。亲族内的嫉妒,社会上的白眼,是不可避免的。何况李白又不习惯谨小慎微,更难以低三下四,还时不时流露风流不羁的派头,于是渐渐地便有人说三道四,飞短流长。幸好岳丈大人和许氏夫人都厚待他,时时为他遮风挡雨。但李白毕竟不能靠着老婆,图个温饱了事,他只不过是时当"初九":"潜龙勿用,阳在下也。"到了时当"九二":"飞龙在田,利见大人",他即将去都督府上走走哩!

李白在安州的干谒活动没有成效。不但请求荐举毫无希望,而且落了一身莫须有的罪名,害得他一再上书鸣冤,终不顶事,李白便起了上京师长安之心。他想:"天子既然多次下诏求士,又特令草泽之间若有文武高才可以诣阙自举。以我管、乐之志,扬、马之才,还能无路可走吗? 小小都督府对我不闻不问,何必介怀,长安的城门大开着哩! 卿相的府邸大开着哩! 哪个王公大人侮慢了我,我就学孟尝君的门客冯谖那样弹剑作歌发牢骚,他就得给我送来美味珍馐,派来高车驷马。……"李白越想越来劲,便在《上安州裴长史书》最后,口出狂言:"永辞君侯,黄鹄举矣,何王公大人之门不可以弹长剑乎!"

开元十八年初夏时节,李白从安陆出发,取道襄阳、高洛、蓝田,到了长安——大唐帝国的首都。

李白凭借许家世代簪缨的旧关系,最终进了右相府,但不巧张说却在病中,让他的二儿子张垍接待了李白。张垍是一位仪表非凡的贵公子,面如冠玉,唇红齿白,言谈文雅,举止风流。李白一看,就觉得他实在该当驸马;但他凭什么二十几岁就当上了三品卫尉卿呢? 显而易见是凭他是宰相的儿子,天子的女婿了。两相对照,李白简直成了乡下佬。

在张垍心目中,李白也的确是个乡下佬,但他不敢违背父命,也有恐损害了他家举贤荐能的名声,因此对李白倒也客客气气。寒暄已毕,他便一本正经地说道:"当今圣上,广开才路;家父爱才,天下共知。兄长之事,小弟自当尽力。兄长不远千里而来,想必鞍马

劳顿,权且休息数日,待小弟请示家父以后,再行登门回拜。"说罢便示意家人送客。李白满心欢喜地去了。

过了三天,张珀果然屈尊回访,而且对李白越发礼敬有加。据他说,皇上有位御妹,人称玉真公主,虔心奉道。皇上特地在城里给她建了一座玉真观,又在终南山楼观台给她建了一处玉真别馆。那别馆可谓山清水秀的福地洞天。玉真公主时不时要到那里去住个十天半月。"李兄,"张珀竟拍着李白肩膀亲热地说:"你到那里去候着我姑吧。"李白正想说:"推贤进士,本是卿相之事,与公主何干?"张珀却早已看透了这乡下佬的傻里傻气,说道:"兄长有所不知,卿相荐士手续繁多,说不定要让他等个一年半载。他只要见上我姑,凭你的锦心绣口,她即日奏知圣上,你便是平地青云。"李白一听,原来有这样终南捷径,便又心花怒放地去了。

终南山麓的玉真别馆确实清幽无比,不但人迹罕见,连个鬼也没有。院中榛莽杂生,窗户上尘土封积,连门上都牵满了蜘蛛网。厨下不但没有烟火,案板上、锅台上都长了苔藓。这玉真别馆竟是荒园一座!李白每日三餐只好到附近的田家寄食,田家有什么吃喝呢? 小米稀饭砣砣馍,一碟小葱一碟蒜,外加一碟油泼辣子,已经是好招待了。

李白在这里苦苦等待,十天半月过去了,小暑大暑也过去了,张珀处毫无消息,玉真公主更不知仙踪何处。直到立秋,李白正想进长安城去问个究竟,天却下起雨来。这雨一下就是半月,时大时小,山上山下泥泞不堪,甚至路都冲断了。李白谒见玉真公主的希望也断了。这玉真别馆竟成愁城一座:白日里已是难耐,翻翻旧书,喝喝寡酒,盯着门窗上的蜘蛛织网出神,望着灰蒙蒙的天空发呆;夜里更是辗转反侧,难以入睡。偏偏那阶下的蟋蟀起到夜深,越是叫得欢,叫得人心烦,好像故意和愁人作对。李白越是心烦,越是睡不着,越是睡不着,越是思如潮水。他想起他的故乡,他亲爱的匡山,他的《别匡山》一诗:"莫谓无心恋清境,已将书剑许明时。"他想起他二十四岁那年,仗剑去国,辞亲远游。他想起这些年遍干诸侯,却无果而终。他想起他来长安之前《游安州玉女汤》中的诗句:"可以奉巡幸,奈何隔穷偏。独随朝宗水,赴海输微涓。"这帝京长安确是像一片大海。金碧辉煌的大海,山清水秀的大海,但这个大海却似乎没有他这涓滴的容身之处。他从少年时代起就无限崇敬的"圣主",他的雄心壮志赖以实现的"明君",虽已近在咫尺,却仍然远似天涯。于是李白写下了《长相思》,借这首古乐府中的男女相思之情,表达他此时报国无门之苦:

长相思,在长安。络纬秋啼金井阑,微霜凄凄簟色寒。孤灯不明思欲绝,卷帷望月空长叹。美人如花隔云端,上有青冥之高天,下有渌水之波澜。天才路远魂飞苦,梦魂不到关山难。长相思,摧心肝!

于是李白愤然离开,往游长安西的邠州(今彬县)和长安北的坊州(今黄陵),暂时寄食州县之门。

开元十九年春,李白冒着春雪回到了长安,仍然徘徊巍阙之下不得其门而入。

从此,长安城的斗鸡场和赛马场里便多了一个赌徒。

因为出入斗鸡走马之场,李白结识了长安里坊中的斗鸡徒。他们给他讲"神鸡童"贾昌发迹的故事:"只要被宦官发现你有斗鸡的天才,只要皇上一高兴,你马上就能进宫见驾。读什么经史,写什么诗文,屁事不顶!"他们向他透露斗鸡的秘诀:"只要把狐狸油熬

成膏子抹一点在鸡冠上,再把一条带锯齿的铁片缚在鸡足上,对方的鸡一闻着狐狸的气味就不战而逃,即使敢于迎战,也必在搏斗中被锯片杀伤,保你每斗必胜!"

由于出入斗鸡走马之场,李白又结交了长安的游侠儿。他们向李白炫耀他们的吴钩,不仅寒气逼人,锋利无比,而且药水炼过,见血封喉。他们脱下衣服,露出一身的花纹,向李白大讲他们的"英雄"事迹,如何打三擒五,如何花天酒地,如何欺负良民。

由于出入斗鸡走马之场,李白又结识了驻守皇城北门——玄武门的羽林军。这驻守玄武门的羽林军乃是天子的劲旅,皇家的亲兵。上自大将军,下至小头目,都是宗室贵戚子弟。他们向李白炫耀他们的龙马、金鞍、玉剑、珠袍,炫耀他们执戟"大内"的威风,炫耀他们从军临洮的战绩,炫耀皇上对他们的宠幸。他们对李白说:"你看凌烟阁上的画像中,有一个是书生吗?"

李白觉得斗鸡徒所说的虽然是捷径,但以斗鸡事万乘未免太下贱,实在与平生志愿不符。游侠生涯虽然使他有些神往,但依附豪门,仗势欺人,也有悖古人匡扶正义之义。如能在羽林军供职,倒不失为正道,至少在目前是可走之路。于是他便和羽林军中人倾心交往,还写了一首《白马篇》送给他们,把他们褒扬了一番:"龙马花雪毛,金鞍五陵豪。……"

李白却不知道羽林军中这帮"五陵豪"事实上是一伙地痞流氓。他们仗恃着有些皇亲国戚和宦官作后台,便敲诈勒索商人,逼良为娼,甚至杀人越货,什么坏事都干得出来。作了案,躲进一些离宫别馆、深宅大院,御史台也无法查办。案子凶了,干脆跑到边塞上去混个一年半载,立上些军功回来,竟然升了上去,成了五品郎将,甚至三品将军,连皇帝也要召见了。

李白把他们当哥们儿,他们却把李白当傻瓜。斗鸡,李白输了个精光;赛马,李白被骗去了宝马;玩剑,李白被盗去了家传的龙泉。最后,在玄武门附近,李白终于和他们发生了冲突,被他们包围起来,差一点被他们劫持到城外去(那就性命难保了),多亏友人陆调到御史台去告急,御史台派来了一队宪兵,才把李白解救出来,而把那伙歹徒驱散了事。

经过这一次北门之厄,李白打定主意要离开长安了。想起这一年来的遭遇,既感到十分气愤,又感到大惑不解:"说什么'广开才路',路在何方?光明大道只在张垍等人的足下,只在'五陵豪'的脚下,我却是寸步难行!于是李白写下了他的《行路难》:"大道如青天,我独不得出!……"

李白写了《行路难》一诗,意犹未已,又因送友人王炎入蜀,在饯别席上谈到古时蜀道的艰险,李白有感而发,猛然想起这次长安之行多么像古蜀道历险记啊!于是在当天夜里一气呵成了他名传千古的名篇《蜀道难》:

噫吁嚱,危乎高哉!蜀道之难,难于上青天!蚕丛及鱼凫,开国何茫然。尔来四万八千岁,不与秦塞通人烟。西当太白有鸟道,可以横绝峨眉巅。地崩山摧壮士死,然后天梯石栈相钩连。上有六龙回日之高标,下有冲波逆折之回川。黄鹤之飞尚不得过,猿猱欲度愁攀缘。青泥何盘盘,百步九折萦岩峦。扪参历井仰胁息,以手抚膺坐长叹。问君西游何时还?畏途巉岩不可攀。但见悲鸟号古木,雄飞雌从绕林间,又闻子规啼夜月,愁空山。蜀道之难,难于上青天!使人听此凋朱颜。连峰去天不盈尺,枯松倒挂倚绝壁。飞湍瀑流争喧豗，砅崖转石万壑雷。其险也若此，嗟尔远道之人胡为乎来哉！剑阁峥嵘而崔嵬，一夫当关，万夫莫开。所守或匪亲，化为狼与豺。朝避猛虎，夕避长蛇，磨牙吮血，杀人如麻。锦城虽云乐，不如早还家。蜀道之难，难于上青天！侧身西望长咨嗟！

李白离开长安以后，没有脸面回家，乃从黄河浮舟东下，漫游梁宋(今开封、商丘)，在宋州梁园度过了整个夏天。说是访古，实际上是遣怀。

梁宋一带，古迹也确实不少，尤其是汉代梁孝王留下的梁园遗址使李白流连忘返多日。一千多年前，汉文帝的小儿子，汉景帝的亲兄弟，被封在这里。以有功获宠，遂大兴土木，广建园林，方圆达数十里。园中又特地修起了一座平台，作为他举行文艺盛会之地，当时的文坛巨擘如司马相如、枚乘、邹阳等人，都是他的座上客。每当酒至半酣之际，歌舞暂停之时，司马相如等人便即席舞文弄墨，各陈佳作。当时留下的诗赋，流传千古后，以至李白想象当时情景，还不胜向往，又不胜感慨。他踯躅在平台遗址上，想到司马相如在未遇汉武帝时，还有梁孝王常识他，而自己呢，却连梁孝王这样的人也找不到。最后又只好自我安慰："我现在不过三十出头，且学东晋名士谢安归卧东山，待时而起，实现济苍生安社稷的理想，也不晚啊！"

因此，李白便写下了他的《梁园吟》一诗。

离开梁园，李白又西上嵩山，遍游崇山三十六峰。口称寻仙，实则意欲避世。

游罢嵩山，李白便来到故人元丹丘的颍阳山居。其位于嵩山少室南麓，颍水北岸。北依马岭，连峰嵩丘；南瞻鹿台，极目汝海，云岩掩映，颇有佳致。李白看了丹丘的幽栖之所，心里非常向往，真想同他一道隐居，不想回归喧嚣的尘世。

但实际上只住了一个多月，李白便往洛阳去了。由嵩山往洛阳，必须龙门。虽然时节已是冬天，游管都几乎走光了，连最著名的奉先寺也寥无一人，只有寺僧。但李白却被无数的摩石刻迷住了，住了下来。数不清的石窟，看不完的佛像，从魏晋南北朝直到唐代。一处胜过一处，奉先寺后的卢舍那佛更是高大无比，精美绝伦。李白几乎每天到他跟前瞻仰徘徊，顶礼膜拜，口中不禁念念有词："啊！不明普照的卢舍那，妙相庄严的卢舍那，摄人心魂的卢舍那，你大慈大悲，如同日月，洞察三千大千世界，可看见我的孤独和寂寞？可了解我的愤懑的悲哀？归根结底，你可知道我为大唐肝脑涂地的赤胆忠心啊！你隐微的笑容，意味深长的笑容，是笑我凡心太重呢？还是在给我以安慰和启迪？……"卢舍那大佛温和地俯视着他，始终无语，似乎有意让李白自己去参悟。

李白却是一个执迷不悟的"钝根"。

午夜，他忽然惊醒，再也无法入睡。他索性起来点燃灯，在空旷的客堂里踱步。偌大一个客堂还使他感到气闷，他索性又推开窗子。窗外是冰天雪地，伊水变成了冰河，在暗夜中熠熠闪光。两岸的峭壁披上了白色的铠甲，背衬着黑暗的天穹，清晰可辨。寒气袭来，冻得他瑟瑟发抖，更感到衣履的单薄和境遇的凄凉。夏天，在梁园用狂饮浇灭了的火焰，又在心头复燃。秋天，在嵩山让松风吹走了的凡心，又回返体内："想那殷代傅说，本是一个泥工，殷高宗发现了他的才能，他一下就当了宰相。想那李斯原本不过一个猎人，秦始皇发现了他的才能，他也一下就当了宰相。自己这些年遍干诸侯，历抵卿相，却一直不被重用，当此天寒岁暮还漂流在外，在这荒凉的佛寺中对着冰雪独自惆怅。啊，别人都有冬尽春来的日子，我却一直在苦寒之中。"因此他便把那悲不遇的古乐府《梁甫吟》高声

吟诵起来。忽又转念一想："想那朝歌屠叟姜尚,到八十岁才遇周文王;想那高阳酒徒郦食其,也是游荡多年才遇汉高祖。自己不过三十出头,来日方长,又何必自苦乃尔!何况当今究竟还是大唐盛世,皇帝毕竟是一代英主,怎么会让人才长期不得闻达只不过是我的时机未到罢了!时机一至,直上青云,自然有路。我还是不要太急躁吧!"

于是,李白在开元二十年冬天的龙门奉先寺壁上,写下了自己的《梁甫吟》一诗。

洛阳,大唐皇朝的东都。它的城郭宫殿,它的坊里阡陌,它的柳色花光,它的富庶繁华,都和长安相似。只不过长安城是由朱雀大街分为东西两半,洛阳城是由一条洛水分为南北两半。洛水上架有十几道桥梁,桥头桥尾,商廛林立,岸南岸北,绿树成荫。洛水上最大的一座桥名为天津桥,桥头有一酒楼叫作洛阳酒家。老板绰号董糟丘,虽是商人,却也不俗,喜欢与文人墨客交往,文人墨客也常到此聚饮。李白在这里又结识了一批朋友,其中最与元演趣味相合。元演是元丹丘的本家兄弟,对李白十分倾慕,为李白多次慷慨解囊,不惜一掷千金。因此李白虽然囊中羞涩,却在洛阳纵情游乐,度过一段"黄金白璧买歌笑,一醉累月轻王侯"的狂放生活。

李白直到开元二十年才返回安陆家中,竟在外漂流了三年。

李白倦游归来,一事无成,万念俱灰。为了避免家族中的纠纷,他们夫妇从安陆城中迁居城外二十里的白兆山桃花岩,想要从此终老林下。但是,当春天来了,草木欣欣向荣,白云飘落在山间,鸟儿栖息在树上,他不禁又产生了"彼物皆有托,吾生独无依"的感慨,因此他又跃跃欲试。他不相信朝廷多次的求贤诏会成为一纸空文,他不甘心守着几十亩薄田,伴着妻子,抱着孩子,就这样了此一生。何况"开元之治"的阳光在他心头依然灿烂。

当他听说朝廷新设置了十道采访使,荆州大都督府长史兼任山南东道采访使的,就是他久仰的韩朝宗。"生不愿封万户侯,但愿一识韩荆州。"这位有口皆碑的韩荆州如今近在咫尺,他怎能不动心呢?"也许使我脱颖而出的就是此人。"于是李白马上游历襄阳。"高冠佩雄剑,长揖韩荆州。"他十年以后写的一首诗里还在称许他这次的干谒活动,但就是他这副心狂放不羁的派头,使韩荆州觉得自己采访使的池塘太小,怕盛不下这条大鱼;推荐给朝廷吧,可又怕因"谬举"而丢掉了他的乌纱帽,特别是在看了那封文采飞扬的《与韩荆州书》以后。

李白这次干谒活动又无功而返。他把一腔牢骚都倾泻在他的《襄阳歌》里。

次年,友人元演来邀他同游太原。元演的父亲时任太原府尹,又兼着北方边防的要职。爱子的到来使他高兴异常,因此李白也受到热情款待。除在太原盘桓多日,又北游雁门关,登长城,望大漠,亲自领略了塞上风光,过了一段呼鹰逐兔、驰马射雁的生活。离开太原时元演的父亲给李白送了一匹五花马、一领千金裘,更使李白喜不自胜。

太原之行虽然使李白很高兴,但偶然发现头上早生的几根白发,也使他暗自惊心:"真个是光阴似箭啊,我已经三十六岁,始见二毛了。"

李白在返家途中,经过洛阳时和刚游峨眉归来的元丹丘不期而遇,两人不忍离别,李白便应丹丘之邀到颍阳山居小住。恰好南阳隐士岑勋也正于此时来到。三位好友便置酒高会,开怀畅谈。他们干脆把酒肴搬到庭院之中,月光之下。三人之中自然是李白酒兴最高,谈锋最健,谈到太原之行,他大侃了一番塞外风光,大赞了一通主人的盛情;谈到

个人前途,他感到青春将逝而报国无门,又不免暗自神伤;转瞬间,他又觉得来日方长,终有得志之时。不待主人相劝,他已饮尽数盏。

一轮明月,已到头顶,给四山洒下了一片清辉。话已谈得不少了,酒也喝得够多了,李白还在喊:"拿酒来!"丹丘怕他烂醉如泥后就没"戏"唱了,便故意说:"我可没钱打酒了。"李白却哈哈一笑:"没钱怕什么?太原府尹送我的那匹骏马和那件狐裘,还不值几坛酒吗?"显然已经带了几分醉意,丹丘便给岑勋递个眼色,并伸出食指和拇指比了个"八"字。这是他们事先约定的暗号,示意岑勋:李白的酒意已经有八成了,要他作诗的绝佳时机到了。岑勋便转向李白:"请问贤弟,何谓斗酒?"李白举起酒杯来:"古代舀酒的勺子,大概一勺可斟此数杯。"岑勋又道:"请问贤弟,你今天喝了几斗了?"李白毫无芥蒂地答道:"也就是二三斗罢了。"岑勋又道:"早听说贤弟斗酒诗百篇,请问诗在何方?"李白这才知道,遭岑勋"将"了"军",而丹丘又在一旁"幸灾乐祸"地帮腔:"是哎呀,诗在哪里?"李白便拍案而起,指着胸口说:"在这里!"接着又叫道:"丹丘子,罚你代笔,听我高咏。"幸好纸墨笔砚都现成,书童捧了上来。丹丘刚握笔在手,李白头一抬,口一张,便喷薄出两句来:"君不见,黄河之水天上来,奔流到海不复回!"元、岑二人一听,连声叫好。叫好之声未停,李白一把抹去了头巾,披散了头发,头发朝后一甩,又甩出两句来:"君不见,高堂明镜悲白发,朝如青丝暮成雪!"元、岑二人以为:酒入愁肠,恐怕要化作悲秋调了。谁知李白抓起酒壶,斟满一杯,一饮而尽,接着便一气呵成,如同宿构一般:"人生得意须尽欢,莫使金樽空对月。天生我材必有用,千金散尽还复来。烹羊宰牛且为乐,会须一饮三百杯。"

月光照着他,分明又是满面笑容。岑勋被转换奇特的章法震惊,只听李白突然叫道:"岑夫子,丹丘生,"同时给两人杯中斟上酒:"将进酒,杯莫停。与君歌一曲,请君为我倾耳听。"丹丘说:"敢不先耳恭听?只是我这支笔跟不上你那张嘴。"岑勋道:"贤弟有何高见?"李白吟道:"鼓钟馔玉不足贵,但愿长醉不复醒。古来圣贤皆寂寞,唯有饮者留其名。"岑勋没有想到李白忽又颓废如此,最后两句尤为罕见,不觉问道:"语出何典?"李白笑道:"语出何典。若字字句句都要有来历,那六经都是杜撰。"丹丘正希望他们二人闲聊几句,自己好歇一歇手,不料李白诗如泉涌,说他没典,他就用起典故来了:"陈王昔时宴平乐,斗酒十千恣欢谑。"岑勋知道他用的是曹植《名都篇》,便道:"你我布衣怎能比陈思王?"丹丘也道:"我这山居怎能比平乐宫?"李白却说:"那曹植本有经国济世之才,怎奈被弃置不用,只有靠喝酒打发日子,我辈亦如此也!"丹丘又有意逗他:"诗才逸兴比得,阿堵物可比不得。"李白便不假思索:"主人何为言少钱,径须沽取对君酌。五花马,千金裘,呼儿将出换美酒,与尔同销万古愁!"岑勋正自惊叹:分明是借酒消愁,却又如此旷达、豪迈……只见李白一边大喊:"拿酒来!"一边奋臂低昂,顿足起舞,但只摇摆了几步,便跌倒在丹丘院中的药栏边。

这便是李白的又一名篇《将进酒》。将,音锵,请也。"将进酒"就是请喝酒。虽是一首饮酒诗,却非同小可,它是李白半生的甜、酸、苦、辣所酿造。

开元二十八年(740),大概是因为许氏病逝,李白带着两个孩子离开了安陆,移家东鲁(今山东兖州),依然过着水中浮萍的生涯。

从开元十三年辞家远游以来,李白一直怀着建功立业的壮志,一直做着君臣遇合的

美梦,一直在大唐帝国的土地上东奔西走,直到开元二十九年(亦即开元末年),他依旧是"南徙莫从,北游失路";"孤剑谁托,悲歌自怜"。但毕竟已经诗传天下,名噪京师了。

翰林学士

真个是否极泰来,喜从天降!天宝元年八月,李白突然接到朝廷诏书,皇上召他进京了!他把那大红诏书看了又看,摸了又摸,怀疑是在梦中。于是马上收拾起程。

此事说是突然,其实并非意外。头年,也就是开元二十九年秋天,李白的好友元丹丘即以"道门龙凤"奉诏入京,随从玉真公主去王屋山天坛朝拜太上老君。丹丘临行之时,李白特地拜托了他,他和李白情同手足,怎能不尽竭力提携他老兄一把?于是在随行途中,丹丘先将李白推荐给玉真,玉真回朝以后便推荐给皇帝。皇帝对李白的诗名也早有所闻,此时也正需要一个著名文人,供朝廷应用,为大唐帝国的太平天下装饰一番。所以,奔波了半生,潦倒了半生,已经四十二岁的李白,马上平步青云。

李白进京以后,又得到秘书监、老诗人,年已八十的贺知章的保荐,竟蒙"主上隆恩",廷见金銮,亲自赐宴宫中,亲自赐他御酒三杯,然后给他封个翰林学士。

这一来,把李白感动得三天三夜都没睡着,一心考虑着如何报效国家,以回报皇上的殊遇。

很快就到了十月,一天,内侍来传旨,命李白侍从圣驾前往骊山温泉宫。

骊山在长安东四十里,是皇帝的离宫之一。从开元后期以来,几乎每年都要扩建修饰,不久前刚在山腰修了一座长生殿,又在山下修建了一座宜春汤,专供新近得宠的杨贵妃淋浴之用。到后第二天,圣旨传下,给侍从官员们赐浴;第三天,又传下旨来赐宴;第四天,又传下旨来赐游山,这骊山使李白好像到了传说的蓬莱。李白感到无比欣幸的同时,以为过几天再传下旨来,必定就是召他去向他问询国家大事了。谁知十天半月过去,杳无消息。只听得半山上的宫殿里,阵阵音乐随着清风飘下来,悠扬宛转,夜以继日。到了夜里,听得更是真切,甚至连歌词也隐约听到了几句:

……

伴洛妃,凌波神渚;动巫娥,行云高唐。音和态宛转修扬,更泠泠节奏应宫商。

……

步虚步虚瑶台上,飞觞引兴狂;弄玉弄玉秦台上,吹箫也自忙。凡情仙意两参详。

……

银蟾亮,玉漏长,千秋一曲舞霓裳。

…………。

这霓裳羽衣曲真是如琼浆玉液,谁听了也会痴迷。

李白原本大可以沉醉在这仙境和仙乐里,他却偏惦记着皇帝说不定哪一天总会召见他问询国政,因此把他早已准备好的《宣唐鸿猷》,揄扬大唐功德奉劝皇上慎始慎终的奏章,最后又做了一番修改。

大概是霓裳羽衣舞排练到了火候,内侍有一天传下旨来。李白以为皇上终于要和他

商讨国是了，连忙弹冠整衣，俯伏阶下，结果却是叫他写一首驾幸温泉宫的诗。他马上写了一首：

羽林十二将，罗列应星文。霜仗悬秋月，霓旌卷夜云。严重千户肃，清乐九天闻。日出瞻佳气，葱葱绕圣君。

内侍立即呈了上去，不一会，又隆下旨来，说是万岁看了很高兴，称赞诗写得快速美妙，特赐宫锦袍一件。李白看着这件金线盘花的宫锦袍，更觉得皇上待他恩重如山。几句小诗怎能承受如此恩宠呢？他就更想为大唐建功立业。

李白就在屡蒙恩宠，报效心切中，过完了他一生中最得意的一个冬天。

天宝二年的早春，冬寒还未退尽，地上的小草刚刚透出些许绿意，池边的杨柳刚吐出米粒大小的嫩芽。内庭歌舞，夜以继日。李白又奉诏作《宫中行乐词十首》。

未及半月，点点鹅黄变成了一抹新绿，刚出巢的雏莺在枝头歌唱。玄宗出游宜春宛。李白又奉诏作《龙池柳色初青，听新莺百啭歌》。

转眼到了暮春，兴庆宫中牡丹开了。玄宗陪着贵妃，在沉香亭观赏由洛阳新进贡来的名贵品种"姚黄""魏紫"。本已有李龟年率领的梨园子弟侍候，但玄宗说："对妃子，赏名花，何用旧词为！"于是李白又奉诏作《清平调》三首。

从开元后期以来，玄宗基本上不到大明宫去上朝，平日多在兴庆宫居住。由于差遣频繁，李白又奉命从大明宫的翰林院迁到兴庆宫，侍奉皇帝身边，以便随时应诏。上面派了两名宫女专门侍奉他，伙食也得开得更好了。每天除了鸡鸭鱼肉，又特赐西凉进贡来的葡萄酒一坛。衣着更是不愁，冬天还没完，春衣已经早早地送来了；春天还没完，夏衫又已送来。娘娘怕他孤寂，又赐他一只陇西进贡的鹦鹉。鹦鹉站在珊瑚架上，用一条黄金做的小链系着，挂在檐前。宫女们每天用江南进贡来的香稻和终南山的清泉哺养它，还教它念李白的诗哩！

李白这时真是衣来伸手饭来张口，而且荣耀极了。不但翰林院中其他的人难以望其项背，就连正儿八经的朝廷官员看了也眼红，王公贵人常来请他听歌、观舞、赴宴会，还怕他不给面子哩！十年前那个戏弄过他，欺负过他的张垍，这时也深恐巴结不上他了。

李白成了长安城中第一个红人，偏在这红得发紫的时候，李白感到厌倦起来。

他常常独自一人偷偷溜出翰林院，在长安城内外闲逛，几次醉倒在街头酒店里，害得小太监们掀开地皮找他，找他回去应诏作诗。即使找得回去也是醉哒马虎，呕吐狼藉。高力士便命小太监们用冷水浇头，硬把他弄醒，勉强架上龙舟，仍然东倒西歪，酒气熏人。皇帝一见如此模样，贵妃早已紧撮口鼻，只好挥手作罢。

从此以后，李白就很少奉诏吟诗作赋了。他干脆遍游终南，尽登紫阁、太白诸峰，去和一些道士、隐士，寻幽访胜，谈经论道。

大唐天子虽然心胸宽广，但宫廷中那些早已心怀忌妒的人哪里容得他这样放肆呢？于是谗言起来了慢慢吹到贵妃耳朵里，又由贵妃吹到了皇帝耳朵里。皇帝一听李白种种言行之后，也觉得此人"非廊庙之器"，不是当官的料；更怕他"言温室树"，把宫中所见所闻传了出去。

张垍、高力士、杨贵妃等人恨不得把李白碎尸万段，方消心头之恨。大唐天子究竟见识高超，他觉得李白一介布衣，虽然轻如鸿毛，怎奈他名满天下，又未干犯刑律，故尔不能

随便处置。""处置不当,不但遭天下人议论,还将遭后世人议论,岂不坏了朕多年广开才路的名声?还是让他好来好去吧。"

天宝三载春,李白经过多日犹豫以后,终于上书请求"还山",玄宗即日"恩准",还赏赐了一些金银,后世果然传为佳话,称之为"赐金还山"。李白显得十分荣耀,玄宗也显得皇恩浩荡。

但是只有后世的有心人,细细品味他离开朝廷前后写的一系列的诗歌,才知道他内心是多么痛苦! 多么的悲愤!

尤其是他痛定思痛,写的《梦游天姥吟留别》一诗,实际上是一篇披上了"游仙"外衣的"入朝始末记"。李白三个年头待诏翰林的喜怒哀乐都凝聚于此了:

海客谈瀛洲,烟涛微茫信难求;越人语天姥,云霞明灭或可睹。天姥连天向天横,势拔五岳掩赤城。天台一万八千丈,对此欲倒东南倾。我欲因之梦吴越,一夜飞渡镜湖月。湖月照我影,送我至剡溪。谢公宿处今尚在,渌水荡漾清猿啼。脚著谢公屐,身登青云梯。半壁见海日,空中闻天鸡。千岩万转路不定,迷花倚石忽已暝。熊咆龙吟殷岩泉,栗深林兮惊层巅。云青青兮欲雨,水澹澹兮生烟。列缺霹雳,丘峦崩摧。洞天石扇,訇然中开。青冥浩荡不见底,日月照耀金银台。霓为衣兮风为马,云之君兮纷纷而来下。虎鼓瑟兮鸾回车,仙之人兮列如麻。忽魂悸以魄动,怳惊起而长嗟。惟觉时之枕席,失向来之烟霞。世间行乐亦如此,古来万事东流水。别君去兮何时还? 且放白鹿青崖间,须行即骑访名山。安能摧眉折腰事权贵,使我不得开心颜!

李白奉诏入朝好比是平步青云,被斥去朝则好比是攀龙堕天,这一大起大落,跌得他头破血流,跌成了多年不能痊愈的伤口。他借道教的符箓和丹药来治疗自己,但任何灵丹妙药都无济于事;他借烈酒来麻醉自己,但即使日夕沉醉也不顶事。只有借远游以消忧:他以为走得越远越好,这样就可以抛开往事,忘掉长安,那使人魂牵梦萦的长安,那使人伤心不已的长安。

他从东鲁起身,南下扬州,南下金陵,东入会稽,东入剡中。一路上经过的都是青年时代的旧游之地,难免触景伤情,接连写下了感慨的诗篇:"总为浮云能蔽日,长安不见使人愁。"

最后他到达了滨海的台州,登上了临海的天台。这座古人比之于蓬莱的名山,是他幻想中的忘忧之乡。一到山足下的国清寺,那数里不见天日的万松径,就已使他精神为之一振。到了人们传说中的只需一濯即可消除一切尘烦的灵溪,他真的感到好像灵魂被洗净。到了石桥,那横跨两崖之间,下临飞瀑万丈的空中悬梁,其长数丈,其宽仅能容足,而又长满了青苔,谁要能跨过去,就能成仙。要不是有人劝阻,他真想去尝试一番。当他登上天台绝顶——华顶。啊,天好近,地好远! 这不是仙界是什么呢? 东望大海,只见波涛翻腾,如同巨鳌出没,又见祥云笼罩,恍惚蓬莱仙岛就在前方。当他早起观日出,只见朝霞映在积雪的悬崖峭壁上,幻出五光十色的奇景,置身其间好像自己也变成了仙人。但就在这高出尘表,远离人寰的高山之巅,他却想起秦皇、汉武派人入海求仙的故事:"劳民伤财,耗时数十年之久,蓬莱仙山到底在哪里呢? 骊山下的始皇陵和咸阳原上的武帝陵都被人盗了。假若他们的灵魂不死,为什么连自己的陵墓都无力保护呢?"他由秦皇、汉武自然又想到玄宗:"一方面穷兵黩武,滥事征伐,一方面又妄想长生不死,成仙成佛——这是多么荒谬啊!"于是李白在天台山绝顶,写下了借古讽今的《登高丘而望远海》一诗。

李白努力忘掉长安,努力忘掉人世,然而走到天涯海角,他也未能忘掉。

天宝七载春,李白从越中返至金陵,他耳闻目睹的是一连串耸人的事件:

故人崔成甫被贬到洞庭湖以南的湘阴去了。成甫仅仅一个九品县尉,他的上司陕郡太守以通漕运有功升为三品刑部尚书,成甫因办事得力也随之升为八品监察御史,未及两年,他的上司出了事,成甫也因城门失火而殃及自身。

故人王昌龄也被贬到夜郎以西的龙标去了。王昌龄是著名诗人,他的绝句不在李白之下,但也不过个八品县丞,他又为什么遭贬呢? 说是"不护细行",即使是"细行"有亏,也不应该贬到那边远之地去呀!

还有一个故人李邕,七十高龄的北海郡太守,竟被活活杖杀在刑庭之上。三十年前,李白曾去拜访他,虽然未能见上,但后来他们因情投意合却成了好朋友。李白对这位名满天下的贤太守和文坛前辈十分钦佩,还写过一首诗赞扬他在北海郡的德政。李邕又有什么问题呢? 他是被人诬告,诬告他议论过朝政得失和皇帝吉凶。即使议论过点什么也不该活活打死呀!

还有骇人的事件:大唐帝国的塞上长城,北方四镇的节度使,玄宗曾把他当儿子看待的烈士之后,当时首屈一指的忠臣良将——王忠嗣竟然也被撤职了,贬黜了,不久就含冤而死。这又是怎么一回事呢? 因为他主张持重安边,不愿意随便征战,违背了玄宗穷兵黩武的政策,遂以"阻挠军功"得罪。

这一系列冤案的肇事者都是宰相李林甫。这个口蜜腹剑的奸贼,以逢迎和谄媚获得了玄宗的宠信,加以不断地结党营私,排除异己,终于得到了一人之下,万人之上的位置。特别是杨贵妃的从兄杨国忠因裙带关系得宠以后,李林甫又和他朋比为奸,使之成为自己的内援,手下又网罗了一批酷吏,供他驱使。于是他们为所欲为,在玄宗面前任弹劾忠良与无辜。凡他们嫉恨的人,皆罗织成罪,诬陷下狱,滥刑逼供,置之死地。数年之间,仅长安城中被整得家破人亡的,就达数百家。

接连不断的冤狱,牵四挂五的株连,使满朝文武噤若寒蝉,州县官吏更是重足而立。石堡一役死亡数万的噩耗传来,举国震动,但是大家都敢怒而不敢言。

李白呢? 人们常见他带着歌伎舞姬到处游历山水,人们常见他和三朋四友在酒楼上觥筹交错,人们常见他和一伙游侠在钟山下呼鹰逐兔。人们还听说,有一次他约了几个酒客,雇了一只小舟,在秦淮河上玩月,然后又溯流而上,一直到五十里外的天门山,第二天才从天门山返回金陵。一路上又是饮酒,又是猜拳,又是吹拉弹唱,整整闹腾了两天两夜。

再后来呢,人们就听说李白皈依了佛门,随一位天竺高僧上庐山东林寺参禅打坐去了。

而就在这时,有一批诗歌在暗中流传。一首是《白鸠拂舞辞》。

人们一眼就能看出来,诗中的"霜衣雪衿诚可珍"的"白鸠"是指开元前期的贤相姚崇、宋璟、张九龄等人;诗中的"外洁其色心匪仁"的"白鹭"是指"口蜜腹剑"的李林甫;诗中"贪而好杀"的"鹰鹯雕鹗"是指屡兴大狱,诛逐忠良的奸臣和酷吏;诗中的"凤凰"自然

是指皇帝。"是啊,百鸟之王的凤凰真不该以这些吃人心肝的猛禽为走狗。用它们为臣,也就算不得大圣了!"人们读后不禁纷纷议论。

再一首是《战城南》。

人们一看就想起天宝元年,朝廷用兵桑干,讨伐奚和契丹;又想起天宝六年,朝廷用兵西域,征伐吐蕃;更想起最近的青海石堡之役。"据说,石堡城下的石头都给人血染红了,树上到处挂着人肠子。真是拉命债啊!""是啊,战争本是不祥之事,古代圣君是不得已而为之。像如今这样穷兵黩武,把几万良家子弟视同蝼蚁,把无数民脂民膏当作粪土,真是到了丧心病狂的田地了!"人们读后都悲愤异常。

还有一首是《答王十二寒夜独酌有怀》:

……君不能狸膏金距学斗鸡,坐令鼻息吹虹霓。君不能学歌舒,横行青海夜带刀,西屠石堡取紫袍。吟诗作赋北窗里,万言不值一杯水。……

大家刚一读到这里,便议论纷纷:"是啊,这些年来,只要有一套斗鸡术,马上就可以飞黄腾达;只要敢拉命债,立地就可以官运亨通。呕心沥血,吟诗作赋,任你才学再高,也得不到重视。怪不得有人气极了说反话,发牢骚,这反话说得真带劲! 这牢骚发得真痛快!"

鱼目亦笑我,谓与明月同。骅骝拳局不能食,蹇驴得志鸣春风。折杨黄华合流俗,晋君听琴枉清角。巴人谁肯和阳春,楚地由来贱奇璞。

大家看到这里马上又体味一番:"死鱼眼睛自比明月,还要讪笑别人。千里马食不饱,力不足,无法驰骋;烂毛驴却迎着春风昂昂地自鸣得意。庸俗低级的歌曲到处流行,精美华丽的乐章却无人欣赏。而今世事确是如此,确是如此!"

……与君论心握君手,荣辱于余亦何有?孔圣犹闻伤凤麟,董龙更是何鸡狗! 一生傲岩苦不谐,恩疏媒劳志多乖。严陵高揖汉天子,何必长剑拄颐事玉阶!

大家看到这里,不觉仔细玩味起来:"'孔圣'一句自然是指孔子感慨'凤鸟不至,河不出图,吾已矣乎!'又感慨麒麟出非其时,徒遭网罗之灾。董龙呢? 哦,记起来了,董龙是前秦苻生的佞臣。这两句恐有所指。对,对,'孔圣'句是作者自喻,'董龙'句是骂……谁是当今人所共知的佞臣,就是骂谁! 哈哈,骂得好,骂得好! ……"

……君不见李北海,英风豪气今何在? 君不见裴尚书,土坟三尺蒿棘居。少年早欲五湖去,见此弥将钟鼎疏。

到了最后这几句,大家一看,一下都默默不语。悲愤在大家心头荡漾,又不约而同把这首诗从头到尾读了一遍,把诗中的警句反复在口头吟诵,好像它们是从自己心头喷发的一样。最后,不约而同爆发出一阵由衷的赞叹:

"像这样大胆抨击朝政的诗,还从来没见过。"

"真是言人所不敢言! 而且句句说在人心上!"

"整首诗气势,直如长虹贯日,彗星袭月,苍鹰击于殿上!"

"这首诗是谁写的呢? 还有先前的几首都是谁写的呢?"

大家猜来想去,终于猜到李白头上。但是李白这两年不是只知狂醉于花月之间吗? 不是正热衷于奉佛吗?

当李林甫的爪牙赶到江东搜捕这批抨击朝政的诗作者时,又有另一批抨击朝政的诗

在两京流传。一首题为《前出塞》，其中对天子已有幽怨之辞，例如：

戚戚去故里，悠悠赴交河。公家有程期，亡命婴祸罗。君已富土境，开边一何多！弃绝父母恩，吞声负行戈。……

再一首题为《兵车行》，更是怨气冲天，竟写出这样的话来：

……边庭流血成海水，我皇开边意未已。君不闻，汉家山东三百州，千村万落生荆杞。

……君不见，青海头，古来白骨无人收。新鬼烦冤旧鬼哭，天阴雨湿声啾啾。

李林甫的爪牙又赶到洛阳，赶到长安，终于没有结果。接连两年，关中大旱，原定的封禅大典也不得不废止。昏君奸臣恐遭天谴，暴政淫威才有所收敛，向昏君奸臣怒飞鸣镝的李白和杜甫也才幸免于难。

三至长安

李白流落江湖，东奔西走，又是好几年过去。人生倏忽，他已年届知命。孔子曰："五十而知天命"，他想自己也该认命了。既然"立功"无望，"其次有立言"，那就退而"立言"吧。找个地方隐居下来，致力于诗歌创作算了。孔夫子一生周游列国，终无所遇，最后不也是放弃了从政之心，专门从事著述，删诗书，定礼乐，作春秋吗？"孔子作春秋而乱臣贼子惧，我也要叫那些乱臣贼子和昏君在我的诗歌中留下罪名。我的诗歌必定能芳名永存，让后人看看，皇皇大唐是怎么败坏在他们手中的，这不也是千秋不朽的功业吗？"

李白主意打定，便去了南阳附近的石门山中，故人元丹丘新建的幽栖之地。丹丘的石门幽居比起先前的颍阳山居，其峰峦之秀，林壑之美，有过无不及。而且此地更是远离红尘，人迹罕至，真是个归隐的好地方。李白看了，羡慕不已，便也准备在此附近修几间茅屋，把全家都搬来。所谓全家就是他刚续娶的宗氏夫人和他的两个孩子。

但当他回到宗氏所在的梁园讨论隐居之事时，宗氏倒是满同意，李白自己却动摇了，友人何昌浩来信邀他前赴幽州。何昌浩先前潦倒不堪，曾受过李白接济。谁知此人去了幽州节度使幕府之中，竟充任参赞军机的判官。来信字里行间充满了洋洋自得之情。信中最后写道："恩兄才兼文武，强弟十倍，倘来塞垣，何愁英雄无用武之地？即使无意入幕，何妨来此一游，题诗碣石之馆，纵酒黄金之台，亦人生快事也……"李白顿时思接千载，便想佛剑而起，奔赴边疆，学那班超立功异域，千载留名，"即使马革裹尸，也比老死深山强多了。焉能白首穷经，学那古时候的老儒生？"李白在热血沸腾的同时，自然也考虑到幽州节度使是安禄山，此人的骄横跋扈和杨贵妃的丑事，他也略有所闻，但此时安禄山"势已盛而逆未露"，李白只知朝廷对他的宠信和重用，不久以前他身兼四镇，最近又封东平王，便以为他是国之干城。所以尽管宗氏夫人再三劝阻，也挡不住李白的幽州之行。直到李白亲自在幽州目睹了塞垣真相，发现了安禄山的种种反迹，他才从"沙漠收奇勋"的迷梦中惊醒，跑到燕昭王黄金台的遗址上去痛哭了一场："君王啊，你最宠信的人原来是一个窃国大盗，你竟把偌大一个北海给了这条长鲸，眼看它就要兴风作浪了，叛乱就要起来了……！"李白趁着安禄山入朝未归，赶快逃离了幽州。

李白回到梁园家中，不顾人困马乏，也不听宗氏的劝告，便又去了长安。他要力挽狂澜，他要平弥大祸，他要向朝廷报告幽州真相，呈献济时之策。

天宝十二载早春二月，长安的杨柳吐出了鹅黄的嫩芽，把帝京装点得一片金黄，令人目眩。龙楼凤阙依然巍然耸峙，横跨三川；紫陌红尘依然朱轮往来，骏马驰骤；王侯们依然如星辰挂在天上；宾客们依然如云烟簇城中。长安城依然是一派歌舞升平的景象。"快一百四十年了，这壮丽的帝京，这赫赫的王朝，有谁知道它已危若累卵，祸在眉睫？"李白面对长安的太平景象，心急如焚。

他总算记住了临行时妻子再三地嘱咐与叮咛："此事非同小可，必须慎之又慎。"他自己也知道安禄山正是辈受宠爱之时，以一介布衣告发一个四镇节度使和新封的王爷谋反，无异以卵击石。所以，他只能提心吊胆，秘密行事。

由于他去朝已有十年之久，朝廷内外，旧交难觅。密察暗访多日才找到两三个故人，一说此行来意，全部大惊失色，都劝李白赶快罢手，趁早离京，否则，非但奏疏递不上去，而且反遭杀身之祸。李白听了以后，虽然感到沮丧，但还在长安滞留。直到有一天，他在大街上看到一队羽林军押着两个五花大绑的犯人向东而去，并听行人议论纷纷："来诬告安王爷的，一律押回幽州让安王爷处置，更遭活剥皮，点天灯哩！"李白这才相信了友人的劝告，绝望而去。

李白在这年写的《远别离》一诗，就是他第三次入长安陈献济时之策失败的挽歌：

远别离，古有皇英之二女；乃在洞庭之南，潇湘之浦。海水直下万里深，谁人不言此离苦，日惨惨兮云冥冥，猩猩啼咽兮鬼啸雨，我纵言之将何补？皇穹窃恐不照余之忠诚，雷凭凭兮欲吼怒。尧受当之亦禅禹，君失臣兮龙为鱼，权归臣兮鼠变虎。或云尧幽囚，舜野死。九嶷连绵皆相似，重瞳孤坟竟何是？帝子泣兮绿云间，随风波兮去无还。恸哭兮远望，见苍梧之深山。苍梧山崩湘水绝，竹上之泪乃可灭。

李白回到梁园后，不久就南下宣城（今皖南），一则是解忧，二则是避祸。逃出龙潭虎穴以后的李白，实在需要一个"世外桃源"定一定他的惊魂。然而实际上，他游遍了宣城郡各县山水，却找不到一个能够寄托心灵的地方。他的心仍然挂在长安的树上，悬在大唐帝国的空中。

离开奉节

天宝十四载十一月，在李白早就预料到的，而且曾经冒着杀身之祸准备给朝廷上书，希望朝廷早加防范的大乱，终于不可扼制地爆发了——安禄山率领二十万兵马从幽州杀来了。叛军是安禄山特意准备了十年的精锐之师，而内地的官军却是好几十年不知战争为何事的乌合之众，因此前者长驱直入，后者望风而逃。不到一个月，叛军就过了黄河，攻下了东京洛阳。第二年正月初一，安禄山就在洛阳称帝，国号大燕。

由于安禄山忙于登基，没有乘胜追击，朝廷才赢得了一些时间，调兵遣将，一方面派哥舒翰为兵马副元帅领兵八万把守潼关，一方面又命郭子仪、李光弼等节度使出兵河北，攻打敌人后方；地方上的忠臣良吏，如常山太守颜杲卿、平原太守颜真卿带头讨伐反贼，

河北、河东诸郡也纷纷响应，这才暂时稳住了大势。

李白在金陵听到叛乱的消息，他本来很想有所作为，但他一介布衣，手无寸铁，能干什么呢？他即使是能够运筹帷幄之中决胜千里之外的张良，也需要有汉高祖这样的伯乐发现他；他即使是诸葛亮早已准备了《隆中对》，也需要有刘备这样的人赏识他；他即使是鲁仲连，手中还有"一枝箭"，可以解"聊城之围"，也需要田单这样的将领来借他这"一枝箭"呀！他必须有所依凭，才能施展他的文韬武略，才能实现他的报国壮志。因此他为了寻找可以凭借的力量，也曾经奔走了半年之久，但终于无果而终。听说潼关已被叛军攻破，皇上仓皇出奔，长安已经陷落，叛军已打下半壁天下，正准备南犯。李白只好避入庐山。

李白虽然避居深山，心里却不能安静，日里徘徊彷徨，夜里辗转反侧。他心寄千里万里以外。他的心飞到中原上空，看见洛阳川里野草上涂满了人血，看见洛阳城里一大群豺狼戴着官帽。他的心飞到秦川上空，看见烈火在焚烧着大唐王朝的宗庙，看见安禄山和他的将士们在金銮殿上狂饮高歌。他的心飞到黄河上空，看见两岸的人民像落叶一样飘落在坑洼沼泽，看见白骨像山丘一样到处堆积。他的心飞遍四海，看见全国人民西望长安，都皱着眉头，含着眼泪。

天宝十五载七月，玄宗在奔蜀途中颁下了"制置"之诏：以太子亨任天下兵马元帅，领朔方、河东、河北诸道兵马，收复长安、洛阳。以永王璘任山南东道、江南西道节度都使，经略长江流域。但诏书尚未下达，李亨已即帝位于灵武，是为肃宗，改元至德，尊玄宗为太上皇。至德元年九月，永王璘出镇江夏，招募将士，筹集物资，以李台卿、韦子春等人为谋主，以季广琛、浑惟明等人为大将，积极准备出师东巡。

李白勉强在深山中度过了几个月隐居生活，看看又到了岁末。他内心十分寂寞和苦闷，突然故人韦子春上山来访。这韦子春是李白天宝初年待诏翰林时期结识的友人，在秘书监当过八品著作郎，因多年不得升迁，便辞归故里。近为友人李台卿邀入永王幕中，已任司马之职。这次上山就是奉永王璘之命，来聘请李白入幕。他和李白寒暄已毕，便把玄宗下"制置"之诏，永王璘奉命出镇，以及出师平叛的军事计划一一告诉了李白。李白一听，好像云破见日："好呀！永王东下金陵，以金陵为根据地，然后出师北征。分兵两路，一路从运河直趋河南，一路跨辽海直捣幽燕。这样来配合太子……"说到这里，宗氏在帘后提醒他道："应该说配合今上……"李白才想起太子早已于七月在灵武即位，也连忙改口说："配合今上，收复长安和洛阳。逆胡何愁不灭！天下何愁不平！……"李白越谈越激动。他几乎马上就要随韦子春下山。正在这时，宗氏夫人端了酒菜出来，趁机给李白递了个眼色。李白犹豫了一下，才改口说道："愚兄草野之人，疏懒成性，且已年过半面，恐不堪用。"韦子春连忙说道："我兄素抱经国济世之志，当此国家多难之秋，正是大丈夫一展宏图之日。当仁不让，还望吾兄即日下山。"李白正不知道如何推诿，还是宗氏上前推说年关在即，很多事情需要料理，容缓十数日，这才送走了韦子春。

送走韦子春后，夫妻两人为此商量到半夜。宗氏还是她的老主意：宁愿和李白共糟糠，不教夫媚觅封侯。李白说道："封侯事小，报国事大。社稷苍生在水深火热之中，我避居深山，心实难安。你难道不知我这些日子心里有多痛苦吗？"宗氏却以幽州之行为前车之鉴，埋怨李白虎口余生还不吸取教训。李白却说："幽州之行怎能和这次同日而语？

'制置'之诏乃朝廷庙略,永王出师乃奉旨行事,今上和永王又是嫡亲兄弟,这会有什么危险呢?"宗氏仍然说:"我怕倘有不测……"虽然她也说不出原因,但总不同意李白下山入幕。李白气得顿足:你怕树叶掉下来打破头,难道就不怕国破家亡吗?"

几天以后,韦子春又上山来了,带来五百两银子,一身崭新的衣帽,还有永王所重用的谋主,现任幕府判官韦台卿的亲笔信,信中把李白比作谢安:"谢公不出,奈苍生何!"李白一看,心中大动,又想马上跟韦子春下山。当他进去准备打典行装时,宗氏却拉着他袖子哭了起来:"哪有大年三十出门的!还是过了年再说吧!"李白毕竟于心不忍,只好出来请求韦子春再延迟几日。

韦子春走后,夫妻俩又商量到半夜。最后好容易才一致决定:李白姑且去试一试,以观进退。

刚过"破五",韦子春又上山来了,还带来士卒四人,肩舆一乘。一进门就说:"也算得上是'三顾'了吧?"又指着肩舆说:"这是永王派来接你的。老兄再不下山,我可没法回去了。"李白和宗氏一看,这回是必须走了。李白换上新衣新帽,坐上肩舆,情不自禁,便有些飘飘然,竟向宗氏挥手说道:"归来傥佩黄金印,莫见苏秦不下机。"宗氏哭笑不得,掩泪转身进屋去了。骑着马跟在肩舆后面的韦子春说道:"哪有佩了黄金印回来,反不下机之理?"李白笑答道:"贤弟有所不知,我这位夫人一心好道,凡从政者在她心目中皆是俗流。"韦子春才明白李白是反用苏秦故事和宗氏开玩笑:"假如我佩了黄金印回来,你不要看到我这个俗人而不肯理睬吧。"正走之间,只听得李白在肩舆上咏起诗来:"谷口郑子真,躬耕在岩石。……苟无济代心,独善亦何益?"韦子春听了赶忙说道:"吾兄所言极是。像汉代郑朴这样的高士,高则高矣,但他始终独善其身,对社稷苍生有何益处呢?"在下山途中,李白口占《赠韦秘书子春》诗一首,最后以"终与安社稷,功成去五湖"与韦子春共勉。

李白下山时,正好永王大军已到了浔阳。只见大江之上,舳舻千里,旌旗蔽日,又听得军鼓阵阵,画角呜呜。早春的太阳照着满江的战船发出灿烂的光辉。如云的旌旗绕着碧山显得分外鲜明。"啊!多强盛的军容!""啊,威武的王师!"李白禁不住赞叹。

为了给李白接风洗尘,永王在他乘坐的最大一只楼船上大摆筵席,又是鼓吹齐发,又是轻歌曼舞,又是高谈阔论,又是赋诗作序,直热闹了一整天。李白好像是乐毅登上了燕昭王的黄金台,其实永王并没有拜他为大将,甚至还没有封他一官半职,他已经为自己报国有路的幻想所迷醉。当场赋诗一首,在诗的最后几句写道:

浮云在一决,誓欲清幽燕。愿与四座公,静谈金匮篇。齐心戴朝恩,不措微躯捐。所冀旄头灭,功成追鲁连。

在东进途中,他更是思绪飞扬,诗情汹涌,接连写下了《永王东巡歌十首》。他满以为永王东巡是"天子遥分龙虎旗",是奉旨行事,这一盛举,必将得到三吴人民的拥戴;他满以为大军出三江,渡五湖,跨辽海,救中原,一举就会扫清胡尘,很快就会凯旋还朝;他满以为永王会把他当作谢安,他将在谈笑之间就叫敌人灰飞烟灭,建立不朽的功勋,实现他平生的宏愿:济苍生,安社稷,然后功成引退,名垂青史。

谁知就在李白靠在船舷,翘首远望,大做其好梦之际,肃宗早已诏命永王回到太上皇身边去,永王不从,肃宗便下令讨伐永王,并且调兵遣将布置了包围圈。

　　谁知就在李白满腔热情地歌颂"圣主"和"贤王"，满心以为他们是戮力平定叛乱之时，他已堕入了玄宗和肃宗父子之间，李亨和李璘兄弟之间争权夺利的漩涡之中。

　　内战终于在金陵附近爆发了，永王璘一败涂地，西南逃奔鄱阳，被江西采访使皇甫侁所杀。李白从内战的刀枪下和死人堆里逃了出来，但终于在回庐山的途中被俘获了，被丢进浔阳的监狱，罪名是：附逆作乱。

　　经过李白多次血泪纵横的申诉，经过宗氏夫人的多方奔走，经过一些贤明官吏的营救，李白得免一死，但终于被判：流放夜郎。

　　唐肃宗乾元二年春，李白在流放途中到了奉节——古白帝城，再往前去就要南下黔中道——古夜郎国了。

　　李白站在白帝城头，百感交集。他回忆起青年时代从这里出三峡，下长江，东游金陵与扬州……那时的大唐帝国光辉灿烂，欣欣向荣，自己也正是风华正茂，血气方刚。可惜"开元之治"竟如昙花一现。后来国事日非，自己也每况愈下。战乱一起，社稷在风雨飘摇之中，苍生在水深火热之中，自己也陷于九死一生的境地。最后他惊讶地发现：他这一生的遭遇和大唐的国运竟如此相似！

　　他翘首北望，不禁悲从中来："长安啊，长安，你这给我最大希望的地方，又是给我最大失望的地方！你使我魂牵梦萦，又使我悲痛欲绝。我多少次下决心要和你诀别，又多次渴望回到你的身旁。我好比是贾谊被贬，屈原被放，哀吟泽畔，身死他乡。我恐怕也难逃他们那样的下场。"

　　他翘首南望，也是肝肠寸断："夜郎啊，夜郎，你这不毛之地，瘴疬之乡！听说你虎豹成群，蚊蚋如雷，居无城郭，寝无席帐。任何智勇双全的人也难免丧生此邦。难道你就是我最后的归宿，我长眠的地方？"

　　江上一阵船夫号子传到城头，他儿时就熟悉的乡音，使他感到无比亲切，又使他感到无比难堪："故乡啊，故乡，我几十年一直把你想望。多少次梦里回到匡山足下，涪江岸上。但此时近在咫尺了，我却不能再继续西上，我也不愿再继续西上。我这一身镣铐叮当，我这一副囚犯模样，怎么有脸重见你啊，我的故乡！"

　　一行雁阵飞掠他头上，发出咿哑的鸣声。他的目光紧随着它们，他的心也紧随着它们："大雁啊，大雁，请你们飞过庐山之南的豫章，把我的亲人探望。带给她，我的血泪编织的诗章。告诉她，我即将南下夜郎。她在明月楼中愁窥镜，我在夜郎天外怨流亡。切莫叫雁断长空，鱼沉湘江。老天爷啊，可怜我们生离死别人一双！"

　　李白正打算离开奉节，南下黔中道时，突然喜从天降！朝廷因旱灾赦免流刑以下罪犯，李白也在其中。他激动得几乎发狂了，他以为自己否极泰来了，他想马上就要重见太平盛世了。朝廷既然赦免了他，就可能还要重用他。现在，李林甫也死了，杨国忠也杀了，高力士也赶出宫去了，堕落为汉奸的张垍也充军到岭南了……再没有人妒忌他，挤兑他，迫害他了。那就趁早回到江陵去吧！趁着郑判官还在那里。那就赶快回到江夏去吧！趁着江夏太守韦良宰还在那里。他们一定会欢迎他的归来，他们一定会很快把他，这位从泽畔活着回来的屈原，推荐到朝廷上去，和当代贤才豪士共图恢复大业。

　　因此李白在一个朝霞满天的黎明，坐上了东去的小舟，趁着新发的春水，飞也似的顺流而下，在船上写下了他的《早发白帝城》一诗：

朝辞白帝彩云间,千里江陵一日还。
两岸猿声啼不住,轻舟已过万重山。

客死他乡

长安、洛阳,这东西两京收复以后,朝廷以为天下大定,就忙着上尊号,封功臣,享九庙,祭山川,……几乎全是虚文浮套,居然显示出一片中兴在运,一派太平景象。中书舍人贾至的《早朝大明宫》一诗以及王维、杜甫、岑参等人的和诗,特别是其中脍炙人口的佳句:"九天阊阖开宫殿,万国衣冠拜冕旒。""共沐恩波凤池里,朝朝染翰伴君王。"……更把中兴幻影装点得煞有介事,更把太平假象渲染得富丽堂皇。

江夏,那时是南方的政治中心,自然也是熙熙攘攘,一片繁忙。忙的是欢庆中兴,歌舞升平,忙的是攀龙附凤,登朝入阁。竟至忙得忘记了并未完全平定叛乱,天下并未太平。安禄山死后,他的同党史思明又自为大燕皇帝。

当时朝野上下都做了一场中兴梦,李白也不能例外。他在江夏也大肆忙碌一番,到处参加庆祝活动,赶赴宴会,四下里求人,八方外张罗,连续不断写了不少诗送给这个,送给那个。满以为自己很快就会奉诏入朝,再次待诏翰林。结果却是自讨没趣,甚至自取其辱——一个长流释放犯,有谁会荐举他,有谁敢荐举他呢?并且他已年满六十了,就是在位的人也该退休了。

李白只好又到处流浪,顺长江而下,重游金陵。金陵虽然江山依旧,但却已物是人非,几乎没有人还记得他是"赐金还山"的翰林学士,只知道他是一个穷困潦倒的刑余之人。李白所遭的冷遇就不难想象了。

时光荏苒,又是一年。暮春的一天,李白在街头遇到从甥高镇。虽是远亲,但在这人情似纸的金陵,也觉得格外亲热。特别是听说高镇当了多年进士,未得一官半职,正准备到陇西去从军。李白越发动了真情,便邀高镇到酒楼一叙。到了酒楼上,两人边谈边饮,边饮边谈,李白便将近年来受的窝囊气对着高镇款款道来,而且越说越上气:"都说天下太平了,国家中兴了。可是你这个进士却长期赋闲,无事可干;我呢,又老又穷,几乎是乞讨为生。不仅你我,好多贤才仍然不得其所。假若廉、蔺复生,恐怕三尺儿童都可以随便唾他呢!我们戴着这顶头巾干什么?还不如把它烧了!"说着,一把爪下头巾就掷在地下,又一脚踢了开去。高镇连忙给他拾起来,安慰他半天。最后酒保前来算账,李白一摸身边,身无分文,只好把腰间的宝剑解下来抵了酒钱。又向店里讨了纸笔,写了一首《醉后赠从甥高镇》:

马上相逢揖马鞭,客中相见客中怜。欲邀击筑悲歌饮,正值倾家无酒钱。江东风光不借人,枉杀落花空自春。黄金逐手快意尽,昨日破产今朝贫。丈夫何事空啸傲,不如烧却头上巾!君为进士不得进,我被秋霜生旅鬓。时清不及英豪人,三尺童儿唾廉蔺。匣中盘剑装鲻鱼,闲在腰间未用渠。且将换酒与君醉,醉归托宿吴专诸。

高镇看到最后一句,"醉归托宿吴专诸",以为李白真要去结交游侠,找人来替他报仇雪恨。欲待劝他,又见他已酩酊大醉,只好扶他回去休息。第二天,高镇放心不下,又去

文坛巨擘

看李白。此时李白酒已醒了,苦笑道:"这不过是醉后写诗,你竟当了真!"高镇说:"你不是说过诗以真为贵吗?"李白说:"诗中之真贵在情,而不必实有其事。"一会以后,他又说道:"即使专诸再生,聂政复活,一柄宝剑,或一把匕首,就能削尽世上的邪曲,消却我胸中的不平吗?"

这年初秋,贼势复炽,睢阳再陷。天下兵马副元帅李光弼出镇临淮,准备去收复睢阳,防止贼军南下。睢阳(今商丘)是李白多年往来客居之地,特别是和宗氏结婚以后,这一带更成了他的家园。所以消息传来,他禁不住的热血沸腾起来,忘记了他已是年逾花甲的老人,竟决定立即赶往彭城行营,请缨杀敌。他想:"李光弼军纪严明,战绩赫赫,不啻是汉代的周亚夫。若能在他帐下效力,哪怕把我这副老骨头抛在沙场也很痛快,总算偿了我报国的心愿,也雪了我蹭蹬一世的耻辱。"于是他把从酒店赎回来的宝剑擦了个锃亮,又把从古董店买来的戈矛上拴上一把红缨,还特地穿上待诏翰林时赐给他的宫锦袍,跨上从朋友处借来的一匹老马,就雄赳赳、气昂昂地从金陵出发了。他估计,到了彭城,李光弼一见他,一定会像汉代名将周亚夫得到大侠剧孟一样,兴奋地道:"李太白已在我幕中,我料定敌人的末日不远了!"……谁知"亚夫未见顾","天夺壮士心",李白走到半途,就连人带马都病倒了。

李白勉强挣扎着回到金陵,竟然无处可去。思来想去,只好就近投靠当涂县令李阳冰。李阳冰官虽不大,却以篆书名闻天下。李白和他非亲非故,但彼此都闻名已久,估计不会被拒绝。

李阳冰热情的款待,使李白在穷途末路之际感到莫大的欣慰。但潜代已久的"腐胁疾"终于使李白倒床了。阳冰不惜重金延医诊治,但由于病入膏肓,一时难见速效。自秋至冬,李白淹卧病榻之上,眼看就快到年关。偏偏这时李阳冰任期已满,要离开当涂了。

李白自感不久于人世,便将后事托付给了李阳冰。李白唯一需要托付的后事就是他的诗稿,他希望阳冰为他编成集子,并代他作序。

李阳冰也觉得这是李白的临终嘱托了。他听了李白的身世,寄予深切的同情,他读了李白的诗稿,深受感动。他觉得李白的诗言浅意深,言近意远,言小指大,充分地继承和发扬了《诗》《骚》的优秀传统。这样的诗歌,不同凡响!所以他在序文的最后写道:"论《关雎》之义,始愧卜商;明《春秋》之辞,终惭杜预。"显然是把李白的作品喻为是当代的《诗经》和盛唐的《春秋》了。

李阳冰这篇序文最后署明的时间是:"宝应元年十一月乙酉",指的是序文定稿之日,并非李白逝世之期。

第二年春天,传来了安史之乱完全平定的消息,李白竟然战胜了病魔,从病床上起来了,而且接受了田家的邀约,拄着手杖,游历了城南的青山,还在归途中口吟小诗一首:"沦老卧沧海,再欢天地清。……"

天地再清,李白却面临绝境。他既无俸禄,又无恒产,李阳冰临去时给他留下的生活费也将尽了。于是李白拖着衰病之躯又出游附近郡县,借以维持他短促的残生。

李白究竟死于何年何月何日,至今难以确定。只知道唐代宗广德二年(764)正月,朝廷下诏,命天下各州府县荐举人才时,他曾受到荐举,官拜左拾遗,但诏书下达之日,他已离世。范传正所撰写的《唐左拾遗翰林学士李公新墓碑》中有这样的记载:"代宗之初,搜

罗俊逸,拜公左拾遗。制下于彤庭,礼降于玄壤,生不及禄,殁而称官。呜呼,命欤!"据此推算,李白大概是在广德元年(763)冬天去世的,终年六十三岁。

李白在他最后一首诗《临终歌》中写道:

大鹏飞兮振八裔,中天摧兮力不济,余风激兮万世。游扶桑兮挂左袂,后人得之传此,仲尼亡兮谁为出涕!

在这首绝命辞中,他仍以大鹏自比。虽然为自己的壮志未酬发出悲叹,却对自己的诗歌作了豪迈的预言,预言他的诗歌将永垂不朽。

如今,这预言已实现,李白已成为世界文化名人,他的诗歌已传诵全世界。

封建盛世使李白壮志凌云,才华盖世,又使他命运多舛,潦倒终身。历史似乎为了降大任于斯人,有意让他走遍了南北东西,让他到大风大浪中去搏击,让他尝尽了人生的甜酸苦辣,让他亲历了世事的盛衰治乱,从而他的多姿多彩的一生就成了时代的一面镜子,他的惊风雨、泣鬼神的诗歌就成了盛唐的《春秋》。他无愧是一位伟大的诗人,和杜甫一样:"李杜文章在,光焰万丈长。"

文坛巨擘

正史之父

——司马迁

名人档案

司马迁：字子长，西汉夏阳(今陕西韩城，一说山西河津)人，我国西汉伟大的史学家、思想家、文学家，著有《史记》，又称《太史公记》，他记载了上自中国上古传说中的黄帝时代，下至汉武帝太初四年(公元前100年)，共3000多年的历史。

生卒时间：前145~前87年后。

安葬之地：陕西韩城市南10公里芝川镇的韩奕坡悬崖上，始建于西晋永嘉四年。

性格特点：正直敢言，忍辱负重。

历史功过：司马迁，他的名字与中国史学传文学永远地连在了一起，不唯《史记》是中国"正史之祖"，开创了一种前无古人、后有来者的史学体例，而且更重要的是，他把他的浪漫、热情，他的坎坷遭际，他的歌哭悲欢，都深深地融入了这部旷世巨著之中。司马迁不朽，是因为他用生命铸就了《史记》；《史记》不朽，是因为它跃动着司马迁真切烂漫的情感！

名家评点：其作品《史记》被鲁迅誉为"史家之绝唱，无韵之离骚"。后世对司马迁的评价极高，有"西汉文章两司马，南阳经济一卧龙"的说法，齐名于西汉的大文豪家司马相如、三国时期最璀璨的人物诸葛亮。

称引家世

古代的人们，常喜欢称引自己的家世，这是一个源远流长的传统。不但上层人物如此，而且还影响到普通百姓，最明显的例子，就是阿Q说自己和赵太爷同宗，说他的祖先也是很富有的。这个传统，在解放以后，阶级论流行的时候，一度中断，因为祖先一阔，自

己便成了剥削者的孝子贤孙，这就不便称引了。近年来讲祖先的风气，似又逐渐暗暗流行起来，想来肯定是有名望的祖先多少对后代们有些好处，才有这等现象。社会风气的变化，是十分微妙的，观察时亦颇具兴味。

我们今日平心而论，称引祖先的事情，应该做些分析。如果只是摆摆祖先的阔谱，取得例如像阿Q那样的精神满足，这自然不过是一种笑料；然而，对于中国的文化传统，却并不能这样简单地看待，中国文化传统是一种浸透着道德精神的传统，称引家世的风气，也要从这一高度去观察。中国历史上的一些高门大族，常常要以祖先在功业上、道德上、文化上的建树，来影响后代，对此却不应采取一概而论的否定态度，而且要看到，这是我国士人阶层以传统美德来影响后人的特定形式。道德文化乃是一种历史的积淀，就整个社会而言，每一代都能在前一代的基础上，增加某些新的东西。我们说，中华民族是个勤劳、勇敢、讲道德的民族，这正是几千年的历史积累所形成的，这里面也同样包含有许多家族的优良习俗的继承；如果没有了历史的积累，后来者往往会显得浅薄、苍白。"文革"十年所形成的文化断层，终于制作了今日社会上的许多不良风气，以至最起码的礼貌待人都必须重新吃力地提倡起来，这从反面教会我们明白了许多事情。这样看起来，称引家世风气传统的重新出现，虽不乏阿Q式的笑料，但却又包含着严肃的道德内涵。不宜对此做简单的评判，或许关键还是在于引导。

这段议论，只是作为引子，引出大史学家、大思想家司马迁的故事来。司马迁也称引过他的祖上先人。他说，他的家族是从远古颛顼帝时期的南正重和火正黎传下来的。南正和火正都是官名，南正重执掌天上的神事，火正黎执掌世间的人事。这是真正的远古时代也即神话时代的事情，是有文字可考的历史以前的事情。此后，从唐虞到夏商，重、黎的后代子孙们，仍旧是世世代代执掌人神之事，也就是世世代代任巫、史之职，到周宣王时候，重、黎的一个后人名叫程伯林父的，官居司马，于是，程伯林父这一支重、黎的后代便改姓司马了。古时候，人们的姓，并不像今人这样稳定，那时候，做了一个什么官，或是定居在某个地方，这官名或地名，往往就成为新的姓而传给后代。司马迁的这支家族，就是由此传下来的。这是司马迁在《史记·太史公自序》中所讲的自己家世的故事。

古代的巫和史，地位都是很高的。他们于神人之间交通，有权向帝王们解释代表神意的卜辞；他们阅读和记载历史，是我国最早的史家；他们还往往同时是王者的老师和咨询对象，有点像我们今天的顾问委员会或者至少是政策研究室一样，其中一些人则成为帝王的显要大臣。所以，司马迁在讲述自己祖先的这些未必能确切考证的历史时，实际上正反映了他自己、或者说是他这支家族的抱负。第一，这说明他出生于史学世家；第二，他写《史记》，在其灵魂深处，是作为帝王将相教科书来写的，他实际上正是以不但要当世皇帝，而且要后代的所有皇帝们的老师自居的，而在客观实际上，《史记》完全达到了甚至超过了他的写作初衷，至今仍有极大的影响。那么，司马迁对自己的家世和祖先的自豪感，是同他的远大抱负、同他的悉心以赴的事业紧密地结合在一起的。这当然无疑是一种优秀的文化传统。

所以，我们应该看到，同是称引家世，既有阿Q式的，也有司马迁式的，其间有极其巨大的差别。我们前面曾经说过，对于称引家世的风气，关键还是在于引导，现在，我想，读者们对于这句话的意思，应该大彻大悟了。

不过，从司马迁自己的叙述中看，实际上，自程伯林父官居司马之后，也就是司马迁的祖先们得到了"司马"这个姓之后，他们已不再是史官世家了。程伯林父的后裔的一支，居于秦国。到战国时期，出了一个司马错，在秦惠文王朝为官，曾因力主伐蜀有功。我们今天查一查《战国策》，在《秦策·司马错与张仪争论于秦惠王前》中有载，司马错主张伐蜀，张仪主张伐韩的一场政策论辩，最后，秦惠文王同意了司马错的意见。这说明，司马错在历史上是较有名气的。司马错的孙子司马靳，在秦昭王时为白起部将，白起曾大破赵军，并且坑杀赵降卒四十万人，历史功罪都较昭彰，因此有名于史。司马靳参与了坑杀赵卒之事，到白起被秦昭王赐死杜邮之时，司马靳亦同时赐死。司马靳的孙子司马昌，曾做秦国的主铁官，其后代司马卬，秦末曾随张耳起兵，并曾被项羽封为殷王，后来投降汉朝。司马卬的后代则曾任市长（管理城市的商业地区）、五大夫等小官僚；到司马迁的父亲司马谈，在汉武帝时为太史令。不过此时的史官相比古代不同，只是一个中级官僚了。

如此一来，司马迁的比较直接的上面几代，都并不怎么显赫，也与史官并无关系。直到其父司马谈，才重新继承了远祖的史官世家。司马谈是怎样得到这一官职的，历史上并没记载。不过，太史令乃是汉武帝新设立的一个官职，汉武帝比较注重人才的任用，我们后面将会说到，司马谈曾得到多位明师指教，也许是由于那些有影响的老师们的荐举；汉武帝甚至还接受那些上书自我推荐的人们，例如《汉书·东方朔传》就载有东方朔向汉武帝毛遂自荐的一封上书，汉武帝看到上书以后，也给了他一个小官做做，所以也不排斥司马谈自我推荐的可能性。这方面，我们自不想做过多的臆想，总之，远祖的史官世家的荣誉，在司马谈、司马迁父子的情绪中，起了巨大的鼓舞作用，使他们父子将撰写史书看成是自己应尽的天职。不然，年俸六百石或最多是千石的太史令，根本算不上什么了不起的职务，换上另外两个人，这也许不过是混口饭吃吃的闲差使罢了。

家庭教育

司马迁的家世中，有一个明显的特点，就是十分重视对下一代的教育。司马迁自述说，其父司马谈，"学天官于唐都，受《易》于杨何，习道于黄子"。这三个教导过司马谈的人，都是当时声名最为显赫的学问家。

先说唐都。《史记·天官书》中曾明确地指出，汉代研究天文星象学的，以唐都为最著名。司马迁为太史令时，受汉武帝之命，聘请一批知名学者共定历法，唐都即是主要学者之一。我们知道，《史记·天官书》就是讲天文星象学的，那么，其中一些最主要的内容，应该是唐都传授给司马谈及司马迁的了。我们切不可因《史记·天官书》中有许多迷信的内容就看轻了它，实际上，其自然科学的内涵达到了很高的水平。例如，定历法就少不了天文星象学。《史记·历书》和《汉书·律历志》中曾经详细记载了唐都、司马迁等人所定的《太初历》的观测计算诸法，当是唐都、司马迁等人的学问与劳动的成果。今学者看来，唐都、司马迁等人所定的《太初历》，是当时历史上最先进的历法。由此可见唐都在天文星象学方面的造诣之深。

再说杨何。据《史记·儒林列传》说,汉初"言《易》者本于杨何之家。"说明杨何乃是汉初《周易》学的集大成者。《周易》是儒学经典中哲学水平最高的一部著作,同时,《周易》又是古代巫、史、卜、祝之官多年集体制作的学术成果,因而也是当史官的人的必通之术。

最后说到黄子。一般学者都以为,黄子就是《史记·儒林列传》中所说到的道家学者黄生。传中有关作为道家学者的黄生与儒家学者辕固生在汉景帝面前进行学术争论的记载。通过这场争论,我们可以对黄子的社会地位与学术主张有一个大致的轮廓,现将这场争论译为白话如下:

黄生和儒家治《诗》的学者辕固生,在汉景帝面前争论。

黄生说:"商汤代夏,周武王伐商,不能说是顺应天命,乃是以臣弑君。"

辕固生说:"不对!夏桀、商纣,残暴虐乱,倒行逆施,天下的民众都归附商汤、周武,商汤、周武代表天下民众而诛杀夏桀、商纣,以至于夏桀、商纣的百姓也不跟夏桀、商纣走,而是归于商汤、周武,商汤、周武不得已才立为天子,这难道还不是顺应天命吗?"

黄生说:"帽子虽旧,还是应该戴在头上;鞋子虽新,还是应该穿在脚上。为什么这样说呢?这就是因为,要严格上下之分。桀纣虽然无道,但身为君王,是上;汤、武虽然圣明,但身为臣子,是下。主上有过错,臣下如若不能以谏劝来帮助主上改正过错,反而以主上有过错作为借口而诛杀之,自己立为主上,这难道还不是弑君吗?"

辕固生说:"如果你说的话是对的,那么高皇帝(汉高祖)代替秦而成为天子,是不是错了呢?"

于是,汉景帝说:"吃肉不吃马肝(汉代人们一般认为马肝有毒),不能说就是不知味;做学问不谈论汤、武受命这个题目,不能说就是没有学术。"

也即,汉景帝将这个讨论题目中止了,此后,一切做学问的人,都不敢再谈这个题目了。

这实际上倒是一个极有深度的学术争论题目,汉代秦而为天子,是正确的;但是倘若他人代汉而立,就不应承认其为正确的。道理很简单,汉家皇帝,谁愿意别人来代己自立。这是已握有天下的皇帝的道理。但这个道理却又无道理,二律背反:你汉代可以代替秦代为天子,他任何别人却不应代替汉代为天子。自相矛盾!要是希望理论准确而没有矛盾,就得承认:谁无道谁就该垮台。哪个皇帝肯承认这一条呢?

我们需要注意,汉初以道家无为思想治天下,道家学术是官方学术,而且已是延续了好几代的官方学术,儒家基本上近于在野派,汉景帝时,最多也只能说争得了半官方或准官方的地位。所以,黄生,即黄子,说汤、武是弑君,显然适合汉家当代天子不希望任何臣民来反对自己的胃口,官方气味是十足的;辕固生作为此时还比较在野一些的儒家学派的学者,则不免有些不识好歹,即有些坚持为学术而学术的犟头脾气。不过,我们现在叙说这个故事,只是为了说明黄生作为道家学者的代表在汉景帝面前与儒家大学者辕固生论辩,则可以准确地说明他的社会地位和学术地位:他是当时的官方学术道家学派的最具权威性的学问家。

由此可见,司马谈所从学的老师,均为那时候各方面的最著名的学者。司马谈的父亲司马喜,五大夫而已。五大夫不是官职,只是一种爵位,汉文帝时规定,百姓爵居五大夫始得免徭役,可见还是一种较低的爵位。看来,司马喜能为儿子司马谈找到全国最好的学者为老师,真不容易,恐怕那种以史学世家自豪的家世传统,确实在勉励后代奋发图强方面,是有着某种非常奇特的作用的。

司马谈既为太史令,必定写过《史记》的部分篇章,不过,后代学者说《史记》中哪几篇为司马谈的作品,大致都是出于猜测、臆想,我们就不加讨论了。最可靠的司马谈著作,是《史记·太史公自序》中引录的司马谈所述《论六家要旨》,古人之学者都认为司马谈此文是与《庄子·天下篇》《荀子·非十二子》齐名的、归纳分析古代学术流派的经典之作。有此一文,已可不朽。而要司马迁立志成为史官是他对司马迁的最大影响,请看他在临死前握着司马迁的手对他说的话:

"我的祖先,曾为周代的太史,其更上代曾在虞、夏有大功名,主持天官之事。后世中衰,难道应该在我身上断绝这个传统吗?你若能继我为太史,则祖先的传统就可以继续下去了。我死后,你一定要当太史,如能当上太史,千万不要忘掉我讲的这些话。孝,从服侍父母开始;中续于做官服侍君王;最后立身扬名。使自己能名垂后世,让父母也跟着为后人所知,这才是最大的孝。天下都称颂周公,是因为他从称颂周文王、周武王的德行开始,把周室祖先的思想道德秉承下来。周幽王、周厉王之后,王道失缺,礼坏乐崩,孔子修旧起废,论《诗》《书》,作《春秋》,学者至今仍然以孔子为楷模。自从孔子获麟绝笔以后四百多年,诸侯并起,历史记载断了。如今汉代兴起,海内一统,明主贤君忠臣义士,我身为太史而不及记载评价,没有能尽到太史的责任,这是我死前最担心的事情,你一定要努力完成此事啊!"

我们大致如实地以白话文译下了《史记·太史公自序》中所载司马谈临终前对司马迁所说的这一段话。从中对伟大人物所接受的家庭教育得以有一管之窥。当然,司马谈的这种家庭教育,无疑又是一种高度文化素养的产物。从这里也可看出,那种一度风行过的贬低文化作用的看法,实在是一种荒唐而愚不可及的看法。

由此看来,司马迁在学习方面,也师从当时的最大的学问家,就可以看成是一种家庭传统。司马迁幼年时打基础的学问,大约是由他父亲司马谈亲授的。此后,司马迁曾从董仲舒学《春秋》,又曾从孔安国学《古文尚书》。董仲舒和孔安国都是当时一流的学者。董仲舒所建立的吸收了百家学说的新儒学,曾影响汉武帝使他下决心确定了罢黜百家,独尊儒术的方针,这一方针实际上贯穿于整个封建社会中,并且对当今世界都有影响;孔安国对《尚书》的解释,在成千年的长时期中一直被公认为是最权威的解释,而《尚书》一直又被认为是权威的皇帝必修课。我们今天从《史记》的内容看,这种传习,对司马迁的观点、治学态度都起了极为良好的影响。

由此可见,家庭对于人们成长的最初影响,在司马迁身上所起的巨大作用,包括帮助司马迁选择教师、确定理想方面的作用。司马迁当时的重家世的社会风气,以及司马迁的家世传统,是现今的人们所不可企求的,但是,从中反映出的良好家庭教育对伟大人物成长的有益影响的规律性,则是带普遍性的,从这一规律中得到裨益,则是任何家庭都可以做得到的。

茂陵之迁

司马迁在景帝中元五年(前145年)生于龙门。龙门是黄河流经的一座名山,位于今山西省河津县与韩城县之间。俗语所说的"鲤鱼跳龙门",就是指的此处。为什么会有这个说法呢? 原来,这里是一峡谷,黄河流经此峡谷时,由于两岸均为石山,河身较狭,水流变得湍急,而出了峡谷之后,地势平坦,水势也转为平缓了。黄河盛产鲤鱼,鲤鱼有逆流而上的习惯,水势愈急,便愈是穿跳前进。或者在历史上的某个时期,这里曾有鲤鱼们鱼贯穿跳上溯的自然景观,遂使人们形成了这句俗语吧! 总之,龙门的地形特点,使黄河的上下游,形成了完全不同的状况,这种地形是极易令人产生遐思迩想的,所以古代传说中又有龙门为大禹治水时所凿的说法,这无非是说明,看到龙门的那样悬崖峭壁,容易得出此乃出于鬼斧神工的结论吧! 这是有名的山川形胜之地。司马迁的老家,在陕西省韩城县南的楚川镇,距龙门还有数十里路,不过,从《史记》看,司马迁这个人挺浪漫,龙门的形胜必给过他以十分深刻的印象;况且,以山川形胜之地作为家乡的一种标志,也是文人的常有习惯呢!

司马谈后来移家茂陵了。为什么要搬家? 什么时候搬的家? 史无明文。但是,在时间上,却不可能早于汉武帝建元二年(前135年),因为茂陵县的建制始于这一年。

原来,汉初几个皇帝,如汉高祖、汉文帝,都是在死后或临死前才建造陵墓的。自汉景帝起,登基后的第五年即开始营造自己的未来墓地——阳陵。并且,或是为了在死后日子不致寂寞,还在阳陵附近建立市区,招募百姓去住,每一家迁居阳陵的人家,给钱二十万,见《史记·孝景本纪》。这就成了规矩。汉武帝比他老子更早,登基后的第二年,即建元二年,就开始建立自己的未来陵墓——茂陵。同时仿照汉景帝的老办法,打造一番茂陵,除了照老规矩每户给钱二十万外,另加田二顷。到元朔二年(前127年),汉武帝又采纳主父偃的建议,将天下豪杰及家产在三百万以上者,迁居茂陵,主父偃认为,这样做,一方面可以加强京师的经济实力,另一方面可以解除各地的不安定因素。现在我们自己无法肯定,司马迁一家移居茂陵的确切时间。他们的上代曾经封王,从司马谈、司马迁师从的高明先生来看,司马氏家庭其时的社会地位应该比较高,但司马迁明确说过自己"家贫",有地位不等于有钱,比较起来,他们一家应不符合第二次迁居的标准,是建元二年迁居的可能性较大,那时司马迁才十岁。那么,司马迁的名字中的"迁"字,有可能是为了纪念迁居而起的正式名字吧!《诗》云"出于幽谷,迁于乔木。""迁"字除了纪实外,还有一种改善社会地位的象征意义。这样的推测,或当是合理的。

不过,迁居茂陵,当又是司马谈为了更好地培养儿子而采取的一项措施,龙门虽是山川形胜之地,但同京城的人才荟萃,则又是天壤之别。何况,由于汉武帝登上皇帝宝座后不久,就采取了一系列的选拔人才的措施,其时的京城,已成各地人才会聚之中心。那么,司马谈为了造就儿子,抓住汉武帝建茂陵的机遇迁居京师,应亦是顺理成章的。

历史上曾有孟母三迁的传说,司马谈的移家茂陵,其实是可与这一传说相提并论。这类传说或实事,总是一次又一次地说明了,历史上一些伟大人物之所以获得成功,确实是有其必然性的。

游历全国

大约在司马迁二十岁左右时,他进行了一次在全国漫游的活动。

魏晋士人喜欢游山玩水,唐代士人有游学之风,但是在秦、汉,尤其是司马迁以前的秦、汉,关于士人漫游的记载,却凤毛麟角的。本来,战国时的士人,一旦说动人主,可以立取卿相,乱世重人才,那时士人有很大的流动性,但是,秦代的统一中国,焚书坑儒,使士人们一下子全都落入了一种特殊悲惨的境地,避祸尚且不及,哪有心思出游? 到了汉代,天下开始安定,汉高祖所用的人,大都是随他起义的有功之臣,武人居多,后几代的皇帝则用老臣及功臣子孙,汉文帝想重用一个士人贾谊,马上就有一些老臣来反对,因为不合汉初用人习惯。当然也有少许有名的学者,被放到博士的职位上,或是安处家中,必要时皇帝可以派人向他咨询,大多是闲差使。好在士人们安分守己,只要不愁吃穿,大都关在家中做学问,甚至足不出户。司马迁的老师董仲舒,就有一个"三年不窥园"的典故,念书念到整三年不进自己家的园子,书生气十足。只有一部分写辞赋的文人,转悠流连于诸侯王国,做的是类似贾府上清客之事,为诸侯们帮闲,司马相如、枚乘等人就属这种类型。这种转悠还不等同于漫游,因为转到可以混口饭吃的诸侯们府上,就停下来帮闲了。在年轻时就立志漫游全国的,似乎自司马迁始。这也大概是司马谈为了把儿子培养成大史家而采取的又一有计划的步骤。

从《史记》中司马迁自己的叙说来看,司马迁此次漫游的范围是很大的,其所行经的地区,相当于今之陕西、河南、湖南、湖北、江西、浙江、江苏、安徽、山东等许多省区。以当时的交通条件,堪称壮举的。司马迁每到一地,都在那些有历史影响的地区逗留一阵子,访问父老,了解习俗,观察地理民情,调查历史人物事迹。这种实地勘察,对于司马迁写作《史记》,作用是颇大的。我们不妨举几个例子。

在《史记·淮阴侯列传》的结尾中,司马迁说:

我到过淮阴,淮阴当地的人们对我说,韩信虽身为平民时,其志向就和一般人不同。他母亲死时,家里穷得无力办丧事,但他仍将母亲葬在高敞之地,使其旁可置上万坟墓。我去实地看了韩信母亲的墓地,果然是这样!

从这段话看,司马迁的漫游,目的十分明确。这必是已有了写韩信传记的计划,才专门去淮阴实地考察的。这样推想起来,司马迁在漫游之前,必是根据历史材料,早已拟定了将要写的人和事的大纲,然后按图索骥,沿途重点停留,犹如今天的导演,先有了分镜头剧本,然后再归纳分类进行拍摄一样。

我们看《淮阴侯列传》中写韩信在微贱时,不和一般的市井游侠少年一般见识,有一少年对韩信说:"你如果不怕死,就用剑刺我;如果怕死,就从我胯下爬过去。"韩信看了这个少年一会儿,就从他胯下爬过去了,围观者都觉得韩信胆小。后来,韩信得志为楚王后,将这个侮辱过自己的少年召来,任为楚国中尉,对楚国将相们说:"此人是壮士,当他辱我之时,我难道不难杀他吗? 杀之无名,所以忍着等待今天啊!"还有韩信报答漂母一

饭之恩的描写，情节、细节都栩栩如生。这类故事，显然不可能得自史籍记载，而是在韩信故乡调查所得的第一手材料。《史记》的文学性高于一般历史著作，正是高在这些地方。当然，除了这些描写，还说明了韩信在年轻时便有异志。中国的传统文化是极重理想，即所谓立志的。司马迁的漫游是立志的产物，韩信年轻时的抱负，也是立志的产物。由此又可见，作者的世界观又能时刻渗透在情节、细节描写中，统领素材。这种在描写中对胸有大志的强调，正是中国传统文化的精华所在。

司马迁的时代，离秦末农民大起义和楚汉相争的历史未远，所以，其时父老们口头上还流传着大量那次战乱中许多历史人物的真实典故，我们从《史记》中的《高祖本纪》《项羽本纪》《萧相国世家》《樊郦滕灌列传》等篇幅中，可以看到许多生动的情节和细节。例如写刘邦和萧何的特殊关系：

汉高祖为百姓时，萧何在沛县为吏，常保护汉高祖。高祖为亭长时，萧何对他也特别照顾。高祖身为亭长，需要替县里送服徭役者赴咸阳，其他人都送高祖三百钱，只有萧何送五百钱。……

高祖（已定天下，大封功臣）把萧何父子兄弟十余人，全封为侯爵。此外，又增封给萧何封邑两千户，这是因为，当年皇上送服徭役者赴咸阳时，萧何送的钱，比别人多二百钱的缘故。

这样的细节，显然是官方正式文件中所不可能有的，只能是父老们口头相传中保留下来的，它使我们看到高祖与萧何之间的特殊关系，也使我们看到了汉高祖身上散发的人情味。

另一情节，亦不可能见于官方文件：

（项羽掳得汉王刘邦的父亲刘太公后，在与刘邦两军相对时），把刘太公放在一块大砧板上，对刘邦说："你要是不投降我，我就把你的父亲刘太公烹了。"

刘邦说："我和你项羽都是楚怀王的部下，那时候曾说：'相约为兄弟'，那么，我的父亲也就是你自己的父亲。你若是烹了你自己的父亲，希望能分一杯羹汤给我！"

汉高祖刘邦在父烹在即时，表现得这般无赖，虽说是为天下者不顾家，只有表现出不在乎父亲的死活的态度，才能不受项羽挟制，这必是身边高明谋臣出的计谋，但汉代得天下之后崇尚孝道，这类历史材料，官方文件必是十分讳言。司马迁若不是到汉高祖家乡实地调查，是难以得到这样生动的细节来的。

再如刘邦已为皇帝后回故乡沛县的一段描写：

汉高祖击溃英布叛军后回长安，经过故乡沛县，留住。置酒于沛宫，尽召故人父老子弟痛饮，选沛地小儿得一百二十人，教他们习唱。酒酣，汉高祖击筑（古代击弦乐器，以竹尺击弦发音），自己做歌：

大风起兮云飞扬，

威加海内兮归故乡，

安得猛士兮守四方。

令小儿皆和唱。汉高祖于是起舞，慷慨伤怀，泪下数行。对沛地父兄说："游子悲故乡。我虽建都关中，死后的魂魄仍会思念沛地。况且，朕是以沛公身份起兵讨伐暴逆，才得有天下，从现在起，把沛地作为朕的汤沐邑（汉时皇后与公主有封地可收其租税，称汤沐邑,谓收税以供汤沐之用,来区别帝子王孙的封为王侯,此处汉高祖是借用此名),免其百姓租税,世世代代免下去。"沛地男女长辈、故人都更加高兴,每日开怀痛饮,谈论往事以为笑乐。十多天后,汉高祖要回长安,沛地父兄一定要留汉高祖再住一阵子。汉高祖说:"我带的人太多,父兄供应不起。"便动身上路。沛县父老们将县里的所有牛、酒全部拿出来,到西郊送到汉高祖的队伍中,汉高祖于是再在郊县西郊止军,张起帐篷,再饮酒三日。

这里写刘邦与家乡父老欢乐共聚的情景,栩栩如生。平民出身的天子回到故乡,才有此欢愉场面,一般人就是想象也想不到这种程度的,历史记载也不可能如此详细,显然亦是得之于司马迁的实地调查。

这里只略举数例,《史记》中此类出于实地调查的描写颇多。例如,司马迁去过曾是鲁国都城的今山东曲阜,祭拜了孔子墓,住了一些日子,又去过曾是齐国都城的今山东临淄县,以求深切了解齐、鲁这一儒家文化的发祥地。我们知道,司马迁的父亲司马谈是信奉道家学说的大学者,但司马谈并不狭隘,他的遗言中对孔子极为尊崇,他的《论六家要旨》中对儒学也有正中肯綮的评价,并且,为了继承孔子作《春秋》的修史传统,让司马迁从师于《春秋·公羊学》的儒学大师董仲舒,司马迁在做学问上受到了董仲舒的重大影响,所以,司马迁到齐、鲁原都城去实地调查考察,是和这些影响有重大联系的。我们看《史记·孔子世家》中对孔子生平、教育实践、周游列国以及弟子情况都写得那样详细,又如《史记·儒林列传》中对儒学的各个支派也写得周到细致,当时刚开始独尊儒学,官方显然不可能详细记录儒学的各方面情况,其中许多材料必是调查所得。

再如,司马迁还游历过今河南开封市,这里是战国时魏国的都城;又如他曾去过今山东滕县,这原本是齐国孟尝君的封邑薛县;到过今苏州吴县,瞻仰过楚国春申君的故城宫室等等。这对他的写作《魏公子列传》《孟尝君列传》《春申君列传》等,必增加了切实的材料和体会,此不详言了。

司马迁出游时只有二十岁左右,虽然自小读书、从师,但此次漫游前,似是订有极周密的计划,这应该是在司马谈的策划、指导下进行的。司马谈当时的家境亦未必富裕,古代交通困难、开销亦大,从中可以看出,司马谈的按一定方向培养儿子的苦心。

这段漫游时间究竟有多长,现已无法详考。也许是一两年,也许甚至是三五年。因为访问遗闻轶事,需父老诚心配合,在一处停留时间太短,是难以做到的。

近侍武帝

照《史记·太史公自序》说,司马迁漫游回京城后不久就被任为郎中。司马迁为什么能被任为郎中? 我们已不得知其详情。但不妨做些分析。

汉时的郎官,乃是皇帝的近侍官员。郎官的主要来源有两条,一条是二千石子弟,二千石约相当于今之省军级,即高官,可以提名子弟为郎官;二是有钱人家,出一笔钱,可以补为郎官。这是我们看《汉书·董仲舒传》和《史记·平淮书》就可知道的。这两条途径均不符合司马迁的情况。司马谈的太史令年俸六百石或千石,非高官,他的家境也不富

裕。另外还有一些特殊途径，如东方朔是上书汉武帝毛遂自荐的；见《汉书·东方朔传》，主父偃等人也一样，见《史记·平津侯主父列传》；司马相如是因为赋写得好，经汉武帝身边的狗监推荐为郎的，见《史记·司马相如列传》，其余如吾丘寿王是以擅长一种名叫"格五"的棋、卫绾是以善于驾车，即皆有一技之长为郎官的，综上所述，司马迁以有人推荐或自己上书的可能性为大，他的老师董仲舒与孔安国都为汉武帝所看重，不排斥老师推荐的这种可能。

照《汉书·百官公卿表》看，汉代的郎官无名额限制，多者可至千人，分议郎、中郎、侍郎、郎中四级，其任务是"掌守门户、出充车骑"，从东方朔为郎官时"执戟殿上"看，所谓"掌守门户"也就是值班警卫，那么，"出充车骑"也就是皇帝的贴身护卫。司马迁所任的郎，是郎官中的最低一级官僚。不过，郎官既在皇帝身边，有较多接触皇帝的机遇，汉武帝又较能知才而举，所以汉代由郎官出身而后来成为高官的人不少，汉武帝时尤多。这是因为，汉武帝初上台时年轻，朝廷老臣较多，起先汉武帝对朝政的发言不大，后来可能是从一些大臣的养士之风得到启发，便有意识地加强左右亲信中评议朝政的人才，一以开阔自己的识见，二以在身边形成一支可以与朝臣讨论政事以加强自己发言权的议政力量。汉武帝的这个办法，实在是一举两得的。

汉武帝身边的郎官，如果表现突出，得到赏识，便有进一步升迁的机会，或是升为大夫，大夫又分太中大夫、中大夫、谏大夫三级，他们仍是汉武帝身边的内廷官僚；或是外放而成为六百石以上的"长吏"，以及成为二千石高官。总而言之，汉武帝身边的郎官或大夫，升迁的机会要远过于一般朝廷官僚。所以，作为郎官，在当时乃是一种相当大的荣幸及机遇。

司马迁作为郎官在汉武帝身边随侍，大致有三四年功夫。这时候，汉皇朝经过汉初六七十年的休养生息，国力已大为增强，加之汉武帝雄才大略，对内忙于兴建，制度的兴建和水利宫殿的兴建，对外忙于各类战争，所以，政事上的活动是频繁迭出的。例如，元鼎四年（前113年）汉武帝出巡郡县；次年汉武帝带数万人猎于今内蒙古鄂尔多斯草原，登崆峒山；元封元年（前110年）汉武帝带主要将领、近二十万骑兵巡视西方，寻找匈奴主力决战；同年率百官去泰山封禅（封，是上泰山顶祭天；禅，是在泰山下祭地）；元封二年，汉武帝亲率数万民工到今河南濮阳的黄河决口工地，下诏命令文武百官都亲背柴草，身先士卒堵塞决口，终于堵住了黄河决口。这当中的大部分活动，在《史记》中均有详细记载，说明作为郎中的司马迁，此时一直是汉武帝的随行人员，参与了这些活动。这自然大大开阔了司马迁的眼界，增加了他对各地民情风俗的了解。《史记·封禅书》《史记·河渠书》等篇章，显然是写了司马迁考察的第一手材料的。

在这当中的元鼎六年（前111年），司马迁曾奉汉武帝之命出使巴蜀以南。这一带地区，是汉武帝执政后，逐步开辟出来的属地，汉武帝曾派司马相如、公孙弘等人出使过这一地区，司马相如和公孙弘都是汉武帝赏识的人才，以此推测，汉武帝此时对司马迁的才能已颇有了解。我们从《史记》的《西南夷列传》《货殖列传》等篇章中可见一斑，司马迁在这次出使中，是十分注重了解风俗民情的。

不过，这次出使的活动，对当时的司马迁而言，其意义并不局限于积累写作素材，因为，它在司马迁的官场生涯上，无疑是展示了一片十分光明的前景。

这要从西南夷地区对当时汉皇朝的重要性说起。汉初民生凋敝,百废待举,汉高祖刘邦在打匈奴吃了败仗之后,转而采取和亲政策,可以说是自此确定了在边际问题上采取守势的方针,此后吕后,文、景诸帝当政时期,对西北境匈奴的态度,主要是防御;对于南方,汉高祖也只要南越领袖去掉皇帝称号,改称王,承认汉廷的中央政权地位,也就满足了。这是总的守势方针的不同表现形式。但是,到汉武帝时,经过六七十年的休养生息,经济实力已大为加强,这必然会在政治、军事上反映出来,所以,汉武帝登上皇帝宝座后,已在逐步变守势为攻势。从一般的军事原则上看,先把弱的、好解决的,逐一解决,而后集中力量对付强敌,乃是一般的规律。所以,先解决好东南地区与西南地区的边境问题,而后集中力量对付西北强敌匈奴,乃是符合政治、军事的一般原则的。我们对汉武帝时期的大局有了这样一个鸟瞰,然后知道,当时的所谓"西南夷地区"问题的解决,对于汉武帝的全局战略上的重要性了。

汉武帝对待西南夷地区的策略,应该说是非常高明的。因为这一地区小国林立,没有特别的强敌,所以,在汉廷的总体策略上,并没有而采取武力解决的做法,而是以汉皇朝的雄厚的经济实力为诱饵,诱使这一地区的少数民族领袖人物自愿归入汉皇朝的版图。当中虽因略有反复采取军事行动,动作不大,时间不长,基本上靠物质吸引和口头说服。这一总方针是颇见成效的。《史记·西南夷列传》,正是以司马迁的经过出使的实地考察为根基,记录了这一成功的方针及其所取得的硕果。

所谓西南夷,是指分布在今日甘肃南部、四川西部及南部和云南、贵州一带少数民族的总称。司马迁在《西南夷列传》中,先是叙说了历史,战国末季,楚国的宗室、将军庄蹻,曾带兵"威定"这一带地区,恰逢秦国将楚国的相当于今四川、贵州一片地区侵占,庄蹻与本国隔绝后,一度曾割据西南地区自立为王。后来,秦亦派将领开通道路,将西南大片地区并入版图。至秦亡后,西南又恢复小国林立的原状。

汉初政策重心是休养生息,西南夷地区久与中央皇朝断绝来往,所以汉中央皇朝对这一地区的了解基本上是一片空白。只一个偶然的机缘,汉皇朝使将军王恢击东越取胜后,王恢便乘胜派番阳令唐蒙出使南越,南越接待唐蒙时,筵席上有枸酱,唐蒙知道枸酱是蜀地土产,回到长安,便向商人们打听,南越怎么会得到这种蜀地土产的。商人们告诉唐蒙:"蜀地的枸酱,卖到夜郎国,夜郎国在牂柯江边,江面宽至数百步,可以行船,与南越接壤。南越多给夜郎国财物,能使夜郎国听南越的话,但夜郎亦不愿臣属于南越。"唐蒙工于心计,也可以说是我国历史上善于通过出使机会获取情报的先行者之一,他在获悉这一情况以后,便上书汉武帝说:

南越王用的是皇帝仪礼,占地东西万余里,名义上是臣属于汉的属国,其实也不过相当于汉之一州。倘若我汉皇朝从长沙、豫章(今湖南、江西地区)出兵征南越,水道常断绝而难行。臣听说夜郎国的精兵,有十余万,浮船牂柯江,出其不意,可以制南越使其归汉。以汉皇朝的强大,巴蜀地区的富饶,打通去夜郎国的道路,在那里设置官吏,是十分方便的事情。

汉武帝同意,于是拜唐蒙为郎中将,带了一千多士兵,另有万人带着粮食和财物一起前往,由巴蜀至夜郎,见到了夜郎侯多同,送给他大量财物,果然夜郎侯多同愿意臣属于汉,唐蒙回京师报告汉武帝以后,汉皇朝便将它改名为犍为郡,并且用巴蜀地区的兵去修

路,直通牂柯江。其后,蜀人司马相如也对汉武帝提出,西夷邛、筰亦可置郡,汉武帝亦任司马相如为郎中将,仿效唐蒙的做法,赐其地少数民族领袖以财物,亦皆置郡。

那时候,后来当丞相的公孙弘刚刚应征对策,策试第一,任为博士,于是汉武帝派公孙弘去西南夷地区视察,公孙弘是儒家观点,认为废敝中国的财力、物力以开发边远地区,这类蛮荒之地没有用处,无益有害,应该停止开发西南夷之事,汉武帝没有采纳他的建议。至公孙弘为御史大夫时,汉武帝正集中力量对付匈奴,西南边区总体上亦较安定,公孙弘再次反对开发西南夷地区,认为不宜四处出击,分散国力。这次汉武帝同意了。

其后,汉武帝又派使者去西南寻找传言中的身毒国(当为印度),未果,使者到了滇池(今云南省地区)昆明就走不通路,不能再向西南去了。

这是关于汉武帝开发西南地区的一个大概,在这个过程中,虽然也有过一些曲折反复,也出兵打过一些仗,但总体上而言,未打过大仗,西南地区就重入中国版图。西南共建有七个郡,滇、夜郎两地的领袖人物均封王,滇王即原楚国同宗庄蹻将军的后裔。

我们今天的中国地域广大,各民族和睦相处,是经过了一个长期历史演变过程的,了解这些祖先曾经做过的工作,是大有裨益的。

《史记·西南夷列传》中还给我们后人留下了一句名言:

滇王对汉使者说:“汉和我哪一个大些?”夜郎侯也是这样提问的。因为道路不通,消息闭塞,他们各自以为是一州之主,已经拥有很大的地区了,不知道汉的地区广大。

这就是成语“夜郎自大”的出处。

说这段历史,与司马迁有何关系呢? 不但是因为,《史记》详尽地记载了这一地区的开发历史;而且更是因为,这样说一说,可以知道西南夷地区在汉武帝心中的战略地位,以及当时汉迁对开发西南夷地区上的政策分歧。既然此前派出的司马相如、公孙弘,在汉武帝的心目中都是很重要的人才,而且汉廷正存在政策分歧,那么,司马迁此时在汉武帝心目中的地位,可见一斑。也即,此时司马迁在政界的前途上,已经展现出一片光明前景。

不过,令我们弄不清楚的是,司马迁此次出使以后,是以什么方式向汉武帝汇报的,这在《史记·太史公自序》中,只有极简略的叙述:“(司马迁)奉使西至巴蜀,南到邛、筰、昆明,回来向皇帝报告。”寥寥数语。为什么如此重大的一次出使活动,叙述得却这样简略呢?

这一方面是因为,在《史记·西南夷列传》中,司马迁在叙事倾向上,已经申明自己的态度,对汉武帝在西南地区的做法总体上是肯定的,估计这也就是司马迁向汉武帝汇报时的观点。《史记》的叙事中,一直如此,详于此篇即略于彼篇,前后呼应,联成一体。不过,还有一个原因,则是,当他出使回来时,正值父亲司马谈病重,恐怕以他的心态,也不想多谈这个题目。提及此事,还牵涉到司马迁的观点同父亲的某些异同之处,下一节我们就可展开一点讨论。

父子异同

司马迁出使归来时,正值汉武帝在泰山封禅,他的父亲因病重而滞留于洛阳一带,并以未能随汉武帝封禅泰山成为他的终生憾事。《史记·太史公自序》中,是这样说的:

其时天子开始代表汉皇朝封禅泰山,而太史公(司马谈)留滞于河洛之间,不得参与封禅大典,因此忧愤而死。

那么,司马谈必是把汉武帝封禅泰山看成是极重要的大事,这才感到抱憾终生。在这方面,他们父子之间的看法,真个是相去甚远。

我们不妨从《史记·封禅书》中摘引其开头、结尾的两段来展开一点讨论,先看开头。

自古受命于天的帝王,何尝不封禅?只有从未得到上天的显示而(以有德者自居)去封禅的帝王,却未有明明看到上天的好的征验而不到泰山去的帝王啊!当然,也有虽受命于天而所建的功业还不够,到泰山封禅了而其实并不能造福生灵,或者已经德被苍生了却又忙得没有空去泰山封禅,所以封禅之事是很难有机会见到的啊!古人在经典中说:"三年不为礼,礼必废;三年不为乐,乐必坏。"每到太平盛世,则帝王封禅以答谢上天,到了衰世就不会再有这种祭天地的仪式。

其后,文中详尽地叙说了封禅的历史,在这段历史叙述中,又以巧妙的方式插入了秦始皇的封禅以及司马迁的评价:"秦始皇封禅以后十二年,秦亡。诸儒生痛恨秦之焚烧《诗》《书》,坑杀儒学之士,百姓怨恨秦皇朝法律苛酷,天下都造反了,都传言说,'秦始皇上泰山,为暴风雨所击,不得封禅。'这就是所谓自己并无功德而偏要到泰山行封禅大典的帝王吧!"把这一段话,与《封禅书》的开头部分两相对照,就可以知道,文章的前后呼应是十分严密的:无德而封禅者,确有其人,秦始皇即是!再以后,文章平静地叙述了汉武帝的封禅泰山,以及汉武帝的迷信方士,极尽一切手段寻找神仙符瑞等等情况,其结果则是屡次地被方士们欺骗。最后这才在文章的结尾时说:

当今皇帝封禅,其后十二年而再祭泰山,其间已遍祭五岳四渎等名山大川了。而皇上命方士之祭祀鬼神、等待神仙,入海找蓬莱仙山,终究不见效验。而公孙卿等类求神仙之方士,只说是看到了神人的巨大脚印,却没有什么真正见到神仙的实效。天子也愈来愈怠厌方士的怪诞迂阔之说了,但仍是不断地起用方士们,仍旧希望他们有一天能遇到真神仙。自此以后,方士言鬼神者越来越多,不过其效验则不问可知了。

这段文字,看似平铺直叙,但若将它与前引的诸段对应起来看,这就精彩绝伦了。因为《封禅书》一开头就讲了,"只有从未得到上天的显示而去封禅的帝王",又说这些帝王"到泰山封禅了而其实并不能德被苍生",那么,汉武帝求神仙,求来求去没有结果,首尾对照,岂不是说汉武帝正是"没有得到上天显示""并不能德被苍生"而硬去泰山封禅的帝王吗?岂不是同秦始皇一样的暴君吗?要知道,汉人,特别是汉初人谈到秦始皇,是把他和夏桀、商纣一样,作为最坏的坏皇帝的典型来议论的,这和我们今天说到"秦皇汉武"时的理解迥乎不同。那么,司马迁对汉武帝封禅的看法,岂不是与前述司马谈的看法,颇有天渊之别吗?

难道是司马迁不尊重自己的父亲吗？不然！我们在本文开头时就说过，司马迁立志撰《史记》，正是听从了司马谈的临终嘱咐。而且，在司马谈死后的三年，即元封三年（前108年），司马迁终于继承其父志而任太史令，此处可见司马迁对父亲临死前的遗命是何等的认真对待！

那么，父子间对汉武帝封禅泰山的看法，何以会有如此天渊之别呢？

这需要从司马迁此后的经历中来观察，才能洞察个中原因。

修改历法

太史令的工作之一，就是修改历法。

修改历法，在封建社会中是一件大事，和封禅一样，都是新皇朝受命于天的一种象征。据说，尧、舜、禹禅位时，下达的文件中就有"天之历数在汝躬"一语，这说明，历法是天意的一种代表。当然，若从我们后代人的观点来看，封禅与改定历法性质自是不同的，封禅只不过是表示某一政权稳定的一场游戏，而历法却是与人民生活、特别是农业有密切关系的；况且，历法的精确与否，又反映了某种自然科学水平，改历的价值在历史评价上自是应该远远超过封禅的。

制定历法，就其最基本的规律而言，就是根据太阳的运行来定四季，又根据月亮的运行规律来定朔、晦、弦、望，这就是所谓阳历和阴历。实际上，如单用阳历或单用阴历都是有偏差的，所以，定历法时，要兼测太阳与月亮的运行规律，两者融合；其揉合的主要方法则是，每隔若干年增加一个闰月，使阴、阳两历能统一起来。若按前述原则测定，就可以推算出，一年有多少天，一月又有多少天，这一切测准了，历法也就定下来了。当然，我们在这里只是述其大要，至于其测算的方法，则是一门极其复杂的科学。古代的测算不可能极其准确，总有若干小的误差，开始使用某一新历法时，误差显现不出来，但日、月都在不断运行，积之以时日，误差乃因时间的积累而积小成大，愈来愈明显，所以，在中国古代，每种历法测定、使用之后，若干年后，例如一两百年或更长的时间以后，就发现它不很准确甚至很不准确了，这就需要根据其时太阳和月亮的实际运行情况重新测定，这就叫：定历法。简称改历。

日、月均运行于天上，所以历法与天意有关，乃是顺理成章的。古代的史，本就与巫、卜、祝同一行业，同属沟通于神人之间的神圣职务。而史与天时的关系又更密切些，因为史的纪事，是系于年、月、日的，时间一长，定历法的工作，基本上就成了史的专业，故太史又称天官。所以司马迁叙述其父司马谈的师从时，把"学天官于唐都"，放在叙述的第一位。天官也就是包括日、月运行在内的天文星象学，也正是与定历法关系最大的学术。《史记》中的《天官书》一名中的"天官"二字，即源此而来。顺便说一说，《周易》除了占卜以外，又是最古老的数学著作。这里我们又可以了解，司马谈所学的这几门学问，都是为了当太史而作的学术准备。司马谈显然是已将自己的这些从师而得的学问全部教给司马迁了。《史记》中的《天官书》《历书》《律书》等，固然是集中了其时这方面学术的最高水平，但是，如果司马谈、司马迁父子对这方面不是十分精通，这几篇"书"应是很难写出

来的。

汉武帝元封六年（前105年），身为太史令的司马迁等人向汉武帝建议，重定历法。汉武帝同意。大约也是由司马迁的提名，汉武帝选定了星官射姓、历官邓平、史官司马迁及民间专家二十余人，共同制定新历法。民间专家中，有司马谈的老师唐都，巴郡大历数学家落下闳等，皆一时之选。一年后新历制成，奏上汉武帝。汉代得天下以后仍用秦历法，自此改变，汉武帝并改元封七年为太初元年，秦以十月为岁首，汉初沿袭；至此，改以正月为岁首。所以人们通常称这一历法为《太初历》。

范文澜在《中国通史简编》中，对《太初历》有一段扼要中肯的评价，现在我们将这段评价抄录如下：

在当时《太初历》还是最进步的历法，因为它根据天象实测与多少年来史官的真实记录（例如《春秋经》），得出一百三十五个月的日食周期（称为"朔望之会"，约十一年中有二十三次日食）。自从有了这个周期，历家可以校正朔望，日食现象也不再是什么可怕的天变而是可以预计的科学知识了。

《史记·历书》特别是《汉书·律历志》详细记载《太初历》的观测法与计算法，这是一个极有价值的开端，西汉以后历朝改换历法，都按照《史记》《汉书》的旧例，详细记在正史中，因此积累起丰富的天文历、数学资料。

《太初历》以前有六种历法，其测算方法都无详细书面记录流传下来。不讲别的，仅就司马迁在《史记》中开创了纪录《太初历》测算方法的先河，使后世史家可以模仿，其在自然科学方面的贡献的巨大，也是非常了不起的。

不过，自此以后，司马迁却突然遇上了噩运。

李陵之祸

这场噩运，与司马迁的太史令的工作，毫无关系，却是为了一个与司马迁毫不相干的人物，武将李陵。

李陵是名将李广的孙子。李广出生于武将世家，汉文帝时，即从军与匈奴作战，汉景帝时，曾为陇西都尉跟随周亚夫击败过吴、楚叛军，胜利后，为上谷太守，此后陆续任陇西、北地、雁门、代郡、云中等西北边境抗击匈奴前线的边郡太守，曾多次与匈奴打仗，均以勇战闻名。汉武帝刚当上皇帝不久，就将一批曾在边境与匈奴作战颇有声名的将领，如李广、程不识等，都调到自己身边，委以重任，例如，李广被任为未央宫卫尉，程不识被任为长乐宫卫尉。汉武帝为何这样做，史籍无记载，推想起来，汉武帝上台以后，必有一个与匈奴决战的长久打算，否则绝不可能把这些抗击匈奴的名将全调到自己身边。未央宫是汉武帝所住的皇宫，卫尉即皇宫警卫部队总指挥，是两千石高官，可见汉武帝对李广的赏识。

但是李广却始终得不到封侯，汉法无军功者不得封侯，这是汉高祖立下的规矩。在汉武帝正式决定大举征伐匈奴时，李广的运气却不大好，别人打仗往往能杀敌立功，李广却是或者遇不上敌人，或者遇上了极强大的敌人，打不了胜仗，多次出兵均是无功而返。

不过，更深层的原因是，汉武帝当时宠幸卫皇后，希望卫皇后的弟弟卫青能立功封侯，故任卫青为大将军，带重兵，而常不能委李广以重任；李广最后终于因行军迷路而不能如期会师，犯了军令，愤而自杀。

在李广起初独当一面与匈奴战斗时，是常因英勇善战而著有声名的，但是，汉武帝不重用这种有名的老将，而重用自己的小舅子卫青，虽然卫青打仗也有一套，但对李广而言，总是汉武帝的裙带风影响了他的建功立业。

李广死后，他的孙子李陵又碰到了相似的情况。

李陵长大以后，由于是将家后代，被选拔为建章宫监。汉武帝曾派李陵带八百骑兵，深入匈奴腹地两千余里，未遇匈奴军队，考察地形而归。汉武帝觉得李陵骁勇非常，于是拜李陵为骑都尉，带五千兵，屯于酒泉、张掖以守卫边疆。

这时候，卫皇后已人老珠黄，出于卫皇后亲戚系统的著名军事将领卫青、霍去病亦已相继死去。汉武帝另宠一爱姬李夫人，希望李夫人的哥哥李广利也能多立军功，于是命李广利带三万骑兵击匈奴于天山，专门召见李陵，要李陵带本部兵随从李广利出征。李陵是世代将家子弟，大约对李广利这样的靠裙带风提拔起来的人物不甚重视，所以李陵在见到汉武帝以后，却叩头请求单独出兵，他提出，愿意带本部兵众独当一面，深入天山以南，以分散匈奴兵力，减少李广利大军的压力。汉武帝见李陵非常坚决，当然也很赞许，只是有些不满说："当将军的人，为什么都不愿受别人的指挥呢？我已将大军都拨给贰师将军李广利，再拨不出兵给你了。"李陵又坚决表示，只要本部五千步兵即可，不再需要骑兵。话已至此，汉武帝只能同意李陵独当一面了。不过，汉武帝毕竟多次亲自部署过与匈奴的战争，知道五千步兵深入敌后，毕竟太危险，于是又下诏给驻守在居延（今甘肃地区）的强弩都尉路博德，要路博德带兵自后方从半路上迎接李陵部队，以防李陵遭遇到匈奴大军，寡不敌众。不料，路博德是老将，毛病大约也和李陵一样，不愿意作接应部队，接到汉武帝的诏书后，立即上奏汉武帝说："方今正是秋天，匈奴马肥，我军不便与匈奴作战，臣愿留下李陵部队至明春，带着酒泉、张掖的骑兵各五千人，与李陵一起去攻打东西浚稽山，必能擒获匈奴单于。"路博德自己也想正面出征以立军功，并且，他认为，秋高马肥，对匈奴有利，春天匈奴战马因过冬缺乏草料而力弱，这一分析则是有道理的。

但是，汉武帝高高在上，不善于具体分析将军们的见解、心态，看到路博德的上书以后，却理解错了，以为李陵在自己面前夸下海口，待要正式出兵时，却又畏缩不前，李陵自己不敢出面反悔，因此要路博德上书为自己代言。这样一想，汉武帝就恼火了，一有火气，决策上就不甚合理，于是连下两封诏书。一封给路博德说："我本来说过应该给李陵骑兵，李陵却说不需要骑兵，他能够'以少击众'，如今匈奴兵已入西河，你应该引兵去西河，挡住钩营的道路。"又下诏给李陵说："必须在九月出兵，从遮虏鄣出发，到东浚稽山以南的龙勒水上，侦察敌军，如不见匈奴兵，就从浞野侯赵破虏过去击匈奴的原路，到受降城整顿部队，并派骑兵一路通过驿站换马，向朕报告。你和路博德讲了些什么，也要如实向朕报告。"这最后一句，说明了前述汉武帝以为李陵通过路博德向自己提出延期出兵的质疑。事实上，这一怀疑是毫无根据的，但却又已经影响了汉武帝的决策。李陵接旨后立即出兵，行军三十天，到浚稽山扎营，并派麾下骑兵陈步乐驰回长安，报告汉武帝。陈步乐至长安后报告说，李陵甚得军心，部下都愿效死力。汉武帝十分高兴，就留下陈步

乐,任他为一个郎官。

李陵这五千步兵,接下去却在浚稽山被匈奴三万骑兵包围,于是出现了一场众寡悬殊的战斗。李陵将五千步兵停驻于两山之间,以大车为营,李陵带兵出营外组成战阵,前行手持甲盾,下令说:"听到鼓声就进攻,听到锣声就停止进攻。"匈奴见汉兵人少,直冲过来,李陵反攻,千弩齐发,匈奴进攻的军士都应弦而倒。匈奴溃退到山上,汉军追击,杀敌数千人。匈奴单于大惊,调来周围骑兵八万余人组织反攻。李陵见众寡过于悬殊,且战且退。南退数日之后,到达一个山谷。这时,经过多日战斗,李陵部下战士严重创伤。李陵下令:受三处伤的载上车,受两处伤的推车,受一处伤的继续作战。李陵还严肃了军队纪律。第二天继续作战,又斩敌三千余后,引兵向西南,顺着龙城故道溃退,四五日后,退到一个长满芦苇的沼泽地。匈奴在芦苇丛上风纵火,火势顺风扑过来,李陵下令,立即在身边放火,火烧出一块没有芦苇的空地来,使火势无法延烧到自己军队周围,以此自救。于是,李陵军队溃退至一座山下,匈奴单于驻军南山上,使其子带骑兵来攻,李陵军队进入林木间苦斗,利用林木间的不便走马,以削弱匈奴骑兵的战斗力,又杀数千人,李陵因下令乘胜用发连弩的强弓直射上山的匈奴单于,单于下山退走。这一天,李陵捕得匈奴兵士,据匈奴被捕兵士讲,匈奴单于曾说:"这是汉朝的精兵,反复攻不下来,一天一天地引我军向南恐怕有伏兵吧?"打算退兵了。但单于的下属众官说:"单于亲自带数万骑兵击汉兵数千人,而不能消灭之,以后汉军会轻视匈奴。再拼命打一场,还有四五十里平地,如仍不能破,再退兵不迟。"这说明,匈奴的决策层因为不了解汉兵虚实,已有退兵之想了。

此时,李陵军队已情急拼命,一天与匈奴骑兵连战数十回合,又杀匈奴二千余人。匈奴见汉兵骁勇敢当已打算退兵。不料,李陵军中有一个军候(侦察兵)名叫管敢的,为校尉所辱,逃降匈奴,向匈奴报告了李陵军队实际上孤立无援的真实情况,匈奴单于大喜,集中全部骑兵攻汉军。李陵军处于山谷中,匈奴兵在山上,四面围射,形成瓮中捉鳖之势,箭如雨下。汉军继续突围南退,一天当中,五十万枝箭全部用光。这时,李陵军还有三千多人,连车子也舍弃把车辐拆下拿在手上权当武器,军官也只有尺把长的短刀,逃入峡谷,敌人追上来,截断了李陵军的归路,从山上往下扔石头,李陵军战士大量战死,仍未突围。到晚上,李陵一个人便衣出营,对部下说:"不要跟着我了,大丈夫当一个人去杀匈奴单于。"出去了好久,又回来了,叹息说:"打了败仗,应该死了。"部下的军官说:"将军威震匈奴,只不过天不帮忙,只要能设法逃回去,就行了,过去浞野侯赵破奴为匈奴所捕得,后来逃回来了,天子还礼待他,何况将军呢?"李陵说:"你不必多言,我若不死,非壮士也。"于是斩断所有旗帜,并将珍宝埋入地下。叹口气说:"哪怕每人再有几十枝箭,也就能逃回去了。如今已无兵器接战,天一亮,只能坐听匈奴抓走我们了。不如早做鸟兽散,总还能有人逃回,将真实情况报告天子。"因此下令,兵士每人带二升干粮,一大块冰,分散逃跑,在遮虏鄣重新集结。到了半夜,李陵以击鼓为暗号通知大家分散逃跑,鼓也打不响了。李陵与副将韩延年都上马,壮士随从者十余人,匈奴骑兵数千人追之。韩延年战死,李陵说:"还有何面目见陛下呢?"便降了匈奴。下属军士分散逃回者,不过四百多人。

李陵军败溃之处,离边塞仅百余里。边塞守将看到这批逃回的败兵,便向汉武帝报告。因为派李陵五千步兵孤军深入,是汉武帝一气之下的决策,汉武帝只希望李陵能力

战而死，对群臣好有个交代。于是，召善相的人为李陵的母亲和妻子看相，相士说她们面相上无家人死丧之色。后来，果然听说李陵投降了，汉武帝龙颜大怒，责问陈步乐，陈步乐自杀。群臣都认为李陵有罪。

与此同时，李广利的大军亦无功而返。

我们大概照《汉书·李广苏建传》中所记李陵此次与匈奴作战的情况，叙述如上。这些情况和细节，相当真实。《汉书》作者班固是后代人，不可能亲身经历，必是依据逃回来的李陵部属所述而记下的官方文件综合写成。我们在司马迁的传记中详细叙述这一切，目的何在呢？因为这件事与司马迁的命运太有关联了，不详述不足以说明问题。

现在，我们可以根据上述情况分析一下，这次败仗的责任和问题何在？

首先，汉武帝用人的裙带风是一切问题的最深层原因。此前的名将卫青、霍去病，是卫皇后系统的裙带关系，不过碰巧用对了，这两人打匈奴的确建了大功。这一次用裙带关系的李广利，照《史记·大宛列传》及《汉书·张骞李广利传》来看，与卫、霍不可等量齐观，完全不会打仗，李广利后来的最终结局也是降了匈奴。李陵不甘心做李广利的部属，是一种可以理解的情绪。

其次，李陵向汉武帝提出的五千步兵孤军深入的建议，显然是出于一种急功近利的躁急情绪，汉武帝做出同意的决策，也是不理智的。不过，汉武帝要路博德带兵接应李陵，原来还是在急躁中包含着万一败兵时的稳妥安排，但当路博德上书以后，汉武帝错误判断为李陵后悔了，在情绪支配下又决定让路博德另出一路，这样，打匈奴的李广利、李陵、路博德变成三支互不相属、互不接应的队伍，分散了兵力，有利于被匈奴各个击破，这是决策上的最大失误。

其三，李陵作战是勇敢的，他那支队伍战斗力也是强的，失败全在战略失误。但李陵最后迫不得已投降匈奴，尽管他事后解释是想有所作为，但在当时，确实使汉武帝这个决策者处于十分尴尬的地位。

上面是我们的分析，现在我们可以看一看司马迁的观点了。

汉武帝就在这种情绪下，听取太史令司马迁的意见。司马迁是精通过历史的人，看问题当然比一般人要有深度些。他回答汉武帝说："李陵事母孝，待兵士信，他平常的为人，确有国士之风。如今一出事，那些坐在家里保全自己身躯、保全妻儿的文臣们，就千方百计地增加陵的罪状，这真是值得痛心的事！况且李陵以不满五千的步兵，深入戎马遍野的匈奴心腹之地，抵抗匈奴数万大军，使匈奴救死扶伤都忙不过来，用全部骑兵围攻李陵，转战千里，以致弹尽粮绝，穷途末路，兵士们仍然以赤手空拳迎战敌人的刀箭，争先恐后地赴死，李陵得军心到如此程度，虽古之名将亦不过如此！这次李陵虽然打了败仗，陷入虏中，但他对匈奴的战绩，亦可以昭示于天下了。臣以为李陵绝不是真投降，是留下自己的一条命准备将来立功赎罪的。"

我们仔细体会司马迁说的这段话，显而易见，话虽说得婉转、含蓄，但毕竟内容太尖锐了。因为说李陵得战士死力，虽古之名将亦不为过，显然就是在讥讽汉武帝。第一，这样的将领为什么不让他统率全局呢？第二，为什么让他带这么少的步兵孤军深入呢？越是肯定李陵，就越是等于说汉武帝的战略指挥的失误。大约司马迁心中也确是这样想的。他毕竟还较年轻，不懂人情世故。对汉武帝这样的皇帝说话，确实不易。一是他人

太聪明，你话里还有什么话，他全听得懂；二是他自以为是。于是汉武帝大怒，认为司马迁是反对自己重用李广利，是为败军降敌的李陵游说，马上变脸，将司马迁下狱。而其他臣子认为司马迁犯了死罪。

其实，司马迁的讲话中，还有一层意思，是汉武帝所没有听懂的：李陵已降匈奴，议罪的轻重，于事无补，只不过牵涉到对李陵的母、妻如何处置问题。是假定李陵有假投降的可能性而放过其母、妻呢？还是肯定李陵是真投降而罪及其母、妻呢？显然是前者有利。司马迁除了含蓄地批评汉武帝的决策失误外，还是力求为汉武帝着想，探求最有利的处置办法而已。

然而，司马迁竟因此下狱论死。汉法，死罪可以用钱赎罪，或处以宫刑，即割去生殖器。赎死罪的钱大概是五十万钱。司马迁家贫，出不起这笔钱，就只得接受宫刑了。

一代文豪，就这样，被汉武帝活活地阉了。

其后，汉武帝收到了一个错误的消息，说是李陵帮助匈奴练兵，一怒之下，又把李陵的全家，包括母亲、妻子和弟弟，全都杀了。

待到杀了李陵全家以后很久，汉武帝才曾略有反悔说："应该先派李陵出塞，然后再下诏路博德带兵接应，这样，路博德就必须遵奉诏书出塞接应，李陵军队就可不致溃败了。路博德这种老将太精明，给他钻了空子。这是李陵失败的真正原因。"于是派使者慰问李陵军中生还的那四百多人。这时候，汉武帝总算洞察了若干真实，但是，还是未能认识自己在战略决策上的全部失误，况且，司马迁已处了宫刑，李陵的全家也早杀光了。

事后证实，李陵并没有帮匈奴练兵。帮匈奴练兵的是另一个人。这说明，李陵确实有假投降的可能性。但是，李陵全家已被杀光，虽欲立功归汉，也不可能了。司马迁对李陵的估计，也没法得到证实了。

发愤著书

司马迁下狱论死、终至处以宫刑的罪名，照他的《报任安书》中所说，是："皇帝以为我贬低李广利将军而为李陵游说"，"诬蔑皇帝"。这个罪名，现在想来，真个是十分滑稽的。你皇帝采纳我的意见，我不过讲了一些看法，听不听由你。怎么就加得上这么个严重的罪名呢？不过，那是封建社会，皇帝一恼火，可以肆意而为，其实是不能过于认真研究的。

不过，对于司马迁个人而言，这可惨了。

请看他在《报任安书》中描写自己在狱中的生活："手足都连靠在一起，木枷和绳索附身，衣服剥掉，受到拷打，关在高墙之内；当此之时，见了监狱官则磕头到地，看到狱吏则心中发慌。"但这还不算痛苦，最痛苦的是，他自己对受宫刑的看法。中国的士大夫阶层，一贯是极其轻视宦官的。这种轻视，虽然有极其复杂的形成原因，但从总体看来，宦官是一种缺乏文化教养、从政训练而又为人主所宠信的特殊人物，即所谓小人得志，所以，这种对宦官的轻视，是士大夫阶层努力保持自己的独立人格、高尚情操的特定表现形式。即使司马迁受了宫刑，自己已成为宦官，在他在《史记》这一伟大著作中，依然是毫无顾忌也毫不掩饰地写出了儒生们对宦官的极其轻慢蔑视的情绪，请看《史记·袁盎晁错列

袁盎慷慨而敢于议论国家大事，宦官赵同(即赵谈，司马迁为讳其父司马谈的"谈"字而改)受到汉文帝宠幸，常在汉文帝面前说袁盎的坏话，袁盎对此十分担忧。袁盎的侄子袁种为常侍骑，经常骑马随汉文帝。袁种为袁盎献计说："你要当着皇帝的面侮辱赵同，这样，以后赵同再在皇帝面前说你什么坏话，皇帝必认为赵同是报私仇而不会再相信他了。"袁盎便采纳这一计谋。有一次，汉文帝出宫，赵同陪坐在汉文帝的车辇上。袁盎于是伏在汉文帝面前谏劝说："臣听说与天子共乘车舆的，应为天下英豪之士，如今虽说大汉人才不多，陛下也不必将刀锯刑余之人共载于车辇之上啊！"于是汉文帝笑了，命赵同下去，赵同乃流泪下车。

这种对宦官的蔑视，直接点明其为去势的"刀锯刑余之人"，可以说是轻蔑到极点。不幸的，司马迁本人正是受过极严格的传统的士大夫教育的人物，而恰恰又受了宫刑，其内心的痛苦可以想见。请看司马迁自己是怎样说的：

祸莫大于欲利，悲莫痛于伤心，行莫丑于辱祖先，耻莫大于受宫刑。刑余之人，不值一钱，非一世也，由来远矣！过去卫灵公与宦官雍渠共车，孔子便离卫去陈；商鞅因宦官景监而见秦孝公，贤者赵良因此伤心；宦官赵同坐在汉文帝车辇之旁，袁盎慷慨陈词，自古皆以接近宦官为耻。哪怕是中等才干之人，一牵涉到宦官，莫不伤气，慷慨之士岂肯近于宦官乎？

这既是一般士人、也是司马迁自己对宦者的看法，那么，司马迁为什么不死，而又自愿选择宫刑呢？因为他还有一心愿未了，此时，他被任为太史令才六七年工夫，他的《史记》还没有完成，他还不能死。

于是，他说了一句千古传诵名言："人固有一死，死有重于泰山，或轻于鸿毛，用之趋异也。"如果《史记》未完成，就这样稀里糊涂死掉，那就是轻于鸿毛了。他说得很痛心：

我的先人，并没有立过显赫的功劳，文史星历，近于卜、祝之间，不过是皇上当倡优一样养着的人而已，世人对此也是轻视的，如果我伏法受诛，就像九牛少了一根毛，与蝼蚁有何区别？世人看我的死，又不能与死节相比，不过是以为我智穷罪极，不能自免，只得就死而已。因为我在世人的心目中，本来就是很轻的。

这种对自己所处地位的入木三分的分析，冷峻到了令人毛骨悚然的地步：本来，太史令也是中级官僚，年俸六百石至千石，"爵比下大夫"，汉代凡带"令"字的官职大约相当于县令一级。司马迁之所以能如此冷峻地看待自己原先的地位，是因为他心中珍藏着一个更远大得不可以道理计的目标："古来身富贵而声名湮没无闻的人，实在是太多了，只有不同凡响的人，才能为后代所知。"原来，他的目标是要能成为一个"不同凡响的人"，那么，什么样的人才能算一个"不同凡响的人"呢？

文王被囚而写成《周易》；孔子困厄而作《春秋》；屈原被流放，才写《离骚》；左丘明眼睛失明，才有《国语》；孙子断足，《兵法》乃成；吕不韦贬到蜀地，《吕氏春秋》乃传之后世；韩非下狱，遂有《说难》《孤愤》《诗》三百篇，大抵是圣贤们发愤而写的。这类人都是思想情绪有所郁结，其道不能行于天下，所以叙说往事，令将来之人，能从中受益。例如左丘明瞎了，孙子双足被斩，知道自己再也不能经世致用，退而写书以舒其愤，借功业以外的文章，来表达自己的想法。

这就是有名的"发愤著书论",所举的例,稍有截搭,例如吕不韦的《吕氏春秋》,倒是得意而宾客盈门时组织门客们撰述的。不过,这是小疵,于大局无碍。因为发愤著书论,是饱含着司马迁自己的血泪观察历史以得出的结论,它概括了封建社会中由于出路单一,想有所作为的士人们,若不能为官以行其志,就唯有著作以述其志这样一条唯一的退路。而这几乎又是说出了通贯古今融合中西的规律性问题,历来为与司马迁有不同程度的相近命运的人们所赞赏。尽管成就不尽相同,而这支相近命运的人们的队伍,则是十分广阔而庞大的。

于是,司马迁"就极刑而无愠色",为什么呢?他心中有这样一个伟大的理想,要完成一部"究天人之理,通古今之变,成一家之言"的《史记》。他的口气非常之大,这部书是要"藏之名山,传之其人通邑大都"的,而这一切,司马迁果然做到了。

关于人们对司马迁所著《史记》的历史评价,浩如烟海我们不必详细称引。中国传统文化的核心部分,就是一般人们所常说的,经、史、子、集。古代经重于史,今人可能把史看得要比经重一些狭义论,司马迁开创了纪传体历史著作这一体例,广义论,在史的这个文化领域,只有到司马迁手上,才真正凝固成传统文化的一大部分,从而在此后终于为我们留下二十四史,或二十五史,或二十七史,这样一些使我们在全世界都可认引以为自豪的文化遗产,如果没有司马迁的创造性劳动为后人引了路,那么,历史著作这一领域,我们所能得到的遗产,或者要贫乏得多。

伟大史家

司马迁的这一遭遇是悲惨的,不过,人们所受的任何苦难,在一定条件下,往往能转化为一笔精神财富。我们知道,一般而言,统治阶级的思想就是统治的思想,在封建社会中,人们往往是很难超越出忠君的思想而透彻地看出封建制度的弱点与弊病的,特别是那些正任职于封建朝廷的人们。但是,司马迁的这一独特处境,无罪而受宫刑,却帮助他能够十分尖锐地考虑问题。从《史记》看,司马迁所反复考虑的一个问题就是:皇帝错了,后果如何?怎样才能使皇帝少犯错误,而这就必然促使司马迁去研究封建制度的弊病及其救助之道。这就大大提高了《史记》一书的认识世界和改造世界的价值,使《史记》能成为名副其实的帝王将相教科书。这个问题将详论于后。

司马迁受宫刑出狱之后,大约在太始元年(前96年),被汉武帝任为中书令。中书令是比太史令的地位要略高些的中级官僚,年俸千石。因为司马迁此时已受宫刑,他是以宦官身份在皇宫内部供职。所以,这又是一个令一般人十分羡慕的职务。所以《汉书》司马迁本传中曾这样说:"迁既被刑之后,为中书令,尊宠任职。""尊宠任职"四字,代表了当时官僚和后世官僚们对中书令这一职务的客观评价。就汉武帝而言,他这样做的原因,仍是出于爱惜人才的动机,所以反而对受刑后的司马迁更为重用了。中书令既替皇帝管理文件,又可宣达皇帝诏命,汉武帝晚年沉迷于神仙方士之事,不大管政事,估计司马迁此时应是相当起作用的。

那么,既然汉武帝爱惜人才,何以又要处司马迁以宫刑呢?这里确有一个历史局限

性问题。我们应该注意到，在任何社会形态下，一般说来，一个朝代的政治措施，往往受到前朝的影响。这不但是因为，新朝代的政治制度、行政措施等，并不能凭空建立，只能效法前朝；而且也是因为，建立新朝代的人们，仍是从前一朝代走过来的，他们的思想不能凭空跳跃，而总是带着前朝的影响。所谓"实行彻底的决裂"，或者因为新朝代是经过农民起义的，便能有彻底的决裂，那其实只是大话、空话。谁又能拔着自己的脑袋离开他所经历过的环境呢？封建社会中的朝更替，就更是如此。汉之代秦，从表面上看起来，汉高祖入关后，尽废秦代的严刑酷法，与百姓约法三章，好像是"彻底决裂"了，其实，那只是战争时期的临时措施。《汉书·刑法志》就明确说，天下既定之后，"法三章"不够用了，于是萧何把秦法删简一下，作"律九章"，就成为汉法。所以，汉法事实上就是简化的秦法。而秦代又是从不久前的奴隶社会衍变而来的，秦法的苛严则又是奴隶社会的遗留物。所以汉初的法律中，其实是什么严刑酷法都有，只不过用得少一些，比如，对韩信这类朝廷认为他们是造反的将领，竟是剃光头、削去鼻子、斩左右手足、然后才杖死，再杀头，最后还要将骨肉剁碎，丢弃到街市，这完全是秦法的遗风。宫刑亦来自秦法。汉初六七十年，社会稳定，犯罪率小，重刑也用得少，一度也去过某些重刑；但是汉武帝一旦对外用兵，对内举建、奢侈，于是对百姓加强搜刮，民不聊生，犯罪率立即大幅度上升，于是不得不详细定法律，并且不断趋于苛酷，其参考文本依然只能是秦法。所以汉宣帝时，廷尉史路温舒上书说："秦有十失，其一尚存，治狱之吏是也。"意思是说，秦法已还魂于汉代。这里，汉武帝把政治的弦绷得太紧了，固然是因素之一，但立政治制度不能不受前代影响，乃是根据原因。自然，凡事都有两面性，司马迁的受宫刑一事，可以说震动了此后的任何史家，所以自司马迁始，以后史家，全部谴责严刑峻法、全部主张宽刑的。但在实际上，法律作为一种意识形态，既受经济制约，又有某种继承性，而绝不可能凭空产生、凭空跃进。所以我们在这里简述一下，只能让汉武帝承担其动作过大而把政治的弦绷得过紧的责任，而不必要由汉武帝来承担"汉承秦制"的这一历史责任。

我们还是说回司马迁。中书令这一职务，使他可以了解甚至在某种程度上参与朝廷的核心机密，以及重大政治事件的缘由。司马迁原来比较熟悉学术理论、历史资料，又通过漫游进行过社会调查，他所缺的正是对政局全面的了解，以及批判的眼光。现在，一场酷刑使他具备了批判的眼光，中书令职位使他有了对政局的全面了解，可以说，成为伟大史家的一切条件，他全部具备了。他终于在中书令的职务上最后完成了自己的《史记》。

司马迁是何时死的，历史没有明确记载前后。一般认为他是死于汉武帝末年，即公元前87年前后。

《春秋》笔法

《史记》的写作中，最值得后人重视的，就是所谓《春秋》笔法的问题。

什么叫作《春秋》笔法？司马迁自己在《太史公自序》中借着与上大夫壶遂讨论的机会，做了详细的阐述：

"我曾经听董仲舒先生说：'周代朝廷政治衰败，孔子其时担任鲁国的司寇，国君厌恶

他，大夫们挤兑他，孔子知道自己的话没有人听，自己所坚持的政治原则无法实行，于是对二百二十二年的历史进行是非评价，贬天子，退诸侯，讨大夫，通过这种种批评，无非就是为了阐明孔子所坚持的政治原则而已。'孔子自己说：'单是抽象地叙说政治原则，不如用这一政治原则来评价具体史事，更加能深刻显著地表达我的看法。'

孔子所写的《春秋》这部著作，上以说明禹、汤、文王、武王这些有道明君所坚持的政治原则，下以分辨史事中大纲，别嫌疑，明是非，定犹豫，肯定善而否定恶，肯定贤而否定不肖，存亡继绝，补敝起废，这是王道中的最重要的事情啊！

《春秋》之际，弑君者有三十六起，亡国者有五十二国，诸侯逃亡而不得保全其地位者不胜枚举。仔细观察其原因，都是因为失掉了前述的政治原则啊！所以《周易》中说：'失之毫厘，差以千里。'又说：'臣弑君，子弑父，不是一朝一夕所造成的，是有长期形成的原因的啊！'所以，为国君者不可以不读《春秋》，否则就会看不到前面人所进的谗言，觉察不到后面人对他的暗害。为人臣者不可不读《春秋》，否则就会在正常情况下不知应如何按原则办事，碰到突然情况又不知道如何权变处理。为人君父而不懂得《春秋》的道理，必蒙首恶之名。为人臣子而不懂《春秋》的道理，必陷入弑逆之罪，终会被诛死。哪怕你是出于好心，但如果不懂得政治原则，也会把事情办糟，而蒙上恶名。……所以，《春秋》实为讲礼义的最主要的著作。礼是禁于未发生过错之前，法是禁于已发生过错之后，法的作用显而易见，礼的作用容易被人们所忽视啊！"

孔子所著的《春秋》，司马迁把它看成是一本帝王将相教科书，这里可以说是讲得再清楚明白不过了。

《春秋》一书，是否应该评价得如此之高，后人对此是颇有分歧的。例如北宋的大政治家王安石，对《春秋》的评价就非常低。我们今天来实事求是地看《春秋》，说它是一本写得很精练的历史教学大纲，大约是比较合乎情理的。孔子的时代还没有发明纸张，那时候，字是刻写在竹简上的，孔子教学生读的春秋时期历史，就是当时的现代史，这对从政是十分重要的。但是，孔子以个人之力，确实难以把这部现代史十分详尽地刻写下来的，他只能根据某些国家档案，编一个非常简单的历史教学大纲，刻在竹简上，作为基本教材，这在私人办学的人力、物力上，才是一个现实可行的方案。所以孔子所著的《春秋》，全书不过仅有一万八千字左右。二百多年历史，被浓缩成这点字数，真个是简略至极。在编写过程中，以孔子那样的大思想家、大史家，对历史事实有所评价也是必然。估计孔子在对学生讲课时，必会详述史实，绝不可能像现存《春秋》那样简略。老实说，像今传《春秋》这样简略的历史教学大纲，我这种水平的读者，若不是联系了《左传》等书来读，无论怎么读也读不懂的，所以孔子讲《春秋》时，必有口耳相传的详尽讲解。后来《春秋》上升为儒家经典之一，这类详尽讲解，也分为《公羊》《穀梁》《左传》三大学派，而且，研究者越多，解释也就越穿凿附会，其中当以《公羊》派为最穿凿，说得《春秋》的每字每句中都包含着极深刻的微言大义，这里显然是有后代儒学人士的加工成分的。而司马迁的老师董仲舒，则又是专治"《春秋·公羊》学"的。所以，我们需注意到，司马迁的这一对《春秋》的看法中，有着特定的历史积淀所形成的穿凿因素。

但是，我们又要看到，儒家是一个十分注意经世致用、很讲究政治原则的学派。儒家根据历史经验所提炼出的政治原则，确实又是能使封建政权长治久安的、最有利于政治

稳定的。儒家对孔子著作《春秋》的所有穿凿的总和，又正好是服务于宣扬一种正确的治国原则这一总要求的。生活是复杂的，方法不对，道理却是对的，歪打亦可正着。在这里，"《春秋·公羊》学"的穿凿，恰恰形成了一种撰写历史著作的基本原则，而这一基本原则，又是造福后代于无穷的。

简言之，这一基本原则就是："贬天子，退诸侯，讨大夫。"形象地说来，就是：批评天子，指责诸侯，声讨大夫。

的确是个了不起的著史原则！

我们要知道，在封建社会的现实生活中，史官的地位是极其低微的，不管是年俸六百石或是一千石，不过是个中级官僚。见了皇帝要磕头，见了大官要让道、要拜揖，皇帝一不高兴，他或许就要下狱、掉脑袋，以司马迁为例，见了狱吏都要磕响头的日子，他也是经历过的。他并不是站在云端里写历史，而是处于这样一个实实在在的封建关系中撰写历史著作的。但是，我们若要真正理解司马迁撰写《史记》的指导思想，只要把前述司马迁的文章中，凡《春秋》二字，都一律如代数中的代入法一样，改为《史记》二字，这一切便都昭然明示于今人了。司马迁的写《史记》，就是为了"贬天子，退诸侯，讨大夫"的。也即，司马迁这个具体的大史家，白天看到皇帝要磕头，要讲什么"吾皇圣明"的套话，晚上写《史记》时，却要站在一个极其严肃的、高瞻远瞩的治国原则上，放开笔来批判当代皇帝以及前代皇帝们，当然还批判大臣们，并且通过这种批判，告诉读者，怎么样治国是对的，怎么样治国是错的。这是一种多么伟大的政治气魄啊！且不说封建关系下的古人，今人又有多少能有如许的政治气魄？

于是，司马迁在《史记·太史公自序》中，终于提出了指导此后中国的一切史学著作的伟大原则：要站在比天底下一切帝王将相还要高许多的高地上，将那些功高盖世或者罪孽深重的帝王将相们，看作和普通的芸芸众生一样，加以公正评价！我们要谈《史记》的开创性，不如说《史记》所提出和遵循的这一治史原则的开创性！

这是一种可与日月同辉，尊重政治原则、蔑视政治权力的不朽治史原则！

这是中华传统文化的真正精华所在！

当然，由于司马迁是治史的，所以，他所用的评价原则，并不仅仅是儒家的政治原则，他把儒、道、墨、法诸家的长处都加以兼收并蓄，并且以历史经验教训作为检验，从而形成了自己的评价原则，用司马迁的话说，就是"厥协六经异传，整齐百家杂语"，就是"究天人之际，通古今之变，成一家之言"。

这就是《春秋》笔法！

自司马迁以后，《春秋》笔法，就成为一切史家，不论是皇家史官还是私人撰述，所共同遵守的撰史原则。史家的水平高下有别，胆识亦有上下，但《春秋》笔法的原则，却是不同程度地渗入一切史著，这是中国封建社会中的一大奇迹！这是中国传统文化的特殊光彩！

后世见证

从《春秋》笔法出发,司马迁在《史记》中还提出了一个划时代的伟大观点:任何帝王的权力都必须加以限制!把司马迁的这个观点概括一下,即为:封建权力制约论!这是司马迁的一项伟大的创造。

世界上自有政治权力以来,就有权力的滥用,也就同时出现了权力制约的思想。

黑格尔曾将古代神话和传说的时代,称之为史诗时代。他以为,古代神话与传说中的英雄,是一些不受任何限制约束的人,他们只对自己的理想负责,而不受任何其他个人或组织的约束,他们可以毫无顾忌而一往直前地为民众扫除任何自然力或社会力的障碍,解放民众于水火中,黑格尔认为,这样的史诗时代的英雄,才是真正意义上的英雄;而一当即使是古罗马刚建立起国家组织,一切领袖人物的权力就会受到限制,例如,国君已无对重大的事件的单独决定权,而必须经过元老院讨论决定,因此,在现实生活和文艺作品中,像史诗时代的神话传说中所描写的不受任何权力限制的英雄,即已客观不存在。

黑格尔这一天才思想的价值,远远超过了美学和文艺理论的范畴,而在政治学上,更使人们受益。因为,黑格尔天才地看出了,对国家领袖人物使用权力的制约,是与国家权力的出现同时产生的。权力与权力制衡,是政治生活中的一对孪生的矛盾,理解这个道理,可以说对一切人都是有教益的,特别是对政治家而言,更加是如此。

我们以中国古代的政治生活为例,早在奴隶社会时期,就已出现了对国君权力进行制约的明确制度。例如,在《周书·洪范》中,我们可以看到,商代国君每有大事必须与巫卜、贵族、庶民(自由民)代表等多方面政治力量商讨,必要时国君应放弃自己意见少数服从多数,特别是应该遵从代表上意见的占卜结果,这正是中国古代奴隶制度下,实行奴隶制民主制,国君权力应受到制约的十分明确的文献记录。

随着奴隶制的逐渐崩溃和地主阶级在奴隶制内部生长壮大,并且逐步取而代之,于是出现了鼓吹封建中央集权制的法家理论。法家理论是在春秋战国的兼并过程中产生和发展的在朝派理论,春秋时的诸国林立,到战国时已逐步兼并为七雄,因此,法家理论首先是战时体制下集中人力物力的理论,同时又适应了兼并过程中一些国家领土逐渐扩大以后政治、经济、文化上如何加强集中领导的需要。因此,在法家理论系统中着重强调加强君王的个人权力,而较少注意权力制衡的问题。把战时体制所需要的政治、经济、思想上的统一集中的特殊需要,夸大为普遍真理,这是秦代迅速统一天下而又迅速垮台的根本原因。汉初否定了秦代的以法家理论治国的原则,而以道遍家无为政治代替,总算稳住了政权,但是,无为政治只有一个尽量不要扰民的总框架,而在如何治国的理论系统上仍然远远滞后,特别是在权力制约的理论上,虽有陆贾、贾谊、董仲舒这些大思想家不断提出一些看法,但毕竟形不成一个系统,而真正总结概括了前人的思想,并且系统提出了封建制衡思想体系的思想家,实为大史家司马迁。

司马迁在《史记》中所提出的封建权力制衡思想体系,包括以下几个方面:

其一,司马迁主张老百姓有批评甚至咒骂皇帝的权力,皇帝应该倾听这些批评甚至

咒骂,以改善政治,而不应该办那些批评甚至咒骂皇帝的老百姓的罪;

其二,司马迁主张臣下要敢于犯颜直谏,皇帝要善于纳谏;

其三,司马迁主张皇帝要选用懂得历史上治乱经验的知识分子为大臣,并将这一标准严格贯彻落实到官僚的选拔制度中;

其四,司马迁反对严刑酷法,主张循法而治,认为判罪不应以任何人,包括皇帝的个人好恶为转移,司马迁在《史记》中已经初步提出了"在法律面前人人平等"的思想火花同时,司马迁还初步揭示了在整个封建社会中一直存在的权与法的矛盾,批评了权大于法的观点和做法;

其五,司马迁主张将制约国君权力的做法巩固落实于制度上,即建立某种制约国君权力的制度;

其六,司马迁取来儒家和阴阳家的阴阳五行和天变灾害之说,作为一种最后的补充制约力量,使皇帝可因畏惧天的意志而对自己的行为有所限制约束。

还由于《史记》中提出了较完整的封建制衡思想体系,所以,它的这一思想虽然未能影响汉代及魏晋南北朝的政治家们,但却对其时的历史家们有较大的影响,此后的《汉书》《后汉书》等史学著作,大体上都能沿袭这一思想,并且还有所发展。史家们的这些努力并未白费,终于在伟大的政治家唐太宗身上有所成就。唐太宗由于出身于勋臣世家,有较高的文经素养,又亲自看到了隋末政治腐败导致农民起义的后果,另外,他周围还有一批卓有见识的大臣,如魏征、王珪、房玄龄、长孙无忌等,相互切磋琢磨,这使他形成认真读史,组织大臣们修史以吸取经验教训的思路,并且终于接受了司马迁的封建制衡思想体系,并从制度上予以发展和巩固,从而形成了著名的贞观之治。可惜这一切,司马迁自己已经无缘见到。

隐逸诗人之宗

——陶渊明

名人档案

陶渊明：字元亮，号五柳先生，谥号靖节先生，入刘宋后改名潜。东晋浔阳柴桑(今江西省九江市)人。出身于破落仕宦家庭。曾祖父陶侃，是东晋开国元勋，军功显著，官至大司马，都督八州军事，荆、江二州刺史，封长沙郡公。祖父陶茂、父亲陶逸都做过太守。曾做过几年小官，后辞官回家，从此隐居。

生卒时间：约365年~427年。

安葬之地：江西省九江县和星子县交界处的面阳山脚下。

性格特点：安贫乐道、及时行乐、避世消极，性嗜酒，饮必醉。

历史功过：陶渊明是汉魏南北朝800年间最杰出的诗人，也是杰出的辞赋家与散文家。陶诗今存125首，计四言诗9首，五言诗116首。陶文今存12篇，计有辞赋3篇、韵文5篇、散文4篇。田园生活是陶渊明诗的主要题材，相关作品有《饮酒》《归园田居》《桃花源记》《五柳先生传》《归去来兮辞》《桃花源诗》等。

名家评点：东晋末期南朝宋初期诗人、文学家、辞赋家、散文家。萧统在《陶渊明集序》中，称赞"其文章不群，辞采精拔，跌宕昭彰，独超众类，抑扬爽朗，莫如之京"。鲁迅先生曾说过，"陶潜正因为并非'浑身是'静穆'，所以他伟大"。

庐山脚下

庐山是华夏大地上一颗秀丽的明珠。北边，长江为其衣襟，犹如"吴带当风"。"潇洒飘逸;东南，鄱阳湖是为其视野，"落霞与孤鹜齐飞，秋水长天共一色"。庐山五老峰上摩苍空，下压彭蠡(即鄱阳湖)，断崖绝壁，怪石悬空，青天丽日下，犹如一朵金芙蓉灿然盛

开;云雾蒸腾时,又飘邈如仙宫,变幻莫测。山中更有"海风吹不断,山月照还空"的香炉瀑布,溪声潺潺,鸟语啾啾,诉说着大山生命的律动;花随四季,红橙黄紫,用笑脸装扮着大山。

很久以来,诗人名士把庐山奉为高洁心灵的寓所,精神的故乡。但是一千多年前,在陶渊明的眼里,庐山并没有这样明晰华丽,它只是自己乡村田园生活的伴侣,朴素而平静,远离繁华,远离尘嚣,退隐在时代的背景中,陶渊明的故乡就在庐山脚下的浔阳柴桑(今江西九江西南)。

公元 365 年,晋哀帝兴宁三年,庐山脚下一户陶姓人家降生了一个男孩。但这并不是一个吉祥的年份;二月,年仅 25 岁的哀帝驾崩,琅玡王司马奕即位,这就是晋废帝;三月,少数民族将领慕容恪攻陷洛阳;十月,梁州刺史司马勋造反,自称成都王,围攻成都。晋王朝正处于风雨飘摇之中,内忧外患,人心不稳,大有"山雨欲来风满楼"之势。在这样一个动乱的岁月,也许是因为家族的日益没落,也许是惧于动乱的局面,功名心已淡的陶父深感于《诗经·小雅·鹤鸣》中的一句诗:"鱼在于渚,或潜在渊。"觉得贤达之士也应如鱼儿一样,在阴云密布的乱世应当远避社会,隐居度世,明哲保身,或许只有这样,才能使陶家的香火连续不断。于是。他给自己的儿子起名叫潜,字渊明。

在士族参政的时代里,皇帝的日子并不好过。陶潜七岁那年,在大将军桓温的一手策划下,晋废帝被废为东海王,会稽王司马昱被迎立为简文帝。不久,废帝之母和两个儿子都被杀掉了,废帝也由东海王再降为海西公。第二年,简文帝又死了,由皇太子即位,这就是孝武帝。这一年江南大旱,人多饿死。陶潜的父亲也在这一年死去了,这对正在成长的陶潜来说,既是大不幸,又是一大幸。

所谓不幸,是说陶家的生活从此每况愈下。陶渊明的曾祖父陶侃,是东晋皇朝的开国元勋,官至大司马,封长沙郡公,其功勋仅次于当时的名相王导。陶侃出身微佩寒,又是少数民族——傒族,他的子孙在官场上每况愈下,陶潜的祖父陶茂做过武昌太守,父亲陶逸做过安城太守,但陶逸去世后,由于没人支撑门户,陶渊明的家庭便日趋破落,生活也随即日趋艰难了。一开始,家里还有可供支使的奴仆,但开支越来越紧张,不得不把仆人遣散。少年陶潜虽还有幸能匀读《六经》《老》《庄》,还能弹琴习剑,但也不得不从事一些简单的农业劳动。与士族出身、生活优裕的文人不同,陶渊明是真正品尝过生活的艰辛的。

所谓大幸是说,同年幼丧父的嵇康一样,陶渊明也得到了自我个性自由发展的机会。因为封建社会讲究名分等级,在一个家庭里,父亲就是权威,儿子永远不能越位自主,从行为到志趣都得服从父亲的意愿,所谓"父叫子亡,子不得不亡"。父亲的去世,对陶潜来说,无异于减少了一层约束、限制。虽然有母亲的管教,但母亲并非严父,管束自然疏松许多,何况,陶潜的母亲是一代风流名士孟嘉的四女儿呢。孟嘉好醅饮,不受世俗羁绊。他喝到得意的时候,神情悠远,旁若无人,朗朗然如蓝天白云,忘怀一切得失;又崇尚自然、曾说"丝不如竹,竹不如肉"(意思是,弦乐不如管乐,管乐不如歌声),原因就在于"渐近自然"。深受家风影响的陶母,决不会过分拘禁了陶潜。事实正是如此,少年陶渊明充分继承了外祖父崇尚自然,不爱世俗拘束的自由精神。后来,他在诗中经常回忆起这段自由快活的少年时光:

少无适俗韵,性本爱丘山。

———《归园田居五道》之一

少年罕人事,游好在六经。

———《饮酒二十首》之十六

弱龄寄事外,委怀在琴书。

———《始作镇军参军经曲阿作》

他热爱大自然的山山水水,一丘一壑让他流连忘返;又在文化的海洋里采撷美丽的贝壳:"好读书,不求甚解,每有会意,欣然忘食。"读书是为了兴趣,寻找精神的契合点,而非寻章摘句,更非为追求功名利禄;又喜好酒,但家贫不能常得。总之,在他的身上不时表现出对孟嘉自由精神的继承。

每一位少年都崇尚游侠,何况曾祖父又是立下过赫赫战功的大将呢。所以在国家多灾多难、人民朝不保夕的时代背景下,少年陶潜也曾有过像曾祖一样匡清天下的雄心壮志,也曾有过激昂澎湃的豪情:

忆我少壮时,无乐自欣豫。

猛志逸四海,骞翮思远翥。

———《杂诗八首》之五

少时壮且厉,抚剑独行游

谁言行游近,张披至幽州。

饥食首阳薇,渴饮易水流。

———《拟古九首》之八

公元383年八月,前秦苻坚挥鞭南指,率众度淮,试图一举灭掉东晋王朝,朝廷派征讨都督谢石、冠军将军谢玄、辅国将军谢琰、西中郎将桓伊等进行抵抗。十月,双方遇于淝水,晋军大破前秦百万雄兵。这就是历史上著名的以少胜多的"淝水之战"。朝野为之振奋、为之鼓舞。这一年陶潜19岁。可以想见,血气方刚的他,在听到这一消息后必然产生辅佐明君干一番大业的想法。

事情的发展往往不是一帆风顺,而是有一个急转直下的转折点。陶家的衰落从陶逸去世时便开始了,但还是过得去的。到陶渊明20岁时,陶家家境一落千丈。青年陶渊明从少年的梦幻中慢慢醒来,许多实际的生活问题摆在他面前,他需要施尽浑身解数来应付突变的家境,为生活谋虑。大约在此前后,陶渊明经历了一场恋爱上的挫折。《闲情赋》对这次回肠荡气的恋情作了深情的抒写:

夫何瑰逸之令姿,独旷世以秀群。表倾城之艳色,期有德于传闻。佩鸣玉以比洁,齐幽兰以争芬。……神仪妩媚,举止详妍。激清音以感余,愿接膝以交言。欲自往以结誓,惧冒礼之为愆。……愿在衣而为领……愿在裳而为带……愿在发布为泽……愿在眉而为黛……愿在莞而为席……愿在丝而为履……愿在昼而为影……愿在夜而为烛……愿在竹而为扇……愿在木而为桐。

但这是一份无望的爱情,因为"她"或许是一位士族人家的女儿,而士族寒族是不通婚的,所以诗人只好独自品失恋的苦涩,满怀忧愁,夜不成寐,披衣在月下徘徊,直到天光放晓。

失恋不久,陶渊明就在亲人的操办下结了婚,妻子也很漂亮贤惠,二人在贫困的生活中加深了感情。渊明 27 岁时有了大儿子俨,29 岁时次子俟降生,30 岁时有了双胞胎份与佚。家庭本来就贫困,加上妻儿几张嘴,有时不免忍受饥饿的煎熬,常常是夏穿冬衣、冬穿夏衣。这样,本有儒家入世之志的陶渊明,在经过一番痛苦的思索之后,于 29 岁那年"投来去学仕",从此开始了一个新的人生阶段——时仕时隐、心怀两端的时期。

出仕为官

人的思想中有些不占主要地位的因素,在一定的历史时机下,也会一跃而成为影响人行动的决定性因素。

出仕做官本非渊明夙愿。他从青少年时代便向往一种如鸟儿一样欢快自由的生活,养成了直率的性格。但是另一方面,他从小就接受了儒家入世的教育,自己的曾祖又是名将,在那样一个重视门第观念的时代里,青年陶渊明也不能真正免俗,在社会交往上,常常被大户人家瞧不起,所以他"少年罕人事",懒得同人家交往,经常逃到自己的爱好里,并且自负出身的高贵,自诩祖宗的荣耀,而对门阀世族表示傲视,以此获得心理平衡。他在 27 岁得子俨时写的《命子》诗里,把古代唐尧、历代名臣如陶叔、陶舍、陶青等来做祖先,接着又把曾祖、祖父、父亲三世的功名地位一口气颂扬出来,对儿子进行教育,激励他继承传统,有所作为,这都表现出陶渊明的等级观念。

约在公元 380 年,晋太元五年时,《三礼》专家范宣开始在江州豫章(今江西南昌)提倡儒家六经学说,开创了当地经学研究的风气。当时名士谯国、戴逵等都很景仰他,不远千里投其门下,读书声令人想起孔子的家乡齐鲁,10 年之后,豫章太守范甯继范宣之后盛倡经学,设立学校教授当地大姓子弟,人数多达几百人。从此,"江州人士,并好经学"。可见,儒家学说在当地还是很发达的。另外,江州刺史王凝之于公元 391 年冬集中了中外僧徒 88 人,在庐山翻译佛经,而他又很笃信五斗米道教。可以说,陶渊明周围的思想氛围是错综复杂的。

青年陶渊明虽然"性本爱丘山",不以俗事为扰,但在各种因素的促使下,他怎能不想到社会上一展鸿鹄之志呢?他之所以迟迟不肯出仕,除了个性的原因,实在是由于门第衰微,一下子找不到一个适合他意愿的职位。

然而,实际的生活问题迫使他行动起来,29 岁时,他第一次出仕,做的是江州祭酒。刺史王凝之非常迷信道佛,他的官府常常是道士和尚禳灾咒鬼的地方。甚至后来在孙恩起义时,他非但不采取实际行动,反而躲在家里虔诚地祷告神佛派天兵天将来。做这样人的属下,陶渊明建功立业的希望自然要破灭了。而且,祭酒的职位很低,要按上级的吩咐行事,陶渊明不堪忍受各种约束折磨,脑中不时萦绕着美丽恬静的田园生活。所以,不久陶渊明便辞官回家,闲居起来。

在辞官前后,他写了一篇《五柳先生传》,文中说:

先生不知何许人也,亦不详其姓字,宅边有五柳树,因以为号焉。娴静少言,不慕荣利。好读书,不求甚解;每有会意,便欣然忘食。性嗜酒,家贫不能常得;亲旧知其如此,或置酒而招之，造饮辄尽，期在必醉；既醉而退，曾不吝情去留。环堵萧然，不蔽风日；短褐穿结，箪瓢屡空，晏如也。常著文章自娱，颇示己志。忘怀得失，以此自终。

这篇简洁而优秀的散文其实是陶渊明的夫子自道"时人谓之实录"。初次表达了诗人安贫乐道的志趣。

孔子曰：三十而立。刚到而立之年，州里便派人请陶渊明去做主簿，被他一口回绝了。他感到"看妇机中织，弄儿床前戏"的生活远胜于作唯命是从的主簿，况且妻子又有了身孕。陶渊明对妻子的生产感到特别紧张，觉得她比以前疲惫许多，直到接生婆告诉他又有一对孪生子时，才破忧为喜。但好景不长，妻子因过度疲乏，又缺少营养，医救无效，不久便死去了。丧妻不但使他失去了一个贤内助，而且切实地体会到了生命的无常。

陶渊明的窘迫境况迫使他再娶。当地有个大隐士翟汤，乐善好施，是诗书之家，受人爱戴。翟汤对志趣相投的陶渊明十分赏识和同情，当陶渊明托人求婚时，他一口答应将自己的女儿嫁给陶渊明，这就是翟氏。她受家风的熏陶，能够安贫守苦，与渊明前妻生的儿子相处得很好，悉心照料他们，待如己出。有时农活忙了，便和渊明一起去田间耕作，渊明在前面驾牲畜耕地，她就在后面平整，夫妻二人互相抚慰，疲劳便在温情中消失了。

幸福的日子总是过得很快，一晃一年过去了，但有两件事常常浮上渊明的脑海，使他不安于田园生活，一件就是日子太拮据，有时不能糊口，只好东挪西借。特别是秋收时，官吏们又来征税，一年的汗水就付诸东流了。眼见孩子们缺衣少食，白发老母跟着受罪，渊明感到愧疚难过。另一件就是仍然希望在政治上有所成就。30岁的人了，还一事无成；况且方今天下大乱，正是匡清天下之时。所以他决定再度出仕。

在渊明续娶翟氏的那一年（396年），孝武帝驾崩，晋安帝即位。以司徒、会稽王司马道子为太傅，摄理朝政。司马道子和另一位宠臣、尚书左仆射王国宝哄骗皇帝沉湎于酒色之中，弄得朝政日非，是非颠倒，怨声载道。第二年七月，兖州刺史王恭等起兵，以讨伐王国宝、清君侧为名，反对司马道子弄权专政，晋朝内乱开始了。398年，内乱加剧，各地军阀如庾楷、王恭、桓玄等相结谋反，推王恭为盟王。其中桓玄是大将军桓温的小儿子。桓氏集团久据荆州、江州一带，享有很高的威信。桓温野心勃勃，曾口出狂言："大丈夫不能流芳千古，也要遗臭万年。"桓玄也是一个枭雄，为东晋群臣所畏服。他屡次上表请求勤王、保卫京都。这引起了陶渊明的幻想，误以为桓玄是真心辅佐晋室的。另外，桓、陶两家有旧交，渊明外祖父原是桓温的长史，深得桓温赏识。战乱之际也就是用人之时，朝廷诏命桓玄作荆、江刺史后，陶渊明便告别了温暖的家，做了桓玄幕府中的一名下级官吏，开始了他坎坷的仕途生涯。时间是从398年到401年冬。

在这段时期，他逐渐看清了桓玄的真面目。随着桓玄势力的高涨，他篡晋的企图也日益明显。为了制造天下归己的舆论，他屡次伪造祯祥瑞兆。这些渊明都看在眼里，他自知身处是非之地，于是归隐之心又一次萌动起来。

公元399年，孙恩起义爆发，桓玄忙于兼并，无暇镇压。第二年四月始上疏求讨孙恩，以进一步扩大势力范围。陶渊明接受了出使京都的差使，从江陵出发，一路风餐露宿，于五月到达了京都建康（今南京市），较顺利地完成了使命。然后返回，顺长江回荆州复命。途经浔阳，顺便回家省亲。他兴冲冲急切切地往回赶，想着老母亲，想着兄弟们，想着妻子翟氏去年生的小儿子佟，便忘记了旅途的疲乏。哪知天不作美，到规林时起了

大风，封锁了航道。这儿离故乡虽仅一百多里，但也只能困守在荒僻的湖边。面对一望无际、荒草丛生的野地，听着风中树木的声响，想到做官以来的坎坷，对比往日的田园生活，陶渊明不禁思绪万千。感慨之中，作诗二首，即《庚子岁五月中从都还阻风规林二首》，其二末尾云：

静念园林好，人间良可辞。当年讵有几，纵心复何疑？

静下心来想一想，还是园林好，这喧嚣的尘世早该离开了。人生盛年有几何？还是任凭自己的心愿生活吧。

风平浪静之后，陶渊明迫不及待地赶回了家。家人都好，又可重温家庭的美好生活、呼吸园林里的清新空气了。假期结束，他不情愿地辞别了妻儿，到江陵赴职销假。离别的伤感、旅途的孤独凄清和前途的凶险未卜，使陶渊明感受到了人生的况味。当他走到涂口（在今湖北安陆县境内）时，已是夜晚，新秋的月亮映在江水里，像梦一样，船桨的划动搅碎了月影，一片片散落在江面上。傍晚的凉风起了，明净的天空寥廓无边。夜色清澈空明。那次被风阻于规林时的归隐之心，又一次强烈地向他袭来，鼓荡着他的灵魂，他写下了《辛丑岁七月赴假还江陵夜行涂口》一诗，诗中曰："商歌非吾事，依依在耦耕。投冠施旧墟，不为好爵萦。养真衡茅下，庶以善自名。"再一次表达了对田园生活的向往。

到江陵之后，他时刻准备着脱离仕途。这年冬天，刚下过雪，忽然传来消息说他母亲去世了。陶渊明悲痛万分，便立刻向上司禀明情况，回家守母丧去了。

摆脱仕途

晋安帝元兴元年（402年）正月，朝廷下诏讨伐桓玄。桓玄领兵东下，于三月攻入建康，夺取了晋王朝的军政大权。十二月，司马道子被杀。桓玄自封为侍中、丞相、录尚书事，又自称太尉，总揽朝政，大赦天下，改元大亨。第二年十二月，桓玄篡晋称楚，改元永始，将晋安帝贬为平固王，把他赶到陶渊明的家乡浔阳居住。

时局发生了翻天覆地的变化，而陶渊明正守母丧，杜绝人事，赋闲在家。忙碌的春耕过后，迎来了初夏短暂的清闲。这时，家中尚有余资，生活起居还过得去，又没有公事缠身，陶渊明颇为自得。有时，他在家门前的浓荫下纳凉，南风应时而来，吹来了衣襟，清凉无比。兴之所至，读几页书，弹一会琴，再乘兴喝两口自酿的米酒。稚弱的小儿子在身边玩耍，咿咿呀呀说个不停。陶渊明忘掉了纷纭不息的外部世界。

夏去秋来，这清凉肃杀、万物凋零的季节，独见芳菊盛开，青松傲雪，诗人怎能没有感叹？于是以诗自勉：

在昔闻南亩，当年竟未践。屡空既有人，春兴岂自免？夙晨装吾驾，启途情已缅。鸟哢欢新节，冷风送余善。寒竹被荒蹊，地为罕人远。是以植杖翁，悠然不复返。即理愧通识，所保讵乃浅。

先师有遗训：忧道不忧贫。瞻望邈难逮，转欲志长勤。秉耒欢时务，解颜劝农人。平畴交远风，良苗亦怀新。虽未量岁功，即事多所欣。耕种有时息，行者无问津。日入相与归，壶浆劳近邻。长吟掩柴门，聊为陇亩民。

——《癸卯岁始春怀古田舍二首》

这两首诗都是怀古言志之作,表达了在现实条件下,决心退居田园的意义和原因。他还写了一首《劝农》诗,强调农业的重要性,指出"人生应该勤快,勤快就不会贫乏"的道理,反映了他对农业劳动的热爱。

晋安帝被赶到浔阳一事,使陶渊明平静的田园生活泛起了层层波澜。腊月的寒风吹着雪花,侧耳倾听,却没有一点儿声音,施眼望去,大地已是一片洁白。寒气侵袭着渊明的襟袖,甘于淡泊的他望着萧条的冷落的空屋子,也不免感到"了无一可悦"。时局的骤变和生活的艰苦,再一次考验着他那颗敏感的心。他从古书中记载的贤人烈士那里寻求精神上的支持,自谦地说,"高操非所攀,谬得固穷节",就是要坚持因固守穷困的节操,不去走人所共趋的仕途。

元兴三年二月,虽然依旧寒冷,毕竟透出一丝春天的信息,田里的禾苗也发青了。这月刘裕率刘毅、何无忌等举义兵讨伐桓玄。三月,刘裕为镇军将军。四月,与桓玄战于溢口,大破之,进军浔阳。自春到夏,两军在浔阳一带反复拉锯,战争异常激烈。刘敬宣做建威将军,江州刺史,驻守浔阳。五月,桓玄挟持晋安帝逃到江陵,不久伏诛。闰五月,桓玄的故将桓振攻陷江陵,刘毅、何无忌等又退守浔阳,晋安帝又陷入了桓振之手。

陶渊明对这场战争异常关注。在战争初期,他还持观望态度,这一时期的诗作都是以曲笔来感变伤时的,如《停云》是借思念亲友来指明战乱的,《连雨独饮》是借饮酒咏怀的,《时运》则是借暮春出游,欢喜与感慨两种感情交织于心来抒写对战乱的现实和腐朽的朝政的失望。但是到了战争后期,陶渊明受到刘裕战胜桓玄形势的鼓舞,从小就聆听儒家治世之道的他,决心从时光易逝的感叹和事业无成的憾恨中奋起,《荣木》就表达了他及时有为、建功立业的决心。

先师遗训,余岂云坠。四十无闻,斯不足畏?脂我名车,策我名骥。千里虽遥,孰敢无至。

不久,他就做了刘裕的参军(军府的幕僚),准备为晋室的复兴尽力。

桓玄本是以反对昏庸专权的司马道子的名义起兵、从而实现自己的野心的;眼前的"义军"首领刘裕会不会成为第二个桓玄呢?当诗人以这种眼光看待现实时,建功立业的热情顿时消减了,甚至在赴任的途中,就后悔自己走出田园了:

望云惭高鸟,临水愧游鱼。真想初在襟,谁谓形迹拘?聊且凭化迁,终返班生庐。

——《始作镇军参军经典阿作》

既然选择了"勤王"之师,陶渊明便竭尽力量振兴晋室,近一年时间,他跋涉在浔阳、建康之间。同时,他又时刻找机会归隐。到405年三月,他申请做江州刺史刘敬宣的参军,因为驻地就在浔阳。不久,晋安帝复位,刘敬宣要上表解除自己的职务,陶渊明奉命出使建康。眼见桓玄余党如强弩之末,而勤王之师节节胜利,一路上陶渊明的心情很舒畅。经过钱溪(今安徽贵池县梅根港)时,还有兴"晨夕看山川",写下了《乙巳岁三月为建威参军使都经钱溪》诗,感叹这个地方又像以前一样万物并茂,表达战后的欣喜之情。但是同上首诗一样,于诗的后半段表示了"田园日梦想,安得久离折"的情怀,可见陶渊明归田适志的想法越来越强烈了。

同年五月,桓玄余党被消灭。陶渊明仍感到时局不定,害怕过四处奔波的幕僚生活,

但亲友们都劝他以生计为重，不要辞官。他只好说："好吧，暂时做地方上的长官，为将来归田准备一些资用，这样总可以了吧？"他的族叔、太常卿（掌管国家祭祀礼乐的官）陶夔问他愿去哪儿做官，他回答说："去彭泽，那儿离家只一百里；我好喝酒，公田里的秫子，足够酿酒用。"族叔素知他执拗难劝，就这样引荐了他。八月，41岁的陶渊明做了彭泽县令，这是他最后一任官职。

陶渊明独自一人去赴任，到县府后，心里挂念未成年的儿子们，就派了个仆人去家里帮工，又附上一封信说："这仆人也是人子，你们应好好对待他。"表现了他的博爱精神。上任后的陶渊明果真要把俸田全种上造酒用的黏稻，并说："我能够常醉就知足了。"但妻子坚决要求种稻米，陶渊明只好让步，说："二顷五十亩种秫，五十亩种稻。"在任职期间，他也做了些为糊口而不得不做的官场交际应酬之事，感到很失意，便打算这样过上一年就收起官服，乘夜离职。但是一件事使他再也忍受不下去了，只80多天就解印罢官而去。原来，这年十一月，渊明嫁到武昌程家的同父异母妹妹去世了，真挚的手足之情使他一心想着去奔丧。而不巧的是，郡里的督邮来到了彭泽县，世故的下属对渊明说："你应当穿礼服扎官带去迎督邮。"而这个督邮是五斗米道教徒，陶渊明从出仕以来就很讨厌这种人，所以愤愤地说："我岂能为五斗米折腰向乡里小儿！"当即解印辞官而去。

陶渊明觉得这样做很痛快，心情也舒畅起来，高兴之余，挥毫写下名垂千古的《归去来兮辞》，全文如下：

归去来兮，田园将芜胡不归？即自以心为形役，奚惆怅而独悲。悟已往之不谏，知来者之可追。实迷途其未远，觉今是而昨非，舟遥遥以轻飏，风飘飘而吹衣。问征夫以前路，恨晨光之熹微。

乃瞻衡宇，载欣载奔。僮仆欢迎，稚子候门。三径就荒，松菊犹存。携幼入室，有酒盈樽。引壶觞以自酌，眄庭柯以怡颜。倚南窗以寄傲，审容膝之易安。园日涉以成趣，门虽设而常关。策扶老以流憩，时矫首而遐观。云无心以出岫，鸟倦飞而知还。景翳翳以将入，抚孤松而盘桓。

归去来兮，请息交以绝游。世与我而相违，复驾言兮焉求？悦亲戚之情话，乐琴书以消忧。农人告余以春及，将有事于西畴。或命巾车，或棹孤舟。既窈窕以寻壑，亦崎岖而经丘。木欣欣以向荣，泉涓涓而始流。善万物之得时，感吾生之行休。

已矣乎，寓形宇内复几时，曷不委心任去留？胡为乎遑遑欲何求？富贵非吾愿，帝乡不可期。怀良辰以孤往，或植杖而耘耔。登东皋以舒啸，临清流而赋诗。聊乘化以归尽，乐夫天命复奚疑。

本赋是陶渊明13年时仕时隐生活的总结，通过对归途、初归和归后田园生活的描绘，表示了彻底诀别官场的态度和对田园生活的无限热爱之情。它是陶渊明人生道路上的一个转折点，标志着他真正田园生活的开始和固穷守节精神的坚定起步。这篇文章的格调自由轻松，昂扬向上，节奏明快，自然悦耳，表明陶渊明对归田生活的选择完全是主动的，他是在走向真正的人生而不是逃避人生。一句话，他彻底摆脱了仕与隐的分裂状态，向着和谐的未来迈进。这篇文章同时预示着陶渊明新的创作高潮的到来！北宋大文学家欧阳修对它推崇备至，说："晋无文章，惟陶渊明《归去来兮辞》一篇而已。"这是对它的最高评价。

田园生活

仿佛历经风浪的颠簸后，航船驶进了平静的港湾；仿佛承受严冬霜雪的袭击后，大地迎来了明媚的春天；仿佛关在笼子里的鸟儿，终于返回了林木丛生的大自然。一种奔波之后的轻松感，一种拘禁之后的自由感，像清晨的晨光，像傍晚的月华，洋溢着陶渊明的胸怀里。406 年，也就成了他后半生田园生活中最愉快的一年。他的个性、理想与现实生活达到了高度统一，这种新境界的成果，便是他最光辉的诗篇——《归园田居五首》：

少无适俗韵，性本爱丘山。误落尘网中，一去十三年。羁鸟恋旧林，池鱼思故渊。开荒南野际，守拙归园田。方宅十余亩，草屋八九间。榆柳荫后檐，桃李罗堂前。暧暧远人村，依依墟里烟。狗吠深巷中，鸡鸣桑树巅。户庭无杂尘，虚室有余闲。久在樊笼里，复得返自然。

与拘禁个性、尔虞我诈的官场相比，田园才是自由和谐的天地。不但所见都是清新自然之景，而且所交都是纯朴真挚之人：

野外罕人事，穷巷寡轮鞅。白日掩荆扉，虚室绝尘想。时复墟曲中，披草共来往。相见无杂言，但道桑麻长。桑麻日已长，我土日已广。常恐霜霰至，零落同草莽。

所从事的农业劳动也是自愿的、贴近生命的：

种豆南山下，草盛豆苗稀。晨兴理荒秽，带月荷锄归。道狭草木长，夕露沾我衣。衣沾不足惜，但使愿无违。

南山即庐山。秀美的庐山没有被诗人专门吟咏过，陶渊明也从没有在诗中分析出一件件事物来分别吟咏，他追求的是一种浑然未分的朴素美。你看：豆、草、月、露都是自然地以本来面目出现的，仿佛诗人与他们合而为一了。但是诗人是思想觉醒了的人，不是混沌未分的野人，他意识到了生命的短暂易逝：

久去山泽游，浪莽林野娱。试携子侄辈，披榛步荒墟。徘徊丘垄间，依依昔人居。井灶有遗处，桑竹残朽株。借问采薪者，此人皆焉如？薪者向我言，死没无复余。一世异朝市，此语真不虚。人生似幻化，终当归空无。

既然生命短暂，到头来终归是毁灭，那么就更应该热爱人生，以人生的一切充满爱意：

怅恨独策还，崎岖历榛曲。山涧清且浅，可以濯我足。漉我新熟酒，只鸡招近局。日入室中暗，荆薪代明烛。欢来苦夕短，已复至无旭。

"空无"感是生命觉醒后必然的焦虑。但诗人很快从这种焦虑中超脱出来，欣赏曲折的山路、清浅的涧水，与农民邻居饮酒作乐，忘却世俗功利与时间流逝，从而增加生命欢乐的密度。

这五首诗囊括了陶渊明田园生活的典型内容和典型的心情：归耕之趣、交往淳朴、劳动实感、迁逝之悲、饮酒行乐，他以后的诗歌创作，基本上是围着这五种主题展开的。这一组田园诗是陶渊明诗的代表作之一，是他诗歌创作的第一个高潮，也是中国文学史上田园诗的开山之作，从此成为一种独具风格的题材天地，并逐渐成为诗歌的一种派

别——田园诗派。

但是生活并不只有和谐与欢乐，这样的生活大约过了两年半，便被现实的风吹皱了。晋安帝义熙四年（408年）六月的一天，艳阳似火，烧烤着江南大地。陶渊明突然发现自家林边的草庐火光冲天，不一会儿便烧得片瓦不剩。所幸妻儿都在田里劳作，没有人身伤亡。但是刚刚有些起色的生活就这样毁掉了。陶渊明一家又面临着贫困的煎熬。没房子住，只好住在泊在树下的舟中。在一个"迢迢新秋夕，亭亭月将圆"（《戊申岁六月中遇火》）的夜晚，渊明久久站立着，思绪遥远：他想到自己从小就孤傲耿介，四十年间历经坎坷，这场火灾又算什么呢？所以心境依然闲适自得；遥想上古时代，人们能吃得饱喝得足，所以农具和余粮储放在田中，也无人盗窃，他们晨起暮归，无忧无虑地生活着。但是我不能遇上这样的时代了，还是老老实实地浇园耕田罢。可见，陶渊明并不因财产损失、困境艰难而牢骚叹息，却更坚定了走自己的路的决心。

不久，陶家搬到了西庐居住，耕于西田。第二年重阳节，经过大半年的辛勤劳动，一家人又恢复了往日温馨的乡间生活，过了一个快乐的节日。陶渊明又喝上了自酿的浊酒。但是，敏感的他面对暮秋万物的变化，想起去世的母亲、妹妹，又悲从中来，写了《己酉岁九月九日》一诗，表达人生劳苦、人生有尽的悲情。

草庐失火之后，当地著名的隐士刘遗民知道了陶渊明的近况，就写诗给他，邀他一块在庐山隐居。刘遗民原名刘程之，字仲思，402年做过柴桑令，第二年，由于桓玄篡晋，便弃官归隐于庐山西林涧北。陶渊明在家居母丧期间（401年—404年），可能与他结识，并有交往。直到陶渊明真正归田后，二人才交往起来。面对朋友的召唤，陶渊明写诗婉言拒绝了，诗即《和刘柴桑》，因为二人的隐居生活在性质上并不相同。刘遗民笃信佛教，索居禅房，不以妻儿为念，不食人间烟火；而陶渊明不赞成这种违背人性的隐居方式，他爱妻儿亲朋，爱富有人情味的生活，这从他两年后写的《祭从弟敬远文》和《悲从弟仲德》中都可以看出。所以他不愿离群独居在荒山野林里，而婉言谢绝了刘遗民的邀请，从中我们可以看出，陶渊明反抗现实的方式，不是刘遗民的绝对回避，而是以不得不归田来表示对统治者的失望和反抗，并且在田园中执着于人生，与苦难的人民呼吸与共、生死相依。

晋安帝义熙六年（410年）二月，广州刺史卢循造反，到了江州境内，杀死了率军抵抗的江州刺史何无忌，进驻浔阳。之后，自春至秋，双方打起了持久战。陶渊明冷眼瞧着战争的发展，却依然故我地辛勤的耕作着。这一年他第一次在西田种早稻，一家人为此早出晚归，把稻子侍弄得很好。但由于战乱，本该于六月收割，只好推迟到九月，陶渊明因而郑重而愉快地写下了著名的《庚戌岁九月中于西田获早稻》：

人生归有道，衣食固其端。孰是都不营，而以求自安！开春理常业，岁功聊可观。晨出肆微勤，日入负来还。山中饶霜露，风气亦先寒。田家岂不苦？弗获辞此难。四体诚乃疲，庶无异患干。盥濯息檐下，斗酒散襟颜。遥遥沮溺心，千载乃相关。但愿长如此，躬耕非所叹。

战争就在眼前，却只写务农的重要性、种田人家的辛苦、休息时闲饮的快乐以及对亲自力耕的矢志不渝，总之，肯定了穿衣吃饭是生存的首要条件。因为如果连衣食之需都不去经营，还谈什么安乐？另外，身体虽然很疲劳，却没有意外的横祸临头，喝上几杯就会消除疲劳而心喜颜开了。这不正是对给人民带来无穷灾难的战争的控诉和否定吗？

战火依旧在浔阳持续着。为防不测，陶渊明举家从西庐迁到离柴桑城更远、更偏僻的南村（今江西九江市郊）。在那儿，他结识了不少新邻居，既有一块议论农事的农民，也有一起欣赏各自新作、研讨分析疑义的隐士。陶渊明志在归隐，固穷守节，但并不因此排斥志趣不同的人，他对待朋友是大度而平易的。只要有一点志趣相合，他就去结交。像后来成为刘宋王朝权贵的殷景仁，本是个热衷仕途的青年，但是他灵敏有才气，陶渊明很喜欢他。两人有时清谈，有时相约去游玩，相处得很融洽，成了忘年之交。411 年殷景仁去做刘裕的参军、举家迁往建康时，陶渊明特地与了《与殷晋安别》诗为他送行，表示了取舍不同而友谊长存的惜别之情。

此间，他还同刘遗民及另一个佛教徒、知名的隐士周续之经常往来，有好事者就把他们并称为"浔阳三隐。"周、刘二人都尊庐山东林寺中声闻朝野的名僧慧远为师，陶渊明可能因此曾一度成为慧远的方外之交。但他并不信佛，也不想参加慧远主持的一些佛教活动，因为他崇尚的是随着大自然生生息息的变化而生活的自然人生观。早在 402 年七月，慧远发起白莲社时，在家守母丧的陶渊明因对佛教教义不感兴趣，也不愿受佛教礼法的束缚而没有入社，而周、刘都主动加入了白莲社。403 年慧远与桓玄就沙门是否应敬王者展开辩论，涉及了人的形全和精神的关系问题。第二年，桓玄篡位，慧远作了《沙门不敬王者论》，又谈到形神关系。他认为人的形体死后而精神不灭，宣扬三世轮回，追求来世。到 412 年，慧远又立佛影台来证明人死神存，并写有《万佛影铭》，宣扬人的精神可以离开形影而独立存在，影响很大。周续之、刘遗民这样有文化的隐士也相信"形尽神不灭"。陶渊明对之深表不满。他进行了认真的思考，并把思考的结果写成了《形影神三首》组诗。

有序言里，他说："人无论尊卑贵贱贤愚，都很爱惜自己的生命并为此奔波忙碌。这其实是很糊涂的。所以我要详述形和影的苦恼，并由神来加以辨析宽解。希望喜欢探讨这个问题的人，都了解自然之理。"

组诗第一首《形赠影》是形对影说的话。形说：天地永不会毁灭，山河也没有改变的时候，草木遵循自然变化的规律，经霜而凋，受雨又复苏繁荣，人虽自称最有聪明才智，却不像自然万物那样永存。……我没有升天成仙的法术，必定要死去是无疑的。愿你听取我的话，有酒就喝，不要随便推辞。

组诗第二首《影答形》写影不同意形的建议：长生根本谈不上，保养身体也苦于无法。游访名山求仙学道，此路渺茫不通。与你相遇以来，悲欢与共。……但人死我们就没了，身死名声也逝去。想到这里便五情迸发，心中如焚。因此影认为：饮酒虽说能解忧，但不如美德功勋论著可以名垂后世，所以还是立善好。

第三首《神释》是神对形影的回答。神说：大自然没有偏爱，万物按各自的规律繁荣发展。人是天、地、人三才之一，不就是因为有我吗？我与你们虽是不同的东西，但生来就互相依附，所以对你们的争论，我要表示一点意见。三皇是大圣人，现在又在哪里呢？彭祖追求长生，后来还是死了。可见长寿短命贤达愚鲁都要死去。天天饮酒也许能解忧，却使人短寿；人们常喜欢立善求名，可有谁来宣扬称赞你呢？想多了会伤神，还是顺应自然的变化好，无所喜也无所忧。生命该结束的就结束，不必再为这过分思虑了。

在这里，陶渊明对人生有限提出了三种解决方法：及时行乐，立善求名，听任自然。

而他向往的是听任自然这种旷达的人生态度。但这只是一种理想。三种人生态度各有利弊，还会在一人身上共存，陶渊明也不例外。《形影神》组诗对人生的思索标志着陶渊明哲学观、人生观的成熟，从此他为自己的归隐和固穷守节的田园生活找到了理论上的依据，更加坚定了自己选择的人生道路。

半面人生

50 岁是一个生命的关口，在这个半百的年龄，人最容易发生感慨。陶渊明在想：少年时没有喜事心情也很愉快，雄心壮志超越四海，但时光不知不觉地逝去，壮志逐渐被现实生活磨平了。而且遇到乐事也不感到喜悦，反有许多忧虑。而永恒的时间之流却自顾自地向前流逝。哪里是人生的终止之处呢？难道是南山上的坟墓？那么，就不必为死后做安置，还是紧紧地把握好现在吧！他又想到做官食禄并不是自己的理想，务农才是本业，所以从未停止过耕种，却常受冻挨饿。其实自己的要求也不高，只要能充饥御寒就行了。可是连这样的生活也不能得到，为什么别人都有各得其所、自己却无力谋生呢？可悲啊，但最可悲的还是空有壮志却得不到施展啊。回忆这些就痛断肝肠，还是松缓衣带尽情饮酒欢乐吧！

陶渊明虽然在《形影神》中感悟了人生的真谛，但一落实到现实生活，还是不能克服形、影、神的矛盾，被饮酒消忧却不能长生、立着求名却终归空无、知足常乐却贫困交加等种种矛盾断断续续地煎熬了一年。特别是五十岁下半年，陶渊明倍受精神的折磨。这些心情都记录在了他的八首《杂诗》之中。

精神的苦闷必然带来肉体的衰退，长期的忧贫叹老、过度饮酒和营养不良，使陶渊明患了病，卧床不起，发作时，燥热难忍，并且毫无气力。眼见病越来越重，亲戚朋友凑了些钱才请来大夫。陶渊明吃药后，时好时坏，渐渐地消瘦下来。他觉得大限将临，很挂念儿子们，便强支身体，把五个儿子唤到床前，命他们拿过纸笔，颤抖着、断断续续地写下了有名的遗言：《与子俨等疏》。陶渊明扼要地回顾了他的从出仕到归田的人生道路，写出了不与世俗社会同流合污的高洁情怀，并为由于自己选择了归田之路而使孩子们跟着受苦表示了深深的愧疚之情。但他毫不后悔，还希望儿子们能理解他的选择，谆谆告诫他们要团结友爱。另外，在对孩子们表示歉意的叙事中，可以看出他心境的久久不平；在感受他曲言黑暗的现实吞掉了他的志向时，更能体味到他身上的时代重压。因此，这篇遗嘱不仅是他平生志行的一个总结，还有他对仕与隐的再认识。

儿子们为父亲的谆谆教诲感动万分，都放声痛哭，他们决定竭尽全力来为父亲治病，在儿子们的周到照顾下，陶渊明竟转危为安，又奇迹般地活了下来。康复后的陶渊明仍然很虚弱，暂时不能下田劳动，但家里为自己治病欠债不少。于是在公元 416 年左右，陶渊明开始教授学生，讲习诗文。余暇时，自己也读点书。

这时正有一双友谊之手向陶渊明伸来。他就是颜延之。这一年，颜延之到江州来做刺史刘柳的后军功曹。颜延之（384 年～456 年），小时死了父亲，家里很穷，但聪明好学。他为人坦率耿介，崇尚气节，不阿世媚俗。他信奉儒学，也受时代风气影响，恃才傲物，好饮酒，有时他一个人在荒郊野外独酌，饮至兴处便手舞足蹈，对行人惊讶的目光浑然不觉。他到江州后，听说陶渊明固穷守节，于是向往之至，便打听陶渊明的住处，还想把家安在陶家附近，后来如愿以偿。方正的个性和酗饮的嗜好使他们这一老一少一见如故，相见恨晚。颜延之每逢公务闲暇，就去拜访陶渊明。两人一起漫步田间，累了就坐在树下休息。春忙时，这位出身贫苦的青年还帮着陶家干活。闲暇时便一起赏析文义。颜延之知道陶家家贫，去找陶渊明时，总不忘带点酒。他们常常乘秉夜饮，边喝边交谈，评古论今。说到伤心处，二人就抵掌歔歙，叹息不已；谈得高兴了，就手舞足蹈，相视而笑。有时谈累了，酒也喝得差不多了，陶渊明便说："我醉了，想休息一下，你自己回去吧，有空再来！"颜延之听了，也不见怪，便悄悄离去。

颜延之觉得陶渊明是草莽高士，只是命运不佳才落到这个地步，于是向上司刘柳推荐他。刘柳也早听说过"浔阳三隐"，便上疏推荐陶渊明和周续之。安帝下诏征召二人，周续之准备出山，而陶渊明坚决拒绝了。416 年六月，刘柳死了，这事便暂时搁置起来。八月，刘裕亲率北伐大军攻打洛阳，不久克复。颜延之奉使到洛阳，只好与陶渊明依依惜别。后江州刺史檀韶接任，又请陶渊明和周续之出山。周续之出山了，与当时的高士祖企、谢景夷在浔阳城北讲《礼》经和校书。官方安排他们讲学的地方靠近马圈。马圈的骚臭味与读书声混在一起，让人觉得很可笑。本来，孔子之道丧失将近千年了，现在又听到它的声音，应该感到高兴才对。但马圈旁实在不是讲礼的地方，因为马是战争用的畜力，这与儒家推崇的文治极不协调，因此极富讽刺意味。这暗示出当权者并不真正重视礼教，而是通过虚伪的崇"礼"达到为自己沽名钓誉和笼络人心的目的。所以，陶渊明写了首诗给他们三人，对他们既非其时、又非其地的讲礼行为，有召即出的假隐士态度提出了批评，希望他们改正归隐。

近年关了，有天早晨，陶渊明还没起床，就听见有人敲门，他慌忙披衣出去开门。只见老朋友手拿一壶酒，笑微微地看着陶渊明，原来陶渊明情急之下，穿倒了衣裳。对饮中，老朋友深为他辞去朝廷征召可惜，劝他也随波逐流混日子算了，何必穿破衣，住茅屋，委屈自己呢？陶渊明微微一笑，然后斩钉截铁地说："谢谢您的劝导，我天性与世俗合不来，回车改道诚然可学着去做，但违背自己的心愿，不是太痛苦了吗？还是一起干了这杯吧！"说完，便满饮一杯。其实他很明白这是个什么样的世道，根本没有是非道德可言。桓玄倒了，刘裕又起来了，又是授宋公，又是加九锡，还不是旧戏重演？在这种境况下，只有悠游田园是唯一的归宿。他在《饮酒》诗中写道：

结庐在人境，而无车马喧。问君何能尔？心远地自偏。采菊东篱下，悠然见南山。山气日夕佳，飞鸟相与还。此中有真意，欲辨已忘言。

东篱采菊，无意中看见傍晚的庐山，诗人感到自己仿佛融入了大自然，悠然忘我，如醉如痴，进入一种玄远超妙、与宇宙共存的化境。那正是他毕生追求的完美的境界。

公元 417 年七月，刘裕的北伐大军又攻破了长安，灭掉了后秦，生擒秦主姚泓，驻军关中。刘裕的咨议参军、左将军朱石龄在都得到捷报后，即派长史（将军的属官，总理幕府）羊松龄前去贺捷，途径浔阳。作为他朋友的陶渊明，写诗给他送行，即咏怀诗《赠羊长史》。在诗中，陶渊明表达了他忧念时局、关心国家命运的焦虑，并预感到政局又将产生巨大变化。果不出其所料，第二年六月，刘裕接受了朝廷授给他的宋公、九锡，做了相国，

为篡晋做好了准备。人们这才明白刘裕又是一个桓玄，他攻打后秦哪里是为了国家统一，根本是为了扩张自己的势力，以代晋自立。这一年，朝廷又征召陶渊明作著作郎。他依旧很穷，又依旧坚决回绝了。但这次征召，使50岁以后一直没停止过思想斗争的陶渊明在精神上又泛起不小的波澜。他以归巢的鸟儿自况，写下了《归鸟》诗，回忆自己大半生的人生经历，表达归田后克服重重困难，不改初衷的坚定意志，再次申明了永远绝仕的态度。

不久，辅国将军王弘来江州做刺史。他早就听说过隐士陶潜的大名，很想结交他。可是自己没机会去，又不能命他来，于是就向陶渊明的老乡、老朋友、正在州里做主簿的庞遵讨主意。庞遵说："渊明好喝酒，好到庐山游玩。我就在去庐山的路上摆好酒等他，等我们开始喝酒时，你再从别处走来加入其中，这样他准愿意结识你。"由庞遵向陶渊明的一个学生打听好他去庐山的确切日期，就依计准备停当。陶渊明正患脚病，由一个学生和两个儿子用竹轿子抬着他向庐山走来。庞遵远远地看见他们，就从摆好酒菜的席子上站起来，招呼相邀，陶渊明一看是老朋友，高兴地从轿子上下来，坐在席上，二人就对饮起来。一会儿，王弘过来了，二话不说，坐下来就喝。陶渊明对他的举动，并不感到奇怪，三人喝得极是痛快。从此王弘就与陶渊明成了好朋友，常想接济陶渊明。但陶渊明除了酒，什么也不要。

419年的重阳节到了，王弘知道陶渊明很喜欢这个秋高气爽的节日，喜欢在这一天喝酒，就亲自送酒来，快到陶家时，他看见陶渊明正颓然坐在菊花丛中，抬头遥望庐山，若有所思。原来在这菊花盛开的佳节，陶渊明家里断酒了，正在感叹辜负了这么美好的菊花呢。他一见王弘拿来了酒，就迫不及待地在菊花丛喝起来。两人都醉了，然后各自回家。

人生苦短，世道不平。陶渊明真要在酒中度过余生了。

深邃目光

公元418年十二月，刘裕把安帝幽禁于东堂，而立恭帝。420年六月，刘裕又派人讽喻恭帝让位，并提写了一份禅位草诏，让恭帝自己抄写一遍。不久，刘裕便堂而皇之地做了宋朝的皇帝。从此，历史上的南朝宋代便开始了。

刘裕即位后就开始笼络人心，周续之被征召两次，出山到了京城。宋武帝刘裕对他礼贤备至，亲自拜访他，询问《礼记》中的疑难问题。陶渊明的忘年之交颜延之也受到了刘裕的礼遇，经常和周续之辩论《礼记》的义理。刘裕还大赦天下，但暗地里派人杀死了恭帝。陶渊明对这一切都明白在心，于是写了好多抒写时事的作品，如《拟古》九首和《述酒》诗就写于晋宋易代时。

陶渊明用深邃的目光审视封建帝王统治下的现实社会，看到世风日下，人们只知追名逐利，为了权势不惜采取任何卑劣的手段，不论是普通百姓，还是权臣国君，莫不如此，更不用说朋友的反目成仇。对社会彻底失望的他，再次把目光投向古代那些固穷守节的隐士。有发誓不食周粟、归隐首阳山、采野菜为食的伯夷、叔齐；有穿破衣、戴破帽、经常挨饿却面有喜色的子思；有坚持义节，不受封而归隐于徐无山的田子泰。陶渊明又想到人生苦短,生命虽然像皎皎的云间明月,像鲜艳夺目的花儿,但终究会变得黯淡无光。世人追逐的名利到头来也是一场空,于是他决心在这样一个改朝换代的乱世,不做趋炎附势、闻风变节的假隐士,而要像傲霜挺拔的青松一样,固穷守节,至死不悔。

可是他眼下的生活并不好过。贫穷自然不算什么,可恨的是赋税多如牛毛,于是他想起上古时代的人们日出而作、日入而息;无君无臣、无忧无虑的生活,想到《老子》里描述的"小国寡民""鸡犬之声相闻"的情形,他描写的桃花源是"有良田美池桑竹之属,阡陌交通,鸡犬相闻","黄发垂髫,并怡然有乐"。他向往的是"春蚕收长丝,秋熟靡王税","虽无纪历志,四时自成岁。"在这一记一诗里,他完全否定了黑暗的现实社会,写出了自己的理想和哲思。在他的桃源里,一切如他憧憬的那样美好。然而,陶渊明知道人间是永远找不到这片乐土的,他只好在自己澄明的精神空间里努力构筑。

陶渊明本来就笃于友谊,晚年的陶渊明更加珍惜这生命之花。自从江州刺史王弘与陶渊明一见如故,州里如果来了哪位风雅客人,王弘总忘不了请陶渊明到场作陪。因为一则这时陶渊明已是地方名流,二则王弘趁机请朋友吃酒,公私兼顾。就在陶渊明写《桃花源记》的那年秋天,西阳(今湖北黄州)太守庾登之被征还都,豫章(今江西南昌)太守谢瞻也将到郡里赴职。王弘在江州为他们饯行,送行的酒席设在江州城东溢口(今九江市溢浦)的南楼上。庾、谢二人都是一代名士,王弘便请陶渊明来作陪。宾主四人在南楼坐下来互话离别之情,并饮酒赋诗,成为文学史上的一段佳话。

由于同王弘的往来,陶渊明又结识了王弘的部下庞参军。除了同乡庞遵外,又多了一位姓庞的朋友。庞参军也是一位高雅之趣的诗人,他像颜延之一样,推崇陶渊明的为人,便主动同陶渊明结为邻居。他们经常互访,一起读书、饮酒、切磋诗艺、赏析诗文、创作新诗,结下了深厚的友谊。以至于一日不见,如隔三秋。两人间这种纯洁的友谊一直持续了近两年。

423 年春天,庞参军奉命出使京都建康(今南京),临行,来向老朋友陶隐士告别,并送上自己写的一首赠别诗。陶渊明为朋友的真情深深地感动了,他设酒为庞参军饯行。本来由于年事已高,又患病多年,身体羸弱,陶渊明好久不写诗了。可这一次他无论如何控制不住自己的感情,于是再写下一首五言诗,抒发离别之情。同上次在王弘座上送客不一样,这一次的离情更浓。因为这是知己之别呀!

友谊是陶渊明晚年最温暖的阳光。在这美丽的阳光里,他忘掉了人生的艰难,命运仿佛有意回报这位节操高洁的老人,庞参军走后不久,他的老朋友颜延之又来了。颜延之由于性格偏激耿介,在朝廷里得罪了权贵,被贬往始安郡做太守。他在往始安郡的路上,经过浔阳小住,便天天跑到老朋友陶渊明那儿饮酒。酒逢知己千杯少,酒喝得多,话也说得多。他们无话不谈,每每喝得大醉方休。可是这样的日子不会很多,不久,延之要赴任了。临别,他送给陶渊明二万钱。陶渊明知道老朋友的心意,便没有推辞。延之走后,陶渊明便把这些钱一分不留地送到酒店去,当作了预支的酒钱。从此,陶渊明便经常到酒店里去沽酒,在一次次酣饮中品味友谊、品味人生。

由于饮酒过多,加以年老体弱,陶渊明不时旧病复发。虽经医治,时好时坏,由于治病,家里花去了好多费用,本来就贫困的陶渊明更是一文莫名了。公元 416 年夏天,陶渊明 62 岁的时候,江州大旱,又遭了蝗灾。陶渊明一家的陈粮吃完了,新粮还没成熟,家里

几乎断了炊。临近年关时，陶渊明家里又几近断炊，他已经十多天没好好吃一顿饱饭了。感到又饥又乏。这时，新任江州刺史檀道济来拜望陶渊明。檀氏这次来访并非尊贤之举，实在是为了借陶隐士的声名来抬高自己。他见陶渊明生活苦成这样，便打着官腔说："贤能的人活在世上，如果天下无道，那么他才隐居，如果有道，他就会出来做官。现在您生活在文明盛世，政治清明，为什么自找苦吃呢？"陶渊明听了，冷冷地回答说："我哪里奢望做什么圣贤呢，我根本达不到圣贤那样的道德和才能。"檀道济碰了软钉子，又假惺惺地赠给陶渊明粮食和肉类，陶渊明坚决拒收，檀道济只好无趣地走了。

第二年，宋文帝元嘉四年（427年）秋天，陶渊明63岁，年老久病的老诗人渐觉大限将至，于是最后一次拿起笔，写下了《自祭文》和《挽歌诗》。在《自祭文》中，陶渊明回忆了自己充满艰难，但又顺其自然无愧无悔的一生。写道："捽兀穷庐，醯饮赋诗，识运知命，畴能罔眷？余今斯化，可以无恨。"在《挽歌诗》中表示对自己生死的彻悟："千秋万岁后，谁知荣与辱。但恨在世时，饮酒不得足"，"亲戚或余悲，他人亦已歌。死去何所道，托体同山阿。"《自祭文》和《挽歌诗》是这位中国文学史上最朴素最真诚的诗人的自我祭奠，也是他用清澈渊深的生命为后人留下的最后一笔珍贵的精神财富。

两个月后，大诗人陶渊明永远告别了人生旅途，与他服膺了一生的大自然融为一体了。在当时文人眼里，比陶渊明名气大得多，堪称文坛领袖的颜延之一听说老朋友去世，连夜兼程，风餐露宿来为陶渊明送行。按照当时的习俗，德高望重的人死了，应该加个谥号，一则为了褒扬死者，二则为了教育世人。颜延之等亲朋好友一致认为陶渊明一生心胸宽广旷达，得以善终，又廉洁克己，志操脱俗，应该加一个谥号。于是颜延之征询了陶渊明亲朋的意见，依据有关谥号的典书古礼，将"靖节征士"的谥号敬奉给了这位名扬域内的大隐士。颜延之为陶渊明写了哀诔文，题曰：《陶征士诔》。在诔文里，颜延之高度赞扬了陶渊明无与伦比的高洁节操。

为人为文

在很长一段时间里，人们都高度评价陶渊明的节操，但对他具有高度艺术成就的诗文，却忽视了。至少从陶渊明逝世一直到初盛唐，人们是一直把他看作有着高尚气节和高雅情趣的大隐士的，而很少有人欣赏他的诗文。在中古到初盛唐这一段时期里，人们一般以为曹植、陆机、谢灵运、庾信等人是中古时期最有成就的诗人。陶渊明至多是二流诗人。钟嵘在他的《诗品》里把陶渊明只列在中品，萧统第一个为陶渊明编集、作序、但在《文选》里却只选了陶潜十几篇诗文，远远少于谢灵运等人，沈约是第一个为陶潜作传的人，在《宋书》里把他归在《隐逸传》里，行文中也没有评到陶潜诗文。初盛唐时，人们十分推崇陶潜的生活情趣，像由隋入唐的诗人王绩就以陶潜自许，模仿陶潜好酒的生活情趣，自称"五斗先生"，还写一篇《五斗先生传》以自况，这篇自传的笔法极似陶潜《五柳先生传》。初唐四杰、陈子昂、王维、孟浩然、李白、杜甫等大诗人在他们的创作中多次用到陶渊明好酒、采菊、桃花源、折腰等典故，很推崇他的气节和情趣。孟浩然曾说："尝读《高士传》，最嘉陶征君。"（《仲夏归南园寄京邑旧游》）"我爱陶家趣，林园无俗情。"（《李氏园卧疾》）这可谓当时人对陶渊明的典型态度。但他们却很少提到陶渊明的诗文,而对于陶渊明同时代的谢灵运、陆机等人的文学成就却大加赞赏。但从另一方面看,陶渊明诗文毕竟或多或少地被当时读者接受了,否则他们不会大量运用陶渊明诗文的典故。

中晚唐时,陶渊明的诗名开始上升,由第二流的作家上升为第一流的作家。安史之乱的战火使士人们从盛唐时的沉醉和幻想中醒来,人们不得不从理想的世界回到矛盾重重的现实。往日那种昂扬向上、积极进取的精神风貌,不久便为冷静思考和闲情逸致所取代。加以老庄、禅学的日益深入人心,追求闲适、隐逸的情趣又为经受过现实挫折的士人所向往。这时,不仅陶渊明的为人,而且他的诗文也开始为人们重视起来。其中最有名的推崇者当数大诗人白居易。白居易把他自己的诗分为四类,其中的"闲适"诗明显受到陶诗的影响,在美学风貌和情趣上与陶诗有相通之处。在"闲适"诗里就有《效陶潜诗十六首》。其实在中晚唐以"效陶"为题的并不只白居易一人,如有名的诗人韦应物就曾写过两首《效陶》诗。

陶渊明诗文独特而无与伦比的美学价值到宋代才被逐渐以典范的形式确立了下来。欧阳修就说晋朝没有文章,只有《归去来兮辞》一篇。本文开头提到的苏东坡第一个成功地解读了陶渊明诗文,为陶潜在中国文学史上的地位奠定了最牢固的基石。他甚至说李白、杜甫的诗也比不上陶诗,这当然有些偏激,但他却是以自己的生命去深味陶渊明的审美人生。他不但和遍了陶诗,而且从理论上把陶诗的美学价值揭示了出来。他说:"吾于诗人,无所甚所,独好渊明之诗。渊明作诗不多,然其诗质而实绮,癯而实腴,自曹、刘、鲍、谢、李、杜诸人,皆莫及也。"从苏东坡以后,人们便异口同声,称赞起陶诗来。到南宋时,大词人辛弃疾说陶渊明"浑似卧龙诸葛",朱熹也说:"陶渊明诗,人皆说是平淡,据某看,他自豪放,但豪放得来不觉耳。"他们从陶渊明身上发现了豪放的一面。这种观点就是后来鲁迅先生评陶诗除了"静穆"一面外,还有"金刚怒目"的一面的观点的本原。朱熹还高度推崇陶潜的气节,确立了陶潜在文化史上的崇高地位,这样,在宋代,陶渊明诗文与为人的地位都被推到了最高峰,推到了不可企及的典范的行列。

宋代以后,陶渊明的为人和诗文仍然受到人们的普遍赞誉,对其诗文的阅读、评价、研究虽然多为陈词老调,步宋人后辙,但是从广度上看,陶渊明诗文的接受面却更大了,人们为陶渊明诗文作注、阐释,为陶渊明写年谱,作考证,在生活中标举陶渊明的气节和生活情趣,陶渊明越来越成为中华民族的一种文化现象,作为中国文化的优秀因子融入中国人、特别是读书人的血液之中。

梨园领袖

——关汉卿

名人档案

关汉卿：中国古代戏曲创作的代表人物。号已斋(一作一斋)、已斋叟。汉族，大都人(今河北安国)。

生卒时间：1220~1300年。

安葬之地：安国市东南15公里处，伍仁桥东北约500米。

性格特点：狂傲倔强。

历史功过：关汉卿是中国文学史和戏剧史上一位伟大的作家，他一生创作了许多杂剧和散曲，成就卓越。他的剧作为元杂剧的繁荣与发展打下了坚实的基础，是元代杂剧的奠基人。他在生时就是戏曲界的领袖人物，《录鬼簿》中贾仲明悼词说他是"驱梨园领袖，总编修师首，捻杂剧班头"，"姓名香四大神物"。

名家评点：与马致远、郑光祖、白朴并称为"元曲四大家"，关汉卿位于"元曲四大家"之首。后世称关汉卿为"曲圣"。

梨园领袖

元杂剧是中国古代戏曲高度成熟的标志，也代表了元代文学的最高成就。集编导、表演于一身的关汉卿，在元代剧坛驰骋才华，领袖群英，创造典范，成为元杂剧和古代戏曲艺术的伟大奠基人。

关汉卿杂剧艺术的巨大贡献和崇高地位，在元代便得到广泛推崇。关汉卿逝世不久，钟嗣成编《录鬼簿》，在"前辈已死名公才人，有所编传奇行于世者"栏，置关汉卿于首位。元末贾仲明在《凌波仙》词中，对关汉卿更作了热情称颂：

珠玑语唾自然流，金玉词源即便有。玲珑肺腑天生就，风月情，忔惯熟。姓名香四大神州。驱梨园领袖，总编修师首，捻杂剧班头。

在贾仲明看来，关汉卿玲珑肺腑，天生才华；杂剧创作语语珠玑，词词金玉，名香神州,并成为集编剧、导演和演员为一身的一代领袖。这首优美的《凌波仙》词,确可视为关汉卿的历史定评。

由于受到重诗文轻小说戏剧的传统偏见的影响,关汉卿与同为"元曲四大家"的马致远、郑光祖、白朴一样,没有留下生平创作的详细记载,但根据现在资料并联系元代社会,可看出关汉卿成为伟大的戏曲艺术家绝非偶然。

关汉卿约生于金宣宗贞祐、元光之间(1213~1223年),卒于元成宗大德年间(1300年前后)。大都(今北京)人,号已侘斋叟,曾任太医院尹。清乾隆时修的《祁州志》说他是祁州伍仁村人。祁州即今河北省安国县,地方上流传有关汉卿的传说。他可能原籍祁州,因在太医院任官和从事戏剧活动,才定居大都。

关汉卿生活的时代,中国大地的政治舞台,风云迭起,主角多变,中原士族遭受到前所未有的歧视和屈辱。公元1271年,大元立国。1279年,南宋覆亡。蒙古人入主中原,开始了对中国近百年的统治。其间,人分蒙古人、色目人、汉人、南人四等;职业列"一官二吏三僧四道五医六工七猎八民九儒十丐"十类。而且,元朝统治中国后便停止科举,直至1314年的元仁宗延祐元年才重行开科取士。在漫长的80年间,中原士族失去了进身之路,有的便作了刀笔小吏,有的替蒙古人作仆役,更不幸的是左手提灰罐右手拿竹枝在富人门前划字行乞。汉族士子在历史上第一次最深切感受到异族入主的屈辱和沦落社会底层的痛苦。

关汉卿目睹并感受着这一切。他不屑于为蒙古统治者效劳,也不退避林泉过隐居生活,选择了一条与勾栏艺人结合从事杂剧创作的艰辛人生之路。这既是为了揭露黑暗、抒发不平,也与他丰富的艺术修养和杰出的戏剧才能密切相关。

首先,关汉卿博学能文,极富才情。《析津志》称他:"生而倜傥,博学能文,滑稽多智,蕴藉风流,为一时之冠。"他在自叙性的[南吕·一枝花]《不伏老》里也这样写道:"分茶撷竹,打马藏阄,通五音六律滑熟";"我也会围棋,会蹴鞠,会打围,会插科,会歌舞,会吹弹,会咽作,会吟诗,会双陆。"关汉卿不仅学识渊博,才华横溢,而且精通各种民间技艺,这是他创作出综合性的杂剧作品的重要主体条件。

其次,他还不断向演员艺妓请教,著名演员朱帘秀最为关氏崇敬;并有着"躬践排场,面敷粉墨"的丰富的舞台表演经验。臧晋叔《元曲选·序》说:"关汉卿辈争挟长技自见,至躬践排场,面敷粉墨,以为我家生活,偶倡优而不辞者。"杂剧创作是供舞台演出,不是置案头阅读。关汉卿的杂剧具有恒久的舞台生命,就与其实际的舞台经验密切相关。任讷《曲谐》说得好:"乃文字而外,复身任声容,成为我家生活。可见曲之为艺,果欲尽之,非兼文声容三端如汉卿者,不足为第一流戏曲家矣。"

再者,贾仲明《书录鬼簿后》说钟嗣成"载其前辈玉京书会燕赵才人……自金之解元董先生,并元初关汉卿已斋叟以下,前后凡百五十一人。""才人"是指宋元时替倡优写话本、编杂剧的作者,"书会"是才人的行会组织。就关汉卿杂剧创作的成就和影响看,他无疑是"玉京书会"的才人领袖。而在他的周围也确实团结了一批优秀的杂剧作家,如杨显之、赵公辅、岳伯川、费君祥、梁退之、白朴、王实甫等诸名家,或"与汉卿世交"、或"与汉卿交"、或"成莫逆之交"。他们在一起互相交流,切磋技艺,使元杂剧在元贞、大德年间发展到了"后学莫及"的鼎盛时期。

在创作过程中,关汉卿虽才华横溢仍一丝不苟,并虚怀若谷,谦虚求进。杨显之以《潇湘夜雨》盛名当时,但成就远逊关汉卿。关汉卿却极为尊重他,每当写成一剧,即送给杨显之润色订正。杨显之的修订意见常被关汉卿采纳,因此在当时杂剧界博得了"杨补丁"的雅号。

关汉卿在杂剧创作上,倾注了才华和热情,也表现出勇气和决心。元代法律规定"乱制词曲,恶言犯上"者要处死刑或流放,关汉卿则表示:"我是个蒸不烂、煮不熟、捶不扁、炒不爆、响珰珰一粒铜豌豆";就是"落了我牙,歪了我口,瘸了我腿,折了我手",还要"向烟花路儿上走"。这"烟花路儿"实际就是走与艺人结合从事戏曲艺术的道路。关汉卿的戏剧艺术生涯,是书会才人走与勾栏艺人相结合而取得巨大成功的典型例子。

他的创作活动主要在 13 世纪的后半期。一生除写了大量散曲,共创作了 65 种杂剧,为元杂剧作家之冠。现存杂剧 18 种,分别收入臧晋叔《元曲选》和隋树森《元曲选外编》。其中,《鲁斋郎》《五侯宴》《单鞭夺槊》《裴度还带》《绯衣梦》5 种是否为关作,历来有争议。我们这里则存而不论。

关汉卿的杂剧是其一生精神之所寓。按常规可分三类,即公案戏、风情戏和历史传奇戏。关汉卿的卓越深刻之处在于:公案戏,着力揭示社会黑暗而具有感天动地的悲剧魅力;风情戏,展示女性风采,鞭挞邪恶腐朽,创造机智讽刺的喜剧情境;历史剧,以史写心,借史抒情,成为古代英雄的深情颂歌。

公案之戏

关汉卿的公案戏以《窦娥冤》《鲁斋郎》和《蝴蝶梦》最为著名。元代公案戏的情节一般由两部分组成:首先表现诉讼案件的发生过程,并借以展开市井生活的画面,反映社会的种种矛盾冲突;其次描写官府的判案经过,由此揭开封建衙门的黑幕,表现对贪官污吏的批判和对清官的渴望。关汉卿的公案戏不同于一般冤狱昭雪的公案戏。它深刻表现人民群众同权豪势要的悲剧性冲突,热情塑造被迫害者不屈反抗的悲剧性格,具有感天动地的悲剧魅力,因而可以说是社会性的公案悲剧。

《感天动地窦娥冤》最具感天动地的悲剧魅力。《窦娥冤》原本汉代东海孝妇的故事。关汉卿在民间传说的基础上,结合元代的社会现实,通过窦娥的屈死,揭发了元代的"滥刑虐政"和冤狱,写出了一部全新的感动人心的大悲剧。窦娥冤屈而死的故事,已是家喻户晓了。从中首先可以看出,窦娥同张驴儿和桃杌的冲突不是与个别的流氓泼皮和贪官酷吏的冲突。在关汉卿笔下,张驴儿不是一个孤立的反面形象,这个流氓泼皮与当时的权豪势要、贪官酷吏一样,都是元代社会那个带有奴隶制残余的封建政权的特殊产物。流氓张驴儿和酷吏桃杌这类人物,从上到下组成一张欺压残害百姓的黑暗罗网。窦娥同他们的冲突,可以说是人民群众同封建统治势力冲突斗争的艺术再现。而关汉卿在思想和感情的深处,是同情于不幸的被压迫、被损害、被侮辱的小人物。于是,便看到关汉卿以既同情又赞赏的笔墨,为我们塑造了一位性格柔韧相济而又极富反抗精神的悲剧女性形象。窦娥 3 岁丧母,7 岁离父,给人当童养媳;17 岁上成亲,旋即死了丈夫,受尽

了无边的苦楚。不料蔡婆又引狼入室，张驴儿下药栽赃，官府里贪赃枉法，打得她几次死而复苏。此时，关汉卿着力表现了窦娥既柔韧且刚烈而又善良的性格：在拷打凌逼之下，宁肯清白而死，也不愿承担冤名；可当蔡婆也面临拷打逼供时，窦娥则化刚为柔，甘屈成招。在判成死刑押赴法场前，作者又一次表现了窦娥柔美的善良性格：她央告刽子手改走后街，生怕婆婆见她"披枷带锁赴法场餐刀去"会痛苦而死；在婆婆赶来作死别时，她也只请求婆婆看在死去的孩儿面上，在祭日为她烧点纸钱。而对邪恶势力和贪官酷吏，关汉卿则着力表现了窦娥不屈不挠的反抗精神。先是拒绝张驴儿；继而宁死不成招；再而到了法场，她以血染白练、六月飞雪和大旱三年这三桩誓愿，作了临死前不屈的反抗，她相信这覆盆奇冤必将感天动地。接着，她虽为鬼魂依然坚定不移地冲过门神户尉的阻隔，去窦天章房中呼冤，到公堂上与真正的凶手张驴儿对质。最后，她又强烈要求爹爹尽除天下不平："将滥官污吏都杀坏，与天子分忧，万民除害！"至此，作者把窦娥反抗恶势力的斗争精神表现得淋漓尽致。《窦娥冤》以窦娥的冤屈而死让人悲伤，更以窦娥不屈的反抗，感天动地，无比悲壮。《窦娥冤》无愧为古典悲剧的杰出典范。

《鲁斋郎》中的悲剧主人公张珪的性格与窦娥形成鲜明对照。剧本开始，关汉卿就揭示他的懦弱性格。鲁斋郎是个花花太岁，嫌官小不做，嫌马瘦不骑，欺侮百姓，无人敢惹。一天见到银匠李四的妻子长得漂亮，鲁斋郎强行将她夺去。李四告到衙门，张珪以郑州城六案都孔目的身份，想为李四申冤。但当张珪听到鲁斋郎的名字，便吓矮了半截，要李四忍气吞声。李四只好走了。但这仅仅是个开始。又是清明时节，家家上坟祭扫。张珪带了他妻子上坟，恰被鲁斋郎遇见，鲁又喜欢上了张妻。鲁斋郎强索张的妻子，张痛苦地把妻子送进鲁府。几曾见"夫主婚，妻招婿"的事呢？岂料今日"妻嫁人，夫做媒"的悲剧竟发生了。这是懦弱者的悲剧。这时，鲁斋郎把已厌倦了的银匠老婆赏赐给他，他也屈辱地承受下来。恰好李四来访他，却遇到自己的妻子，张珪就将妻子还给李四，他自己华山出家为道士。过了10年，包拯设计斩了鲁斋郎，张珪才还俗，重新和他的妻子团圆。关汉卿通过张珪的悲剧，真实地揭示了生活严酷无情的教训：在邪恶强梁面前，想用逃避、忍让来避免不幸，反而会遭到妻离子散、家破人亡的悲剧。将《窦娥冤》与《鲁斋郎》做一比较可发现：关汉卿肯定了窦娥不屈不挠的反抗精神，否定了张珪忍辱含垢的懦弱性格；《窦娥冤》表现出烈女子轰轰烈烈的悲壮之美，《鲁斋郎》给人以懦弱者悽悽怆怆的悲惨之感。

《蝴蝶梦》写另一个权豪势要凌虐百姓的悲剧故事，同时又表现了作者对品德高尚的小人物的真切的同情。有一天，王老头儿上街替孩子们买纸笔，误撞葛彪马头，被葛彪活活打死。王婆婆和三个儿子忙到街上收尸。三个儿子拿住葛彪也把他打死了。案子解到开封府，三个儿子和王婆婆都争先认罪。包拯先要把王大、后要把王二拿去偿命，王婆婆都说包拯糊涂。包拯便决定将王三拿去偿命，王婆不说什么了。包拯猛然想起王婆或有偏心。不料王婆婆说："那小的一个是我的亲儿，这两个，我是他的继母。"包拯深为这位贤母感动，最后设计救了她的三个儿子。这个悲剧主要描写女主人公王婆婆的感情与理智的斗争。她决定舍弃亲生儿子时的矛盾复杂的心理，被描写得入骨三分，动人之至；同时也表现了作者对被压迫者的深切同情。他在剧中一方面否定了权豪势要打死人不偿命的不合理法则，另一方面又提出，庶民为正义打死权豪强梁，可以不偿命，也不应该

偿命；并赞扬了他们不甘受压、敢于反抗的精神，歌颂了他们在患难中相互爱护、勇于献身的可贵品质。

关汉卿的公案戏还有《绯衣梦》。此剧写王闰香与李庆安指腹成亲，后来李家穷了，王家有悔亲之意。一天，王闰香在花园里见到了李庆安，便说："今夜晚间收拾一包袱金珠财宝，着梅香送与你。"要他来娶她。那天晚上，梅香拿着包袱到花园里，却被一个贼杀了。李庆安来时，在梅香尸体上绊了一跤，染了一手鲜血。他被提到衙门，昏官把他屈打成招。后来，钱可新除开封府尹，才判明冤狱，把真凶裴炎捉到，将李庆安释放了。王员外这时才肯将王闰香嫁给李庆安为妻。这个戏的情节反映了一般公案戏的面貌，但同样表现了青年男女为爱情婚姻自由同封建家长做斗争这一深刻的社会冲突和社会悲剧。

由于关汉卿的公案戏多以现实社会生活中发生的悲剧性的人物事件为反映对象，是社会悲剧集中强烈的艺术再现，因此，无不具有感天动地的悲剧魅力。从悲剧艺术的表现形式看，则又各具特点、丰富多彩。从悲剧的冲突方式看，《窦娥冤》是性格悲剧，表现了刚韧的主观性格与尖锐的客观环境的对立与冲突；《鲁斋郎》则是黑暗的蓄意策划对正常生活进行破坏扼杀的阴谋悲剧。从悲剧的结构过程看，《窦娥冤》主人公虽遭毁灭，但其意志仍以超现实的方式得到昭雪补偿，所以令人悲欣交集，属亦悲亦喜型；《鲁斋郎》《蝴蝶梦》和《绯衣梦》的结局以不同方式出现了不同程度的团圆之趣，给人满足与欣慰，属团圆满足型，这也是中国古典悲剧区别西方悲剧的一大特色。

风情之戏

从现存关剧和大量关剧剧目看，关汉卿更是一位极富天才的喜剧作家。他性格开朗，倜傥风流，滑稽多智，幽默风趣。他的风情戏，无不创造出机智幽默或辛辣讽刺的喜剧情境，歌颂美丽多智的女主人公，讽刺丑恶愚蠢的权豪势要，成为最优美的风情喜剧。

他现存风情喜剧共7部。其中，《救风尘》《谢天香》《金线池》以妓女为剧本主人公；《望江亭》《拜玉亭》《调风月》和《玉镜台》以男女爱情婚姻生活构成喜剧性冲突。郑振铎曾以最优美的语言描绘了这些作品给他带来的审美愉快："他的喜剧是那样的轻盈活泼、爽脆可喜啊。像绝早的清晨，太阳光刚露出一丝红彩的时候，碧水涟涟的池塘里，红的白的荷花，在绿茸茸的荷叶的清香丝里，轻微地卜卜有声地彼争此竞地张放了他们的花瓣；而玫瑰的小花朵，经过了一夜的蓄精养锐的休息，这时也正莹然有光，娇艳非凡地向着朝曦，开放它们的红色的唇吻。"今天，我们读了这些喜剧，相信也会生出这种由衷的赞颂。

《救风尘》是关汉卿最著名的风情喜剧，成功塑造了赵盼儿这位清醒侠义又机智多谋的喜剧人物。年轻妓女宋引章是赵盼儿的朋友，她已与安秀才订婚，现在却执意要嫁给浪荡子弟周舍。赵盼儿知周舍不是好人，再三劝阻。宋不听便嫁了周舍。哪知一过门，周舍便打了她50杀威棒，后更百般虐待。宋无奈，托人带信，要赵盼儿救她脱离苦海。机智多谋的赵盼儿想出了营救的办法，她自带羊、酒、红罗，亲到郑州找周舍，自称特地来此嫁他，要他休了宋引章。休书到手，她带上宋便走。周舍发现上当，赶上抢去休书咬得粉碎。谁知赵早将真休书藏起，周咬碎的是假的。周舍大怒，便扯了她们二人去告官。

官府将不安本业的周舍杖 60，将宋引章断给安秀才为妻。这一喜剧的情节结构，像剥笋壳似的层层深入，而且奇峰突起，柳暗花明，像是打了死结，不料却是个活结，很轻松地便解开了。解开这一个又一个死结的，便是赵盼儿的机智和勇气。关汉卿正通过一系列充满悬念的戏剧冲突，嘲弄讽刺了周舍这个无赖，热情歌颂了赵盼儿这位虽沦落风尘，却灵魂美丽又机智勇敢的非凡女子。赵盼儿是古典喜剧中最成功的正面喜剧形象之一。

《金线池》和《谢天香》两剧也以妓女为主人公，虽都以团圆的喜剧收束，但前者显得沉重，后者更为轻松。《金线池》中的杜蕊娘已 20 出头，想寻夫出嫁。既是生母又是老鸨的李氏有一信条："小娘爱的俏，老鸨爱的钞"。为此百般阻挠杜出嫁，想让女儿继续为自己赚钱。为了"钞"，她让杜蕊娘把鬓边白发拔去，还赶走杜的心上人韩辅臣，并挑拨杜与韩的关系。所以当韩再来找杜时，几度遭到杜的拒绝。后来慑于石好问的官威，李氏才不得不成就了杜韩的姻缘。李氏干了坏事却想得到好结果，便又整日念经拜佛，可谓面慈心毒。关汉卿通过李氏外部行为和内心本质的极大不协调，有力讽刺了鸨母的惨无人性。结局是杜蕊娘和韩辅臣两口儿，"从今后称了平生愿"。但是，为了钱，生母逼女儿为娼的行径，仍令人沉重而愤懑。《谢天香》中的女主人公则要比杜蕊娘幸运得多。柳永词名盖世，眷恋妓女谢天香，但必待柳永成名后才能成全姻缘。柳永靠友人钱大尹帮忙，得以进京赶考。柳永去京后，钱大尹赏识天香颖慧，先将她脱籍，继而娶到家中。天香离脱乐籍，初入侯门，如出了罗网，又进樊篱，心中默默。不料 3 年中，钱大尹对她不理不睬，做了有名无实的夫妻。直到柳耆卿一举状元及第，钱置酒让他们夫妻团圆，才将谜底揭开。原来，当时的社会风习妓女不能成为大臣的姬妾，柳谢要结合，必须"智宠"才有可能。钱大尹 3 年前娶谢天香，正是为了成全柳永。全剧从钱大尹娶谢天香开场，然后层层设疑，步步添谜，最后揭开谜底，以大团圆结束，以意外的喜悦造成轻松的喜剧效果。

《望江亭》塑造了另一位机智无畏，以正义战胜邪恶，以聪明嘲弄愚蠢的妇女形象。美丽的年轻寡妇谭记儿，经白姑姑介绍，与新任潭州太守白士中成婚。婚后，谭陪丈夫至潭州上任，生活美满。不料晴天霹雳，"花花太岁"杨衙内，原已看中谭记儿，一心要她做妾，不想被白娶走，正设计夺取。他在皇帝面前诬说白恋酒贪花，不理公事。皇帝赐金牌势剑，到潭州取白士中的首级。白闻讯惊慌忧虑，无计可施；谭却镇定异常，机谋已定。中秋之夜，谭扮渔妇张二嫂，去与杨衙内切鲙。杨露好色面目，忘乎所以，许以做第二夫人。谭灌醉杨，盗走金牌势剑和文书。他到潭州反被白士中捉拿，经湖南巡抚上奏，将杨削职归田，白士中仍任原职。关汉卿通过深入虎穴，智盗金牌势剑的惊险情节，表现了谭记儿惊人的勇气和无畏的性格；又以"害人反害己"的可耻结局，鞭挞讽刺了杨衙内这个曾声势煊赫的权豪势要。《救风尘》和《望江亭》是两部最杰出的古典喜剧；赵盼儿和谭记儿则是两位典型的"关汉卿型"的奇女子。

《拜玉亭》和《调风月》同写青年男女的恋爱婚姻，但情调各异。《拜玉亭》写兵部尚书王镇的女儿王瑞兰对自由婚姻的执着追求。在乱离中，王瑞兰与书生蒋世隆建立爱情，并在客店结婚。王尚书以穷秀才为婿极不光彩，拆散婚姻，逼女同归。最后以世隆状元及第，瑞兰与世隆相会完婚结束。剧中有力地表现了王瑞兰对封建家长的不满和谴责及对蒋世隆坚定不渝的爱情。《拜月》一折，最富喜剧性。作者通过王瑞兰与蒋瑞莲的关系，巧妙地表现了女主人公的内心世界。王瑞兰在蒋瑞莲面前始终设法掩饰真情，但王

发现义妹原是小姑后，便真情奔放，一发难收。从今后，"你又是我妹妹姑姑，我又是你嫂嫂姐姐"，"从今后休从俺耶娘家根脚排，只做俺儿夫家亲眷者"。真挚热烈的爱情，使这位大家闺秀忘却了女儿的羞涩。

《调风月》则是以婢女为主人公的喜剧。燕燕是金朝洛阳一贵族家中的婢女。精细伶俐，泼辣倔强。贵族家里来了一个小千户，燕燕奉夫人之命服侍他。燕燕爱上了年轻的小舍人，小千户也爱上了娇艳的多情女。不久，燕燕失望了。原来这位"志诚"公子，却是个"黑心贼"。他抛弃了燕燕，爱上了小姐莺莺，并就要结婚。燕燕非常痛苦，为新娘梳妆时便诅咒，拜堂时，又大闹喜堂。后来问明缘由，夫人把她也嫁给小千户为第二夫人。这是一个婢女的恋爱悲剧，全剧没有大风波、大曲折。它的创造性意义在于，作者通过一个少年婢女的恋爱经过，把婢女燕燕的热烈的感情，爽直而勇敢的性格，写得淋漓尽致，大起大伏；尽情地爱，尽情地恨，尽情地诅咒，像野火烧山，一发不可复止。在关汉卿之前，还没有其他作家写出像燕燕这样有血有肉、有感情，而且敢于愤恨、敢于诅咒的婢女形象。

《玉镜台》把幽默讽刺寓于轻松滑稽的剧情之中。温峤姑母刘氏生女倩英，年长十八，尚未许人。温峤接他们到京师居住，爱上了年轻美丽的表妹。刘氏要温峤教倩英弹琴写字，温峤正求之不得。刘氏托温峤为倩英觅一佳婿，他说已寻得一学士，并以玉镜台作为定物。到官媒说亲时，原来那学士就是温峤自己。倩英极不愿意，婚后不许温峤走近她。温峤无奈，请出王府尹设计鸳鸯会。在这会上，会作诗的，学士金钟饮酒，夫人插金凤钗，搽官定粉；做不出诗来的，学士瓦盆饮水，夫人头载草花，墨乌面皮。这时倩英着急起来，为要温峤做出诗来，方才唤了一声丈夫。此剧以调笑之笔讽刺了士大夫的厚颜可鄙，批判的锋芒，藏而不露。

关汉卿的风情喜剧确是那样轻盈活泼、爽脆可喜。首先，剧中主人公都是女子，或为宦门少女，或为年轻夫人，或为丫鬟婢女，更有风尘女儿，涉及生活的各个层面，写出了各自的社会特色。其次，以塑造正面喜剧形象为主，展示女子的风采，歌颂她们的才智和美德。赵盼儿和谭记儿，以她们的双全的智勇和无比的胆量，成为中国古代戏曲史上最成功的正面喜剧典型。再次，在喜剧技巧上，《救风尘》中的"算人反算己"和"望江亭"中的"害人反害己"，成为一种有效的喜剧情节模式，既为当时和后代作家常用，也可为今天的喜剧作家借用。

历史之剧

关汉卿是一位戏剧全才。他能写感天动地的公案悲剧，能写幽默讽刺的风情喜剧，也能写慷慨激昂的历史英雄传奇剧。

在现存关作历史剧中，主要有取材三国故事的《单刀会》《西蜀梦》及取材五代故事的《哭存孝》。此外还有《五侯宴》《单鞭夺槊》《裴度还带》和《陈母教子》。伟大的历史剧作家固然从古代借取题材，却能把它自己时代的形象嵌进去。关汉卿的历史剧，描写的是历史生活，刻画的是历史人物，跳动的则是时代的脉搏。

《单刀会》写关羽与鲁肃为荆州归属展开的冲突。鲁肃为夺取荆州,设下三计。第一条是设宴请关羽赴会,以礼索取荆州。第二条是把江上战船收尽,不放关羽返回,逼迫关羽交出。第三条是囚禁关羽,进军夺取荆州。以上是前三折。第四折是高潮,关羽明知鲁肃心怀诡计,毅然单刀赴会。宴会上,鲁肃说起索取荆州事,关羽大怒,以大义折服了他。鲁肃的伏兵即将出现,关羽镇定自若,一手执剑,一手揪住鲁肃,迫使鲁肃送他安然上船,返回荆州。全剧收场,关羽对着沮丧的鲁肃,豪迈地唱道:"说与你两件事先生记着,百忙里趁不了老兄心,急且里倒不了俺汉家节。"此剧的结构颇为独特,前三折以鲁肃为主,第四折才正面写关羽单刀赴会。从表面上看,前三折仿佛是多余的。但这种衬托性的描写,正是"将军欲以巧胜人,盘马弯弓故不发"的技巧,从而使最后一折的效果更为强烈。《单刀会》通过紧张尖锐的戏剧冲突,塑造了关羽这位神勇无比的古代名将,抒发的则是不屈的"汉家气节"和强烈的民族感情。

《西蜀梦》有曲词无科白,读来仍哀感动人。剧情为:关羽和张飞被东吴杀害后,刘备还未知此事。关张二人冤魂不散。返回西蜀向刘备告诉被害情况,并要求为他们报仇雪恨。但成了鬼魂却不能自由自在地行动,关张只能在灯下向刘备凄惶顿首,而不能像生前一样互相亲近。在艺术处理上,此剧不像以后的三国故事,在强调吴蜀之间政治军事矛盾的前提下写关张之死;而是把关羽和张飞的死,归罪于刘封、糜芳、糜竺、张达这些奸险的小人和叛徒。全剧最后,张飞的鬼魂恳切唱道:"火速的驱军校戈矛,驻马向长江雪浪流。活拿住糜芳共糜竺,阆州里张达槛车内囚。杵尖上排定四颗头,腔子内血向成都闹市里流,强如与俺一千盏黄封祭奠口。"这表现了关汉卿处理三国题材的多样思路;也反映了三国故事在流传过程中,艺术阐释的历史多样性。

取材于五代故事的《哭存孝》,充满强烈的悲剧色彩,是一出杰出的历史悲剧。李存孝是李克用的义子,英勇无敌,在逐黄巢复长安战斗中功劳最大。李克用的另两位义子李存信、康君立嫉妒存孝,正想害他。有一天,假传克用之命,要各个义子都恢复本名。存孝信以为真,恢复本名安敬思。不料李存信、康君立却在克用面前说李存孝心怀怨恨,所以改名,并想造反。克用大怒,便欲起兵讨伐。他的妻子刘夫人连忙劝阻,由她自己去把存孝带来,辨明是非。李存孝来到时,克用正大醉,便命将存孝车裂了。存孝之妻邓夫人向其婆母刘夫人痛哭申辩,克用酒醒后亦悟存孝惨死之冤,便也将存信、君立车裂抵命,为存孝报仇。《哭存孝》和《西蜀梦》,都可以说是历史英雄的悲剧,而英雄的遇难,主要是由于小人的诬陷和暗害。《哭存孝》的这种艺术倾向更明确。按《五代史》,李克用捕杀李孝存,主要因为李存孝有附梁、通赵、伐晋的谋叛行为;而李存信、康君立也还是李克用手下有名的将领。《哭存孝》则把李存孝写成一个被冤屈的英雄;把李存信和康君立写成不会厮杀、只会歌舞的谄媚小人。很显然,这是以史写心,以史抒怀,作品深寓着对权豪势要当道、宵小之人弄权的现实的极度不满。关汉卿的愤世嫉俗之情,在这些古代英雄的悲剧中跃然欲出。

此外,同是取材五代史的《五侯宴》也是一个较突出的历史悲剧。土财主赵太公死了妻子,撇下个未满月的婴儿无人哺乳,正在找乳母。在街上遇见王屠之妻李氏,丈夫新亡无钱埋葬,正想卖婴儿换钱葬夫。赵太公便收她为乳母,典身3年,立契为证。几天后,赵把典身文书改为卖身契,迫使李氏终身为奴,并迫使李氏将李儿丢弃荒野。李氏被迫

弃儿,幸遇李克用手下的河东名将李嗣源收养为子,取名李从珂。18年后,李氏已被折磨成衰病老妪,一大雪天到井边打水饮牛,不慎将水桶掉在井内。李氏怕遭毒打不敢回去,又感盼子无望,遂在井边自尽。恰值小将李从珂路过相解,但不知这便是生母。在庆功的五侯宴上,李从珂知道了途中所遇贫妇就是生母,便立刻置五侯宴于不顾,日夜兼程,赶至赵家庄,将母亲救出,斩了恶霸,母子团聚。此剧的主人公不是历史英雄,而是受苦受难的李氏;着重揭露了财主恶霸对穷苦百姓的欺骗和压迫,对受害的穷苦人民寄予了极大的同情。此剧情节颇似元代南戏《白兔记》中李三娘的故事,但李氏的遭遇更显得悲惨残酷。

关汉卿不仅善写风情万种的女子,也善写金戈铁马的英雄。除关羽、张飞、李存孝,在《单鞭夺槊》中又塑造了忠诚神勇、单鞭夺槊救危主的隋唐英雄尉迟恭。关汉卿的历史剧,既寄寓着深刻的时代精神,更是对古代英雄的深情颂歌。

杂剧一体

汉代以后的中国戏曲史,似可用汉角抵、唐参军、宋杂剧、金院本、元杂剧、明清传奇剧来概括。元杂剧作为一种完整的舞台艺术,是在金院本的基础上,广泛吸收了说唱艺术诸宫调、北方少数民族民间歌舞及百戏伎艺的艺术因素,逐渐完善成熟的。但作为一剧之本的杂剧文体,关汉卿确有创建之功。王国维在《元刊杂剧三十种序录》中写道:"杂剧之名,已见于唐宋时,至元时,杂剧一体,汉卿创之。元钟嗣成《录鬼簿》著录杂剧,以汉卿为首。明宁献王《太和正音谱》,以马致远为首,然于关汉卿下,云'初为杂剧之始',均以杂剧为汉卿所创也。"可见,"杂剧一体,实汉卿创之",为钟嗣成以来元明清学者所一致公认。具体地说,在体制的创建、剧情的设计、人物的塑造及语言的运用上,关汉卿都有开创奠基之功。

杂剧体制的创立。在关汉卿的作品中已形成一套完整严密的艺术体制,这也是元杂剧的标准体制,它主要有四大特点。一是"四折一楔子"。"折"相当于"幕",是全剧矛盾冲突发展的自然段落;四折即是开端、发展、高潮、结局四个阶段。"楔子"加在全剧之首或折与折之间,起交代情节和承前启后的作用。二是戏剧结构与音乐结构的统一。音乐曲调用北曲,四折各用一个套曲,常见的是第一折用仙吕,第二折用南吕,第三折用中吕,第四折用双调。三是"一人主唱"。一剧之中,往往一个主要人物贯串始终,于是便由一人主唱到底。主唱的角色,不是正末,便是正旦。四是在剧本的开头或结尾有"题目正名",即用两句或四句话,标明剧情提要,确定剧本名称。关汉卿的名剧都充分体现了上述特点,而且还能运用自如,根据剧情题旨的需要。在正体之外创造了诸多变体,极大地启发了后代作家。

情节结构的设置。戏剧须有"戏";而引人入胜的剧情和精巧严密的结构,是产生戏剧性的基础。关汉卿的杂剧,一方面为适应元杂剧四折一楔子和一人主唱的体制,力求精炼,突出主线,让剧情发展集中于主要人物;另一方面为增强剧作的戏剧性,在情节构思和结构安排上表现了独特的艺术匠心。首先,剧情比较单纯的作品,以惊险紧张的戏

剧情境和曲折变化的冲突过程,使之扣人心弦,引人入胜。《望江亭》中谭记儿深入虎穴,只身智斗杨衙内即为典型一例。《绯衣梦》第二折,钱府尹执笔将判李庆安的"斩"字。一笔下去,将无辜非命。这时,一只苍蝇三番两次落在钱府尹的笔尖,终于引起钱的注视,剧情出现转折。读者观众也为之如释重负。一个细节,造成了紧张的戏剧情境。《救风尘》在描写赵盼儿与周舍斗智过程中,作家在前面安排了两个细节:一是赵盼儿找周舍时,自己带来了酒、羊、红罗;二是赵盼儿为取得周舍信任,罚下了"着堂子里马踏杀,灯草打折媄儿骨"的咒语。观众起先很难觉察作家的意图,随着剧情的发展,突然显出其作用,赵盼儿机智地斗败了周舍。精心的埋伏呼应,使得较单纯的情节波澜起伏,变化多姿。王国维对《救风尘》的情节布局极为赞赏:"其布置结构,亦极意匠惨淡之致,宁较后世之传奇,有优无劣也。"其次,剧情复杂的作品,则围绕中心细心剪裁,繁而不乱,紧密有序。《拜月亭》是关汉卿剧作中情节最丰富,反映社会生活图景最广阔的一个戏。四折的关目:走雨奇逢、遇父拆鸾、拜月相认、文武团圆,都是经过精心剪裁和安排的传奇性情节。全剧两个家庭的悲欢,四个男女的离合,明线暗线的交错,似有目迷五色之感。由于作者紧紧围绕人物性格的刻画,又在冲突中揭示人物的内心世界,不仅层层有序,而且具有充分的真实感和强烈的戏剧性。南戏《幽闺记》的重要关目大多出自《拜月亭》,李卓吾评《幽闺记》关目认为:"首似散漫,终致奇绝。以配《西厢》,不妨相追逐也。"故此语不妨移评《拜月亭》的情节布局的特色。

戏剧人物的塑造。戏剧人物是戏剧艺术的核心,冲突赖以展开,情节得以发展,结构借以建立,主题也随人物形象的刻画得到充分的显现。因此,关汉卿极为重视戏剧人物的塑造,诸如善良妇女、风尘女子、官门闺秀、婢女丫鬟、英雄豪杰、权豪势要、财主恶霸,涉及社会的各个阶层,而且既具有深广的社会典型性,更具有鲜明的艺术个性。关汉卿塑造人物采用了多种多样的手法,最成功的有三种。一是在矛盾冲突中显示性格。窦娥、赵盼儿、谭记儿的独特性格,都是在紧张尖锐的矛盾冲突中得到展示和深化的。二是通过心理刻画,揭示人物的内心的世界,塑造出鲜明的人物性格。最常见的是用曲词直抒胸臆,如《调风月》中燕燕热恋时的缠绵和失恋时的痛苦,都借曲词抒发得轰轰烈烈,淋漓尽致。有时还通过景物的描绘间接地揭示人物的精神面貌。《单刀会》中关羽临江赴会时唱的几支曲,极好地烘托了人物心理,显示了人物性格。三是用侧面烘托的手法,给人一种未见其人先闻其声的效果。写英雄豪杰,《单刀会》中的关羽是侧面烘托得成功一例。写恶霸流氓,《鲁斋郎》中的鲁斋郎通过张珪之口把他的恶霸形象先作了有力的侧面烘托,随之的描写便层层深入,丑行毕现。在人物性格的展现方式上,关汉卿常用两种手法。第一种是使复杂的人物性格逐步地显示出来,可称为渐现式;第二种是先将人物性格特征概括点明,然后随剧情发展不断予以强化加深,可称为强化式。《救风尘》《单刀会》《望江亭》是前一种方式的范例;《窦娥冤》《金线池》《绯衣梦》是后一种方式的范例。这两种方式,现已成为包括戏剧、小说在内的叙事文学展现人物性格最基本的方式。

戏剧语言的本色与当行。王国维在《元剧之文章》中有段名言:"元剧最佳之处,不在其思想结构,而在其文章。其文章之妙,亦一言以蔽之,曰:有意境而已矣。"所谓"元剧之文章",亦即元杂剧的戏剧语言;所谓"有意境",即写情则沁人心脾,写景则在人耳目,述事则如其口出。关汉卿戏剧语言的有意境和佳妙处,可以概括为叙述语言的本色和人物

语言的当行。所谓叙述性语言的本色，是指关剧的宾白从人民口语中获得活力，不避俚俗，明白如话，妙在自然、真切、质朴，绝无藻饰、雕琢、堆砌的痕迹。为此，关汉卿被誉为元杂剧作家中本色派的代表作家。如《救风尘》第三折赵盼儿与周舍有一段对话，一连采用了"打一棒快球子"，"一道烟去了"，"失担两头脱"，"休的造次"，"摇撼的实着"等一系列当时的方言俗语，通俗易懂，生动活泼，亦极富表现力。这在关剧中，不胜枚举。有些曲词也写得自然质朴，明白如话，如《金线池》第一折的［混江龙］、《窦娥冤》第二折的［斗虾蟆］，以至王国维说："此一曲直是宾白，令人忘其为曲。"所谓人物语言的当行，是指关汉卿善于以富于个性化的人物语言抒发情感、刻画心理。臧晋叔《元曲选·序》指出："曲有名家，有行家。名家者出入乐府，文采烂然，在淹通闳博之士，皆优为之。行有者随所妆演，无不摹拟曲尽，宛若身当其处，而几忘其事之乌有，能使人快者掀髯，愤者扼腕，悲者掩泣，羡者色飞，是惟优孟衣冠，然后可与于此。故称曲上乘，首曰当行。"关汉卿正是这种"行家"中的佼佼者。他的杂剧，随主人公性格的不同，语言也往往具有不同的色彩。《拜月亭》的语言，清丽、妩媚，适合用来描摹一个闺阁小姐的心理和感情；《单刀会》的语言，豪迈、壮阔，长于挥洒英雄豪杰的意气的襟怀；《窦娥冤》的语言深沉悲亢；《救风尘》的语言轻快有力；《望江亭》的语言流畅活泼；《金线池》的语言大胆泼辣。王伯良曾说："实甫以描写，而汉卿以碉镂。描写者远摄风神，而碉镂者深次骨貌。"所谓"碉镂者深次骨貌"，也就是指善以当行的人物语言，细致入微地刻画人物的思想行为和心理情感。

真正伟大的作家是不朽的，在当时，更在未来。杂剧作家高文秀，才华卓越，佳作迭出，被称为"小汉卿"；孟汉卿的表字，也出于对己斋老叟的仰慕；元后期重要杂剧作家、杭州人沈和，被戏称为"蛮子汉卿"。在中国戏曲史上，"汉卿"二字成了戏剧艺术成就和荣誉的标志。

戎装诗人

——陆游

名人档案

陆游:字务观,号放翁,汉族,越州山阴(今浙江绍兴)人。

生卒时间:1125~1210 年。

安葬之地:会稽云门山。

性格特点:赤子之心。

历史功过:南宋爱国诗人,著有《剑南诗稿》《渭南文集》等数十个文集存世,自言"六十年间万首诗",今尚存九千三百余首,是我国现有存诗最多的诗人。他的诗歌艺术创作,继承了屈原、陶渊明、杜甫、苏轼等人的优良传统,是我国文化史上一位具有深远影响的卓越诗人。

名家评点:陆游的许多诗篇抒写了抗金杀敌的豪情和对敌人、卖国贼的仇恨,风格雄奇奔放,沉郁悲壮,洋溢着强烈的爱国主义激情,在思想上、艺术上取得了卓越成就,在生前即有"小李白"之称,不仅成为南宋一代诗坛领袖,而且在中国文学史上享有崇高地位。

生逢乱世

　　陆游是宋朝越州山阴县(今浙江绍兴市)人,公元 1125 年 11 月 13 日(宋徽宗宣和七年十月十七日),生于他父亲陆宰就任淮南计度转运副使后,奉诏赴首都东京(开封)朝见的行船途中,所以起名为游。一说当时狂风大作,暴雨骤降,其母分娩,梦见前辈著名文人秦观。秦观字少游,因以秦观字为名曰游,以秦观名为字曰务观。关于他的降生,诗人有诗云:"我生急雨暗淮天,出没蛟鼍浪入船。"又说:"少傅奉诏朝京师,舣船生我淮之湄。"正当那时,新兴的女真(即金人)统治者,举兵南下,入侵宋朝。他们兵分两路,西夺

太原,东夺北京,然后合兵,直取开封。面对金兵入侵,宋朝广大军民奋起抵抗,张孝纯、王禀率领的太原军民守城二百五十余日,弹尽粮绝,全部壮烈牺牲;李纲、种师道率领的勤王军与守城军精诚合作,给金兵以重创;河北各地人民自动组织起来的抗金武装,声势浩大;以太学生陈东为首的几万人请愿示威,反映了人民的抵御侵略者的爱国热忱。本来,众志成城,团结御侮,危难是可以克服的。但是贪图腐化享乐生活的宋朝统治者,置民族大义于不顾,坚持投降求和的可耻政策,对爱国将士大肆贬斥,加以压制,对有的抗敌队伍还予以遣散,致使金兵得以顺利攻占开封。宋钦宗靖康元年,即陆游出生的第二年,北宋王朝覆灭,整个开封被洗劫一空,赵佶(徽宗)、赵桓(钦宗)、后妃、公主和赵氏宗室以及金银财宝,悉被掳掠北上。

在这紧急关头,宗泽等忠臣良将迅速拥戴在外统兵的赵桓的弟弟康王赵构为皇帝,以稳定大局,并在南京应天府(河南商丘)即位,改年号为建炎元年(1127)。赵构登极后,并无抗金良策,在敌人进攻面前,只是退缩。先后逃往扬州、临安(杭州)、越州、明州(宁波)等地,甚至逃到温州海边的大船上。金兵虽然攻城略地,无往不胜,但后方空虚,逐渐壮大的中原起义军对它构成严重威胁,因此不得不把进攻队伍从南方撤回。这样,使赵构得到了苟延残喘,于建炎四年四月回到越州,并把越州改为绍兴府。翌年,改年号为绍兴元年,直到绍兴二年正月才回到临安,正式建立了偏安东南一隅的南宋小朝廷。

在那个民族灾难深重的年代里,陆游从小就跟随家人东奔西跑。抗金开始,陆宰在泽潞一带做军需供应工作,由于坏人的陷害,遭到罢黜。此时,战局失利,陆宰只得带着家眷南归。他的家室人口众多,除妻子儿女外还有仆人婢妾,兵荒马乱,辗转流离,携老将雏,困苦万分。为了躲避金兵,他们常常隐蔽起来,饿了只能吃点干粮,有时,一连十来天吃不上饭菜。这种飘荡不定的生活,在陆游幼小心灵里留下深深的烙印,也滋生了他抗金救国的思想。在《三山杜门作歌》诗中,他记载了这段生活的真实经历:

> 我生学步逢丧乱,家在中原厌奔窜。
> 淮边夜闻贼马嘶,跳去不待鸡号旦。
> 人怀一饼草间伏,往往经旬不炊爨。

陆游一家先逃到安徽寿县(安徽寿春),在这里,他们休息了一段时间,便从淮水经过运河回到山阴故乡。建炎四年,战火逐渐烧到了山阴,金人的铁蹄和溃退的宋朝官兵,把山阴搅得翻江倒海,乌烟瘴气,群众已无安身之地。于是陆游一家只得再次踏上逃难的路程。在《杂兴》诗中,他写道:

> 家本徙寿春,遭乱建炎初。
> 南来避狂寇,乃复遇强胡。
> 于是髡两毛,几不保头颅。
> 乱定不敢归,三载东阳居。

陆游一家人从山阴来到东阳(浙江金华),住在当地颇有声望的陈彦声家里。陈彦声(名宗誉)是一个地方武装力量的领袖人物,讲义气,有武艺,在宣和、建炎中曾两度组织群众抗金,保卫自己的家园。陆游十分赞赏陈的举止,誉为:"其义可依,其勇可恃。"(《渭南文集·陈君墓志铭》)陆游一家在陈家一住三年,受到陈的热情款待,直到赵构正式在临安建都,局势已经大体稳定,才又回到老家山阴。陆游此时只有九岁,而内心已深深烙上了对敌人的仇恨。陈彦声的豪侠义勇,保境安民的爱国行动深深地促动了他。他懂得有所爱,有所恨,明白精减团结,共御强敌,定能收复失地,赶走金人。陆游一生坚持抗战救国,至死不渝,与他从小受陈彦声的影响是不无关系的。

在那山河破碎,风雨飘摇的日子里,宋高宗赵构的积极,曾给人民带来一线希望,但希望很快破灭。因为赵构并不赞成主战派,和全国人民、忠臣义士一起共同抗金,图谋恢复大业;而是畏敌如虎,赞同主和派观点,极力主张逃窜、议和、投降,事实上成了主和派的头子。除了在逼不得已的紧急关头,他需要利用主战派力量外,一贯重用主和派。绍举十年(1140),金兀术带领大军南侵,被主战派将领率部迎头痛击,打得落花流水。捷报频传,振奋人心。老百姓顶盆焚香,欢迎岳家军渡河北伐,彻底驱逐金寇。此时,金兵锐气沮丧,岳飞队伍所向披靡。岳飞兴奋地给部下说:"直抵黄龙府(金国都)与诸君痛饮耳。"但是,正当岳飞率军渡河追击即将逃遁的金兵时,赵构、秦桧却异常恐慌,他们惧怕岳飞取得巨大战功后摆脱朝廷控制,担心北方人民组织的武装和岳家军共同战斗,力量会更加壮大起来,将构成对南宋政权的威胁。因此他们置民族大义于不顾,在一天之内连下十二道金牌,急令岳飞退兵。岳飞被迫无奈,只好放弃收复的失地和取得的累累战果,撤兵回到鄂州(湖北武昌)。岳飞愤愤泣下,悲痛地说:"十年之功毁于一旦。"第二年,卖国求荣的秦桧,冒天下之大不韪,竟将岳飞下狱,后又以"莫须有"罪名将岳飞杀害。这年十二月,写金人签订丧权辱国的"绍兴和议",将东起淮水,西到大散关以北的广大地区划归金人所有,并拜伏称臣,南宋每年向金纳金银二十五万两,绢二十五万匹。对这一丧权辱国的和议,凡具有爱国思想的人,无不为之痛心疾首。

"绍兴和议"以后,怯弱、贪暴、无能的赵构奖赏和议有功者,晋封秦桧为宰相兼枢密使,总揽军政大权。小人得志,不可一世,这时,秦桧便利用自己手中的权势,不遗余力地排除异己,打击主战派力量,将胡铨、赵鼎、李光、曾开等人的官职一一予以罢斥。使赵构统治集团,得以无所顾忌,偏安于一隅之地,过着穷奢极欲,荒淫无度的生活,把国仇家恨置于脑后,再也不想收复失地了。面对奸佞当权,祖国沦丧的现实,年纪已经五十开外的陆宰决心致仕,回家乡开始过着隐退生活。由于陆宰有一定的社会地位和声望,经常来探望、访问的同僚和友人很多,像给事中傅崧卿和参知政事李光等,都是坚决主战、反对卖国投城的志士,并且正在遭受秦桧的迫害。他们与陆宰一见面,就禁不住要纵论国家大事。一谈及东京陷落,徽钦二帝被掳,金兵残暴,生灵涂炭时,无不义愤填膺,燃起复仇的烈火;谈到秦桧的卖国行径和垄断朝政,无不咬牙切齿,必欲将之碎尸万段而后快。每到吃饭的时候,尽管桌上摆下饭菜,却无人动筷子,客人往往凄然向主人告辞。陆宰在送走客人后,常常目光呆滞,也无心茶饭。陆游对父亲和客人们当时的表现,看在眼里,记在心头。晚年,他回忆这一难忘的情景时说:"绍兴初,某甫成童,亲见当时士大夫相与言及国事,或裂眦嚼齿,或流涕痛哭,人人自期以杀身翊戴王室,虽丑腐方张,视之蔑如也。"(《跋傅给事贴》)悲痛的经历和义愤的环境,使陆游从少年时代起就开始具有忧国忧民的思想。正如他在《感兴》中所说:"少小遇丧乱,妄意忧元元。"从而立下"上马击狂胡,下马草军书"(《观大散关有感》)效力救国的壮志。

官宦世家

　　陆游之家是官宦世家。祖父陆佃，曾从王安石学经，参加过王安石领导的诠释经籍和宣传变法活动。宋徽宗时，担任过尚书左丞，因受奸臣蔡京挤兑，被贬到亳州做了一任知州，死在任上，著有《春秋后传》等书。父亲陆宰曾做过朝请大夫、直秘阁，负责过皇家图书馆，也是一个有名的藏书家。绍兴年间，宋高宗下令求天下遗书，陆宰呈上所藏图书清单有一万三千余卷。生长在这样的读书家庭，陆游从小酷爱学习是理所当然的。在《解嘲》诗中他说："我生学语即耽书，万卷纵横眼欲枯。"又在《幽居记今昔事》一诗中说："少小喜读书，终夜守短檠。"可以想见他对知识的渴求，学习的勤奋。不仅家中有丰富的藏书可供他饱览。而且父亲又能随时对他进行指导，因此在求知和写作上他的进步是很快的。需要提到的是，陆游的外祖母姓晁，和晁补之是同辈。晁补之和黄庭坚、秦观、张耒一起拜在苏东坡门下，被称为"苏门四学士"，他们在文学创作上成就很大，影响面深远。南渡以后，有些苏黄一派的文人就经常到陆游家做客，和陆宰谈论文学流派、创作方法和修辞的得失，这对正在学作诗的陆游无疑是大有裨益的。陆游在《书叹》一诗中回忆道：

　　文章有废兴，盖与治乱符。庆历、嘉祐间，和气扇火炉。数公实主盟，浑灏配典谟。开辟始欧、王，蔺肴逮曾、苏。大驾初渡江，中原皆避胡。吾犹及故老，清夜陪坐隅。论文有脉络，千古著不诬。

　　诗里提及多才多艺的宋朝文学的开山大师欧阳修和受他提拔与重视的王安石、曾巩、苏洵、苏轼、苏辙等。"故老"则是指受以上诸人的影响，经常到陆宰家里谈论诗文的作家。

　　陆游稍稍长大就进入乡校读书，教师韩有功、陆彦远等人都是学识良高，又十分重视气节的知识分子，陆游对他们非常尊重，所从其谆谆教诲。十七岁时，又改从鲍季和受业。与同学们在一块听课，交相问难，生活是极为愉快的。此期间，他开始正式写诗。恰好，当世著名大诗人曾几来访陆宰，陆游对曾几仰慕已久，能够在家里见面，实为幸事。在《别曾学士》一诗中他这样写道：

　　儿时闻公名，谓在千载前；稍长诵公文，杂之韩、杜编。夜辄梦见公，皎若月在天。起坐三叹息，欲见无由缘。

　　诗中表达了陆游对曾几的仰慕，他把曾几当成杜甫、韩愈那样有名望、有才华的作家看待。朝思暮想，企盼一见；但好梦难圆，只有起坐叹息。而夙愿一朝实现，其喜悦之情是溢于言表的。他继续说道：

　　忽闻高轩过，欢喜忘食眠。

　　袖书拜辕下，此意私自怜。

　　曾几在和陆游的交谈中，感到他才思敏捷，见解独创，博览群书，气度不凡，十分高兴。陆游以学六经为题的言志诗，更使曾几觉得他壮志凌云，不同凡响。诗云：

　　士生学六经，是为圣人徒。处当师颜原，出当效唐虞。斯文阵堂堂，临敌独援枹。异端满天下,一扫可使无。乃知立事功,先要定规模。彼虽力移山,安能夺匹夫。

于是,曾几欣然收陆游为弟子,并亲自向他指点作诗的方法。从此,陆游更加潜心诗歌创作。

曾几是宋朝南渡后诗坛的领袖,曾几和其兄曾开都是有名的爱国者,力主抗金,反对议和,因触怒卖国贼秦桧,均被罢官,朝野震动。凡正直人士,无不为他们严正的民族立场、强烈的爱国热忱、正谏直言的行动年尊敬。基于这一点,曾几在诗坛上更是享有盛誉。曾几和徐俯、韩驹、吕本中都属于江西派诗人,吕本中是江西派的首创者,和曾几同龄。陆游师事曾几时,徐、韩、吕均已逝去,陆游对这位硕果仅存的老师自然感到格外亲切。

江西派诗人在理论和创作上有很大的局限性,成就也不算很大。不过,在宋代却是一个影响深远的诗派。他们继承并发展了北宋大诗人黄庭坚的一套创作方法,讲究脱胎换骨。黄庭坚说:"诗意无穷,而人才有限,以有限之才,追无穷之意,虽渊明、少陵不得工也。不易其意而造其语,谓之换骨法;窥入其意而形容之谓之夺胎法。"(释惠洪《冷斋夜话》)通俗地讲,"换骨"就是用自己的语言表达前人的诗意;"夺胎"就是在前人的语言基础上推陈出新,并借用前人诗意改为自己的作品。吕本中只提出了作诗的"活法",即从写实入手,遵守上述规矩,又能变化莫测,方能达到圆熟自然程度。曾几根据黄、吕二人的观点,指点陆游,学诗一是忌参死句;二是忌行文空洞无物,需到世间去求意境;三是欲作佳诗必须善养浩然正气。

陆游从曾几那里一方面受到爱国主义思想的洗礼;一方面学得作诗的技巧。陆游曾写诗回忆学习要领:"文章切忌参死句","律令合时方贴妥"。就是说写诗要灵活变化,平仄格律要合乎诗的要求。可见陆游此时作诗侧重文学功夫。曾几曾说陆游的诗从吕本中那里得到"渊源",陆游听了非常激动,他后来还为吕本中的集子撰写了序言。称赞吕的诗文:"汪洋闳肆,兼备众体。间出新意,愈奇而愈浑厚。震耀耳目,而不失高古。"他还回忆自己少年时,读吕诗文,愿向吕学习,但不久吕就去世了,深表遗憾。说明陆游这个时候很受江西诗派的影响,因袭前人看重技巧。正如他在《示子遹》诗中所说:"我初学诗日,但欲工藻绘。中年始少悟,渐若窥宏大。怪奇亦间出,如石漱湍濑。数仞李、杜墙,常恨欠领会。"在《九月一日夜读诗稿有感走笔作歌》中又说:"我昔学诗未有得,残余未免从人乞。力屡气馁心自知,妄取虚名有惭色。"但是,他毕竟从江西诗派那里学得了诗歌创作的方法和规矩。由于他的生活视野不断开阔,利用诗歌作为武器积极参加了社会斗争和民族斗争,终于突破了江西诗派狭隘的对形式的追求成为反映时代生活的杰出的现实主义诗人。他回忆说:"四十从戎驻南郑,酣宴军中夜连日。打毬筑场一千步,阅马列厩三万匹。华灯纵博声满楼,宝钗艳舞光照席。琵琶弦急冰雹乱,羯鼓手匀风雨疾。诗家三昧忽见前,屈、贾在眼元历历。天机云锦用在我,剪裁妙处非刀尺。世间才杰固不乏,秋毫未合天地隔。"形象生动地道出了他的诗风转变,意识到现实生活与诗歌创作的千丝万缕的联系。同时,在他的创作理论中,对江西诗派的刻意求奇,以及这个诗派末流趋于轻滑流易,不乏针砭之词。这是一种批判继承的精神,也是他能够登临诗歌创作高峰,自成一家的重要原因。今存《剑南诗稿》八十五卷,大多经诗人生前亲手编定,在收录的九千三百多首诗中,作于宋高宗时期的早年作品很少,均已被他删除。说明他向以江

西诗派主宰诗坛为标志的时代,自觉告别。

婚姻不幸

　　陆游二十岁时,已是一个英俊潇洒,气宇轩昂的青年了。这一年,即绍兴十四年(1144)他和婀娜多姿,志趣相投的姑娘唐琬结为夫妻。唐琬的父亲是陆游的舅舅,陆游是唐琬的表兄,他们两厢情愿,亲上加亲,婚姻是十分美满的。唐琬也工于诗词,与陆游夫唱妻和,思想的交流,更加深了两人之间的感情。陆游的母亲对这位秀丽的内侄女兼媳妇,最初也是非常喜欢的,但后来却发展到很不满意,横加指责,硬逼着陆游与唐琬离婚。有人认为是由于小两口感情甚笃,卿卿我我,形影不离,影响了陆游对功名的进取,于是陆母迁怒于唐琬;还有人认为是由于唐琬不生孩子,怕断了陆家香火的缘故。在那个社会里,媳妇不见容于婆婆,是很难在夫家生活的。对于母亲的决定,新婚宴尔、琴瑟和好的陆游夫妇,当然不能同意。陆游再三向母亲哀求,希望能留下唐琬,但哀求无效。迫于母命,陆游大胆瞒着母亲,假说将唐琬送回娘家,暗中却在外面租了一所房子,把唐琬安置在那里,经常约会。可是没有多久,秘密就被陆游母亲发现了。陆游无奈,只得忍痛和唐琬离异。从此二人燕南雁北,劳燕分飞。绍兴十七年,陆游另娶王氏为妻,王氏虽然贤淑俊俏,但陆游总感到相距唐琬甚远。唐琬被遣送回娘家,满怀幽怨,几乎痛不欲生,经多方劝慰,遵家长之命,改嫁同郡赵士程。琵琶虽然别抱,对陆游仍一往情深。

　　绍兴二十四年(1154),陆游参加礼部会试被黜回家,心情苦闷彷徨。他经常四处走访,或访朋问友,结交商贾、豪杰和诗人;或接触人民群众,放浪形骸。这一天,春光明媚,他游览禹迹寺的南园。此园是绍兴一所著名的园林,占地十余亩,建有假山、池塘和亭台轩榭,每当东风送暖,园中碧草如茵,繁花似锦,风景雅致,十分宜人。因此不少文人墨客常来这里游目骋怀,赋诗作画。一般平民百姓也不时到此,游兴甚浓。园内有春波桥一座,桥下碧波荡漾,桥上是游人凭栏远眺的地方。当年陆游和唐琬曾在桥上凭栏依偎,谈今论古,衣香人影,流连忘返。陆故地重游,不胜今昔之感。忽然发现唐琬和改嫁后的丈夫赵士程也来到沈园。他远远看着唐琬憔悴的情影,感慨万千,回想起与唐琬十年前的恩爱之情和分手后的绵绵相思之苦,不禁黯然神伤。唐琬看到陆游独自一人像孤雁似的在园中徘徊,既惊喜今生又能相逢,又悲叹相逢不能相聚。往事历历在目,思之凄然。于是征得越士程同意,派人给陆游送去一份酒菜。陆游饮罢酒后,压抑不住内心的悲苦,提笔在墙上写了一首哀怨悔恨的词《钗头凤》,词云:

　　红酥手,黄滕酒,满城春色宫墙柳。东风恶,欢情薄,一怀愁绪,几年离索。错!错!错!春如旧,人空瘦,泪痕红浥鲛绡透。桃花落,闲池阁,山盟虽在,锦书难托。莫!莫!莫!

　　词的上阕描写了唐琬的美丽、多情和温柔,控诉了代表封建势力的东风无情拆散了他和唐琬的夫妻关系。"不得东风花不开,花开又被风吹落"。因为东风送暖,可以使百花齐放;东风逞威,可以使百花凋零。这里交织着陆游酸甜苦辣的复杂情感。上阕结尾连用三个"错"字,是自问,也是感叹。错在命运的不公? 错在母亲的专横? 还是错在自己对母命的屈从？表达了感情上的极度苦痛，下阕以"桃花落，闲池阁"比喻两人婚姻遭到摧残，集中抒发了相思之苦。结尾用三个"莫"字申言莫再怨天尤人，莫再追忆往事，更莫想再度相逢。这是陆游企图用理智压抑自己的感情，然而感情的野马是不可能为短短的理智缰绳所能拴住的。唐琬看到了这首缠绵悱恻，肝肠寸断的词，十分感伤，回家后便和了一首：

世情薄，人情恶，雨送黄昏花易落。晓风干，泪痕残，欲笺心事，独语斜阑。难！难！难！人成各，今非昨，病魂常似秋千索。角声寒，夜阑珊，怕人寻问，咽泪装欢。瞒！瞒！瞒！

从此，唐琬郁郁寡欢，不久就香消玉殒。陆游的这出婚姻悲剧，是他一生中最大的创伤，永远难以抚平。沈园重逢和唐琬的早逝，在他真挚的情感深处，更加重了他的悔恨、内疚和难以名状的辛酸。尽管时光荏苒，进入暮年，但唐琬的音容笑貌，一直萦绕在他心头。只要他在山阴，有机会他总要登禹迹寺楼上眺望，回忆往日的爱情生活，寄托自己无限的哀思。宋宁宗庆元五年，陆游已经七十五岁了，距唐琬逝去已有四十年之久，但陆游依然难泯旧情，回首往事，不禁潸然泪下，写下了《沈园》二首，表达了对前妻深深的爱恋和悼念，诗云：

（一）

城上斜阳画角哀，沈园非复旧池台。

伤心桥下春波绿，曾是惊鸿照影来。

（二）

梦断香销四十年，沈园柳老不吹绵。

此身行作稽山土，犹吊遗踪一泫然。

以七十五岁高龄的衰朽之躯，铭记不忘唐琬飘若惊鸿的情影；对同唐琬一起去游玩过的沈园，还沿着老路走到那里去凭吊一番，可以想见用情之专一。在陆游去世前五年，即陆游八十一岁时，他又写了《十二月二日夜梦游沈氏园亭》二首，诗云：

（一）

路近城南已怕行，沈家园里更伤情。

香穿客袖梅花在，绿蘸寺桥春水生。

（二）

城南小陌又逢春，只见梅花不见人。

玉骨久成泉下土，墨痕犹锁壁间尘。

诗中充满了物是人非，触景生情，魂牵梦绕，此恨绵绵的悼亡哀痛，反映了诗人对唐琬的钟情，年老而弥笃。

陆游不仅是一个热血澎湃的诗人，而且也是个柔肠万千，倜傥风流的才士。据《随隐漫录》记载，一次，陆游在赴任途中，夜宿驿站，见墙上有题诗云："玉阶蟋蟀闹清夜，金井梧桐辞故枝。一枕凄凉眠不得，挑灯起作感秋诗。"经过访问，得知题诗人乃驿卒的女儿，陆游爱其才，托人说合，将女纳为妾。半年之后，陆游夫人不容此女留在丈夫身边，遂将女驱赶。女临行前赋《生查子》而别。其辞云："只知眉山愁，不知愁来路。窗外有芭蕉，阵阵黄昏雨。晚起理残妆，整顿教愁去。不合画春山，依旧留愁住。"《柳亭诗话》说："务

观前妻见逐于其母，此女又见逐于其妻，钗头双凤，大小一揆。"据后人考证"玉阶蟋蟀闹清夜"四句是他人将陆游所作诗稍事窜改而成，似乎《随隐漫录》和《柳亭诗话》所说均不是为证。不过，《渭南文集》中提到陆游确纳有一妾，姓杨，系成都府华阴县人。曾随他至严川上任，生一女，小名定娘，不幸夭折。陆游还为小定娘撰写墓志《山阴陆氏女墓志铭》，这该是无庸置越的吧！至于杨氏的具体情况则不得而知。

科场舞弊

南宋朝廷为了粉饰太平，笼络士人，决定于绍兴二十三年开科取士，并在临安先举行了两浙转运司锁厅试。规定只限现任官僚及恩荫子弟应进士科人员参加。锁厅试就是要应试者锁了办公厅而去参加考试。录取面较大，一百个人中可以录取一个。陆游是恩荫迪功郎，志在报效国家，自然不放弃这个机会。秦桧之孙秦埙已官居右文殿修撰，比考官地位还高，本来不必应试，但秦桧想让孙儿通过科举考试取得状元，获得更显赫的地位，因此也参加了。试前，秦桧还示意主孝官陈子茂将秦埙录取为第一名。陈子茂是两浙转运使，字阜卿，为人正直，办事公正。在审阅试卷中，发现陆游写的文章，笔调通畅，气势不凡，议论北伐中原，还我河山，言辞恳切，大义凛然，不禁为之赞叹；而秦埙的文章则相形见绌。陈子茂不畏炙手可热，权倾天下的秦桧加害，毅然将陆游录取为第一名，秦埙列为第二名。秦桧的目的没有达到，极为震怒，在第二年礼部举行会试时，竟专横独断，公然把考试成绩优良的陆游刷掉，让秦埙捞上头名进士。同时，还准备治陈子茂的罪。这件事表面上看去是一种封建社会常见的科场舞弊勾当，属于追名逐利的冲突，实质上是陆游在试卷中力主抗金，站在抗战派一边，向以秦桧为首的投降派投出的利刃，因此必然遭到秦桧的打击和迫害。陆游晚年在悼念陈子茂的诗里说："陈阜卿先生为两浙转运司考官，时秦丞相孙以右文殿修撰来就试，直欲首送；阜卿得予文卷，推置第一，秦氏大怒。予明年既显黜，先生亦几蹈危机；偶秦公薨，遂已。予晚岁料理故书，得先生手贴，追感平昔，作长句以识其争，不知哀涕之集也。"诗云：

冀北当年浩莫分，斯人一顾每空群。国家科第与风汉，天下英雄惟使君。后进何人知大老，横涕无地寄斯文。自怜衰钝辜真赏，犹窃虚名海内闻。

诗中斥责秦桧之流挤兑、罢黜持抗战观点的考生，像唐文宗时当权太监仇士良视敢于直言应制科的刘蒉为"风汉"一样，热情歌颂陈子茂不畏强暴，提携后进，选拔人才，是真正天下的英雄。

绍兴二十五年，秦桧暴病身亡，陈子茂免于祸患，朝野正直之士闻讯奔走相告，弹冠相庆，同时开始议论边事，盼望朝廷抗金复国。北方沦陷区的宋朝遗民也摩拳擦掌，希望王师来收复国土。宋高宗赵构迫于舆论压力，不得不起用抗战派人物张浚、胡寅、洪皓等，一时举国振奋，群情昂扬。陆游的老师，曾被秦桧罢掉两浙西路提点刑狱公事职务的曾几，也被赵构召见，擢拔为直秘阁，仍知台州，后又任秘书少监。不知是得力于曾几的推荐，还是其他原因，绍兴二十八年（1158），陆游三十四岁时被朝廷任命为福州德宁县主簿。接到公文，他又喜又忧，喜的是，从此可以步入仕途，能报效国家；忧的是主簿是九品县吏,位卑事杂,难以展雄才。在他内心深处仍然希望能够纵横捭阖,驰骋疆场,收复失地,勒石燕然。在《夜读兵书》诗中他曾说过:

孤灯耿霜夕,穷山读兵书。平生万里心,执戈王前驱。战死士所有,耻复守妻孥。成功亦邂逅,逆料政自疏。陂泽号饥鸿,岁月欺贫儒。叹息镜中面,安得长肤腴。

想到现在仅仅去做一个小官,能够实现自己的远大志向吗?但是,计较职位而不出仕,"年与时驰,意与日去,悲守穷庐",将来怎么办呢?

宦海浮沉

陆游再三考虑,决定上任。他经过二十多天的长途跋涉,穿曹娥江,过雁荡山,游台州,由温州到达了宁德县,从此开始了宦海浮沉。一次福建路提点刑狱公事樊茂实来县视察,对县令项赓因口吃而回答问题结结巴巴,露出不悦之色。陆游觉察,即代为详奏,樊茂实听后,十分满意,又看到陆游的诗写得很出众,于是荐举陆游为福州决曹,担任樊茂实属下的一名文官。不到一年,曾几升为礼部侍郎,在曾几的引荐下,陆游调至临安任勅令所删定官。宋代勅令所是掌管修改审订法令条式的机构,法令条式每五年小修一次,每十年大修一次,然后颁行天下。朝廷常以宰臣兼任勅令所提举,下设详定官、删定官,删定官的职责是编纂朝廷公布的法令文件,并分类编成书。这个职务虽说是八品小官,然而能接近朝臣,进言天子,历来又是饱学之士担任,因而为许多人所关注。陆游公务闲暇,以读书写诗自娱,有时四处游荡,他看到繁华的市容,苦难的百姓,屈辱求和的朝廷,苟且偷安,纸醉金迷的君臣,感慨万端。于是他披肝沥胆,陈情阙下,力主励精图治,早复中原。在抗击金兵大举南侵刚刚开始时,陆游满怀为国效死之情,又赶写了《上执政书》,不想触怒了宋高宗赵构,竟遭到罢官。他只好收拾行李回到山阴。绍兴三十一年七月宋、金展开交战,百事待举,前线吃紧,朝廷急需用人才,高宗赵构在朝臣的提醒下,想起了弃置在乡的陆游,很快降旨召回他任大理寺直兼宗正簿,这样,陆游又来到临安。此时,抗金捷报频传,文武官员欣喜非常,老百姓笑逐颜开,陆游更是精神振奋,将有所为,不久,金主完颜亮在扬州为部将杀死,消息不胫而走,陆游暗想,金主既诛,新主初立,趁金朝内乱,正是恢复疆土的大好时机,于是奏请朝廷诏令各地进军,深入敌后,出奇制胜。但始终不见答复,随着时光的流逝,战局的变化,希望逐渐化为泡影。赵构不仅不兴兵北上,反而找出种种借口,恢复议和,使朝野上下为之骚动。秦桧死后的南宋已非二十年前秦桧弄权的南宋。以宰相陈康伯为首的主战派力量已占上风,并能左右朝廷大局;各地百姓纷纷揭竿而起,抗击金兵,反对议和;一些大臣对于朝廷一味采取忍让,不思进取的政策,对金人奴颜卑膝称臣以求归回河南诸地等作法,极力反对。在这种情况下,赵构既不敢战,又不能和,只好传位给赵眘,自己退居德寿宫里作太上皇,过骄逸享乐生活去了。

三十六岁的赵眘,原名伯琮,是太祖七世玄孙。建炎三年,赵构的独生子赵旉夭亡,便把东京汴梁陷落后流之在民间的赵伯琮收为养子,改名瑗,封为普安郡王,后又立为太子,更名为眘,赵眘生长在民间,了解一些民间的疾苦,对广大国土沦于敌手深为痛惜,因而常有恢复中原之志。绍兴三十二年(1162)赵眘正式即位,翌年改年号为"隆兴",开始

整顿朝政,荐举人才,并驱逐了一些误国害民的秦桧党羽,起用主战将领张浚等人,给张浚以兵权。陆游也奉调到枢密院担任编修官。一天,赵眘问朝臣周必大,当今诗人谁能比得上李白。周必大回答,首推陆游,世人已称他为"小李白",因为他的才华出众,写的诗风格豪迈,和李白有相似之处,所以有此殊誉。另外,权知枢密院事史浩,同知枢密院事黄祖舜又向赵眘推荐陆游,说他"善辞章,谙典故",于是赵眘召见陆游,陆游趁机将自己对定邦安国的主张——奏明,如革新政治,加强武备,待机北伐,恢复河山,深得孝宗的赞赏,认为他"力学有闻,言论剀切",特赐他进士出身,并加封他为太上皇帝圣政所检讨官。

隆兴元年(1163)正月,孝宗继封张浚为观国公加少傅衔之后,又任他为枢密史,统帅军马,都督江淮,从江阴、镇江、南京直到贵地、九江的部队全部由他指挥,这对大举南犯的金兵构成了巨大的震慑力量。此时,朝廷上下,同仇敌忾,外交上联络西夏,共同抗击;在北方广大沦陷区,发动军民武装起义。为此,由陆游起草了两个重要文件:一是1163年正月二十一日写的《代二府与夏国主书》;一是同年二月写给沦陷区的秘密传单《蜡弹省劄》。二府指中书省和枢密院,蜡弹是封缄秘密文件的蜡丸。像这样重要的军事和外交文件,理应由中书舍人撰写的,而朝廷大臣特请陆游执笔,可见他的才德已为当局所承认,而陆游也以能够参与抗金的机要工作为荣。在他的诗歌中,常常回忆起这件事情。经过一段时间的筹备工作后,张浚率领六万人马,号称二十万雄兵出师北伐,分两路进军。一路由李显忠率领,从濠州(安徽凤阳)攻取灵璧;一路由邵宏渊率领,从泗州出发(安徽盱眙东北)直取虹县(安徽泗县)。两路夹击,进展极为顺利,很快就收复了宿州(安徽宿县)。捷报频传于江南各地,中原诸镇大为震动。孝宗闻讯,喜出望外,连称十年来无此克捷,朝野为之鼓舞,并亲制诏书,慰劳张浚。并擢升李显忠为淮南、京东、河北招讨使,邵宏渊为副使。宿州收复不久,李显忠、邵宏渊之间就产生了矛盾。邵宏渊主张以宿州库藏实物劳军,李显忠坚持军队驻扎城外,以现钱劳军。两人矛盾,以致金兵反扑时,李显忠只能孤军奋战,独守城池,最后寡不敌众,难以抵御,只得杀出重围,于五月二十四日退至符离集一带,距五月十六日进围宿州仅仅才八天时间。随着北伐的失利,主和派势力在朝中又开始抬头。赵眘也一改初衷,起用秦桧余党汤思退为丞相,准备和金人议和。这时,一贯主战的陆游在朝廷的日子也日益窘迫,但他仍然尽忠职守,敢于对植党营私的龙大渊和曾觌的种种召彰劣迹进行揭发。而龙、曾二人却是赵眘的亲信,因此赵眘对陆游十分厌弃,不久就将他调到建康任通判,接着又改调镇江通判。

镇江北临长江,对峙扬州,和建康形成犄角之势,地势险要,南宋水师精锐驻扎于此,是抗金前沿阵地。陆游上任后很快熟悉了环境,结识了一些同僚,图谋抗战大计。听说张浚仍都督江淮兵马,即日抵达镇江,心中十分激动。张浚和陆游的父亲原系老友,又和陆游抗金的主张相同,因此对陆游十分器重有加,张浚的儿子张拭和幕僚们更是和陆游过往甚密,他们经常在一起筹划如何重整武备,收复山河,报仇雪耻,还于旧都。张浚来镇江后,开始扩充军队,山东淮北忠义之士归附者,络绎不绝。不长时间,建康、镇江两支兵力就有一万二千人。万弩营招收淮南和江西义军一万余人,从建康到镇江,凡要害之地,均修筑城堡;沿江险要之处,皆积水为匮。江上战舰来往,风樯如云,各营都配备了弓矢器械,随时准备消灭入侵之敌。金人获悉这一情况后,感到形势于己不利,急忙下令罢

兵。谁料为主和派包围的赵昚，又听信谗言，竟于隆兴二年（1164）四月，撤销了江淮都督府，罢免了张浚的官职，正式与金人议和，签订了"隆兴和议"。在议和进行期间，陆游还是一心为国，上书朝廷，乘和约未定之前，宣布建康和临安都是临时首都，以便将来迁都建康，凭借有利地势，积极从事收复中原的准备。这一主张，从岳飞、李纲、胡铨直到张浚都是坚持的，结果他们都遭到迫害。如今张浚已被罢官，朝政又为议和派所左右，陆游仍置个人安危于不顾毅然提出，其爱国热忱，日月可鉴。和议签订后的次年（1165）宋孝宗赵昚又把年号改为乾道，一时的恢复中原的雄心壮志已烟消云散，开始过起忍辱偷安的生活来。陆游关于建都的意见非但未被朝廷采纳，自己反被调往隆兴（江西南昌）任通判。这样，使他离前线更远了。朝廷的一些卖国贼，一贯敌视敢于正谏正言、力主抗金的陆游。他们对陆游的调动并不甘心，必欲置之于死地而后快。在乾道二年（1166）以"交结台谏，鼓唱是非，力说张浚用兵"的罪名，又将他革职还乡。

效死疆场

陆游在山河破碎，金瓯残缺的情况下，本想竭尽全力，为国报效，不料"一犬吠影，百犬吠声"，竟然被朝廷革职还乡。他仰天长叹，悲愤不已，匆匆交卸了公务，辞别了同僚，便离开了镇江。踏上归途，进入山阴故土，沉重的心绪顿时豁然开朗。他看到美丽的村庄，明亮的镜湖，觉得为人处世，应该光明磊落，像清澈见底的湖水一样，官可以不做，报国之志难移。到家以后，便向妻子说明情况，开始过起吃芋羹、喝稀粥的躬耕的平民生活来。

春去秋来，北雁几度南飞。陆游自乾通二年罢官，赋闲在家已经四年了，家中人丁日益增多，生计日益艰难，他不得不向朝廷求职，但始终得不到答复。他想到韶华易逝，对国家还没有做出什么贡献，心中一阵凄怆，不由得吟道："慷慨心犹壮，蹉跎鬓已秋，百年殊鼎鼎，万事只悠悠。不悟鱼千里，终归貉一丘。夜阑闻急雨，起坐涕交流。"正吟咏间，忽然想起在镇江张浚都督府中认识的陈俊卿，陈为人耿直，敢于秉义直言，与陆游志同道合，最近已升任朝廷右相了。陆游经过一番考虑，便写信给陈俊卿，一方面祝贺陈的升迁，一方面为自己求个一官半职。信寄出不久，朝廷于乾道五年十二月，召用陆游为夔州通判。陆游想，夔州距山阴虽远，但能去做官，也能一展宏图，于是决定举家前往。正整装待发，陆游忽然染了重病，未能成行，直到第二年夏才携带家口动身。他沿着长江乘船而上，经过江苏、安徽、江西、湖北、湖南等省，最后通过山势险峻、波涛湍急的三峡，终于到达夔州。沿途他饱览名山大川，了解风土人情，在江陵，他想起了战国时楚国的郢都离这里只有十几里，当年楚王为了观看长江胜景，曾在江陵营造了一处华丽的宫殿——渚宫。秦将白起率兵攻陷郢都后，楚国弃郢东迁，人民流离失所，伟大的爱国诗人屈原曾怀着悲怆的心情，写下了名篇《哀郢》。他深深为屈原的爱国精神感动，并为因进忠言而被放逐的遭遇感慨万千。联想到中原沦为金人之手，北伐事业难以为继，不禁悲从心起。船入瞿塘峡，两岸高山林立，古木参天，猿声不断，呈现一片气势磅礴的壮丽景象。过了瞿塘峡就到夔州了，夔州是诗人杜甫住了三年的地方，在这里杜甫由于督都柏茂琳的照

应，生活还算过得安定。据说，一次柏茂琳举行宴会，杜甫欣然应允，从白帝城骑马直奔瞿塘峡，谁料马失前蹄，杜甫竟被摔下马来并跌坏了身子骨，只好住在寓所养伤。一些朋友带着酒肉去探望安慰杜甫，杜甫拄着拐杖相迎，宾主开怀畅饮，尽情言笑。想到这里，陆游觉得这是文坛一段佳话。地处深山的夔州却是杜甫住过的地方，缅怀前贤，倒也值前往。心里顿觉释然。长时间的旅行，使他增长了许多书本上得不到的见识。他便把沿途所见所闻，一一都写入日记，后来编成集子，定名为《入蜀记》。这是一本辞章华美，引人入胜的游记，也是研究地理沿革的重要参考资料。

在夔州，陆游感到一切都不熟悉，生活也极不习惯，好在郡守对陆游器重，刚一到府，便委任他主管办学、考试并兼管农业。乍听起来，似乎事情繁多，实际上是个闲差。陆游没有料到，跋山涉水，历尽千辛万苦，到穷乡僻壤来，换取的只是难以施展自己宏图的差事。在敬览杜甫故居时，他暗想：诗圣杜甫，一生命运多舛，早年受知于唐明皇、唐肃宗，经过安史之乱，由陕入川，由成都而到阆中，由阆中而到夔州，最后流落他乡，客死异地，自己的遭遇也有些与杜甫相似，曾经受知于宋高宗、宋孝宗，金人南侵，先后在镇江、南昌为官，现在来到夔州，难道自己的结局也将与杜甫一样吗？

时间飞逝，转瞬三年任期将满，任满后是返归山阴，闲居故里，还是上书朝廷，继续请求官职呢？陆游面临抉择，心里正在思来想去，无可如何之际，忽然得到新任川陕宣抚使王炎的来信，邀他到设在兴元府南郑县的宣抚使衙门做官。南郑是抗金前哨，历来为兵家必争之地。陆游觉得这个前哨阵地，正是他朝思暮想，心驰神往的地方，自己虽然四十八岁了，但身强康健，报国热忱未减，如果能够身着戎装，驰骋疆场，杀敌守土，救民于水火，也不枉活一世。同时，他也想很快见到这位像汉朝萧何、唐朝裴度一样的朝廷重臣王炎。于是，他安顿好家小，很快就奔赴了南郑。

南郑北屏秦岭，南临巴蜀，西控秦州，东达襄阳，地势险要，物产丰盈。王炎把宣抚司迁居这里后，使古老的城池变得繁华起来。远望各个山头，都设有烟墩，一方有警，八方皆知。陆游一到南郑，热血就为之沸腾。见过王炎，叙了叙旧事后，立即投身到公务活动中去。他虽为干办公事，但不愿久坐幕府，主动要求与士卒一同外出巡察。王炎认为陆游年近五旬，身体并不健壮，且长于笔墨，短于兵戈，担心巡营中若遇敌寇犯境，遭遇不测，未即允诺。陆游请求再三，并说自己研读兵书，舞剑习射。万一遭遇窜敌，也能独当一面。又说久居幕府，不深入前线，既难了解士卒甘苦，又不能详知各处地形地貌，议论军事，必然纸上谈兵，有负宣抚使厚望。王炎再三考虑，觉得陆游的话不无道理，于是答应了他的请求。从此，他穿着戎装，跨上战马，率领士卒，经常巡察在大散关一带。有时路遇偷袭金兵，便巧施妙计，奋力拼搏，使敌人狼狈鼠窜。有时冒着严寒追击敌人，顾不上埋锅造饭，只得啃些粗劣的干粮。在《鹅湖夜坐书怀》中云："昔者戍南郑，秦山郁苍苍。铁衣卧枕戈，睡觉身满霜。"又在《江北庄取米到做饭香甚有感》云："我昔从戎清渭侧，散关嵯峨下临贼。铁衣上马蹴坚冰，有时三日不火食。山蒿畲粟杂沙碛，黑黍黄床如土色。飞霜掠面塞压指，一寸赤心惟报国。"可以看到当时环境的恶劣，生活的艰苦。然而，这些对"一寸赤心惟报国"的陆游来说算不了什么。因为过去怀着"扫胡尘""清中原"的愿望，在南郑前线已经能够付诸实际行动中了，且情况的变化，战地体验使诗人的精神世界和诗歌创作都有了新的素材。他在巡察前线后，又写下了《南山行》云：

我行南山已三日,如绳大路东西出。平川沃野望不尽,麦陇青青桑郁郁。地近函秦气俗豪,秋千蹴鞠分朋曹。苜蓿连云马蹄健,杨柳夹道车声高。古来历历兴亡处,举目山川尚如故。将军坛上冷云低,丞相祠前春日暮。国家四纪失中原,师出江淮未易吞。会看金鼓从天下,却用关中作本根。

诗中以"近函秦""气俗豪"的重要地理环境和"将军坛","丞相祠"等历史遗迹激发起的爱国热忱,引发出若能像韩信那样暗度陈仓,像诸葛亮那样兵出褒斜,把关中作为反攻的根据地,那么驱逐金兵,收复山河是大有希望的。他沉浸在抗金能够胜利的热望之中。在《秋声》里,诗人没有因袭前人"悲秋"的感情,而是喜闻"秋声"的到来。于萧索悲凉气氛中抒发杀敌报国的雄心壮志,迎接胜利的到来。他写道:

人言悲秋难为情,我喜枕上闻秋声。快鹰下鞲爪嘴健,壮士抚剑精神生。我亦奋迅起哀病,唾手便有擒胡兴。弦开雁落诗亦成,笔力未饶弓力劲。五原草枯苜蓿空,青海萧萧风卷蓬。草罢捷书重上马,却从銮驾下辽东。

作者采用"萧萧风卷蓬""壮士抚剑""弦开雁落"唾手"擒胡"等语,展现昂扬的斗志,栩栩如生。"草罢捷书重上马,却从銮驾下辽东。"表现那种捷报频传,直捣黄龙的欢欣鼓舞的景象如在眼前。在《金错刀》诗中,诗人持干戈以为社稷的精神表现得更为突出。诗云:

黄金错刀白玉装,夜穿窗户出光芒。丈夫五十功未立,提刀独立顾八荒。京华结交尽奇士,意气相期共生死。千年史册耻无名,一片丹心报天子。尔来从年天汉滨,南山晓雪玉嶙峋。呜呼,楚虽三户能亡秦,岂有堂堂中国空无人。

慷慨悲歌,壮怀激烈,必欲杀敌报国的决心和信心足以惊天地,泣鬼神。

陆游到南郑前,认为北伐应从山东进军。到南郑以后,这一看法有了变化。他经过多方查访,发现川陕一带,无论从地势、物产方面来看,还是从人民仗义豪爽方面来说,都要比江淮一带条件优越得多。他认为把这里作为向金兵进攻的战略军事基地是更为合适的。经过深思熟虑之后,正式向宣抚使王炎"陈进取之策,以为经略中原,必自长安始,取长安必自陇右始。当积粟练兵,有衅则攻,无则守"。王炎是南宋当时抗战派的主导,政治、军事等各方面的才能都很出色,在群众中影响深远,深得各方面爱国志士的爱戴。王炎以参知政事的身份,任川陕宣抚使,权力显赫,西北一带的军力、财力和人力都集中在自己手里,完全可以有一番作为。因此,陆游对王炎寄予厚望,诚恳地提出了以上建议。尽管王炎同意陆游的建议,但"有衅则攻"这句话要见诸行动,仍须听从朝廷的旨意,边将是不能自作主张的。因此建议虽好,只能置之高阁,正如箭是好箭,不能发出也是枉然。陆游在南郑这段时间里,除处理日常公务外,还经常为王炎出谋划策,不时辗转奔波,传达命令,了解情况;有时要到南郑附近的西县、定军山、孤云、两角等地走动;到宋金对峙的最前线大散关下的鬼迷店和仙人原巡逻。的确他是做了许多抗金的实际工作的,尽到了他能够尽到的责任。但是,对一赤胆忠心的战士来说,仅仅这些是不够的。他希望真正做到"上马击狂胡",在战场上与敌人拼搏冲杀,甚至去流血牺牲。而在苟安已成为南宋国策,恢复中原已成泡影的形势下,希望又是难以实现的。杀敌有心,报国无门,他抑郁彷徨,不得不奏起悲怆的音弦。在著名诗篇《书愤》中云:

早岁那知世事艰,中原北望气如山。楼台夜雪瓜洲渡,铁马秋风大散关。塞上长城

这是对早年恢复中原强烈愿望的回顾,也是对戎马生涯的真实描写,更多的是壮志未酬的悲愤。这种悲愤,在以后《书志》中表现得尤为明显。诗云:

千岁埋松根,阴风荡空穴。肝心独不化,凝结变金铁。铸为上方剑,衅以佞臣血。匣藏武库中,出参旄头列。三尺粲星辰,万里静妖孽。君看此神奇,丑虏何足灭。

全诗充满了对投降派佞臣的推心痛恨,必欲诛之而后快;对侵略者丑虏的极度蔑视,必欲灭之而后快。在另一首《书愤》中又云:

白发萧萧卧泽中,只凭天地鉴孤忠。厄穷苏武餐毡久,忧愤张巡嚼齿空。细雨春芜上林苑,颓垣夜月洛阳宫。壮心未与年俱老,死去犹能做鬼雄。

诗中抒发了以苏武、张巡为榜样,坚持民族大义,不改拳拳抗金复国的一片誓死效忠感情,表示即使死去,也要变成鬼雄。继续战斗,荡除寇仇,以雪国耻。

南郑前线,抗金准备工作正在积极进行;沦陷区人民巧妙地传来敌人情报并送来洛阳竹笋和黄河鲂鱼等犒劳品热切盼望宋军北伐;敌军面对巨大的反攻力量,已惊惶失措,在长安城周围掘了三道壕沟,作为防御工事。此时,如果挥师北进,内外夹击,打退金兵是指日可待的。但是,时间一天一天过去,朝廷降旨恢复中原的诏书始终未到。守边将士们的情绪受到极大打击,感到非常失望和愤懑。热情高涨的进军准备工作逐渐松弛,宣抚使机关内过去那种公务繁忙的景象逐渐消失了。

乾道八年(1172)九月,朝廷竟然颁诏把王炎调回临安任职,并遣散了王炎的幕府。这样,使策划多日,直取长安的反攻计划和各种准备工作都置之高阁,爱国志士和人民群众盼望恢复的愿望又一次落空。"遗民忍死望恢复,南望王师又一年。"陆游的一颗火热的心如同遭迎头被泼一盆冷水,他感到伤心、郁闷,对不起那些渴望解救、在敌人铁蹄下痛苦挣扎的广大沦陷区的老百姓,不胜悲痛地说道:"三秦父老应惆怅,不见王师出散关。"对于南宋统治者赵眘这种忍辱偷安的政策,作为川陕宣抚使的王炎,位高权重,尚且感到无计可施,只得听命,作为宣抚使幕府中一位职位不高的陆游,就更无可奈何了。只有愤懑地慨叹:"有时登高望鄠、杜(陕西鄠县和杜陵),悲歌仰天泪如雨。"

骑驴入川

王炎的幕府被遣散后,陆游奉调成都府路安抚司任参议官。乾道八年十一月,他携眷重返四川,自己骑一头驴子款款而行。忽然冷风吹来,天色转阴,濛濛细雨竟然断断续续地下起来了。陆游一家为了赶路,顾不得休息,仍然马不停蹄地往前走,很快就到了剑门关。剑门关地势险要,晋人张载作《剑阁铭》说:"惟蜀之门,作固作镇,是曰剑阁,壁立千仞,穷地之险,极路之峻。"陆游仰望这蜀北屏嶂,川陕咽喉的剑门关,思绪万千,他没有料想到恢复中原的大业,竟无人问津。当年自己挥戈刺虎,上马杀敌,也堪称英雄吧,如今却成了骑在毛驴背上的苦吟诗人。在《剑门道中遇微雨》一诗中云:

衣上征尘杂酒痕,远游无处不销魂。

此身合是诗人未?细雨骑驴入剑门。

　　唐代诗人李白在华阴县骑驴,杜甫《上韦左丞丈》中自说:"骑驴三十载",贾岛有骑驴赋诗的故事。同时,唐以后还流传李杜两人的骑驴图。因此,驴子在当时被人认为是诗人的独享坐骑。陆游此次骑驴入川,知道再没希望披挂上阵,戍边守土,报效国家了,胸中充满愠火。在蒙蒙细雨中,他又想到自己将来只能过着吟诗泼墨生活,不由得扪心自问是否够得上成为诗人的称号。这一反问,饱含着激愤、忧伤、怅惘和英雄迷途的痛苦心情。在旅途中传来了朝廷把年号"乾道"换成"淳熙"的消息,这显然是昭示全国朝野上下,北伐计划已彻底破产,取而代之的是:不求进取,维持现状的国策。国策的变化,加上抗金贤相虞允文又不幸去世,这无异给陆游欲展宏图的心上蒙上了一层浓重的阴影。在四川他先后代理了蜀州、嘉州、荣州等处地方官的职务,有如水上浮萍,浪迹飘浮,一想起来,不免黯然神伤。淳熙二年(1175)范成大到四川来担任制置使,招陆游为参议官,于是他又到成都。范成大字致能,也是南宋知名的诗人,在隆兴元年陆游担任太上皇帝职政所检讨官的时候,他们在一块儿共事,是文字之交。因此,陆游在范成大衙内供职,虽然一个是上司,一个是部属,但彼此都不拘官场那一套礼仪,保持着朋友关系,除处理公务外,他们经常在一起饮酒赋诗,一唱一和。陆游在《锦亭》一诗中说:

　　乐哉今从石湖公,大度不计聋且聋。夜宴新亭海棠底,红云倒吸玻璃钟。琵琶弦繁腰鼓急,盘凤舞彩香雾湿。春醪凸盏烛光摇,素月中天花影立。游人如云环玉帐,诗未落纸先传唱;此邦句律方一新,凤阁舍人今有样。

　　全诗描绘当时欢乐场面。当然,陆游和范成大之间也有隔阂,主要是对时局和抗金的分歧。范成大到四川后,确实做了一些好事,赢得了民心,但后来也开始一味享乐,只求边境安宁,不再图谋抗金了。而陆游则不然,他以幕僚身份,也写些应酬诗作,不过,一有机会就要力陈北伐中原,收复山河的主张。一次,范成大着人翻修的铜壶阁竣工,在欢庆宴会上,范成大请陆游作记,陆游并不推辞,在挥毫记述铜壶阁之宏伟时,直书荡清中原,以洗五六十年腥膻之污。范成大看后,尽管有些不太如意,念在友情,不仅不发作,还特地称赞几句。一次,陆游写诗给范成大云:"关陇宿兵胡未灭,愿公垂意在苍生。"有的幕僚看后,感到他教训起长官来,未免狂妄自大。而范成大明知陆游有壮志难酬的惆怅,但并未表现出明显的不快,仍然对陆游很客气,让他去办办文书,陪伴自己赏花赋诗。陆游眼看北伐遥遥无期,报国无门,只好凭借美酒、歌舞,聊解心头的苦闷。在酒肆歌楼中,他结识了一些游侠剑客,力促他们潜入中原,刺杀金主。在《剑客行》中说:

　　我友剑侠非常人,袖中青蛇生细鳞。腾空顷刻已千里,手扶风云掠鬼神。荆轲、专诸何足数,正昼入燕诛逆虏。一身独报万国仇,归告昌陵泪如雨。

　　诗中表现了陆游另一种洗血国耻的爱国精神,因为他知道,兴兵北伐已没有希望,只有利用游侠的个人行动了。

　　陆游经常出入酒肆歌楼,这一情况不知怎么传到临安,台官在孝宗面前奏了一本,说他"不拘礼法","恃酒颓放",于是降旨罢了他的官职。范成大知道陆游遭受诬告,对他进行安慰,并让他仍然寓居原来住所,生活上予以关照。陆游为避免无端影射,在浣花溪旁租了间房子便移居那里。并以"颓放"为由,自号"放翁"。在《和范侍制秋兴》一诗中写道:

　　策策桐飘已半空,啼蝥渐觉近房栊。一生不做牛衣泣,万事从渠马耳风。名姓已甘

黄纸外,光阴全付绿樽中。门前剥啄谁相觅,贺我今年号放翁。

这首自贺号放翁的诗,可以看出是对那些鼠目寸光,狗苟蝇营,追名逐利,全然不顾国家民族利益的庸俗小人的痛斥和嘲弄。罢官后的陆游由于不时得到范成大的资助,生活上倒也安适。陆范二人常相往来唱和,依然保持昔日的友谊。

淳熙四年(1177)范成大任职期满,奉诏东还临安,陆游对这位好友的离去,怀着眷念不舍之情送行,并赠诗惜别,《送范舍人还朝》中一首云:

平生嗜酒不为味,聊欲醉中遗万事。酒醒客散独凄然,枕上屡挥忧国泪。君如高光那可负,东都儿童作胡语。常时念此气生瘿,况送公归觐明主!皇天震怒贼得长,三年胡星失光芒。旄头下扫在旦暮,嗟此大议知谁当?公归上前勉画策,先取关中次河北。尧舜尚不有百蛮,此贼何能穴中国?黄扉甘泉多故人,定知不做白头新。因公并寄千万意,早为神州清虏尘。

诗中淋漓尽致地昭示了自己的内心世界,申述他所以嗜酒,并非迷恋酒,企图醉生梦死,而是想在醉酒中暂时忘掉国家倾颓的痛苦。在酒醒后,他想到的仍是克复中原,解民于水火之中的大事。因此,他不厌其烦地告诉范成大,请他回朝后,一定要向朝廷进言,采用先取关中,后取河北的战略,并希望范成大能与故旧友人一起,精诚合作,共襄北伐抗金义举。陆游的忠言,范成大是否如实转告朝廷,或者说转告了却没有被朝廷采纳。总之他的希望又一次破灭。

赈粮罢官

范成大走后,陆游在成都孤苦伶仃,曾写《春愁曲》一首云:"六年成都擅豪华,黄金买断城中花。醉狂对作《春愁曲》,素屏纨扇传千家。"谁知此诗竟广为传诵,后来传到宫中,连宋孝宗也读到了,动了慈悲之心,觉得陆游十年之中,六年在巴蜀,于是将他召回临安。淳熙五年(1178)秋,五十四岁的陆游见过宋孝宗赵眘后,被任命为提举福建常平茶盐公事。以后,又调任提举江南西路常平茶盐公事,主管钱粮仓库和茶盐专卖事业。任所在江西抚州(江西临川),抚州本是南宋规模较大的重要瓷场之一,由于贪官污吏敲诈勒索,生产极不景气,且农事凋敝,田园荒芜。淳熙七年抚州地区先是大旱,继而淫雨成灾。陆游动员士卒、百姓运石堵住城墙缺口,使得城池免遭水淹,城外百姓虽逃往高处,但衣食无着,难以为继。特别是吃饭无粮是迫在眉睫的大问题,需要马上解决。陆游想到自己身为朝廷命官,主管义仓和赈灾之事,此时不救民于水火,更待何时。于是他迅速具文奏请朝廷开仓放粮,以济燃眉,可是抚州离临安路途遥远,要等待朝廷批文下来,尚须时日。如果等到那个时候才开仓赈粮,将有大量百姓饿死。陆游想到这里,便立即下令看守粮库的吏卒,打开府库,放粮济民。灾民万分感激陆游这一举措。不久以后,朝廷却下诏免了陆游的职务。诏书上说:"抚州义仓之粮乃天朝与大金国结盟的交粮。陆游以济民济灾为名,擅自做主,先开后奏,私开义仓,有背朕膂付之命。故罢其提举江南西路常采茶盐公事之职,得旨不必入奏,钦此。"

陆游被罢官还乡,从淳熙八年到十二年,一直闲居山阴,但他的心一直挂念北伐,进军中原。在《夜泊水村》一诗中云：

> 腰间羽箭久凋零，太息燕然未勒铭。
>
> 老子犹堪绝大漠，诸君何至泣新亭。
>
> 一身报国有万死，双鬓向人无再青。
>
> 记取江湖泊船处，卧间新雁落寒汀。

陆游悲痛万分地说，等待北伐等得箭上的羽毛都脱落了，仍未见朝廷付诸行动，虽然自己年事已高，但只要国家一声召唤，仍然会奔赴疆场，杀敌御侮。凌云壮志，至此不衰。陆游既然有志难申，于是他只有读书。在读书的同时，他想到过去一些志同道合的朋友，在取得高官厚禄后，也失去了当年的锐意进取的精神。对待抗战大事，畏缩不前，借口不可操之过急，须"待衅而动"，实际上是为了保住一己之私。为此他在《读书》诗中失望地写道："士初许身辈稷契，岁晚所立惭廉蔺。正看愤切诡成功，已复雍容托观衅。"当然陆游只是对这些人失望，而对于天下士，对于人民，对于将来，仍然是信心十足希望无限的。在陆游乡居孤寂无聊，有时也找找和尚、道士谈天说地，偶尔还熬罂粟子粥，烧丹炼药，在《题书斋壁》诗中说：

> 随分琴书适性情，乍寒偏爱小窗明。
>
> 旋煎罂粟留僧话，故种芭蕉待雨声。
>
> 丹药验方非畏死，文章排闷不求名。
>
> 是间幽事君知否？莫怪经秋少入城。

从诗里可以看出他煎罂粟是为了与和尚谈天遣怀，炼丹是为了验证药方的效果怎样，写文章不是图名而是为排遣忧郁。尽管他寂寥、苦恼，但报国之志未减。在《夜步庭下有感》中阐怀道："书生老抱平戎志，有泪如江未敢倾！"

淳熙十三年（1186），陆游已经六十二岁了，被朝廷起用为严州（浙江建德）知州。他接到任命后赶赴临安觐见，在客舍寓居，正逢春雨初霁，风光旖旎，巷陌深处，断续传来卖花声。于是写下《临安春雨初霁》七律一首：

> 世味年来薄似纱，谁会骑马客京华。
>
> 小楼一夜听春雨，深巷明朝卖杏花。
>
> 矮纸斜行闲作草，晴窗细乳戏分茶。
>
> 素衣莫起风尘叹，犹及清明可到家。

这一首名诗清新自然，既写春雨初晴的美景，也暗寓朝廷有了新的气象。其中"小楼一夜听春雨，深巷明朝卖杏花"一联，尤为脍炙人口，广为传诵。赵眘得知，也极为赞赏。陆游在殿上向赵眘赴任辞行时，赵眘还特别对陆游说：严州山清水秀，公余可以作诗消遣。皇帝完全把陆游当成一位寄情于山水的诗人看待，根本无视了陆游一腔赤诚的报国之志。

严州土地贫瘠，连年灾害，因此农业荒废，田园萧条。陆游到任后，针对这一情况，首先抓农业生产。他告诫群众，要努力耕作，不懈怠不偷懒，不争讼。自己也保证做到："宽期会，简追胥，戒兴作，节燕游。"也就是，不扰民，不加重人民负担，不无度挥霍，保民、安民。对于那些为非作歹，鱼肉百姓，贪污残暴的吏役，则予以屏退撤职。经过一段时间的整顿，严州的面貌大有改观。

陆游勤于政务，每天早晨鸡未叫就起床，直到乌鸦归巢还在处理各种公文和事情，连吃饭睡觉都不能按时，简直忙得不可开交。有时养病在家，一想到地方安治不好，害怕老百姓受害，也顾不得休息，急忙又去理事。在他的苦心孤治下，"民租屡减追胥少，吏责全轻法令宽"。政简刑宽，人民得以安居乐业，他也感到高兴，"偶有一樽聊独醉，强按黄菊助清欢"。特别是看到大旱之年，在平坝地栽上高寒作物荞麦，竟然得以丰收，人民可以安居此地，他更是万分兴奋。在《篙麦初熟，刈者满野，喜而有作》一诗中说：

城南城北如铺雪，原野家家种荞麦。
霜晴收敛少在家，饼饵今冬不忧窄。
胡麻压油油更香，油新饼美争先尝。
猎罢炽火燎雉兔，相呼置酒喜欲狂。
陌上行歌忘恶少，小妇红妆穗簪鬓。
诏书宽大与天通，逐熟淮南几误计。

大灾之后，人民喜获丰收，"油新饼美"，"炽火燎兔"，"陌上行歌"，"小妇红妆"，形象地反映了群众的忧愁已去的欢欣鼓舞笑逐颜开的景象，也展现了诗人看到群众已不再为饥寒所迫，不再遭受颠沛流离之苦而感到莫大欣慰的博大心胸。

陆游在严州做了许多好事，深得老百姓的拥戴。远在一百四十年前，其高祖陆轸也在这里做过知州，政绩斐然。为了纪念陆轸、陆游二人德政，群众特地在一座庙里为陆轸立了一个生祠，并请陆游作记刻石。

在严州任上，陆游确实有不少诗作，本来皇帝让他到严州来是想让他多做些吟咏山水的诗，但是志在横枪跃马，恢复神州的陆游创作的诗篇仍然多是抒发对祖国的一片赤胆忠心。如在《夜闻角声》诗中云：

（一）

袅袅清笳入雪云，白头老守卧中军。
自怜到死怀遗恨，不向居延塞外闻。

（二）

忆在梁州夜雪深，落梅声里玉关心。
山城老去功名忤，卧对寒灯泪满襟。

虽然，他有时也写些像《东吴女儿曲》《吴娘曲》一类的诗，其中如"东吴女儿语如莺，十三不肯学吹笙""吴娘十四未知愁，罗衣已觉伤春瘦"等句描绘少女神态，栩栩如生，描写少女春愁细致入微。但这一类诗毕竟写得很少。到严州的第二年陆游已写诗三百余首，超过前后几年写的诗，可以说是仰答圣意了。同时，他又把自己过去写的诗，二千五百多首编成集子，付梓问世。在任期内，利用工作闲暇，还为公家刻了《南史》《刘宾客集》和《世说新语》，因为过去这里保存的前两部书毁于兵火，后一部书不幸佚失。淳熙十五年（1188），陆游在严州干了两年，任期届满回家。不久，又奉诏到临安担任朝廷军器少

监。翌年,改任礼部郎中兼实录院检讨官。

赵眘晚年,对恢复大业已经无一言及,想和赵构一样,过过安适舒坦的生活,便传位给儿子赵惇。赵惇即位,是为光宗,这位新皇帝既无革新的锐气,又喜亲近奸佞小人,对于陆游一再奏本,请求皇帝励精图治、振兴朝纲的奏议,感到十分反感,听信谗言,以"嘲咏风月"的罪名,罢了陆游的官。原来陆游赴任严州之前,在临安小住候旨。一天友人张镃邀请他到家为自己珍藏的一把扇子题诗,因为陆游当时不仅有"小李白"之称,极负盛名,且在书法上有很深造诣,为人仰慕。在张镃的真诚要求下,陆游不好推辞,在扇面上题了一首诗:

寒食清明数日中,西园春事又匆匆。

梅花自避新桃李,不为高楼一笛风。

这首诗和唐代刘禹锡的《游玄都观》诗"玄都观里桃千树,尽是刘郎去后栽"相似,都是借桃李寓指新贵的。力主议和的新当权者,自然不能容忍陆游对自己进行嘲讽,便向皇帝弹劾他,终于罢免了他。后来,陆游还为此事写诗作记,题记说:"予十年间两坐斥,罪虽擢发莫数,而诗为首,谓之'嘲咏风月'。既还山阴,遂以'风月'名小轩,且作绝句。"诗云:

(一)

扁舟又向镜中行,小草清诗取次成。

被逐尚非余子比,清风明月入台评。

(二)

绿蔬丹果荐瓢尊,身寄城南禹会村。

连坐频年到风月,固应无客叩吾门。

小小一首题扇诗,竟被冠以"以诗讽今,嘲咏风月,诽谤朝政"的罪名。可见当时的政治的黑暗和恶势力的嚣张。在这种氛围中,陆游的一些朋友也不敢和他交相往来,害怕株连,受到迫害。陆游孤独地在家乡过着清贫的生活,但也能洞察到当时的政治危局,他知道国策既已定为和议,抗金志士自然遭到罢黜。宦海浮沉,他已多次经历,因此心情还是比较平和的。他在《放逐》一诗中写道:

放逐曾惭处士高,笑潭未减少年豪。

青山随处有三窟,白首今年无二毛。

正得筇技为老伴,尽将书帙付儿曹。

饮酣自足称名士,安用辛勤读楚骚。

这是罢官后陆游生活和心情的真实写照。从光宗绍熙元年(1190)到宁宗嘉泰元年(1201)这十一二年中,陆游一直在山阴过着田园生活。山阴是个山清水秀的地方,古迹甚多,有禹迹寺、兰亭和镜湖等遗址,四方来参观、游览的人络绎不绝。陆游住在这里,自然有所感悟,在《吾庐》诗中说:

吾庐镜湖上，傍水开云局。秋浅叶未丹，日落山更青。孤鹤从西来，长鸣掠沙汀。亦知长苦饥，未忍吞蟏腥。我食虽不肉，匕箸穷芳馨。幽窗灯火冷，浊酒倒残瓶。

陆游住在美丽镜湖畔，虽然山清水秀，足以修身养性，但罢官回家，如同孤鹤西来，志行高洁，而生活清苦。这一境况在《困甚戏书》中描述得十分具体：

> 刘茅以苫屋，缚柴以为门。
> 故人分禄米，邻父馈鱼飧。
> 前门吏征租，后门质襦裙。
> 不敢谋岁月，且复支朝昏。

他靠朋友邻居的接济维持生计，靠典当衣服缴纳租税。住在茅草屋里，家无隔宿之粮，日子得过且过，谈不上什么长期打算，但这种贫穷生活却使他和老百姓更加接近，同老百姓的关系更加密切。在《宿野人家》诗中云：

> 避雨来投白版扉，野人邻客不相违。
> 林喧鸟雀栖欲定，村近牛羊莫自归。
> 土釜暖汤先濯足，豆秸吹火旋烘衣。
> 老来世路浑谙尽，露宿风餐未觉非。

用土锅烧水洗脚，燃豆秸来烘衣，这种农家生活是与幕府生活截然不同，而陆游置身其间，却感到心安理得，可以看出他的思想感情已和老百姓融为一体。每到丰收的时候，他高兴地同野老田父聚集一块，开怀畅饮，共话桑麻，并向他们宣传抗战、恢复中原的大道理，希望他们将忠义大节，世代相传，让子弟们随时准备，响应国家召唤。庆元二年（1196），陆游七十二岁，在《村饮示邻曲》一诗中云：

> 七年收朝迹，名不到权门。耿耿一寸心，
> 思与穷友论。忆昔西戍日，屠房气可吞。
> 偶失万户侯，遂老三家村。朱颜舍我去，
> 白发日夜繁。夕阳坐溪边，看儿牧鸡豚。
> 雕胡幸可炊，亦有社酒浑。耳热我欲歌，
> 四座且勿喧。即今黄河上，事殊曹与袁。
> 扶义孰可遣，一战洗乾坤。西酹吴玠墓，
> 南招宗泽魂。焚庭涉其血，岂独清中原。
> 吾侪虽益老，忠义传子孙。征辽诏倘下，
> 从我属橐鞬。

白头老翁，身在乡间，犹心系国家，这种赤子之心，报仇雪恨之情在《七十二岁吟》中，表现得淋漓尽致：

> 七十人言自古稀，我今过二朱全衰。
> 读书似走名场日，许国如骑战马时。
> 秋晚雁来空自感，夜阑酒尽不胜悲。
> 渭滨星陨逾千载，一表何人继《出师》？

在《陇头水》中更直截了当地说："生逢和亲最可伤，岁辇金絮输胡羌。夜视太白收光芒，报国欲死无战场。"他公开反对朝廷采取和亲政策，和每年向敌人进贡几十万银两绢

足,勉强换得小朝廷的苟安。他悲愤地呼号,他志不在农村过安闲温饱生活,而是战死沙场,马革裹尸。然而报国无门,空有一腔热血而已。

陆游在农村闲暇无事,常常给邻里朋友诊断病情,因为他曾经研究过医药知识,又掌握家传的一些治病经验,有时,他还骑上驴子带上药囊到附近村落闲逛,遇着生病的人,就给他看病服药。因此,群众都很感激他,爱戴他,把他视为亲人和恩人。陆游特地在《山村经行因施药》诗第四首中云:"驴肩每带药囊行,村巷欢欣夹道迎。共道向来曾活我,生儿多以陆为名。"与群众水乳交融之情,溢于言表,这种感情促使他写了一些描写农村自然风光,反映当时人民生活的诗篇。如《西村》云:

> 乱山深处小桃源,往岁求浆忆叩门。
> 高柳簇桥初转马,数家临水自成村。
> 茂林风送幽禽语,坏壁苔侵醉墨痕。
> 一首清诗记今夕,细云新月耿黄昏。

"高柳簇桥","数家临水","风送禽语","苔侵墨痕",全诗有如一幅写意的山水画,形象地描写了优美隽永的山村风景,环境的幽雅,人民生活的安适。在《游山西村》诗云:

> 莫笑农家腊酒浑,丰年留客足鸡豚。
> 山重水复疑无路,柳暗花明又一村。
> 箫鼓追随春社近,衣冠简朴古风存。
> 从今若许闲乘月,拄杖无时夜叩门。

诗中描写了丰收后农家的欢庆场面,反映了民风的古朴淳厚。从上述两首诗,可以看出陆游对农村、对农民是饱含着深深的热爱的。

爱国志士

陆游罢官在家,大约住了十一二年之久,这段时间南宋小朝廷内部,矛盾风云变幻。淳绍五年(1194)六月,孝宗赵昚病死,大臣赵汝愚鉴于光宗赵惇昏愦无能,又对赵昚不孝,因此与韩侂胄等密谋并商得赵构孀妻吴后同意,立赵扩为帝,尊赵惇为太上皇。这次政变虽然很快结束,但大臣之间的急权夺利也接踵而至。韩侂胄是宋宁宗赵扩妻子的叔父,他为了左右朝政,仗着拥立新君有功,又是外戚,便大肆排斥异己,先是免掉曾经弹劾他的朱熹的官职,接着又把赵汝愚排斥在朝廷之外,赵抱屈饮恨,郁闷而死。韩侂胄还感到不知足,于庆元三年定出对"伪学""伪党"的禁令,把朱、赵二人的门生、故吏等加以迫害清除。这样,朝中大权集于韩侂胄一身。

韩侂胄为了巩固自己的地位,开始提出北伐中原的口号,以博得广大人民群众和爱国志士的支持。与此同时,他笼络人才,放宽"党禁"。陆游力主抗战,在群众中影响深远,自然是他延揽的对象。而陆游本人虽不为官位利禄所引诱,但他有一颗赤诚的报国之心。只要是为了抗战救国,他随时准备贡献自己的力量。他认为在抗战的旗帜下,朝野上下应以国家利益为重,消除内部纷争,团结一致,一致对外。因此,在嘉泰二年(1202),即韩侂胄当权的第七年,朝廷起用他为同修国史,实录院同修撰时,他以衰朽之

年,慨然应召,再度出山赴临安供职。陆游还想利用这一机会把自己对抗战主张和斗争策略奉献给朝廷,促使北伐早日顺利实现。然而情况这非所料,韩侂胄延揽陆游,只是想利用他的声望吸引群众,却不想真正重用他。这样,陆游在临安也就只能做些整理编史业务,根本不能参与北伐大计。他感到十分失望和无聊,在嘉泰三年史书编成之后,便辞官回家了。

开禧二年初,总揽军政大权的平章军国事韩侂胄密令三军招募健勇,筹办粮草,待命伐金,消息传出,群情为之振奋。本来这一壮举可以获得成功,可惜出身纨绔,志大才疏的韩侂胄,缺乏知人善任的才识,又不能从善如流,像被陆游比作管仲萧何的辛弃疾,既是饮誉当时的爱国词人,又是久经沙场的知兵老将,具有文韬武略和实战经验。在宋宁宗召见时,曾陈述己见,认为从当前国力、人力来看,抗金条件均不成熟,不可仓促用事。他建议将用兵重任交付元老大臣,使其养精蓄锐,备兵应变,待时机成熟,兴师北伐,可一战而胜。但韩侂胄急功近利,坚决反对。认为金国赤地千里,斗米万钱,与鞑靼为仇,且有内变,正是伐金良机。因此朝廷对辛弃疾漠然视之,只是给了一个虚职宝漠阁待制加上提举佑神观的头衔,并未赋予用兵实权。北伐初战的捷报,使南宋百姓多年沉郁的心情兴奋起来,大家奔走相告,彼此祝贺。陆游写下了《老马行》一诗:

老马虺尵依晚照,自计岂堪三品料,玉鞭金络付梦想,瘦稗枯箕空咀嚼。中原蝗旱胡运衰,王师北伐方传诏。一离战鼓意气生,犹能为国平燕赵。

陆游自知八十老翁驰骋疆场已不现实,却有"虽不能至,而心向往之"爱国热情,着实动人心魄。抗战力量的抬头,使得朝廷不得不降低卖国贼秦桧的爵谥,改原封申王为卫国公,改谥号为缪王;追封岳飞为鄂王,加谥号武穆。正义一时得到伸张,民心受到鼓舞,开禧三年(1207),陆游八十三岁,被朝廷晋封为渭南县伯,他原系山阴县子,不依原封,晋爵为山阴县伯而把他封在沦陷区渭南县,是为了照顾他的夙愿。因为他打算两京收复后,移家关辅。朝廷晋封陆游为渭南伯,既是对陆游等爱国志士的嘉奖,也表达了政府收复失地的决心。陆游十分快慰,立即刻印,准备启用。随后又把自己的文集定名为《渭南文集》,在《蒙恩封渭南伯因刻渭南伯印》一诗云:

旋著朝衫拜九天,荧光夜半属星躔。
渭南且作诗人伴,敢望移封到酒泉。

这一时期,陆游的心情特别舒畅,他想到唐朝诗人赵嘏为渭南尉,当时称之"赵渭南",后人是否会把自己也称为"陆渭南"呢?谁知好景不长,北伐失败的消息不断传来,朝野震动,投降议和势力又开始抬头。韩侂胄在紧急情况下启用辛弃疾指挥军马,但辛弃疾却在赴任途中病故,战局难以挽回,政局急转直下。正当韩侂胄一面派使议和缓兵;一面重新布局,准备再战时,十一月,投降派史弥远等,伙同杨贵妃谋杀了韩侂胄,并和金人签订了增岁币为三十万,犒军费三百万两的屈辱和约。陆游的一个儿子是在北伐中战死的。这时,国仇家恨一起涌上心头。加之投降分子为了掩饰自己卖国的行径,竟造谣生事,恶毒攻击陆游赞助北伐是为了给自己和子孙谋取官爵,贬低诗人在群众中的威信。同时,又用名利作钓饵,诱使诗人向他们靠拢。但陆游立场是坚定的,既不怕投降派施加压力,也不为名位和物质利益所引诱。仍然一如既往,坚定地站在抗战救国的一边,为驱逐金人,收复山河做不懈的努力。在《自贻》诗中云:

退士愤骄虏，闲人忧旱年。
耄期身未病，贫困气犹全。

陆游自知是"退士"和"闲人"，但"退士"和"闲人"可以不顾自身的前途和命运，却不能不关心国家大事和人民的疾苦。因此他依然时刻痛恨敌人侵略的种种暴虐行径，担心大旱之年群众的生产和生活。尽管他年事已高，贫困交加，而这种以国家人民利益为重的正气始终充溢于胸。这是他做人的根本，是任何力量也不能摇撼的。

临终豪情

宋宁宗嘉定元年（1208），陆游年已八十四岁，他体弱多病，住在山阴，生活又极清苦，回想一生饱经忧患，历尽沧桑，当然感慨万端。北伐失败，韩侂胄被杀，卖国贼专权，历史倒退到比秦桧时代还要严酷。面对现实，他感到恢复中原已经无望，实现祖国统一，此生也难以亲见，他极力想摆脱忧愤，在诗中描写山村生活，表现旷达闲适的心境，如《梅市》云：

小雨长堤古寺西，不容羸马惜障泥。
时平道路铃声少，岁乐坊场酒价低。
烟树浅深山驷近，野歌断续客魂迷。
残躯不料重来此，一首清诗手自题。

又如《散怀》诗云：

东行西行一日过，深酌浅酌万事休。
亦知衣食将不继，老甚安能怀百忧。

在《江村》一诗中说：

山村连夜有飞霜，柿正丹时桔半黄。
转枕却寻惊断梦，拨炉偶见爇残香。
医无绝艺空三易，死与浮生已两忘。
拈得一书还懒读，卧听孙子诵琅琅。

但陆游终究是一个爱国者，对恢复中原的大业是不可能彻底忘记。他在《感事六言》中说：

老去转无饱计，醉来暂豁忧端，双鬓多年作雪，寸心至死如丹。

这首诗反映了诗人坚贞、执着，"虽九死其犹未悔"的高尚爱国情操。陆游对投降卖国分子卑劣的行径是痛心疾首的，对这批软骨头也不抱任何希望；而对于淳朴的农民樵夫却有着深厚的感情。由于他生活在农村，与他们常相往来，结成了友谊，所以能够了解他们的思想，听到他们慷慨激昂的报国杀敌的呼声。他曾在诗中说："几年羸疾卧家山，牧竖樵夫日往还。至论本求简编上，忠言乃在里闾间：'私忧骄虏心常折，念报明时涕每潸。'寸禄不沾能及此，细听只益厚吾颜。"他热情洋溢地讴歌不沾国家一点俸禄的老百姓的可贵品质，也深深谴责自己的思想水平还不及老百姓那样高。当然，这种自责，并不表明陆游已不关心国家大事，相反，正表现了年老体衰，贫病交加，身处逆境的陆游，对祖国前途仍然充满着炽烈的信心一片孤忠。

宁宗嘉定二年（1209），陆游常常有病，立秋前得膈上疾。他写诗道："今年老病遂难禁，二竖难逃岂易寻，风雨三更童仆睡，自持残烛检《千金》。"在《一病七十日》中云：

一病七十日，共疑无复生。陬全河渐复，师济寇将平。缥缈香云散，缥缈药鼎鸣。庭前有残菊，自笑尚关情。

在长期病中，他还念念不忘"师济寇将平"，寄盼着横扫中原寇仇的大事。此时陆游毕竟老了，精神一日不比一日。十二月初五进行按摩浴，这一天他的左辅第二个臼齿脱落，在《自笑》诗中说：

左辅第二牙辞去，团坐无生活又新。
堪笑按摩并洗沐，未忘贪爱梦中身。

这一年的十二月二十九日，以阳历计是 1210 年 1 月 26 日，陆游病弥留之际，而神志还是清醒的。他觉得世界没有什么值得留恋的了，使他悲恸的是，他一生为之奔走呼号，希望宋朝收复失地，人民过上太平生活的局面是不能看到了。他叮嘱儿子，如果有一天中原恢复了，在举行家祭的时候，不要忘记告祭他在天之灵。在《示儿》诗中说：

死去原知万事空，但悲不见九州同。
王师北定中原日，家祭无忘告乃翁。

这首具有爱国主义思想激情的诗篇，虽然短短二十八字，它却是诗人壮志未酬的临终哀号，是诗人血和泪的融汇，也是诗人对祖国统一大业仍旧信心盈怀，抱有极大希望的遗言。虽是一首告别人世的悲歌，但却充满了战斗的豪情。

陆游的一生是勤勉的一生，不仅留下了《剑南诗稿》八十五卷（诗九千一百三十八首），而且还有《剑南文集》五十卷，其中包括《入蜀记》六卷，词二卷。又有《放翁逸稿》二卷，续添一卷；《南唐书》十八卷；《老学庵笔记》十卷；《家世归闻》八则；《斋居记事》三十六则。这些都收在《陆放翁全集》里。另外，全集之外还有一些零散著作。

诗坛领袖

陆游的一生是光辉的一生，其伟大成就主要体现在诗歌上。他在"六十年间万首诗"中，最显著的特点就是爱国主义思想像一根长长的红线贯穿创作始终。他在任何时候，任何情况下，都没有忘记"扫胡尘""清中原"，恢复河山，报仇雪恨。

陆游生逢国难，又受父辈和社会影响，使他从少年时起就致力学剑习武，攻读兵书。立下了"战死士所有，耻复守妻孥"、（《夜读兵书》）"上马击狂胡，下马草军书"（《观大散关图有感》）的报国大志。到南郑前线后，秋风铁马，身着戎装，驰骋疆场，更产生了一种"丈夫五十功未立，提刀独立顾八荒""呜呼，楚虽三户能亡秦，岂有堂堂中国空无人"不灭寇仇誓不休的豪情壮志和责任感。但是，南宋统治者一心对敌屈辱求和，无意北伐中原，这使他感到异常悲愤，觉得"报国欲死无战场"（《陇头水》），他不得不和投降议和派展开势不两立斗争，指出"和戎自古非长策"（《作客有来自蔡州者感怅弥日》），"诸公尚守和亲策，志士虚捐少壮年"（《感愤》），"战马死槽枥，公卿守和约"（《醉歌》），"生逢和亲最可伤，岁辇金絮输胡羌"（《陇头水》）。在《关山月》里，诗人对投降派作了无情披露：

和戎诏下十五年，将军不战空临边。
朱门沉沉按歌舞，厩马肥死弓断弦！
戍楼刁斗催落月，三十从军今白发。
笛里谁知壮士心？沙头空照征人骨。
中原干戈古亦闻，岂有逆胡传子孙？
遗民忍死望恢复，几处今宵垂泪痕？

　　自隆兴二年符离一战失败后，南宋向金人妥协，签订了丧权辱国的和约。虽然也派军队戍守边境，可是长期不战，无事可做，一直到淳熙四年，虚度十三个年头（概说十五年），以致马肥得死去，弓多年不用，弦已折断。投降派对敌人奴颜婢膝，主要是想求得一个苟安的安定环境，好让自己继续过着声色犬马、轻歌曼舞的腐朽生活，根本置国家和民族利益于不顾。而守边战士，虽然渴望驱逐金人，实现祖国统一，但投降派，掌握实权，不许他们越雷池半步。他们只有虚掷光阴，蹉跎岁月，终老边防，内心的痛苦和压抑是无法祛除的，过去征战中死去的将士，鲜血等于白流，空有明月照着他们的白骨，着实令人寒心。沦陷区的遗民，不堪敌人奴役，热切企盼宋军去解救他们，结果年年希望破灭，只有黯然神伤。诗人以愤怒心情，从多方面揭露投降派求和的丑恶嘴脸，深刻地展示了杀敌卫国的豪迈情怀。在《追感往事》等诗中，还直截了当地指斥投降派误国误民，残害忠良的罪恶："诸公可叹善谋身，误国当时岂一秦"，"公卿有党排宗泽，帷幄无人用岳飞"。意指投降派不仅仅是秦桧一人，而是一个集团。这种尖锐的谴责是要一种大无畏精神的。陆游的爱国思想不仅仅表现在抗金方面，而且对祖国的大好河山、沦陷区人民充满无限热爱。在《秋夜将晓，出篱门迎凉有感》诗中云：

三万里河东入海，五千仞岳上摩天。
遗民泪尽胡尘里，南望王师又一年。

　　诗中所说的河是黄河，山是华山。它们代表了祖国的大好河山，神圣不可侵犯的领土，而现在这些土地却陷入敌人魔爪。土地上的"遗民"正在敌人的统治下备受践踏，他们的眼泪已经流干了，他们一年一年地盼望朝廷派军队去拯救他们，但那只不过是空想而已，投降派根本没有把遗民的痛苦放在心头。诗人在一些诗中多次提到这个问题，可以看出诗人对祖国每一寸土地的热爱，对苍生苦难所寄予的深切同情，这种可贵的思想冲破了原来历史的、阶级的局限，爱国的着眼点不只是皇帝、朝廷，而是祖国的土地和人民。这是爱国主义思想最本质的问题。也是我们今天应该继承和发扬光大的爱国主义思想。陆游不仅同情沦陷区遗民的苦难，而且对南宋统治下遭受剥削压榨的人民，也极为关注。在《书叹》诗中说：

有司或苛取，兼并亦豪夺。
正如横江网，一举孰能脱。

在《农家叹》中说：

有山皆种麦，有水皆种秔。牛领疮见骨，叱叱犹夜耕。竭力事本业，所愿乐太平。门前谁剥啄？县吏征租声。一身入县庭，日夜穷答搒。人孰不惮死，自计无由生。还家欲具说，恐伤父母情。老人傥得食，妻子鸿毛轻。

如此善良、勤劳的人民，却遭受着官吏敲诈勒索。在《上殿折子》中陆游还清楚指出：

"今日之患，莫大于民贫，救民之贫，莫先于轻赋。"足见陆游的爱国思想不仅仅立足于反对异族的侵略，更重要的是植根于广大民众之中，与人民情感一脉相通。

陆游虽主要写诗，也擅长填词，在现存一百多首词中不少作品也抒发了爱国情感。如《诉衷情》云：

当年万里觅封侯，匹马戍梁州。关河梦断何处？尘暗旧貂裘。 胡未灭，鬓先秋，泪空流！此生谁料，心在天山，身老沧洲。

词中表现出一种慷慨激昂的爱国之情，说明在他晚年体弱多病的时候也丝毫未减。当然，他的作品中，也有些不科学的部分，如对神仙的迷信，在《读仙书作》中说："人间事事皆须命，惟有神仙可自求。"在《金丹》中说："子有金丹炼即成，人人各自具长生。"这主要是在他遭到打击后所流露的消极失意情绪。另外，还有些"万事不如长醉眠"（《寓馆晚画》），"事大如天醉亦休"（《秋思》）之类的倾颓诗句，这是他思想羸弱的一面。不过消极软弱思想在他人生进程中只是占很次要的地位，并不起主导作用。

陆游的创作是现实主义的。他的诗歌深刻地反映了他所处时代的社会面貌，忧愤宽广，浩歌激烈。杨万里称陆游的诗是："重导子美行程旧，尽拾灵均怨句新。"他继承和发展了屈原、杜甫的爱国主义精神，被人称为"诗史"，这是他诗歌风格的最显著的特点。同时，他又把现实主义与积极浪漫主义相结合，在创作中，笔触清新，创意深刻，想象丰富，如在《醉歌》中说："手把白玉船，身游水晶宫，方我饮酒时，江山入胸中。"在《江楼吹笛饮酒大醉》中说："天为碧罗幕，月作白玉钩，织女织庹云，裁成五色裘。披裘对酒难为客，长揖北辰相献酬。"想象十分瑰丽而奇伟。特别是《五月十一日夜且半，梦从大驾亲征，尽复汉唐故地，见城邑繁华富庶云：西凉府也。喜甚，马上作长句，未终篇而觉。乃足成之》这首诗，描写宋孝宗带领百万大军远征，一举攻掠凉州，收复了唐朝以来几百年的失地，人民重新回到祖国怀抱，连民情风俗也很快改观。"凉州女儿满高楼，梳头已学京都样。"虽是梦境，却写得那样情真意切，气势磅礴。作者把自己在现实中苦苦追索，始终未有达到的目的，在梦中得以如愿以偿，这是一种积极的浪漫主义手法，具有昂扬的战斗精神，是一种希望，也是一种自我慰藉。是想象中模拟中胜利的欢乐，而在这种欢乐中饱含辛酸和血泪。陆游作诗和李白一样，善于写梦，但李白所写的梦，如《梦游天姥吟留别》中表现的是狂放不羁，蔑视权贵，鄙弃世俗的叛逆精神以及渴望自由和对美好事物的求索。陆游则不同，他身处国家危急存亡之秋，关心人民的疾苦，因此他在诗中写梦则是"熊罴百万"，"秋风鼓角"，恢复国土，解民于水火。李白写梦，多为假托，未必真有其梦。陆游写梦，虽有假托，多系梦醒后所作，或依据梦中点滴印象渲染而成。

陆游在诗歌写作上，善于运用夸张的手法，构思独特，使人为之耳目一新。他抒发英雄无用武之地的愤慨是"国仇未报壮士志，匣中宝剑夜有声"（《长歌行》），"逆胡未灭心未平，孤剑床头铿有声"（《三月十七日夜醉中作》）。他表现对投降派的刻骨仇恨，在《书志》中这样说："肝心独不化，凝结变金铁。铸为上方剑，衅以佞臣血。""三尺粲星辰，万里静妖孽。"这种想象与夸张，既可以看出作者胸中的抑郁和无可如何的愤慨，也展现了热血飞扬的诗人卓越的文学才华。

陆游诗歌的语言精练自然，晓畅平易。他反对艰涩的雕琢，讲求"清空一气，明白如画"。在这方面受白居易的影响很大。他深知要把诗歌作为鼓舞全国人民抗战的武器，

必须言之有物,浅显易懂,宜为群众接受,才能说服感染群众,激发起群众的爱国热忱。晚年,他生活在农村,诗歌的口语化体现得更为突出。如《秋怀》诗云:

> 园丁傍架摘黄瓜,村女沿篱采碧花。
> 城市尚余三伏热,秋光先到野人家。

语言朴实无华,淡淡几笔。勾勒出初秋到来时的农村生活景象,十分逼真。好似一幅美丽的风景画展现在眼前,给人以安详、宁静的艺术享受。

当然,在论述陆游诗歌创作伟大成就的同时,也要看到它存在的缺点。最为显著的就是诗歌句法和意思有时重复,尤其在暮年诗歌中比较多,可能是精力不足所致。还有个别的诗,在组织结构上显得堆砌拼凑,不够周密完美。

陆游才气横溢,不仅诗歌成就突出,而且在词的创作上也颇具特色。如抒发报国之志的《诉衷情》:"胡未灭,鬓先秋","心在天山,身老沧州"。面对投降派的迫害,以梅花象征自己决不屈服的《卜算子》:"无意苦争春,一任群芳妒;零落成泥碾作尘,只有香如故。"歌唱缠绵悱恻爱情的《钗头凤》都是脍炙人口的千古佳句。他的散文在南宋也很有名气,用字准确生动,修辞洗练,内容丰富多彩。特别是《入蜀记》和《老学庵笔记》更是优美的作品,描写山川景物,乡土民情;记述轶闻旧典,掌故传说,颇有情趣。在史学研究上,几次参与了修史工作,积累了许多经验。可惜他修过的史书都已佚失,仅有自撰的《南唐书》遗存至今。另外,在书法上也有很高的造诣。

陆游是一个坚定的爱国主义者,对祖国,对人民,一片赤诚,无怨无悔。基于这种深情和痴情,他的诗歌,不论是表现金戈铁马,驰骋疆场的壮阔场面;还是反映高歌进取、慷慨激烈的雄心壮志;或者是抒发报国无门,仰天长啸的孤愤,都离不开对国家民族的无限热爱,对敌人的强烈憎恨,对投降派的犀利讥讽和对人民的深切同情。他继承并发扬了现实主义和浪漫主义的优良传统,虽然拜过曾几为师,却一扫江西派的积弊,在文坛上树起了一面进步的诗歌的辉煌旗帜,对当时和后代都有极其深远的影响。南宋后期的诗人稍有成就者可以说都或多或少受到陆游诗的熏陶。戴复古曾有诗说:"茶山衣钵放翁诗,南渡百年无此奇。入妙文章本平淡,等闲言语度瑰琦。"(《读陆放翁先生剑南诗草》)除了在明代,由于社会和文学方面的原因,陆游的诗不被看重,甚至把陆游当成"清客"外自清代以后,陆游的诗被推崇到与杜甫同等的地位。梁启超在《读陆放翁集》一诗中说:"诗界千年靡靡风,兵魂销尽国魂空。集中十九从军乐,亘古男儿一放翁。"今人钱钟书在《宋诗选注》中说:"爱国情绪饱和在陆游的整个生命里,洋溢在他的全部作品里;他看到一幅画马,碰见几朵鲜花,听了一声雁唳,喝几杯酒,写几行草书,都会惹起报国仇,雪国耻的心事,血液沸腾起来,而且这股热潮冲出了他的白天清醒生活的边界,还泛滥到他的梦境里去。这也是在旁人诗集里找不到的。"这一评价对陆游的创作来说是十分透辟、十分形象、十分中肯的。陆游作为一个伟大的爱国诗人,不仅仅在于他的作品表现出的爱国思想,首先他是一个意志坚定的爱国战士,他敢于不畏强暴地为了民族和人民的利益而斗争。他的诗篇是发自肺腑的声音,是从血管里流出的鲜血,是真情实感的外露,永远催人奋进,鼓励人们热爱祖国,热爱人民。

陆游是我国文学史上的杰出诗人,是中国人民的骄傲。他的诗篇,在中国和世界文学宝库中,永远放射着灿烂的光辉。

古典小说巨匠

——曹雪芹

名人档案

曹雪芹:生卒年难以确定,大约生活在康熙末至乾隆中叶,满族正白旗人。清代小说家,名沾(读 Zhān),字梦阮,号雪芹、芹圃、芹溪。他的先世原是汉人,祖籍是辽东辽阳人,后移居辽宁铁岭,大约在明末被编入满洲籍,身份是"包衣"(家奴)。

生卒时间:1715 ~ 1763 或 1724 ~ 1764 年。

安葬之地:不详。

性格特点:品德高尚。

历史功过:他的小说《红楼梦》内容丰富,思想深刻,艺术精湛,把中国古典小说创作推向最高峰,在世界文学发展史上占有十分重要的地位。

名家评点:长篇小说《红楼梦》代表了中国古典小说的最高成就,它不但在国内家喻户晓,在世界文坛上也是举世公认的文学名著。

世袭官职

曹雪芹,名霑,字雪芹(一说雪芹是他的号),号梦阮,又号芹圃、芹溪。满洲正白旗人。他是少数民族吗? 可以说是,也可以说不是。说是,是由于早在努尔哈赤时期,曹雪芹的五世祖曹锡远已加入了满洲籍;说不是,是因为如果追根究底,曹家的先祖并非真正的满人,而是汉人。

曹雪芹的好友敦诚,写过一首《寄怀曹雪芹》的诗,开首写道:"少陵指赠曹将军,曾曰魏武之子孙。君又无乃将军后，于今环堵蓬蒿屯。"少陵批唐代大诗人杜甫。曹将军指曹霸，曹操的后代，唐代著名的画家，做过左武卫将军，唐玄宗末年，被削职为民。所以杜甫在题为《丹青引赠曹将军霸》的诗中说："将军魏武之子孙，于今为庶为清门。英雄割据虽已矣，文采风流今尚存。"敦诚正是借杜甫的诗意比拟曹雪芹，说的是曹雪芹也和他的先祖曹霸一样，虽已为庶为清门，文采风流则一如既往。说曹霸、曹操也许有失偏颇。说近一点，曹家先祖可上溯至北宋初大将济阳王曹彬。再近一点，据曹士章《辽东曹氏宗谱叙言》，曹家远祖曹俊，明代初年"以功授指挥使，封怀远将军，克服辽东，调金洲守御，继又调沈阳中卫，遂世家焉。"《八旗满州氏族通谱》载曹锡远"世居沈阳地方"，可知曹家是从曹俊开始安居沈阳的。中卫指挥使是世袭的官职，曹锡远大概即任此职。

那么，曹家又是怎样变成了满洲旗人的呢？这是一个至今难解之谜。一个比较合理的推测是：明天启元年，即后金天命六年（1621年），努尔哈赤攻占沈阳，身为沈阳中卫的曹锡远及其全家被俘为奴。

努尔哈赤早在明万历三十四年（1606年），已将所率军民编制为红、黄、蓝、白四旗。至万历四十三年（1615年），又增为八旗（原四旗称正红旗、正黄旗、正蓝旗、正白旗；后四旗为镶红旗、镶黄旗、镶蓝旗、镶白旗）。据《八旗满洲氏族通谱》记载，曹锡远属正白旗包衣人。"包衣"乃满语，即家奴。正白旗原由努尔哈赤十四子多尔衮统领，顺治时，多尔衮病故后，以谋逆罪被夺去封爵。正白旗从此归皇帝直接统率，属所谓的"上三旗"。曹家人也就成了皇帝家奴。我们在故宫博物院所藏的清官档案中，看到曹雪芹的祖父曹寅、父亲或叔父曹颙、曹頫等给皇帝的奏折，都自称"臣系家奴，自幼蒙圣恩豢养"，或"奴才包衣下贱"，康熙皇帝在曹頫的奏折上所写的批语，自称"老主子"，都可以证明曹家人的实际身份。这包衣人，子子孙孙，世代为奴。即使做了大官，其奴才的身份也不能改变，这是满洲旗人十分苛酷的宗法等级制度。

《清太宗实录》卷十八记："墨尔根戴青贝勒多尔衮属下旗鼓牛录章京曹振彦，因有功加半个前程。"曹振彦是曹锡远的儿子，他在多尔衮属下已任"旗鼓牛录章京"。按满洲八旗制度，每三百人为一"牛录"，其官长称"章京"，即"佐领"。曹振彦的身份应是多尔衮属下的包衣，可能因为他英勇善战，屡立奇功，因而升到佐领之职。

顺治七年，曹振彦已升任山西平阳府吉州知州；顺治九年，又调任山西阳和府知府；顺治十二年，再升为两浙都转运盐司运使，这是从三品的高级文官了。但是曹家真正兴旺发达的时期，是在康熙称帝以后。

家盛时代

曹振彦有两个儿子，长子尔正，次子尔玉。曹尔玉后更名为曹玺，这就是曹雪芹的曾祖父了。曹玺的夫人孙氏，原是康熙的保姆。清朝宫廷制度，皇子幼时有保姆若干人，负责照顾皇子的饮食起居，以及教导其言语、步行、礼仪等的职责。孙氏大约是在未嫁前为康熙保姆，离宫后嫁与曹玺，生前封为一品夫人。1699年，康熙第三次南巡时，驻跸于江宁织造府（当时即曹府），曾接见孙氏，加以安慰犒劳说："此吾家老人也。"其时孙氏已六

十八岁,接见时正值庭中萱花开放,康熙乘兴即书"萱瑞堂"三个大字赐给她。这自然是曹家前所未有的光耀,无怪乎全府上下都要感恩戴德了。也许就是因为孙氏的缘故,康熙对曹玺特别照顾,也十分信任。康熙接位后的第二年,就钦点曹玺督理江宁织造。"织造"是内务府的派出官员,专管监制和采办宫廷所需的、包括御用的纺织品以及其他各项物品,是个美差。而且担任织造的官员多半是皇帝的心腹和亲信,所以这类官员虽非地方行政长官,官也不大,但由于"呼吸能通帝座",是"通天派",所以权势颇大,炙手可热,地方官吏见了他们都得避让三分。清朝旧制,织造任期,最多三年就得轮换。但是从曹玺开始,江宁织造成了曹家的专利品。从康熙二年起,直至雍正五年,曹家三代人垄断江宁织造,前后长达六十余年。清代除了江宁织造,还有苏州织造和杭州织造,历任苏州织造的李煦,和曹玺之子曹寅是郎舅关系,李煦的堂妹是曹寅的夫人,这李煦也深得康熙信任。曹李两家恰如《红楼梦》中的贾史王薛四大家族,"联络有亲","一荣俱荣,一枯俱枯",在康熙时期,显显赫赫,富贵流传。曹玺在康熙十六年、十七年两次进京觐见,天子面询江南吏治,对他的详细而确切的陈述十分赞赏,特赐蟒服,加正一品,又御书"敬慎"匾额赐予他。曹玺被信任的程度,显而易见。康熙二十三年(1684年),曹玺病故。正值康熙南巡至江宁,帝亲临其府第抚慰诸孤,并派内大臣祭奠,说:"是朕荩臣,能为朕惠此一方人者也。"

但是,曹玺受宠信的程度,比之于他的儿子曹寅来,又望尘莫及。

曹寅是曹雪芹的祖父,字子清,号荔轩、楝亭等。13岁就担任康熙的御前侍卫,二十多岁以御前二等侍卫兼正白旗旗鼓佐领,后又升为内务府慎刑司郎中协助江宁织造。康熙二十九年,出任苏州织造,次年调任江宁织造,曹寅一生在织造任上长达二十余年。

曹寅和康熙的关系,亲密无间。曹寅对康熙当然忠心耿耿,至死不渝;康熙对曹寅的感情也犹如子侄。我们从以下几个方面就可以洞察他们之间这种非同一般的关系:

第一,康熙给予曹寅以"密折奏闻"的特权。这种密折奏闻实非同小可,它可以不经过通政司和内阁,直送御前,由皇帝亲自审阅。奏闻的内容,大都有关吏治民情。应该说,曹寅并没有利用这种权利诬陷任何人,关于地方上的情况,他也多半报喜不报忧。如他在康熙四十七年三月初一日"奏报自兖至宁一路闻见事宜",其中"百姓情形"一节,说的是"俱安生乐业如常","男女老幼,无不感颂皇仁"之类。即使涉及水旱、盗贼,也都出言审慎,言辞婉转。于此也可见曹寅之为人。在曹寅的奏折中,把自己的家务事一一向康熙汇报,如送女出嫁啦,他的女婿某王子迎娶的情形啦,他打算在东华门外置房让女婿移居以方便其上班(女婿为皇上侍卫)啦。再看下面这句话:"臣有一子,今年即令上京当差,送女同往,则臣男女之事毕矣。"这样的报告,这样的口吻,实在超出一般的君臣范畴。

第二,康熙六次南巡,有四次驻跸于曹家所在的江宁织造府。《红楼梦》第十六回描写赵嬷嬷回忆当年太祖皇帝南巡的故事:"哎哟哟,好势派!独他家(指江南甄家)接驾四次,若不是我们亲自目睹,无论如何是不会相信的。别讲银子成了土泥,凭是世上所有的,没有不是堆山塞海的,'罪过可惜'四个字竟顾不得了。"这正是曹家四次接驾的真实写照。"江南甄家",即"江南真家"也。无怪乎当时泰州士人有诗云:"三汊河口筑帝家,金钱滥用比泥沙。"

第三,康熙把许多他十分看作、也十分想做的事交由曹寅经办。主持校刊《全唐诗》

和《佩文韵府》是最突出的例子。又如康熙要曹寅打听致仕的大学士熊赐履家庭情况。熊因病辞世后,又要曹寅去了解熊生病时用何医药,临终有何遗嘱,儿子如何? 还要曹送些礼去。曹寅据实汇报后,康熙又问:"闻得他家甚贫,果真是否?"熊临终时给康熙的奏本,曹寅报告说是熊自己写的。康熙则看出是被篡改的,要曹寅再去打听有无真稿。曹寅死后,康熙还要曹寅的儿子曹霑继续照看熊赐履之子,予以接济。此事足见康熙对退休的良臣的关心,而此类事又只能托付给自己的心腹,这是不言而喻的。

第四,康熙五十一年,曹寅病重。李煦报告康熙,转达曹寅的话:"我病时来时去,医生用药不能见效,必得主子圣药救我。……若得赐药,则尚可起死回生。"康熙闻讯后,焦急万分。他在李煦的奏折上批道:

尔奏得好。今欲赐治疟疾的药,恐迟延,所以赐驿马星夜赶去。但疟疾若未转泄痢,还无妨。若转了病,此药用不得。南方庸医,每每用补剂,而伤人者不计其数,须要小心。曹寅元肯吃人参,今得此病,亦是人参中来的。金鸡挐(即奎宁)专治疟疾。用二钱末酒调服。若轻了些。再吃一眼。必要住的。住后或一钱,或八分,连吃二服,可以出根。若不是疟疾,此药用不得,须要认真。万嘱,万嘱,万嘱,万嘱!

试想,历史上,有哪一位皇帝给臣子(何况还是包衣下奴)写过这样的批语,开过这样的药方? 这批语,关切焦急之情,不言自明。康熙对曹寅的关爱,实更胜于子侄!

第五,曹寅病故后,康熙为了保全曹家,可谓费尽心机。他先是钦点曹寅之子曹颙继任江宁织造,不想曹颙在任才两年就故去了,康熙为此十分痛惜。他对曹颙评价甚高,说:"朕所用包衣子嗣中,尚无一人如他者,看起来生长得也魁梧,拿起笔来也能写作,是个文武全才之人。……朕对他曾寄予很大的希望。"曹颙一死,曹寅别无子嗣,康熙又命李煦在曹寅的兄弟曹荃的诸子中详细考查择取,找一个"能奉养曹颙之母如同生母之人",作为曹寅的嗣子。结果挑选了曹頫。頫原是从小由曹寅养大的,据说他为人忠厚正直,对曹寅夫人很孝顺。当时曹頫还是一个黄口孺子,康熙却格外施恩,仍让他继任江宁织造,并给予主事之职衔。康熙五十四年三月初二,李煦到江宁织造署内向曹寅夫人宣示"恩旨":"主子俯念孀居无依,恐你一家散了,特命曹頫承继宗祧,袭职织造,得以养赡孤寡,保全身家。"康熙又在曹頫请安的奏折上批道:"尔虽无知小孩,但所关非细,念尔父出力年久,故特恩至此。虽不管地方之事,亦可以所闻大事,照尔父密密奏闻,是与非朕自有洞鉴。就是笑话也罢,叫老主子笑笑也好。"对一个"无知小孩"不仅委以重任,而且如此照顾,口吻又如此亲切,可谓是"爱屋及乌"也。

总之,康熙在位的六十年,特别是曹寅时期,是曹家的极盛时期。四次接驾,更是显赫一时。《红楼梦》第十七、十八回写元妃省亲的盛况,正是"借省亲事写南巡"。贾府那种鲜花锦簇,烈火烹油的盛况,也正是盛极一时的曹府的真实写照。可惜此时曹雪芹还没有降临人世,家庭的极盛时代,对他来说,只是"扬州旧梦"而已。

月满则亏

《红楼梦》中,秦可卿托梦于王熙凤说:"常言'月满则亏,水满则溢';又道是'登高必

跌重'。如今我家赫赫扬扬，已将百载，一日倘或乐极悲生，若应了那句'树倒猢狲散'的俗语，岂不虚称了一世的诗书旧族了！"这段话大概是作者有感而发的吧。四次接驾时的曹府，表面上煊赫当时，实际上早已种下衰败的祸根。接待皇帝的巨大开支，从哪里来？曹寅不得不挪用公款，以至造成巨大的方空。方空多少？据李煦康熙五十一年七月二十三日奏折中称，曹寅临终时说江宁织造衙门历年亏欠钱粮九万余两，又两淮商欠钱粮二十三万两，两项相加，计三十二万两。康熙五十五年二月初三李煦的奏折中，又说曹寅亏欠，原有三十七万三千两，除掉商人应缴之费十一万两，实欠二十六万三千两。这些已经是天文数字，所以曹寅临终有"无赀可赔，无产可变，身虽死而目未瞑"的话。可是，江南总督噶礼参奏曹、李两家亏欠三百万两，康熙批驳说只欠一百八十万两。总之，仅仅是曹寅所欠恐也远远高于三十二万两。康熙知道这钱实际上是用在他身上了，所以他才会公开袒护，曹、李，说："曹寅、李煦用银之处甚多，朕知其中情由。"但他也深知此事的确非同小可，关系曹、李两家身家性命。噶礼敢于在他还在位时就参奏，就证明了这一点。为了帮助曹寅赔补亏欠，康熙采取了许多非常措施。他两次让李煦代理盐差，将所得余银尽归曹颙。他又让监察御史李陈常巡视两淮盐课一年，所有盈余，均代曹寅李煦赔补亏欠。他又怕李煦存有一己之私，只顾自己，所以经常特地训导李煦说："曹寅尔同事一体，……唯恐日久尔若变了，只为自己，即犬马不如矣！"但是，要填的窟窿实在很大，又怎能填得满？康熙五十二年十一月间，李煦和曹颙的奏折中都宣称亏欠已补清完讫，尚余银三万六千余两。曹颙要把这余银献给康熙"养马"，康熙又格外施恩，只收六千两，其余三万两赐予曹颙还"私债"。按道理，此事已经了结（当时康熙还将此事交户部"议覆"，确认"江宁、苏州织造衙门所欠银两，今已照数全还"）。可是到了雍正元年，查抄李煦家产时，又说李煦亏空银三十八万两，曹家同样难逃一劫。曹頫在雍正二年正月初七的奏折中说："奴才实系再生之人，唯有感泣待罪，只知清补钱粮为重，其余家口妻孥，虽至饥寒迫节，奴才一切置之度外，在所不顾。凡有可以省得一分，即补一分亏欠，务期于三年之内，清补全完。"话已说得十分凄惶了。这"家口妻孥"中，就包括曹雪芹吧。"饥寒迫节"的话，恐非夸饰，不然他绝不敢在奏折中这样说。我们从清室档案中获知，直到乾隆年间，曹頫始终未能补完亏欠。这座压在曹家头上的大山，要不是乾隆下旨"恩免"，是永远移不开的了。

曹頫写上述奏折时，曹雪芹最多不过九岁光景，他没能赶上家庭的盛况，却亲身经历了家庭的困窘破败。当然，在他出生时，家庭的景况尚未到困窘的时候。康熙五十四年七月十六日，曹頫在给康熙的奏折中报告曹寅遗存的产业，有"京中住房二所，外城鲜鱼口空房一所，通州典地六百亩，张家湾当铺一所，本银七千两，江南含山县田二百余亩，芜湖县田一百余亩，扬州旧房一所。"这样的产业，还是非常可观的。所以曹雪芹在幼年时代，有可能过过一小段"锦衣玉食"的日子。即使如此，曹頫在上述奏折中已经讲到赖康熙赐银三万两才将私债还完了的话。可见，从曹雪芹懂事之日起，家庭景况必定已江河日下，雍正一上台，更是立即陷于困境之中。到雍正五年曹家被查抄时，曹雪芹还只有十二三岁。

导致曹家彻底败落的原因，可能比较复杂，亏欠钱粮，虽然是重要的、也是直接的原因；但如果仅仅是亏欠钱粮，似乎尚不至于引起雍正那样反感和愤恨，以致非要籍没其家产不可,大概还有更深层的原因。雍正一上台,就没给曹李两家以好颜色,李煦是立即就倒霉了。雍正元年,李煦家产就被查抄,房屋赏给了年羹尧,家属被逮捕,全家上下二百余口在苏州变卖,因是旗人,无人敢买。雍正又让年羹尧获取,余者交崇文门监督。雍正五年,李煦又因曾买苏州女子送给雍正的头号政敌、八王子胤禩而受审。李煦虽被"宽免处斩",但仍以七十三岁的高龄发往打牲乌拉(今黑龙江境内),不久死于流所。

曹家的厄运也接踵而来。雍正对曹頫的态度与康熙有天壤之别,康熙对曹頫何等亲切,而雍正对曹頫一直敌视,他在上述曹頫雍正二年正月初七的奏折上批道:"只要心口相应,若果能如此,大造化人了!"口气严酷之极! 这一年的五月初六,曹頫向雍正汇报蝗灾和米价,雍正竟莫名其妙地批道:"据实奏,凡事有一点欺隐作用,是你自己寻罪,不与朕相干。"把这一批语和康熙"让老主子笑笑也好"的批语加以对比,不难体会到康熙之所爱,恰是雍正之所恶。显而易见,雍正对曹頫这等人很不放心,所以派人明察暗访曹頫的行为。两淮巡盐噶尔泰曾向雍正密报:"访得曹頫年少无才,遇事畏缩,织造事务交与管家丁汉臣料理。臣在京见过数次,人亦平常。"雍正批道:"原不成器","岂止平常而已!"可见雍正对曹頫深恶痛绝。雍正五年十二月二十四日,雍正下旨查封曹頫家产,罪名又是"行止不端",还说曹頫"将家中财物暗移他处"。这明显又是听信了什么人的揭发。从雍正元年到雍正五年,曹頫一再受罚,没太平过。更奇怪是,雍正二年曾把曹頫交怡亲王允祥看管,雍正在曹頫的请安折上批道:"……不要乱跑门路,瞎费心思买祸受。……因你们向来混账风俗惯了,恐人指称朕意撞你,若不解不懂,错会朕意,故特谕你。若有人恐吓诈你,不妨你就求问怡亲王……主意要拿定,少乱一点。坏朕名声,朕就要重重处分,王子也救你不下了。"曹頫不过是一个失宠的包衣下奴,何以会有人借雍正的名头去诈他? 他又怎会坏雍正的名声? 实在是个谜,只怕其中大有文章。由此我们完全有理由推知,曹頫之获罪、被看管、被查抄,肯定有比亏欠钱粮更深层的原因。也许就是因为曹家是康熙的宠臣,知道的事太多,牵涉的而太广,不免招致雍正的疑忌,以致不除不快乐。

生不逢时

曹雪芹究竟是谁的儿子? 自胡适《红楼梦考证》问世以后,红实家们都赞同胡适的看法:曹雪芹是曹頫之子。但后来越来越多的学者对此提出质疑,笔者也认为雪芹不可能是曹頫之子,因为年龄不合。

关于曹雪芹的年龄,敦诚《挽曹雪芹》道是"四十年华付杳冥"。张宜泉诗《伤芹溪居士》小序中说"年未五旬而卒"。可以断定曹雪芹享年不到五十岁。《红楼梦》甲戌本第一回有一眉批,说:"壬午除夕,芹为泪尽而逝。"据此,曹雪芹死于"壬午除夕",即公元1763年2月12日。周汝昌先生则认为曹雪芹当是死于癸未除夕,即1764年2月1日。一些学者认为曹雪芹死于甲申年(1764年)春。以上数说事实只相差一年,如果曹雪芹只活了四十年,曹雪芹当生于1723或1724年。而照"年未五旬"的说法,假定曹雪芹享年四十八或四十九岁,他当生于1715年左右。1715年,即康熙五十四年,恰是曹顒因病亡故的一年。而这一年,曹顒的妻子马氏夫人已怀孕七个月,曹顒是这一年的正月病故

的，他的遗腹子或遗腹女自然也降生于这一年。曹雪芹会不会是曹霑的遗腹子呢？应该说不无可能。前面说过，康熙在康熙五十七年（1718 年）还称曹頫为"无知小孩"，后者当然不可能在 1715 年就做曹雪芹的父亲，即使到 1723 或 1724 年，这位"无知小孩"虽已长了五六岁，恐怕也够不上做曹雪芹父亲的年龄。何况，曹雪芹享年一定不止四十岁，不然张宜泉决不会说"年未五旬而卒"那样的话。至于敦诚"四十年华"的诗句，大概因为是作诗，只能取个整数，并不意味着曹雪芹真的只活了四十岁。可见，曹雪芹的生年肯定早于 1723 或 1724。一般认为曹頫生于 1702 年左右，他和曹雪芹的年龄不过相差十几岁，所以他只能是曹雪芹的叔父。

我们还可以参照一下曹雪芹创作《红楼梦》的时间。《甲戌本》第一回记述"此书""根由"，结局说到"后因曹雪芹于悼红轩中披阅十载，增删五次，纂成目录，分出章回……至脂砚斋甲戌抄阅再评，仍用石头记"。"甲戌"乃乾隆十九年（1754 年），这一年已是"抄阅再评"，另《庚辰本》每册卷首标明"脂砚斋凡四阅评过"。"庚辰"是乾隆二十五年（1760 年），根据这个，我们可知从再评到四评相距六年。由此我们又可以假定脂砚斋每隔三年抄评一次，那么首评的时间当在 1751 年左右。我们再假定此时曹雪芹经过十年辛苦，已大体上完成了"增删五次，纂成目录，分出章回"的工作，那么从 1751 年回溯十年，即 1741 年左右，应是曹雪芹开始创作《红楼梦》的时间。

如果曹雪芹出生于 1723 或 1724 年，到 1741 年，曹雪芹还是个十七八岁的青年，要创作《红楼梦》这样的皇皇巨著，似乎太年轻了一些。如果曹雪芹生于 1715 年，1741 曹雪芹已经二十六岁，是比较成熟的青年了。

尽管我们认为曹頫不是曹雪芹的父亲，但有一点可以肯定：他们虽是叔侄，实际上情同父子。因为曹雪芹出生时就没有了父亲，而曹頫作为曹寅嗣子，是曹家的当家人，理所当然要担负抚育和教导曹雪芹的责任。他们叔侄之间年龄相差无几，更容易培养深厚的情谊。所以曹頫对曹雪芹，可以说不是父亲而胜似父亲了。

曹雪芹取名"霑"，这也很值得体味。这"霑"，是受雨露之恩的意思，取自《诗经·小雅》的《信南山》："益之以霢霂，既优既渥，既霑既足。"为什么要给他取这样的名字？如果真他是曹颙的遗腹子，答案就十分明显了。前文产过，曹颙病故，康熙特命李煦到曹家向曹寅夫人"宣示恩旨"，曹寅夫人"闻命之人，感激痛哭"。曹雪芹正是在全家感念"万岁天高地厚洪恩"之时降生，取名为"霑"，也是理所当然。

曹雪芹实在是生不逢时。从他降临人世的第一天起，家庭就屡遭大变。生身之父英年早逝，1722 年（康熙六十一年），康熙帝归天，曹家一下失去了遮蔽，从此走向深渊，这时曹雪芹才七岁。雍正一上台，他家为了赔补欠款，几乎倾家荡产。到雍正五年，少年曹雪芹亲历了家庭被查抄的惨况。我们可以想象当那些如狼似虎的军丁冲进曹家时，偎依在母亲身边的曹雪芹是何等的惊惧！也可以想象这件事给他幼小的心灵的伤害又是何等深巨！当时接任江宁织造的隋赫德向雍正报告查抄结果："细查其房屋并家人住处十三处，共计四百八十三间。地八处，共十九顷零六十七亩。家人大小男女一百一十四口，余则桌椅、床杌、旧衣零星等件及当票百余张外，并无别项。"偌大一个曹府，几乎已空空如也雍正原先以为曹家还是金玉满堂、富贵之极的，所以听信了有关曹頫转移家产的诬告，谁知竟空空如也，实始料所未及。即便如此，雍正并未因此宽恕曹頫，还是将其家产赏给了隋赫德。

雍正六年，曹頫全家被逮问进京。这一路上，曹雪芹和家人一起，又该经受多少痛苦磨难，实非常人所能想象。据雍正七年七月二十九日《刑部移会》引总管内务府同年五月初七咨文："曹頫之京城家产人口及江省家产人口，俱奉旨赏给隋赫德。后因隋赫德见曹寅之妻孀妇无力不能度日，将赏伊之家产人口内于京城崇文门外蒜市口地方房十七间半、家仆三对，给予曹寅之妻孀妇度命。"可知曹頫及寡母寡嫂和曹雪芹等人，进府后就住在崇文门外蒜市口的老宅里。曹雪芹可能就依靠祖母苦度光阴。这段日子，曹家仍然遭劫难。上引咨文还记述："查曹頫因骚扰驿站获罪，现今枷号。"曹頫何以还能"骚扰驿站"，是个谜。反正他进京后，又以新的罪名被"枷号"示众，而且时间大概长达数月，这对曹家无疑是火上浇油，家庭的屈辱史又添上浓重的一笔。前面说过，曹雪芹和曹頫情同父子，他眼见相濡以沫的叔叔被枷号，内心的悲愤与惨痛又岂是笔墨所能形容！可以理解，这愈积愈厚，愈积愈深的悲愤与惨痛，后来都倾注于《红楼梦》之中。

家庭的惨变，给予曹雪芹的，不仅仅是心灵上的创伤，而且是思想上的彻悟。"扬州旧梦久已觉"，这一个"觉"字正透露出曹雪芹从惨痛的人生中觉醒过来的信息。

家学传统

曹雪芹的家庭有深厚的文学传统，曹雪芹从降生之日起，就生活于浓厚的文学气氛之中，他也是这个家庭的文学传统的真正继承者。

曹雪芹的曾祖曹玺，是个很具才识的人，有"蔼然称为儒者宗"的美誉。《上元县志》卷十六《曹玺传》说他"少好学，沉深有大志"。《江宁府志》卷十七《曹玺传》也说他"读书洞彻古今，负经济才，兼艺能，射必贯礼。"是个文武兼备的人。康熙时的名臣熊赐履有《挽曹督造》诗云："云间已应修文召，石上犹传锦字诗。"这表明曹玺颇有文采。

比之乃父，曹寅更是文采风流，颇有大家风范。他工诗文，善绘画，谙熟戏曲与音乐，又是当时著名的刻书家与藏书家，受命主持校刊《全唐诗》和《佩文韵府》的就是他。

清代著名文人、曹寅的舅舅顾景星盛赞其甥才学高超。他在《荔轩诗草序》中，称曹寅："束发即以诗词经艺惊动长者，称神童……今始终冠，而其诗清深老成，锋颖芒角，篇必有法，语必有源，虽颠白齿摇，拈须苦吟，不能逮其一二。"又说曹寅"如临风玉树，淡若縠花；甫曼倩待诏之上，腹娜嬛二酉之秘，贝多金碧，象数兰术，无所不窥，弧骑剑槊，弹棋擘阮，悉造精诣。"顾还引李白赠高王诗"价重明月，声动天门"以赠曹寅。我们对昭曹寅一生的成就，顾景星的赞誉，不算为过。

曹寅留存于世的作品很多，有《栋亭诗钞》八卷，《栋亭诗别集》四卷，《栋亭词钞》一卷，《栋亭词钞别集》一卷，《栋亭文集》一卷，他还创作了《续琵琶》《虎口余生》二部传奇及《北红拂记》《太平乐记》二部杂剧。《续琵琶记》写的是蔡文姬的故事，大意是讲文姬被俘虏，作《胡笳十八拍》，曹操追念其父，命曹彰兵临寒外，胁赎而归。中间还穿插铜雀大宴、弥衡击鼓等情节。此剧不仅盛赞了才女蔡文姬。而且把曹操塑造为一位正直的英雄人物，称得上是文学史上第一部为曹操翻案的作品。这样明曹寅独具的见识。曹寅不

但是诗人、剧作家,而且还能粉墨登场。他的友人张大受在《赠曹荔轩司农》一诗中描写道:"多才魏公子,援笔诗立成。有时自敷粉,拍袒舞纵横。跳丸击剑讫,何如邯郸生?风流岂已矣,继擅黄初名。"

曹寅还擅长画道,并工书法。他曾戏言:"不恨不如王右军,但恨羲之不见我。"可见他对自己的书法相当自信。

曹寅是个大藏书家,家中藏书万卷,经史子集包罗万象。据《楝亭书目》所录,就有3287种,36大类。他又是刻书家,除奉旨刊刻《全唐诗》和《佩文韵府》外,还刻印了《楝亭五种》和《楝亭十二种》。后者包括《都城记胜》《钓矶立谈》《墨经》《法书考》《砚笺》《琴史》《梅苑》《禁扁》《声画集》《后村千家诗》《糖霜谱》《灵鬼簿》等等。仅仅看这些书目,就可以看出曹寅涉猎之广,学识之丰。

由于曹寅风流倜傥,喜与文人学士交往,许多著名的诗人、文人、画家、戏剧家,如钱秉澄、杜岕、姚潜、石涛、洪升、严绳孙、韩菼、陈枋、叶燮等等,都与之交好。曹玺生前,曾在江宁织造府内手植楝树一株,旁筑小亭,常在其中都曹寅兄弟识字读书。曹玺死后,曹寅追悼先人,手制楝亭图,遍请海内文人学士题诗题辞作画以资纪念。可以说,在曹寅周围,形成了一个很大的文艺群体,风雅云集,云蒸霞蔚。我们可以想象,曹寅全家上下,别说是儿女辈,连家仆婢女都受到这种文学气氛的熏陶渐染。《红楼梦》中十二金钗中的少女人人能诗,还有香菱学诗这样的动人情节,此类事在曹府也许本来就是司空见惯的。史说东晋谢安家中连婢女也出口成章,曹家也许接近于此吧。曹寅的儿子曹颙,连康熙也称赞他文武兼备。至于曹頫,文才肯定也不差,他有一次为边疆凯旋给雍正的贺表,雍正大加赞赏,信笔批道:"此篇奏表,文拟甚有趣,简而备,诚而切,是个大通家作的。"当然,此表不一定是曹頫亲笔,但曹頫有文才是当然的。

尽管曹雪芹未能亲聆祖父的教诲,但是祖父的形象在他的心目中必定占据崇高的地位,是他从小崇拜的偶像,并在他幼小心灵中,植下文学的种子。家庭的文学传统也必然深深渗进他的血液。曹雪芹多才多艺,能诗能文能画,妙解音律,深通戏曲,酷似乃祖,我们不难从中体会到曹寅对曹雪芹的影响巨大而深远。至于曹頫,有种种迹象表明,他不仅是《红楼梦》的最早的评论者,而且很可能是小说创作的积极参与者与合作者。曹雪芹着手创作《红楼梦》以前,本有一部旧稿,曹頫很可能就是这旧稿的作者。

诗作颇丰

曹雪芹有幸生于一个文学之家,这个家又恰恰给他带来巨大的不幸与悲恸,但是,正是这种不幸与伤痛,又铸就了曹雪芹。如果没有家庭的巨变和曹雪芹由此而获得的大彻大悟,也许就不会有《红楼梦》。

雍正上台,是曹家灾难的开端,雍正去世,是否就意味着曹家灾难的完结呢?

应该说,雍正在总体上是个励精图治的皇帝。他一来有鉴于康熙时政治过于宽纵的弊病,二来又因皇族内容权力斗争之激烈,所以在政策上倾向于严酷,结果往往过于苛刻。他后来可能也意识到这一点,加以政敌已一一清除,政权已经巩固,所以从雍正八年开始,他下旨"酌免远年承追之项",凡是雍正三年前已发觉的旧案,"酌其情罪,降旨免追"。曹家可能因此得以缓一口气。

雍正在位二十年突然暴卒,此时曹雪芹刚满十二岁。乾隆上台后,在治国方面上,更致力于以宽济严。乾隆元年,他谕廷臣道:"大抵皇祖圣祖仁皇帝之时,久道化成,与民休息,而臣下奉行不善,多有宽纵之弊;皇考世宗宪皇帝整顿积习,仁育而兼义正,臣下奉行不善,又多有严刻之弊。""朕恶刻薄之有害于民生,亦恶纵驰之有妨国事。"话虽如此,他登基伊始,事实上的做法上还是倾向于宽。表现在他释放了雍正的政敌允禩、允禵等,恢复了他们被削除的宗籍,分封原废太子允礽之子弘晰、孙永璥为辅国公,释放了岳钟琪等在狱将领,甚至汪景祺、查嗣庭的亲属也被赦回籍。这些做法自然与雍正大相径庭,乃至当时有"止须将世宗时事翻案,即系好条陈"之说。乾隆种种措施中和曹雪芹家庭有关系的,有如下一些:一是那像噩梦似的压在曹家头上的偿不完的欠款,终于被宽免;二是曹雪芹的高祖曹振彦被诰封为资政大夫(二品虚衔),原配欧阳氏、继配袁氏也都封为夫人;三是曹家的一些亲戚成为显贵。如曹雪芹的亲表兄平郡王福彭受命处理总理事务,不久又任正白旗都统。傅鼐也得到重用,任刑部尚书兼兵部。

正是基于上述情况,有些学者认为此时曹家有过"中兴时期"。有没有这种可能呢?答案是否定的。

"中兴说"的主要依据,是曹家那些显贵的亲戚会照会曹家,曹家有了这些大靠山就能东山再起。事实上,这些权贵有哪个趋炎附势,他们对曹家避之犹恐不及,又岂肯大力支援。敦诚写给曹雪芹的诗:

"劝君莫弹食客铗,劝君莫叩富儿门。残杯冷炙有德色,不如著书黄叶村。"(《寄怀曹雪芹》)

这显而易见是有所指而发的。也许曹雪芹曾经求助于那些富贵的亲戚,但遭到冷遇乃至羞辱,敦诚才有此劝。联系到《红楼梦》中描写刘姥姥初进荣国府,向凤姐告贷而耻于开口,脂本有眉批云"且为求亲靠友者一棒喝。"当刘姥姥听到凤姐说如何困难,以为无望,有旁批道:"可怜可叹!"这些批语明显都是因为生活中有相对经历,有感而发的。

从现存史料看,乾隆继立后,曹家境况确实有所改善,欠的债免了,曹頫也有可能重新到内务府供职。据张永海老人回忆,曹雪芹当过内廷侍卫,据说是"因为他是皇族内亲才挂名当侍卫的"。曹雪芹是包衣子弟,当侍卫本来也是题中应有之义。曹寅、曹颙都当过侍卫。不过,曹雪芹即使当过侍卫,时间可能也很短暂,这些情况,也许都不足以使曹家"中兴"吧。

敦诚《寄怀曹雪芹》一诗曾写道:"当时虎门数晨夕,西窗剪烛风雨昏。"据吴恩裕等学者考证,"虎门"指右翼宗学。宗学是朝廷专为宗室子弟办的学堂,右翼宗学是其中之一。曹雪芹与敦诚在宗学相聚,约在乾隆十三、十四年,曹雪芹可能是在辞去侍卫后入宗学的,他在宗学当然不是读书,而是任职。乾隆元年曾有旨:"命考试八旗废员,精于'国语'(指满语)者,充八旗教习。"曹雪芹理应具备当教习的资格。据张永海老人回忆:"曹雪芹的年纪比旁的教习都小,又是个被抄家的人,老派的教师们就轻视他。曹雪芹呢,他也是个有傲骨的人,嘴又好说,爱得罪人,他心想,'你们瞧不起我,我还瞧不起你们呢!'所以乾隆十六年,他就离开宗学搬到西郊来住了,从此一心写他的《红楼梦》去了。"这回

忆，似乎挺真实。

不管怎样，曹雪芹这一段的生活，虽说不上"中兴"，勉强还可以。不过，自从辞去宗学差使，住到西郊后，生活就日益窘迫了。

就是在这段时间时，曹雪芹与敦敏、敦诚兄弟结为挚友。敦敏字子明，号懋斋，敦诚字敬亭，号松堂，别号庸闲子，二人是同胞兄弟。他们的五世祖就是努尔哈赤十二子英亲王阿济格。阿济格与多尔衮（十四子）、多锋（十五子）是同母兄弟。多尔衮原是正白旗统帅，可说是曹家"故主"。多尔衮被削爵籍没后，阿济格受到株连，被抄家、幽禁，最终被赐自尽。乾隆时，为多尔衮平反昭雪（乾隆三十八年，为其修葺坟茔，四十三年复还睿王封号）。至于阿济格，康熙时曾追封其次子博赫勒为镇国公，复还宗室，但在雍正时又被剥夺。这博赫勒即敦氏兄弟的高祖，所以敦敏、敦诚虽是宗室子弟，事实上和曹雪芹"同是天涯沦落人"，有着相似的遭际和命运，而且他们和曹雪芹一样光明磊落，才华过人。敦诚劝雪芹"莫弹食客铗"，"莫叩富儿门"；敦敏则写诗赞美雪芹画石："傲骨如君世已奇，嶙峋更见此支离。醉余奋扫如椽笔，写出胸中磈礧时。"这既是赞曹雪芹，也是自抒胸怀。他们和曹雪芹互相呼应，成为挚友，实为必然。雪芹生前，和他们二人过从最密，二人诗集中寄赠和怀念曹雪芹的诗甚多，为我们留下了研究曹雪芹的宝贵资料。从这些诗篇中，我们可以知道他们和雪芹常在一起饮酒赋诗，敦敏有一花园，名叫槐园，是他们经常聚会的地方。直到雪芹逝世那一年的春天，敦敏还写了一首小诗代替书信，邀雪芹来槐园赏春。诗中写道：

东风吹杏雨，又早落花辰。

好枉故人驾，来看小院春。

诗人忆曹植，酒盏愧陈遵。

上巳前三日，相劳醉碧茵。

"上巳"是农历三月初三。俗谚道："三月三，上高山。"意味着春到人间。敦敏看到满园春色，就记起好友曹雪芹，希望他能来共谋一醉。他邀请的，一定还有敦诚，大概还有其他好友。以诗代简，既表明主客之雅，也表明他们友情之深。他把曹雪芹看作曹植，更可见他对雪芹之敬重。

雪芹移居西郊后，不可能常来京师，这自然增添彼此思念之情。敦氏兄弟有空就去拜访雪芹，并在诗中描述了雪芹家居"衡门僻巷愁今雨"，"日望西山餐暮霞"的景致。敦敏有一次冒着严寒去访曹雪芹，未遇，怅然而归，留诗一首：

野浦冻云深，柴扉晚酒薄。

山村不见人，夕阳寒欲落。

心中的惆怅，溢于言表。有一次，敦氏兄弟和雪芹一别经年，敦敏偶过友人明琳的养石轩，隔院听到高谈阔论，疑是曹君，急就相访，果然是他，大喜过望，立刻呼酒话旧，畅叙别后之情。敦敏为此诗兴大发，挥诗一首：

可知野鹜在鸡群，

隔院惊呼意倍殷。

雅识我惭褚太傅，

高谈君是孟参军。

秦淮旧梦人犹在，

燕市悲歌酒易醨。

忽漫相逢频把袂，

年来聚散感浮云。

诗句把二人相逢的欣喜，拉着手殷勤致意，以及高谈叙旧，一醉方休的情景，描述得既似如临其境。

还有一次，一个秋天黎明，敦诚和曹雪芹在槐园邂逅。当时风雨淋涔，朝寒袭袂，雪芹酒渴如狂，而主人敦敏还未出来。敦诚就解下佩刀，质酒请雪芹畅饮。雪芹欢畅已极，当场作长歌谢敦诚，敦诚也写了一首长诗答谢，这就是著名的《佩刀质酒歌》。歌中写道："我闻贺鉴湖，不惜金龟掷酒垆；又闻阮遥集，直卸金貂作鲸吸。嗟余本非二子狂，腰间更无黄金珰。秋气酿寒风雨恶，满园榆柳正苍黄。主人未出童子睡，髯乾飨涩何可当？相逢况是淳于辈，一石差可温枯肠。身外长物亦何有？弯刀昨夜磨秋霜……"从这首诗我们可以看出敦诚也是个豪气冲斗牛人物，所以才配得上做曹雪芹的真正朋友。

庐于西郊

曹雪芹移居西山脚下，在那里搭了一个茅庐。对他的日常起居，敦诚有诗描绘道：

满径蓬蒿老不华，

举家食粥酒常赊。

衡门僻巷愁今雨，

废馆颓楼梦归家。

司业青钱留客醉，

步兵白眼向人斜。

何人肯与猪肝食，

日望西山餐暮霞。

"举家食粥"，生活之贫困可想而知，但居所景色幽美，"门前山川供绘画，堂前花鸟入吟讴"，对比《红楼梦》中作者自云："虽今日之茅椽蓬牖，瓦灶绳床，其晨夕风露，阶柳庭花，亦未有妨我之襟怀笔墨者。"物质生活的困顿，不妨害他精神生活的充裕。也许，这门前山川，更激发曹雪芹创作的灵感，增添他笔下的诗情画意，他就在这山川的怀抱中写就惊天动地的《红楼梦》。

曹雪芹是旗人，他居住的地方大约是旗人聚居的地方。所谓天涯何处无芳草，曹雪芹虽远离那繁华的京都，但并不寂寞，除敦氏兄弟常来看他外，他还有许多知己。其中有一个与他性情最为相投，那就是《春柳堂诗稿》的作者张宜泉。

张宜泉也是旗人。他和雪芹一样，平生坎坷。他自幼父母双亡，又为兄嫂所弃，靠教几个学童糊口。他在《春柳堂诗稿》自序中说："奈家门不幸，书剑飘零，三十年来，百无一就。"他曾参加礼部考试，也曾做过小官，但终生未能有机会一展宏图，于是啸傲林泉，以诗自娱。从《春柳堂诗稿》可以看出，张宜泉诗才清新隽永，性情则有如闲云野鹤，孤高傲

世,这正与曹雪芹同调,是以两人一见如故,情谊日笃。他们有时在一起饮酒贱诗,有时则一起赴郊外寻幽探胜。《春柳堂诗稿》中有三首诗是专为曹雪芹而作的。其中一首《怀曹芹溪》云:

似历三秋阔,同君一别时。

怀人空有梦,见面常无期。

扫径张筵久,封书畀雁迟。

何当常聚会,促膝话新诗。

这首诗道出了他和雪芹情谊深厚,小别一时,就如隔三秋,即使在梦中,也怀念着这位好友。由于张宜泉住在东郊,所以"见面常无期",他为此深深感叹。他写这首诗,似乎是曹雪芹本来约好来访,他为此扫径张筵,焦急等待,结果不知什么原因雪芹未能来,惆怅之余才写下这首诗以寄托怀念之情。在诗稿中和这首诗编排在一起的,还有一首《晴溪访友》,也像是为雪芹而作的:

欲寻高士去,一径隔溪幽。

岸阔浮鸥水,沙平落雁秋。

携琴情得得,载酒兴悠悠。

不便张皇过,轻移访载舟。

诗中描写的景致,与雪芹住处十分相近。曹雪芹不正是张宜泉心目中的"高士"吗?这不免令人想起《红楼梦》中"山中高士晶莹雪"的诗句,张宜泉读过《红楼梦》的书稿是不无可能的。"携琴"一句,也令人联想起他为悼念曹雪芹而作的另一首诗中有"琴裹怀囊声漠漠"之句。我想,他和曹雪芹在一起载酒抚琴,理固宜然。

张宜泉还有一首《和曹雪芹西郊信步憩废寺原韵》,更具体描述了他们同游西郊,到一座废寺小憩。雪芹触景生情,赋诗一首,诗题大约就是《西郊信步憩废寺》,张诗就是步其原韵而作的和诗。雪芹的原诗一定精彩绝伦,抒发了自己的怀抱,有很深的寄托。不然张的和诗不会开首就说"君诗未曾等闲吟,破刹今游寄兴深"了。

张宜泉和敦氏兄弟的诗,都清楚告诉我们,曹雪芹和友人在一起,兴致一来就立即赋诗,可见他的诗作一定颇丰。一部《红楼梦》,就有那么多诗,也足见曹雪芹诗人之大,朋友们把他比作曹子建,比作李贺,他是完全承受得起的。可惜,除了敦诚曾引用过他的一句"白傅诗灵应喜甚,定教蛮素鬼排场"外,我们再也无缘见到那些精彩的诗篇,这实在是中国诗歌史的一大憾事!

"红楼"问世

曹雪芹庐结西郊,致力于《红楼梦》的创作,经过十年的艰辛努力,终于完成了这部前无古人的鸿篇巨制。《红楼梦》第一回有一段话记述了此书的创作过程:先是空空道人把石头上所记述的"无材补天,幻形入世……历尽离合悲欢炎凉世态的一段故事","从头至尾抄录回来,问世传奇。从此空空道人因空见色,由色生情,传情入色,自色悟空,遂易名为情僧,改《石头记》为《情僧录》。东鲁孔梅溪则题曰《风月宝鉴》。后因曹雪芹于悼红轩中披阅十载,增删五次,纂成目录,分出章回,则题曰《金陵十二钗》。"这段话扑朔迷离,似乎留给读者诸多疑团。这空空道人是谁？是作者虚拟的乌有先生,还是实有其人"他更名情僧,书中的石头,即贾宝玉,不就是情僧吗？难道这空空道人就是贾宝玉的生活原型？是他先抄录了《石头记》,然后由曹雪芹十年辛苦,创作成今日之《红楼梦》？那么,空空道人抄录的《石头记》,是否是《红楼梦》的"前身"或"原稿"？这的确是一个谜团。无论如何,有一点是一定的,《红楼梦》确是曹雪芹十年辛苦的伟大成果。

现有的一百二十回的《红楼梦》,后四十回是高鹗的续作,前八十回是曹雪芹原作。"书未成,芹为泪尽而逝。"说的是,曹雪芹虽然增删五次,但未能最后完成这一浩大工程,尽管脂砚斋一次又一次地帮他誊清书稿,加上评语,但他始终没有停止修改他的作品。现存《脂砚斋重评石头记》的抄本,"秦可卿淫丧天香楼"一节被删去后,还留下一些应删而未删尽的文字(如"另设一坛于天香楼上"以及瑞珠触柱而亡等等),十七、十八回尚未分开等。《庚辰本》还有"缺中秋诗,俟雪芹"的批语。这些都证明这部书尚未最后定稿。但这并不是说这部小说只写了八十回。实际上,小说还有后数十回,曹雪芹是定稿的。我们从脂评中得知,小说的终局是太虚幻境公布情榜,头一名就是贾宝玉,其名下还有"情不情"三字。林黛玉的名下,有"情情"二字。所谓"情不情",一种含义,或许是贾宝玉从"入情"开始,以"不情"结束,所谓"由情入色","因色悟空"吧。另一种含义,或许如脂评所言,贾宝玉对一切不情的事物(花儿啦,鸟儿啦,鱼儿啦)都有一段痴情去体会玩味。"情"乃动词,"不情"乃宾语。至于黛玉的"情情",大概就是脂评所说的她"更胜宝玉十倍痴情"吧。她为还泪而来,泪尽而去,都脱不开一个"情"字。小说既然连结局都有了,可见是完稿了的。这后数十回决非我们现在所看到的后四十回。在脂评中,提供了很多后数十回的情节线索,如凤姐扫雪、拾玉;甄宝玉送玉;宝玉等人被关押在狱神庙,红玉、贾芸仗义探庵,慰劳宝玉;以及贾宝玉"寒冬噎酸齑,雪夜围破毡","薛宝钗借词含讽谏,王熙凤知命强英雄"等等,在现在的后四十回中都不见踪影。现在的后四十回的许多情节,和小说前半部所埋下的伏笔,以及第五回所暗示的贾府结局和人物命运,多有不合。至于像宝玉中举,贾府中兴,兰桂齐芳之类,更与前八十回的思想南辕北辙。在高鹗的笔下,贾宝玉居然忠孝两全。他生子(不孝有三,无后为大吗!)、中举、受封,出了家还要回来向父亲跪拜,这一切叫作为忠孝两全。"平生遭际实堪伤"的香菱,原本是被折磨死的,现在却被"扶了正",在高鹗看来,这就是她的好运了。李纨固守节而遭好报,袭人因"失节"而遭遣责,这是曹雪芹的思想吗？肯定不是。在曹雪芹的笔下,李纨的青春丧偶和守节,正是她最大的不幸,她没有,也不可能因此而得到好处。"如冰水好空相妒,枉与他人作笑谈"的诗句,以及"也只是虚名儿与后人钦敬"的歌词,都证明了这一点。在曹雪芹的笔下,袭人最终是宝玉在潦倒之际,不得不将她"遣嫁"的,而且是嫁给了宝玉的最要好的朋友蒋玉菡,夫妻二人还终身侍奉宝玉。"失节"两字,从何谈起？曹雪芹的伟大,正在于他虽然身处宗法封建社会,却敢于向这一社会宣战,并以冲决罗网的精神,向这一社会的传统宣战。他没有赞美忠臣、孝子、义夫、节妇,而是赞美了富于叛逆精神的"顽石"贾宝玉以及黛玉、晴雯这类女性形象。他把同情赋予了被宗法封建制度所残害的一切不幸的人们。曹雪芹是彻底的,在他的笔下,十二金钗、副钗、又副钗,乃至所有女性的命运,概莫能外都是悲剧的。他以穿透历史的深邃眼光,写了一个家庭的大悲剧,一切都

是那样的无可挽回，最后只能是食尽鸟投林，树倒猢狲散，落了个白茫茫大地一片真干净。这样的大彻大悟，才是真实的曹雪芹！这样的思想境界，高鹗与之相比，实是相形见绌。

当然，高鹗的后四十回，作为文学作品，也有其自身的特点与价值。何况一般读者的心理，总希望看到完满的结局。正如高鹗所言："予闻《红楼梦》脍炙人口者，几廿余年，然无全璧，无定本。"他补上四十回，使《红楼梦》以"全璧""定本"的面貌出现，这对《红楼梦》的广泛传播，的确起了不小的作用。

雪芹把一生的心血都献给了《红楼梦》，过早地离开了人世。那一年的中秋，他的爱子不幸夭折，他感伤成疾，由于无力延医，竟在除夕之夜，带着一腔悲愤和未竟之志，与世长辞了！一代文星就此陨落！留下一个新婚的妻子，孤苦无依，他实在难以瞑目啊。敦诚有诗挽道：

> 四十年华付杳冥，
> 哀旌一片阿谁铭？
> 孤儿渺漠魂应逐，
> 新妇飘零目岂瞑？
> 牛鬼遗文悲李贺，
> 鹿车荷锸葬刘伶。
> 故人唯有青山泪，
> 絮酒生刍上旧垌。

（《挽曹雪芹》）

悟彻人生

曹雪芹的生平事迹，由于材料太少，很难勾勒出一个清晰的印象。但我们从他的友人的诗文以及有关记载中，却可以描述出他的为人和品格。我们可以用六个字来总结他的为人：一曰"觉"，二曰"傲"，三曰"豪"，四曰"胆"，五曰"辩"，六曰"谐"。

所谓"觉"，就是"扬州旧梦久已觉"的"觉"，梦醒以后，彻底醒悟，读了《红楼梦》就容易体会这种觉悟。"红楼一梦耳"，是这种觉悟；一曲好了歌，是这种觉悟；写彻头彻尾的大悲剧，是这种觉悟；主人公悬崖撒手，复其本性，回归自然，也是这种觉悟。作者悟彻人生，又把这种觉悟，凝聚成一部《红楼梦》，留与世人，警示后世，这要有多大的智慧，多大的气魄！

所谓"傲"，就是"傲骨如君世已奇"的"傲"，一身傲骨，睥睨天下，面对残酷的社会和吃人的统治者，他宁愿穷死、饿死，也不肯与当道者同流合污。张宜泉有诗赞道：

> 羹调未羡青莲宠，
> 苑召难忘立本羞。
> 借问古来谁得似，
> 野心应被白云留。

"青莲宠"指的是大诗人李白曾得"宠"于唐明皇和杨贵妃。传说贵妃曾亲自为他调羹，李白也因此留下了千古传诵的《清平乐三章》。其实，皇帝和贵妃又何尝真的赏识李白的才学？在他们眼里，这位李学士和他们案头的"供玩"也别无二致，不过兴致高的时候，供其赏玩，助其清兴而已，待他们尽兴了，也就把这一代才人"放还"了。同样是一身傲骨的李白，终究不能一展其宏图大志，只能抱残终生。曹雪芹的身世较李白更为不幸，他的穷困也更甚于李白，但他视王侯如粪土，视富贵如浮云，当然更不会欣羡李白遭遇过的那种"得宠"。

"立本羞"指的是唐代大画家阎立本蒙受的羞辱。据《新唐书》卷七十七阎立本传记载，有一天唐太宗与侍臣们在春苑泛舟，忽见异鸟容与波上，大为兴奋，一面命在座的人吟诗作赋，一面传召阎立本，要他当场把这幅天然图画画下来。立本伏在池边，研吮丹粉，看着皇帝和侍臣们饮酒作乐，感到无地自容，汗流浃背。他回到家中告诫儿子说：我少年读书，文章作得不比他们差，现今偏偏以画知名，今天简直像仆役一样侍候他们，你们今后切勿学习画画。曹雪芹也是画家，他自然深深理解阎立本所蒙受的羞辱，自己也不屑于做那种御用画师。从"苑召"二字可以推测曾经有官方的画苑征召曹雪芹，被他严词的拒绝。这还可以从张诗最后一句得到佐证。"野心应被白云留"一句，用的是宋初魏野谢绝宋真宗宣召的典故（见《宋史》卷457）。曹雪芹正是同魏野一样，宁愿做闲云野鹤，终老林泉，也不愿受朝廷征召。曹雪芹这种高贵的品格，得到他的友人的齐声赞叹，把他比作晋代的山简和阮籍。对阮籍，曹雪芹本来就是十分崇敬的，他自号梦阮，这"阮"正是指阮籍。《晋书·阮籍传》说阮"傲然独得，任性不羁"，"不拘礼教"，嗜酒，常发惊世骇俗之论。曹雪芹和阮籍确有颇有相似，他们的精神是融通的。

所谓"豪"，是指曹雪芹性情豪迈、豪爽、洒脱、豁达，张宜泉说他"素性放达"，敦敏则以"燕市悲歌酒易醺"的诗句来描绘他。曹雪芹和阮籍一样嗜酒，虽然"举家食粥"，还要"卖画钱来付酒家"，一有杯中物，更是豪兴大发。前引敦诚《佩刀质酒歌》，写道："曹子大笑称快哉！击石作歌声琅琅。"其豪迈的气概，跃然纸上。豪放的人必然心胸开阔、豁达，决不会因为身份低贱而改易自己的性情，这又使我们想起《红楼梦》。《红楼梦》中有个"醉金刚"倪二，仗义疏财，颇有几分侠气和豪气。虽然是个泼皮，曹雪芹却以赞美的笔调描绘他，这也许或多或少袒露出作者自己的胸襟。在小说中，曹雪芹把孤傲给了林黛玉，把豁达大度给了薛宝钗，把豪放给了贾探春，他特别用浓油重彩渲染贾探春的"素喜阔朗"；她的闺房三间屋子连成一片，"当地放着一张花梨大理石大案，案上磊着各种名人法帖，并数十方宝砚，各色笔筒，笔海内插的笔如森林一般。"还有"斗大的"花囊啦，"大鼎"啦，"大盘"啦，大佛手啦……这种"阔朗"正是豪放的表现。我们从曹雪芹的赞美的笔触中，不正可以体味作者的为人吗。

所谓"胆"，即胆识。敦诚诗道是："知君诗胆昔如铁，堪与刀颖交寒光。"铁石诗胆这四个字，既道出了曹雪芹的铮铮铁骨，也道出了他的诗有胆有识，锋芒毕露。所以张宜泉也用"剑横破匣影铓铓"来比喻曹雪芹，把曹雪芹的诗比作刀，比作剑，正说明他的诗是指向黑暗人生，直刺豺狼们的心脏的。他留下的千古绝唱《红楼梦》，不也是刺向宗法封建社会的一柄利刃吗？！

至于"辩"和"谐"是指雄辩和诙谐。雪芹友人诗中多次写到他高谈阔论，并用晋人王猛"扪虱而言，旁若无人"的气概形容他。曹雪芹纵横捭阖，博古通今，善于言谈是意料中的事。他又生性幽默、诙谐，对此，清代文人裕瑞在他的《枣窗闲笔》中有生动的描绘：

其人身胖头广而色黑，风雅游戏，触境生春。闻其奇谈娓娓然，令人终日不倦，是以其书绝妙尽致。……又闻其尝做戏语云："若有人欲快觏我书，不难，惟日以南酒烧鸭享我，我即为之作书"云。

这是前人笔记中对曹雪芹最详尽，也最具体的描绘。裕瑞是努尔哈赤幼子多铎的五世孙，他自云其前辈姻戚有与曹雪芹交好者，这殆实有此事言。他所做的有关曹雪芹的记载，虽是听来的传闻，可能有不实之处，但上述描绘，却有相当的真实性与可信性。当然，曹雪芹是否"身胖头广"，尚有疑问。因为敦诚挽曹雪芹的诗明言"四十萧然太瘦生"。敦敏《题芹圃画石》诗也以石喻人，用"嶙峋更见此支离"的诗句形容曹雪芹，可见，曹雪芹并不胖。除此以外，裕瑞的描绘，令人有栩栩如生、跃然纸上之感，而且很符合曹雪芹的为人品性。

总之，曹雪芹悟彻人生，一身傲骨，凌云豪气，有胆有识，高谈雄辩，而又风趣诙谐。这样的人，实在令人扼腕。我们读其书，想见其为人。诗人屈原曾经自白道："举世混浊而我独清，众人皆醉而我独醒。"这句话用在曹雪芹身上，也是很恰如其分的。

中华名人百传

奇才名女

王书利 ⊙ 主编

导 读

品读历史,重读历史之中的红粉佳话;品读红颜,为她们的遭遇洒一掬清泪。

她们已经化作历史的一抹倩影,芬芳依旧,美丽依旧。穿越历史时空,再次为她们的色艺双绝陶醉,为她们的红颜薄命慨叹……

她们虽然来自社会的最底层,她们虽然是一介女流,她们柔弱的双肩担不起历史的重任,但她们的出淤泥而不染的品格和不畏强暴的傲骨气质,都将永远珍藏在历史的影集里……

她们才貌双全、她们生逢乱世、她们可赞可叹、她们红颜薄命……她们如百花园中娇弱的花朵,总被时代的悲剧车轮所碾压。她们也曾抗争,她们也曾呐喊,可是,她们总是摆脱不了“自古红颜多薄命”的谶语。

一个人可以身份卑微,但他的灵魂不能卑微。正像这些国色天香祸福相倚的奇才名女们,她们有的地位卑微,但她们活得却是那样的纯洁与高尚。在当时,她们无法主宰自己的命运,但她们的努力与抗争足以让她们的灵魂永存。

让我们穿越历史时空,去揭开她们神秘的面纱,再睹她们曾经绝世的美丽;再陶醉于她们的轻歌曼舞;再欣赏她们曾经可赞可叹的动人故事……

千古美人

——西施

名人档案

西施：原名施夷光，春秋末期出生于浙江诸暨苎萝村。天生丽质。中国古代四大美女之首，是美的化身和代名词。"闭月羞花之貌，沉鱼落雁之容"中的"沉鱼"，讲的是西施浣纱的经典传说。

生卒时间：不详。

安葬之地：不详。

性格特点：大义爱国。

历史功过：使夫差如醉如痴，沉湎女色，不理朝政，终于走向亡国丧生的道路。

名家评点：西施与王昭君、貂蝉、杨玉环并称为中国古代四大美女，其中西施居首。四大美女享有"闭月羞花之貌，沉鱼落雁之容"。

携李覆师

苎萝村里柳絮飞，几家儿女制罗衣。
怪底西家有之子，乱头粗服浣纱溪。
乱头粗服天姿绝，何物老媪生国色。
向人含颦默无言，背人挥泪娇难匿。
一朝应诏入吴宫，珠衫汗湿怯晓风。
歌舞追欢乐未央，运筹衽席建奇功。
奇功就，霸图覆。

画浆芙蓉瘦，胥台麋鹿走。

响廊空馆娃秋，遗香残月昏黄候。

上边这首诗，是吴江文士杨蕡园咏西施的。西施虽是个女人，却生得天姿国色，容华绝代，在古往今来美女之中，可算得首屈一指的了。但是西施的容貌固然生得娇艳如花，洁白似玉，一顾倾城，再顾倾国，就是她为国雪耻、舍身报仇的一副义胆刚肠，非但是女界之中无人及得，从古至今，所说的伟男子、烈丈夫，要像她这样为了国耻，含垢忍辱，力图报复，使那破碎不堪的越国，为人奴隶的越王，重新扬眉吐气，图霸称王；已经强盛，势焰炙手的吴国，居然冰消瓦解，变成池沼。这种志气，这种作为，这种苦心孤诣，恐怕在历史上计算起来，也是没有几个人能及得到西施的。后世的轻薄文人，还要吹毛求疵、寻垢索瑕，说西施受了吴王的厚恩，不应该引诱吴王荒淫无度，沉湎酒色，致使越兵乘隙而入，把个金城汤池的吴国，和轰轰烈烈的吴王夫差，生生地被她一人送掉。况且吴亡之后，若是稍顾情义，稍有人心的女子，就该念着吴王生前的恩义，拼却一死，她又偏要跟随范大夫，浪迹五湖，一舸容与，去享那清闲幸福。这样的女子，简直是全无心肝，绝无志气的祸水。虽然生得花容月貌，像嫦娥般美，洛神般艳，有何足取呢？

这位文人的议论虽是秉正不阿、娓娓动听，他却没有把西施到吴国来的本意，略想一想，那西施本是受了范大夫的重托，和越王的命令，到吴国来行内间的妙计，以便报仇雪恨，灭亡吴国的。若不引诱吴王荒淫无度，沉湎酒色，怎么可以报仇雪恨，灭亡吴国呢？至于吴亡之后，西施早就投身江中，拼却一死，以报吴王的厚谊高情。正史明明可考，那些轻薄文人，偏要说他随鸱夷而去，使一位有志气、有情义、舍身报仇、亡生殉主的巾帼英雄，蒙这千古不白之冤，也算得极可恨的事了。

要知道西施的历史，先要明白吴越两国的国情和两国的深仇宿恨，方能知道西施的心迹。

那吴越两国究竟是怎样的国情，有什么深仇宿恨呢？从历史上推究起来，吴越两国，都处于长江流域，吴都姑胥，越处会稽。两国本是接壤之地，毗连之邦，吴是周泰伯之后，越是夏少康之裔。两国既受封号，划疆分土，各治其地。

初时本无仇恨，到得春秋时代，吴国渐渐强盛，楚国亡臣伍员逃奔吴国。吴王阖闾，为伍员兴师伐楚，以报杀父兄之仇，征兵于越。越王允常，非但不肯帮助吴国，并且趁着阖闾兴师伐楚的时候，发兵侵犯吴国，因此两国结下嫌隙。

后来越王允常薨逝，其子勾践即位。阖闾记着越兵乘虚侵犯之恨，遂欲乘丧伐越。

相国祥员谏阻道："越虽有袭吴之罪，但方有大丧，伐之不详，宜稍待之。"

阖闾记着前恨，哪里肯听伍员的谏阻。当下便留太子夫差和伍员守国，亲自引了伯嚭、王孙骆、鳟毅和一众将官，选精兵三万，出了南门，直往越国进发。

越王勾践，早已得了探报，知道吴兵来势利害，也挑选了精壮之士，命诸稽郢为大将，灵姑浮为先锋，畴无余、胥犴为左右翼，勾践亲自督师，前来抵御。刚到携李地方，却与吴兵相遇。两军相距十里，安下营寨，命将挑战，不分胜败。

阖闾此番出兵，原想乘着越国方有大丧，出其不意，可以一鼓而下。哪知勾践兵精将勇，抵御得法，连战数阵，竟难取胜，不觉心中大怒。遂悉众列阵于五台山，传令军中不得

妄动，等候越兵懈怠，然后突出攻击。

勾践望见吴军，戈甲森严，队伍整齐，顾谓众将道："此劲敌也，不可轻进，必须以计乱之。"急命畴无余、胥犴督敢死之士，左列百人，各持长矛，右列五百人，各持大戟，一声呐喊，杀奔吴兵。

哪知吴兵阵上，全然不理，只将强弓硬弩，射住阵脚，坚守得如铜墙铁壁一般。越军冲突数次，不能动得分毫。勾践无法可施，只得收兵回营。密与诸稽郢商议破敌之策。

诸稽郢低头思索半日，遂向勾践附耳说道："罪人可用也。"

勾践闻言心中大悟。次日，密传军令，悉出军中所携死罪者，共得三百人，分为三行，一齐袒衣持剑、缓步徐行，直抵吴军阵前。为首的人，高声说道："吾主越王，不自量力，得罪于上国，致辱下讨，臣等不敢受死，愿以死代越王之罪。"言毕，三行之人，依次自刎。

吴兵看见这般举动，不知其意，一齐注目而视，互相传语，称奇道怪。

越人军中，忽然战鼓齐鸣，炮声大震。畴无余、胥犴，各率死士一队，刀枪并举，呼哨冲突。吴兵出其不意，抵挡不住，队伍大乱。勾践见前阵获胜，挥动大军，直压过来。右有诸稽郢，左有灵姑浮，冲入吴阵。王孙骆舍命与诸稽郢相持。灵姑浮挥动长刀，左冲右突，寻人厮杀。正遇吴王阖闾，灵姑浮大喊一声，举刀便砍。阖闾躲闪不迭，往后便倒。

困守会稽

吴王阖闾，见灵姑浮一刀砍来，连忙向后一闪，刀锋已中右足，将指受伤，身子倒在车上，所着之履，落于车下。

灵姑浮正要擒拿吴王，幸得鱄毅兵到，奋勇杀上，救了吴王。鱄毅已身受重伤，不能厮杀。王孙骆知道吴王有失，不敢恋战，急急收兵。

那越兵已漫山遍野，围裹将来，吴兵匆匆逃走，被越兵追赶掩杀，死者过半。

吴王阖闾身受重伤，收兵回国。只因年老性躁，不能忍痛，行至半路，便大叫一声，死于军中。伯嚭获丧先行，王孙骆引兵断后，徐徐而退。

太子夫差，早已闻知凶信，便和相国伍员，迎丧入城，成服嗣位，卜葬阖闾于破楚门外之海涌山，发工人数千，穿山为穴，把专诸所用之鱼肠剑殉葬，更有剑甲六千副，金玉玩物，充牣其中。既葬，又尽杀工人以殉。

其后有人望见阖闾葬处，常有白虎蹲踞其上，因名之曰"虎丘山"，识者以为埋金之气所现。后来，秦始皇使人发阖闾坟墓，凿山求剑，竟不能得，其凿处遂成深涧，即今虎丘山之剑池也。

夫差既葬阖闾，遂立长子友为太子，因念越王杀父之仇，使侍卫十人，更番立于中庭。每逢自己出入经过，必大声喊道："夫差！尔忘越王杀尔父之仇乎？"夫差闻呼，挥涕应道："誓必报仇，不敢忘也。"又命伍员、伯嚭，练水师于太湖，且树射栅于灵严山，训练射击，欲俟三年丧毕，大举报仇。

到了三年丧除，水师亦已练成，军士射击，早经纯熟。夫差择日，告祭太庙，命伍员为大将，伯嚭副之，兴倾国之师，从太湖取水道，进攻越国，以报杀父之仇。

越王勾践，知夫差大举来侵，忙聚集群臣，商议迎敌之策。

大夫范蠡，字少伯，出班奏道："吴国耻丧其君，矢志图报者，三年于兹矣。今倾国而来，其气奋，其力锐，而且众心一致，不可当也，宜敛兵为坚守之计。"大夫文种，亦启奏道："以臣愚见，莫若卑词谢罪，乞和于吴，俟其兵退，而后图之。"

勾践道："二卿议守议和，均非至计。夫吴，我世仇也，伐而不战，以我不能军矣。"

于是不听二人之言，悉起国中丁壮共三万人，迎敌于椒山之下。初次交战，吴兵稍却，杀伤百余。

勾践乘胜直进，约行数里，恰遇夫差大军，两下布阵大战。夫差立于船头，亲击桴鼓。将士勇气百倍，争先迎战。

忽然北风大起，波涛汹涌。伍员、伯嚭各乘馀艎大舰，顺风扬帆而下，俱用强弓硬弩，箭如飞蝗一般，射将过来。越兵逆着风头，不能抵敌，大败而走。

吴兵分三路追击，越将灵姑浮舟覆，溺水而死，胥犴亦中箭身亡。吴兵乘胜掩杀，死者不计其数。

勾践奔至固城，藉以自保。吴兵围之数重，绝其汲道。夫差大喜道："不出十日，越兵俱渴死矣。"

哪知山顶之上自有甘泉，泉中且有嘉鱼。勾践命取鱼数百头，以馈吴王。夫差大惊，困之愈急。

勾践见吴兵不肯退去，遂命范蠡率兵坚守，自己带领败残人马，乘间奔向会稽山。点阅甲盾之数，只剩得五千余人。勾践长叹道："自先君至于孤，三十年来，未尝有此大败也，悔不听范蠡、文种之言，以至于此。"吴兵攻打固城，愈益紧急，伍员营于右，伯嚭营于左。范蠡悉力守御，不能抵挡，告急之文，一日三至。勾践急得手足无措，意欲自刎，以殉宗社。"

越王勾践，因吴兵围困紧急，意欲自刎，以免被擒受辱。当有大夫文种，上前阻止道："大王切勿短志，目今时势，虽然紧急，速往请成，犹可及也。"

勾践道："我请成而吴不允许，岂非徒自取辱吗？"

文种答道："吴太宰伯嚭，贪财好色，忌功嫉能，与伍子胥同朝，而志趣不合。吴王畏惧子胥亲昵伯嚭。今若私诣伯嚭营中，结其欢心，订定行成之约，得伯嚭一言，吴王必定信从。子胥虽欲谏阻，亦无及矣。"

勾践道："卿见伯嚭，以何为赂？"文种道："军中所乏者，美色为最。倘得美女献于伯嚭，事必成矣。"

勾践连夜遣使至都城，命夫人选宫中有美色者八人，盛其容饰，外加白璧二十双，黄金千镒，命文种乘夜诣伯嚭之营，请见太宰。

伯嚭初俗拒绝。使人探其来意，知道有所献纳，遂召文种入见，自己踞坐帐中，以待来使。

文种进账，长跪言道："寡君勾践，年幼无知，不能善事大国，致获罪戾。今寡君悔恨无及，愿举国请为吴臣，恐王见罪不纳。知太宰巍巍功德，外为吴之千城，内作王之心膂。

寡君使下臣种,先即首于辕门,借重一言,收寡君于宇下,不腆之仪,聊效薄赘。自后当源源而来,不敢自斩。"说毕,将礼单献上。

伯嚭作色道:"越国朝晚必为吾破,凡诸所有尽归于吴,欲以区区之物唻我,我岂为尔?所愚速速将去,无再多言。"

文种答道:"越兵虽败,然保守会稽者,尚有精兵五千,可以一战。不幸而败,将尽焚库藏积聚,窜身与异国,以图恢复,越地安能为吴所有?即使吴国尽有越之土地,库藏财货,大半归入王宫,太宰与诸将不过将分一二。何如允许越国请成,寡君感念太宰之德,虽委身于吴王,而此心必归向太宰。春秋贡献,未入王宫,先入府邸,如此则太宰擅全越之利,诸将皆不得与矣,况困兽犹斗,越兵虽败,未尝不可背城一战,那时胜负之数,尚难预决,未必吴国定胜,越国定是败也,望太宰熟权之。"

这一席言语,把伯嚭的心说动,不觉点头微笑。文种见伯嚭意已心动,又指着礼单上所开美人说道:"这八名美女,皆出自越宫,若民间更有美貌女子,寡君得生还越国,当竭力搜求,以备太宰扫除之列。"

伯嚭听到此处,不禁起立说道:"大夫舍右营而趋左,是知我无乘危害人,幸灾乐祸之心,我当为大夫悉力成全。明日先引大夫朝见我王,以决其议。"遂尽收所献之物,留文种在营中叙宾主之礼。

次日,同至中军来见夫差。伯嚭先入,叩见已毕,陈说越王勾践使文种请成之意。

夫差勃然作色道:"越与寡人,有不共戴天之仇,安能许其请成!"

伯嚭笑道:"王不记孙武之言吗?兵,凶器,可暂用,不可久用。越虽得罪于吴,今其君请为吴臣,其妻请为吴妾,越国之宝器珍玩,尽数归入吴宫,所求于王者,不过存一线之宗把。吴之降罚于越,亦可谓至矣。岂必欲夷其宗族,墟其社稷,方始快心吗?"

夫差闻言,沉吟不语。

拒谏受降

夫差听了伯嚭的言语,沉吟了一会,正要拒绝越国请成,伯嚭早又抢着说道:"受越之降可以厚实,赦越之罪可以显名,名实两得,吴可以霸。必欲穷兵黩武,恐勾践将焚宗庙,杀妻子,沉金玉于江,率死士五千,致死于吴。那时以亡命之众,坚决死之心,越败,固其本分;吴兵若有疏虞,非特前功尽弃,且为各国诸侯所笑矣。与其致敌人有必死之心,孰若许其成,唾手而得其国之为利,请王熟思之。"

夫差道:"如今文种安在?"伯嚭道:"现在幕外候宣。"夫差便命文种入见。

文种膝行而前,复申前说,愈益卑逊。夫差道:"汝君请为臣妾,能随寡人入吴吗?"文种顿首说道:"既为臣妾,死生在君,敢不服事于左右?"

伯嚭从旁说道:"勾践夫妇愿来吴国,吴名虽赦越,实已得越矣。王又更有何求?"夫差闻言,遂许越成。

此时早有人到右营报知相国。子胥闻报,大惊。急急趋至中军,见伯嚭同文种立在吴王之侧,不觉怒容满面,问吴王道:"已允许越成吗?"夫差答道:"已经允许了。"

子胥连声叫道："不可！不可"吓得文种倒退数步，惊惶失色。静听子胥谏道："越与吴邻境接壤，有不两立之势，若吴不灭越，越必灭吴。夫秦晋之国，我攻而胜之，得其地不能居，得其车不能乘；如攻越而胜之，其地可居，其舟可乘。此社稷之利，不可弃也。况又有先王大仇，不灭越，何以谢立庭之誓呢？"

夫差听了这番说话，不能回答，唯有目视伯嚭。

伯嚭趋前奏道："相国之言误矣。先王建国，水陆并封，吴越宜水，秦晋宜陆，若以其地可居，其舟可乘，就说吴越必不能共存，则秦、晋、齐、鲁，皆系陆国，其地亦可居，其车亦可乘，也可说秦、晋、齐、鲁，亦要合而为一吗？若说先王大仇，必不可赦，则相国对于楚国，其仇更甚，何不灭却楚国，而又许他和呢？今越王夫妇皆愿来吴服役，比较楚国，但纳一个芈胜，更不相同。相国自行忠厚之事，而欲王居刻薄之名，忠臣不当如是。"

夫差大喜道："太宰之言有理，相国且退，待越国贡献的时候，当分赠于尔。"

此时气得子胥，面如土色，长叹一声，退出幕外，对大夫王孙雄道："越十年生聚，再加以十年教训，不过二十年，吴宫为沼矣。"言毕，愤愤而回。

夫差便命文种，回复勾践，再到吴营申谢。夫差问道："越王夫妇，何日入吴？"

文种答道："寡君蒙大王赦而不诛，将暂假归国，悉敛玉帛子女，贡献于吴。愿大王稍宽其期，如或负心失信，必不能不逃大王之诛戮也。"

夫差遂许其请，约定五月中旬，勾践夫妇入臣于吴。并遣王孙雄押着文种，同至越国，催促起程。太宰伯嚭，领兵一万，屯扎吴山，守候勾践夫妇，如若期不来，即行扫灭越国。夫差传命已毕，自己率领大军，先返吴国。

文种得吴王许其请成，回报越王勾践，告知吴王已经班师，遣大夫王孙雄，相随到此，催促起程。太宰屯兵江上，专候大王渡江。

勾践闻言，不觉双眼流泪。文种道："五月中旬为期已迫，王宜从速归去，料理国事，不必为无益之悲。"

勾践收泪，回到越都，见市井如故，丁壮萧然，甚有惭色。留王孙雄居住馆驿之中，收拾库藏宝物，装成车辆；又选国中女子三百三十人，以三百人送吴王，三十人送太宰伯嚭。

王孙雄早已催促数次，勾践不得已，择定行期，对着群臣，挥泪说道："孤承先人余绪，兢兢业业，不敢怠荒。如今夫椒一败，国亡家破，身为俘囚，此行有去日，无归日了。"

群臣闻言莫不悲切。文种上前说道："昔者，汤囚于夏台，文王系于羑里，一举而成王业；齐桓公奔莒，晋文公奔翟，一举而立霸图。艰苦的境遇，正是天心欲其成就王霸事业的根基，大王善承天意，必有再兴之日，何必过于悲伤，自短志气！"

勾践听了文种相劝之言，止住悲伤。即日祭祀宗庙，请王孙雄先行一日，勾践同了夫人随后进发。群臣送至浙江之上。范蠡早在固陵，迎接越王，临水祖饯。文种举觞进祝道：

皇天佑助，前沉后扬。祸为德根，忧为福堂。成人者灭，服从者昌。王虽淹滞，其后无殃。君臣生离，感动上皇。众夫哀悲，莫不感伤。臣请荐脯，行酒三觞。勾践听毕，仰天叹息，举杯挥泪，默然无言。

范蠡进言道："臣闻居不幽者志不广，形不愁者思不远。古之圣贤，皆遇困厄之难，蒙

不赦之耻,不但君王也。"

勾践道:"昔尧任舜禹,而天下治,虽有洪水,不为大害。寡人今将去越入吴,以国属诸大夫。诸大夫将何以慰寡人之望?"

范蠡闻言,对同列诸臣道:"吾闻主忧臣辱,主辱臣死。今主上有去国之忧,臣吴之辱,以吾浙东之地,岂无一二豪杰,与主上分忧共难吗?"

诸大夫同声说道:"谁非臣子,惟主上所命。"

勾践道:"诸大夫不弃寡人,愿各言其志。谁可从难,谁可守国?"

文种答道:"四境之内,百姓之事,蠡不如臣;与君周旋,临机应变,臣不如蠡。"

范蠡道:"文种自处已审,主上以国事委之,可使耕战足备,百姓亲睦。至于辅危主,忍垢辱,往而必返,与君复仇,臣不敢辞。"

范蠡言毕,群臣以次自述。太宰苦成道:"发君之令,明君之德,统烦理剧,使民知分,是臣之职分。"

行人曳庸道:"通使诸侯,解纷释疑,出不辱命,入不被尤,是臣之责任。"司直皓进道:"君非臣谏,举过决疑,直心不挠,不阿亲戚,是臣之职守。"司马诸稽郢道:"望敌设阵,飞矢扬兵,贪进不退,流血滂沱,是臣之本分。"司农皋道:"躬亲抚民,吊死存疾,食不二味,蓄陈储新,是臣之职事。"太史计倪道:"候天察地,纪历阴阳,福见知吉,妖见知凶。是臣之所司。"

群臣一一言毕,勾践道:"孤虽入于北国,为吴穷虏,诸大夫怀德抱术,各显所长,以保社稷,孤可以无忧矣。"

遂留群臣守国,独与范蠡同行。君臣在江口分别,莫不流涕。

勾践仰天长叹道:"死者,人之所畏,若孤之闻死,心中绝无怵惕。"遂登舟径去。送者皆哭拜于岸下,勾践绝不顾恋。后人有诗咏此事道:

斜阳山外片帆开,风卷涛声动地回。

今日一樽沙际别,何时重见渡江来。

越夫人据舷哭泣,见鸟鹊啄江渚之虾,飞去复来,意甚闲话,不觉放声大哭,因作歌道:

仰飞鸟兮乌鸢,凌玄虚兮翩翩。

集洲渚兮优游,奋健翮兮云间。

啄素虾兮饮水,任厥性兮往远。

妾无罪兮负地,有何辜兮谴天。

风飘飘兮西往,知再返兮何年。

心辍辍兮若割,泪泣泣兮双悬。

勾践见夫人悲伤作歌,心内不胜哀痛,勉强安慰夫人道:"孤之六翮备矣,高飞有日,夫人不必忧伤。"

越王既至吴界,先命范蠡往吴山,面见太宰伯嚭,将金帛女子献上。

伯嚭问道:"文大夫何以不来?"范蠡答道:"为寡君守国,是以不得偕来。"

伯嚭遂同范蠡来见越王。勾践深谢其覆庇之德,伯嚭一力担承,许以不久便可返国。

勾践闻言,心下略觉安稳,遂托伯嚭引见吴王,并求其在王前美言一二,以免受苦。伯嚭一一应承,约定次日,由伯嚭押送到吴下,面见吴王。

尝粪复国

伯嚭押送勾践,来到吴下,引见吴王。勾践肉袒伏于阶下,夫人随在身后,范蠡将宝物女子开单呈献。越王勾践再拜叩首道:"东海役臣勾践,自不量力,得罪边境,大王赦其深辜,使执箕帚,承蒙厚恩,得保须臾之命,不胜感戴。勾践谨叩首顿首。"

夫差道:"寡人若念先君之仇,尔今日必无生理。"勾践重又叩首道:"臣实当死,惟大王怜之。"

其时相国子胥在旁,目若熛火,声如雷霆,进前言道:"夫飞鸟在青云之上,尚欲弯弓而射之,况集于庭庑乎?勾践为人,性极机险,今为釜中之鱼,命制庖人,故诡词令色,求免刑诛,一旦得志,如放虎于山,纵鲸归海,不可复制矣。"

夫差道:"孤闻诛降杀服,祸及三世。孤非爱越而不诛,恐见咎于天,致获罪遣。"

伯嚭道:"相国只知一时之计,不明安国之道。大王所言,诚仁者之语也。"

夫差不纳子胥之谏,受越贡献。使王孙雄于阖闾墓旁,筑一石室,将勾践夫妇贬入其中。去其衣冠,蓬首垢面,执养马之役。幸赖伯嚭,私馈食物,得免饥饿。

每逢吴王出游,勾践手执马鞭,步行车前,吴人皆指点道:"此是越王,如今执奴婢之役于我国矣。"勾践惟低首忍辱,不敢多言。后人有诗咏勾践忍辱之事道:

堪叹英雄值坎坷,平生志气尽消磨。

魂离故苑归应少,恨满长江泪转多。

勾践在石室二年,范蠡朝夕侍侧,寸步不离。忽一日,夫差召勾践入见,勾践跪伏于前,范蠡立于其后。

夫差对范蠡说道:"寡人闻哲妇不嫁破亡之家,名贤不官灭绝之国。今勾践无道,国已将亡,汝君臣并为奴仆,羁囚一室,岂不可丑?寡人欲赦汝之罪,汝能改过自新,弃越归吴,寡人必当重用。去忧患而就富贵,汝意何如?"

其时勾践俯伏流涕,唯恐范蠡归顺吴国。只见范蠡稽首言道:"臣闻亡国之臣,不敢语政;败军之将,不敢语勇。臣在越不忠不信,不能辅越王为善,致得罪于大王,幸大王不即加诛,得君臣相保,入备扫除,出给趋走,臣愿已足,不敢仰望富贵。"

夫差道:"子既不移其志,可仍归石室。"范蠡道:"谨如君命"夫差起入宫中,勾践与范蠡回至石室。

越王服犊鼻,著樵头,斫锉养马,夫人衣无缘之裳,施左阙之襦,汲水、除粪、洒扫;范蠡拾薪炊爨,面目枯槁。夫差时命人窥之,见其君臣力作,绝无几微怨恨之色,终夜亦无愁叹之声,以为勾践君臣无志思乡,早已置之度外。

一日,夫差登姑苏台,望见越王与夫人,端坐马粪之旁,范蠡操箠立于左侧,君臣之礼存,夫妇之仪具。

夫差回顾太宰伯嚭道："越王不过小国之君，范蠡不过一介之士，虽在穷厄之地，不失君臣之礼。寡人心甚敬之。"

伯嚭答道："不惟可敬，亦可怜也。"

夫差道："诚如太宰之言，寡人目不忍见，倘越王果能悔过自新，可以赦他之罪吗？"

伯嚭道："臣闻德无不覆，大王以仁圣之心，哀孤穷之士，加恩于越，越岂无厚报？愿大王决意行之。"

夫差道："可命太史择吉日，赦勾践归国。"伯嚭密命家人于五鼓时，将喜信报知勾践。

勾践大喜，告于范蠡。范蠡道："请为王占之。今日戊寅，以卯时闻信；戊为囚日，而卯复克戊，其爻曰：'天网四张，万物尽伤。祥反为殃。'虽有信，不足喜也。"勾践闻言，变喜为忧。

却说相国伍子胥，闻吴王将赦勾践归国，急急入见道："昔桀囚汤而不诛，纣囚文王而不杀，天道还返，转祸成福，故桀为汤所致，商为周所灭。今大王囚越君而不诛，臣恐夏殷之患至矣。"

夫差听了子胥之言，复萌杀勾践之意，使人前往召勾践。

吴王夫差听了伍子胥之言，使人去召越王勾践，意欲杀之，以绝后患。早有太宰伯嚭，暗中通信于勾践。

勾践大惊，急与范蠡计议。范蠡道："王勿惧也，吴王囚主，已经二年，于三年之中不忍杀王，岂忍于一日之间杀王吗？王可放胆前去，不必忧虑。"

勾践道："寡人所以隐忍不死，全赖大夫设谋保全，大夫既料定无事，孤当前去。"遂入城来见吴王。

谁知一连候了三日，吴王并不视朝。伯嚭从宫中出来，奉吴王之命，使勾践复返石室。勾践心中大疑，向伯嚭询问缘由。

伯嚭道："王惑于子胥之言，欲加诛戮，所以相召。适有天幸，王忽感寒疾，不能起身。吾入宫问疾，因言'禳灾宜作福事。今越王匍匐待诛于阙下，已逾三日，怨苦之气，上干于天，王宜保重，且暂时放还石室，待疾愈而后图之，未为晚也。'王听了吾之言，所以命君出城。"勾践闻言，感谢不已，回至石室。

匆匆已过三日。闻吴王病尚未愈，使范蠡入其吉凶。蠡布卦既成，对勾践说道："吴王不死，至己巳日，疾当减轻，壬申日，必定痊愈，愿大王请求问疾，倘得入见，因求其粪而尝之，观其颜色，再拜庆贺，言病之起期。至期若愈，必然心感大王，可望其赦宥矣。"

勾践垂泪言道："孤虽不肖，亦曾南面为君，安能含垢忍辱，为人尝泄便呢？"

范蠡忙道："昔纣囚西伯于羑里，杀其子伯邑考，烹而饷之。西伯忍痛而食子肉。夫欲成大事者，不矜细行。吴王有妇人之行，无丈夫之气，已欲赦越，忽又中变，不如此不足以取其怜悯，归国未知何日矣！"

勾践不得已，听从范蠡之谋，即日至太宰府中，请见伯嚭道："人臣之道，主疾则臣忧。今闻主公抱病不瘳，勾践心中失望，寝食不安，愿从太宰问疾，以伸臣子之情。"

伯嚭道："君有此美意，敢不转达。"伯嚭入见吴王，陈说勾践想念之情，愿入问疾。夫差在沉困之中，念其情，许之入见。伯嚭引勾践来到寝室。

夫差睁目言道:"勾践亦来见孤吗?"勾践叩首奏道:"囚臣闻龙体失调,如摧肝肺,欲一望颜色而无由。"

其言未毕,夫差觉得腹胀欲泄,麾之使出。勾践再拜言道:"臣在东海,善事医师,观人泄便,能知疾之瘥剧。"遂拱立于户下。

侍人将余桶近床,扶夫差便讫,将出户外。勾践揭开桶盖,取其粪,跪而尝之。左右皆掩鼻。

勾践重行入内,叩首拜贺道:"囚臣敢敬贺大王,王之疾,至己巳日可瘥。三月壬申,即大愈矣。"

夫差道:"何以知之?"勾践道:"臣闻于医师,夫粪者,苦味也,顺时气则生,逆时气则死。今囚臣窃尝大王之粪,味苦且酸,正应春夏发生之气,是以知之。"

夫差大悦道:"勾践之事孤,可谓至矣,臣子之事君父,自古未闻有尝粪以决疾的。"

其时伯嚭在旁,夫差问道:"汝能为此事吗?"

伯嚭摇首道:"臣虽甚爱大王,然此事则不能。"夫差道:"不但太宰,虽吾太子,亦不能也。"

即命勾践:"离其石室,就便栖息,待孤疾愈,即当使之还国。勾践再拜谢恩而出。

自此僦居民舍,执牧养之事如故。夫差病果渐愈,一如勾践所言之期。心念其忠,既视朝,命置酒于文台之上,召勾践赴宴。

勾践佯为不知,仍然囚服而来。夫差见之,即令沐浴,改换衣冠。勾践再三辞谢,方才奉命,更衣入谒,再拜稽首。

夫差慌忙扶起,即出令道:"越王仁义之人,岂可久辱? 寡人将释其囚役,免罪放还。今日为越王设北面之座,群臣以客礼待之。"

遂揖让使就客位,诸大夫皆列坐于旁。

伍子胥见吴王忘仇待敌,心中含忿,不肯入座,拂衣而出。

伯嚭进言道:"大王以仁者之心,赦仁者之过,臣闻同声相和,同气相求。今日之席,仁者宜留,不仁者宜去。相国刚勇之夫,故自惭不敢就。"夫差答道:"太宰之言可谓当矣。"

酒三行,范蠡与越王俱起,进觞为吴王寿,口致祝辞道:

皇王在上,恩播阳春。其仁莫比,其德日新。

于乎休哉? 传德无极。延寿万岁,长保吴国。

四海咸承,诸侯宾服。觞酒既升,永受万富。

吴王大悦。

是日尽醉方休,命王孙雄送勾践于客馆,三日之内,孤当送之归国。

次日,伍子胥入见,启奏吴王道:"昨日大王以客礼待仇人,果何见也? 勾践内怀虎狼之心,外饰温恭之貌,大王受须臾之谀,不虑后日之患,弃忠直而信谗言,溺小仁而养大仇。如纵毛于炉火之上,而幸其不焦;投卵于千钧之下,而望其必全,岂可得乎?"

吴王怫然道:"寡人卧病三月,相国并无一句好言安慰,是相国之不忠也;不进一好物相送,是相国之不仁也。为人臣不忠、不仁,要他何用? 越王弃其国家,千里来归寡人,献

其货财。身为奴婢,是其忠也;寡人有疾,亲为尝粪,略无怨恨之心,是其仁也。寡人若徇相国私意,诛此善士,皇天亦不佑寡人矣。"

子胥道:"大王何言之相反也? 夫虎卑其势,将有击也;狸缩其身,将有取也。越王人臣于吴,怨恨在心,大王何得知之? 其下尝大王之粪,实上食大王之心,王若不察,中其奸谋,吴必为擒矣。"

吴王道:"相国置之勿言,寡人之意已决。"子胥知不可谏,郁郁而退。以至第三日吴王复命置酒于蛇门之处,亲送越王出城,群臣皆捧觞饯行,惟子胥不至。

夫差对勾践言道:"寡人赦君归国,当念吴之恩,勿记吴之怨。"

勾践稽首道:"大王哀臣孤穷,使得生还故国,当生生世世竭力报效,苍天在上,实鉴臣心。如若负吴,皇天不佑。"

夫差遣:"君子一言为定,君其行矣,勉之勉之。"

勾践再拜跪伏,泪流满面,有依恋不舍之状,夫差亲扶勾践登车,范蠡执御,夫人亦再拜谢恩。一同升辇而去。后人有诗咏夫差纵放勾践之事道:

越王已作釜中鱼,岂料残生出会稽?

可笑夫差无远虑,放开罗网纵鲸鲵。

矢志报仇

越王勾践登车之后,一直前进,回至浙江之上,望见山川重秀,天地再清,不觉叹息道:"孤自意永辞万民,委骨异域,岂期复得返国,奉祀宗庙!"

言罢,与夫人相对泣下,左右亦皆感动流泪。

文种早已探知越王将到,率领守国群臣,城中百姓,拜迎于浙水之上,欢声动地。

勾践命范蠡卜择吉日到国,范蠡屈指言道:"王欲择日,明日最吉。宜疾趋以应此吉期。"

勾践闻言,策马飞行,群臣追随拥护,星夜还都,告庙临朝已毕,心念会稽被困之耻,欲立城其地,迁都居之,以自警惕,专委其事于范蠡。

范蠡奉命之后,仰观天文,俯察地理,规造新城,包围会稽山在内,又在西北卧龙山上建筑飞翼楼,以象天门;东南伏漏石窦,以象地户。外郭周围单单缺了西北一面,扬言臣服吴国,不敢壅塞贡献之道,实则暗图进取之便。

建筑垂成,城中忽然涌出一座山来,周围数里,其形如龟,生成得草木茂盛,形势雄伟。有人认得是琅玡东武山,不知何故一夕飞至。

范蠡密奏道:"臣之筑城,上应天象,故天降昆仑,以启越之霸图。"

勾践大喜,名其山曰:"怪山",又叫作"飞来山"。后以其形似龟,故世俗称为龟山。更在山顶建立灵台,台高三层,以望灵物。

整理齐备,勾践遂从诸暨迁移过来,对范蠡说道:"孤实不德,以至失国亡家,身为奴隶。苟非相国及诸大夫赞助,安有今日。"

范蠡道："此乃大王之福,非臣等之功。但愿大王时时不忘石室之苦,则越国可兴,吴仇方才可报。"勾践道："孤当谨受相国之教。"

于是以文种治国政,范蠡治军旅,尊贤礼士,敬老恤贫,百姓大悦。

勾践自尝粪以后,常串口臭,范蠡知城北有山,出一种蔬菜,其名叫做"蕺菜",食后口中微有气息。遂命人采取,举朝皆食蕺菜,以乱其气。后人因名这座山为蕺山。

勾践急欲报仇,唯恐自逸,遂劳身焦思,夜以继日,目倦欲合,则攻之以蓼;足寒欲缩,则渍之以水。冬常抱冰,夏还握火;累薪为卧具,寝处不用床褥。又悬胆于坐卧之处,起居之时,必取尝其味,借以自励。每每中夜潜泣,泣罢复啸。"会稽"两字,时时念诵,不离于口。

因值丧败之后,生齿亏减,命国中壮丁勿娶老妻,老人不娶少妇。女子十七不嫁,男子二十不娶,罪其父母;孕妇将产,申报官府,使医生加意看护,生男赏赐壶酒一犬,生女赏赐壶酒一豚,生子三人,官养其二;生子二人,官养其一。民有死亡,亲往哭吊。每逢出游,常载饭菜于后车,遇见童子,即以赐之,问明姓名居处,遇农忙之时,亲自秉来,夫人自织,与人民共劳同苦,七年不收租税,食不加肉,衣不重彩,独有问候之使,每月必至吴国。又命妇女,入山采葛,造成黄丝细布,欲献吴王。

尚未及进,吴王因勾践恭顺已极,命人加封越国东至句甬,西至携李,南至姑蔑,北至平原。纵横八百余里,完全皆归越国。

勾践即治葛十万疋,甘蜜百坛,狐皮五双,晋竹十艘,以答封地之礼。

夫差大悦,赐越王羽毛这饰,相国伍子胥闻知此事,遂称疾不朝。夫差见越已臣服不二,遂深信伯嚭之言。

一日,问伯嚭道："今日四境无事,寡人欲广宫室以自娱,何地相宜?"伯嚭奏道："吴都之下,崇台胜境,莫若姑苏。但前王所筑,不可以称巨观。王何不将此台重行改建,使其高处,可以瞭望百里,宽广可容六千人,聚歌童舞女于其上,便可以极人间之乐矣。"

夫差深以伯嚭之言为然。遂悬重赏,购求大木,以备改造姑苏台之用。

吴王这里悬赏之榜,方才挂出,早有越国细作,打听了详细情由,飞奔回国,报知越王勾践。越王闻报,立刻召集群臣,计议事情。

越王勾践召集群臣,将吴王悬赏,购求大木,改建姑苏台之事,告知群臣。

早有文种出班奏道："臣闻高鸟之飞,死于美食;深泉之鱼,死于芳饵。今大王志在报吴,必先投其所好,然后得制其命。"

勾践道："怎样见得投其所好,便可以制其死命呢?"

文种答道："臣破吴之术有七:一曰捐货币以悦其君臣;二曰贵籴菽粟,以虚其积聚;三曰遗之美女,以惑其心志;四曰馈之巧工良材,使作宫室,以罄其财;五曰去其谋臣以乱其谋;六曰间其谏臣,使自杀以弱其辅;七曰积财练兵,以乘其弊。"

勾践道："所言甚善。今日宜先用何术,愿大夫明以教孤。"

文种道："今吴王方欲改筑姑苏台,大王宜选名山神材献之,以投其所好。"

勾践立即下令,命木工三千人,入山伐木。哪知采伐经年,良材竟不可得。工人久羁于外,历受了许多风霜辛苦,人人思归,尽起怨恨之心。每逢入山采木,经过崎岖难行之

处，都随口歌唱，以舒疲劳。久而久之，竟作成木客吟一首，日夜歌唱起来。三千余名工人，此唱彼和，声调凄楚，煞是可听，其叹词道：

朝采木，暮采木，朝朝暮暮入山曲，穷岩绝壑徒往复。天不生兮地不育，木客何辜兮，受此劳酷。

每值深夜，宵清月白，峰巅山麓，长歌之声，悠悠扬扬，不胜怨苦。人闻其声，觉得凄绝。

忽有一夜，天生神木一双，大二十围，长五十寻，一在山之阳，一在山之阴。工人中有识得此木的，说在山之阳的，其名为梓，在山之阴的，其名为楠，都是千载难逢的神木良材，不意一夜之间竟生出两样宝物，真是奇事。

众工人听了此语，都惊得目瞪口呆，欢喜非常。一齐争先恐后，奔去报告越王。

勾践闻信之下，不觉大喜，以手加额道："此天赐孤成功也。"

群臣一齐拜贺道："这是大王精诚格天，是以天生神木，助王报吴。"

勾践遂亲往祭奠，然后择定吉日，命工人采伐。又选巧匠百余人，加以琢削磨砻，用丹青绘画，雕成五采龙蛇交错之纹。

制造成功，使文种浮江至吴，献于吴王道："东海贱臣勾践，赖大王之力，窃为小殿，偶得巨材，不敢自用，敢因下吏，献于左右。"

夫差见木料异常，不胜惊喜，相国伍子胥谏道："昔桀起苑囿，纣起鹿台，穷竭民力，遂致灭亡。勾践意在害吴，故献此木，王以勿受为宜。"

夫差道："勾践得此良材，不敢自私，进献寡人，是其好意，若行拒绝，未免不近人情。况寡从欲改筑姑苏台，正忧缺乏良材，今勾践来献此木，正可应用，奈何逆之。"

遂不听谏阻，即将所献之木，改建姑苏台。三年聚材，五年方成。高三百丈，广八十四丈，登台眺览，可以望彻二百里。旧时，有九曲径，婉转达于山巅。至是益加推广，百姓昼夜做工，劳疲而死的不可胜数。后人有诗咏夫差建筑姑苏台道：

千仞高台面太湖，朝钟暮鼓宴姑苏。

威行海外三千里，霸占江南第一都。

越王勾践知道夫差疲民逞欲，已将姑苏台改建成功，便对文种说道："大夫所言馈之巧工良材，使作宫室，以罄其财，此术已行。今崇台之上，必选妙舞清歌，妖姬美女以充之，恐非国色天香，倾城倾国之貌，不足以移其心志，尚望大夫为寡人谋之。"

文种答道："兴亡之数，定于上天。既生神木，何患无美女。大王便精心挑选，自有绝色之妹，可以贡献吴宫，迷惑吴王。"

勾践便欲下令国中，挨户搜求，选取绝色美女，进献吴国。

文种忙阻止道："不可。大王若下令搜求，恐动摇人心，使百姓怀疑，不得安居，是未损吴国，先行自扰矣。况当破亡之余，虽然休养生聚，已有数载，元气未能恢复，安可下令搜求美色，惊动闾阎，使人民不能安心呢？"

勾践闻言，连连点首道："大夫之言是也。但下令搜求，既恐惊动百姓，使之不安，若不去搜求，又安能有美貌女子，可以进献于吴王呢，这不是一件难事吗？"

于是君臣相向，踌躇良久，竟是无策可施。忽然班中闪出一人道："大王不必忧虑，臣

有一策，既可不扰民间，又可获得美女，进献吴王。"

苎萝访美

越王勾践，欲访求美女，进献吴王，又恐过事搜求，惊扰闾间。正在无计可施，忽有一人。出班奏道："臣有一策，可以不扰民而得美女。"

越王视之，乃相国范蠡也。急问道："相国有何妙策，可以不事搜求，而得美女？"

范蠡道："臣愿得大王之近侍百余名，使善于观相的人，夹杂其中，遍游国内，如遇年轻女子，颜色美丽，娇艳动人者，即记其姓名住址，进献大王，听凭挑选，如此行去，不过数月，便可将国中女子的姓名住址，采访完全，而民间又不受搜求之扰，岂非极妙之事么。"

勾践大喜，径从其计，命内侍百余人，相随范蠡前去私访，一切事情均听相国调度，不许违误。

范蠡领了王命，谢恩退出，在国中访了半年。果然访得许多美貌女子，皆是妖艳动人，可以悦目的。范蠡心中，尚觉不甚满意，必欲得个绝色女子，方才遂愿。

这日来到诸暨地方，也不去惊动官员，带领随从人等，在馆驿息下，心中想道："诸暨乃是我国旧都，闾阎殷富，人物整齐，该有绝色女子。今日到此，须要用心访察。"

自此日起，住在诸暨，明察暗访。哪知访了数日，只见些寻常女子，莫说倾国之容，绝世之姿，连娇艳的妇女，也不多见。

范蠡不胜忧闷道："城中既无美色，乡村之间，未知如何？待我前往郊外，游玩一番。或有所遇，亦未可知。"主意已定，也不带随从，独自一人，步出诸暨城来，信步而行。

不觉行至一处地方，只见峰峦竞秀，万壑争流，云水周遭，溪山如画。范蠡置身其间，如入仙乡。不禁心旷神怡道："如此山清水秀，名区胜境，若无绝世佳人，必有倾国丽姝，吾若不仔细查访，空负此行矣。"

一面寻思，一面观看风景。忽见一道清溪，细流曲折，从山脚下面回绕而来。沿溪望去，桃李成林，松柏苍翠，郁郁葱葱之中，似觉柴门隐约，竹篱依稀。

范蠡喜道："山之背面，却有村居，待我绕过山去，看玩一番。"

遂即循着山麓，沿溪前进。行约数百步，一阵香风扑面吹来，范蠡闻了这股香气，大为惊异道："此气似兰非兰，其中带有脂粉之香，芳泽之味，绝非花香。"

正在猜疑，忽闻水声咕咚，似有人在溪旁洗涤物件。范蠡急急看见，方知是一女子，在溪边浣纱，这阵香气，正是起在那里，被微风飘荡过来的。

范蠡远远望去，觉得这女子丰神绰约，身材窈窕，却看不清究竟美丑如何。便抢步上前，留神细看。

这一看之下，竟使范蠡心口俱呆，暗中惊异道："不想尘世之间，居然有此丽姝，说什么沉鱼落雁之容，闭月羞花之貌呢？恐怕娥皇、女英，也不能专美于前了。待我问她一声，休得错过机会。"

遂迎面一揖道："敢问小娘子，居住何方，姓甚名谁？此处是甚地名？"

那女子见范蠡问他，停睛看了一看，绝无羞涩之态，将手中所浣之纱，徐徐放下，把身上这领布衫整了一整，回过身来，答了一礼道："此处是诸暨县境，属越国所管。这山叫作苎萝山，因此，村名就叫作苎萝村。妾姓施，名叫夷光，祖居在苎萝山下，西村里面。西村所居的人家，都是施姓，因此又唤作西施。只因居处荒僻，家境清贫，常在这若耶溪边浣纱度日。未知客官尊姓大名，仙乡何处，因甚来此荒僻乡村？呼唤妾身有何事故？愿请明教。"

范蠡道："不敢相瞒，下官乃越国之相国范蠡是也。"

西施听罢，失惊道："原来是相国驾到，贱妾不知，失于回避，望乞恕罪。但久闻相国忠心事主，曾随越王，不惮辛苦，远适吴国。王之生命，越之社稷，皆赖相国之力，危而复安，倾而复存。如今王虽归国，大仇未报，强敌犹存，相国正宜在朝辅佐越王，重兴越国，方是正理，因何来到诸暨，游山玩水，空负时兴呢？难道越国已宁，仇人授首，相国大愿已偿，责任已卸，可以优哉游哉，聊以卒岁吗？贱妾身居山村，性复愚昧，心有所疑，敢请相国明示，以释疑怀。"

西施诘问了这番言语，低头拈带，立在溪边，等候回答。

范蠡听了西施一番说话，知他言语之中，含着责备之意，不觉暗吃一惊道："小小女子，生长乡村之间，听他所言，竟有绝大见识，并且抱着忠义之心。若得此女进往吴国，不但容貌美丽，足以倾动夫差；便是这般见识，和他那伶牙俐齿，能言善道，也足以添越国一臂之助。不知她可肯舍身报国，往吴一行否？待我将言语打动她，看她如何。"

想毕，启齿言道："下官此番来到诸暨，并非闲游，正是为了国家大事而来。"

西施道："相国既为国家大事，理应在官衙之中，办理要政，因甚来这荒僻乡村，且又独自一人，并无驺从，究因何故？"

范蠡道："越王欲报会稽败衄之耻，石室见囚之辱，卧薪尝胆，苦身焦思，已有十载。欲思实行报仇，无奈吴国正在强盛，谋臣伍子胥尚未除去，强兵猛将完全俱在，区区越国，欲与相抗，万难得志。因思商之兴也，伊挚在夏；周之兴也，吕尚在殷。以小敌大，以弱御强，非有内间不能成功。故命下官四处访问奇才异能之士，出类超群之人，使往吴国，以行内间密计。下官奉命之后，奔走国中，涉历严壑，到处搜求，细心延访，已阅半载。十余日前方至诸暨，故尔到此闲游，以消胸中积郁，并访贤能之人。"

西施道："原来相国为国求贤，不惮风尘劳顿，车马驱驰，如此勤劳，可敬！可佩！但不知相国在这半年之中，曾物识得几多佳士，荐拔了多少贤才？"

范蠡道："这半年中，虽也得遇几位贤人，只是可以担任内间重寄的，尚在延访，未知何日始能相逢。"

西施道："吾越受吴之辱，人人切齿，妾虽女子，亦思报复况在须眉男子之中，岂无一二豪杰之士，为国忘身，担任重寄吗？妾身看来，非无其人，还是相国延访未周所致。"

范蠡道："下官今日遇见小娘子，意欲将这副千斤重担，加在小娘子身上。倘念国恩，慨然担任，便是越国之幸了。"

西施愕然道："相国之言，意何所属？贱妾蓬门弱质，安能担当重任？相国何得以语言相戏？"

范蠡道："实告小娘子，下官奉越王之命，并非访求贤士，乃是访求绝色美女的。"

西施闻言，容颜改变，正色说道："相国之言差矣！越王方脱羁囚，得返故国，正宜励精图治，力求振作，以为报仇雪恨之计；今使相国访求美色，难道欲图娱乐，竟不以国计民生为意吗？越王果有此心，相国正应强颜谏诤，竭力阻止。如何反尊奉命令，为之到处延访呢？贱妾初时，以为相国乃越之忠臣，据此事看来，相国实谄佞之臣也，妾误矣！兴谄佞之臣，晓晓何为？"

说罢，拂然欲行，连溪边所浣之纱，也弃置不顾了。

范蠡慌忙阻止道："小娘子，休要发怒。越王命下官访求美色，并非自己娱乐，乃是献往吴国，行内间密计的，小娘子莫要错怪越王。"

西施闻言，重又止步道："相国休得当面欺人，内间重任，非英雄豪杰之士，不能受此重寄，要那美貌女子何用？"

范蠡道："只因吴国气焰正盛，兵精粮足，谋士忠臣，布满朝廷，虽有智谋之士往作内间，一时也难得利，必定迁延下去，未知何年何月方可有成。越王报仇心急，欲于十年之内，将吴国平为池沼。一向并无机会，今知吴王已将姑苏台，改造成功，大广宫室，以图欢娱。欲乘此时机，选择美女，献于吴王，使之荒淫酒色。徒他民穷财尽，越国始可乘机取事。但所献的美人之中，必须有一二出色丽姝，博得吴王的宠爱，才能使他迷惑心志，无恶不作。然后再进谗言，杀其忠臣；引他淫乱，耗损积聚；导他用兵，结怨邻国；诱他巡幸，虚其都城。吾越乃可出其不意，乘虚而入，以报大仇。如今美女虽已选了许多，只少个忠肝义胆，相貌无双的美人，承担这千斤重任。下官方才所言，便是为此。未知小娘子可肯舍身报国吗？"

西施不俟言毕，即慨然作色道："妾虽女子，颇知大义，自闻吾国为吴所败，越王且远适异国，为人臣妾，便已愤恨无穷。今既用妾报仇，敢不勉力自效。相国如果尚须美女，妾有闺中密友名曰郑旦，与妾容貌相仿，亦可同去，以收指臂之助。"

范蠡大喜，拱手致谢道："蒙小娘子慨然允诺，且荐举闺友，为国效力，非特下官感激不已，想吾越国，上自越王，下至百姓，亦莫不感激小娘子了。即此一言为定，明日当备车马前来迎接。"

西施一口应承，绝不推辞。范蠡遂与西施作别，径回诸暨城内。西施亦收起所浣之纱，回归家中。

筑消夏湾

范蠡在苎萝山下，若耶溪旁，遇见西施，约定翌日，备了车马，前去迎接。至次日清晨，果然备了两乘香车，去把西施、郑旦两位美人迎来。

那郑旦也在苎萝西村居住，与西施本是比邻至好，两人临江而居，每日相与浣纱于若耶溪头，红颜花貌，交相辉映，不啻并蒂芙蓉。

如今这一对绝色美人，尽为范蠡取来，回到会稽，将访求的女子约计二千余人，一齐

开明年貌姓名,呈于勾践。

勾践命人重行复视,取了三十余人,再亲自过目,择其中尤美的二人,正是西施、郑旦。画成图形,命范蠡各以百金付其家族,作为聘礼,其余美人凡选中的,亦赐聘金。那些不中选的一起发还家族。

便将西施、郑旦装饰起来,服以罗縠之衣,乘以重帏之车,使之居于别馆。

二美人送往别馆之时,国中百姓仰慕美人之名,争欲识认,都来观看,道路为之壅塞,车毂不能前行。范蠡传令道:"美人到了别馆,尔等如欲观看,只需入纳金钱一枚,此时且休拥挤。"

众人一闻此言,早已让开一条道路,车辆方得前进。到了馆中果然设柜收钱,顷刻之间,金钱盈柜,乃使二美人,登朱楼凭栏而立,任人观览。

那些百姓,自下望之,飘飘然,如步虚仙子一般。众口交赞,声震天地。

二人居别馆三日,所得金钱无算,悉付府库,以充国用。

三日之后,勾践亲送美人于土城,使老教师,教之歌舞,学习容步。练习三年之久,方得技态尽善。

于是饰以珠幌,坐以宝车,所过街衢,香风溢于远近。又以美婢旋波、移光等六人为侍女,使相国范蠡,前往进献。

范蠡渡江至吴,适值吴王夫差,亲征齐国,大获全胜,班师回来。范蠡入见,再拜稽首言道:"东海贱臣勾践,感大王之恩,不能亲率妻妾,服侍左右,遍搜境内,得善歌舞二人,使陪臣纳于王宫,以供洒扫之役。"

夫差望见,以为神仙下降,魂魄俱醉。其时相国伍子胥在侧,进谏道:"臣闻五音令人耳聋,五色令人目眩,故桀以妹喜灭,纣以妲己亡;幽王以褒姒死,献公以骊姬败。自古丧身亡国,未有不由美女者。今越王进此美女,是欲大王沉湎怠政,自取败亡。王请勿受此亡国之物。"

夫差道:"好色之心,人所皆同。勾践得此美人不敢自用,进于寡人,即是尽忠于吴国之证,相国如何疑其另怀他意?况桀、纣、幽王,皆亡国之主,岂可将寡人比他?相国身为人臣,宜如何爱戴其主,竟在朝廷之上,面辱寡人,人臣之礼,岂应如是?孤偏要受了这两个美人,命尔看孤,可至亡国。"

子胥听了此言,知道夫差,心志迷惑,谏亦无用,不禁长叹一声而退。

夫差遂受了两个美人。命伯嚭款待范蠡,明日送之回国。便退到宫中享温柔之福了。

吴王夫差,受了越国贡献,那西施、郑旦,两个美女,皆是绝色,夫差并宠爱之。而西施尤为妖艳善媚,是以独夺歌舞之席,居姑苏之台,擅专房之宠,出入仪制,拟于后妃。

郑旦居于后宫,因西施独得吴王宠爱,心甚妒之,郁郁不乐,未及经年,一病而死。夫差不胜悲痛,葬之于黄茅山,立祠祀之。

从此吴王更加宠爱西施,唯恐其娇艳如花,不禁风露,亦如郑旦之轻年夭折。遂命王孙雄,特建馆娃宫于灵岩之山,铜沟玉槛,饰以珠玉,镶以七宝,为美人游息之所。

而西施犹不能称心,时称有病,其病时常言心痛,每一痛时,必捧心蹙额,颦眉而啼,愈形娇媚。

夫差见其如此，觉得带露娇花，溅水芙蕖，亦无此艳丽。所以西施心痛一次，夫差的宠爱愈深一层。

邻院妃嫔，见西施心痛蹙额，吴王更加怜爱，以为王爱心痛蹙额之容，遂效其所为，人人皆作心痛之状。每逢吴王车驾返宫，一齐颦眉蹙额，以冀宠幸。

哪知吴王见了他们这种形态，反觉丑陋，含笑说道："西施心痛，颦眉蹙额，自有一种令人可怜之态，汝等效颦，不能得其万一，孤视之，愈觉不堪，直所谓西施捧心，东施效之，益形其丑也。"

众嫔妃闻言，人人自愧，默默而退。后人因称学人所为者，谓之东施效颦。

西施既已宠擅吴宫。专导吴王趋于荒淫奢侈。吴王因其爱食鲜鱼，御厨所进，西施嫌其鱼不鲜，恒不举箸，乃命筑养鱼城，城通太湖，使其水时来时去，以养鲜鱼。

西施又喜食鸭，其鸭必喂以香料拌米，并入脂油，养至硕大无朋，方始适口。吴王乃为之筑鸭城以畜鸭。

西施好食嫩鸡，其鸡必择肥嫩洁白者用之。吴王因造鸡陂，畜鸡以供西施之用。

西施爱饮女贞酒，其酒出于浙之绍兴，吴王命越国每年贡献，以备西施之用。不料贡献之酒，远道而来，更在江中经过风浪颠簸，至吴之时，启坛视之，皆已混浊，不堪为美人饮料。吴王又筑酒城，仿女贞酒之制法，酿酒以供西施之用。

尝值暑天，西施畏热，汗流遍体。吴王恐其中暑，致生疾病，而又无法可以生凉，遍询群臣，皆鲜良策。吴王无奈如何，出榜国中道："有以避暑之法进者，赏赐千金。"

王孙雄乃献计道："臣闻西洞庭之南湾，长可十余里，三面皆山，独南面如门阙。苟于其间，建筑宫殿，暑天居之，甚为相宜。"

吴王大喜道："卿策甚善，可速为孤建筑宫殿，以便消夏。"

伯嚭从旁言道："西洞庭之南湾，虽然宜于暑日，但此时已及盛夏，若欲建筑宫殿，岂一时所能成就。王孙雄所言，恐不可用。"

王孙雄忙道："大王不必疑心，自道：'重赏之下，必有勇夫。'大王如果赐臣便宜行事，不吝帑藏，自能于十日之中，筑成宫殿，使大王于盛暑之时，可在西洞庭之南湾，度此炎夏也。"

夫差喜道："大夫果有此才，寡人何惜金银？库中之财，悉凭大夫支取可也。"

王孙雄得了此谕，谢恩退出。急急督促工程，起夫役十万人，赴西洞庭建造宫殿。又复不足，遂启奏吴王，发全国丁壮，尽赴工役。材料不足，则折取现成房屋以充之。始则嫌民居仄狭，材料不堪应用，仅拆寺院以充之。继则拆民间富室之高堂大厦，终则并湫溢之居，亦拆取无遗。

百姓既已从事工作，又无居处。王孙雄尚嗔其做工迟延。叱骂鞭笞，无所不至。弄得国中百姓，叫苦连天，顿足怨恨，耕种悉废，机杼无闻，死亡流离，不堪寓目。

果然到了限期，王孙雄已将宫殿造成，报告夫差。

夫差大喜，深赞王孙雄善于办事，赏赉有加。遂与西施同乘龙舟，来至西洞庭新筑宫殿之中避暑。

只见宫殿嵯巍，层楼嵯峨，真是画栋云飞，珠帘卷雨，富丽非凡。

夫差命置筵殿中，以庆落成。自与西施，相对而坐，两旁排列女乐，更番迭奏。觉得习习风生，暑气全消，竟与秋日无异。夫差大笑道："不意天生此湾，命孤与美人，得以消夏，可赐名此地为消夏湾。"

西施亦十分得意，嫣然一笑，百媚横生，愈令夫差，心神俱醉。

贷粟练兵

夫差自与西施在消夏湾，避暑取乐，流连忘返。只有太宰伯嚭、大夫王孙雄随侍左右，相国伍子胥，亦不得见。

越王勾践，闻吴王宠幸西施，日事游乐，复与文种商之。文种奏道："臣闻国以民为本，民以食为天，今岁年谷歉收，粟米将贵，君可请贷于吴，以救民饥。天若弃吴，必许我贷。"

勾践即使文种，以重币贿赂伯嚭，引见吴王。

此时暑气久退，吴王已与西施由消夏湾回至姑苏。遂于姑苏台上，召见文种。

文种再拜稽首道："越国洼下，水旱不调，年谷不登，人民饥困。愿从大王乞太仓之粟万石，以救目前之急。明岁谷熟，即当奉偿。"

夫差道："越王臣服于吴，越民之饥，即吴民之饥也，怨吾何爱谷，不以救之。"

时伍子胥闻越使至，亦随至姑苏台，得见吴王。闻许其请谷，重又谏道："不可，不可。今日之势，非吴有越，即越有吴。吾观越王之遣使，非真饥也，其意在空吴之粟。与之不加亲，不与未必仇，王不如辞之。"

夫差道："勾践囚于吾国，却行马前，诸侯莫不闻知。今吾复其社稷，恩若再生，贡献不绝，岂有背叛之理？"

子胥道："吾闻越王，早朝晏罢，恤民养士，志在报吴。大王又输粟以助之，臣恐麋鹿将游于姑苏之台矣。"

夫差道："勾践业已称臣，安有臣而伐君者。"

子胥道："汤放桀，武王伐纣，不是以臣伐君吗？"

伯嚭从旁叱之道："相国出言太甚。吾王岂桀纣之比？"遂启奏道："臣闻葵邱之盟，遏粜有禁，为恤邻也。况越为吾贡献之国，明岁谷熟，责其如数相偿。无损于吴，有德于越，何惮而不为也。"

夫差遂与越粟万石，对文种言道："寡人逆群臣之议，而输粟于越，年丰必偿，不可失信。"

文种再拜稽首道："大王哀越而救其饥馁，敢不如约。"文种领谷归越。

越王大喜，群臣皆呼万岁。勾践即以颁赐国中之贫民，百姓无不颂德。

次年，越国大熟，越王对文种道："寡人不偿吴粟，则失信；若偿吴粟，则又损越而利吴，如何而可？"

文种道："宜择精粟，蒸而与之。吴王苟爱吾粟，用以布种，吾计售矣。"

越王用文种之计，果以熟谷偿吴，如其半斛之数。

吴王叹道："越王真信人也。"又见其谷粗大异常，对伯嚭说道："越国土地肥沃，其种甚佳，可散与吾民植之。"

于是国中皆用越粟，虽种而不发生，吴民大饥。夫差还以谓土地不同之故，不知粟已蒸熟，却中文种毒计也。

越王闻知吴国饥困，便欲兴师伐吴。文种谏道："时未至也，其忠臣尚在。"

越王又问于范蠡。范蠡答道："不远矣，愿王益习战以待之。夫善战者，必有精卒，精卒必有兼人之技。大者剑戟，小者弓弩，非得明师教习，不得尽善。臣知南林有处女，精于剑戟；又有楚人陈音，精于弓矣。王其聘之。"

越王从其言。分遣二使，赍厚礼，聘请处女教导剑戟，陈音训练弓矢。

处女在越，教成三千剑戟之士，辞别越王，仍回南林。陈音亦教习三千军士，均授以连弩之法，三矢接续发去，人不能防。历时三月，军士尽得其巧。陈音抱病而死，越王厚礼葬之，名其葬处曰："陈音山"。后人有诗咏越王练兵之事道：

击剑弯弓总为吴，卧薪尝胆沔几枯。

苏台歌舞方如沸，遑问邻邦事有无。

越王练兵习武，教训军士之举，传至吴国。伍子胥闻之，遂求见夫差，涕泣谏道："大王信越之臣顺，今越用范蠡，训练士卒，剑戟弓矢之艺，无不精良，一旦乘间而入，吴国不能支矣。王如不信，何不使人察之。"

夫差果使人探听越国，探知处女教剑戟，陈音训弓矢，现已练成六千劲卒，技艺娴熟，号曰君子军之事，一一回报夫差。

夫差问伯嚭道："越已臣服，今复治兵，意欲何为？"伯嚭答道："越蒙大王赐他，非兵莫守，况治兵乃守国之常事，大王何必疑心呢。"

夫差听了伯嚭之言，早把疑越之心，抛向九霄云外，仍与西施，以姑苏台为家。四时之间，随意出游，弦管相逐，不辨昏晓。

尝与西施在馆娃宫中，游宴栖息，因西施举动风流，行步之际衣袂飞扬，无异仙子。遂建筑一廊，空其地底，下面悉用大瓮铺平，覆以厚板，上面雕镂花纹，施以五采，命西施与旋波、移光，及诸宫人，联步其上，步履铮铮有声。夫差听之，以为快乐。因名其廊为"响屧廊"。今灵岩寺圆照塔前，有小斜廊，即其遗址。后人有响屧廊诗道：

廊环空留响屧名，为因西女绕廊行。

可怜伍相终尸谏，谁记当时曳履声。

山上有玩花池，夫差每逢春日，与西施携手玩花于池旁。又有玩月池，若逢秋宵，必偕西施并肩玩月，徘徊其边。

西施梳妆，不用镜奁，凿一深井，泉水清碧，使西施照水而妆。夫差立于其旁，亲为理发簪花，名其井曰"吴王井"。

西施最喜鸣琴，乃于灵岩山巅，筑琴台以弹琴之所。弹琴之时，必焚妙香。夫差因他人所采之香，不合美人之用，特命人种香于香山，使西施与宫人，泛舟于山南泾中，亲往采

之。赐泾名为采香泾。

夫差任情取乐,觉得事事如意,百般快心。尝言"孤得西施,如鱼得水,此生愿终老温柔乡矣"。

谁知快乐日久,觉得追欢之事,皆已陈旧,甚是可厌,欲思另觅一件快乐,以旷心怀。遂与西施计议道:"今值夏日,湖上莲花盛开,孤与美人,何不前往一游呢。"

西施道:"大王有此佳兴,贱妾敢不奉陪。但莲为花中君子,品甚清贵前往游玩,不过片时欢乐。妾意不如备下龙舟,率领宫人前去采莲,视其所采之花,孰多孰少,以定优劣。"

夫差大喜道:"美人之言有理。"急命备齐龙舟,往湖上采莲。

当下数十号龙舟,一齐发动,荡桨摇舻,撑篙打碇,悉用美女。

舟上无数宫人,都是花裙绣袄,所用帐篷,尽是锦绣,照耀日光之中,五色煊烂。

各号龙舟,衔尾而行,笙箫迭奏,歌声悠扬,自城南直至湖上。但见一片锦帆,接连不断,使人目眩神迷,居人以其锦帆十分美丽,遂称所过之地曰"锦帆泾"。

舟至湖上,夫差吩咐宫人:"各荡小舟,往荷花深处,采取莲花。"自与西施高坐舟上,酌酒观看。

一声令下,那些宫人每人驾了小舟,纷纷而去。但见翠袖飘扬,画桨轻摇,湖之四面,歌声齐起。

夫差看了不胜快乐,遂命取大杯来:"寡人今日对此佳景,目睹丽姝,应与美人痛饮一番,尽醉方休。"

西施闻言,轻笼翠袖,高举瑶觞,进献一樽道:"大王请尽此一樽,妾有采莲歌一首,当为大王歌之。"因轻转娇喉,唱歌道:

秋江岸边莲子多,采莲女儿掉船歌。

花房莲实齐戢戢,争前竞折歌绿波。

恨逢长径不得藕,断处丝多刺伤手。

何时寻伴归去来?水远山长莫回首。

夫差称赞道:"妙哉!非美人锦心,不能作此歌;非此歌,亦不配美人绣口歌之也。寡人当连举数觥,以赏美人之歌。"

夫差饮酒未毕,各舟宫人,都已采莲归来,竞上龙舟,竞献所得。

有的献西番莲;有的献观音莲;有的献倒垂莲;有的献五色莲。异种奇花,纷纷不一。夫差一一赏玩,十分称赞。

唯有旋波、移光二人,各献一枝并头莲,"愿大王与娘娘,如此花一般,特行奉上,以表祝颂之心。"

夫差大喜道:"二美人竟有如此慧心,真是难得。"因对西施道:"今日所采之莲,要推二人为第一了,孤与美人,当各受一枝,不可辜负二人一片美意。"收了莲花,命转船回宫。

霎时之间,众船齐转,一片掉歌之声,前后应答,笙箫管弦,同时并作。

沿路百姓,听了歌声,一齐蹙额道:"民穷财尽,连岁荒歉,大王奈何犹如不知悟也?"

破吴投江

夫差采莲归来,静极思动,意欲逞兵中原,以张国威,闻知齐鲁不和,遂征九郡之兵,大举伐齐。预遣人筑别馆于句曲,遍植楸梧,号曰"梧宫",命西施移居避暑。俟胜齐回来,在此消夏。

相国伍子胥谏道:"越在,我心腹之病也。齐国不过癣疥之疾。今大王兴十万之师,行粮千里,以争癣疥之患,而忘大毒之在腹心,臣恐齐未必胜,而越至矣。"

夫差大怒道:"孤发兵有期,老贼故出不祥之语,阻挠大计,待孤胜齐之后,必斩此贼。"

遂兴兵伐齐,大胜齐师。齐简公遣使,大贡金币,谢罪请和。夫差奏凯而归。回至句曲新宫,西施迎接拜见。

夫差道:"孤使美人居此,正欲相见较速,可以畅叙离怀也。"

西施拜谢称贺,相偕登台饮酒,不胜欢乐。在梧宫住了三日,回至都中,百官皆贺,子胥独无一语。

夫差大怒,责之道:"老贼谏孤不当伐齐,今得胜而回,老贼宁不羞死。"

子胥怒道:"天之将亡人国,先降其小喜,而后授之以大忧。胜齐不过小喜,臣恐大忧之即至也。"言毕,即趋而出。

夫差大怒道:"老贼多诈,为吴妖孽,若不诛之,何以服众?"使人赐以属镂之剑,命其自尽。

子胥接剑叹道:"吾破楚败越,威加诸侯,有功无过。今既不听吾言,反赐吾死,吾今日死,明日越兵至,掘汝社稷矣。"

乃对家人道:"吾死之后,可抉吾目,悬于东门,以观越兵之入吴。"言罢,自刎而死。

使者取剑还报,并述子胥死时所言。夫差愈怒,命取其尸,盛以鸱夷之器,投于江中,断其头,置于盘门之上,道:"使日月炙汝肉,鱼鳖食汝肉,骨变形销,复何所见?"

夫差既杀子胥,遂进伯嚭为相国,愈益骄恣。使太子友守国,亲率国中劲兵,由邗沟北上,与晋国争盟主之位。

越王勾践,闻子胥已死,夫差率兵出境,遂与范蠡计议,发习流二千人,俊士四万,君子军六千人,从海道通江以袭吴。前队既及吴郊,王孙弥庸出战,大败而逃。

次日,勾践大军齐到,太子友出兵迎敌,勾践亲自督军。阵方合,范蠡挥两翼俱进,势如风雨。吴兵大败,太子友陷于阵中,冲突不出,恐被执受辱,自刎而亡。越兵直抵城下,王子地坚守城池,使人往吴王处告急。

此时吴王夫差正在黄池,与晋国争载书名次之先后,相持不下。忽报越兵入吴,杀太子,焚姑苏台,现已围困城池,势甚危急。夫差大惊。

伯嚭进言道:"大王勿示惊慌之状,使齐晋知之,我其危矣。王于明日,可鸣鼓挑战,以慑晋人之气,必求主盟,方保无虞。"

夫差听从其计，命兵卒建五方之旗，结为方阵，进逼晋军。夫差亲督三军，阵中万鼓皆鸣，声动天地。

晋人大惊，不敢再争，遂让夫差先歃，晋侯次之，鲁、卫亦以次受歃。

会毕，夫差率师回国，于途中连得告急之报。军士知家国袭，吓得心胆俱碎，又且远行疲劳，皆无斗志。夫差犹率军与越相持。连次大败。

夫差惊惧，使伯嚭至越军，稽首请成，求赦吴罪，其犒军之礼，一如越之昔日。

越王心中不忍，意欲许之。范蠡急阻之道："大王早朝宴罢，谋之至二十年，奈何垂成而弃之。"

遂不允行成。吴使往返七次，范蠡、文种，坚执不应，率兵攻击吴都。吴兵不能复战，范蠡欲毁胥门而入。

其夜，暴风忽起，急雨如注，遥见吴南城上伍子胥之头，巨若车轮，目如电光，须髯四张，光耀十里。越军将士无不惊惧，暂止其兵，不敢毁城。

范蠡无策可施，坐而假寐。忽见子胥，白马素车而至，对范蠡言道："吾前知越兵必至，故欲悬吾目于东门，以观越之入吴。不意吴王置吾头于南门，吾忠心未绝，不忍汝从吾头下入城，故为风雨以止之。但越之有吴，天意也，吾不能逆天。汝改从东门入，吾当相助。"言讫而灭。

次日，范蠡、文种相见，二人所梦皆同。遂使士卒开渠，自南而东，将及蛇匠二门之间，忽太湖水发，汹涌而来，波涛冲激，竟将吴城开一大穴，越兵长驱而入。

越兵乘着怒涛，直入吴城。夫差闻知越兵入城，伯嚭已降，遂与王孙雄及其三子，奔于阳山。昼驰夜奔，腹馁口饥，目视昏眩，左右采得生稻，剥之以进。吴王嚼之，伏地掬饮沟中之水，避入深谷之中。

越以千人追至，围之数重，夫差作书，系于矢上，射入越军。

范蠡、文种拾而视之，书上写道："狡兔死而良犬烹，敌国如灭，谋臣必亡。大夫何不存吴，一线自为余地？"

文种亦作书答之道："吴有大过者六：戮忠臣伍子胥，大过一也；以直言杀公孙圣，大过二也；太宰谗佞而信用之，大过三也；齐、晋无罪而数伐之，大过四也；吴越同壤而侵伐，大过五也；越亲戕吴之前王，不知报仇，而纵敌贻害，大过六也。有此六大过，欲免于亡，得乎？昔天以越赐吴，吴不肯受，今天以吴赐越，越其敢违天之命！"

夫差得书，垂泪言道："寡人不诛勾践，忘先王之仇，为不孝之子，此天之所以弃吴也。"遂拔剑自叹道："吾杀忠臣伍子胥，今自杀晚矣！"谓左右道："吾死而有知，何面目见子胥于地下，必重罗三幅，以掩吾面。"言罢，自刎而死。王孙雄解衣覆吴王之体，即以绳自缢于旁。

勾践命以侯礼葬之，使军士负土一篑。顷刻遂成大冢。流其三子于龙尾山。后人名其地为吴山里，有诗吊之道：

荒台独上故城西，辇路凄凉草木悲。

废墓已无金虎卧，坏墙时有夜乌啼。

采香径断来麋鹿，响屧廊空变黍离。

欲吊伍员何处所,淡烟斜月不堪题。

夫差既死,越王入据姑苏,百官称贺。伯嚭亦在其列,自恃昔日周旋之恩,面有德色。

勾践对伯嚭言道:"子为吴之太宰,寡人不敢相屈,吴王在阳山,何不从之?"

伯嚭怀惭而退。勾践命力士执而杀之,并灭其家,对人言道:"吾所以报子胥之忠也。"

越王焚姑苏台之时,范蠡知西施在彼,使人迎之,匿于民家,且宽慰之道:"美人入吴,受吾所托,今吴既灭,吾亦将力辞爵禄,隐居五湖,以遂其志,当与美人共乘一舸,遁入烟水深处,以乐余年。此时以军务倥偬,未遑亲自奉迎,美人切勿怨望。"

西施闻言,检衽答道:"妾之入吴,本为欲雪国耻。不料吴王宠爱无比,恩谊备至。妾欲报吴王之恩,则生为越人,国仇不可不报;若亡吴国,则吴王爱妾之德,付诸东流。早已私立誓言,吴国亡后,越仇既报,便当一死,以报吴王宠幸之恩于地下。今吴国净亡,妾犹觍颜生存,不即就死地者,以吴王未返,并望相国念其年已衰迈,贷其一死,使妾与吴王再晤一面,谢其宠爱之德,表明妾之罪状,然后就死。相国勿以西施为女子,遂谓其不明大义也。"

使者回报范蠡,范蠡深服其言,唯恐其死,故夫差被逼而亡,遍嘱诸人,不使西施得知至是。暗备扁舟一叶,托吴王因国已残破,亡命五湖之中,使人迎之。

西施信以为真,登舟而去。既至越国,认得此地乃是会稽,不觉大惊,诘问吴王所在。从人不能隐瞒,尽举前后之事以告。

西施大哭道:"妾舍身入吴,所以报国仇,雪国耻也。今国仇虽报,国耻虽雪,而身受吴王厚恩,一毫未报,何以对吴王乎?况从一而终,女子之义。虽蒙相国爱妾,妾何面目立于天地之间!当追随吴王于地下,以酬其生前之恩情。使后世知妾之亡吴,乃报国家之耻辱,并非忘恩负义也。"

言讫,举袂蒙面,投江而死。后人救之已无可及,返至姑苏,报于范蠡。范蠡深为惋惜,启知越王。

越王闻奏,叹道:"亡吴之功,西施第一,今功成事就,竟决然随鸱夷而去,真可谓有志矣。"

其意盖谓伍子胥在鸱夷之器,盛尸而投江中,今西施亦自投江,故言随鸱夷而去也。后人不知此意,以范蠡使人迎西施于姑苏台,有隐居五湖,与美人共乘一舸,遁入烟水深处之语。且因范蠡辞越而去,改名为鸱夷子皮,遂有吴灭之后,范蠡以一舸载西施共泛五湖之言,可谓冤矣。

闲言休絮。且说范蠡以西施之死启奏,原欲越王念其亡吴之功,加以表彰,谁知越王不过赞叹一声,并无后言。范蠡默喻其意,无言而退。

过了数日,越王命驾,回至会稽,令人建筑贺台,以盖昔日被羁之耻。置酒台上,与群臣为乐,命乐工作破吴之曲,被之管弦。群臣大悦而笑,惟越王而无喜色。

范蠡私自叹道:"西施死而不加褒,吴虽灭而面无喜色,越王不欲功归臣下,其端已见矣。"

次日,辞越王道:"臣闻主辱臣死,昔大王辱于会稽,臣所以不死者,欲隐忍以成功也。

今吴国已灭,大王倘免臣会稽之诛,愿乞骸骨,老于江湖。"

越王道:"寡人赖子以有今日,奈何弃寡人而去? 留则与子共国,去则妻子为戮。"

范蠡道:"臣则宜死,妻子何罪? 死生惟大王命之,臣不顾矣。"

夜乘扁舟而去,临行之前,预以一函投文种道:

子不记吴王之言也,狡兔死,走狗烹,敌国破,谋臣亡。越王为人,长颈鸟喙,忍辱妒功,可与共患难,不可与共安乐。子今不去,祸必不免。

文种阅书之后,怏怏不乐,犹未深信其言,叹道:"少伯亦过虑矣。"

过了多日,越王不行灭吴之赏,与旧日之臣,益加疏远,计倪佯狂辞职,曳庸等亦见机告老。文种心念范蠡书中之言,称疾不朝。

越王忽至文种府中,以视其疾。文种假作病状,迎接入见。越王解剑而坐道:"寡人闻之,志士不忧其身之死,而忧其道之不行。子有七术,寡人行其三,而吴已灭,尚余四术,安所用之。"文种答道:"臣不知所用。"

越王道:"愿以四术为寡人谋吴之先人于地下,可乎?"言毕,升舆而去,遗佩剑于座。

文种视之,剑室有"属镂"二字,即夫差赐子胥自刎之剑也。文种仰天叹道:"吾不听范少伯之言,至为越王所戮,可谓愚矣。"复摩挲其剑道:"百世而下,以吾配子胥,亦可无恨。"遂伏剑而死。后人有赞语道:

忠哉文种,治国之杰。三术亡吴,一身殉越。

传说美女

——貂蝉

名人档案

貂蝉:在《三国演义》里她是司徒王允的歌伎,能歌善舞,色伎俱佳,容貌舞姿有词赞叹:"原是昭阳宫里人,惊鸿宛转掌中身,只疑飞过洞庭春。按彻《梁州》莲步稳,好花风袅一枝新,画堂香暖不胜春";又如"红牙催拍燕飞忙,一片行云到画堂。眉黛促成游子恨,脸容初断故人肠。榆钱不买千金笑,柳带何须百宝妆。舞罢隔帘偷目送,不知谁是楚襄王";歌喉低讴有如"一点樱桃启绛唇,两行碎玉喷《阳春》。丁香舌衔钢剑,要斩奸邪乱国臣"。

生卒时间:不详。

安葬之地:不详。

性格特点:懂得洞察人心,观察时势。

历史功过:貂蝉是才貌相济的,在倾权朝野的董卓、勇猛无比的吕布两人之间巧用计谋,成功地离间了董吕"父子情",虽有李儒从中作梗,貂蝉还是能够运筹帷幄,用自己的牺牲拯救了整个国家。用现代的观点来看,她可以被称为间谍女王。后人有诗叹:"司徒妙算托红裙,不用干戈不用兵。三战虎牢徒费力,凯歌却奏凤仪亭。"

名家评点:花前长叹牡丹亭,弱女忠心照月明;

义报王允堪跪拜,勇立毒誓答父恩。

初识吕布情何多? 再迷董卓妙若神;

太师床前眉深蹙,窗外温侯欲断魂。

凤仪亭中激吕布,董卓掷戟父子分;

郿坞车过虚掩面,冈上温侯起杀心。

贼首北掖门外落,天下谁不敬美人。

早知红裙能锄奸,诸侯何劳动戈兵?

貂蝉入府

汉灵帝中平五年(188)十月,广袤的伊洛平原上,秋风萧瑟,万木凋零。十几名随从拥簇着一位官员,步履沉重地前进在通往国都洛阳的路上。这位官员紧蹙双眉,时而长叹,时而摇头,有时还忍不住滴下几滴眼泪。他,就是东汉王朝身居高位、主管民事的司徒王允。

王允这次出京的主要任务是巡察地方,了解民情,顺便回太原老家探视。一个月来的所见所闻,使他震惊万分:大片荒芜的土地,无数逃亡的人群,家乡亲人的哭诉,不时可见的饿殍,一幅幅惨不忍睹的现象,犹如一把把利剑扎在他的心上。回想起桓、灵二帝即位以来,宦官、外戚互相倾轧、残杀,交替执政,无论是谁上台,都变本加厉地刻薄百姓,使百姓处于水深火热之中,加之近年来灾害不断,不是旱涝蝗雹,就是牛疫地震,每一次灾害,都使老百姓雪上加霜,苦不堪言。震惊全国的黄巾起义,就是在这种情况下爆发的,真是官逼民反啊!近日,黄巾起义刚被镇压下去,统治者不从农民起义中吸取教训,反而更加残酷地刻薄百姓,外戚、宦官之间的斗争也更加激烈。自己曾多次向皇帝建议,制止朝廷内的帮派争斗,减免田租赋税,让老百姓有个休养生息的机会。怎奈汉灵帝整日沉溺于声色犬马,根本听不进去,自己一片忠言不被采纳,身居高位无助于民,思想起来,真是愧恨交集。这次回到都城,一定要冒死进谏,为老百姓说一句公道话。

王允正思量间,忽然听到远处传来一声凄厉的哭声,举目一望,旷野无人,哭声是从哪传来的?

王允忙停下脚步,命随从四下查找,一会儿,一个随从报告,在前边的小河沟里,一个小女孩守着一具中年女尸哀哀哭泣。王允一听,快步走上前去,只见中年妇女骨瘦如柴,面色蜡黄,不用问也知道是饿死的。小女孩有十二三岁年纪,蓬头垢面,号哭不止。仔细一问,方知小女孩父亲在战乱中死去,母女二人,乞讨为生,这几天实在讨不到东西,母亲把少得可怜的一点剩饭给了女儿,自己却活活饿死了。说罢,又大声哭了起来,随从们看到这种情况,也都难过得低下了头。

王允看小女孩虽然衣衫褴褛,面黄肌瘦,但眉清目秀,聪明伶俐,说话头头是道,顿生爱怜之心。想到如果给她一些银子,让她自逃活命,这旷野荒郊,该逃向哪里?说不定遇上坏人,连命也保不住。在这兵荒马乱的年月,一个十二三岁的小女孩,在哪儿能找个安身之处呢!他又想到自己年已半百,无儿无女,自己忙于公事,不停奔波,夫人在家寂寞,不如将这小姑娘带回家去,跟夫人商量一下,收为义女,小女孩有了安身之处,自己也可免去老来孤独。想到这里,就问小孩说:"小姑娘,我想把你带回我家,以后就在我家生活,你愿不愿意?"小姑娘一听,忙跪下磕头,连说"愿意"。于是王允命随从将小女孩的母亲就地埋葬,然后将小女孩带回府中。

回府之后,王允先让仆妇给小女孩洗澡换衣,自己到后堂将情况告诉夫人。夫人听了,也表示同意。一会儿,家人带上小女孩。王允一看,简直不相信这就是在路上见到的那个又脏又瘦的小讨饭的。原来经过几天来随从们在路上的精心照顾和王允的百般抚慰，小女孩已渐渐从悲伤、恐惧中解脱出来，身体也逐渐恢复，脸上开始泛红，嘴唇也有了血色，尤其是那一对眼睛，清澈明亮，聪慧有神，像会说话似的。夫人一见，喜欢得不得了，一把搂在怀里，问长问短，当下就收了义女。于是小女孩重新拜了爹娘，正式成为王家的成员。

王允想到自己半百得女，无异于掌上明珠，再看小女孩聪明可爱，将来一定是个美丽的姑娘，于是给她取了一个语意双关的名字——貂蝉。貂，取其珍贵；蝉，取其高洁。为了让女儿才智过人，王允又延请名师，教女儿读书识字。这样，父母双亡的孤女终于又有了一个属于自己的充满温馨爱意的家庭，而且有了一个好听的名字。

貂蝉进了王府，受到王允夫妇的百般疼爱，境遇一天比一天好。而国家的形势却每况愈下，一天不如一天了。

中平六年（189），汉灵帝驾崩，朝廷以灵帝母亲董太后为首和以灵帝何皇后为首的两支外戚在确定皇帝继承人的问题上展开激烈争斗，董太后主张立王贵人所生、董太后养育而受灵帝钟爱的王子刘协，何皇后则坚持立自己所生又有着太子身份的刘辨。争斗的结果，以何氏取胜，太子刘辨即帝位，称为少帝，尊何皇后为皇太后。太后之兄何进为大将军，掌管军权。刘协被封为陈留王，董太后被何进毒死，董氏家族全部复灭。

灵帝在世时所宠信的段珪、张让等十常侍在灵帝病重时曾主张按灵帝和董太后之意，立少子刘协为太子继承帝位，现在看到董氏一门已灭，又千方百计讨好何太后，受到何太后的信任。因而少帝即位后，大将军何进几次与朝臣计议，想彻底诛杀宦官都没有成功，最后采纳了司隶校尉、汝阳人袁绍的意见，调集四方军队入京，以"清君侧"为名，杀死段珪、张让等人。这样何进既不落个违抗太后之命的名声，又达到了诛杀十常侍的目的。

各路军队刚刚出发，张让等人已知道消息，决定先下手为强。于是他们预先在长乐宫嘉德门内埋伏下 50 名刀斧手，然后到何太后处哭诉说："奴才侍候太后，辅佐少帝，忠心耿耿，决无二意。现在大将军听信他人谗言，四路调军，要诛杀臣等，万望太后大发慈悲，救救我们吧。"其他人听张让一说，也都跪下磕头说："万望太后可怜我们，免我们一死，让我们回家养老，奴才等做牛做马，也忘不了太后的大恩大德。"何太后见他们说得可怜，就说："既然这样，你们还是到大将军府上，说明情况，表示谢罪，不是就行了吗？"张让等人又叩头说："现在大将军正要杀我们，我们到府上还不是自投罗网？还望太后下一道手谕，宣大将军进宫，让我们当面谢罪，如大将军还不原谅我们，那我们死在太后面前也死而无怨了。"何太后见他们说得有理，就下了一道手谕，召何进入宫议事。

何进接到太后手谕，立即准备进宫，主簿陈琳和朝臣曹操、袁绍等人都极力阻止，反对何进入宫。但何进认为自己的妹妹宣召，能有什么祸事？所以一意孤行，径直入宫。曹操、袁绍等人不放心，带领名勇士前往护送。不料走到长乐宫外，被黄门挡住，说是太后有旨宣大将军议事，其他人不得入内。曹操、袁绍不敢造次，只好在宫门外等着。

何进进宫后，走到嘉德殿门口，被段珪、张让带领十几人围住厉声质问他为什么要毒死董太后，又为什么要杀害十常侍。何进一看形势不对，回头想走，一看宫门已经关上，

无路可逃,两旁拥出几十名刀斧手,不由分说,将何进一刀砍为两段,并割下首级,扔出宫外。曹操、袁绍一见,知道何进已遭暗算,不由分说,领人冲进宫去,赶杀宦官,最后十常侍全部被杀,何太后幸免于难,少帝和陈留王逃出宫外,最后遇到董卓,引起东汉朝廷又一次激烈斗争。

董卓,字仲颖,是陇西临洮人,从小游历羌中,结交豪帅,以六郡良家子的身份成为羽林郎,桓帝末年,为并州刺史、河东太守。灵帝中平元年(184)因镇压黄巾起义有功,封为邰乡侯。中平六年(189),朝廷下令,召董卓入京任少府之职,董卓寻找托辞,不肯入朝,在地方拥兵自重,成为朝廷心腹之患。何进下令征各路兵马入京诛杀十常侍时,董卓也在被召之列。董卓让女婿牛辅留守陕西,自己带着大军朝京都进发。走到洛阳附近的渑池县,董卓下令停止前进,驻兵渑池,以观动静。时间不长,就见洛阳城中火光冲天、杀声震地,于是号令军队,立即出发,直奔洛阳。走了没多远,就见前面又来了一队人马,约有几百人,拥簇着两个小孩匆匆行路,上前一问,才知道是司徒王允、太尉杨彪等人刚找着逃在荒郊野外的小皇帝刘辨和陈留王刘协。董卓一听,马上要找皇帝,少帝吓得浑身颤抖,不住啼哭,倒是陈留王有几分胆气,厉声责问董卓说:"你是什么人?是保护皇帝的还是劫持皇帝的?"董卓吓得赶快跪下谢罪,然后又问了洛阳的情形,少帝虽停止了哭泣,但仍十分恐惧,颤抖着说不出话来。陈留王就把洛阳情况大体说了一遍,董卓见陈留王年纪虽小,但比少帝聪明沉着,因而一下就产生了废去少帝,另立陈留王为帝的心意。当下并未说明,只是把少帝与陈留王护送回宫,与何太后团聚。经过这一场厮杀,虽说十常侍全部被杀,但遵诏进京的各路人马也损失不少,眼下,朝廷中最有实力的要算董卓的这支军队了。

董卓既然有了废立之心,就决定立即实施,他料定就目前的实力看,不敢有人和他作对。于是第二天就发出文告,请百官到温明园聚会,席间提起废立之事,因受到荆州刺史丁原和袁绍的坚决反对而未能如愿,不欢而散。隔了几天,董卓用计杀了丁原,又给了袁绍一个冀州太守的官职,让他到河北上任。然后根本不问百官意见,让他的另一个女婿,也是他的重要谋士李儒拟了一道册文,历数少帝无能而盛赞陈留王,当庭宣读完毕就让人把少帝从座位上扶下来,请陈留王登上皇位,改年号为初平元年,新皇帝被称为汉献帝。

过了几天,董卓派人把少帝毒死,逼令何太后及少帝唐姬自尽。从此,董卓出入宫中,如在家中,上殿不拜献帝,不去佩剑,随意淫乱后宫,王妃、公主都不能幸免。又封他的母亲为池阳君,开府设官,群臣敢怒而不敢言,谁要稍不如意马上就被杀死。董卓还放纵士兵,在洛阳城内肆意抢劫,烧杀淫掠,无所不为,美其名曰"搜牢"。有次正逢社日,阳城百姓聚会赛社,董卓带领军队包围赛场,将在场男人全部杀死,把头悬在车辕下,浩浩荡荡开回洛阳,声称打了胜仗。妇女则全被掠回,送入军营,供士兵奸淫。董卓还将不顺从他的人一一抓来,绑在柱子上,慢慢施以酷刑,自己则召来其他官员,一边饮酒,一边欣赏。官员们惊悸得个个面无人色,不敢说话,有的竟当场吓得昏倒过去。

董卓的这些倒行逆施,引起天下人的强烈愤恨,越骑校尉伍孚、骁骑校尉曹操先后谋杀董卓,都没有成功。结果伍孚被杀,曹操逃出洛阳,招集人马,推河北袁绍为盟主,号召

十八路诸侯，准备进兵洛阳，讨伐董卓。董卓一面准备和十八路诸侯应战，同时为避其锋，不顾百官反对，决定将国都迁往西京长安。

当时，长安已遭受过几次兵火战乱，残破零落。而洛阳在东汉王朝的苦心经营下已是颇具规模的都城，其繁华富庶远非长安可比。因此，官员和百姓都反对迁都。于是董卓下令杀了敢于阻止迁都的尚书周毖、城门校尉任琼，又将持反对意见的太尉杨彪等人贬官。然后派军队将洛阳城中富户抢掠一空，把东汉帝王陵墓统统掘开，盗出陪葬珍宝，全部拉往长安。百官再也不敢反对，唯命是从。献帝虽然聪明，对董卓所为恨之入骨，但年纪幼小，势单力弱，只好忍气吞声，由董卓摆布，汉室江山实际已成了董卓的天下。

密计除奸

董卓之所以这样擅权乱政、肆无忌惮，除了当时实力雄厚之外，主要依恃的是部下的一个重要将领，也是董卓的干儿子吕布。

吕布字奉先，五原郡九原（今内蒙古包头市西北）人，从小父母双亡，为并州刺史丁原所收留，甚得丁原喜爱，收为义子。吕布本身具有九原人好武强悍之特点，长得身高体壮，膂力过人。加之自幼在丁原军中长大，练就一身武艺，所向无敌，是丁原手下的主要将领。丁原为刺史时，任吕布为主簿，掌管军中事务，委以心腹重任。这种上下级加父子的特殊关系，使吕布和丁原关系非同一般，入则同食，出则护卫，亲信之外，又是丁原的贴身保镖。正因为有吕布可以依恃，丁原在各路将领中就显得理直胆壮，敢于抗言。上次在温明园，当董卓说完废立之意后，又假惺惺地征求群臣意见，群臣畏惧董卓，个个俯首视地，不敢回答。只有丁原厉声说道："不行，不行！你是何等人？竟敢口出狂言，欺汉室朝廷无人吗？天子是灵帝嫡长子，素无过错，凭什么要废？你就不怕犯欺君犯上之罪吗？"董卓一看丁原竟然敢和自己唱对台戏，且态度如此强硬，心中大怒，觉得不给这个小小刺史一点颜色，就无法弹压其他大臣，达到废立之目的。于是按剑在手，大喝道："你是什么人，竟敢在这里说话，我今天就让你人头落地，看你还敢狂妄！"说着，站起身来，拔出佩剑，就要向丁原刺去，百官恐惧万分，不知所措，气氛顿时紧张起来。丁原镇静自若，面带微笑，一动不动地看着董卓。一会儿，只见董卓已经举起的剑又慢慢落了下来，无力地插回鞘中，颓然跌到座位上。

原来当董卓的剑正要刺向丁原时，忽然看到丁原背后站着一人，身高一丈，膀粗腰圆，眉目清秀却又虎气生生，一手按剑，一手执方天画戟，此时也是剑出鞘，戟在手，双目怒视董卓，仿佛只要董卓一剑刺来，他就会把董卓砍成肉酱。那气势，那威严，足以使人丧胆。所以董卓已经举起的剑又被迫落了下去。

在丁原的带动下，卢植等人也提出反对意见，董卓更加生气，宴会散后按剑站在温明园门口，准备逐个逼问百官，不从者即斩首示众。哪知不等董卓动手，丁原背后之人护卫丁原从园中出来，跃马持戟，往来于园门口，专伺董卓动静，董卓一看，吓得不敢动手，只得悻悻回府，百官方得以脱身。

董卓回到相府，召来李儒等几个亲信一问，才知此人就是丁原的义子吕布，有万夫不当之勇，丁原正是因为有了吕布，方敢以小小刺史身份在宴席上抗言，反对废立一事的。董卓听罢，当晚闷闷不乐，不再说话。

第二天一大早，董卓正吃早饭，军士报告，说丁原带领人马在城外挑战。董卓又恨又怒，心想大胆丁原，昨日饶你一命，今日又来送死。急忙传令下去，带领人马出城，列开阵势，准备与丁原交战。董卓远远望去，只见丁原阵中，吕布全副武装，胯下冲阵良马，手中方天画戟，来回驰骋于阵前，宛若天神下凡。正惊疑间，只听丁原说道："汉朝天下不幸，宦官弄权，致使天子颠沛，百姓涂炭。董卓身为朝官，手握兵权，理应为国除奸，为民除害。不料进得京来，专权乱政，妄言废立，实在是想造反了，此种不忠不义之人，如何容得！"董卓无言对答，吕布一马当先，冲上前来，丁原指挥军队，随后掩杀，董卓抵挡不住，回马便跑，逃了30多里，见丁原没有穷追，才慢慢定下心来。

一连几天，董卓寝食俱废，愁眉不展，李儒等人知道他忌讳吕布，不好明说，心里也十分着急。

这天，董卓手下一员将领李肃求见董卓，说道："主公这几天不乐，是不是为了吕布？"董卓吃了一惊，看李肃一眼说："你既已知道了，有什么好办法吗？"李肃说："我这几天也一直考虑这事，吕布与我是同乡，小时曾一块嬉戏玩耍，故知此人勇力过人，智谋不足，又是见利忘义之人。后投奔丁原，不知情况，前日阵上见了，方知他已是丁原心腹。现在我愿以同乡身份，携带厚礼，到吕布营中探视，向他转告丞相厚爱之意，晓以利害，说服吕布投降主公，为您所用，不知这样可以吗？"董卓一听大喜，对李肃说："只要吕布能为我用，什么东西我都舍得，你需要什么就说吧。"李肃说："听说主公有宝马一匹，名叫'赤兔'，日行千里，夜走八百，吕布虽有良马，不及赤兔万分之一，以此与他，必然欢喜，再贿以金宝，许以高官，吕布必然来降，岂不遂了主公心愿！"董卓连连点头，让李肃带了宝马金宝，立即到吕布营中。

李肃带了赤兔马并许多金宝，外带两个从人，径直到吕布营门口，说是吕布乡党求见。进营之后，见了吕布，口称贤弟，连忙见礼，吕布一时愣住，想了半天，竟记不起此人是谁，满脸疑惑，问道："你是何人，怎么对我口称贤弟？"李肃反问道："贤弟难道忘了五原故乡，儿时一起嬉戏之李肃吗？"吕布一下记起，连忙行礼说道："原是李兄到了，有失远迎，多有得罪！不知李兄现在何处任职，今天为何到我这里？"李肃说："我现在在朝中做官，任虎贲中郎将之职。听说贤弟有志匡扶社稷，救民于水火，非常高兴。近日得到一匹赤兔宝马，日行千里，渡水登山，如履平地，贤弟之神武，正好与此马相配，因而我不敢自骑，特来奉与贤弟。"说罢让随从牵过马来，吕布一看，果然不是寻常之马，浑身火红，无一根杂毛，身长一丈，高八尺，跃蹄奋起，有腾空入海之壮，昂首长嘶，有石破天惊之力。吕布一见大喜，忙命牵入厩中，精心饲养。然后命摆设宴席，与李肃饮酒叙旧。入宴之前，李肃又让从人献上金宝，吕布全部收下。李肃见吕布如此，知此人本性不改，略略放心。酒至半酣，李肃故意问吕布说："多年不见，令尊大人可好？"吕布望着李肃吃惊地说："我父亲去世多年，李兄难道不知吗？"李肃说："我不是问你生身父亲，是问你现在的父亲丁原。"吕布低下头满脸通红，口中搪塞说："在丁原处亦是无奈，哪敢忘记生父养育之恩呀!"李肃接口说:"贤弟把话说到这儿,愚兄也就实话实说吧。今日与贤弟之宝马金珠,皆非愚兄所有,实乃董丞相之物呀!丞相在两军阵上,得见贤弟,顿生爱慕。有意引为知己,委以重任,与弟同保汉室江山。今以贤弟神威,屈事丁原,终不过职在刺史以下,难有出头之日。如侍奉董太师,何愁不得封王列侯乎!"吕布听了微微点头,但又略带难色说道:"丁原于弟,虽非亲生,亦有养育之恩,一旦弃之,如何忍心!"李肃说:"量小非君子,无毒不丈夫。良禽择木而栖,贤臣相主而佐。大丈夫要干成一番大业,如何顾得了许多。"吕布点头称是,对李肃说:"李兄稍等一下,容我杀了丁原,和兄一起投奔董太师。"李肃说:"贤弟速去速来,万不可临时手软,贻误大事。"吕布说:"李兄放心,吕布必不反悔。"说罢提刀出帐,来到丁原房中。

这时天色已晚,丁原正在灯下看书,看吕布提刀进来,心中一惊,以为又有战事,忙问:"儿呀,是否董贼又来讨战?"吕布说:"我吕布顶天立地之人,岂能于你区区一刺史为子?"丁原一听这话,大惊失色:"奉先为何突然变心?"吕布也不回答,一步上前,手起刀落,砍下丁原首级,走出帐中,大声喊道:"丁原不仁不义,已被我砍下首级,现在你们赶快收拾,随我投奔董太师,敢有不从者,与丁原下场一样。"众军不敢违背,纷纷收拾器械、行李,随吕布出营。

李肃已把消息通报董卓,董卓大喜,列队相迎,置酒相待。重赏李肃,赐吕布金甲锦袍,收吕布为义子,官封骑都尉、中郎将、都亭侯。吕布都欣然接受。立即改称董卓为父,从此甘心为董卓卖命。

董卓既收了吕布,又增加了兵力,更加肆无忌惮,为所欲为了。

吕布自被董卓高官厚禄收买后,就充当鹰犬,死心塌地地为董卓驱驰,和当年在丁原处一样。平时入则以义儿身份与董卓同食,出则充当董卓贴身护卫,人不能近董卓之身,伍孚、曹操两次谋刺董卓不成,就是因为有吕布监护的缘故。董卓滥杀无辜,吕布自愿充当前锋。董卓胁迫献帝迁都长安,命厚敛洛阳珍宝,吕布就带人把东汉帝陵全部掘开,尽装其金宝而去。群臣中稍有不顺董卓之意者,大都成了吕布的刀下之鬼。郡臣惧董卓权重,更惧吕布滥施威猛,股栗战抖,口不敢言。国政日非,诸侯争战,百姓疾苦愈来愈深。东汉王朝的统治眼看着是要溃于一旦了。

对于董卓的倒行逆施,王允看在眼里,恨在心里,却又无可奈何。从十常侍专权时起,他就在朝中任职,曾多次规劝灵帝,望他亲贤臣,远小人,重振朝纲。怎奈灵帝就是听不进去,任十常侍统揽大权,翻手为云,覆手是雨,卖官鬻爵,无所不为。百官屏息不敢直言,百姓逃亡怨声载道。好不容易盼着十常侍被诛,不想朝政又被董卓把持,挟持天子、淫乱后宫,逼迫迁都,开掘帝陵,无所不为。自己曾密派曹操谋刺董卓,不料被董卓看破,差点丢了曹操性命。现在曹操、袁绍会同各路诸侯,讨伐董卓,又被吕布所阻。前几日虎牢关前,刘、关、张三英战吕布,是何等的英雄气概,但最终未能取他性命。三人皆盖世英雄,尚且如此,又有何人可与争锋!王允只恨自己身为文官,不谙武术。不能上马统兵,讨平逆贼,只能在朝中斡旋,尽量使皇帝和朝臣少受一点凌辱、杀戮,其余再也无能为力。眼看着汉家江山气数将尽,百姓又有倒悬之苦,自己立身朝班,枉食俸禄,不能为国除奸,为民除害,每思至此,常常食不甘味,夜不安枕。

这天晚上，王允又想起国事，辗转难以入睡，便穿衣下床，来到后花园，只见夜阑人静，风清月明，不禁仰天长叹道："天哪，你就忍心看着汉室江山如此倾废吗？"言罢，泪下如雨，唏嘘半天。

过了一会儿，等心情平静下来，转身准备回房时，忽然听到假山后边传来轻轻的叹息声，不觉大吃一惊，想不到如此半夜，还有人躲在后花园，不知作何勾当，难道也有什么心事不成？王允轻轻移动脚步，来到假山跟前，倾耳细听，听到后面之人不知低声说着什么，中间夹杂着沉重的叹息声，偶尔还听到几声哽咽，似乎边诉边泣边叹，再仔细一听，这声音不是别人，正是爱女貂蝉。

"怎么，莫非女儿受了什么委屈，在此伤心，待我出去问个究竟，是谁大胆敢委屈我的女儿？"王允正要迈步出去，忽然又缩回脚来，心想："不对，自貂蝉入府以来，我夫妇视为珍宝，何曾有半点难为，就是府中家人丫鬟，也是前呼后拥，爱戴有加，哪里能受委屈？这丫头聪明伶俐，人长心长，莫非是想着她不是我们亲生，有话不对我们说，暗中有了什么心事不成！"想到这里，好生不悦，咳嗽一声，问道："假山后面之人是谁，为何半夜三更在此叹气？"

只见貂蝉从山后转出，上前拜见道："爹爹，是孩儿在此。爹爹为何不在房中安息，来到这园中作甚？"

王允没有正面回答貂蝉，反问貂蝉道："原来是貂蝉女儿，我且问你，你到这府中有几年了？"

"孩儿回告爹爹，孩儿蒙爹爹收养，来到府中已经整整五年了。"

"唔，五年了。为父年龄大了，记不清了。我再问你，这五年中，我夫妇二人待你如何？"

貂蝉一听此话，满脸惊异，不知父亲今日为何问起这话，连忙跪下回答道："孩儿自到府中，爹爹和娘亲视儿为掌上明珠，情逾骨肉，孩儿今生今世，难以答报，死后结草衔环，也要报答爹爹大恩。不知爹爹今日为何这样问起？"

王允点点头说："哦，这就是了。既然如此，你还有什么心事瞒着我们，半夜三更在这假山后面唉声叹气？"

貂蝉见问，不觉又悲泣起来，说道："爹爹哪知，孩儿初进府时，年岁尚小，不谙世事，只是衣食无忧，承欢膝下。后来，孩儿见爹爹常常愁眉不展，长吁短叹，似有无限心事。自从搬到长安以后，爹爹情绪更加不佳，常是吃饭不知其味，说话不知所云，有时一个人一呆就是半天，甚至有凄怆之相。容颜也明显衰老，鬓发如霜。孩儿知道定是朝中有不如意之事，使爹爹如此烦恼。但儿又不敢多问，只恨自己不是男儿，不能为爹爹分忧，所以只好趁着夜深人静，来此焚香，祷告上苍，祈求朝中安稳，天下太平，爹爹心情就会好一点儿。如爹爹脸上能露出笑容，这就是孩儿最大的心愿了。"

王允听完貂蝉的回答，心下一震，非常感动，想不到女儿目光如此敏锐，竟能看穿自己的心事。更难得她小小年纪，能忧父所忧，祷告上苍，祈求保佑。看来，自己是没白养这个女儿了。想到这里，心中一热，连忙俯下身来，双手扶起女儿，口里不停地说着："好孩子，好孩子，你真是为父的好女儿！"

貂蝉被父亲夸得不好意思，眼里含着泪，嘴角露出难为情的微笑，一面说着："谢谢爹爹！"一面含笑望着父亲，用手理理被夜风吹得略显散乱的头发。

王允定定地注视着貂蝉，觉得女儿一下子长大了，再也不是几年前的那个又脏又瘦的小女孩了，而是一个美丽的大姑娘了。对女儿的聪明伶俐，善解人意，王允早从夫人那儿知道了。但他却未注意到女儿竟是这样的美丽，身材修长苗巧，纤秾得当；皮肤白净细腻，胜似凝脂；柳眉含烟，杏眼传神；脸似桃花，唇如樱桃；一头秀发，长可及地。此刻含泪微笑，更显得千娇百媚，美貌绝伦，月儿为之黯淡，花儿为之失色。比之为仙女下凡，绝不过誉。王允没见过传说中的西施，但想西施再美，恐怕也就是女儿这样了，难道世上还能有比女儿更美的姑娘吗？

想到西施，王允心中"咯噔"一下，不由自主地缩了起来，他微闭双目，努力使自己镇定一下，然后睁开两眼，专注地看着貂蝉。长时间的沉默之后，王允忽然双膝跪倒，口中说道："女儿在上，受爹爹一拜了！"

貂蝉大吃一惊，不知爹爹为何行此大礼，连忙倒身跪下，双手扶起父亲，说道："爹爹快快请起，折煞孩儿了！爹爹有什么话要对孩儿说，请只管讲来好了，孩儿遵命就是。"

王允站起身，看着貂蝉说："是的，爹爹是有话要对你说。走，咱们一块到那边凉亭坐下叙话。"

于是貂蝉搀着王允，来到凉亭坐定，王允就把朝中这几年发生的事情向貂蝉说了一遍，最后说起董卓专权乱政，吕布为虎作伥之事时，眉头又紧紧锁了起来。

貂蝉听着王允的叙述，思潮起伏，不能自已。自己从爹爹这几年的情绪低沉猜测到朝政国事不佳，但未料到如此严重。爹爹忧国忧民，忧思似海，自己如何才能为爹爹减轻重担、分担忧愁呢？想到这里，张口问道："国事如此，实堪忧愁！爹爹要孩儿做些什么呢？"

王允强压悲痛，看着貂蝉，一字一顿地说："女儿可知西施之事乎？"

"西施？当然知道，那是春秋时越国有名的美女，在强敌压境、国土沦陷之际，挺身而出，以自己的聪明美貌迷惑吴王，使其放松警惕，麻痹大意，给越国创造了休养生息，重聚力量的条件，最后一举反攻，消灭吴国，恢复国土。爹爹平日对西施赞美有加，今日提起，莫非是要我也像西施那样……"想到这里，貂蝉急急问道："爹爹莫非是要儿仿效西施，以身报国？"

"正是，为父想将我儿先许吕布，再送董卓，我儿从中周旋，离间他父子关系，使其自相残杀，则国贼可除，天下可安矣！"

貂蝉虽已有了思想准备，但一听这话，还是眼前一黑，差点晕了过去。想到自己的豆蔻年华，如花似玉之貌，冰清玉洁之身，对未来生活的企盼；父母年过半百，养育之恩未报……这些对她来讲，该是多么重要啊！如果仿效西施，以身报国，必为玉碎，不会瓦全，这一切的一切都要化为泡影了，那该是多么遗憾啊！她真想大喊一声："爹爹，你真忍心！"转而一想，爹爹有此想法，也是万不得已。否则，他绝不会把自己心爱的女儿送给国贼，让其父子狼狈为奸啊！再说，如自己能从权应变，达到目的，功成身死，虽死犹荣，也和西施一样，流芳万世，又有何不可！于是她起身站起，看着爹爹，坚定地点了点头："爹爹心

意,孩儿明白。孩儿愿仿效西施,为国除奸,爹爹您就安排吧!"

王允见貂蝉答应,忍不住老泪纵横,口中喃喃地说:"貂蝉,貂蝉,天赐我也! 有你舍生取义,国家之幸,万民之幸啊!"

然后,父女俩又秘密计议了半天,末了王允又一再叮咛,此事除二人之外,不能让第三人知晓,以免事情泄露,招来杀身之祸。更不能让老夫人知道,否则她一定舍不得女儿,不会让女儿冒险,这样一来,也就麻烦了。貂蝉仔细听着,一一答应。这时,更鼓已敲四更,天眼看又要亮了,父女俩又相互嘱咐、勉励了一番,才互相搀扶着回到房中。

巧施连环

王允当晚和貂蝉计议停当,第二天取出家中珍藏的几颗明珠,命匠人打造一顶金冠,将明珠嵌在金冠上,然后派人秘密送给吕布,吕布得到金冠,喜不自禁,下朝之后,即到王允府中致谢。

王允料到吕布必定前来,早早让家里准备好丰盛的佳肴,上等的美酒。吕布刚到门前,王允马上出迎,接入后堂,设宴欢饮。王允请吕布上坐,吕布谦让说:"老大人朝廷重臣,吕布乃一相府将领,有何德能,劳大人制作金冠相赠,酒席宴上,我又怎敢僭越名分坐于上位呢?"

王允说:"允遍观天下,当今之英雄,惟将军耳。允不是看重将军的职务,而是敬仰将军的道德,汉室江山,有将军护卫,坚如磐石矣!"

吕布大喜,欣然入座。王允殷勤劝酒,嘴里净说些董卓与吕布的好话,把吕布说得心花怒放。也不免说起王允的好处,末了还说:"以后还请司徒于天子处多多保奏,布当感谢不尽。"

王允正色说:"将军说哪里话来? 王允今日敬重将军,无非是想让将军在董太师跟前多多致意,王允终生不忘将军大恩大德。"

吕布面露得意之色,口里连称:"那个自然,何劳老大人多说。"说完又大笑畅饮。

王允见吕布已有几分酒意,屏退左右,单唤貂蝉出来,当面叮嘱说:"我儿一向敬慕英雄,今吕将军乃是天下第一英雄,又是咱家大恩人。今后咱们一家全靠将军提携。为父唤我儿出来,一来拜见英雄,了儿平生之愿,二来替父谢谢将军,好好敬将军几杯。"

貂蝉听了王允的话,羞答答低下头去,对着吕布,深深一拜,口中娇滴滴地说道:"将军在上,小女子貂蝉拜见将军。"

吕布听了王允对貂蝉说的一番话,知道此女乃王府千金,不敢怠慢,连忙站起身来。虽未看见面貌,但见她身材姣好,声音悦耳,已是意马心猿,魂不守舍,及至貂蝉倒身下拜,他也赶忙还礼,口称:"不敢当,吕布这边还礼了。"

见礼之后,貂蝉仍含羞低头,站在王允身边,王允说:"儿呀,吕将军不是外人,我儿尽可不必拘束,替为父向将军敬酒,劝将军多喝几杯。"

貂蝉见说,走上前来,斟满一杯酒,双手捧到吕布面前,说道:"小女子敬将军一杯,望将军饮下此酒。"说完慢慢抬起头来，目不转睛地望着吕布。

吕布自从貂蝉出来，一双眼睛就不曾离开，觉得此女样样可人。现在一看貂蝉面容，更是大吃一惊，不想天下竟有如此美人。吕布家中虽有妻妾，但无一个可和貂蝉媲美，一时看着想着，竟忘乎所以，只呆呆望着貂蝉，忘了接过她捧上的酒。

"小女子代父敬将军酒，请将军饮下此杯。"貂蝉见吕布一时忘情，只定定地看着自己，不觉又露娇羞之态，脸上泛起一片红云，轻启樱唇，又娇滴滴地说了一声。

吕布一下子清醒过来，一时不知所措，忙接过貂蝉手中的酒杯，连连道谢，并请貂蝉坐下讲话。

貂蝉推脱不肯，王允在旁说道："儿呀，吕将军是咱家恩人，我儿但坐无妨。"

于是貂蝉坐在下手，频频向吕布敬酒，眼含秋波，眉目传情。吕布更是目不转睛看着貂蝉，一会儿也不离开。每次貂蝉敬酒，都是一饮而尽，渐渐地又多了几分酒意。

王允见吕布已完全被貂蝉迷住，佯装有点喝多了，身体发热，要到后堂换件衣服，便向吕布告罪而退，并一再嘱咐貂蝉好好向吕布敬酒，不可怠慢了客人。

王允走后，吕布有点把持不住，不断夸奖貂蝉美貌，诉说自己倾慕之情，貂蝉也夸吕布仪表堂堂，英雄盖世，自己早从父亲处听说，只是不曾见得，今日得见将军，一睹风采威仪，实属万幸等等，言语之间，有终身相托之意。真是个英雄爱美女，美女敬英雄，一时竟有些缠绵难分了。吕布趁着貂蝉敬酒之际，一把握住貂蝉那纤纤玉手，欲拥入怀中，貂蝉低眉含羞，半推半就，拉拉扯扯，难舍难分。

正在这时，王允换了衣服上来，见此光景，进退两难，就轻轻地咳嗽了一声。

吕布吃了一惊，连忙放开貂蝉，貂蝉回到座位，羞答答，粉颈低垂，一声不吭。吕布则一脸尴尬，一面讪笑掩饰，请王允入座。

王允看看吕布，又看看貂蝉，忽然朗声大笑道："老夫只有此女，平时娇惯溺爱，不知礼数。如蒙将军不弃，老夫欲将小女许配将军为妾，将军可肯允纳？"

吕布一听大喜，连忙离座拜谢。王允又转脸问貂蝉道："不知我儿意下如何？"

貂蝉见问，脸上又飞起一朵红霞，站起身来，低声说道："但凭爹爹做主。"一面说，一面掩面跑回后堂。

王允望着貂蝉背影，哈哈而笑，向吕布道："都是老夫平日溺爱过度，望将军幸勿见笑。"

吕布连称"不敢"，两人又饮了几杯，商定过几日送貂蝉过府成亲，然后尽欢而散。

第二天，王允上朝，议完政事，见董卓一人留下，吕布正好不在，就上前拜请董卓说："下官府中近日酿得美酒，又得歌妓数名，欲请太师到寒舍一坐，品尝美酒，欣赏妓乐，不知太师肯否赏脸？"

董卓今日心情特好，见王允邀请，十分高兴，当下满口答应道："司徒乃国家元老、社稷之臣，既蒙相邀，哪有不去之理！明天一定前往。"王允一听，满心欢喜，再三拜谢之后，兴冲冲地回家准备去了。

次日上午时分，人报太师来到，王允身穿朝服，毕恭毕敬地到门口相迎。董卓下车，在百名持戟卫士的拥簇下进入厅堂。王允先把卫士安排在两厢廊下，盛情招待，然后把

董卓延入后堂，吩咐摆宴，扶董卓中间坐定，自己纳头再拜，董卓扶起，命坐在自己旁边。王允一面敬酒，一面极口称赞太师盛德，非伊尹、周公所能及，把个董卓说得眉开眼笑，得意忘形。王允话锋一转，称自己夜观天象，见汉室气数已尽，劝董卓取而代之。董卓哈哈大笑道："知我者，司徒也！"并许以事成之后，王允当居元勋之位。王允连声拜谢。

又饮了一会儿，王允令堂中放下珠帘，点上画烛，屏退左右，令歌妓貂蝉献舞。

貂蝉应命上来，慢扭细腰，轻舒广袖，和着笙簧飘飘起舞，好似嫦娥奔月，又好似天女散花，把个董卓看得如醉如痴，连连拍案叫好。

舞罢一曲，董卓将貂蝉唤至座前，向王允说："此女何人？"王允回答："此乃下官府中歌女。"董卓又问："既是歌女，能唱歌否？"王允命貂蝉献上一曲。

貂蝉领命，手执擅板，启动樱唇，轻展歌喉，一曲《阳春白雪》，足令董卓魂销。及至唱完，仍然余音绕梁，一时难散。

董卓大喜，问貂蝉道："美人芳龄几何？"貂蝉含羞答道："一十七岁。"董卓连连赞叹："真乃神仙下凡！司徒有此美姬，真不枉人间一回了。"

王允见董卓夸奖，连忙拜谢说道："臣年老矣，欲将此女敬献太师，不知可肯见纳？"

董卓正求之不得，也不推辞，说道："司徒厚意，吾当领之，容来日答报。"

王允见天色已暮，就安排毡车将貂蝉送往董卓府中，然后将董卓送到相府门口，方转身回来。

正走之间，就见前边来了一彪人马，前面两行宫灯引路。灯光中一人手执方天画戟，半醉半醒，摇摇晃晃，骑马而行。

王允见是吕布，连忙上前见礼。哪知吕布怒目圆睁，一把揪住王允衣领，一手紧按宝剑，喝道："王允老匹夫，你前日将貂蝉许配于我，今日又送太师，到底是何居心？从实招来，若有半个虚字，定叫你人头落地！"

王允吓了一跳，左右一看说道："这里不是说话之处，请到寒舍一叙。"

两人同到王府，分宾主坐定，王允先开口道："将军为何对老夫发如此脾气？"

吕布说："刚才有人报告，说你用毡车送一美女入相府去了，我想太师能看上之美女，除了貂蝉还有哪个？"

王允一听，笑道："原来如此，将军误会了。昨日太师在朝堂对我说有一件事情，今日要到我家，我当然求之不得，回来备宴伺候。今日董太师前来，饮宴中间说道："听说你有一女，名唤貂蝉，许与我儿奉先为妻，不知可有此事？我回答说确有此事。董太师说将军乃非凡之人，定要配非凡之女，因要当面见过，方才算数。于是唤貂蝉出来，拜见太师。太师见了连口称赞，说道是佳儿佳媳，让我做大宴助乐。又说先让貂蝉过府，选一良辰吉日，与将军成婚。将军试想，太师亲临寒舍，老夫岂敢推辞？"

吕布听完，疑虑顿消，连忙低头谢罪说："吕布一时鲁莽，未问情由，得罪司徒，尚望恕罪！"

王允道："将军说哪里话来，不知者不罪也。小女还有些妆奁首饰，当送于将军府中，以备成婚之用。"吕布又千恩万谢，欢欢喜喜回去准备当新郎官了。

吕布回到府中，满心欢喜，只等着吉时一到，董卓派人宣召，与貂蝉成就好事。哪知等了一夜,毫无动静。第二天早上也没有什么消息,眼看快到中午,吕布实在等不住了,就到董卓处打听消息。一进相府,正好碰上董卓的几个侍妾,见了吕布和平时一样,丝毫没有什么特殊的表示。吕布实在忍不住了,就问她们太师在什么地方。

几个侍妾你看看我,我看看你,掩口而笑,说道:"将军不知,太师昨日得一美人,如获至宝,高兴异常,现在恐怕还没起床呢!"

吕布心中疑惑,不知新人是不是貂蝉,悄悄来到董卓卧室后面,从窗外窥探,想把此事弄个水落石出。

这时貂蝉已经起床,坐在窗前梳头,忽见窗外水池中倒映出一个人影,极其高大,头戴金色束发冠,不是吕布还是何人!于是貂蝉双眉紧蹙,忧愁不安,频频用罗帕拭泪。吕布看了好长时间,觉得女子身形酷似貂蝉,但因隔着窗帘,影影绰绰,总是看不清楚,不能得其实。犹豫了一会之后,就迈步进了房中。

董卓也已起身,坐在堂中,见吕布进来,问道:"外面有事吗?"吕布回答"无事"。一双眼睛只在房中打量。只见绣帘后有一人影来回晃动,似乎是向外张望,很快半露其面,秋波传情。吕布一看,正是貂蝉,不觉神魂荡漾,不能自已,两眼怔怔地望着帘内。董卓见吕布这样,心下生疑,说道:"无事你先出去。我这几天身体不爽,要在家休息几天,平时你就不要过来了。"

吕布回家以后,坐卧不安,总想着貂蝉的模样,多次想到相府探视,但没有董卓的命令,又不好擅自进去,急得好像热锅上的蚂蚁。后来又寻找借口,去了相府几次,但都未进到后堂,既看不到董卓,更见不上貂蝉。

董卓自从得到貂蝉,深溺于色情之中不能自拔,貂蝉展其所能,曲意奉承,把个董卓乐得心花怒放,不可收拾。整日与貂蝉一起,歌舞丝竹,调笑享乐,朝中大事,战斗胜负,家人义子,统统忘到九霄云外,心中除了貂蝉,别无二人。

到了暮春时节,董卓偶然染上风寒,卧床不起,貂蝉衣不解带,精心侍候,更得董卓喜爱,须臾不可离开。

吕布听到董卓卧病,不失时机地来到相府探病。董卓见吕布进来,仍然躺在床上,抬起手来示意,叫吕布到床前说话。

吕布嘴里问着董卓的病情,眼睛却不住向里窥望,只见貂蝉从床后探起半身,双眼含泪,默默无言,只是用手指指自己的心。吕布会意,心如刀割,不住地点头。

董卓正与吕布说话,见吕布心不在焉,答非所问,心中疑惑,顺着吕布的目光一看,见貂蝉立于屏风后面。心中不觉大怒,喝道:"大胆吕布,竟敢戏弄我的爱姬!"又令左右将吕布赶出相府,无事不得进来。吕布也为之大怒,双目怒视董卓,怀恨走出相府。

李儒知道了这件事,慌忙来到相府,问董卓道:"听说太师今天对吕布大发脾气,不知所为何事?"董卓怒气未息,气冲冲地说道:"吕布狂徒,借探病之名,偷看我的爱姬,因而被我赶出,不准他再进府。"

李儒劝解说:"太师能有今天,多亏吕布力敌群雄。现在太师还要靠吕布去夺取天下,怎么能以此区区小事伤了和气?万一吕布变心,岂不坏了大事!"董卓一听,也觉后悔,向李儒说:"那又如何是好?"李儒说:"这也不难,明日将吕布召人,只说有病心情不

好,错怪了他,然后多赐金帛,好言安慰,必然无事。"

第二天,董卓派人将吕布唤来,赐座堂前,说道:"近日卧病在床,心情烦乱,神志恍惚,错怪于你,清醒过来,追悔不已。这件小事,望你不要记在心中,你我父子还如平时。"说完,令人抬出黄金10斤,锦帛20匹尽数赐予吕布。吕布见董卓这样,怒气也消了大半,叩头拜谢说:"大人说哪里话来,昨日之事,还怪吕布行为不检,惹大人生气,吕布哪敢记在心中呢?"

从此,吕布和董卓关系比过去更加亲密,每次董卓入朝,吕布都手执画戟,骑马于车前护送。董卓殿前下车,佩剑上殿,吕布则持戟站于阶前,百官拜伏其下,均听董卓约束。似乎过去的一切不快都烟消云散,像什么也没有发生一样,实际上董卓心里没有什么是真的,而吕布的一切只是表面现象,内心深处对貂蝉的怀念更加深切,想见貂蝉的愿望也更强烈了。只苦于没有机会,难以如愿。

这一天,吕布又护卫董卓来到殿上,自己在阶下侍立。过了一会儿,见董卓和献帝正在说话,看样子一时半会不会结束,认为是不可多得之良机,于是慌忙提戟出门,上马直奔相府而来。进了相府,将马拴在路旁,手持画戟,进入后堂,寻找貂蝉。

貂蝉见吕布来到后堂,急忙走出珠帘,示意帘后有人,不要出声,然后小声说道:"此处不是说话之地,将军可到后花园凤仪亭中等我,我一会就来。"吕布一听,不敢久留,马上转身出来,来到后花园凤仪亭之下,站在曲栏旁边等候貂蝉。

过了好大一会,才见貂蝉从花丛中缓缓走来,真是貌如仙子,闭花羞月,和前些日子在王府时又有不同。

貂蝉一见吕布,泪如雨下,扑入怀中哭道:"我虽然不是王司徒亲生之女,但从小养育,爱如掌珠,为我择配,颇费苦心。一见将军,极力称赞,欣然许婚。我只说终身有靠,心愿已足,谁知被太师骗回,肆行淫污,妾生实不如死矣!之所以苟活至今,就是为见将军一面,表明妾一片诚心。今日已见将军,别无遗憾。妾虽心仪将军,然此身已污,不能与将军为伴。将军好自保重,另选淑女,你我就此永诀,以断将军之念!"说完,从吕布怀中挣出,就要跳下水去。

吕布也是泪流满面,慌忙抱住貂蝉,极力安慰道:"小姐不必如此,我自与小姐定情,无日不思,无日不想。知小姐必如我心,坚似铁石,只是无有时机与小姐共语。"貂蝉哭着说:"貂蝉今生不能为将军之妻,只好以待来生。"吕布发誓说:"吕布今生不以小姐为妻,誓不为人!"貂蝉又说:"妾在老贼身边,度日如年,乞将军早发怜悯,救妾出去。"吕布连声答应。真是流泪眼观流泪眼,断肠人望断肠人。

过了一会儿,吕布说道:"我今天从内庭偷空出来,时间长了,怕老贼起疑心,我先走了,以后再找机会看你。"说完,提起画戟想走。

貂蝉一把抱住吕布说:"妾身指望将军搭救,望能重见天日。不想将军如此惧怕老贼,看来妾是永无出头之望了。"说完,泪下如雨。

吕布站住说:"你先不要着急,容我慢慢想来,一有机会,定来救你。"

貂蝉伤心欲绝,说道:"妾在深闺,听父亲言将军之名,如雷贯耳,以为是当世英雄,谁知受人挟制如此?自己所爱尚不能保住,何为英雄乎!"吕布见貂蝉如此伤心,也是悲痛再说董卓和献帝说了一会话,朝下一看,不见吕布,忙问左右,吕布何在?左右回答说吕布手持画戟,出殿去了。董卓心中生疑,急忙上车回府,见吕布坐骑拴在道旁,忙问门吏吕布到哪里去了,门吏回答说:"吕将军进后堂多时了。"董卓喝退门吏,径直进入后堂,遍寻吕布不见,而且也不见了貂蝉踪影。董卓心中着急,忙问侍妾,侍妾回答说:"吕将军刚才持戟至此,后不知所向。娘娘似到后花园去了。"

董卓一听,急忙来到后花园,见吕布倚着画戟,怀拥貂蝉,心中无名火起,走到跟前,大喝一声:"气死我也!"伸手去夺方天画戟。

吕布见状大惊,放开貂蝉,夺路便走。董卓持戟刺吕布,吕布将画戟打落地下,等到董卓将戟捡起,吕布已走出几十步外,董卓看着追不上,将戟对准吕布,狠狠掷了过去。吕布一闪身,戟刺到园门上,足有好几寸深。吕布逃出园去,董卓随后赶来,刚出园门,见一人迎面飞奔而来,与董卓胸膛相撞,董卓跌倒在地。董卓一看,见是李儒,恨他挡了自己,怒目而视。

李儒慌忙扶起董卓,口称死罪说:"李儒实为社稷大计,不慎冲撞恩师,还望恕罪!"

董卓怒犹未消,看着李儒,一言不发。李儒陪着小心问道:"我刚才碰到吕布从相府出去,一见我就说太师杀他,可有此事?"

董卓说:"吕布在凤仪亭内调戏我的爱姬,难道还不该杀吗?"

李儒说:"太师此言差矣。昔日楚庄王夜宴诸侯,令爱姬劝酒,忽然狂风大作,吹灭灯烛,殿内一片漆黑,座上一人抱住庄王爱姬,欲行无礼。爱姬摘其头上冠缨,告于庄王。庄王说:'酒后使然,何必计较!'于是命人取来金盘一面,让所有在座之人全部摘下冠缨,然后才令点灯。后终不知调戏爱姬者为何人也。后人美庄王之德,称其会为'摘缨会'。几年后的一次战斗中,庄王陷入重围,十分危急,见一将领,奋不顾身,杀入重围,救出庄王。身受重创,血流遍体。庄王问此人为何拼死相救,那人回答说:'臣蒋雄也,昔年在摘缨会上,酒后冒犯王姬,蒙大王不杀之恩,无以为报,故置性命于不顾,以救王命、报王德也!'楚庄王叹曰:'真义士也!'今吕布心喜貂蝉,太师何不顺水推舟,赐予吕布,吕布感太师恩德,必死力辅佐,一旦能得天下,何患没有像貂蝉这样的美女!"

董卓听李儒这样一说,立即转怒为喜说:"多亏你提醒,真不该为此而误了大事。你去转告吕布,就说我将把貂蝉赐他。"李儒高兴地说:"当初高祖曾以两万黄金赐予陈平,成就大业;今日太师以貂蝉赐吕布,也正是为了国家大计呀!"

李儒走了以后,董卓来到后堂,唤出貂蝉问道:"我待你哪样不好?你却背着我和吕布勾勾搭搭,是何原因?"

貂蝉呜呜咽咽地说:"今日妾到后园赏花,不想吕布提戟也到了那里。妾以为他是太师之子,理应回避,谁知他一直追到凤仪亭,妾怕身受其辱,欲投荷池,被吕布一把抱住,若不是太师及时赶到,恐妾之命已不复存在矣!"说罢又哭。

董卓道:"我看吕布年轻英俊,你二人年貌相当,我就把你赐予吕布,强似跟我这老人在一起,不知你意下如何?"

貂蝉见说,哭得更加伤心,一边哭一边诉说:"妾身已事太师,实指望终身有靠,不想

太师竟以我为无用之物，随意赠予家奴。我身已为太师之人，宁死不受其辱！"说着拔下墙上的宝剑，就要自刎。董卓慌忙夺下宝剑，将貂蝉抱住道："我不过跟你开个玩笑，何必这样认真！"貂蝉恨恨地说："这必是李儒设计害我，他与吕布交情甚厚，不惜辱没太师名声。"董卓说："李儒虽然这样说，但我心中自有主意。"貂蝉说："只怕你见了吕布和李儒，又不由自主了。看来我在此地不宜久住，久住必为二人所害。"董卓说："这样吧，我在离此地几百里的郿邑筑有一座大城，名叫郿坞。内有几十万金银，三十年的粮食，军兵百万把守。本来这是准备以后起事用的，今既如此，我先带你到郿坞居住，将来事成之后，你就是贵妃，一人之下，万人之上，荣耀无比。即使事不成，你也是富贵人家之妻，终身荣华富贵，受用无穷，你看如何？"貂蝉伏地拜谢道："如果真像你说的那样，我真是感谢不尽了。"

当晚，貂蝉百般温柔，万般缠绵，把董卓哄得乐不可支，再也不舍得离开貂蝉了。

貂蝉取义

第二天早上，李儒求见，见到董卓，跪拜之后，问道："不知太师什么时候将貂蝉送于吕布？"董卓哼了一声，没有回答。李儒顿了一下，又向董卓道："今日良辰吉日，可将貂蝉送与吕布。"董卓斜了李儒一眼，问道："李儒，我且问你，你的妻子是否也可随便送人呢？"

李儒没有想到董卓会这样问他，一时语塞，说不出话来。董卓盯着李儒，严厉地说："自己妻子不欲送人，却劝别人送出妻子，是何居心？貂蝉是我心爱的女人，今后再有妄言送人之事，斩！"说罢，命人逐出李儒，收拾车马，准备偕貂蝉到郿坞居住。

董卓和貂蝉离京之时，百官都来送行。貂蝉从车帘中看见吕布也在人群中，不住向车中张望。于是貂蝉以袖掩面，作啼哭之状。又轻轻撩开窗纱，注视吕布，最后又抽泣着将纱帘放下。

貂蝉的这些表情动作，吕布都看得清清楚楚，怎奈人多眼杂，董卓防范又严，无法上前亲近。看到董卓一行，已经走远，百官已开始回府，吕布还站立原地，怅然远眺，眼圈一红，差点掉下泪来。

吕布正在难受，忽听背后有人说道："将军望车而悲，真乃父子情深也！"吕布吃了一惊，见是王允，放下心来说："司徒有所不知，我今流泪伤情，非为太师，实为你的女儿呀！"王允不解道："我的女儿不是早就做了将军之妻吗？"吕布苦笑道："司徒哪里知道，你的女儿，根本没有与我为妻，已为老贼宠幸多时了。"王允一听，大惊失色，一把抓住吕布，急切地说："将军，你说什么？我的女儿被老贼玷污了？"吕布点点头答道："正是。"王允一听，几乎昏厥，片刻强自镇静，黯然伤心："我只说女儿得配将军，夫荣妻贵，没想到落此下场，叫我他日以后如何面对女儿？又怎样向夫人交代呀！"说罢，又转向吕布质问道："将军盖世英雄，难道能眼看着我女儿受此折磨吗？"吕布自觉无颜，对王允说："此处并非说话之处，还是请到贵府叙话吧。"

二人来到王允家，进入密室，王允设宴招待，细问貂蝉之事，吕布就将凤仪亭之事说

了一遍。王允听了，喟然长叹说："太师淫吾之女，夺将军之妻，实乃非人所为。此事若传出去，难免贻笑于人。人不笑太师无道，只会笑王允与将军无能。王允年迈无为，笑则笑耳，可怜将军半世英名，丧失殆尽，思想起来，真令人痛惜！"

吕布一听这话，当时气倒于地。王允急忙救起，口中连连赔罪："老夫一时失言，万望将军勿放心里。"

吕布气得咬牙切齿，骂道："董卓老贼，我不杀你誓不为人！"

王允慌忙掩住吕布之口，说道："将军千万不可这样说，诚恐太师知晓，你我九族皆尽矣！"

吕布说："大丈夫生当立于天地之间，岂能久处人下，受此郁郁之气乎？"想了一下，又转念说道："我杀此贼容易，怎奈有父子名分，恐遭世人议论。"

王允道："此倒无虑，太师姓董，将军姓吕，何言父子？ 既为父子，父夺子妻，已无复有人伦；以戟相掷，又何念父子之情乎？"

吕布幡然大悟，上前拜谢道："若非司徒提醒，险些误了大事。杀了董卓之后，又该怎么办呢？"

王允道："这个好办，现在江山动荡，将军若扶汉室，是为忠臣，可千古留名，万代流芳。而董卓乃一反臣，必然遗臭后世，将军何不弃暗投明乎？"

吕布道："就依司徒之言，杀了董卓老贼，辅佐汉室江山。"两人又歃血为誓，然后王允拿出天子密诏，交与吕布，两人依计而行。

第二天，王允又请来仆射士孙瑞、司隶校尉黄琬同吕布一起商议如何行动。这两人也与王允一样，早就心怀汉室，忧国忧民，对董卓倒行逆施十分痛恨，只是无可奈何。今见王允相召，知有大事要说，立时来到王府，听王允说了吕布的情况，喜出望外，急忙上前见礼，并积极策划。

士孙瑞说："正好皇帝病刚好，我们可选一位能言善辩之人，前往郿坞，请董卓上殿议事。伏刀斧手于朝门之内，只等董卓进殿，立即下令杀死，岂不甚好！"

几人都赞成士孙瑞的主张，但派谁去好呢？ 却一时决定不下。

士孙瑞说："我见吕将军乡人李肃近日对董卓颇有怨气，将军如能让此人前去，董卓必然不会起疑心。"说罢，看着吕布。

吕布说："真是天意。过去劝我杀丁原的是李肃，今日再派他诱董卓，最好不过。如果他推诿不去，我就先杀了他。"

接着，吕布又派人悄悄把李肃请到。对他说："过去兄曾劝我杀丁原投奔董卓，弟惟兄之命是从。今日董卓不仁不义，胁迫天子，滥杀无辜，灭绝人伦。又私筑郿坞，准备造反，名为汉臣，实为汉贼，天人共愤，人人思而诛之，今弟欲为国除奸，为民除害，亦少不了兄从中帮忙。不知兄愿相助否？"

李肃一听，接口说道："你我弟兄真同心也！ 我也欲诛此贼久矣，只恨无人相帮，今日弟言此事，乃兄所愿也。"

于是几个人又密议一番，折箭为誓，紧锣密鼓地开始行动。第三日，李肃带了十几个人来到郿坞，见到董卓，说是天子有诏，请董卓进京。董卓问什么诏命，李低声说："天子

病体新愈，欲召集文武百官聚会，当殿禅位于太师。我知道此事紧急，所以连忙奔来，先向太师贺喜、通报。"董卓说："王允等人态度如何？"李肃答道："王司徒已安排人修筑受禅台，士孙瑞已草拟诏命，只等太师进京了。"

董卓听了哈哈大笑说："我早就想着这一天了，还是天子聪明，知我之心啊！"立即安排进京。又到后堂对貂蝉说："我曾经许你身为贵妃，现在马上可以实现了。"貂蝉一听，满面含笑，立即跪下叩头，口称："谢主隆恩！"董卓高兴得忘乎所以，双手扶起貂蝉，又抚慰了一番，就星夜兼程，进京即位。

不日到了洛阳，来到宫门，只见群臣身穿朝服，拜谒道旁相迎。李肃手执宝剑，扶车前行。走到北掖门，随从董卓的士兵均被挡在门外，只有二十几名车夫和李肃进到里面。进了殿门之后，不见天子，只见王允站于阶头，满脸威严。两旁侍立官员，均手持宝剑。董卓大惊，回头问李肃："怎么不见天子，左右持剑是何意思？"李肃并不回答，只是扶着车子继续向前。

王允见董卓到来，高声喊道："反贼已到，武士何在？"两旁武士及官员纷纷持剑上前，朝董卓刺去，哪知董卓身穿紧身软甲，伤不着要害，只是伤了臂膊。

董卓从车上跌下，一手按臂，大叫："吕布在哪里？吕布在哪里？"话刚落音，吕布从车后闪出，高声应道："吕布奉旨诛贼，在此等候多时！"一个箭步冲上，手起戟落，直刺董卓咽喉，李肃上前，一剑砍下头来。然后吕布从怀中拿出天子密诏，当众宣读，群臣皆呼"万岁"，声音震响大殿内外。

长安城中百姓听说董卓被诛，无不欢欣鼓舞。男女老幼，相贺于道。富人设宴庆祝，贫人变卖衣物，置酒欢庆。老百姓感慨地说："这下不仅汉朝江山有望。我们也可以安心生活，不必担心被无故杀害了。"

望着这万众欢欣，举城庆贺的场面，王允心潮起伏，难以平静。自从中平六年（189）董卓擅权以来，汉室遭劫，百姓涂炭，无数生灵遭其残害。其间虽有曹孟德单身行刺，十八路诸侯结盟讨伐，均未成功。而貂蝉一闺中弱女，竟能舍生取义，身入虎穴，周旋其间，使得董卓、吕布父子反目，方成今日之功。一女之身，足抵百万之师。谁说女儿不能流芳百世呢？想到这里，不觉热泪滚滚，心中叫道："女儿呀女儿，你真不愧是我的好女儿，汉室的有功之臣阿！"连忙派人去郿坞接貂蝉，迎回自己府中。

董卓被诛之时，为汉献帝初平三年（192）四月二十二日，离貂蝉进王允府中正好五年。

貂蝉被接回王府之后，母女相见，抱头痛哭，王允好言劝慰，并向夫人说明了女儿这段时期的行迹。夫人一听，又惊又喜，惊的是平日温顺娇弱之女，竟有如此胆识，为汉室立下天大功劳。喜的是国贼已诛，女儿无恙，仍与自己完聚。从此夫人对女儿，在疼爱之外又多了几分敬重。在父母的多方爱护、抚慰下，貂蝉疲惫、悲伤已极的身心也逐渐恢复和安稳了。

接回貂蝉之后，吕布又带兵直抵郿坞，捣毁董卓老巢。将董卓的家人、部下全部诛杀，又将董卓私藏在这里的3万多斤黄金、9万多斤白银、800多万石粮食以及堆积如山的绫罗绸缎、翠玉珍珠全部收回长安，按照王允的意见，一半送交国库，一半犒赏士兵。

然后就选择吉日,等着与貂蝉成亲了。

再说董卓死后,部下将领李傕、郭汜、张济、樊稠等人逃出长安,潜居于凉州境内。他们自知这些年来追随董卓作恶多端、血债累累,肯定得不到朝廷的原谅。于是日夜密谋,收集散兵游勇及旧时部曲,共10多万人,打着为董卓报仇的旗号,浩浩荡荡杀奔长安而来。

吕布听说李傕等人杀来,急忙领兵迎战。由于恃勇轻敌,被李傕等人杀败,退回长安城中。手下将领李蒙、王方都是董卓旧人,乘机背叛吕布,开门献城投降。吕布见敌兵进入长安,左冲右突,不能抵挡,于是带领几百骑兵,来到青琐门外王允府前,招呼王允说:"敌人兵势很盛,难以抵挡,请司徒立即上马,与我一同出关,其他以后再说吧。"王允说:"我一向以社稷为重,祈求国家安宁。今敌兵压境,气势汹汹;主上年幼,需我护持。我岂能在危难关头,弃之而去。再说,你我这样走了,女儿貂蝉,又该托付何人呢?"吕布听王允这样一说,脸上微微发红,低头略沉思一下,说道:"事到如今,也顾不得许多了。司徒执意不走,但求保重。貂蝉也托司徒多加关照了。"王允见挽留不住,只好说:"既然如此,奉先到了关东,可代我向关东诸君致意,望他们以国事为念,再不要互相残杀,贻害生灵了。"吕布答应一声,就头也不回,自顾自地逃命去了。

李傕、郭汜进了长安之后,纵兵烧杀抢掠无所不为,太常卿种拂带领家丁奴仆出面阻拦,被乱箭射死。其余太仆鲁馗、大鸿胪周奂、城门校尉崔烈、越骑校尉王颀等人,皆被乱军杀死。敌人围住皇宫,形势万分危急,王允护持献帝登上宣平城楼,李傕等人在下边远远望见黄罗伞盖,知道是天子在上,于是口呼万岁,下马参拜。

献帝惊魂稍定,在城头问道:"你们不等朝廷宣召,擅自领兵进入长安,如此围住皇宫,到底想干什么?难道要威逼天子不成?"

李傕、郭汜在下面仰面答道:"臣等进兵长安,只想为董太师报仇,绝无其他意思。只要陛下交出王允,我们立即退兵。如其不然,定叫长安城中玉石俱焚,鸡犬不留。"

献帝一听要交出王允,心中一百个不愿意,低下头去默不作声。城下一见这样,喊杀声又起。王允一见形势紧急,毅然站出来说:"我本为国家百姓着想,设计杀死董卓。如今形势至此,我岂惜区区一身,使主上再度蒙尘。陛下保重,老臣去了。"献帝还想阻拦,王允已纵身一跳,坠下城楼,大声呼道:"王允在此,休要惊动天子!"

李傕、郭汜一见王允,大声斥问道:"董太师有何过错,竟被你设计杀死?我们今日兴兵报仇,你还有什么说的?"

王允哈哈大笑说:"董卓之罪,罄竹难书,天下人人知之。你二人为虎作伥,数犯过恶,今董卓已伏诛,你们尚不思悔过自新,反纵兵劫掠京城,围攻皇宫,胁迫天子,欲杀有功之臣,真是恶贯满盈,罪不容诛啊!"说完,面不改色,从容就死。

二人杀了王允,又带兵冲入王府,将王允家人统统杀死,唯独对于貂蝉是个例外,因她曾是董卓侍妾,又为吕布所爱,二人心存顾忌,不敢下手。再加上貂蝉美貌无比,二人各怀私念,因而不杀貂蝉,欲作为人质带往军中。

这时貂蝉已知吕布逃走,父亲为国尽忠。又目睹母亲及家人全部被杀,心中悲愤难忍,无计可施,只求早死。不料贼人却要将自己带走。心中暗想,我何不趁此祭奠父母,了却心愿。于是向二人提出，如能允许她披麻戴孝，祭奠父母，她就愿去军中，听从差遣，否则宁愿一死，不能从命。

李傕、郭汜听了貂蝉的话，一则怕貂蝉死了，吕布他日寻仇，二则舍不得貂蝉的花容月貌，二人商量了一下，就同意了貂蝉的请求。

貂蝉在房中设下父母灵位，披麻戴孝，净手焚香，跪在灵前哀哀哭泣，她想到自己死于战乱的亲生父母，想到王允夫妇待自己的天高地厚之恩，想到自己以如花似玉之身，深入虎穴，巧使离间终使国贼伏诛等等。18年的酸甜苦辣，一齐涌上心头，她时而悲痛，时而自豪，时而放声号哭，时而低声悲泣，连看守她的人也为之动容，一个个背过脸去。

貂蝉一看时机已到，乘他们不防之际，迅速从怀中拿出穿孝服时藏在胸前的剪刀，朝自己心窝刺去，两旁看守发现，前来抢夺，为时已晚。只见貂蝉的胸前，已是殷红一片，貂蝉倒卧地上，两眼望着灵桌，口中喃喃地说："爹、娘，你们慢走，等等女儿吧!"说完，永远闭上了她那美丽动人的眼睛。

貂蝉死了，她带着成功的自豪、丧亲的悲痛以及对杀亲仇人不共戴天的仇恨，死在了父母的灵堂之前，她是死无遗憾的。

貂蝉的事迹，在当时即为人所赞颂，称她是"义烈"之女。在后世亦为人所敬仰。有人作诗称赞貂蝉说：

养育人才扶致治，食人衣禄报人恩。

汉朝累世簪缨辈，不及貂蝉一妇人。

这诗虽写得不够十分贴切，不能完全表达貂蝉的心胸情怀，但它对貂蝉的报国行为是肯定的，对她在诛灭国贼的过程中所立功劳是赞许的，完全可以代表人们对貂蝉的评价。假如貂蝉泉下有知，相信也是会含笑于九泉之下的。

多情才女

——卓文君

名人档案

卓文君：汉代才女，西汉临邛（属今四川邛崃）人，与汉代著名文人司马相如的一段爱情佳话至今还被人津津乐道。

生卒时间：不详。

安葬之地：不详。

性格特点：多情而又大胆

历史功过：有不少佳作流传后世。

名家评点：卓文君，一个有思想，有勇气，敢爱敢恨的才女。她的一生，应该是值得的。比如充满浪漫色彩的夜奔，比如可遇而不可求的一见钟情，比如与爱的人携手终老等等。女人一生如此，夫复何求？后来人们根据这个事还有一首诗：《望江亭》当炉卓女艳如花，不记琴心未有涯。负却今宵花底约，卿须怜我尚无家。句首四字连起来为："当不负卿"

私奔司马

卓文君出生在西汉王朝走向繁盛的时期。汉文帝和汉景帝实行"休养生息"的政策，国家极大地减轻了赋税，鼓励农业生产。老百姓的衣食充足，天下太平。蜀都地处西汉帝国的西南，山美水更美，物产富饶。因为国家的政治清明，临邛城中出现了很多富人。卓文君的爹爹卓王孙是临邛城的大富之一。卓王孙虽然没有什么文化，脑子却非常灵活。那时，蜀都汶山下盛产大芋，卓王孙收购便宜的大芋，供给贫民食用，让贫民开采铁矿，冶铸铁器，在云南、四川两地进行贸易，逐渐积累了大笔财富，成了当地大富之一，光

奴隶就买了800多人。

有了钱以后，卓王孙的名声大振，他好歹也算是地方富绅了。生在富豪之家的卓文君自幼便娇生惯养，受到百般溺爱。卓王孙喜欢弹琴，夫人更喜欢弹琴，卓文君自幼受到了熏陶，弹得一手好琴，还没有成人，小小年纪就已经远近闻名了。

自古红颜的命运悲苦。卓文君也是如此，嫁了丈夫后，很快竟变成寡妇了。小小年纪的她，变得更加任性，卓文君不肯呆在婆婆家里守寡，便回到了娘家，重新过上了富家小姐的逍遥日子。

一日，卓文君在自家楼上看到一个人后边跟着车辆、仆人，风度翩翩，非常帅气，与她平时见到的有钱人家的子弟根本不一样。她喜上心头：他是谁呢，到底是从哪里来的呢？后来，卓文君听说他叫司马相如。

司马相如是蜀地成都人，字长卿，小时候便开始读书，还练过剑术，精通文武。司马相如文采飞扬，十分崇拜战国的蔺相如，就把爹爹给他起的小名"犬子"改为"相如"。

汉景帝元年（公元前156年），司马相如在长安太学毕业后，成为景帝的武骑常侍。司马相如爱写辞赋诗，但景帝偏偏讨厌辞赋，引起了景帝的反感。

汉景帝七年（公元前150年），梁孝王进朝，他带来的宾客中有邹阳、枚乘、庄忌等大辞赋家。司马相如看到这些名人以后，便称病辞职，与邹阳、枚乘等人一起成为梁孝王的宾客。

不久，梁孝王逝世。梁国变成几个小国。

景帝中元六年（公元前144年）年底，司马相如从梁国回到成都，重新过上了平民生活。这次宦游前后长达八年。这时，司马相如已经28岁了。

司马相如回到成都时，父母已经双亡，家道败落，老家仅剩几间茅屋，一些田产和财物都不见了，使得他难以维持生活。不过，司马相如有个好友叫王吉，王吉正在临邛当县令，他非常重感情，愿意帮助朋友。

王吉对司马相如说："长卿呀，你在宦海浮沉了八年，既然失败了，生活又没有出路，干脆搬到临邛来吧！"司马相如便同意了。临邛距离成都仅百里，司马相如一天就到了。

老友相见格外兴奋。王吉本来就对司马相如的才气、文章十分佩服，经过八年游历的锻炼，司马相如的才气更大了。然而，司马相如郁郁不得志，穷困潦倒。年过二十八，还是孤身一人，实在可怜。感叹之余，王吉想起一女，笑着对司马相如说出了计策。

司马相如欣喜若狂。他在王吉的帮助下，演出了我国历史上著名的私奔喜剧。

琴为心声

从此，王吉佯装对司马相如十分恭敬，经常到相如住的都亭问候起居情况。起初，司马相如还感到不好意思，后来，干脆推托有病不见了，命小童出来答话。此时，王吉装得更加恭敬了。

临邛的地下资源非常丰富，盛产油气井，还有盐井。用油气井煮盐水，一石水能够得五斗盐。临邛还盛产铁矿,炼铁业十分发达。因此临邛的富人非常多。

上文说,卓王孙从少数民族买来了八百多个奴隶,而程郑也买来了几百个奴隶。许多当地富人见县令这样殷勤恭候相如,感到吃惊,就商议说,县令来了贵客,我们应该设宴款待他才对。

众富商请司马相如吃饭,还请了县令。宴席设在卓王孙家里,赴宴的宾客满堂。县令王吉如期赶到。到了开宴的时候,卓文君看到家里非常热闹,仆人们忙忙碌碌,请客的、接客的、摆酒席的……宾客们差不多都到了,共有一百多人,谈笑声,问候声不断。宾客都是当地有头有脸的人,除了富人,就是有权的。

宾客们在卓王孙的热情招呼下纷纷入席,等到了中午,司马相如还没有来,多次派人去请,说司马相如有病不能来了。县令王吉不敢先吃,亲自去请。司马相如勉强前来赴宴。司马相如生得英俊非凡,再加上有深厚的文化底蕴和丰富的阅历,他表现出的儒雅风采,竟把宴席中的主客都倾倒了。

人们都看着相如,不停地点头,心中暗想:能与相如共席,真是三生有幸。司马相如举杯痛饮。酒过半酣,王吉递上一把古琴说:"听说长卿琴术高超,如果觉得烦闷的话,请吧!"司马相如谢了一番,不客气地拨弄起来。

琴声悠扬,不精音律者也听得入了迷,知音律者暗暗称奇。这动听的琴声深深迷倒了卓文君。

17岁的卓文君不在酒席上,而是躲在酒席的隔壁偷听。卓文君早就听说司马相如这个人了,此次爹爹请客主要是为司马相如,她也是知道的。在宾客们等得焦急时,她感到烦躁不安起来。

等了这么长时间,司马相如终于来了。丫鬟说,司马先生太有风采了,还会弹琴,立刻就要弹琴了。卓文君听了,心中大喜。还未等她坐下来,琴声就传了过来。琴声悠扬动听,摄走了她的魂魄。卓文君不禁赞叹。

她偷偷地来到窗下,侧耳细听,逐渐地被司马相如缠绵的琴声迷倒了,这琴声一定是在向心上人倾诉,在热切地呼唤。卓文君感到心慌面赤,透过屏风去看弹琴的人。人间真有如此美男子吗?他的举止是那样的娴雅,好像闲云野鹤一样,他是那样的风度翩翩,使在场的每个男人都变得粗俗不堪。

上次偶然见到的在街上行走的人,原来就是他!那一次距离太远,看不清楚,这一次近在咫尺,她一见钟情,心动了。这是她有生以来,最强烈的一次心颤。

琴声婉婉转转,环环绕绕,正在倾诉对异性的爱慕与追求。司马相如为什么要弹思春的歌曲呢?原来,这都是县令王吉的一片苦心。王吉之所以假装对司马相如恭敬,主要是为了骗卓王孙邀请司马相如。宴请的目的,就是为了让司马相如与卓文君互生爱慕之情,成就二人的秦晋之好。

王吉是个热心肠的人,司马相如是他的好朋友,他愿意帮忙。他见卓文君是一个绝色美女。可惜十七岁丈夫就死了,回到娘家守活寡。若把司马相如与卓文君撮合在一起,解决了两个人的烦恼,而且司马相如的生活困境也能够解决。

可见,司马相如此次赴宴,就是为了吸引卓文君。卓王孙是临邛的大户,他的女儿卓

文君的情况,谁都知道。王吉将卓文君的情况告诉了司马相如。司马相如已经岁数大了,艳遇不是没有过,但总是遇不到知音,不肯屈就自己。

司马相如听说卓文君好琴,生得国色天香,便动心了。此次在宴会上弹奏的曲子,正是他的绝作。琴为心声,懂琴的卓文君,自然能够听懂司马相如的心声。

司马相如正在苦待着红颜知音的到来,有谁能够听懂心声呢?他弹的曲子名为《凤求凰》,曲辞的意思是:

凤兮凤兮归故乡,遨游四海求其凰。
时未遇兮无所将,何悟今夕开斯堂。
有艳淑女在闺房,室迩人遐毒我肠!
何缘交颈为鸳鸯,胡颉颃兮共翱翔?
凤兮凤兮从我栖,得托孳尾永为妃,
交情通体心和谐,中夜相从知者谁?
双翼俱起翻高飞,无感我思使余悲!

司马相如借助琴声倾诉了对卓文君的爱慕之情。卓文君被他的琴声和风度所迷倒。她见司马相如在呼唤自己,暗示自己半夜私奔。听着听着,她又难过了。像司马相如这样的美男子,能得到他的爱也算是三生有幸了。但一想到私奔,她就有些犹豫了。

世俗规定男女的婚姻要经过送礼求婚、询问女方名字和出生年月、送礼订婚、送聘礼、议定婚期、新郎迎新娘等许多仪式。女人必须讲究"三从""四德","妇人之义,父母不在,宵不下堂"。

父母不在身旁,女人夜里连堂阶都不准下,怎能半夜私奔呢?再说,《诗经》中有很多诗,就是讽刺私奔的。

这些诗卓文君经常读,经常幻想,但真要她私奔,这是多么严重的叛逆呀!卓文君转念一想,婚姻是男女双方情投意合,应该由男女自愿结合。若由父母包办,很可能重蹈覆辙。想当年,按照父母之命,她被嫁给重病缠身的阔少爷,结婚仅几个月,就守活寡了。一想到这些,她就感到气愤,觉得还不如私奔呢。

宴会散后,司马相如买通了卓文君的丫鬟,与卓文君互通心声。半夜,司马相如与卓文君幽会。司马相如惊呆了,她的眉毛似遥望中的秀山,两颊红润似盛开的荷花,肌肤细腻柔滑似油脂。尤其是一双明眸,火辣辣地,立刻就把司马相如征服了。司马相如有点口吃的毛病,竟不口吃了,向卓文君表白了倾慕已久的心声。

深夜,卓文君的丫头先跑了出来,卓文君连首饰都顾不得收拾,借着月色,向临邛都亭逃去。自卓府到都亭有十几里山路,卓文君自幼娇生惯养,没走过那么远的路。在丫头搀扶下,她好不容易逃到都亭,此时已累得满头大汗了。司马相如扶卓文君上了马车,命车夫用力挥鞭,朝成都逃去。第二天下午,他们来到家里。

迎接卓文君的,只有几间破屋子,家徒四壁。司马相如与卓文君简单地清扫了一下,搭了一张床,开始了新婚生活。

财富盈门

私奔,对古代女子来讲,需要多么大的勇气,需要多么大的决心呀！热恋中的卓文君变成了疯子,顾不了封建礼教的约束了。

火热的激情早已把封建礼教的绳索烧了。卓文君不顾私奔后的恶果,不顾人们的闲言碎语。此时,卓文君变成了爱情之舟的主宰！爱是需要经济基础的。司马相如太穷了,又没有职业,日子过得捉襟见肘。

卓文君虽然得到了爱情,但面临着苦寒的生活考验。只知道赚钱、霸占他人财产的卓王孙,见女儿被司马相如拐走,恼羞成怒。真的,他从来没有吃过这样大的亏,丢过这么大的人！都是女儿太不争气了。一个巴掌怎能拍得响呢？他十分痛恨女儿。他到处扬言："卓家的女儿不知羞耻,败坏门风,一文钱都不会给她,一文都不给！"

朋友们劝卓王孙,说："文君这孩子还小,不懂事,她是您的亲女儿,当父亲的不要太心狠。文君在成都快饿死了！"不管朋友们怎样劝,卓王孙就是不听。

过了一段时期,在苦苦期待中的卓文君见爹爹没有宽容的意思,不禁要起了小姐脾气。四川女子,自古就泼辣,再加上卓文君从小就任性,

卓文君脾气一上来,便一发不可收拾。她对司马相如说："你在临邛有宅子,我的兄弟也住在临邛,向他们要钱能够过得好一些,不要在成都活受罪啦！"

司马相如不甘于贫贱生活,立刻同意了她的意见。真是夫唱妇随,他们大摇大摆地回到临邛。他们把马车、马匹卖掉,买下个小酒店,假装卖酒。卓文君亲自卖酒,司马相如围起长围裙,与仆人一起干活。司马相如故意到县城中心的井边洗盘子刷碗。

腰缠万贯的卓王孙的女儿成了沽酒女,干起了贱人才干的活,在临邛县成为最大的笑话,一时间传得沸沸扬扬,人们津津乐道。许多好色的人,专门到小酒店买酒,欣赏卓文君的美色。

这些丑事传到卓王孙的那里,他的脸面都被女儿丢光了,吓得闭门不出,害怕被人们笑话。但不能永远闭门不出呀。亲朋好友们受卓文君之托经常来劝卓王孙。卓王孙被逼无奈,只好认输,分给卓文君一百个奴隶、几百万钱,又送给一批嫁妆。

司马相如与卓文君拍手称快,卖掉了酒店。为了避免遇到卓王孙而产生尴尬,司马相如夫妇带着奴隶和财物,回到了成都老家,买了一处宅子和田地,成了富人。卓文君的日子过得很好,她的幻想变成了现实:如意郎君在手,财富盈门。

收回郎心

公元前140年,刘彻继位,他就是大名鼎鼎的汉武帝。汉武帝不仅武功威震天下,而且喜爱辞赋。司马相如知道后大喜,向同乡杨得意求助。杨得意在宫廷里饲养猎犬,趁

机向武帝推荐司马相如作的《子虚赋》。

武帝看过之后，手不释卷。不久，召见司马相如。司马相如当庭挥毫作《上林赋》。武帝阅后感到人才难得，马上封司马相如为郎官。

一次，中郎将唐蒙奉武帝诏命开通西南夷。唐蒙路过蜀郡时，征调一万多蜀民为朝廷转运粮食，违者军法处置。蜀民惊恐万分，误以为爆发战争了，四散而逃。汉武帝知道这一消息后，为了防止民变，派司马相如回蜀郡去制裁唐蒙，安抚蜀民。

司马相如的任务完成得很出色，还说服了西夷向汉朝称臣。司马相如作为汉朝的全权代表在蜀郡成都与西夷谈判，用巴蜀地方官赠送的财物安抚了西夷。

成都是司马相如的老家，朋友众多。蜀郡为了迎接在朝廷做了郎官的司马相如，太守亲自出城迎接，沿途的县令背着弓箭走在前边为司马相如开路，百姓们被召来夹道迎接。司马相如衣锦还乡，威风凛凛。

在欢迎司马相如的人群中，也有他的岳父大人。卓王孙见司马相如竟有今日，临邛的许多富豪都通过司马相如的仆人，献上牛肉美酒来巴结他。卓王孙不胜感慨，真是有眼不识泰山，都怪他那时瞧不起人家。卓王孙又分给文君一些财物，同分给儿子的一样多。

司马相如和卓文君回到卓家，与亲人相见。大家互相询问别离后的事情，欢声笑语。

司马相如完成与西夷的通好后，回到长安。不久，司马相如收受贿赂之事被汉武帝知道了，罢免了司马相如的官。司马相如带着卓文君来到茂陵。茂陵是武帝的陵园，又是游苑。一年多了，武帝又想念司马相如，恢复了其郎官的职务。

在长安城，司马相如经常陪武帝游玩，居住在宫中。一日，司马相如被一户人家的千金小姐勾走了魂魄，想纳她为妾。司马相如想拈花惹草，风流快活，这在封建社会里是很常见的。

一天，卓文君收到丈夫的书信，不禁喜出望外，打开信一看，只有一行字赫然入目："一二三四五六七八九十百千万"。

卓文君阅过信后，悲伤欲绝。男人纳妾是很正常的，她能有什么办法阻拦呢？她还是不愿放弃，把司马相如信中的数字，从头至尾、从尾至头作成一首诗，诉说委屈：

"一别之后，二地相悬，

只说三四月，谁知五六年？

七弦琴无心弹，八行字无可传，

九连环从中折断，十里长亭望眼欲穿。

百思想，千系念，万般无奈把郎怨。

万语千言说不完，百无聊赖十倚栏。

重九登高看孤雁，

八月中秋，月圆人不圆。

七月半烧香秉烛问苍天，

六月伏天人人摇扇我心寒。

五月石榴如火，偏遇阵阵冷雨浇花端，

四月枇杷未黄,我欲对镜心意乱。

急匆匆,三月桃花随水转,

飘零零,二月风筝线儿断。

噫!郎呀郎,

巴不得下一世你为女来我为郎。"

司马相如读后深受感动,纳亲之事暂且不提。半个月后,司马相如又与那户人家的小姐邂逅,均感到相见恨晚。司马相如又写信央求卓文君允许自己纳妾。本来,卓文君冒着巨大的风险,顶着巨大的压力,才与司马相如私奔,结为秦晋之好。一心一意,白头偕老!这是卓文君的执着追求,哪想到司马相如竟不顾旧情。卓文君脾气很倔,作《白头吟》,表示要断决夫妻关系:

皑若山上雪,皎若云间月。闻君有两意,故来相决绝。

今日斗酒会,明日沟水头。躞蹀御沟上,沟水东西流。

凄凄复凄凄,嫁娶不须啼。愿得一心人,白头不相离。

竹竿何袅袅,鱼尾何簁簁。男儿重意气,何用钱刀为?

由于路途遥远,仍未见到司马相如的回信,卓文君又寄去两封信:

春华竞芳,五色凌素,琴尚在御,而新声代故。锦水有鸳,汉宫有水,彼物而新,嗟世之人兮,瞀于淫而不悟!

这封信以委婉的语气,思念旧情,批评丈夫喜新厌旧。第二封信写道:

朱弦断,明镜缺,朝露晞,芳时歇;白头吟,伤离别,努力加餐勿念妾。井水汤汤,与君长诀!

这封信写得很果断:你要再不改悔,干脆断决夫妻关系吧!卓文君有着坚贞的情爱,泼辣的个性。她追求私奔时如此,抛弃爱情时也如此,真是烈性柔肠的蜀地妹子!那些在爱情面前哭哭啼啼、怨而不怒的软弱女子,如何与她相比!

信终于到达司马相如手中,读过以后,司马相如痛哭失声,取消了纳妾的念头。司马相如连忙写了《报卓文君书》。这封信非常短,念念不忘昔日之情,情真意切。司马相如最后写道:当不令负丹青,感白头也。卓文君见司马相如果然幡然悔过,便与其重归于好。

汉武帝元狩六年(公元前117年),60岁的司马相如病逝了。多情的卓文君,悲痛欲绝。她回忆起与司马相如一起生活的日子,是他的琴声迷倒了她,是他的仕途奔波牵挂着她,是他的无数篇辞赋为她增添了生活的情趣……

卓文君抚琴一曲,悼念相如。之后,她像俞伯牙一样把琴砸了。

卓文君的爱情故事不知激励了多少痴情儿女。

花中魁首

——绿珠

名人档案

绿珠:今广西博白县双凤镇绿罗村人。为中国晋代十大美女之一。她美丽端庄,能歌善舞会诗。以跳"昭君舞"最为出色。

生卒时间:? ~300 年。

性格特点:忠烈之女。

历史功过:石崇为晋武帝所器重。元康初年封中郎将,荆州刺史、镇南蛮校尉加鹰扬将军,升为太仆。在河阳金谷建一别墅,纳绿珠为姬。绿珠艳丽,善歌舞,深为石崇爱。朝中宠臣孙秀,美绿珠丽质,欲霸为妾,遂遣指使索绿珠。石崇怒拒。使者回禀孙秀。孙秀在赵王伦面前谮石崇。石崇获族罪入狱。临别时,绿珠对石崇痛哭:"愿效死于君前",坠楼而死。后人赞其节,将其楼称绿珠楼。

名家评点:《红楼梦》中黛玉五美吟,其四为绿珠——

瓦砾明珠一例抛

何曾石尉重娇娆

都缘顽福前生造

更有同归慰寂寥

咏绿珠

贞节堪比百丈高,不屈权贵守情操。

一缕香风魂归去,相伴九仙会琼瑶。——张志真

合浦绿珠

人说"靠山吃山,靠水吃水"。广西合浦背靠青山,面对碧海,主要不是"吃山",而是"吃海"。不过这合浦一带,"吃海"的吃法却别具一格:既不捕鱼鳖虾蟹,也不捞海参紫菜,清一色以养蚌取珠为业。

合浦人不但会养蚌采珠,以珠大而圆称名于世,而且极珍惜自己的劳动,以产珍珠天下第一而自豪。这里的人们,生男往往取名"珠儿",生女大多叫"珠娘"。

西晋太康年间,交州合浦出了个最美的珠娘——绿珠。

绿珠到这个一点儿也不"太康"的世界上来的时候,父亲给她取的名字也叫"珠娘"。

绿珠姓梁,父亲是方圆百里顶呱呱的采珠王,人称采珠梁。采珠梁似乎命里无子,三十岁上添了个珠娘,就把珠娘当珠儿,真是"含在嘴里怕化了,捧在手上怕凉了"。合浦产珠有名,可合浦被"刮地皮"也有名。所以,尽管出产的是极名贵的珍珠,可人们的日子依然是饥一顿饱一顿。采珠梁的手艺高,日子过得稍微强一些,但也是"从篾席滚到地板上——强不过一篾片"。女儿长到五岁上,采珠梁老伴去世,好在有个聪慧漂亮的女孩儿,采珠梁也算在困顿之中,有一点膝下之慰。每当下海归来,采珠梁第一桩事就是把珠娘叫到跟前,不是给女儿一捧斑斓的贝壳,就是掏出一株缤纷的石珊瑚。看着水葱般的女儿,采珠梁对自己的女儿也与别人的女儿一样叫"珠娘"很有些不满意了。何况"梁珠娘",人家叫起来也拗口。到底不愧是采珠王,心有灵犀——珠圆玉润,而珍珠的光泽,以绿莹莹的为上品——就叫绿珠吧!

绿珠长到十三四岁,就出落成一个浑然天成的美人胚儿。长长的腿,高挑挑的腰身,那脸和脸上的五官,无一不生得恰到好处,更难得的是绿珠小小年纪,言谈行事,都于天真之中另有一种让人只可远观而不可近玩的气质;且又善吹笛,笛声从那嘴里吹出来,自有一股俗不伤雅的韵味,真叫人不敢相信她是无师自通。

一家女,百家求,何况是绿珠?采珠梁家的门槛不晓得被几多做媒当红娘的角色踏过,采珠梁一来看女儿还小,二来是眼界高,所以总没有点过头。也有人劝他,这年头,有女还是早许人,美女难说是祸福。

说这话的人是有事实作根据的。

当今皇上晋武帝灭吴统一天下之后,就把年号改成了太康。既然准备"太康",当然就离不开"骄奢淫逸"四个字。三四千后宫娇娃,他犹嫌太少。太康二年的暮春三月,适逢刚刚灭了孙吴,那些攻进吴都建业的将士们,打扫战场的第一件要事就是冲入后宫,掠走宫女嫔妃。消息传来,晋武帝立刻动用他皇帝的权威,下令将那些宫女统统"上缴",送进自己的宫廷后院,粗略一算,约五千多名。还是皇帝老子"狠",轻轻巧巧地把亡国之君孙皓用来发泄兽欲的妇女一股脑儿地"收编"了。从此,晋武帝的主要精力,就用在这近一万名可怜的女人身上了。当然,虽然是皇帝,但这么多宫女娇娃他也不是个个都能见得到面的。好在晋武帝在这方面还很有些"浪漫"的鬼点子,他下令制作了一辆轻便小巧

的车儿，一不用牛，二不用马，而是别出心裁地用羊拉。每天他早早地就退了朝，匆在后宫漫游，任羊停在哪里，他就在哪里下车，恣情寻欢作乐。也有那或想邀宠得皇帝青睐、或想生个一男半女将来也许能当太后太妃之类的宫女，往往在自己的寝宫门前撒些嫩竹叶或盐水，逗引拉车的羊儿吃叶舔盐而停在自己门前。但手脚人人会做，做多了就不灵了。于是，宫人之间免不了口舌之争，一来二去传到宫外，最后竟是路人皆知了。

上梁不正下梁歪，皇帝老子都是这样无耻，做臣下的就更胜一筹了。就说晋武帝的叔父司马懿吧，不仅被封为平原王，而且以左光禄大夫、侍中的身份辅佐朝政。虽居此要职，但他不仅不管国事，而且连家事也不管。皇帝侄儿搜刮来赐给他的绫罗绸缎米粟之类，他是来得容易不心疼，统统堆在露天里，一任风吹日晒、雪盖雨淋，霉烂得一塌糊涂。做贼百姓血汗本是贵族通病，这也罢了。司马懿更有一项令人发指的恶癖。他常常闭门谢客，连王公贵戚朝廷显要也不接待，只是阴晦天才驾着牛车出游。人们刚开始还以为他身为皇叔，又侪位于权力的最高层，自然讲身份、拿架子。后来通过他王府的家人传出，才知道不是那么回事。原来平原王司马懿也如他的皇帝侄儿一样，极爱蓄伎妾，只是不如他侄儿那样后宫万名而已。他虽年事老迈，淫心竟是愈烈。姬妾中的弱者，不堪淫威，前后总在不断地死。这些姬妾死后，司马懿令人将她们入棺，停在后宅的宫室里，但不准钉棺盖。理由是对她们的死很是哀痛，要经常去看一看以表思恋之情，直到尸体腐败之后才叫人钉棺下葬。下人们虽然觉得这不是个很充足的理由，而且尸体敞开停放着，那味道也不怎么地好，但也不敢有什么建设性的意见。直到有一天深夜，巡夜的仆丁巡到停尸的空室外，听见里面有喘吁之声，以为有人盗尸，闯进去一看，原来是堂堂的王爷在干那禽兽都不会干的奸尸勾当！

朝廷荒淫无道，做百姓的自然就苦不堪言。采珠梁心疼女儿，不愿绿珠早早许人，原是一片殷殷父母心。可是，也应验了人家一句话：家有美女，焉知祸福。

绿珠是合浦有名的美女。等待着绿珠的是祸不是福。

珠场观珠

绿珠的祸不是因为她长得美，而是因为世道恶。

太康末年，交州采访使走马换将又易新人。所谓采访使，是政府委派到州里考核官吏政绩，提出罢免晋升意见的大员，有时也兼察民风民情，受讼断案。这本应是极清廉、正直的官员。可天下事多有名实不符的。西晋年间派往交州的采访使，没有一个代表政府正儿八经采访民情，纠劾官风，而是或采花问柳强抢民女民妇，或一心一意"采集"民膏民脂。交州有个合浦县，合浦的珍珠美女天下有名，所以，交州的采访使也换得很勤。这一位新采访使不是别人，是大名鼎鼎的石崇。

石崇的父亲叫石苞，是西晋的开国功臣，戎马生涯，还没有什么劣迹。石苞共有六个儿子，长子早夭，石崇在兄弟中排行倒数第一，可长大后，他的四个哥哥没一个比他的名气大。石苞虽是武官，但似乎很会相面，他临终咽气之前，把财产分给四个儿子，独独不

分给石崇。石苞的老伴想不通,为小儿子鸣不平。石苞说:"我们的幺儿虽然小,但以后他是最能聚财的!"

事实也应验了石苞的临终遗言。

石崇二十来岁就当了修武令,颇显才干,很快迁升为散骑郎。正值年轻之际,石崇也的确想干点正事。平定孙吴之后,晋武帝滥封功臣,公侯将军多如牛毛,石崇写奏本提出自己的看法。晋武帝正在兴头上,这无疑是一盆冷水,使他十分恼火,结果找了个由头,把石崇调出京都,搞到南中去当郎将。石崇打听到是后将军王恺从中作怪,不由恶向胆边生,决心报复。他叫人收罗天下最毒的毒物,准备向王恺下手。结果,他搞到一种鸩鸟。据说这种鸟的羽翎浸在酒中,就成为剧毒之酒。于是,石崇佯称自己得到一种难得的珍禽,派人把他送给王恺。不过,石崇的计谋没有得逞,鸩鸟在过江时被一名叫傅祗的司隶校尉认出,报告给了晋武帝。考虑到石崇是功臣之子,又是初犯,晋武帝只是把石崇调到荆州任刺史,没有作更严厉的处理。可是,从此以后,石崇在仕途上就心灰意懒了,他看穿了一切,认定"人不为己、天诛地灭"的信条,"酒、色、财、气"四个字。他是一样不放过,而且他认为,这四个字中,财是基础,只要有了财,有了取之不尽用之不竭的财,其他几个字才有着落。所以,石崇一到荆州,首要之事就是聚财。荆州本是个好地方,可是天不作美,连年灾荒,不是旱就是涝,田园荒芜,路有俄莩。想在老百姓身上刮油水,那油水毕竟有限。于是,石崇开动脑筋想心思,带着手下如狼似虎的走卒们,出没于商旅必经之地的偏僻处,名之曰缉捕盗贼流寇,盘查走私匪人,实际上干着拦路抢劫的勾当。"流寇盗贼"有人管,可石刺史谁敢管呢?石崇发了横财。为了堵人之口,他不时向皇上贵戚上贡,所以,虽然对石崇有些流言,也只是调到合浦所属的交州照任采访史不误。

接到朝廷调令已经好长时间了,即将卸任的交州采访使已做好交接的准备,可左等右等新官就是不见来。

原来,石崇没有到交州衙门接任,他轻装简从,径直到了他向往已久的合浦!此刻,他正在采珠场欣赏绮丽的南国风光。

正当他为眼前的景致所陶醉时,一阵脆脆的、甜甜的笛声从身后不远处飘来,刹时,这笛声似乎浸进了海水,整个海湾以至于那海湾泛起的夹着腥潮味的海风,都显得甜津津的。

在这种地方居然有这样好的笛声,简直不可思议。石崇回过头,只见一个约莫十三四岁的少女,上着紫绛衫,下笼蓝窄裙,体态轻盈,背着一只竹篓,一支碧油油的竹笛横在唇边,很有弹性地一边走,一边吹。轻柔的海风,拂开她杏腮边的青丝,一如几缕烟云飘离了一片皎月,显出那张天真、聪颖、秀丽绝俗的脸庞。

石崇简直看呆了!

见岸边不远处站着几个显然不是本地人的陌生男人,吹笛的少女陡然煞住了兴冲冲地步子。她向石崇这边看了看,见儒生打扮的石崇不眨眼地盯着自己的那呆样子,心里虽觉呆得可笑,但的确也有些害怕,一折身,从一块大礁石后面绕了过去。躲开了石崇,吹笛姑娘的步子又变得轻盈而富有弹性了,仿佛踩着一支什么无忧无虑轻快曲子的节奏一般,连她背着的那只极普通的竹篓,一甩一荡也很有韵味。

毫无疑问,吹笛姑娘的出现,为这如诗如画、有诗有画的海湾抹上了最为妩媚的一笔!

石崇不懂画,对诗赋却有爱好。只是因为更爱钱,所以,把胸中那一点儿雅致冲得淡了。

如果说石崇站在合浦采珠场海湾边欣赏风景时只是暂时为景所迷的话,那么,听了吹笛少女的吹奏又目睹了少女惊世绝俗的美之后,他似乎怀疑天下之最不再是"孔方兄",而应该是这位不知名的渔家女了。

"阿爸,阿——爸!"又是那脆脆的、甜甜的声音。

"呃——阿女——绿珠——!"

一串粗犷得如同大海一般而慈爱也如同大海一般的声音随着一叶舢板冲向岸边。一位虬髯汉子钉子似的站在舢板上,使他脚下轻巧的舢板也显得十分稳健。

噢,原来是"采珠王"和他的绿珠女!果然名不虚传!

一听说调任合浦,石崇心里简直乐开了花。对于金珠玉器之类的玩艺儿,无论是收集还是鉴赏,石崇都算是行家,这方面的水平,远比在琴棋书画乃至于官场上的勾心斗角的水平高得多。西珠不如东珠,北珠不如南珠,天下珍珠数合浦为最。正因为石崇是个识货懂行的人,所以,任交州采访使,真象瞌睡人有了枕头一般惬意。他"微服私访"合浦县的第一天,就被县城关内比比皆是的珍珠交易,口不离珍珠的乡谈濡染得心里直痒痒。酒馆茶肆,人们集中的场所,只要是谈珍珠,往往出现"采珠王"的大名。石崇还从众多涉及"采珠王"的街谈巷议里,听到"绿珠"这个词儿。他一直以为是一种罕见的发出绿幽幽光彩的珍珠,现在,石崇不仅见到了名震合浦的"采珠王",而且见到了他的女儿——这个美得让人心跳、美得让人难生邪念的姑娘——绿珠!

石崇站在岸边呆了好一会儿,见绿珠父女在礁岩边卸船收珠,那腿儿,不知不觉仿佛鬼使神差似的也走了过去。

绿珠象只小喜鹊,一边与阿爸一起干活,一边叽叽喳喳不住口,硬把个心情并不好的"采珠王"说得眉眼舒展。见刚才站在岸边看的几个陌生男人走了过来,绿珠如喜鹊受了惊吓似的闭上了她那不涂唇膏自然红的小嘴。"采珠王"一生除了爱海、爱下深海采硕珠外,最爱女儿绿珠。他以为,绿珠固然是他的女儿,也是海的女儿,没有大海,就没有他采珠王,也就没有绿珠;没有大海,不可能有绿珠这般灵秀的女孩子!所以,"采珠王"的爱海,是与爱女儿紧紧地焊接在一起的。不管下海回来有多累,不管日子过得不舒坦心里有多烦,只要一见到女儿绿珠,只要一听到女儿的笛声,"采珠王"就会疲惫顿失、心舒体泰。今天,他出海半天,收获很不理想,心里正躁,舢板靠岸听女儿吹笛,现在女儿又象迎接老禽归来的小鸟样嘀嘀咕咕让人心里舒坦,可这几个不官不绅、似官似绅的人走拢来让女儿噤了声,"采珠王"心里老大的不痛快。

"老人家,收成可好?"石崇本是骄横惯了的人,不知怎么搞的,面对这"下里巴人"的父女俩,竟斯文了许多。

"没看见吗? 好? 好个屁!"采珠王其实不到四十五岁,见人称他老人家,一如一般干体力活的人不喜人家说他老一样,本来就不高兴,又听问到收成,更是勾起了他的无名

火，抓起一把比绿豆小、比老鼠屎大的珍珠，哗哗地撒到女儿拎来的竹篓里。

"咿，合浦的珍珠怎么就这个样子？"石崇的一个粗壮跟班插了进来。

"合浦的珍珠再好，也要长得跟得上官家的催逼呀！你当一颗珍珠一过了晚上，等你第二天早晨醒来就长大了？"

"阿爸，何必这大气，伤身子呢！"绿珠眼不抬，手不停，口里劝。

"哼，伤身子，再这样逼下去，人逼死，蚌逼死，合浦珍珠天下第一的牌子就得砸个稀巴烂！"

"老人家，还有这块牌子吗？挂在哪里？"石崇眼里只顾看绿珠，听不出话味儿。

"你这人倒象是个读书人，连这都不懂？挂在哪里？挂在天下人的心里！现在，挂在县太爷的荷包里！"采珠王一抬头，见石崇色眯眯地盯着女儿不转睛地看，一股火气腾地冲上脑门："闲得发慌一边去玩，我们还要干活！"

"阿爸，横竖还早，再荡开去一次好吗？"绿珠似乎从眼前这几个人的服饰、气质上悟到了他们的身份，怕阿爸惹祸。惹不起，难道还躲不起吗？

其实，绿珠错了——也许是太天真了，是祸，躲不脱，躲得脱，不是祸；真是祸，惹不起，也躲不起！

恶石谋珠

"老爷，外面有位石老爷要见老爷！"中午时分，合浦县令正在审一件珍珠捐拖欠案，门外值勤的衙役进来禀报。

西晋统治者对农民地租剥削的重要形式之一是户调式，即规定农民每人占地多少，然后按壮男劳力每年交绢三匹，绵三斤，妇女和弱劳力减半。但农民占地只是一句空话，租却是非交不可的。如合浦这样的地方，就把绢和绵折合成珍珠来计算。常言说得好，山高皇帝远，现官不如现管。皇帝本身就是个大吸血鬼，外加上一层层的小吸血鬼，所以，这类所谓"珍珠捐拖欠"案每天都有审理的。

"混账东西，没长眼睛还是怎么的？不见本老爷公务正忙吗？"县太爷正审在兴头上，要知道多处理一桩这种案子，他的口袋就可以鼓得更高一点。"什么死老爷活老爷，这里只有本老爷才是老爷！"县太爷也在肥缺上待了两年了，正是财气两粗的时节。

"不是死老爷，是石老爷……"衙役一时说不明白，越说越糊涂。

"交州采访使兼南蛮校尉加鹰扬大将军石老爷到！！！"县衙大厅一声暴喝，原来石崇的贴身侍卫站在那里粗声大嗓地报着石崇的一连串的官衔。

石崇儒服打扮，保养得很好的脸上极有神采。他衣袂飘飘地走上县衙大堂，很有兴趣地盯着堂上跪着的"犯人"。

县令一时不知怎么办才好。他是接到过新任州采访使即将到任的文书的，也估计到采访使上任，必定要到合浦县来。——不来那才算是一怪！但没想到采访使竟来得这样快。这位县令早闻石崇大名，也早有"一点儿小意思"准备献给石大人。一来不知石崇什

么时候来,二来他知道石崇见的世面多,一般的"小意思"入不了他老人家的眼,所以,县太爷颇费踌躇。

"县大人审案请自便,本官只是随便走走而已!"石崇见县太爷呆若木鸡的样子,感到很好笑。这人以后用得着,莫搞得他吓得象只瘟鸡。出于这种想法,石崇颇显随和地安慰还坐在堂上的县太爷。

"给石大人着坐!"县太爷毕竟在审案子,采访使正是考核官吏的煞星,好歹也要给采访使留个办事得力、断狱精明的印象,所以,让石崇一旁坐下后,县太爷继续审案。"采珠梁,谁不知道你是合浦的采珠大王?你为何鼓动乡民抗缴皇捐?"

"回大人,小的们并不敢抗捐,本月珠捐,早已如数缴清了。"原来下面跪着的,正是绿珠的父亲采珠梁。

"难道你不知道本县新近的告示吗?你等刁民缴的都象老鼠屎一般的东西,那叫什么珍珠?一律追加五成,快快回去约同你那些水老鼠,限三日之内缴齐!"县太爷见石崇在座,不便久审,久审会给上司留下办事不果断的印象。于是,他把采珠梁匆匆打发了。

"石大人,不知大人到此,下官有失迎之罪了!"退堂之后,县令赶忙到石崇跟前赔笑。"这一班刁民,真正可恶!真正可恶!"

"不必客气,不必客气!知县大人哪,你这里可是肥得冒油啊!"石崇三句不离本行,看着县太爷那圆滚滚的脑袋,大大的嘴巴,仿佛一个定制的特大铜钱,心里暗暗好笑。

"石大人谬奖了!谬奖了!"知县不知石崇葫芦里卖的是什么药,不敢贸然答话。他早已有所闻,就是面前的这位笑容可掬、文质彬彬的石大人,不仅富比王侯,而且心狠手辣,杀个把人连眼皮都不眨一下,脸上依然还是笑眯眯的。"早就听说大人要来,眼下收进的珠子实在太小拿不出手,所以,就把这有名的采珠王捉了来……"

"采珠王?什么采珠王?"石崇明知故问。他已被采珠王的女儿的骇世绝伦的美艳和甜脆的歌喉陶醉了。他今天之所以不回州衙去接任而直接闯进合浦县衙,正是为绿珠而来。"是不是叫什么采珠梁的?"

"是,是,是!这家伙是本县最好的采珠匠……"

"嗯,珠,珠,"石崇装出一副外行的样子,"这合浦的珠是天下有名的,嗯,听说有一种珠叫绿珠……"

"啊,是,是,是!"县太爷一连几个"是"之后,眉开眼笑了,"是有个绿珠,不过,那不是珠,是……是一个女孩儿,啊,对,就是采珠梁的女儿……哎呀,石大人,这女孩儿今年就十二三岁吧,也许十四五岁呢,那模样儿哟……"县太爷说着说着,那圆脸就更圆,那大嘴,也不知不觉地形成一个大大的"O"。

"嗯,好!"石崇厌恶地瞟了县太爷那副尊容一眼,"嗯,那采珠梁总共该缴多少珍珠?"

"回大人的话,采珠梁那一村以采珠抵捐的乡民,计追缴珍珠三斛!"

"嗯,好,要绿珠而不要那三斛珠,以三斛珍珠换一个绿珠!嗯?"石崇象说快书一般,自己觉得挺有韵味。但一看县太爷那蠢样子,心里生烦,又重重地嗯了一声,以示强调。

如血的残阳染红了大海,染红了沙滩,染红了如犬牙般峙立的礁丛,就连那逐着海浪翻飞的海鸥乳白的羽翼,也仿佛在漾漾的夕阳泼出的红浪中挣扎。

本来，采珠场的夕阳也是欢乐的，可今天，在绿珠眼里，这一切都似乎变了模样，周围的一切，都被笼罩在一层朦胧的抑郁而略带恐怖的氛围中。她坐在屋前的场坪上，夕阳的余晖勾勒出她少女的窈窕的轮廓，一如一帧逆光拍摄的剪影。她坐着，手里握着一支音孔磨得发红的竹笛，一反常态，没有面对大海，而是面对阿爸被县衙役带走的方向。她没有吹笛，玲珑粉琢的脸上一如暮霭渐浓的天色，阴沉忧郁。她不明白，为什么人称天下第一而实际上也是天下第一的盛产名贵珍珠的合浦人，生活还这样苦？为什么象阿爸这样合浦有名的采珠王，也不能过一天舒心的日子？她不明白，城里头的那些衣冠楚楚、满面油光的老爷，既不种地又不采珠，为什么楚楚衣冠、油光满面？

暮色即将包裹这片不平的土地时，从县城方向，一条壮实的身影终于向这里走来，他跌跌撞撞的。"那是阿爸！他今天怎么啦？"绿珠顾不得礁丛遍地、坎坷崎岖，象只小鹿似的奔迎上去。

"阿爸，阿爸！"

"绿珠，好女儿——乖女——儿！"

"阿爸，怎么回得这么晚？又喝酒了？不是不喝酒了吗？跌倒过吗？县里头老爷欺侮您了吗？"小鸟样的绿珠扑到阿爸胸前，一串串问题象溪水样叮叮咚咚响个不停。

"没有，没有，好得很！"女儿的娇憨，比什么良药都能顶用。融融的天伦之情，仿佛春风，给"采珠王"受伤的心灵以极大的慰藉。

"阿爸，吃饭吧！"进屋点灯，绿珠麻利地端出热在锅里的饭菜，又不知从哪里提出一小坛白酒。

鲜牡蛎，石斑鱼，红薯饭。

"阿女呀，一人出海啦？又不听话了，阿爸不是嘱咐过多次么，小女孩儿家，又不是闯海的身子，不准出海赌性命！"采珠梁见桌上大碗的海鲜，又喜又慎。本来，海鲜，就同内地人吃萝卜白菜一样不算奢侈，但也不象到菜园拔一棵蔬菜那么容易。吃海鲜，那得风里浪里闯，虽有乐趣，也有危险。绿珠虽是海的女儿，但毕竟年幼，又是阿爸的掌上之珠，所以，是从不许单独出海的。

"阿爸呀，绿珠再不是小珠啦，绿珠是大珠了呢！"唱歌似的，绿珠又端出一碗大螯蟹，在阿爸跟前放上一只酒盅。

"刚才还说阿爸不该喝酒，你怎么倒劝阿爸喝呢？"

"绿珠只叫阿爸家里喝，不准阿爸外头喝；家里喝酒绿珠陪着，阿爸不醉；外头喝酒没有绿珠看着，阿爸滴酒就醉……"绿珠边给阿爸斟酒，嘴里更忙。

阿爸平安回来，绿珠象蔫了的花骨朵又被园丁浇了甘泉一样，又欢快起来。那两弯秀眉，愉快地飞入鬓角，那一对又圆又大的眸子，象两颗漆黑的水晶滴溜溜地转得好欢。看着女儿如花的笑靥，采珠梁一腔子闷气一扫而光，一仰脖，吱溜一声吸干一盅酒，随手拈起一只大螯蟹，掰下螯钳，熟练地揭开蟹盖，递给女儿："蟹黄满实实的，你吃黄，阿爸就螯下酒！"

三杯白酒两只蟹，采珠梁啃着蟹钳，脑子里不由又浮现出县太爷那脑满肠肥的脸模子，刹时心里一阵恶心："咳，横行的东西，横行到几时哟！"他深深地叹了一口气。

"阿爸要睡了,阿女也早些歇着吧!"

见阿爸忧心忡忡的样子,绿珠心里又蒙上一层阴霾,这阴霾越蒙越厚,以至于当晚就做了一个噩梦,梦见自己被一只恶狼叼着,拖向深山,阿爸在后面气喘吁吁地追赶……

不想,这梦竟成了现实!

绝色佳丽

三年过去了。

三年中,石崇始终没有见过绿珠的笑脸。

尽管石崇向采珠梁指天发誓,一定好好对待绿珠,让绿珠过天下最好的日子,但采珠梁还是如同他的心肝被人摘了一般,悲痛欲绝。尽管石崇的确对绿珠百依百顺,但绿珠总怀念着她的阿爸,怀念那永远给她以童真的湛蓝的大海,金黄的沙滩,斑斓的贝壳……

或许,岁月的流水,可以冲淡某些情感;或许,岁月的醇酒,可以浸出生活的若干芳香。石崇常常这样想,他在等待。在这种等待中,他似乎很有耐心。他还算是"文人"堆中的成员,在交州的日子里,自从用三斛珍珠"买"到绿珠之后,他似乎变得斯文一些了。捞钱之余,他把主要精力放在调教绿珠上。他请名师指导绿珠吹笛奏瑟,指导她学唱各种曲子。绿珠在音乐上有特殊的天赋,乐感很强,加上天生的清脆歌喉,不仅唱起来脆甜,而且音域很宽,也许是大海陶冶成的罢。在乐器中,她尤其擅长横笛。每当她吹笛的时候,石崇总是隔帘而观,只见她樱唇启合,纤指飞翻,清越的笛声,时而如雏鸟寻窠,时而如流水过滩,时而如怨妇幽泣,时而如旅人长叹。打音、滑音、颤音、唇音、喉音、舌音,无不运用自如,只是很少听到她吹奏出欢快的调子。

每次听绿珠吹笛,石崇总有些不足之叹。听得久了,他也习惯了,甚至认为悲怨之情,也是七情之一,凡是真情,总归是美的。所以,这天他心血来潮,自谱了一首《懊恼曲》,自己在那里哼了半天,自认还不错,就交给绿珠,叫她依曲吹奏。绿珠一看曲名,心中一动,瞥了石崇一眼,依谱缓缓而吹。应该承认,石崇在这方面还是个内行,虽然他自己官运不错、聚财富可敌国,没有什么"懊恼",但他整个心都放在绿珠身上,而绿珠整天都在懊恼,所以"入墨者黑",受到了感染,所谱的《懊恼曲》还的确能表达一种凄怆幽怨的情绪。

"唉——!"一曲奏完,绿珠长长地叹息了一声。她心里清楚,石崇的确对她很好,不仅物质生活如同贵族女子,精神生活方面石崇也从不对她有什么不恭的举动。而且,临别时父亲也无可奈何地告诫过她:石崇这人得罪不起,如果对你尚好,就将就着过吧。但是,象一只在广阔天地飞翔的翠鸟突然被关进金笼子一般,尽管这笼子是金的,但总归是失去了自由,而自由,却不是金子能与之等价的。

"我看你成天蔫蔫的,特地谱了这支曲子,真是懊恼人奏懊恼曲,懊恼之上又添懊恼了!"石崇见绿珠依然心事重重,只得说点轻松的话,解解闷。

说来也怪,象石崇这种人,有钱有势那是少有人可以与之相比的,就是他养的姬妾歌妓,少说也有近两百人,而且,这近两百姬妾歌妓中,不说个个都有"沉鱼落雁之色,闭月羞花之貌",恐怕也是京都诸王侯贵族中拔尖的了。因为石崇有一条原则,凡他家里的东西(当然那近两百人也被他视为"东西"),都一定要不同凡俗,超过什么王恺之流的贵族才行。可是,自从得到绿珠,在石崇眼里,家中那近两百名歌妓舞娘都是庸脂俗粉而不屑一顾了。现在,交州采访使的任期快满了,石崇的官囊,也鼓鼓的了,再加上又得到了绿珠,他对京都就很有些归心似箭了。石崇认为绿珠是无价之宝,是天下绝色佳丽,他要带回京都去与那些爱比的人比一比,斗一斗:看看谁畜养的歌妓最出色!说到比、斗,这个由畸形时代培养出来的天生爱斗富夸势极爱虚荣的中年汉子,就动开脑筋了。

"还不习惯吗?你阿爸过得很好,再说,女大总是不中留么!皇帝的公主也不一定象你这样舒服呢!"石崇自顾自地怎么想就怎么说,"我马上带你回洛阳。不,先专门为你筑一处别墅。嗯,汉武帝不是有金屋藏娇么,对,我就来个金谷藏娇!"

金谷在京都洛阳东郊。

金谷又叫金谷涧,涧中有水名金水。金水没有嚣嚣滔滔的波浪,也没有横无际涯的气势,河身纤纤弱弱的,没有北方汉子那样的粗豪,袅袅婷婷,四季长流,如美人的柔腰。它是太白源的分支,源头水清,行程逶迤,所以水清流长。石崇所说的金谷藏娇处,就在这里。

有钱能使鬼推磨,石崇对这一点是坚信不疑的。所以,当他决定临涧修筑藏娇别墅的蓝图一定,两年的功夫,一组极其华丽的建筑群就耸立起来了。

别墅落成的那天,石崇一个朋友也没有请,只带着绿珠,轻车简从,前往验收。

这是一幢典型的魏晋风格的园馆。魏晋清谈成风,佛教道教都很兴旺。与以后时代的佛道两不相干甚至常发生冲突的情况不同,魏晋时期佛教道教并行不悖,不仅相安无事,而且在清谈之中,竟互相揉和,形成了专门的清谈类别叫作谈玄。如果说有什么区别的话,那就是道教重炼丹蒸汞,寻求个人的长生,而佛教方面则广修庙宇、多处刻石,强调"普渡众生"。石崇是个今朝有酒今朝醉主张及时行乐的角色,既无长生不老的信心,更无"普渡众生"的欲望。但是,他的别墅,外观却富有佛教庙宇的宗教色彩。飞檐盘龙,琉璃盖顶,显得庄重肃穆。里面却是画栋雕梁,重楼迭院,极尽奢华,表现出别墅主人的生活情趣所在。

"绿珠,这幢别墅是专为你修建的呢!"石崇一卸任,第一桩事就是选址修楼,光为解决有关"风水阴阳"的问题就花了一年的时间。从准备到别墅竣工,花了三年的时间和无法计算的银钱。石崇的表白的确是有分量的:"你满意不满意?不满意,一把火烧了,重修;满意,你就给取个名!"

"这么好的房子烧了不可惜吗?"绿珠与石崇在一起已经五个年头了,虽然谈不上什么感情,但对石崇夸豪斗富的虚荣心,还是有些了解的。她根本不认为这幢别墅真是自己的,倒是觉得这房子的恢宏气势、富丽装饰和坐落的环境,的确罕见。这该要花多少人日日夜夜抛洒汗水!她纯粹出于一种珍惜劳动果实的想法回答石崇。石崇在绿珠眼里,是使她与阿爸骨肉分离的罪人,只不过因为他有钱有势,可以左右象她这样一些人的命运而已。前两年,家乡有人带信来,说阿爸,这位鼎鼎有名的"采珠王"去世了,石崇才准

绿珠回家奔丧。虽然丧事远比"采珠王"自己生前想象的要气派得多，而且是石崇派人一手操办的，但是，丧事一完，石崇派去办丧事的人又匆匆地把绿珠带回了洛阳。绿珠明白，对于石崇，自己只不过是个让他满意的收藏品而已，他修这幢别墅，说是为绿珠，实际上只不过是为绿珠这件收藏品修个更好些的库房。现在石崇要绿珠为别墅取名，绿珠自然清楚是为了取悦自己，但一有了这些想法，哪还有什么心思！

"妾年幼无知，哪里取得出什么好名字！"

"哈哈哈！既然满意，那就好，那就让你住着，不烧了，不烧了！"石崇哪里知道绿珠的心情呢？还以为绿珠满意这别墅，得意极了："你不好意思取名，我来取！嗯，金谷硐，金谷硐，就叫谷制园！中间那一栋楼是你住的，我看就叫绿珠楼！怎么样？绿珠楼，用金漆大匾刻上去！等你习惯了，让我满撒帖子，让亲热的、眼红的，都到这里一饱眼福！"

在绿珠面前，石崇一改平时练达、精明的神态，完全不象一个在宦海中浮游多年的五十出头的人。看着石崇那自想自说自高兴的神情，绿珠感到一个人完全沉溺在物欲中，那样子一定都与石崇一样很可笑。

其实，沉溺于物欲之中而不能自拔，是西晋从皇帝到士大夫的通病。死了的晋武帝是荒淫不堪的榜样，他的儿子晋惠帝又是昏庸的典型。晋惠帝从小头脑就有些毛病，作储君太子的时候差一点因糊涂愚钝而被废，只是因为当今的贾后当时的贾妃从中玩了点花招，才得以保住太子的位置如今才能坐上龙椅。虽然当了皇帝，但天生的愚钝和养尊处优只能使晋惠帝的智商更加退化。有一次，他在御花园游玩，听到荷塘中蛤蟆叫，就问："这蛤蟆叫是为公呢还是为私呢？"搞得周围的随从人等哭笑不得。又一次，一大臣在早朝时奏报说关中大旱，百姓多有饿死的情形，晋惠帝听了半天，反问这位实事求是的巨子："没有饭吃怎么就会饿死呢？他们为什么不吃肉粥呢？"硬是搞得满朝文武大臣笑又不敢笑，驳也不敢驳。

石崇虽然是贾后的死党，但听到皇帝昏蠢到这种程度，也觉可笑，回到家里也拿来当笑话说过，所以绿珠也知道。

"那些朋友，老爷还是少交些为好。"皇帝都是这样子，想阻止石崇宴饮作乐是不可能的，但绿珠见得多了，总觉得石崇没有交什么好朋友。

说起来石崇的朋友的确不少，连他自己加在一起，有二十四人声息相通，称作二十四友。

珠殒香销

所谓"二十四友"，指的是晋惠帝皇后贾南风一班死党，其中以贾后外甥贾谧、诗人潘岳为首。晋惠帝从小憨愚，作了皇帝后自然处处受贾后挟制。而贾后暴虐无度，心犹不足，竟授意近臣用种种卑鄙手法把一些年轻英俊男人扶持进宫，恣意淫乱宫廷。晋惠帝的叔祖父赵王司马伦，见朝政日弛，宫闱荒淫，就生了篡位之心，他与心腹孙秀常为此策划于密室，一方面与各藩王互通声气，一方面活动于"二十四友"之中以探虚实。石崇是夸豪斗富中的首领,三天一小宴,五天一大宴,他的谷制园自然就成了司马伦和孙秀常去的地方。司马伦去石崇家倒纯为摸底,而孙秀却是在一次石家的宴席上见了绿珠一面之后,那魂魄就丢在石崇的谷制园了。

孙秀在潘岳作琅琊内史的时候,曾在潘府内作过小吏,因狡黠贪功,潘岳非常厌恶他,还多次当庭鞭挞过。后来孙秀投奔到赵王司马伦手下,才算狼狈为奸、相得益彰了。

这天,从石崇家的宴会上回府后,司马伦把孙秀叫到一间密室。

"前天,你行反间计怂恿贾后杀了皇太子,现在朝野上下都恨贾氏,贾氏一班人到现在还以为我们是他们的心腹呢!"赵王司马伦得意扬扬地说,"该是动手的时候了!"

"先当假传圣旨,把掌握三军的三部司马拉过来。"矮矬身材的孙秀三角眼射出凶光,"贾氏党羽要斩草除根,一个不留!"

"嗯,此计可行。"赵王司马伦想的是皇位,为人权欲熏心却计谋不足,往往依靠又奸又狡的走狗孙秀。"斩草除根,除根务尽!"

"石崇那家伙倒是可以稍缓一缓。"孙秀漫不经心地提议。

"那是个醉生梦死的东西,也碍不了大事。"赵王司马伦瞟了孙秀一眼,明白孙秀说的事成后缓杀石崇的用意在于绿珠,只不过不点穿而已。

孙秀按预订的计划把三部司马拉了过来,当天半夜就包围了皇宫。

"众卿家深夜带兵入宫,所为何事?"晋惠帝正在新纳的一名妃子寝宫里睡得正香,被赵王司马伦呼喊起来,还有些迷迷糊糊。他不担心这些臣子们会对他有什么出格的举动。

"贾后、贾谧淫乱宫中,把持朝政,扰乱朝纲,又无端诛杀太子,请陛下诏诛之!"司马伦说得振振有词,那气势不是在请示,倒象是在命令。

对于贾后的所作所为,晋惠帝早有所闻。他虽为天子,却长期受贾后这样的悍妇挟持,早就不满了,加上她擅自废太子,杀太子,完全无法无天。贾谧那小子狐假虎威,早就该死了! 但是,叫晋惠帝下命令杀皇后,他又很是为难——她毕竟是皇后啊,再说,被人逼着下圣旨,这算是怎么回事呢? 晋惠帝虽然糊涂,临到杀人砍脑袋的事情,却不能不想一想了。

"传圣旨宣贾谧!"赵王不耐烦了,干脆夺了晋惠帝的权,代替皇帝下命令了。

"贾谧,你知罪吗?"见贾谧被诓进殿,孙秀沾沾自喜地问。

在贾家一门中,贾谧是唯一长得身材修长、眉清目秀的。他无论如何也没有想到有人假传圣旨要杀他。现在他见皇上坐在那里一言不发,赵王满脸杀气,知道大事不好,还未跪下,转身就跑,边跑边叫:"阿后救我! 阿后救我!"

可是,贾谧刚刚跑到西廊贾后寝宫外,就被追上来的两名士兵刀剑齐下,一分为三了。

听见侄儿的呼救声,贾后从风流好梦中惊醒,她知道外面肯定发生了什么事,但绝没有想到有性命之忧。

"外面何事喧嚷? 宫廷深处,谁敢在此喧哗!"贾后人还未出房,那颐指气使的气势就从房内冲了出来。

"众卿家何事而来？"见外面声音消失了，贾后才从房中出来，她看见司马伦、孙秀和一大群明火执仗的士兵，心里就慌了。"你……们要干什么？"

"不干什么，有圣旨要逮捕皇后陛下！"孙秀奸笑着，挖苦着，"请皇后陛下换个比这还要华贵的宫殿住一住！"

"放肆！什么……圣……旨？我的话……便……便是圣旨，哪……里还有别……别的……圣旨！"完全没有料到，前天还在跟前表忠的、献计策的孙秀，现在竟如一头恶狼一般凶残。她明白大事不好。

"算了吧，我的皇后陛下，还谈什么圣旨不圣旨哟！"赵王司马伦不冷不热地插了进来。

"谁带的头？嗯！"自知不免一死，贾后突然强硬起来，端起了国母的架子。

"是我！是我！"赵王换上了一副杀气腾腾的嘴脸。

"唉，捆狗应当先捆狗头，我捆到狗尾巴上了，该我有今天！"贾后悍性大发，再也顾不得身份，破口大骂。

收拾完贾后贾谧，已是日上三竿时分了。

石崇的谷制园里，盛筵又再。

这时，石崇已经得到宫廷政变的消息。这消息是潘岳带来的，由于他与孙秀有夙怨，所以特别担忧孙秀报复，于是早早就赶到谷制园向石崇讨教对付的法子。石崇开始尚不相信赵王发动政变的事，因为昨天赵王、孙秀还乐呵呵地参加了谷制国的大宴，但见潘岳说得有鼻子有眼，也就着急起来。

"潘见莫急，先吃酒，再到后院暂避几日。"石崇为潘岳出主意，自认为没有得罪赵王、孙秀，对自己倒是不担心。

"赵王府派人有要事要见大人！"管事上前向石崇禀告来了客人。

"快请，快请！"听说赵王只是派人求见，石崇感到自己的猜想正确，"潘兄，先回避一下。"

见潘岳回避，坐在石崇身旁的绿珠开了口："多行不义，必自毙！"

"你这是指的谁？"石崇惊问。

"不义为害民，害民必遭天谴！"绿珠似在重复，但又象是在解释。绿珠在石家的确过得是皇后般的日子，她知道石崇看重她，也明白被看重的是什么，目睹石崇及其狐朋狗党的所作所为，不是凶残至极，就是假仁假义的伪君子，所以，她觉得自己与其说是在天堂里，不如说是生活在砧板上。

"石大人，孙大人有礼拜上。"来不及仔细推敲绿珠的话，赵王的使者其实是孙秀的使者进来了。

"来人哪！"石崇看完信，皱着眉头看了绿珠一眼，吩咐把后院近两百名歌姬唤到堂前来。

"孙大人吩咐，石某本当从命，只是，"石崇指了指身边的绿珠，又指了指列队堂前花枝招展的美艳歌姬，对来人说，"绿珠是石某惟一所爱，尊驾请从堂前众歌姬中任选若干，石某无不乐意。"

"赵王、孙大人嘱咐，非绿珠不可！"真是狗仗人势，夺了权的主子连送信的都气粗了。

"还是那句话，堂上任你挑，绿珠恕不奉送！"石崇是见过大场面的，一向软硬不吃，当年连晋武帝的舅父都敢得罪，一狠心，怕什么赵王孙秀。

"小人告辞！"索取绿珠的使者气昂昂地走了。

"看来，石某是要大难临头了！"石崇有预感，命人把酒席撤到"绿珠楼"上，他要痛饮一醉，以醉去迎接即将临头的大难。

"祸兮福所倚，福兮祸所伏。"绿珠坐在以自己的名字命名的楼前，明如秋水的眸子穿过鳞次栉比的谷制园，追踪金水透迤曲折的身姿，长叹一声，"或许，这倒是极难得的解脱呢！"

石崇听了绿珠颇含玄机的话，不禁毛骨悚然。

"生死有命，富贵在天，听其自然而已！"见赵王、孙秀的人走了，潘岳又从后堂出来，他也深深地感到一种灭顶之灾就在不远处向他压来。

伴随着一阵急促杂沓的脚步声和铿锵作响的刀剑碰撞声，一群士兵簇拥着孙秀闯了进来。

很明显，石崇安排在谷制园担任守卫的卫士都被杀死了。

"石兄，何苦为一妇人而坏了前程？"孙秀不准备上楼了，他一手叉腰，一手向石崇、绿珠指划，"潘大人，您对孙某的教诲我是一天也不敢忘记的！"

"绿珠，看来我要因你而灭九族了？"石崇目不转睛地盯着绿珠，露出无限的惋惜。

"哈哈！那有什么？"绿珠一改平日温文款款的神态，端起一杯酒，一仰头喝了下去，"我不是说过解脱的话吗？解就是脱，脱就是解！哈哈，哈！"

还没等楼上楼下的人回过神，绿珠拥身跳下了以她的名字命名的绿珠楼！

石崇反应还算是快，但仅仅只是拽断了一根丝绦而已！

当然，石崇与潘岳也没有逃出一死，而且是株连九族的死！

潘岳临死前还知道说一句："我对不起我的母亲！"因为潘母曾多次劝儿淡泊度日，知足常乐。

石崇是至死都不明白的："你们杀我，无非是想得到我这一份财产而已！"终是应了他所信奉的"人为财死、鸟为食亡"的信条。

只有绿珠得到了解脱。

据说，绿珠北上以后，家乡的乡亲们思念这位伶俐聪慧且有一副甜脆歌喉的小姑娘，把从双角山流出的小河改名为绿珠江。绿珠的村子也挖了一口井叫绿珠井。还传说，喝了这井中水的妇女，生的珠娘都妍丽无比。但听说绿珠跳楼之后，乡亲们又把这口井填了。为什么要填这口井呢？唐白居易叹昭君村的女孩儿毁容的一首诗作了最好的注脚——

不取往者戒，恐贻来者冤。至今村女面，烧灼成痕瘢。

的确，绿珠，这位合浦珠娘得到她那个时代能够得到的真正的解脱！

一代名妓

——苏小小

名人档案

苏小小：相传是南齐时钱塘名妓，年十九咯血而死。苏小小家先世曾为东晋官，从江南姑苏流落到钱塘后靠祖产经营，成了当地较为殷实的商人，她的父母只有她这么个女儿，十分宠爱，因她长得娇小，所以叫小小。

生卒时间：不详。

安葬之地：终葬于西泠之坞。

性格特点：沉默执拗，豪爽侠义之气。

历史功过：妓女生涯当然是不值得赞颂的，苏小小的意义在于，她构成了与正统人格结构的奇特对峙。再正经的鸿儒高士，在社会品格上可以无可指摘，却常常压抑着自己和别人的生命本体的自然流程。这种结构是那样的宏大和强悍，使生命意识的激流不能不在崇山峻岭的围困中变得恣肆和怪异。这里又一次出现了道德和不道德、人性和非人性，美和丑的悖论：社会污浊中也会隐伏着人性的不合理，而这种大合理的实现方式又常常怪异到正常的人们所难以容忍。反之，社会历史的大光亮，又常常以牺牲人本体的许多重要命题为代价。单向完满的理想状态，多是梦境。人类难以挣脱的一大悲哀，便在这里。

名家评点：李贺《苏小小墓》诗：幽兰露，如啼眼。无物结同心，烟花不堪剪。草如茵，松如盖。风为裳，水为佩。

油壁车，久相待。冷翠烛，劳光彩。

西陵下，风吹雨。

沈原理《苏小小歌》：

歌声引回波，舞衣散秋影。梦断别青楼，千秋香骨冷。青铜镜里双飞鸾，饥乌吊月啼勾栏。风吹野火火不灭，山妖笑入狐狸穴。西陵墓下钱塘潮，潮来潮去夕复朝。墓前杨柳不堪折，春风自绾同心结。

元遗山《题苏小像》：

槐荫庭院宜清昼，帘卷香风透。美人图画阿谁留，都是宣和名笔内家收。莺莺燕燕分飞后，粉浅梨花瘦。只除苏小不风流，斜插一枝萱草凤钗头。

湖山润心灵

苏小小生于妓家。母亲早先落入风尘，历经了妓女生涯中的风霜刀剑，她暗中积攒些私房，凭着青春容貌，在西泠湖畔撑起一个妓院门户。偶然间交上一位性情温和、家道富足的子弟，可那子弟家法森严，不许入门，两人欢喜半载，迫不得已分手。可小小母亲腹中躁动，不多久分娩生下小小。自古红颜薄命，又加上数年风尘之苦，尤其是从良愿望不能实现，小小母亲精神上受到莫大打击。当时，南齐官吏借整理户籍之机，鱼肉百姓，闯到妓院，诬指坊中户籍不实，勒索去了小小母亲不少钱财，真好比雪上加霜，她从此一病不起，临终时把小小托付给妓院姊妹，拉着小小的双手含怨逝去。

这明圣湖的山水之气，哺育着小小。幼年的小小，生得性慧，心灵，身姿容貌就象画中一般。长到十三四岁，不仅姿色令人倾倒，而且信口吐词，句句珠玑，真可称得上才貌双全。她常常为母亲的早逝落泪，并把这些深深埋藏在心底，将全部身心都倾注到了这湖光山色之中，久而久之，形成一种癖好，这武林的山山水水，都留下了她的足迹。

年龄渐渐增大，幼时沉默、执拗的性格中又增添了些豪爽侠义之气。象她这般花容月貌，一些豪华公子，官吏乡绅，纷纷登门，有的想谋为歌姬，有的想娶为侍妾，不惜抛费千金，但小小不为所动。她自幼在贾姨娘跟前长大，贾姨娘也是妓院姊妹，如今徐娘半老，韵色退去不少，见小小这般固执，深感不安。一天，她把小小叫到面前，好言劝说：

"姑娘，你不要错了主意。一个妓家女子，嫁到富贵人家去，即使是做姬做妾，也还强似在门中朝迎夕送，勉强为欢。象姑娘这般才貌，还怕人家不把你贮之金屋？"

"我最爱的是这武林山水，如果跳进樊笼，只能坐井观天，怎比得上自由自在？再说富贵贫贱，是命中注定，我真有藏之金屋的福气，便决不会出生在娼家。"

"甥女，此话差矣！你母亲和我的身世不使人感到百倍凄惨吗？"

贾姨娘脸上肌肉抽搐着，泪珠在眼眶里滚动不已。

"姨娘，我既生在娼家，就不可能有金屋之命。再说豪华也不是耐久之物，富贵也没有一定情感，我进去容易，出头就难了。"

姨娘掏出手绢，拭干眼泪，望着小小，满腹话语想吐痛快，但又无从说起。

"姑娘，你还是三思而行，如果你的主意定了，等我去寻一个有才有貌的郎君来，与姑娘梳栊就是了。"

这梳栊是妓院行话。妓女在未接客之前是结发为辫的，接客之后，才开始梳髻，叫作梳栊，所以梳栊又通常指妓女第一次接客。听姨娘说出此话，小小脸泛红云，低着头不作回答，缓缓走进里房。自这以后，贾姨娘四处奔走，想为小小找寻一个如意郎君来。小小还是象先前那样，自乘油壁香车，沿着湖堤一带，尽情地玩赏那山光水色。

阳春三月。湖光潋滟，山色溟蒙，天空掩映着朝霞，堤上一路垂柳，桥边流水人家；湖中画舫荡漾，传来阵阵笙歌。真可谓三十里湖光，南北峰烟霞，到处都呈现出勃勃生机，令人心醉。

人们纷纷到郊外踏青，王孙公子，雕鞍骏马，佳人才子，香车暖轿，在湖边来来往往，如织如梭。小小的香车夹杂在人群之中，她猛然看见前方有一少年，生得眉清目秀，齿白唇红，洋溢着青春丰采，看年龄大约十八九岁，胯下一匹青骢马，毛色纯净，特别耀人眼目。小小不觉心动。正思忖之间，她的目光同那人目光相聚一处，自感羞涩，忙催着童子赶快推车前行，右手撩下车帷，两人相错而过。

这男儿名叫阮郁，是朝中显宦阮道之子，久慕钱塘明圣湖景致，征得父亲同意，独自从京城奔赴钱塘，不期在这湖堤边遇见小小，心中感慨油然而生：

"湖光景致，令人陶醉，这少女更令人一见钟情！想她必定是湖边岸上人。"

待错过油壁香车，他勒马回首，一直看到那小车消失在柳绿花红之中。他翻身下马，在人丛中打听小小出处。众人见他装束打扮，听他方言口音，不便作答。他再三探询，才有人告诉：

"她是妓家之女苏小小，年才十五，声名却不小，城中贵公子哪个不想她慕她，但她年妙风流，性情执拗，一时恐怕不许人攀折。"

阮郁突然记起刚才从香车里传出的声音，轻柔悦耳，那是一首乐府诗句：

妾乘油壁车，郎乘青骢马。

何处结同心，西泠松柏下。

他问明路径，第二天一大早就来到妓院门前。这是位于西泠渡口的一所小院落，花遮柳护，十分清幽雅致。阮郁拴好马，轻叩门环，贾姨娘出门问道：

"官人有何事到此？"

阮郁连忙把昨日所遇之事告诉贾姨娘，贾姨娘看他一表人才，心中暗喜，忙领着他斜穿竹径，曲绕松廊，不一会工夫，转入一层堂内。那堂虽然不是雕梁画栋，却紧紧对着湖山，天然质朴，十分幽雅爽静。

苏小小闻见堂内声音，从绣帘中袅袅婷婷走出。只见她貌若名花，肩如削成，轮廓鲜明而又圆润，腰身细而柔软，象一束绢帛，美发如云，眼含秋水，眉画远山，姿态美容难以用工笔描绘。

阮郁见苏小小今日装束，与昨日模样大不相同，更显得艳而不俗，举止文静，体态娴雅，不禁心中大喜：

"昨日相见，天生有缘，今天又蒙你象故旧一样迎接我，我阮郁真是三生有幸啊。"

苏小小见他谦谦有礼，笑着说道：

"贱妾是青楼弱女，何足轻重，昨蒙郎君一见钟情，我有感于心，而微吟见意。"

贾姨娘端进茶来，两人对坐，愉悦品茗。小小呷了一口，说道：

"男女相互悦慕，自古而有，何况我辈？"

说着话，阮郁随小小来到镜阁。这阁造得十分幽雅，正当湖面开着一大圆窗，用洁白如冰的纱绸糊好，犹如一轮明月，正中贴着一副对联：

闲阁留新月,开窗放野云。

"草草一椽,绝无雕饰,不过借山水为色泽罢了。"小小脉脉含情地对阮郁说。

阮郁抬头一望,窗外檐端悬着一匾,上题"镜阁"二字;向下一望,桃花、杨柳、丹桂、芙蓉,把四周点缀得花团簇簇。在窗内浏览湖中景色,真个是分分明明,一览无余。湖上游人画舫经过镜阁,若想向内一望,却檐幕沉沉,隐约不能窥见。房中琴、棋、书、画无所不具。房中当面有小小自题镜阁的诗,写的是真书,大有风韵。

阮郁连连称赞,说得小小面色羞赧,忙用衣袖遮面,那模样越发隽秀无比。这时,贾姨娘端进酒肴,给二人各斟上一杯酒,笑吟吟地说道:

"今日阮官人青骢白面,贤甥女皓齿蛾眉,这真是感谢上天成全人意。"

贾姨娘起身走出房外,二人欢然而饮,阮郁此时也喝得半醉,小小拿过酒壶,看着他那痴呆模样,笑靥地说:"郎君,时候不早,我想回房歇息。"

阮郁听得明白,双手一恭:

"今日得蒙芳卿相陪,实乃小生大幸,我离去了。"

这阮郁一向豪放不羁。回住地后,他便加紧筹划,不几天,备了千金聘礼,来到西泠渡口,先拜见过贾姨娘,拿出百金,感谢她说媒之劳。

从此,阮郁与小小两人恩恩爱爱,如胶似漆,每日不是在画舫中饮酒共欢,浏览那湖心与柳岸的风光,就是一个乘油壁香车,一个骑着青骢骏马,同去观望南北两高峰的胜景;在家之时,两人吟诗唱和,奏乐对弈,时间自然是过得很快。

一日,随从递上一封家书,并叫走阮郁。小小观他脸色乍变,心中一阵纳闷,一转到镜阁,对着那湖中碧波沉思,不觉已到夜晚,此时秋尽江南,西风摇着堤上的柳杖,上弦月挂在柳梢上,寒星点点。一阵凉风袭来,小小浑身瑟缩着。

这时,贾姨娘从后面给她披上一件衣衫:

"姑娘,时辰不早了,快歇息去吧……"

"姨娘,你先歇去吧,甥女一会就回房去。"

她踅到桌旁,顺手拿起一本诗集,不自不觉吟出声来,这是陶渊明的一首杂诗: "人生无根蒂,飘如陌上尘,分散逐风转,此已非常身。……"

语调十分哀婉,她深深地叹了一口气,强打精神,眼睛牢牢盯在那字句上,脑海里就象那明圣湖水泛着清波,也不时扬起浊浪:出生娼门,真是自己极大的不幸。现在,阮郁一去整晚都没有回来,小小担心的事终于发生了。

第二天中午,阮郁才急急忙忙赶回来,满面焦虑的神色。小小迎上前去,见他无可奈何的样子,心中早明白了几分,忙斟上一杯茶,递给阮郁:

"郎君,怎么昨晚不见归来,想家中定有急事?"

"家父亲书,说朝中有急变之事,叫我赶快回去,芳卿,你看我如何是好?"

小小是知情达理之人,她明白世上象这样遭遗弃的不止一人,更何况一个出身娼家的女子,不管是不是托辞,看来阮郁离去是必然的,她不得不抑制住那颗跳动着的心。

"郎君,事已至此,你赶快打点行装,即刻赴京,免惹父亲生怒。可叹我俩半载同欢,情同梁鸿、孟光,恩爱之深,令人难以忘怀。"

两人缠缠绵绵,难舍难分,并肩来到镜阁窗前,望着那满含秋色的湖水,两人眼眶里充满了热泪。

"待我家事处理完后,定速归来,同芳卿欢聚。"

千秋侠义情

阮郁被他父亲遣人逼回去后,市中那些王孙公子听到这消息,川流不息地来到贾姨娘面前。一时间西泠的车马朝夕填门,院落里外十分热闹。落入红尘,小小自知命中注定,然而她心中始终念着阮郁,却一直未见书信,那离别后的孤寂心情,使得她只能同落花啼莺为伴,又转念一想,自己也只不过是个卑俗之人,也只能经营经营个人俗事。

小小又复寄情山水,一有空闲,便乘着油壁香车,去找寻那些山水幽奇、人迹罕至的地方,独自纵情地凭吊,借以解除胸中的郁闷,她变得更加沉默寡语了。

不知不觉地又过了一年。暮秋天气,白云低压,红叶满山,小小来到石屋山中,走下油壁香车,细细赏玩那山中景色。远处的奇峰峭壁被蒙上一层薄薄的纱幕,愈显得奇幻无比,近处一片火红,更显出山壁的青秀;那湖岸边的垂柳在寒风中抖索,显出憔悴的颜色;空中不时飞过一只孤雁,传来阵阵令人揪心的哀鸣。

"姑娘,天气有点寒冷,还是回车上歇息吧,当心身子。"推车的童子轻声地劝小小。

"这样舒服些,你看这偌大的山水之间,只我两人,不倒也显得乐趣无穷吗?"

其实她此时的心情比任何时候都痛苦,触景生情,情随景发,一个妓家女子历尽风月之苦,却不能享受人世之情,等青春一过,就象那云间月,叶中花一样,虽有过一时之好,但都不能久长,云间月盈而复亏,叶中花盛而再衰。

她正要转身上车,突然看见前面寺庙有一书生。那人低头闲踱,满腹心事,老远看见有一美貌女子立在车前,便有个欲上前来相问的意思,走不到三、四步,忽然停住脚步。小小看到这情景,知道他此时进退两难,定有原因,连忙走上前去:

"妾是钱塘苏小小。我出身虽然微贱,但也识得英雄,先生为何看见我止步不前?"

那人听了,不胜惊喜:

"闻名久矣,只恨无由认识相见。又担心芳卿交往的是富贵之人,我一个穷酸书生,未必起眼,所以进而复退,没想到芳卿近前相问,这真是识面又胜过闻名了。"

"我只不过堕入青楼,徒有虚名。今天看见先生的风姿仪表,想必日后在天下大有作为。"

这书生便是鲍仁。他听小小这句话,不觉仰天大笑。

"芳卿见笑,我既没有管夷吾那样的奇才,又没有姜太公那样的机遇,孑然一身,饥寒都不能自主,何能谈得上作为?! 芳卿莫不是失眼,或过分抬举?"

小小指着那山上的松柏:

"它们用之则为栋梁,弃之则为柴屑;一旦有人相识,是会有好机遇的。"

书生点头称是。

"当今南北分疆,朝内互相倾轧、残杀,社会动荡不安,百姓朝思暮想有道明君。这功名即使存在,也得要人去取罢了。先生隐居在荒山破庙中,难道功名会自己掉下来?这还需自己努力,才不负天地生才。"

鲍仁没想到一个风尘中女子,竟把人世间道理说得这样透彻,不觉一震。他想自己出身寒微,虽饱读诗书,但身逢乱世,无展才之途。如今人到而立之年,依然为一穷困书生。颠沛到这南方的佳地后,更是潦倒不堪,只好寄身寺庙檐下。

小小见他心动,接着说道:

"先生不要怪妾直言,据妾看来,不是上天不栽培你,只怕是先生自己不努力啊!"

"芳卿责怪鄙人,我深感内疚,欲报效众生,然而动则运行千里,如今身无分文,行李也无半肩,枵腹空囊,怎能举步?"鲍仁跌跌脚,猛力拍了下脑袋,"这几月,寺庙藏身,习得一些字画,准备换取一些盘缠,怎奈一时难以解赴京都之资。" 小小见他说得真切,情感炙人,也不免心酸,想一流亡之人,虽困境迫身,还有打算,也难为他饥寒交迫,受尽风霜之苦。

"如果鲍先生不以妓迹为嫌,请屈到寒门,我在门前恭候。相逢在陌路,先生切勿因为陌路而失言。"

鲍仁即刻答道:"知己一言,我岂敢失信。"

童子推起香车,送小小回坊。

不一会,鲍仁来到了小小住处。守门的小厮见他那副寒酸打扮,一阵吆喝。这却惊动了正在门口等候鲍仁的推车童子,他一看正是姑娘邀来的鲍仁,忙上前相迎,领他进入院门,引到镜阁门前。

已在门外恭候的小小,见鲍仁来到,深深一礼:

"鲍先生来了,山路崎岖,我使先生受步履劳累,心中甚感不安。"

鲍仁慌忙答礼。他抬头看那小小,身着大袖过二尺衫子,加上曲领拥颈,头上双环髻,发顶抽环上耸,一身"飞天"打扮,容光焕发,有如秋菊春松。

"先生,请随我进镜阁之中。"

鲍仁忙说:

"芳卿的珠玉之堂,我一个穷书生,怎敢入内落座。"

小小闻言说:

"我一个娼门女子,好比过眼烟花,怎敢怠慢英雄,先生不必推却。"

鲍仁随着小小步入镜阁,在桌旁相对而坐。小小叫人安排些酒菜,将袖给鲍仁斟了酒。

"鲍先生,轻薄酒菜,不成敬意,请见谅。"

"芳卿与我陌路一面,胜过知己,如此深情,我鲍仁终身不忘。"

"先生此言差矣。我若不是落入娼门,恐怕今生今世也难与先生相见。"

小小说着,面色不好,眼帘湿润。未说上两句话,就引起小小悲痛之感,鲍仁深觉不安,用眼扫了一下房间四角,连忙搭讪:

"芳卿房中布置,诚可见主人雅好,真是闺帏才女。"

"闲时无聊,喜欢拨弄拨弄,也没弄出什么名堂,还请先生指教。"

鲍仁起身走到书几前,抽出一束书简。慢慢展开,一行行端庄秀丽的字体展现在眼前:

泻水置平地,各自东西南北流。人生亦有命,安能行叹复坐愁!酌酒以自觉,举杯断绝歌《路难》。心非木石岂无感?吞声踯躅不敢言!

他情不自禁,走到窗前,望着窗外,吟诵起这首诗来。

"先生真好记忆,过目成诵,而且体会也这样深刻。"小小拢了拢鬓发。

"芳卿有所不知,此诗为我族祖鲍照所作,父亲在我儿时就教诵于我。"

"恕妾无知,不知是令族祖大作。前不久,我偶尔得到此诗,诗中道出了我难言的痛苦,当今世上善人少恶人多,每读一遍,心内一阵抽搐,但我真不想在这痛苦之中消沉下去。"

"世路艰难千余载,追溯起来远矣。先祖对时世感愤不平,写下《拟行路难》十九首,此诗排列第四。芳卿,来!咱们饮酒吧,或许能斩断愁绪。"

共同的经历、共同的命运使这对陌生男女聚在一起。

夕阳西沉,湖面上泛起金光,沿湖的窗子,一半开着,送进来阵阵凉风,也送进湖上画舫中的取乐嬉笑声。小小取过琵琶,轻轻抹动了几下:

"先生,妾唱一曲替你解闷浇愁。"

小小坐定。她抽拨弄槽,弹抹复挑。随着她莺啭般的声音,整个湖面顿时静了下来。她唱的是当时流行的《神弦歌》。鲍仁静静听着,从那貌似神奇的旋律中,他听到的是一个娼门女子痛苦的哭诉,她想超脱出尘世,然而,残酷的现实逼迫她步步就范。只听戛然一声,琴弦挣断。

"芳卿,饮上这杯吧。你的心意我全领了,时候不早,我要告辞了。"

小小从座后取出两封用红纸扎好的银两递与鲍仁:

"区区百金,聊壮行色,我在家静听先生的佳音"。

鲍仁俯身上前一揖,小小慌忙说:

"先生不必如此,想我们同命之人,患难时应该相扶。"

"芳卿的侠义之情,深于潭水。不是我用片言只语能表达出来的,只能铭记在心。"

"先生一副英雄气概,非王孙公子所能相比,妾也不便久留。"小小含着珠泪,起身相送。

转回镜阁之中,小小趁着暮色向湖尽头眺望,湖面灯影摇晃,月光正好从湖面上反射过来,波光荡漾,和远处酒楼上的几盏明灯交相辉映,看到那水中的画舫,想到此时仍在任意游冶的红男绿女,她突然转身,俯在卧榻上,放声痛哭起来。

她在痛苦地思索,这些年到底干了些什么?到底得到了什么?强颜欢笑,忍辱负重,含歌揽涕,忧愁缠身,难言之事充满胸怀,但只能把痛苦深深埋在心底。她多么希望能得到一个正常人的生活啊,宁愿象那荒野中的野鸭,对对相伴,也不愿象空中那失偶的孤鹤,哀鸣啼叫。她看着那刚刚挣断弦的琵琶,又想着适才和鲍仁叙谈的愉快时刻,虽为自己的侠义举动感到由衷的快慰,可一想到眼前的自己,又失声号啕起来。

贾姨娘听见镜阁里的哭声,慌忙走了进来,见小小满面泪痕,连忙把她扶坐起来,为她拭干泪水,说:

"姑娘受了什么委屈,这般悲痛,快给姨娘说说。"

小小仍在抽噎,没有回答。

"甥女,这些年来,全靠你辛勤奔走,才慢慢有些积攒,好歹也成了一个家业,你却为何又伤心到这般田地?"

小小止住了抽泣,两眼直直地望着姨娘,她怎好将心里话向姨娘倾诉,见她这样关心,只得低声说:

"姨娘,没有大不了的事,我想哭个痛快。你歇息去吧!"

小小泪眼蒙眬,瞥见墙上题镜阁的诗,那琴,那棋,还有前不久挂上去的"青莲"画,她又想起了往日的经历,想起了开初,想起了阮郁。阮郁的背弃而走,对当时刚刚接触异性的小小,真是一个不小的打击。从那时起,她便开始严肃地思考人生,时时想到自己的归宿,她把世间的无情慢慢积蓄起来,变成了一股无形的愤世嫉俗的力量。

傲骨持洁净

转眼到了严冬,瑞雪纷纷扬扬地飘舞,落在屋顶、落在枯萎的柳枝上,整个明圣湖被一片银色裹着。小小坐在桌前,铺开一幅白绢,打开石砚,轻轻地研了起来。

贾姨娘走进镜阁内,见小小衣着单薄,正准备习画,忙取过披风替她搭上。小小回过头来,见是姨娘,慌忙说道:

"天寒夜冷,姨娘怎么还不安睡?"小小一眼望去,见贾姨娘气色不对,"姨娘有什么紧要事吩咐,小小一定遵命就是了,何不叫人来传唤?"

姨娘深深地叹了一口气:

"甥女不要催问,待我歇息片刻,说给你听。"

小小急忙端过来一杯热茶,递给姨娘,然后和她相对而坐。

"姑娘有所不知,今天下午有一差人来过,说是什么巡行钱塘县的上江观察使孟大人,得知姑娘名声,点名要我姑娘去陪酒。当时,我回答道:'我姑娘乃青楼佳女、名扬钱塘,怎能这样随便使唤,若要请我姑娘吃酒,可留下帖子,等她回来看了,好来赴席。'那差人悻悻而去,待到傍晚,那差人又来到坊间,口气也比先前强硬,我见这架势,就推说姑娘出外一直未归,想明日那孟大人是不会甘休的。"

听姨娘这么一说,小小倒显得无事一样。她用手使劲研了几下墨,笑着说:

"我一青楼弱女,如同寒风冷雨中的花朵一样,几经吹打,几经飘零,现在也习惯多了,不过我要看看这孟大人是何模样,姨娘不必担心,我自会应付他的。"

第二天一大早,大雪方霁,阳光洒向地面。小小乘上油壁香车,一路上,她双眼凝眸,看着那雪光映照下的湖水仿佛一片圣洁的世界,喃喃自语道:

"你虽美妙无比,却引来多少遗恨。西施的美貌使吴国归于灭亡;我得益于你山水性

灵,却惹起众多烦恼,湖水啊,我真是既爱怜你,又十分痛恨你。"

随童很能理解小小此时的心情,他推得很快。不一会,他们来到了灵隐寺前。随童将车停好,撩起车帘,小小举步下来,深深地吸了一口气,又扯了扯斗篷,径直朝寺内走去。门外一僧人正在扫雪,见远处走来一位女施主,忙放下扫帚,双手合揖:

"风雪严寒,有劳施主,请寺中安歇。阿弥陀佛。"

小小走到菩萨面前,顺着蒲团跪下,双手合十,默默地祈颂着。然后起身将点燃的香火插进坛内,又是一阵跪拜,起来后将大把银两放在供桌前。主持僧忙邀小小一旁歇息,几个僧人在一旁坐定,手持法器,按照施主的意愿做起法事来,一阵鼓乐齐鸣,十分庄严、肃穆。

出寺庙后,小小在童子的搀扶下攀登北高峰,在一块平地上,俯首观赏雪景,一直挨到傍晚。

这天,上江观察使孟浪又差人守在妓院门口,一直等到日落西山,还不见回转,那差人压着性子等到夜静更深,才见一小车缓缓而至,小童进去唤出几个侍儿,那小小醄醄大醉,被众人一齐搀扶着进了门。那差人无可奈何,回到孟浪船上回禀,添油加醋乱说一通,生怕大人降罪于他:

"小人去传唤,那娼妓酩酊大醉,不能起来,我看他全不把大人放在眼里。"

孟浪一听此话,勃然大怒:

"一个娼妓,居然屡唤不应,真是放肆! 须拿她来羞辱一场,才解胸中之恨。"

但他转念一想,此法不妥:"我亲自去拿她,她认我是客官,一定不会害怕,若托府县立刻拿来,她才知道厉害。"

府县得知后,暗暗吃惊,想到苏小小在钱塘名气,于是派人暗中告诉妓院,劝小小快去找当地显宦求情、解释,随后自己穿青衣,蓬首请罪,这样也许可避免横来之祸。

"小小早想好主意,不顾姨娘的催促,来到镜前,梳云掠月,装饰得如画如描。这更急坏了贾姨娘。按府县差人意思,今日是赔罪,需青衣蓬首。小小却笑着说:

"装束表示恭敬,我这样去,即使有罪也会自消,为何要蓬首垢面青衣,自己先轻薄自己?"

姨娘知道小小性格,也不再说。侍儿端上早点,小小吃了一些,就乘上油壁香车,来到湖边。

那孟浪在船上远远看见小车迎面而来,并无府县衙役,知是小小亲自而来,忙叫手下将小小带到船上,一见小小那装束打扮,果然名不虚传,顿时眼也呆了,心也酥了,到嘴边的硬话也一下变软了:

"既然你来了也就算了,但你今日来,是求生、还是求死?"

小小连忙应道:

"爱之欲其生,恶之欲其死,这都在大人意念之中,贱妾怎么能够自己定夺?"

孟浪听了,不禁大笑起来:

"风流聪慧,果然名下无虚。但这不过是口舌诡辩之才,不是真实学问。如果你能当面赋诗,我不但不加罪,反而赠给厚礼。"

小小请孟浪出题,孟于是指着几上一瓶红梅说:"今日赏梅,就以此为题。"

小小听了,也不假思索,信口吟道:

梅花虽傲骨,怎敢敌春寒?

若得分红白,还须青眼看。

这诗中句句包含着眼前发生的事情,不卑不亢。那孟浪听了,喜得眉开眼笑,他死死地盯着小小,叫人摆下酒宴,边酌边想:我一个观察使,府下侍女,姬妾也有不少,可一个个呆板,见到我噤若寒蝉,全不象些有血有肉的活物。眼前这苏小小的一举一动,一颦一笑,竟同那湖水一样,自然、朴实、远望,皎洁似朝霞中升起的太阳,近看,似水中挺立的芙蓉。他见坐在他对面的小小,神态高傲,有着凛然不可犯的肃气,又想到府中那些姬妾们为了取悦自己,争妍斗艳,与眼前的小小相比显得是那么的虚伪。他一下子就被这纯洁无华的美征服了,被那傲然自尊的神色征服了。

随车童子递过琴来,小小转轴拨弦,如诉如怨的琴声响彻在清澈的湖面之上,四周白雪覆盖,寒气中夹杂着她的幽思,琴韵象湖水静静地流动着,清越淡远,人们的思绪被琴声牵着,时时刻刻感到弄琴人脉搏的跳动。

琴声戛然而止,全船人如梦中方醒,孟浪眨着醉眼,呼喊着小小:

"芳卿,凭这般才貌,何必再受风尘之苦,不如随我回府……"

"我辈中人,涂脂抹粉,巧言令色,为的是获取钱财,大人此话岂不羞辱贱妾吗?"

这么多年的风尘生涯,小小含悲忍痛,她何尝不想摆脱呢?她有理想,渴望自由;虽身在妓院,在她看来却没有高墙禁锢,金屋紧锁。她从那桃红柳绿,山清水秀以及丰富多彩的芸芸众生中,获得无数难以言喻的乐趣。她高兴可到湖里泛舟,可到南北二峰登临,可去灵隐寺中求神拜佛。倘若一进高墙深院,那么这一切人间乐趣就会顿时消失。在这风霜刀剑的人世间,她学会自卫了,一句话把那孟浪回敬得脸红一阵,白一阵,也不好发火。

此事一下传遍全城,众人不但夸奖小小貌美,又夸她有应变之才,声名越来越大。然而小小却陷入更加痛苦的思考中,她暗暗想:

"我在坊间多年,也享尽了富贵豪华,尝遍了风流滋味,也很少受到人家一毫轻贱,这真是侥天下之大幸了。人生若梦,可自己的归宿又在哪里呢?"她真想寻个桃源归去,就象那巫山的神女、洛水的神女一样远离尘世,然而面对的是她躲避不了的沉重现实。她也想摆脱青楼,找一个男子,恩恩爱爱,心甘情愿地受穷受苦,但希望很快就破灭了。于是,她不是房间反锁,就是推脱有病缠身,辞去一切来客,仍然到寺庙中求神拜佛,或乘坐油壁香车,在湖边盘桓。

西泠传美名

一晃又过去了几年,小小已经二十二岁了。

那年七月,她邀约一姊妹前去观荷花。天空阴沉沉的,乌云翻卷,不一时下起雨来,

雨滴洒在湖面上，泛起阵阵涟漪，圆圈慢慢扩大，一朵被另一朵吞噬进去。小小二人合撑一把雨伞，趔趔趄趄走进玉泉亭，找了一洁净处坐下。

这雨中的玉泉池，更显得晶莹无比，荷叶田田，象碧绿的伞盖，又象一位亭亭玉立的少女的裙，清水在它们脚下洗濯、发出淙淙的声响。在这一片绿色之间，有许多白色、红色的莲花，不但有并蒂的，还有三、四蒂的。白莲已经谢了，花瓣儿落在水中，任意飘零、随雨水浇打，荷梗上只留下个莲蓬，果实满满的。而那些红莲，正含苞欲放，虽被雨水打得左右摇摆，但仍然挺立着，显得格外娇艳。

小小看得呆了，她斜倚在亭栏边，用手抹了一下额上的雨珠。那姊妹见此情景，忙上前将她扶至避风的地方。

"姑娘，担心被风寒伤了身体，等雨停了下来，我们尽早回坊。"

"姐姐，你看那荷花，出于淤泥，仍洁净非凡，尤其是那弱小的红莲，开得是那样娇艳，我愈看愈想看，哪顾得上风寒。"

"这些年来也难为你了，眼看身子一天天消瘦下去，还望姑娘多多保重。"

"姐姐，看着那红莲，就想到我们娼家女子，不知归宿在何处？"

"姑娘不是常说，我们这些人用色事他人，能得几时好，不就象那白莲，瓣儿落尽，美色全失。我们侍酒陪饮、追欢卖笑，全都是为他人遣兴陶情，解闷破寂。我想还不如趁早从良，兴许能找个满意的，也不至再受人怠慢。"

"姐姐说的倒是，怎奈何我们这般人，若找个以势凌人的坏种，一入侯门，象进入深渊，加上家法又严，那才真是抬头不得，一半做妾、一半做婢，只好忍死度日，倒不如而今超脱尘世，象那红莲一样，任凭风吹雨打，也傲然挺立于青泥之上。"

两姊妹说到此处，偎依在一块，眼泪象断线的珠子滴落在对方的手背上。

晚上回到镜阁，苏小小感到头脑发热，胸中发闷，浑身上下不舒服。她打开窗户，让凉风吹着发热的全身。哪知白天受的是暑热之气，这样让风一吹，上下乏力，她急忙想上床歇息，不料跌倒在地。贾姨娘赶进房内，见她昏迷不醒，老泪纵横地守在小小床边。好不容易等到小小清醒了一阵，姨娘抚摸着她的手说：

"你这么点年纪，在青楼享有盛名，正好嘲风弄月，快快活活过上几年，不想得此重病，这真是上天不仁啊。"

小小微睁秀眼，亲切自然地说：

"姨娘不要错怪了天，这正是上天成全我，他让我红颜而死，不至于出白头之丑，你应该高兴，不要悲伤。"

说完，小小头一偏，倒在枕上又昏昏睡去了。

月光如流水般泻进镜阁，泻在小小的身旁，照得满屋寒光、四处惨白。贾姨娘点燃蜡烛，小小那毫无血色的脸上，显得十分坦然，眉宇间还流露出傲然之气。姨娘含泪整理着小小的诗稿，挂好琵琶，然后坐到床边。小小醒来，看见姨娘，想挣扎坐起来，但力不从心，泪眼汪汪地强笑着说：

"刚才好一阵舒服，我在神灵那儿见到了母亲，见到了众多姊妹。真的，我还在那儿见到洛水神女，她们是那样飘逸、潇洒、有时在水边嬉戏，有时在沙洲遨游；有的采明珠，有的拾翠羽。她们是那样无拘无束,来无影、去无踪,姨娘,她们叫我明天就去,我特回来辞别。"

姨娘闻言,悲痛不已。她使劲地抽泣着,泪水滴到小小手上,也落到小小那颗明洁、冰凉的心上。小小已进入了一个清静无比的境界,她一丝杂念也没有,她完全超脱了。姨娘见她病情这么严重,知她命在旦夕,忙问她有何事未了?后事料理从丰从俭?

小小说:"我无未了之事,交乃浮云,情犹流水。至于盖棺之后,我已物化形消,何以谈得上丰俭,这都由姨娘安排。身边财物,分给众姊妹。儿只有一个心愿:生于西泠,死于西泠,埋骨西泠,这才不负我苏小小一生对山水的爱好。"

说完双眼紧闭,奄然而逝。她脸上还挂着丝丝笑意,没有叹息,没有悔恨,更没有恐惧。世道维艰,人生坎坷,她孜孜不倦地追求过。"举杯断绝歌《路难》",但她在这崎岖的小路上仍艰难地行走,她爱湖水,爱垂柳,爱人生,直到生命的最后一息。湖水含悲,失去了一个用忠诚的心爱恋她的女儿;岸边的垂柳摇曳着被秋风熏黄的枝条,俯向湖面,为小小垂首,他们失去一位朝夕相伴的友人。西泠渡口,堤边小道,再也不会出现那油壁香车的辙印和小小欢乐的笑声了。

鲍仁接受苏小小的劝告和资助以后,几经周折,终于被任为滑州刺史。他忘不了小小的知遇之恩,赴任后便差人到西泠传信面拜。但差人回禀,说小小病逝。鲍仁立即换了白衣白冠,轿也不乘,径直走马而来。这日,他来到苏小小灵前,胸中的苦痛悲戚如冲破大堤的洪水,倾泻而出:

"苏芳卿啊,你是个千秋具慧眼,有血性的奇女子,你知我鲍仁是个英雄,慨然赠我百金去求功名,而今我功成名就,来谢知己,谁知你竟辞世而去。芳卿既去,恰教我鲍仁这一腔知己之感,向谁诉说?岂不痛哉?"

贾姨娘见状,忙好言相劝,把他领进镜阁之内。物是人非,触景生情,那琴,那画,那无数的诗帛,那曾相对而坐的椅、几,无不勾起鲍仁终生难忘的回忆。他耳畔又仿佛响起小小那清脆悦耳的歌声,但现在她再也用不着唱那《神弦歌》了,她已到那神秘的世界去了。

鲍仁按照苏小小的遗愿,亲自督促当地名匠人兴工动土在湖光山色的西泠建墓,同时不避官府之嫌,亲自发帖、邀请全城乡绅士大夫,都来为苏小小开丧出殡。出殡那天,全城各界人士都被鲍仁这一义举所感,再加上小小在青楼中的为人,因此场面十分动人。贾姨娘与众姊妹紧随小小棺后,童子推着油壁香车,在湖边缓缓行进,他要让小小再好好地把这山山水水饱览一遍。

彩笺留芳

——薛涛

名人档案

薛涛:字洪度。长安(今陕西西安)人。父薛郧,仕宦入蜀,死后,妻女流寓蜀中。薛涛姿容美艳,性敏慧,8岁能诗,洞晓音律,多才艺,声名倾动一时。

生卒时间:? ~约832年。

历史功过:薛涛的诗,不仅如世所传诵的《送友人》《题竹郎庙》等篇,以清词丽句见长,还有一些具有思想深度的关怀现实的作品。在封建时代妇女,特别是象她这一类型妇女中,是不可多得的。她曾到过接近吐蕃的松州,有《罚赴边有怀上韦令公》诗,其第一首说:"闻说边城苦,而今到始知。羞将门下曲,唱与陇头儿。"对防守边疆士兵的艰苦生活寄以深切同情。杨慎说它"有讽谕而不露,得诗人之妙"(《升庵诗话》)。《四库全书总目》也认为她的《筹边楼》"托意深远","非寻常裙屐所及"。有《锦江集》5卷,今佚。《全唐诗》录存其诗1卷。近人张蓬舟有《薛涛诗笺》。事迹见《唐诗纪事》《唐才子传》。

名家评点:唐代女诗人,《宣和书谱》云薛涛"作字无女子气,笔力峻激,其行书妙处,颇得王羲之法。少加以学,亦卫夫人之流也。每喜写己所作,诗语亦工,思致俊逸,法书警句,因而得名"。

豆蔻诗才

薛涛,字洪度(一作弘度),原籍长安(今陕西西安市)。幼年随父薛郧宦游入蜀(今成都),自幼聪敏,八九岁时就能知音律,吟诗作文,后入乐籍。因容貌美丽,又有诗才,书

法亦精,故扬名蜀地。

在庭院续诗的事情过去没几年,薛涛的父亲就因病过早地离世,薛家的家境急剧下降,小薛涛的处境也就更加不如从前了。在重男轻女的封建社会里,男子读书,尚可以走考取官职的仕途,但对于小户人家中有才学的女子来说,却没有任何出路。10岁的薛涛,虽然自幼聪慧,知音律,通诗文,精书法,特别是作得一手好诗,却与"仕途"无缘,只能在达官贵人们饮酒时,给人家赋几首诗,供人家享乐。

那一年,刚刚到任的西川节度使韦相公听说本地有一个叫薛涛的小姑娘诗才不凡,长相又漂亮,就利用自己的职权,把交际甚广的她公开召进府去侍酒吟诗。这样,十五六岁的薛涛出于无奈,又被生活所迫,早早地就成了韦相公幕下官方最年轻的乐伎。

韦相公,名韦皋,字城武,万年(今陕西西安)人。贞元元年(785年)六月为剑南西川节度使,因边功甚伟,进检校司徒兼中书令,封南康郡王,镇蜀21年。韦皋在西川任职期间,治理的功绩卓著,特别是边疆镇守的功绩尤为突出,所以当地的人们都称誉韦皋为诸葛后身。与他交往的使者,驾车来西川,每每行贿,都先送礼给薛涛。因为使者们都知道这位年轻漂亮又有才华的薛涛在幕府做事,聪明伶俐,很得韦皋的宠爱,所以送礼时必有此行。薛涛因考虑问题简单一些,也就不顾嫌疑,把所收留的金银饰物、绫罗绸缎等往往还向上纳贡。韦皋得知后很不满意。特别是有一次在酒席筵上,薛涛因醉争酒令,掷注子误伤了韦皋的侄子,结果薛涛为此受到谴责,将被罚到边疆松州(今四川松潘县)的军营。

当薛涛得知韦相公做出这个决定的消息时,联想到松州边境正在打仗,心里很是惧怕到那个偏僻的地方去,因此写下一首诗:

黠虏犹违命,烽烟直北愁。

却教严遣妾,不敢向松州。

这诗的大意是:狡猾之敌吐蕃竟敢违君命入侵陇、蜀之地,把战火一直烧到四川的正北方,在此之际,韦相公却严加责罚像我这样年少又柔弱的妇女,我实在是不愿赴往战火纷飞的松州边境线,诗写得哀怨、沉痛,所求之情流露字里行间,在求情的同时,还暗含抨击。当薛涛到了松州军营,看到边境荒凉凄苦的环境,就又提笔写了一首诗:

闻道边城苦,今来到始知。

羞将筵上曲,唱与陇头儿。

诗写得更加恳切,感情也很细腻。诗中说:平时常听人们讲边城很苦,今天,当我真的来到这里,才知道这的确是真的。在这清苦的边城,我实在是不好意思把平日里在幕府筵席上所吟唱的欢乐之曲,唱给镇守边疆的战士们听。简捷形象的几句诗,就把边城艰难困苦的景象描绘出来,并与朱门府上花天酒地、歌舞升平的奢侈豪华的生活作以对比,使薛涛自己都觉得平日的词曲再也唱不出口。这两首诗合起来为《罚赴边有怀上韦相公》二首。对薛涛这两首诗,明代著名的诗评家都有评论。钟惺《名媛诗归》评曰:"二诗如边城画角,别是一番哀怨。"杨慎《升庵诗话》评曰:"有讽喻而不露,是诗人之妙,使李白见之,亦当叩首,元、白之流纷纷停笔,不亦宜乎?"此评语虽然"誉之过甚",其诗句还是上乘之作。

为这次被罚往赴边，薛涛还曾写了《十离诗》，以悼千古才人之遭际，责百代用人之弊端来感怀自己的遭遇。可见其一《犬离主》：

出入朱门四五年，为知人意得人怜。

近缘咬著亲知客，不得红丝毯上眠。

在诗中，薛涛把自己和韦皋的关系，比作犬和主，采用了民歌的笔法，以明白如画的诗句描绘了一个犬离主的故事，借物陈情，并敏感地认识到豪门贵族的冷酷，正视自己所处地位的毫无保障，犬守主虽然很长时间，但偶有小过，也会被罚赴边，这就是犬为什么离去的原因。接下来，又一连写了共10首，《笔离手》《马离厩》《燕离巢》《竹离亭》等，用十物的比拟，分别哀叹自己像笔"都缘用久锋头尽"、像马"为惊玉貌郎君坠"、像燕"衔泥秽污珊瑚枕"、像竹"为缘春笋钻墙破"（一作敝），等等，这《十离诗》不仅要求主子的同情和宽恕，同时更是发自内心的陈情一表。由于薛涛涉世未深，又恃才傲物，不拘小节，所以，因小错而遭罚边是难免的，在诗中，她不光为自己一吐真言，也为天下有才之人的共同命运而感慨万分，叹贵才因小事失误就贱之千古，也实在悲哀。"《十离诗》有引躬自责者，有归咎他人者，有拟议情好者，有直陈过端者，有微寄讽刺者，皆情到至处，一往而就。非才人，女人不能。盖女人善思，才人善达故也。"这是明代钟惺在《名媛诗归》中对薛涛《十离诗》比较中肯公允的评价。

远离成都府的边塞生活，离战争又很近很近，生活的艰苦是可想而知的，这对于一个生在宦家，长在城里，生活在幕府中的青年女子薛涛来说，是很难适应的。为了能尽快地离开连兵士都不愿意镇守的边塞，薛涛又给韦皋写了《罚赴边上韦相公》二首诗：

其一

萤在荒芜月在天，萤飞岂到月轮边。

重光万里应相照，目断云霄信不传。

其二

按辔岭头寒复寒，微风细雨彻心肝。

但得放儿归舍去，山水屏风永不看。

在第一首诗中，薛涛把韦皋比作一轮圆月，把自己比作小小的萤火虫，意思是说，我在荒芜的天边离月轮很远很远，能不能让我离得近一点把月亮的光明也照映到我的身上，好让我也发出一丝丝萤光呢？接着在第二首诗中，又将自己的心情更加依次递进，详细地描写了赴边时旅途的艰难。诗中说：当我骑着马翻过山头，天气更冷了，微风中夹着细雨的天气使人心碎肠断，如果您能将我放回去，今后我永远也不敢再看画屏上的山水了。面对艰难的行程，这位20岁的女子，只好动用自己的真情来向主宰她命运的上司写诗相求。对于一个身陷乐籍的弱女子，遭此厄运后，除此之外，还能有什么好办法呢？

在1000多年以前，通讯条件是低级的，交通更是极不方便，薛涛写给韦相公发自心底的诗也不知什么时间他才能看到。薛涛确实出笔不凡，就连韦皋看了这些情真意切的求情诗后，怒气也渐渐地消了，于是就将她召回成都幕府，并且让她脱离了乐籍，恢复了她自由之身。

所谓"乐籍"，应该怎样理解它的含意，我们首先得从了解当时的社会入手。唐代是音乐文化相当发达的鼎盛时期,据《中国音乐史略·隋唐音乐》的记载介绍,我们得知,凡乐人、音声人进入"衙前乐"或"教坊"均须通过教习,登记于簿籍。凡名在簿籍的乐人、音声人,即属在乐籍。乐籍也不乏男性。简单地说,乐籍中的人就是从事音乐艺术的人。在唐代或者说在古代,音乐界中人的地位,包括政治、经济、社会地位及其他方面,与当今社会中搞文艺工作的人相比是截然不同的。薛涛自幼聪敏,知音律,这与她父亲平时常教她读书作诗及其他文化熏陶是分不开的。尚未成年就失去父亲,又以一个外乡人的身份流落异地,孤苦无依,再加上她才色双全,当她身入乐籍后,要想洁身自好、守身如玉,这在中晚唐随着唐王朝的日渐衰微,上层人物的奢靡之风日趋炽烈的社会,是难上加难的。因此,薛涛身陷乐籍,给她打上了不幸的烙印,使她在一生中始终处在被侮辱与被损害的地位,千百年来蒙受巨大的耻辱。她虽柔弱,无力抵抗社会所给她带来的厄运,但"恃才傲物",却正是她不甘沦落的表现。

"出入朱门四五年","跳跃深池四五秋"(《十离诗》)的诗句,点明了她在成都生活的地点与时间,她从十五六岁入乐籍,就职于成都的最高地方长官剑南西川节度使韦皋幕下,除侍酒赋诗外,还以她特殊的身份周旋于上层人物之间,联络各方,便于咨询政事。从武元衡在任时,曾奏请薛涛为校书之事,就可证明薛涛是很有业务才能的,因此,她在幕府的作用,远远超过了"交际花"的职能。

当薛涛初入幕府侍酒赋诗时,幕府的幕僚们开始以普通的乐伎对待薛涛,可薛涛的诗作一出,名士们均刮目相看,随后,便立刻以女诗人的礼仪相待。特别是继高崇文之后任节度使的武元衡也是一位诗人,他入川时,由于心情不好,就写了一首《题嘉陵驿》:

悠悠风旆绕山川,山雨空濛雨似烟。

路半嘉陵头已白,蜀门西更上青天。

薛涛读了以后,想了想,在首句引用了武元衡的末句,和到:

蜀门西更上青天,强为公歌蜀国弦。

卓氏长卿称士女,锦江玉垒献山川。

两首诗同写西川,但境界不同,对西川所流露出的感情也不同,武诗把西川写得山高水深,路险人稀,而薛涛则说西川是个好地方,人杰地灵,尽出卓文君与司马相如这样的人物。武元衡读了薛涛的诗,理解了她的一片良苦用心,所以就安下心来,高兴地在西川任职。此后,武元衡十分重视爱惜薛涛的才华,因而曾奏请薛涛为校书郎,虽没有被授职,世人还是都称她为"女校书"。

校书郎是中国古代的一种官名。东汉时,在东观置校书郎中。后魏置校书郎,属秘书省,掌校勘书籍、订正讹误的。到了唐代,秘书省及弘文馆,均置校书郎,秩为正九品。校书也称书记。在武元衡奏薛涛为校书之前,这个官职位置还从没有女人去占领,这在那时的社会是极为平常的事,不论你有多么超常的智慧、超人的才能,只要你是女人,那么你只能被视为玩物,给大人物作陪衬,何况在校书后面还常加一个"郎"字,这岂不是一目了然了吗?女人真的不如男人吗?从才学、能力,到襟怀、魄力,等等诸方面,男人都强过女人吗?回答是:未必!因为这其中有许多社会原因蕴含在里面。

薛涛的命运并不好,校书一职奏而未授,对她无疑是一个打击,但从当时常与薛涛唱

和往来的同时代诗人王建的诗中,我们感到薛涛在心灵上也应该有所慰藉。诗这样写的:

> 万里桥边女校书,琵琶花里闭门居。
>
> 扫眉才子知多少,管领春风总不如。

读了王建这首《寄蜀中薛涛校书》,我们不难看出,这位有才学的妇女,就像一颗闪闪发光的诗坛明星,是如此恰当地被冠以"扫眉才子"之名,为当时的文人所倾倒的,而并未授衔的"女校书"也已经在万里桥边叫开了。

"表荐校书偏遇变,枇杷门掩逐风流。"当薛涛在她脱离乐籍之后,便居住在成都西郊浣花溪枇杷门巷,身着女道士服(一作冠服),种花吟诗,并常与时人唱酬、赠答,或自己抒情遣怀、咏物写景,以排泄自己的心际。

薛涛身着道服,并不意味她出家。在中、晚唐时期,中国上层妇女时兴穿着女道士服,因为道服被她们看作是新潮的时装。这种道服,先是做歌舞服,穿上它在宫廷幕府内唱歌跳舞,后来就成为家居的常服。气度非凡并且又才华横溢的薛涛,常接触上层社会,又结识很多名流,思想自然是开放先进的,对于流行的新款式服装,她也是紧随潮流,追求新异的。为新缝制的道服,薛涛曾写下《试新服裁制初成》诗三首(选自陈文华《唐女诗人集三种》):

> 紫阳宫里赐红绡,仙雾朦胧隔海遥。
>
> 霜兔茸寒冰茧静,嫦娥笑指织星桥。
>
> 九气分为九色霞,五灵仙驭五云车。
>
> 春风因过东君舍,偷样人间染百花。
>
> 长裾本是上清仪,曾逐群仙把玉芝。
>
> 每到宫中歌舞会,折腰齐唱步虚词。

诗中把新制的道服描绘的非常漂亮,穿上它就像到了仙境,远离了世俗,也展示了薛涛心中的一种理想境界,沉浸在自我陶醉之中。

交际名家

薛涛这位自幼受到良好家庭的文化熏陶,通晓诗文的女诗人,由于家道的中衰,又无"仕"的资格,因而只能听从命运的安排。无论是在乐籍,还是脱乐籍,"凡历事十一镇,皆以诗名受知"。从韦皋起到李德裕止,剑南西川节度使前后更换了11届。这些当权者依次是袁滋、刘辟、高崇文、武元衡、李夷简、王播、段文昌、杜元颖、郭钊。薛涛出入幕府,周旋于权贵之间,广泛地结交名流,履行的是"公关"的职责;她善于咨议政事,咨询治蜀得失,驭边方略,具有"谋士"的才能;她协理文案,校勘书籍,相当的是力尽"校书"之责,而她侍酒赋诗,以乐伎的面目出现,只是在她生活于幕府中的一部分。

从她诗人兼幕友的一生中来看,虽然因曾不幸身陷乐籍,但她出入幕府,在周旋于权贵之间的同时,广泛地结交宾客,体察世态人情,咨询政事,联络各方。她"历十一镇",使

人受知的不仅在于伎,也不止在于诗,更主要的她力尽咨政、文案之职,是具有不可低估其价值的社会活动家。正因为这样,她才得到"在位巨公谁拯溺,当时名士尽知音"(今朱朗煌)的评价和"红颜老去思谁主,赢得公卿唱和诗"(今邹光绶)的赞誉。

据元末蜀人费著《笺纸谱》记载:"涛出入幕府,自皋至李德裕,凡历十一镇,皆以诗受知。其间与涛唱和者,元稹,白居易,牛僧孺、令孤楚、裴度、严缓、张籍、杜牧、刘禹锡、吴武陵、张祐,余皆名士,记载凡二十人,竟有酬和。"但从现存史料中,只能查阅到元稹、白居易、刘禹锡三人与薛涛有唱和诗,其他人的现存诗均无唱和之作。前人的著作,有自己自行隐匿的,有被后人删削的,有因遭战乱散失的,因此,具体原因都不详。由此可知,不仅薛涛的诗散失很多,其他人的存诗也都如此。再者说,当时流传下来的薛涛与人唱和诗,有的记有姓名,有的是经过考知的有 7 人;只有姓氏、官衔或排行、到现在尚未考知名字者也有 16 人;无姓氏、官衔或排行的唱和诗有 4 首(详见张蓬舟《薛涛诗笺》),而与薛涛直接唱和,并有姓氏确证的诗仅存 3 首。其一是王建《寄蜀中薛涛校书》,其二是元稹《寄赠薛涛》,其三就是白居易《与薛涛》,诗如下:

峨眉山势接云霓,欲逐刘郎此路迷。

若似剡中容易到,春风犹隔武陵溪。

白居易与薛涛不知是否谋过面,这首诗可能是通过元稹与之唱和的。诗中"峨眉"句就是引用元稹"峨眉秀"之意比喻薛涛的,"欲逐刘郎"是引用刘晨、阮肇入天台遇仙的故事,不说刘郎追逐仙女,却反过来说仙女追逐刘郎,实际上是暗示薛涛心属元稹之事。可见薛涛与元稹之间的感情纠葛,也不是世人不知的。下句中的"剡中"是县名,今在浙江嵊县,元稹此时正在浙江东任观察使,而薛涛在蜀西,从蜀西到浙东中间隔着湖南,武陵溪即桃花源,是幻想中的美好世界,桃花源是一个追寻不到的地方,更何况天台仙境呢?其含意大概是说薛涛距元稹之间的路途那么遥远,想聚到一起,实在是太难了。我们都知道,元稹与白居易的关系特别亲密,所以在给薛涛的诗中,其个人的感情是倾向挚友元稹的。

薛涛现存 91 首诗中,唱酬赠答之作占了一半,其中"上蜀师的诗有十几首。这些诗意在颂扬,却不带媚气"。诗要写得不卑不媚,发言得体,自然挺正,颂而不媚,讽而不露,是很难的。《罚赴边有怀上韦相公》历来为人称道;《贼平后上高相公》中有"始信大威能照映,由来日月借生光"之句,既赞颂高相公的威严之气,大将风度,又以"始信"一词一扫女人的媚气;《续嘉陵驿诗诗献武相国》中有巧妙地续诗"卓氏长卿称士女,锦江玉垒献山川",歌颂了武元衡即将要出任的蜀地是士女山川,风光锦绣,诗续的不卑不亢;《赠段校书》中"玄成莫便骄名誉,文采风流定不如",是说谁都不能随便地为名誉骄傲,韦玄成的文采就不如你的风流,"赠诗具有深意,不为苟作";《段相国游武担寺病不能从题寄》也是写给段文昌的一篇极难写而又写得不错的诗,这本是应段相公之邀该一同游武担寺的,可晚年的薛涛因病不能随从,因而写到"依心犹道青春在,羞看飞蓬石镜中",自认为还年轻,可病中蓬首垢面的,怕在武担寺石镜中看到这个狼狈的样子,以极其诙谐的语气,冲淡了不堪惋惜的气氛;再如《上王尚书》一诗中"手持云篆题新榜,十万人家春日长"之句,更是"逸而动,绝不带媚气",既赞誉王播(原为剑南西川节度使,后任礼部尚

书)执政辛劳,工作勤奋,又歌颂其管辖的地域国泰民安,一派生机的景象。

薛涛之所以名重于时,据推测,原因有两方面,其一,第一任韦皋镇蜀的时间最长是21年,以后继任的大多都出自幕下,他们都是薛涛的故旧;其二,薛涛亲历各届治蜀的得失利弊,是具备咨询资格的,因而才有今人邹光绶的赞誉诗《无题》:

绣虎雕龙女辩才,江山绝境为谁开。

蛾眉莫道无知己,十一曾经节度来。

翻开张蓬舟《薛涛诗笺》,从不尽完整详细的薛涛传中得知,薛涛与同期的大诗人元稹(字微之,779~831年)的交情最为深厚,彼此曾互引为知己。

早在约元和四年(809年),元稹为东川监察御史时,听说成都浣花溪有一位女校书才貌双全,很是羡慕,并非常想认识交往。在原韦皋幕下任成都尹,当时已进位司空,任太原节度使的严绶知晓元稹流露出这个意思后,就精心安排,派薛涛前往东川与之相识了。初次见面,元稹自恃才子,又是官人,自尊自大,没把幕府中的乐伎放在眼里,当薛涛作诗写字的时候,元稹矜持墨砚,根本也没想过薛涛能有多深的学问,所以现出一副不以为然的样子。薛涛明知此意,当下写下了著名的短文《四友赞》,在称颂晋代王猛等4位历史上的著名人物之后又说,我与他们都很熟,结识交往的也都是大人物,"引书媒而默默,入文亩而休休",是说我就是从小在书中长大,踏着诗文走过来的。意思是说你不要以我乐伎的身份小瞧人。元稹读了以后,为薛涛敏感的思维及俊美的文笔特别惊讶,进而从心里佩服已极。通过在东川近半年的走笔作诗,互相唱和往还,独身的薛涛渐渐地钟情于这个风流才子元稹。当时他们这两个文人的唱和诗一定很多,可惜现存集中,都不曾见到。

薛涛于青、中年居住在成都西郊浣花溪枇杷门巷的五云仙居时,创制了深红色小笺,给分手10年的元稹捎去100多幅,因而,元稹在薛涛赠予的小笺上题一首诗给薛涛,那就是《寄赠薛涛》:

锦江滑腻峨眉秀,幻出文君与薛涛。

言语巧偷鹦鹉舌,文章分得凤凰毛。

纷纷辞客多停笔,个个公卿欲梦刀。

别后相思隔烟水,菖蒲花发五云高。

元稹在诗中写道,四川秀丽的山水,养育出美女不知多少,古有爱好音乐的卓文君,今有喜善诗文的薛涛。你的诗篇言语巧得就像鹦鹉的嘴,文章漂亮得就像凤凰的羽毛。文人看了都纷纷停下笔,无法再写下去,公卿们都想到西蜀来做官。诗中"梦刀"句有一个典故,就是在晋朝有一个叫王浚的睡觉时梦到三把刀,后来又梦到一把,他觉得不吉利,就找人圆梦,别人告诉他这是好兆头,三刀预示着要做州官,又梦一刀,一通益,益州即蜀地。后来王浚真的做了益州的官。元稹在这里说公卿们都愿意到西蜀来做官,目的是好与薛涛相识,都想认识才女薛涛并和她在一起。尾联是说,好诗友离别之后,相距得太远,见面又不容易,但是尽管隔着千山万水,我在这也能看得到你五云仙居前盛开的菖蒲花。薛涛喜欢菖蒲花,在她居住的枇杷门巷种了不少,所以元稹在诗中特别提到这种黄色的菖蒲花,暗喻薛涛。其诗中"别后相思隔烟水",一语道破了他与薛涛之间的感情

关系。两人相聚过、相恋过,分手之后,浩如烟海广际无边的山水也隔不断两人的异地相思,可见两人除以文友相慕之外,男女相恋之情也是很深的。

薛涛收到元稹寄的诗后,也写一首诗给元稹,那就是《无微之赠诗诗因寄旧诗与之》(标题据《唐诗纪事》):

诗篇调态人皆有,细腻风光我独知。

月下咏花怜暗淡,两朝题柳为敧垂。

长教碧玉藏深处,总向红笺写自随。

老大不能收拾得,与君开似教男儿。

细细读来,总觉得有无限的哀怨流露笔端。首联的大意是每个人的诗篇著作,都有着自己的情调心态各领风骚,而我的诗篇文中的心灵深处的细腻之情,却唯有我自己知道。接着又怜月下咏花的暗淡,风雨中题柳的斜垂,归纳起来都为一怨:"长教碧玉藏深处",自己作为一个地位低下的小家女,不能与相爱的人相依相随,所以只好总是向自己创制的红色小笺倾诉内心的随想。在尾联,字里行间更是流露出无尽的自卑自叹,她哀叹流年飞度,韶华易逝,自己的旺盛之年已经远去(薛涛此时约 50 岁),可自己写过的诗篇却始终没有归结到一起,如果今天能一起交给元君这位男子汉,得到指教并帮助整理出来,该多好哇。再回头看诗的标题"寄旧诗",很可能这首诗是原来写的,没有交递给元稹,到现在才寄;也可能薛涛收拾起一部分旧诗,一并寄给元微之。这里的细情,只有1000 年以前的当事人知道了。这互寄的两首小诗,也正像两个人的情诗。

从薛涛的现存诗中,我们得知"以赠朋之作居多,不少作品情调伤感",她坎坷的生活命运,使她充满伤感情调是不足为奇的。任何一个女性,都向往着诚挚的爱情,希望拥有一个温暖幸福的家庭,这是一种正常的心理,更何况像薛涛这样聪明丽质又多愁善感,充满诗人气质的女性呢!她的苦闷,她的渴望,是情有可原的。

明了薛涛与元稹感情上的缠绵,让我们再读薛涛以前的诗《赠远》两绝句,便可以推断出那受赠者是谁了。其一:

芙蓉新落蜀山秋,锦字开缄到是愁。

闺阁不知戎马事,月高还上望夫楼。

元稹在认识薛涛的第二年即元和五年(810 年)被贬为江陵府士曹参军,这《赠远》两首诗,是在元稹被贬之后,薛诗写给他的。诗中的"芙蓉"是指水芙蓉,即荷花。荷花在夏季里盛开。诗的大意是说,在成都当荷花凋落的秋天里,你拆开我的信所看到的都是忧愁。我这个闺房中的女子,不懂军事,可每天在月儿升高的时候,我总要到望夫楼去眺望你的。此时多才多艺的薛涛,总倚仗自己的才华,不将自己的芳心轻易许出,因而到了 40岁左右的中年,还仍在未嫁之列。直到与元稹在前一年里相聚之后,才萌发一丝爱恋之心。因此,在诗中"锦字开缄"和"望夫楼"的字眼儿中,我们可以领略到薛涛对元稹的爱恋之情,对他被贬之事,虽爱莫能助,但情却难舍难消,因此在诗中,才把元稹比作自己的丈夫。"锦字",是用锦织成的字,旧时特指妻子写信给丈夫的书信或情诗。"望夫楼"顾名思义,就是眺望丈夫的高楼。由此可见,在薛涛的心中,蕴含着多么炽烈的爱恋之情,那情意浓郁而缠绵。

其另一首是：

扰弱新蒲叶又齐，春深花发塞前溪。

知君未转秦关骑，月照千门掩袖啼。

诗中是说：我插种的嫩弱的新菖蒲又长齐叶子了，春深时节，菖蒲花已经开放并布满了浣花溪，可我知道你暂时不能从秦地（陕西长安）回来了，在这阳光普照千家万户的日子里，我却只有掩面哭泣。其含情缠缠绵绵，又凄凄切切，寄予了自己对升迁之渴望，对情人眷恋之真意。从诗中所言，可以悟出薛涛与被赠者关系之深，关心之切，其交谊非同一般。从前面互赠的两首带有名字称谓的情诗来看，这《赠远》必定是薛涛赠予远贬的元稹无疑。

再看《江边》一诗：

西风忽报雁双双，人世心形两自降。

不为鱼肠有真诀，谁能夜夜立清江。

这首诗的大意是秋天来了，秋风把成双成对的雁儿送往南方，可我却身不随心愿，只好委屈地服从人世。要不是鱼肠中藏着书信，谁又能夜夜伫立在清江岸边等候着所爱的人捎来的音讯呢？从起句的"雁双双"，我们不难体会到薛涛自叹形单影孤的忧愁心况，再看转句用的"鱼肠"之典，更表现了她思念远别的情人，盼望捎来信息的迫切心情。"夜夜立清江"也绝不是笔者闲来泛泛之作，而是出于对情人的炽热情怀，才能写得如此真挚而深切。薛涛的感情是比较专著的。然而，使我国中唐这位文采风流的才女垂青的元稹又是怎么一个人呢？他是否值得薛涛的苦苦相恋呢？

元稹，河南（今洛阳）人，小薛涛约 10 来岁，早年家贫。28 岁时应科举为第一名，同时登第者有白居易等 28 人。曾历任左拾遗、河南县尉、监察御史、通州司马、虢州长史、同州刺史、越州刺史兼浙东观察史、尚书左丞，最后突然暴卒于武昌军节度使任所，终年 52 岁。元稹确为中唐一才子，从历任的官职来看，仕途也是比较通顺的，这与他爱慕虚荣是分不开的。当然这也与当时的社会不同的道德标准及习俗的影响有相当大的关系，但对爱情与门第的索取上，元稹的选择不是感情。纵观他一生中的婚姻情况，就能看出这一点。

元稹 21 岁（800 年）时，就与崔莺莺相恋，后来又弃之。3 年后，任校书郎的元稹与太子少保韦夏卿的女儿韦丛成婚，为的是仰攀高门。可他离开崔莺莺后，曾写过《离思》5首，其四中有"曾经沧海难为水，除却巫山不是云"的诗句，这是千古流传的名句，是用来比喻他们之间的感情有如沧海之水和巫山之云，其深广与美好是世间无与伦比的。"取次花丛懒回首，半缘修道半缘君"，是表示他对其他女色绝无眷恋之心，除"君"之外，再没有能使自己动情的女子了。还为了纪念她，特写了传奇小说《莺莺传》，为后来的《西厢记》的前身。元稹的妻子韦丛于元和四年（809 年）过世之后，元稹的悼亡诗《遣悲怀》三首中有"唯将终夜长开眼，报答平生未展眉"之句，仿佛是在对妻子表白自己的心迹：我将永远的想着你，要以"终夜长开眼"来报答你的"平生未展眉"，以平生不再娶来报答为自己操劳多年的爱妻。诗意痴情缠绵，哀痛欲绝！可是两年后，就在江陵被贬时（其中间还相识了薛涛）便纳妾安仙嫔。安氏不久也卒。元和十年（815 年），又续娶裴淑。可见元积对其崔莺莺、韦丛的爱情，都只是纸上谈兵，仅托空言没有付诸于行动罢了。至于元稹与薛涛的关系，虽然极为密切，友谊超乎寻常，但从元稹的一生追求来看，也只能是在羡慕薛涛的诗才使"辞客停笔""公卿梦刀"之余，欣赏她的"容仪颇丽，才调尤佳、立有酬对"（后蜀何光远《鉴戒录》）而已。

自从他们相识到别后互赠"情诗"之时，已有10余年了。在这10年的光景里，元稹有丧妻之悲，也有孤身之独，更有后续之喜，但唯独没有娶薛涛为妻的意识。其原因是，第一，相识之时有妻室；再者是两人的年龄、门第不相当。这是主要的。我们不否认元稹是一位多情才子，在动情之时，可谓一往情深，可动情的方向，也是随时可调换，特别是从长远打算，他还是追求名实兼得。回过头来，让我们再看看薛涛，年纪轻轻之时，便沦为乐伎，这全是封建社会腐朽制度造成的结果，也与千百年来中国的文化有关，"女子无才便是德"捆住多少才女的手脚，使她们埋没，无闻于滚滚红尘之中。薛涛不仅因为她容貌姣好，受到韦皋等节度使的赏识，更受重视的是她的才气和咨政事、理文案的能力。然而，作为唐代乐籍出身的薛涛，其政治地位和社会地位是可想而知的。虽然薛涛只是在青年时期做了四五年的乐伎，但这段经历在她的人生当中打下了深刻的烙印。当韦皋使她脱离乐籍之后，她一直在以诗才显示于世的同时，还是幕府的幕友与策士，最后隐居，以诗人的身份告别人生，作为这样一个非大家闺秀、非名门望族家庭出身的才女，视为知音、知己，可以，进一步相亲、相恋，也行，但要娶她为妻，对于元稹来说，是万万不可能。但两人相恋之情，以及曾经相聚在一起是不可抹杀的。尽管元稹作为一个当官之人，很注意自己的形象，避免给别人尤其是政敌留下任何把柄，所以，可查资料为空白，但从他所存的集子中，我们仍然看到一些有关的蛛丝马迹。

当元稹被贬江陵途中，曾作《嘉陵驿》二首，其一是："嘉陵驿上空床客，一夜嘉陵江水声。仍对墙南满山树，野花撩乱月胧明。"其二是："墙外花枝压短墙，月明还照半张床。无人会得此时意，一夜独眠西畔廊。"我们都不曾忘记的是，前面已经读过薛涛为元稹被贬时写的情意缠绵的诗《赠远》，而元稹此时正是处于前一年丧妻，在后一年再娶，唯独这一年是独居，因此，与薛涛的关系也是最为密切。他诗中屡言"空床客""半张床""一夜独眠"，是什么意思呢？无非是暗言在未贬之前，并非独眠，同时也有许多怀想，想怀的一定是曾与他相聚并伴侍数日的另一位独眠者薛涛。

那么，薛涛对自己与元稹的这段姻缘，也不是没有什么想法，从两人的互赠诗及《赠远》的诗中，薛涛始终是以妻子的口吻向丈夫倾诉相恋的情思；毫不掩饰地自艾"碧玉藏深处"，盼望"鱼肠有真诀"，直截了当地告知"日照千门掩袖啼"，"月高还上望夫楼"，所有这些，要表白的只有一点，那就是自己的情属元稹，心系微之。可有情人未成眷属，对此，薛涛是否也有自己的态度呢？

在《全唐诗》或《薛涛诗笺》中，我们可以读到10余首咏物诗。通过她的所咏之物，可以窥见她的内心世界，可以触摸她的苦闷，可以聆听她的叹息，也可了解她的追求。像《秋泉》："冷色初澄一带烟，幽声遥泻十丝弦。长来枕上牵情思，不使愁人半夜眠。"诗是由景物"泉"起笔的，薛涛不写春天的泉水是怎么欢快而又温暖，却写秋天的泉边被冷色笼罩着，一片雾气迷茫的景象，这实际上是与她的心情有关。秋天的冷气使人疲惫、惆

恨，甚至战栗、心悸，她的心也更加迷茫，因此便牵起她的无限情思。这情思不仅是相恋的人相互思念的情思，更有离别带来的愁人的情思。愁的是什么，大概是有情人敬而远之的那种类似失恋之愁。诗中"长来"俗语的运用，使人感到诗人的心离我们很近很近。

再如《柳絮》诗："二月杨花轻复微，春风摇荡惹人衣。他家本是无情物，一任南飞又北飞。"这是一首读起来使人有一种轻柔、空濛之感，在春天的气息中，借咏柳絮一吐胸中几分深深的哀怨。诗的大意是，二月里的杨树花絮轻盈地飘飞，春风吹着它飘摇游荡，沾弄着行人的衣衫，这轻飘的柳絮就像无情之物一忽儿向南飞，一忽飞向北。诗中末尾两句是用来比喻无情男子朝三暮四、水性杨花，对爱情不专的。那么薛涛在这里怨恨的是谁，就可想而知了。咏物诗，是借咏之物而托物言志的，诗从心中出，是说诗中的感情是真挚的，《柳絮》也同样带着薛涛的真实感情。体味着这首诗，又帮助我们了解到在薛涛的一生中，确实存在遭人怨恨的水性杨花、朝三暮四的男人，这男人还必是与她相恋过。

查阅挖掘出来的有关于薛涛的全部史料，没有薛涛的本集，也没有墓志，从张蓬舟为薛涛做的零散而简捷的小传中，我们查不出除元稹外，薛涛还和其他有名之人相恋过。因此，我们断定这怨恨之诗，就是针对元稹待薛涛的态度而发的。

"涛似属意于稹，终身未字，此樊增祥（字山）有'孤鸾一世'之叹也"（张蓬舟）。抄得清樊山的词《满庭芳》如下：

万里桥边，枇杷花底，闭门销尽炉香。孤鸾一世，无福学鸳鸯。十一西川节度使，谁能舍女校书郎。门前井，碧桐一树，七十五年霜。琳琅诗卷，元明枣本，佳话如簧。自微之吟玩付春阳。恨不红笺小字，桃花色自写斜行。碑铭事，昌黎不用，还用段文昌。

读了上面樊山于1914年题在明刻《薛涛诗》扉页上的词，我们对薛涛的身世及她的恋爱观会更加明了了，"孤鸾一世，无福学鸳鸯"。在中国古代，一个弱女子要独自生活，其世态的艰难，自不待言，但她却没有轻易地以心相许，随便找一个生活上的靠山，地位的低微，追寻不到如意的郎君，她宁肯步履艰难地走自己的路，坚持做人的节操，这就是她做人的骨气，也体现了她性格的倔强。但人们总归忘不了的是11任西川节度使谁也离舍不了薛涛这位足智多谋、多才多艺的女校书郎。

才华横溢

中国是一个诗的国度，唐诗是中国五、七言古今体诗的高峰。在这高峰之上，在诗人的行列中，妇女的芳名屈指可数，寥若晨星。这是因为在我国漫长的封建社会里，政治上，经济上都没有妇女的地位，是封建礼教压抑了她们的聪明才智。尽管如此，中唐的薛涛以她顽强的抗争精神，在历代文化名人中，争得了一席之地，是我们妇女的光辉楷模。

薛涛的诗才确实不凡，难怪著名诗人元稹等为她的才华所倾慕。晚唐时张为在《诗人主客图》中将中、晚唐著名诗人分立为六主，其下是客，各分上入室、入室、升堂、及门4个级别，用来确定地位。薛涛被列在清奇雅正升堂这个级别中，共7人。她与方干、贾岛等人并列。在《诗人主客图》中，所列取的女诗人仅薛涛一位，可见，薛涛在中、晚唐诗坛的地位是很高的。所以历代评价薛涛的人都很多，比如像宋、明、清三个朝代都有名人做出各具特色的评语。

南宋时期的学者晁公武，总览薛涛《锦江集》全部作品之后，就其艺术水平评论说："工为诗。"虽然只有3个字，却胜过千言万语的长篇大论，真可谓少而精。就现存薛涛诗来看，她的作品，声韵优美，格律谨严，没有一首是泛滥之作。因此，薛涛诗的艺术水平，用一个"工"字概括就完全够了。

明末的胡震亨在《唐音癸签》中评说："薛工绝句，无雌声，自涛者相。""无雌声"3个字，非常能概括出薛涛诗的风格。以其现存诗而论，讽刺时政、评论人物、感叹身世、悲愤遭际的均有。即使有感叹、悲愤的内容，与同时代的李冶（字秀兰）、鱼玄机（字幼微）相比较，没有淫荡之辞，因此用"无雌声"来评价薛涛诗的风格特色是最为恰当不过的了。

清中期的大才子纪昀（字晓岚）在《四库全书总目》中说："涛《送友人》及《题竹郎庙》诗，为向来传诵。然如《筹边楼》诗……其托意深远……非寻常裙屐所及，宜其名重一时。"

像同时期的著名诗人王建的"扫眉才子""管领春风"；元稹的"辞客停笔""公卿梦刀"；及明代文豪杨慎对薛涛《罚赴边有怀上韦相公》诗的评价："有讽喻而不露，得诗人之妙，使李白见之亦当叩首，元、白之流纷纷停笔，不亦宜乎"，等等，虽然有的"誉之过甚"，但薛涛诗，在诗的国度、诗的高峰中，也是有口皆碑的。

让我们先欣赏一向为人们所传诵的、可与唐才子们竞雄的名篇《送友人》：

北国蒹葭夜有霜，月寒山色共苍苍。

谁言千里自今夕，离梦杳如关塞长。

初读此诗，给人一种清空的感觉，但细细品味，便觉得诗篇虽短，却有无限的曲折在其中。前两句是写别浦晚景，水边嫩嫩的芦苇蒙上一层白白的夜霜，月色中的山峦映显着悲凉的秋季。接着写送别的情景：我们虽然很快要人隔千里，但我思念友人的梦会像边塞一样长。诗中兼用了《诗经·秦风·蒹葭》"蒹葭苍苍，白露为霜，所谓伊人，在水一方"的诗句，以表达一种友人远去，思而不见的怀念之情。当诗人在"蒹葭夜有霜"和月照山如霜的冷秋时节，与朋友相送别，显然眼前"共苍苍"的景象，实在是令人凛然生寒，而难以忍受。相传这是送段文昌赴京听候调遣时吟咏的。

人隔千里，从今夕开始，这不禁使我们联想到李益"千里佳期一夕休"的名句，从而体会到诗人与朋友的无限深情，和这秋夜里分别的无限遗憾。然而，前面却加"谁言"二字，似乎要将那悲切伤感的离别之情从心中一扫而光，用慰勉的语调展示出一种"海内存知己，天涯若比邻"的宽大胸怀。这与前面两句所隐含的离别的感伤构成一种曲折的波澜，从而也表现出相互留恋之情的执着，确实是"无雌声"。在尾句中，诗人又提到"关塞"，不知朋友将行是否赴边塞，如果真是那样，再重相见恐怕是件不容易的事情，因此，只有在梦中相见，可"离梦"却"杳如关塞长"。长而无边的关塞，本来就使梦魂难到，偏偏又难以在夜里寻找得到这样的梦。这又一层的曲折，将对离别难以忍受之情推向新的高潮。全诗的诗情发展，一唱三叹，情真意长。像"谁言""杳如"等词语的运用很有新意，既含蓄又耐人玩味。

作为一个女诗人，特别是我国古代的女流之辈，她的心胸所容纳的并不仅仅是自己安闲宁静的生活，也不是躲在清幽的碧鸡坊吟诗楼这个小天地里，把自己和现实隔绝开来，她的那首《筹边楼》就是在晚年关怀时事政治的真实写照。其诗为：

平临云鸟八窗秋，壮压西川四十州。

诸将莫贪羌族马，最高层处见边头。

这是为李德裕（薛涛经历的 11 镇中最后一任）筹边楼峻成而作的贺诗。今天我们吟诵薛涛这首七绝，仍能使人心情激荡，诗人一片忧国忧民之情跃然纸上。1000 多年以前，这位孤独的老妇人托时感事，希望国家安定，社会稳定，人民安居乐业，其求安思治的精神是多么难能可贵。诗的前两句是描写筹边楼威武壮观的景象，"平临云鸟"是说楼之崇高，能平等地与云鸟相临，"八窗秋"是说楼的四周天旷气清，瞭望无际。在字面上，薛涛是夸赞筹边楼的壮丽景象，而实际上是暗里称誉李德裕镇守边疆的英明创举，表现出诗人的胸怀与识力。

筹边楼在成都西郊，是大和四年（830 年）李德裕任剑南西川节度使时所修建的。据《通鉴》记载："德裕至镇，作筹边楼，图蜀地形，南入南诏，西达吐蕃。日召老于军旅、习边事者，虽走卒蛮夷无所间，访以山川、城邑、道路险易，广狭远近。未逾月，皆若身尝涉历。"由此可见，李德裕建这楼其目的不仅是供登览之用，而且与军事有关。在他任职期间，恢复过吐蕃占据的维州城，西川的地域一直很安定。大和六年（832 年）十一月，李德裕调任离蜀，此后边疆又兴起纠纷。当然这是后话。

诗中"羌族"就是指吐蕃，"诸将莫贪"，是告诫唐军不要因目光短浅，贪婪夺取吐蕃的马而把捍卫自己的土地、抵御入侵之敌的正义行动变为无理的掠夺行为，再度引起边境之争，使西川的首府成都和广大人民群众都受到战争的威胁，其寓意深远，并且也正说明薛涛一贯关怀政事，并熟知唐史。因为在唐朝的盛、中两期，吐蕃强大，曾屡次入侵中原的边境，掳掠人畜财物，唐朝的军队也不断地进行抵御，这就是当朝的史实。薛涛能直言不讳的"教戒诸将，何等心眼！洪度岂直女子哉，固一代之雄也"。后句中"最高层处见边头"与前边的"平临云鸟""壮压西川"相对，一则再次渲染筹边楼的巍然屹立，曾经是全蜀地政治军事的心脏，是西川的制高点；二则还喻示如登楼瞭望，可看到边界的烽火。由此，我们可以体会到晚年的薛涛抚时感事，忧思深远的博大心怀与不凡的政治眼光。这种心境同伟大的现实主义诗人杜甫的"西蜀地形天下险，安危还仗出群才"（《诸将》）的愿望是多么相似。可见清纪昀"非寻常裙屐所及，宜其名重一时"的评价，给薛涛这首小诗是毫无夸大之意，最恰当不过了。从写作技巧上看，诗人短短的四句诗里有感慨，有叙述，有描写，有动荡开阔，有含蓄顿挫，不仅能切中时弊而且善于知人论世。充分体现了她晚年在思想上、艺术上的成熟，作诗已达到出神入化的境界。在诗歌鼎盛时期的唐代，此诗也可称得上是篇不朽的佳作。

据说，薛涛有"诗 500 首"，现存诗仅及五分之一。像这类有关时事政治的作品流传太少，不免使人遗憾。在她的创作中，纵情恣意，吐露心声，表达上率直真切，忧喜之情溢于言表。特别是她的赠友遣怀诗，时有可观之处，与其他宫廷、闺阁中的女子文学相比，有其独特的风貌和韵味。

先请看4首《春望词》：

花开不同赏，花落不同悲。

欲问相思处，花开花落时。

揽草结同心，将以遗知音。

春愁正断绝，春鸟复哀吟。

风花日将老，佳期犹渺渺。

不结同心人，空结同心草。

那堪花满枝，翻作两相思。

玉箸垂朝镜，春风知不知？

这4首春望之诗，抒发了诗人对自己身世的悲叹和对命运的哀伤。明钟惺在《名媛诗归》中评曰："细讽四诗(一作时)，觉有望意在，若率然读去，但知其幽恨，不知其怅叹。"其第一首是说，花开了，不能在一起共同去观赏，花落了，也不能一起去为落花而感伤。要问相思在什么时节，正是在那花开花落的地方。浅显的句子，细细地道出了年轻的薛涛在感情上的"离恨绵绵"。其第二首是说，采来百草扎一个同心结，把它留给自己的知音。春天的哀怨即将断绝，小鸟又出来悲伤的低声轻吟，真是愁上加愁。在这四句诗中，薛涛用"揽草结同心，将以遗知音"的句子，表达自己对心上思念的人爱恋之情。在旧时，人们用锦带打成的连环回文样式的结子，称作同心结，用来比作男女相爱的象征，薛涛在此仔细地"结同心"，又迫切地要"遗知音"，可见她对自己心目中的男子爱恋至深。其第三首是说，风花雪月大自然的发展变化，使自己日日老将下来，可是和心中的恋人相会的日子却还是渺渺无期。交结的如果不是同心之人，便是白白结了同心草。这四句低低诉说了自己在焦急地盼望中与情人相会无期的寂寥之心和失望的哀怨。"不结同心人，空结同心草"更是说得悲悲切切。其第四首是说：怎么能忍受那春天里的鲜花开满枝头，相互爱恋的人却在两地相思呢？我那一串串相思的眼泪，每天早晨垂在伴我梳妆的镜子上，春风呵，你是否知道这些呢？这四句诗写得更是情真意切，薛涛用百花盛开的美好春天来和相恋之人在两地相思做对比，表达了青年女子不尽的哀怨之情，自己流出的一串串眼泪像玉做的筷子一样不断线，每天对着镜子流，自己内心的悲苦，她不去问别人知不知道，却去问那默默无语的春风，虽然没有得到回答，也不需要，却更增添了几分伤感。

黄周星在《唐诗快》中评这4首《春望词》曰："皆以浅近而人情，故妙。"用浅显通俗明了的诗句，言表内心深处的离恨绵绵之情，如此得心应手，一来体现了薛涛不同寻常的文学功底，二来也体现了诗中的用情之真。那么，回想钟惺前面的话，大家也都觉得有"望"意在，而被诗人"望"者又是谁呢？诗中的"离恨"，使薛涛屡言"结同心""两相思"，不禁使我们演绎出，只有是作者心中的所恋，才能消受得起这四首多情的诗歌，那一定是一位才貌出众的翩翩少年。

薛涛诗的风格，可以用"清秀雅正"概括。其"雅正"，即"思无邪"。前面那些"颂不媚"的诗句都可以说明这一点，而"清秀"大多都表现在她抒情、咏物、写景之作中。如《月》："魄依钩样小，扇逐汉机团。细影将圆质，人间几处看。"既写了如钩的弯月，又写了圆圆的满月，通过月亮的变幻，带给人们的是梦幻般的遐想和朦胧的思念，读来有一种

月光如水的清静之感。像《柳絮》诗，送到你面前的是轻柔、空濛的感觉，在春的气息中又带着几分深深的哀怨。《秋泉》更是在"长来枕上牵情思，不使愁人半夜眠"的诗句中，引人以深思，为善于想象的读者提供了一个广阔的天地，从而使它更富有诗意。再如《酬人雨后玩竹》：

南天春雨时，那鉴雪霜姿。

众类亦云茂，虚心能自持。

多留晋贤醉，早伴舜妃悲。

晚岁君能赏，苍苍劲节奇。

薛涛喜爱竹子，更赞美竹子终年青翠、挺然秀美。在诗中，她以竹子刚直虚心和自洁自爱的品格自比，以表白自己在纷繁的社会中自持节操的心态。尾句中一个"奇"字用得特妙，联系诗人的身世，又觉得这"奇"字很有分量。苍老的竹节不论在春雨时还是在雪霜中，都显示着不屈的劲节，也正是她人生的真实写照。

在遣词用字方面，最能体现薛涛诗的"工"字所在。如《鸳鸯草》："绿英满香彻，两两鸳鸯小。但娱春日长，不管秋风早。"第一句中的"满"字，把充满生命活力的"绿英"写得生机勃勃。"春风摇荡惹人衣"（《柳絮》）中的"惹"字写得形象而生动，又带有顽皮的拟人性格。"柳丝和叶卧清流"（《菱荇沼》）中的"卧"字，不仅使人见到岸边的垂柳，细长的柳丝轻轻地垂着，它尖端的嫩叶还活灵活现地躺在水面，随着流水飘动着。"峨眉山下水如油"（《乡思》）中的"油"字，把峨眉山下的江水描绘得碧绿如油，别一番美景显现在眼前，使人更思念故乡。

俗语的运用也是得心应手。像"他家本是无情物，一向南飞又北飞"（《柳絮》）中的"他家""一向"，像"长来枕上牵情思"（《秋泉》）中的"长来"，"但娱春日长，不管秋风早"（《鸳鸯草》）中的"不管"等，这些近似口语词的运用，并不显得浅白，反而使人感到更加平易、亲切，更富有韵味。

薛涛诗中双声叠韵及叠字的运用，也是很别致的。像"林梢明淅沥，松径夜凄清"（《风》）中的"淅沥""凄清"，即把如雨滴淅沥的黎明之风在林消作声和充满凄清之情的夜晚之风直贯松径的景象描写得相当逼真，这除与象征手法的运用有关外，还离不开双声叠韵的运用，这样使诗句读起来既符合诗人的心境，又朗朗上口悦耳动听。像"苍苍劲节奇"（《酬人雨后玩竹》）、"声声似相接"（《蝉》）、"两两鸳鸯小"（《鸳鸯草》）、"开时九九知数，见处双双颔颔"（《咏八十一颗》）、"夕阳沉沉山更绿，声声更是迎郎曲"（《题竹郎庙》）中的"苍苍""声声""两两""九九""双双""沉沉"等等，把同一字叠起来用，这与诗的语言凝练并不矛盾，它并不是薛涛字词贫乏的表现，而是诗人作诗的功夫所在。"苍苍"把笑傲霜雪的竹子描绘得更加刚劲挺拔；"声声"把"各在一枝栖"的蝉，想象地聚在一起，一声紧接一声地鸣叫，显得十分热闹；"两两"把鸳鸯草这无情之物，凭自己的想象，溶入人的感情，两两相向的草叶，就像鸳鸯一样成对成双；"九九"，也并不单指节气中的第九个九天，而是为了与下面的"双双"相对，把唐代一种美好的民间习俗用诗的语言记录下来，颗颗点染过的素梅，"双双"成对，上下"颔颔"，更展现诗人渴望无边春色到来的艺术激情。

诗言志,诗如其人。薛涛的诗读起来就像她的人一样雅洁、脱俗、不蔓不枝、亭亭玉立,使人感到她虽身为乐伎,却是一个堂堂正正的人,是一个有理想有追求的人。她的人品和诗品,都使人们难以忘怀。薛涛以她超人的诗才、聪慧的谋略以及她在幕府里侍僚的才干,赢得了无数后人的赞誉,使之芳留百世,名垂青史,至今,在她的故乡成都还有纪念她的遗迹保留,说明她在当时不是一个平凡的女人,而是一个非同一般的人物。

前面在元稹与之唱和诗《寄赠薛涛》中有"菖蒲花发五云高"的句子,其中"五云"一词,曾有人猜想是元稹在赞誉薛涛的字。据《辞源》记载,唐朝确有一个叫韦陟的人喜好书法,被封为郇国公,在他给别人的字画等签字时,"陟"字写得就像五朵云,当时的人都很羡慕,称为"郇公正云体"。韦陟所书写的其他的字,不可能都呈"五朵云"状,因此,也不能自成一体。"菖蒲花发五云高"中的"五云",实指薛涛的住所为枇杷门巷内的五云楼或五云仙居。明人祝允明《杂题画景》中云"五云楼阁女仙居""知是成都薛校书",清詹赞元《鸿雪偶存·薛涛井怀古》中"枇杷花里访仙居,百媚诗魂醒未醒"就是此意,薛涛的"仙居"是以"五云"为定语的。

五云虽然不是指薛涛的字,可她的字确实值得一提。前文已经提到北宋《宣和书谱》称薛涛"作字无女子气,笔力峻激,其行书妙处,颇得王羲之法"。如此看来,薛涛的书法必有可观之处。

《宣和书谱》真迹上说:"薛涛'萱草'诸诗,行书。"可见北宋内府里所藏薛涛字的真迹,都是行书"萱草"诸诗。可惜的是后来都已失传。清中期嘉兴女子徐范自称集得晋、唐、宋、元朝卫铄、吴彩鸾、长孙后、薛涛、朱淑真、胡惠齐、张妙净、曹妙清、管道升及沈清友等10人墨迹,装潢一卷,其自有跋文。道光十二年(1832年),程璋借勒上石,已少长孙后、沈清友、曹妙清3幅,多了明朝柳如是、叶琼章两幅。程璋、冯登府都有跋文。于1922年由上海文明书局拓印为《女子习字帖》。原墨迹手卷名称《玉台名翰》,是由上海名医徐小圃所珍藏。1948年张蓬舟曾经亲自目睹并借印了薛涛的一幅为珂罗版,于1949年元旦印成,其字幅的大小与原帖一样。薛涛所书的是曹植的《美女篇》行书,共150字。实不知相传下来的这幅字是否为薛涛的真迹。

但是,真迹与否,并不影响薛涛是才华横溢的多面手。清张怀溥有诗为证:"一时书手知多少,不书崔徽书薛涛"。"吟诗应事如豪俊,作字何曾类妇人"更是对薛涛一生的真实写照。

青史留名

当薛涛脱离乐籍,离开幕府,成为自由人之后,就隐居在成都市郊浣花溪枇杷门巷,这里就成了薛涛的久居之地。

当时在浣花溪,当地的居民多以造纸为职业。成都地区造纸制笺的有"数十百家",可以说是一个造纸制笺的中心。蜀中纸笺质地好,除"乃尽用蔡伦法"制笺外,所用的原料也是很讲究的,而且用锦江之水造纸,效果更佳。当时,薛涛认为他们造的纸幅面太大,不便于写下自己所做的小诗,于是就命工匠改创一种为小笺,并染成深红色。这种红

色小笺为世人所珍视,并称为"薛涛笺",又称"浣花笺""校书笺""彩笺""红笺"等。

有唐著名诗人李商隐《送崔珏往西川》诗为证:"浣花笺纸桃花色,好好题诗咏玉钩。"白居易在他《江楼夜吟元九律诗成三十韵》中,也挥笔写道:"斜行题粉壁,短卷写红笺。"

宋钱易《南部新书》记载:"元和之初,薛涛好制小诗,惜其幅大,不欲长剩,乃狭小之。蜀中才子既以为便,后减诸笺亦如是,特名曰薛涛笺。"元费著《笺纸谱》记载:"纸以人得名者,有谢公、有薛涛……谢公有十色笺,深红、粉红、杏红、明黄、深青、浅青、深绿、浅绿、铜绿、浅云,既十色也。……涛所制笺,特深红一色耳。"当地及附近的才子们,都觉得这种"薛涛笺"用来书写诗文,既美观又实用,很受欢迎,这种纸,不仅当时风行,并且千古流传。真是"一时节使酬新韵,千古词人重矮笺"(清黄琮)。据《环宇记》介绍,薛涛的诗笺小到只能写 8 行诗。自从这种小幅的宜于写诗的深红色彩笺问世以后,倍受世人所青睐。唐宋以下,一些爱舞文弄墨的文人雅士都巴不得搞到几张薛涛笺,以作题诗咏怀、赠友唱和之用。如唐僖宗时的进士司空图在《狂题》中有"应到去时题不尽,不劳分寄校书笺"的诗句。五代著名诗词作家韦庄曾写过一首《乞彩笺歌》,中有"也知价重连城璧,一纸万金独不惜。薛涛昨夜梦中去,殷勤劝向君边觅。"唐鲍溶《寄王播待御求蜀笺》诗云:"蜀川笺纸彩云初,闻说王家最有余。野客思将池上学,石楠红叶不堪书。"写诗无笺,便向节度使求赠,可以想象薛涛笺的名贵了。宋代文人韩浦在《寄弟旧蜀笺》诗中这样写道:"十样鸾笺出益州,寄来新自浣溪头。老兄得此全无用,助尔添修正凤楼。"(与谢公十色笺相混,薛涛笺只"深红一色耳")他甚至认为,用薛涛笺写诗还可以提高写作水平。这种争先选用薛涛笺的风尚,无疑是对薛涛笺的一种至高的赞颂,更有利于诗词创作的发展与提高。即使在后代,也留下了不少赞誉薛涛笺的诗句。像"纸同洛阳贵,芳名个独驰","校书久慕女郎祠,艳说风流薛氏诗。底事花笺留妙制,替人千古寄相思。""一代烟花付子虚,至今门巷景萧疏。校书去后芳徽歇,裁尽新笺总不如"等等。

然而,事物总是发展的,我们今天使用的便笺、美术信笺的鼻祖,我想可能就是由薛涛笺演变而来的,虽然便笺没有薛涛笺那么艳丽,可它却小巧实用;美术信笺因具备它特有漂亮的彩色图案,正适合青年人温馨的心情而惹人喜欢。可见,薛涛这位中唐的女诗人,不仅以她文人的才学闻名于世,而且她那切合实际的聪慧智力也无人比拟,那独特而创新的思路,在当时的造纸业略胜一筹。

在我国的造纸业,青史留名的只有 3 位,那就是汉蔡伦、唐薛涛、宋谢景初。

薛涛的正式的诗集叫《锦江集》,共 5 卷,存诗约 500 首,可借在元朝时代就已失传。现存最早的专集是明朝万历年间刻的《薛涛诗》一卷,仅收诗 85 首,清康熙年间刻的《全唐诗·薛涛》收入诗 89 首,《洪度集》《名媛诗归》《四妇人集》《唐宫闺诗》《薛涛李冶诗集》《浪漫二诗人》等,大都是根据《薛涛诗》所刊出的。今人张蓬舟专门研究薛涛几十年,并为她的诗作注,于 1983 年 6 月以人民文学、四川人民出版社两种稿本出版了第一个笺注本《薛涛诗笺》,收诗 91 首。1984 年 3 月,陈文华校注的《唐女诗人集三种》收诗 89 首。这些书籍都是前人为我们留下的宝贵文化遗产和巨大的精神财富,为我们研究古老的中国民族文化提供了丰富的条件,让我们都去实现张蓬舟的遗愿,寻找薛涛遗失的其他 400 多首诗,以充实我国的文学宝库而共同努力。

道观哀艳

——鱼玄机

名人档案

鱼玄机:长安(今西安)人,初名鱼幼薇,字蕙兰。咸通初嫁于李亿为妾,被弃。咸通七年进咸宜观出家,改名鱼玄机。后因打死婢女绿翘,为京兆温璋判杀。

生卒时间:约 844 ~ 约 871 年。

安葬之地:

性格特点:好读书,喜属文。豁达纵情。

历史功过:著有《北梦琐言》。《全唐诗》中存诗 48 首

名家评点:晚唐诗人。

痴情才女

鱼玄机,市民家女,姿色倾国,天性聪慧,才思敏捷,好读书,喜属文。15 岁被李亿补阙(掌讽谏之官)纳为妾,与李情意甚笃,但夫人妒不能容。唐懿宗咸通时,李亿遣其出家,在长安咸宜观为女道士。她对李仍一往情深,写下许多怀念他的诗。她曾漫游江陵、汉阳、武昌、鄂州、九江等地。在大自然的陶冶中,情怀更趋豁达,遂放纵情怀以求知己,终不能及。后被判为逼死侍婢绿翘,被京兆尹温璋处死。

唐懿宗咸通十二年(871 年)的秋风掠过古城长安(今西安)的大街小巷显得格外肃杀悲凉。

西市围墙边,晴天丽日早已不知隐匿到了哪里。天,是阴沉沉的天;地,是昏暗暗的地。执戈挺朝的卫士们神色威严,早已布置停当的杀场被严密守护着。

朝廷大决人犯的日期就定在此时。

独柳树下,一位身着道袍的女子早已被摘除了切云道冠。长发披散下来,一丝一缕地在秋风中飞扬飘荡。

围观人们的目光渐渐向她聚拢过来,仔细地打量着,悄悄地议论着。

人们渐渐注意到了这位女子其实是俊美秀气的。

她面庞姣好,明眸皓齿,身材苗条柔美。许是长期狱中关押的折磨,她消瘦中透出几分憔悴。几乎没有血色的嘴唇紧抿着,于柔弱中更增添了几分冷艳和凄美。她神气平和,似乎等在她面前的不是面目狰狞的死神,而是仙乐飘飘的天界。

恼人的第一通追命鼓响了。

人群中原来的窃窃私语变成了或激愤、或不解的议论。

"你们知道今天开斩的女犯是谁?"

"不就是长安美女鱼玄机吗?"

"她可是个才女,长安第一才女呀!"

"听说她在牢房里,还借着高墙上一个小洞透进来的月光,用长长的指甲在土墙上刻下令人难以忘怀的诗句:'明月照幽隙,清风开短襟。'"

"这样的姣美才女,怎么会犯下杀头之罪?"

"听说是她杀了自己的丫头,叫绿翘的。"

"那怎么可能呢?她和绿翘好着呢!"

"那也说不定,面善心狠的人有着呢!"

"我看兴许有冤情,说不定是仇家陷害呢!"

各种各样的议论随着肃杀的秋风,吹进被迫跪在独柳树下的鱼玄机的耳朵里。

她的思绪,她的心,早已越过阴霾的天空,飞向远处的丽日蓝天,飞向那些充满希望的日子。

那是在丈夫李亿像扔掉一件旧衣服一样,把她扔在咸宜观里一年以后。当初丈夫"升了官夫人妒不相容的情形就会改变,就可以接她回家"的许诺在人们的记忆中已开始渐渐遗忘的时候。鱼玄机终于在一个天气晴和的日子里,从朝廷的邸报上得到了一个特大的喜讯:由于自己托朋友们的上下打点,丈夫李亿已升调回朝任右补阙(掌讽谏的官吏)的文告,总算发了下来。

仿佛无法承受这巨大的喜讯,仿佛久已渴盼的消息来得太快、太突然了似的,玄机激动得浑身颤抖。

她拿起刚刚写完的《闺怨》,轻声吟诵起来:

蘼芜盈手泣斜晖,闻道邻家夫婿归。

别日南鸿才北去,今朝北雁又南飞。

春来秋去相思在,秋去春来信息稀。

扃闭朱门人不到,砧声何事透罗帏?

那是怎样的一幅图景啊!秋天的傍晚,妇女们为在远方征战的亲人准备寒衣。她们纷纷取出藏在箱中的衣眼放在砧木上捶捣起来。家家户户这一片片捣衣声,仿佛一块块重石敲击在鱼玄机的心头。春去秋来,北雁南飞,征人远行。夫妻分离,毕竟还有归期,团圆总归有望。可鱼玄机自己的丈夫李亿呢?《闺怨》虽不见一个"怨"字,离情别绪,哀惋凄清却从字里行间流泻出来,如山泉,似小溪。虽无汹涌澎湃之势,可那舒缓中的激越，深蓄中的蕴藏，更激起人们的感情共鸣。正值青春年华的鱼惠兰，自被咸宜观主赵炼师赐名玄机后，便与黄卷青灯相伴。那如玉的容颜，满腹的才气，只能在绝世离俗的索居中苍老，泯灭……

而今，这一切都已过去，夫妻相见的日子就在眼前了。鱼玄机怎能不激情难抑？

她放下《闺怨》，拥着丫鬟绿翘，"老爷就要回来了！就要回来了！绿翘，我们要有一个自己的家了！一个非常非常温暖的家！"她一改往昔的平静，惊喜地狂呼着。过了一会儿，她仍无法从即将重逢的喜悦中回过神来，又充满神往地同绿翘娓娓而谈，"白天，老爷去上朝，你就跟着姑姑。哦，不，别再叫我'姑姑'了。绿翘，叫我'姨娘'好了。"

绿翘，这个曾在相府呆过，而今名为丫头实为姐妹的美丽而聪慧的姑娘，早就与玄机心心相通了。只不过她的感情漩涡中，除了对美好生活的向往之外，更多的还是为玄机的不幸遭遇愤愤不平。她一向视玄机为长姊，为恩师。她知道，与自己终日相伴的玄机，虽然出身普通市民之家，却天性聪慧，才思敏捷。她自幼好读书，善属文。15岁被李亿纳为小妾后，受尽夫人的妒恨、凌辱。可她与李亿情意甚笃。在李亿离家出走，玄机被置于长安咸宜观为女道士后，她仍对李亿一往情深，写下许多怀念丈夫的诗。有一首《赠邻女》，绿翘就在玄机的反复吟咏中体味到了那种如泣如诉的似海深情。

羞日遮罗袖，愁春懒起妆。

易求无价宝，难得有心郎。

枕上潜垂泪，花间暗断肠。

自能窥宋玉，何必恨王昌。

诗中以王昌喻李亿，以邻女自比的用心绿翘早已知晓。

以绿翘与玄机朝夕相伴的经历，她怎不知道，诗中的王昌即东平相散骑常侍，曾身为贵戚，出相东北，姿仪隽美，为世所共赏。玄机以此人赞誉李亿还有一层隐情，此前诗人崔灏、上官仪都曾写诗提及此人："十五嫁王昌"，"东家复是忆王昌"。

身世暗合，怎能不由此及彼，借古托情？"易求无价宝，难得有心郎"，则直抒胸臆，表达了一个奇女子不同凡响的感情寄托。而"枕上垂泪""花间断肠"的情景，绿翘更是不止一次亲眼所见。如今，老爷升官，玄机仍然只能被称作"姨娘"吗？

"不，"绿翘执拗地近于呼喊。

"奴婢偏要称你为'夫人'。姑姑模样生得好，聪慧机敏又胜过须眉男子。人固然是人见人爱，你写的诗连礼部尚书刘老爷都赞不绝口。哪一处不比老爷太原老家的那位强？我就是要叫你夫人！"

"不要胡说，绿翘！"鱼玄机快步上前，掩住了丫头的口。

"我只是老爷的妾。妾，怎么能称作夫人呢？叫我姨娘好了。"

接着，她又似有所思，像对绿翘，又像是对自己，喃喃地诉说着，"姨娘！做个姨娘，我也就满足了。"

绿翘的气在玄机情绪的感染下，好像都消了。她转怒为喜，又恢复了活泼欢快的样子。

"好，我就叫你姨娘。姨娘！"

"嗳!"玄机高兴地答应着。然后,她合上双眼,微微仰起头来,两行热泪顺着脸颊缓缓流淌了下来。漫漫的两地相思之苦,总算结束了。

绿翘那活跃的思维,此时又不安分了。她突然想起什么,又埋怨起来:"姑姑,不,姨娘,你在这里为老爷的事四处奔走,又求姐妹,又找侍御史打通关节,哪天不在卖力? 老爷可倒好,连封信也不给咱们捎。"

玄机的心咯噔了一下。整整3个月! 李亿升官3个月竟然音信皆无。她何尝没有忧虑? 只是,她不愿往坏处想。对李亿的挚爱,已经化解了她心头的一点隐忧。经绿翘一提,这股业已化解的隐忧重又升腾起来。她颓然坐下,又无力地辩解着,"老爷他前一段因为官事操心,也许还没来得及……"

"不,我有时想起来真有点害怕,咱们会不会只是一头热?"

玄机被深深地刺痛了。对于李亿,要好的姐妹们倒是没少提醒她。人们数落着李亿的薄情,咒骂着他的寡义:

"夫人再妒嫉,也不该送玄机入观修道啊!"

"就是不带去江陵谋事,在长安赁屋别居还不行? 又不缺那几个房钱!"

"别以为男人都是多情公子,你跟了他3年,色衰爱弛,小心他扔掉你!"

这些好心的劝告,响在鱼玄机耳边。真是的,李亿真要变心不爱她,可怎么好? 继而她又找出理由安慰自己,"绿翘,你说老爷这些日子是不是病了?"

绿翘倒真希望这"病了"是事实,凭着玄机对李亿的一片深情,什么样的病她不能看护好呢?

"姨娘,我看咱们最好还是去江陵看看。老爷要是真病了,我们也好照料他。再说,官员升调,依惯例应该有一年的假期,我们去住上些日子,再和老爷一起去太原省亲。说不定因为老爷升了官,老家的那位崔夫人会善待姨娘呢!"

鱼玄机听绿翘说得在理,暗暗佩服她的见识,遂转忧为喜。"我也这么想,只是老爷会不会先去了太原呢?"

"要不,我们先捎封急信给老爷,让他在江陵等着。一接到回信,咱们就动身去那里。"

这主意不错。鱼玄机立即写了一封急信,还附上了《闺怨》一诗。封好后,她找到朝廷派往山南东道传送公文的快马驿使,千叮咛、万嘱咐,捎上了信。

光阴荏苒。转眼一二个月的时间过去了。每天掐指算着日期的鱼玄机,一直没有等到李亿的回信。

欢乐和初得消息时的惊喜,此时已完全被巨大的惊恐不安所代替。鱼玄机完全陷入了悲痛之中。她茶饭不思,彻夜难眠。

"他一定病了。绿翘,我一闭上眼睛,就看见老爷病体沉重的样子。他整天躺在床上,吃不上一口热饭,想喝口热汤也没人送。不行,绿翘,我们得走,去看老爷,去侍奉他。"

看着玄机忧心如焚的样子,绿翘早就急不可耐了。此刻,听她说出了动身前往的打算,自然响应。不过心中那一丝隐隐的忧患,却不知为什么又悄悄地冒了出来。

"既然你这样惦记,我们就不必再等了,这就动身吧。不管是吉是凶,都应该去看个明白。"

主仆二人主意已定,绿翘迅速打点好行装。一个秋高气爽的日子,她们雇了一辆马车,拜别了咸宜观中的师父、师姐妹们和观外的故友,便启程了。

一路上,瑟瑟秋风相伴,片片黄叶飘零。睹物思人,鱼玄机的心头虽也不时掠过一丝寒意,但她更多的还是沉浸在即将到来的与丈夫重逢的巨大喜悦中。此时,在她眼里,秋风是那么和暖,落叶是那么充实。旅途风尘中,她不断欣赏着河山的秀美。在她眼中,那一座座直插云天的山峰,仿佛是丈夫那挺拔、伟岸的身躯;而那蜿蜒流淌的汉江水,又多像她——柔情依依的玄机。飘动的炊烟,落霞中的孤鹜,连同江面上的点点白帆,都使她联想到生活的美好,生命的律动。她沉醉在大自然的博大胸怀里,天人合一的奇妙感受消融了她心中蓄积已久的相思之苦,她的心境变得开朗起来。

鱼玄机每天都掐指计算着行程,期待着与丈夫相会的日子早日到来。

突然,意外的消息传来了。

南漳、义清一带的饥民,啸聚石梁山,截断了通往江陵的驿道。玄机和绿翘被迫滞留了下来。过了几天,进剿的官兵出师不利,大败而回。驿道仍然无法开通,马车不能往前走了。鱼玄机实在按捺不住急切的心情,她转雇了一只小船,取道汉水沿江而下。

从陆路改为水路后,她们必须在到达汉阳以后,再换乘船只溯长江西行。行程增加了数倍。眼望滔滔江水,茫茫云天,真不知何日何时才能到达江陵?

夜晚,小船停泊在渡口上。隔江相望,对岸人家炊烟袅袅。妇女们捣衣的砧声不断从小村里传来。朦胧的月色,迷离的灯火,勾起了鱼玄机满腹的惆怅,早已涌动的才思也比以往任何时候都更猛烈地叩击她的心房。身处困境的女诗人,仿佛进入了一种全新的、忘我境界。她随口吟出了一首新诗——《隔汉江寄子安》(李亿字子安):

江南江北秋望,相思相忆空吟。

鸳鸯暖卧沙浦,鸿雁闲飞橘林。

烟里歌声隐隐,渡头月色沉沉。

含情咫尺千里,况听家家远砧。

心中的郁闷,思念之情的深切溢于言表!

转眼到了九月下旬,鱼玄机和绿翘终于来到了汉阳。放眼波涛澎湃、一泻千里的长江,鱼玄机似乎暂时忘却了个人的忧思。她由衷地赞美祖国山河的壮丽,她觉得自己的胸襟也开阔了许多,等待渡江的日子。她一扫脸上的愁容和旅途的萎靡。她和绿翘一起游历了江夏、鄂州。她登黄鹤楼、入鹦鹉港、看鹦鹉洲。

晴川历历,芳草萋萋,烟波浩渺,日暮乡关。诗人鱼玄机那激荡的才情与大自然的壮美完全交融在一起,几乎进入了天人合一的奇妙境界。这激情,这才思,也有如奔腾不息的长江水滚滚而来。她提笔写下了《江行》《过鄂州》等千古吟唱的不朽诗篇。

在《江行》中,诗人一改柔弱惆怅的寻夫少妇的固有形象,恰似流连山水的冠带男儿。

大江横抱武昌斜,鹦鹉洲前户万家。

画舸春眠朝未足,梦为蝴蝶也寻花。

长江水从西向东奔流不止,横贯武汉东西,好像一条洁白的玉带,把武汉三镇紧紧围抱。在东汉末年,江夏太守黄祖长子射大会宾客的鹦鹉洲上,装饰华丽的游船与如画的江山映衬,倾倒多少钟情男女!

至此,人们才真正领略了痴情依旧的才女鱼玄机对李亿的似海深情。流连山水也好,对景当歌也罢,她又有哪一时哪一天忘记过自己钟情的丈夫呢!尽管这个人,为了谋求仕途的升迁,曾经那么决绝地把她抛入道观!

十月中旬,鱼玄机乘坐雇来的小船,终于带着绿翘来到了江陵。

千里寻夫

小船缓缓向岸边靠去。鱼玄机站立船头,眺望着这座朝思暮想的古城。这里曾是战国时期楚国的郢都,三国时期的荆州。李亿在给他的信里还曾介绍说这里的城西,有关羽当年修筑的旧城。大唐立朝以来,这里辟为江陵府,府治在东部的新城。而李亿他们的县署,就在城里的栖霞楼上。

魂牵梦绕的江陵啊!

鱼玄机放眼望去,千树红枫点染着落霞。鳞次栉比的千万户民居,透露着古朴自然的风貌。江面上,水天一色。而在那水天相接之处,点点归帆正徐徐飘来。她脱口吟道,"枫叶千枝复万枝,江桥掩映暮帆迟。忆君心似西江水,日夜东流无歇时。"

逝者如斯,往事如烟,不变的只有她对李亿的一片真情。她多么想马上见到子安啊!说来也怪,越是急切地盼望同李亿见面,鱼玄机的心头越是充满了迟疑和恐惧。他,子安,日夜梦想的亲人,也能像这日夜东流的长江水永不回头别顾,一如既往地爱她吗?

小船靠岸了。鱼玄机她们在渡口附近找了一家小店住下。由于急着赶路,她们连日没有吃好饭,在此时倒觉得有些饿了。向店家要了些饭菜,她们一边吃,鱼玄机一边向店家询问着:"老爹,这县衙里有个叫李亿的主簿,认得吗?"

"你说的是李大人哪?认得,认得!"老店家说着抬眼打量了一番鱼玄机那一身道装,有些疑惑地问:"姑姑是……?"

"贫道是李主簿的朋友。云游至此,想顺路去拜访他。"

"哦。"老店家似有所悟,点了点头。又说道:"是了。这可赶巧了,今儿是李大人大喜的日子。姑姑正好前去向李大人贺喜。"

这些日子玩得特别高兴的绿翘,此时并没感觉到二人说的话有什么不对头,仍顺着原来的思路笑着说:"我们老爷……"突然,她好象意识到自己说走了嘴,急忙改口:"李老爷这回奉调进京做大官,师父就是来接他的。"

鱼玄机这时早已觉察到一件很严重的事情可能发生了。她不高兴绿翘在这时插嘴打断了话头,狠狠地瞪了一眼后,接着问:"刚才老爹说今天是李大人大喜的日子。不知他有什么喜事?"

"姑姑有所不知,"店家故意卖了个关子,"李大人纳了一名小妾,今天正在栖霞楼上

请人喝喜酒呢!"

"真的吗?"鱼玄机被这意外的消息惊呆了。竟然顾不得自己有些失态。她嘴唇颤抖着,像是问店家,又像是问自己。说了这句以后,她好像再也支持不住。脸色变得煞白,手中的筷子也差点掉在了地上。

直到这时,绿翘才从连日来的兴奋中醒过神来,意识到一件大事发生了。

"你骗人! 哪有这样的事!"她呵斥着店家,又连忙走上前来侍奉主人。她摸摸玄机的手,早已没了以往的温热,冰凉冰凉的。她急得哭了起来,"姑姑别听他的,我们自己去找老爷,这就去!"

鱼玄机喝了一口绿翘递过来的茶,开始缓过一口气来。她连忙制止绿翘,"不要责怪老人家。"继而她又转向店家,问道:"老爹,请问李大人新娶的这位夫人是哪里的姑娘? 姓甚名谁?"

店家似乎有些后悔自己的多嘴,但一接触到鱼玄机那哀婉,恳切的目光时,他又再也不忍心对这位千里寻夫的弱女子隐瞒什么了。

"不瞒姑姑,别看我这店小,可整天在渡头上,南来北往什么样的客人不来? 什么样的事传不到我的耳朵里来? 实话实说吧,李大人今天娶的小妾是咱们江陵有名的歌女,那嗓子才叫好呢! 模样长得也好,人称江陵第一美女。这姑娘名叫采菱,家住新城珍珠巷。听说完婚后,再过几天,李大人就要带着她回太原省亲去了。"

原来是这样!

鱼玄机谢过了店家。桌上的饭菜却再也吃不下去了。

她说要回房休息。刚一起身,眼前直冒金星,头也晕眩得要命。双脚一软,几乎栽倒在地上。绿翘和店家急忙扶住她。一步步把她送回房间,扶她在床上躺下。

店家走出了房门。鱼玄机再也无法控制自己极端悲痛的感情,她拉过棉被捂在头上,失声痛哭起来。

第二天早上醒来,鱼玄机的头脑比昨天清醒了许多。她打发绿翘去请来店家,如实讲述了自己的身世、遭遇。

她说自己本是长安(今陕西省西安市)一个普通市民家的女儿。字幼微,一字蕙兰。自小天性聪慧,好读书、善属文。15 岁被李主簿纳为侍妾,情意甚笃。千里寻夫这一路上,她曾漫游汉阳、鄂州等地,写下许多思乡怀夫依恋山水的诗,以寄寓情怀。以前也曾同文友们以诗相赠。并以此打通门路,上下活动,才帮丈夫升调回朝任右补阙。

她哭着,说着;说着,哭着……似乎不是面对一个陌生的店家,而是在与一位久别重逢的老友娓娓谈心。

待心绪逐渐平静下来后,她又说:"昨日是老爷的喜日,我们不便去寻他。如今喜日已过,烦店家带上我的书信,去老爷宅里通报一声,好备乘轿子来接我们。"

店家很同情她的遭遇,也很钦佩眼前这位女子的痴情,急忙走了。

鱼玄机的心里忐忑不安,她同绿翘一起焦急地等着。

同玄机一样,绿翘的心也同样愤懑、委屈。途中,她一直憧憬着主母和老爷团聚的日子。她不止一次地想象着来到江陵后,老爷见到她们会多高兴。哪知道一路颠簸,风

尘仆仆，可投奔来了，老爷却在这里另有了新欢。昨天，她和玄机一样，也是一夜未眠。待会儿见了老爷，哼！她要不狠狠地盯他几眼才怪呢！

鱼玄机看绿翘的神情，早对她的心思知道了几分。她生怕李亿脸上下不来，又反过来劝开了绿翘："待会儿见了老爷，可不许没规没矩的。不要说我们途中多么辛苦，更不要埋怨他，给他脸色看。尽管你在相府呆过，侍奉过宰相、公子，可如今我们总是侍妾、婢女，不能没上没下。再说，老爷娶妻，就是三个五个，我们也没话可说。何况，老爷如今还升了官……"

"升了官就可以不讲情义吗？"绿翘还是没有被说服，"老爷要不是你找朋友帮忙，能做京官吗？你吃了那么多苦，流了那么多泪，一颗心都在他身上。他可倒好，回信都不写一封，原来是这里有了新人！"绿翘越说越气，看看玄机已经低下了头，脸色也越来越明暗，便住口不敢再说，只轻轻地叹了口气，"算了，姑姑。奴婢也不再多嘴，让我给你换件新的衣裙吧！总不能穿这道袍去见老爷，让那新人看咱们的笑话。"

绿翘手脚麻利地打开了她们随身携带的箱笼，取出一袭红罗长裙，一件葱绿抹胸，一件拷紫襦衫，一条淡黄披帛。然后出去拎了一桶水进来，服侍玄机梳洗过了，为她换上女装，梳上发髻，插上珍珠步摇。又用脂粉扑匀了脸，为玄机在额上贴了一片金钿，唇上点了一点红得恰到好处的胭脂。这才把一面铜镜递了过去，再退后两步，仔细打量一阵，自己便双手一拍惊叹道："唉呀！真是美死人了！姑姑，奴婢现在才知道，老爷当初为什么那么想得到你！原来你这么美，这么迷人。我在相府里，什么样的美女没见过？可她们都比不上姑姑！"绿翘一阵高兴，连尊卑称呼都顾不得了，只是一味地夸赞着。

鱼玄机也在铜镜里看到了自己姣好的面容，禁不住百感丛生。不着女儿装，转眼已近一年了。多少次，她悄悄躲在房里，从箱底取出这些色彩艳丽的锦绣服装。借着灯光，一件件展开来观赏。末了，只好无限依恋、又无可奈何地把它们重新折叠起来，默默地放回箱底。她知道，那个重着女儿装的日子，也就是夫妻团聚的时刻。她尽力展开想象的翅膀，在头脑中描绘着那种重逢的得意和欢乐场景。而今，这一天终于盼到了。然而却没有欢乐，更没有得意，心中所有的只是不可言说的苦涩。

在焦急和渴盼中过了一个多时辰，店家才回来告诉玄机，他在李大人家中见到了采菱。采菱听说老爷在长安的二房来了，忙派下人去打扫了一间住房，又雇了一乘轿子，由店家领着接她们来了。

停了一会儿，他又小声补充道："采菱挺高兴的，说老爷赴县令的饯别宴会去了。姑娘，去吧，我看不会有什么事的。"

绿翘可不领情："她好大的架子呀！总得有个大小，分个先来后到吧！她为什么不亲自来接？"

玄机忙打断她："轿子来了就行了，咱们走吧！"

玄机向店家道了谢，离开了客栈，乘上了停在门前的那顶轿子。绿翘在旁边跟着，一起奔旧城而去。

来接玄机的是李亿原来的老仆李福，原来就与玄机相熟，且又很敬佩玄机的心性、为人。走在路上，禁不住就要提醒玄机几句："老爷早知姨娘要来，因为要娶采菱，不便回姨娘的信。如今姨娘不经老爷允准，就贸然前来，老爷心里好像挺不高兴。况且采菱又是个刁钻古怪出了名的性子，以后还不知道要想出什么法子治弄姨娘呢！咱们还是凡事小心点，能忍就忍着点吧！"

鱼玄机这几天辗转反侧，已经渐渐虑到了这点，只是没想到事情会严重到这种地步。她很感激这位老仆，隔着轿窗点了点头说："大爷放心，惠兰这次来，就是对老爷的身体放心不下。只要见到他，看着他没病没灾的；就再没有所求了。"

说话之间，主仆们已经来到了旧城，走过十字街心，爬上一溜石阶，转进一条小巷。又走了不远，就来到了李亿宅前。

李福指点着进了门。鱼玄机看见两个小丫头扶着一位身着绫罗，打扮得珠光宝气的年轻丽人从正房屋里走了出来。亭亭玉立在院子当中，不冷不热地迎接着玄机。

她抬眼打量着刚刚走进院来的这位比自己年长几岁的美人。这人虽说缺少自己二八妙龄的青春艳丽，举手投足间却透着常人少有的高雅气质。这内在的含蓄美，绝不是胭脂口红，金银珠宝玉器所能装扮出来的。采菱不由得自惭形秽，心中的妒嫉已从那流盼的目光中和那张俏丽的脸上显而易见地表现了出来。

"唉哟，"采菱故作惊讶，又非常做作地扭动了一下她那还算匀称的身躯，"姐姐等不得老爷的信去，自个儿就找上江陵来了。这心也太急了点。路上万一有个闪失，叫我们老爷可怎么好啊！"

玄机的心猛跳了一下。李福说的刁钻古怪果然开始领教了。她真不明白，这么美丽的外表，为什么暗藏着一颗那样丑陋的嫉妒之心！她想起李福的话，这口气还是先忍下吧！

来到为自己准备下的房间，采菱请鱼玄机坐下喝茶。一会儿，又扔出了几句不冷不热的话："姐姐是京师来的，我们这小地方，小门小户的，招待不周，就请多担待，再说我们家老爷……"

"呸！"从进院就一忍再忍的绿翘，此时实在忍无可忍了。她开口的话就很不中听，可细细品来，倒也句句说在了理上："什么你们老爷，也不撒泡尿照照！看看自个儿跟了老爷几天！也配称起'我们老爷'来了！咱们姨娘跟老爷那阵子，有的人还不知在哪个娼妇怀里吃奶呢！这时就'我们我们'的了，也不知天下还有没有羞耻二字！"

绿翘越骂越难听，采菱越听越气，却连一句话也回不上来。好半天，只听"哇"的一声，竟号啕大哭起来。鱼玄机本也气得不行，可见采菱被骂得可怜，她那善良的本性又使她无法不捧出怜悯之心。她喝住了绿翘，回过头来又劝采菱不要和丫头一般见识。采菱越哭越伤心，后来索性立起身来，推开丫头，冲出房门，把玄机干脆撂在这里不管了。

刚来就生了这么大一场气，鱼玄机的心里懊恼得很。草草吃了点饭，李福过来收拾了碗碟，劝他俩早些休息。然后又忙着出去备了轿子，接老爷去了。

这里主仆俩也无心说什么。绿翘本是"路见不平"，为主子说几句公道话，反被玄机派了一身不是，心里自然不平，气嘟嘟地坐在床上，一句话也不说。

玄机原来每天都有看书的习惯。这时便拿出书来在灯下看了起来。慢慢地，她觉得有些困倦，就伏在案上打起盹来。绿翘虽在赌气，但多年来玄机待她亲如姐妹的情分，她

什么时候都还是记在心里的。她知道今晚玄机未必能看进书去,实在是在等老爷回来。这时如果叫醒了,请到床上去睡,玄机一定不肯。她只好取来一件厚重一点的衣服,给玄机盖在身上。又守候了一会儿,老爷还不见回来。她才靠在床头上,合着眼睛打起盹来。

突然,一阵喧闹声惊醒了她们。玄机首先睁开了眼睛。只见纸窗上透出一片灯光。时候不大,声音消失了,灯火已渐渐退去。院子里重又归入黑暗和寂静。上房门声音很大的响了一声后,便隐隐传来采菱的哭诉声,李亿的哄劝、抚慰声。许是夜深人静的缘故,这声音听起来是那么清晰、真切。

"你轻点声说不行吗? 让她听见多不好。"李亿劝哄的声音中明显带有无可奈何的乞求。

"不嘛! 我偏要大声说,我就是要让她听见! 反正这次去太原,有她没我,有我没她!"

"你这样霸道,那就谁也别去了,夫人容不得她,就能容得下你吗?"

"我可没她那么好欺负! 叫走就走,叫当姑子就当姑子,你别想扔就扔!"

"你再嚷嚷我就走了。"

许是李亿这一顿软硬兼施,特别是后来的吓唬发生了作用,采菱的叫嚷声再也听不见了。嘤嘤一阵哭泣中夹杂着李亿的一二声叹息。随后一切就归入了寂静之中。

庭院里虫声唧唧,似乎在轻声述说着玄机哀怨,悲凄的心曲。玄机已经没有了睡意。她木然地坐在案前,独对一盏孤灯。秋风、冷月,陌生的四壁,从未睡过的床铺,都使她觉得凄冷。

以往,她总盼着离开道观,有一个自己的家。今天,按说已经到家了。可这是她的家吗? 她回想起头一次到太原家中的情形。那时,尽管每天都要看崔氏夫人的脸色,听这位夫人指桑骂槐的吵闹,可她也没有现在这样痛苦。因为丈夫李亿是爱她的。有了这爱,别的一切痛苦还能被称作痛苦吗? 如今,色衰爱弛,她已经被丈夫无情地遗弃了。

泪水,无声地流淌着,很快打湿了她的面颊。她急忙用罗帕去擦拭,却越擦越多,连罗帕都完全湿透了。她索性不再去擦,任由泪水自由地流淌着。不知过了多久,许是泪水的冲刷也带走了她心中的一些痛苦,她觉得不那么压抑了。她终于站起身来,重新理了理已经凌乱了的头发,开始重新捡拾那些已被解散开来的书籍、衣物。她想等天一亮。就带着绿翘,离开这里。

第二天清晨,玄机带着绿翘正准备离开,被老仆李福拦住了。"姑姑千里迢迢来寻老爷,怎么能连一面都没见就走呢?"

这话,可能正说在了玄机的心坎上。自己这一路风尘到底为了什么呢? 她重又坐了下来。

不幸弃妇

"咚咚"一阵敲门声传来,丫鬟绿翘领着李亿进来了。知道这夫妻俩一定有许多话要说，丫头和老仆不知什么时候都悄悄躲开了。

"玄机，你别怪我。这一年多来，你不在这里，我孤身一人……"李亿开口说话时，已是泪流满面了。他诉说着，无尽的哀怜，无尽的依恋……

玄机脸上冷漠的表情渐渐散去，她的心软了。

天涯孤旅，客居异乡，身边连个陪伴的人都没有，丈夫能不再娶一个妾以慰寂寞吗？她掏出罗帕，为丈夫拭去了泪水。自己那几乎流淌了一夜的泪水，此时又不听话地淌了下来。

"你也别伤心，"李亿又为她拭泪，用那么柔和的声音劝慰着。"到了长安，我就把你接回家去。我答应过的事，决不食言。"

玄机确有些感动了。只要能离开道观，回到丈夫身边，一切不都会好起来吗？采菱再刁蛮，可她毕竟还是个孩子，只要自己诚心诚意地和她以姐妹相处，她们总可以和好的。她把这想法告诉了丈夫。李亿那挂满愁容的脸渐渐舒展了，还露出了一丝笑容。

二人相对，执手倾谈。玄机发现李亿的话慢慢少了，后来竟陷入了沉默。她便关切地打问："子安是不是为回太原的事发愁？我想，采菱一定要随老爷去，就带她去好了。我可以暂留江陵。"

"这怎么可以？"李亿连忙打断她的话，"要走一道走，哪能把你一个人抛在这里？"

玄机又被感动了："子安，有你这句话，就比什么都好。不过，我想以前我一个人时，夫人尚且容不得，如今再添一个采菱，还不得闹翻天吗？要不这样吧，我和采菱都留下，等过些日子，再让李福来接我们进京。"

"玄机，我也这样想呢！"李亿迟疑了一阵，说："只是采菱想回去与她母亲同住，你看？"

"这有什么不行？就让她回娘家去先住着好了。我和绿翘留在这里，你用不着挂念。"

"如此也好，只是……"李亿似乎还有什么为难的事，又吞吞吐吐地不肯说出来。

鱼玄机只好继续打问："老爷还有什么犯难的事？"

李亿说："别的都好办，只是还乡的钱不凑手。这一年，我的俸银有限，采菱又是个会花钱的主儿。如今又要绕道汉阳回乡，开销大得很哪！要不怎能拖到现在还迟迟不走呢！"

鱼玄机抬眼看了看他那愁眉苦脸的样子，不由得心疼起来。她这次来江陵，也曾想到丈夫搬家的盘费，便多带了些体己银子。临行时，长安的故旧、姐妹们又送了一些。总计有 500 多两。见李亿如此，她急忙转过身去，打开箱笼，取出 300 两白银："这些银两，你都拿去吧！凑合着雇车船和一路上的花销也就够了。你用不着烦心。"

白银在灯光下闪动着光亮。李亿一见这么多银两，大喜过望，连忙全数搬入上房。

有了银子，搬家的事进行得就快了。李亿第二天先把采菱送回了娘家。回来后就招呼家人收拾行李。

临别那天，鱼玄机带了绿翘到江边送行。上船以前，玄机把连夜写就的《送别》二首赠给李亿。李亿打开一看，上面写的是：

无题

奏楼几夜惬心期,不料仙郎有别离。

睡觉莫言人去处,残灯一盏野蛾飞。

水柔逐器知难定,云出无心肯再归。

惆怅秋风楚江暮,鸳鸯一只失群飞。

对丈夫的依依不舍,昼夜思念之情溢于言表!渴望团聚,不计前嫌的殷殷之意跃然纸上!

好一个痴情的多才多艺的奇女子!

李亿吟诵良久,似有不忍。可这种表情只是转瞬即逝。如此寄托着妻子浓浓情意的诗,竟没有引发他的离愁别绪。玄机看见他似乎在掩饰着内心的慌乱,正急忙回过头去招呼家人们搬运行李,然后快步走下船舱,便连声呼叫开船了。

船开后,李亿方如释重负般长出了一口气。他钻出船舱,向鱼玄机点了点头。双眼又迅速移开,定定地瞧着江水,再不敢抬眼看玄机。秋风吹动着李亿的袍服。幞头上的两只软角在江风里欢快地摆动。船渐渐远了,鱼玄机看着、看着,直到望不见影子,还死死盯着那船影刚刚隐去,红日完全消失的天边。

"姑姑怎么没走?"一个熟悉的声音,突然从鱼玄机身后传来。

她回头一看,正是渡口客栈那位相识的店家。他接着又追问了一句,"姑姑为什么不跟李大人回老家去呢?"

玄机看他也是个热心人。对自己又挺关心,就一五一十地把实情全都告诉了他。

店家听了,十分惊讶:"姑姑怎么不知道,采菱早带着丫鬟和一船细软,前日就离开江陵了。老朽以为姑姑同去,还帮着定了去太原的船呢?"

鱼玄机如同听到了一声炸雷,她两眼发直,又摇了摇头:"怎么会呢!老爷说得好好的,采菱回她娘家去过些日子,再让李福来接我们一起回老家。"

绿翘早有预感,现在再也忍不住了:"姑姑,你怎么这么呆气!你没见老爷慌里慌张的样子?你没见老仆李福从始到终都闭口无言?你没见他直到上了船。才回过头来,眼里还好像噙着泪水?你没看他那依依不舍地道别的样子,就跟生离死别一样?他这几天就总躲着咱们,像怕跟姑姑说话似的。姑姑,你先回去,让我上新城珍珠巷采菱的娘家看看再说。"

玄机听她说得有根有据,心里也不踏实了。急忙告别店家,雇了乘轿子让绿翘去新城,自己便赶回家来等消息了。

约莫过了半个时辰,绿翘终于气呼呼地回来了。说:"岂但采菱走了,连她母亲也一道乘船离开了江陵。"

鱼玄机顿觉胸口一阵涨闷,堵得难受。只听她"哼"了一声,便"哇"地吐出一口血来。她顿觉天旋地转,腿脚都站不稳了。

绿翘也慌了手脚,忙跑上去扶住她。鱼玄机再也站立不住,一下子瘫倒在丫鬟怀中……

回忆戛然而止,鱼玄机再也想不下去了。

她抬头看看法场周围。天，比原来阴得更沉了。地，也好像比原来又昏得厉害了。正在这时，第二通追命鼓敲响了。

玄机已没有了恐惧，没有了悲伤，她索性闭上眼睛，任由思路驰骋……

那是在长安城内一处最好的角逐场所——乐游原上举行的一场马球比赛。

鱼玄机和李亿都参加了，并且分别被编在互相对抗的二支队伍中。

赛马场地宽阔平坦，原是京兆府监造的。场地以细沙浇拌桐油再用石碾压实，如砥石，似平镜。赛马驰骋起来，寸草不生的场子上绝无一粒尘土扬起。

比赛就要开始了，因为有李亿这帮知名才子和朝廷的翰林学士以及鱼玄机等人才出众的才女、名妓们参加，看客便格外地踊跃。真可谓观者如潮，欢声如雷。

鱼玄机头一次来这里打马球，看什么都觉得新鲜。在外人看来，就更显天真活泼可爱。

角逐双方一起进场了！鱼玄机年纪最小，而长相又是出奇的美丽，一出场便吸引了众多艳羡的目光。只见她神采飞扬地骑在马上，手持 3 尺长，末端形如偃月的球杖。身穿一身胡眼短装，更显得光彩照人，英气勃发。

比赛开始后，人们渐渐发现，这个年纪幼小、长相美丽、打扮得楚楚动人的小姑娘，马术、球艺也都是十分娴熟的，便常常一齐向她大声喝彩。

奔突击射得十分激烈的时候，忽然有人手起一杖，拍过来那个红色的小球了。正当那人流星般划过玄机马前时，只听"啪"的一声，球掉在了地上。玄机手疾眼快，她迅速用左手勒住了马的嚼口。坐下马略一受惊，便举起前蹄就地打了个旋儿，小球正好暴露在玄机的右后侧。说时迟，那时快，鱼玄机一枝将小球向南面的球门拍了过去。只听"嗖"的一声，那小球凌空而起，掠过众人头顶，不偏不倚，直奔南面挡板下的球门。只可惜玄机毕竟年纪小，体力弱，那小球飞到离球门几尺远的地方便落了下来。此时，与玄机同队的一位球友正在挡板前立马以待。只要他纵马上前，一杖就可将小球拍入门中。谁知那位球友实在文弱得可以。他见小球飞来，害怕击中自己的脑袋，早已闪避一旁。这时李亿带领自己的队友迅速拨转马头，风驰电掣般冲了过来。他伸出球杖，一个漂亮的海底捞月便将小球稳稳铲住，顺手一扬，小球向北面的球门腾空飞去……角逐结果，李亿一从大获全胜。

鱼玄机少女的心终于在比赛后怦然而动。她从李亿那瞬间的表现中发现了一种令她心醉的刚健正大、勇于进取的气质。泰山崩于前而色不变，这不就是自己所苦苦寻觅的吗？本来当别人来家提亲说到李亿时，15 岁的蕙兰还有几分犹疑，这一球、一杖，便把那份犹疑击得无影无踪了。

此后，在她与李亿同游终南山的时候，李亿则完全同他在赛马场上的表现一样勇猛。他当面向玄机求婚。上了十八盘以后，情急的他便情怀自信地如九天重落的罡风一样，将这个娇小美丽的少女的肉体和灵魂，一起卷进了圣寿寺旁那一片松林之中……

岁月悠悠，几年过去，鱼玄机竟成了不幸的弃妇！

连日来，绿翘托人请了江陵的名医为她诊治疾病，又衣不解带地精心服侍，玄机的病体终于渐渐康复了。

然而,肉体上的病易除,心灵上的创伤却难以愈合。她心疼的不是那 300 两银子。钱,她并不看重。让采菱与老爷先回老家,原本也是她的主意。使她怒火中烧的是李亿为什么要骗她?!他不仅让采菱一同去了太原,连采菱的母亲也一块带走了,可见他并不惧怕崔氏夫人。那么,当初送她去咸宜观做女道士,就并非不得已而为之了。玄机看明白了,这只不过是李亿嫌弃、疏远她的一种手段罢了。

更使玄机悔恨不已的是,李亿整整骗了她 3 年,而她自己对此竟浑然不觉。其实,以她的聪慧和机敏,她也并不是没有看到一些蛛丝马迹,只是她太爱李亿了!爱得那么专注,那么执着,以至每每有所觉察时,她都能以种种理由否定自己的疑虑。她全身心地沉浸在对李亿的挚爱之中。投入,而且强烈。在最困难的时候,支撑她含辛茹苦地抗争不已的就是这爱的力量了。她从没有对未来失望过,憧憬,企盼。她魂牵梦绕的都是夫妻的再度团聚。只要能回到丈夫身边,她就决意再不分开,而要永远厮守在一起。

可如今,人去屋空。玄机苦苦等待的回报是什么呢?空荡荡的宅院,使玄机觉得自己好像进入了一座孤坟。夜阑人静,她躺在床上,谛听着远处江涛澎湃,近处风扑纸窗的声响。再环顾室内如豆的灯火,她感到从未有过的凄凉。有什么比从充满希望的幻境中,走回被绝望围困的现实更悲凉的事呢?玄机的心境坏极了。她翻捡出往日写给李亿的诗稿,重读着,回忆着,她怪自己用情太专,她的心酸和愤怒都已达到了极限。她拿起一卷诗稿,缓步走近正在煎药的炭炉,点着了,一张张地燃烧着。恍惚中,她不知怎么触碰了药壶。她知道这是绿翘看自己精神不振,求人开方买的药。虽然自己身体无补,可总是丫头的心哪。她不能负了这心,急忙伸手去扶。可偏偏没有扶住,反倒失手又推了一下。药壶已完全翻倒了,浇灭了部分炭火,屋子里立刻弥漫着烟雾,药味也显得那么刺鼻。玄机原本恶劣的心境此时已经坏到了顶点。

因为连日疲劳,刚刚在一旁打个盹的绿翘被惊醒了。她睁眼看看一塌糊涂的屋子,急忙到炭炉边去照料药壶。可一切都晚了,药汁还在流淌着,烧过纸张的焦味和熄灭的炭火上残留的片片纸张,使她知道发生了什么事情。

“姑姑也真是,为这种人这样作践自己值得吗?3 条腿的蛤蟆不好找,2 条腿的活人还不有的是?死了张屠户,还非得吃带毛猪?我们老家的乡间女子,在这种事上倒都想得开。嫁人后,好便好,不好呢,离了再嫁一个喜欢的人就是。哪里就象姑姑这样要死要活的呢?要我说,姑姑还是养好身子要紧。等身体复原了,咱们还是早早离开这儿,回长安去吧!姑姑,奴婢说得对吗?”

玄机沉思良久,也许是经过刚才一阵发泄,也许的确觉得绿翘说得在理,心气反倒平和了许多。她见绿翘睡意未消,又打起了哈欠,便催她回床去睡。然后,她又回到案前,剔掉灯花,重又吟起旧诗来:

羞日遮罗袖,愁春懒起妆。

易求无价宝,难得有心郎。

枕上潜垂泪,花间暗断肠。

自能窥宋玉,何必恨王昌。

以往的柔情蜜意,如今的恩断义绝,玄机全都倾注在句句诗行中。

失足成恨

又将养了几天，玄机带绿翘雇船乘车，先后到了江夏、汉阳、镇江、扬州，又辗转回到长安。

在朋友们的帮助下，她渐渐从被遗弃的苦痛中解脱出来。她参加朋友们的聚会，她大张艳帜，重展诗才。

她的《感怀寄人》送出后，很快就在长安士林中迅速传布开来：

恨寄朱弦上，含情意不任。

早知云雨会，未起蕙兰心。

灼灼桃兼李，无妨国士寻。

苍苍松与桂，仍美世人钦。

月色苔阶净，歌声竹院深。

门前红叶地，不扫待知音。

诗中一扫被李亿遗弃的悲凉和郁闷，抒发了她崇高的生活追求。她不以弃妇自怨，而要以高风亮节的国士为伍。灼灼其华的桃李，四季苍苍的松桂，历经磨砺而不减其志，玄机以此为寄托，以诗昭示心声。她要与平庸、屈辱的往昔告别，她要走向幸福美满的新生。

鱼玄机诗名大震，三省六部的权贵人物，名闻遐迩的诗人雅士，直至礼部尚书、京兆府尹、侍御大臣、王孙公子……京城里的富豪显贵们几乎都被色艺双绝的鱼玄机深深地吸引了。他们或贪恋她的美貌，或艳羡她的才气，纷纷以各自认为最好的表达方式向玄机表示出了内心的折服和渴慕。

可时间一长，玄机渐渐发现，这些人中并没有自己苦苦寻觅的知音。他们虽也表露了对她的江陵之行的同情，对她的诗才赞叹不已。但透过那或儒雅、或富贵、或斯文的外表，玄机从他们的眼神中，分明看到了色欲的希求和附庸风雅、惜玉怜才的假象。

她伤心极了。她开始闭门谢客，致情于笔墨山水之间。

玄机的才名也传到了同在京城的李亿的耳中。当初的反感、嫌弃，此时已随着时间的推移而淡漠了。有时在亲友、同僚中，他也为有这样才华横溢的小妾而自豪。他开始萌动了一个新的念头：他要接回玄机，他不许"自己的小妾"在外如此张扬。有一天，他带着老仆人李福来到玄机的住处。

"玄机，绿翘，我来了，快开门！"听出是李亿的声音，玄机怔住了。绿翘却阴着脸，不搭理他。

李亿在窗外站立得久了，忍不住从没关严的窗户中向里张望。案头上，是一幅正在绘制中的山水横幅：危岩下，汹涌的洪波，一只木船出没在波峰浪谷之间。木船上的船工奋力扳撸，刚毅的面容如同一幅雕像，随时准备去闯过前面的险滩的神情清晰可见。好一幅《破浪行舟图》！

"玄机,跟我回去吧,你不能没有家,这些日子,我好想你!"李亿在窗外又喊了起来。

"你走吧咱们的事已经了结了。"

"玄机,我说的话是真。我还给你带来了50两银子!"听听屋里仍没人应声,李亿又站了许久,终于缓缓地走了。随风又传来他那并不洪亮的声音:"绿翘,我搁台阶上了,你一会儿来取!"

声音渐渐飘散,脚步声渐渐远去。鱼玄机已无心作画,她放下笔踱出画室,"绿翘,快! 把银子给他送回去!"

绿翘闻声连忙追了出去。不久,她又捧着银两来到玄机面前。"人,已经走远了,我没有追上。"

白花花的银子在玄机面前突然化作了江陵岸边面对的滔滔江水,化作了如絮如绵撕扯不断的片片雪花。她突然觉得异常寒冷,她的手已微微抖动起来。她感到自己的精神几乎要崩溃了。银子? 道观里的青灯,江陵古城里抛洒的泪水,自己为李亿求官往返奔波呕心沥血……难道就是这50两银子的价值吗? 树怕扒皮,人怕伤心,玄机的心已经伤透,别说50两,就是10万两金银也医不好她的心病了。

李亿此番前来,果真是想接她回去,同她重修旧好吗? 玄机知道这绝不是他的本意。这些天来,玄机在长安城里抛头露面,出席各种交际场合。同文人墨客,权臣新贵都有书画往还。一帮市井无赖还以求画为名,骗去了玄机不少字画、扇面偷偷换钱。这些,恐怕早已被李亿知晓。作为位居班列的高官,李亿并不满足于随侍皇上,他要利用一切机会寻找飞黄腾达之路。他岂能容忍自己名分上的小妾到处"张扬",毁坏自己的名声? 畏于权势,李亿不敢把玄机怎么样,他知道得罪了玄机的朋友们对他的仕途发展意味着什么。以"接"回家为名,把玄机置于身边"冷室",实在是两全其美的办法。玄机重又感到被狠狠地伤害了! 她几乎失去了理智,脱口冲绿翘喊道:"没用的奴才,这点事也办不好!"

绿翘完全愣住了。她被相府主人送给玄机以后,自认已得其所。尽心服待新主人,昼夜不敢怠慢。玄机也待她不薄,二人亲如姐妹,同甘苦共患难,从不以主仆相称。"姑姑今天这是怎么了?"她强使自己镇静下来,"我也不知他怎么走得这样快!"

玄机本已回到屋内,她无法继续作画,正想一个人安安静静地呆一会儿。突然见绿翘随后也跟了进来,还顶了一句嘴。她的理智更乱了,再也无法用平和的心气对待眼前发生的一切。她随手抄起桌上的画盘,冲着绿翘狠狠地砸了过去,然后快步走出了屋……

在姐妹处住了一夜,哭诉了一夜之后,玄机第二天早晨醒来,心境已经好了许多。她渐渐回想起昨天的一切,真不知那一画盘把绿翘砸得怎么样了。她连忙邀上姐妹,雇了乘轿子急急向寓所赶来。

"绿翘,绿翘! 你干什么呢? 还在生我的气吗?"没等到应声,她就下轿抢先向房内奔去。

屋里的一切都是死寂的,静得有些让人窒息。玄机似乎预感到发生了什么不测。"这死丫头,还在生我的气。"她自言自语,也似乎在捕捉着唯一的希望。

画室里没有,客厅里没有,自己的卧室里也没有。当玄机一脚踏进绿翘的屋门时,身

上的毛孔似乎都竖了起来。一幅白绫,悬吊着绿翘匀称美丽的身体……

"绿翘! 你这孩子,我的好妹妹,你怎么能自寻短见啊!"

玄机在女友的帮助下,解下了绿翘的尸体,平放在床上。她已顾不得有人在场,便放声大哭了起来。她无法原谅自己昨日的粗鲁。她无法从脑中赶走绿翘那鲜活美艳的形象。她更忘记不了绿翘为自己分忧解愁,为帮助自己摆脱困境所忍受的千般屈辱,万般无奈。可是自己都做了些什么呀! 李亿已经那么沉重地伤害了自己,使自己心灵的创伤永远无法平复。而自己又是多么沉重地伤害了绿翘,使她陷入了绝望之中……

玄机好悔恨啊!

她对天哭喊:苍天啊,命运啊! 你为什么对我蕙兰这样不公? 别人犯了多少错误都有改正的机会,我怎么就连改正一个错误的机会都没有? 她顾不得报官,也无心张罗绿翘的后事,一切都任由别人"帮忙"。

后来,她恍惚中被官府抓进了监狱。又恍惚中被定了"逼打女仆,逼死人命,伪装上吊自杀"的罪名。又在恍惚中来到了刑场。她根本无心为自己辩护二句,她只求速死……

"嗵,嗵嗵!"恼人的第三通追命鼓终于敲响了。玄机觉得这待决的时间好长啊! 长得让她重温了自己那短暂坎坷的一生。玄机又觉得这待决的时间太短了,短得使她无法再仔细体味以往的酸甜苦辣。

好在一切都过去了。她再不必为人世间的丑恶而烦恼。美好生活的企望,真挚爱情的憧憬,心心相印的朋友情谊,一切都已烟消云散。"绿翘,姐姐找你来了,你等等我!"玄机在心底里猛烈地呼喊了一句,就什么也不知道了。

肃杀秋风无情地掳掠着玄机躺倒的地方,喷溅的鲜血染红了西市围墙边好大一片土地。

天,似乎更阴沉了。地,也似乎更昏暗了。

转眼间,纷纷扬扬的大雪铺天盖地压了下来。揪不完,扯不断。这场大雪整整下了三天三夜。大雪把玄机的遗体覆盖得严严实实,似乎用一幅巨大的白绫完整地包裹着这一代才女,任何杂物尘埃都无法玷污她那纯洁的身体。

洁白,到处都被一片洁白包围着。

到了第四天清晨。雪后初露。冬日的朝阳显得格外红艳明丽。西市围墙边玄机倒下的时候,几乎同时倒下了那棵独柳树。此时,它与玄机并肩躺倒在这被洁白的大雪严密包围着的世界里。接受初升旭日的光照,显得那么耀眼,那么灿烂。

市门外,有人面对玄机的遗体点燃了香烛,跪拜了下来。人们似乎听见他在喃喃自语:"某虽女子,秉志清真,……凌虚绝俗……"然后,他对围观的人视而不见,策马而去……

人群中,有人指点猜测,说是李亿前来忏悔赎罪:也有人说是鱼玄机的朋友,仰慕她的才情,追念她的早逝……

各种各样的猜测仍在继续。在各种各样的猜测声中,人们只见东方的朝阳更加艳丽。红装素裹的大地,更透出几分圣洁。

稀世明珠

——花蕊夫人

名人档案

花蕊夫人：后蜀主孟昶的费贵妃，五代十国女诗人，青城（今都江堰市东南）人，也号花蕊夫人。幼能文，尤长于宫词。得幸蜀主孟昶，赐号花蕊夫人。

生卒时间：不详。

安葬之地：不详。

历史功过：其宫词描写的生活场景极为丰富，用语以浓艳为主，但也偶有清新朴实之作，如"三月樱桃乍熟时，内人相引看红枝。回头索取黄金弹，绕树藏身打雀儿"这一首，就写得十分生动活泼，富有生活情趣；其《述国亡诗》亦颇受人称道，实难得之才女也。

名家评点：熟谙中国历史和古代文学的人都知道，自古才华和美貌在女子身上互不相容。李清照、谢道蕴，面容只能称得上是平凡；鱼玄机、薛涛，其文才和智慧却又远远不及男儿。唯一例外的，是一个叫作花蕊夫人的女子——那个奇异的女子，美丽却屏弃妖娆，聪颖而博学强记，对如山的诗词歌赋和纷繁复杂的君王世界，了解的一如俯视自己手心的纹路。

长于宫词

　　花蕊夫人所写的一部宫词，包括158首诗。构成了宫廷活动的网络，大大方方地公开了宫廷的秘密，应该说是一部写实的史诗，应该说是国家兴衰的笔录。可视为晶莹的美玉，可视为艺术珍品。荡涤尘襟，开阔视野，从中看不出诗人低眉求宠，看不出攀高结贵。一片冰莹的冷静，一腔火热的纯真。

　　品格高尚，诗见真功。平铺画板，收拢彩绘，眸凝群相，忖彼心灵。无妒无怨，豁达大

度。抒情评论，追补叙写，百艺递陈，不见驳杂！灵活老练，真实感极强。

第一首诗为总起，带领全部诗篇步入人间最豪华的宫殿。"五云楼阁凤城间，花木长新日月闲。三十六宫连内苑，太平天子坐昆山。"五云，指楼台殿阁耸立于五彩祥云之间。似仙境而又非仙境，所到处，有四时不谢之花，正在度过安闲的岁月。因为没有战争，天子可以恣意享尽人间的快乐。昆山，是昆仑山的别称。蜀主孟昶自料可以江山永固，可与日月同辉。诗人这么写，意在歌颂丰年盛世。其实这是为蜀国的灭亡埋下了伏笔，也可以说是总体上的前后照应。当读到第一五八首时，便深以为然了。

整部诗，在创作手法上很讲究顺序。即在建筑规模上，由整体到部分，由陆地到水中。

第二首："会真广殿约宫墙，楼阁相扶倚太阳。净甃玉阶横水岸，御炉香气扑龙床。"名曰会真的广阔宫殿，包围它的是长长的宫墙，楼阁之间错落有致，高可接天。甃，此指洁净之处修起玉阶。地理环境是在水岸。龙床，标志君王住处。"御炉香气衬托华贵。"

第三首写龙池之长，风光之美："龙池九曲远相通，杨柳丝牵两岸风，长似江南好风景，画船来去碧波中。"这应属于概括描写，既然有这样的水上的游览环境，便派生出许多角逐竞争，赌输赢的比赛活动。

第四首写东内的龙池凤苑，"东内斜将紫禁通，龙池凤苑夹城中。晓钟声断严妆罢，院院纱窗海日红。"旭日东升，照耀着布局合理的建筑群。

生活在这样环境中，众多妃嫔们，总不放过争宠斗艳的机会。当君王巡游到苑中时，真是"满堤红艳立春风"。诗人这里用的是借代手法，以人比花，以花代人。花美，人更美。顺着时间的推移，地点、人物非常清楚，"严妆"就是为此时做准备的。依次写来，十分自然。

原有建筑虽然宏伟壮丽，但是君王犹感不足。随之而来的是不断地扩建。第五首写得好：

殿名新立号重光，岛上亭台尽改张。

但是一人行幸处，黄金阁子锁牙床。

改张，是尽皆重新陈设一番。这里专门设置了君王的休息地点。屋宇金碧辉煌。床则雕镂得最合时尚，体现出皇宫的华丽。

在写苑中池水的自然景色时，第九首先写地理位置："三面宫城尽夹墙"如此密封，似与外界隔绝，而"苑中池水白茫茫"说明大可利用它增添景点。"直从狮子门前入"是通道，"旋见亭台绕岸旁"是说岸边的景物很一般。因此，君王又产生奇想，对花蕊夫人说："要是在池水中修上楼阁，岂不是更美吗！"

花蕊夫人趁机凑趣说："那敢情好了，请陛下也赏给妾身一个住处！"

蜀主孟昶笑着说："我到哪里，你就得跟到哪里。"

花蕊夫人谢了恩，又探问了一句："那么，别人呢？"

孟昶说："都搬进来！"

真正是君无戏言。经过移走花树、铲除青苔的劳动，扩大了龙池，"展得绿波宽似海"，海上建筑的水心楼殿，简直胜过蓬莱。

蜀主孟昶巡幸到背靠城墙，面对龙池的"太虚高阁凌虚殿"，和分住各院的娘子们，捉起迷藏来，是"羊车到处不教知"。岂不知，最终还是落入妃嫔们摆下了迷魂阵里。

羊车，是指安逸装饰得高雅的皇帝所乘之车，典故出自《晋书》。汉武帝的后宫中，同时受宠的人很多，不知到那里去是好，就乘羊车，羊停到哪里，就进哪个院。宫女们摸透了羊的脾气，就把竹枝插到门上，把盐水洒在地上，羊最爱吃竹叶，更喜欢舔带咸味的水。这样投其所好，再聪明的天子也难免坠入彀中。

花蕊夫人伴随孟昶到龙池，到了受宠的女官修仪的住处。为了迎接君王，环境焕然一新，用"扫地焚香"表示虔诚，直到"日午时"才见到君王。总得拿出一个吸引人的项目吧！那就是"看教鹦鹉念新诗"。

听鹦鹉学舌念出新诗来，谁都会觉得新奇，通过训练巧禽媚主，也是女官们的发明。蜀主诗兴油然而生，花蕊夫人也随之唱和。懂事的会看风使舵的才人，寸步不离地跟随着绕行曲池，拿着笔砚在近侧侍候。铺开彩笺，用喜悦和敬佩的目光，看着纸面上的遒劲的大字和娟秀的中楷，笔扫烟霞，赞声四起。

花蕊夫人正在琢磨要给宫女们画几幅透露出机巧的画呢！蜀主开始封起官来了。"二十四司分六局"由于六宫官职大换班，排场势头奇大无比，"御前频见错相呼"。画谁都可构成美女图，但是太呆板了，那又有什么意思呢，还是抓住特点好。于是先细致观察，然后写了以时间为顺序的7首诗，最后经过筛选，画出宫女"故将红豆打黄莺""斜望花开遥举袖""初学乘骑怯又娇"的三幅画来。

第十七首，是反映宫女的随机应变。季节是春天，时间是拂晓，事件是折花，地点是水岸。列表格就欠含蓄了，诗人写的是"春风一面晓妆成，偷折花枝旁水行"。妙在一个"偷"字，显出行动的诡秘。怕被别人发现，偏偏就被别人看见了："却被内监遥觑见"，这可怎么办？有了，"故将红豆打黄莺"，更妙的是用了一个"故"字，诗意就有了转折，由折花到打鸟，行动变化迅速。伶俐、机敏，由胆小变得大胆，由蹑手蹑脚，变得坦然大方了。

第十八首，"殿前排宴赏花开"地点和事件有了，中间有什么环节呢？"宫女侵晨探几回"人物和时间明确了，定型是"斜望花开遥举袖"，于是又引出新的人物："传声宣唤近臣来"。

第十九首突显场面热烈。因为是君王"宣唤勋臣试打球"的，当然就得"排御幄"，乐声起处如滚油翻花。

第二十首，突显参与球赛的供奉们的礼让谦逊："供奉头筹不敢争，上棚等唤近臣名。内人酌酒才宣赐，马上齐呼万岁声。"

这两首，很难用画面表示声音，所以描述一番渲染气氛也就够了。

花蕊夫人看着骑马打球的女队，不禁回忆起充当她们教练的往事来。

花蕊夫人按着事情发展的顺序，写出宫女当初怎样学骑马，怎样学打球。这历练的过程，战胜了多少困难，又是增加了多少胆识呵！

第二十一首，写出骑马术不易掌握，但是有了决心，也会成为好骑手的。

殿前宫女总纤腰，初学乘骑怯又娇。

上得马来才欲走，几回抛镫抱鞍桥。

花蕊夫人为了学会骑马,掌握狩猎的本领,确实下过苦功。尽管初学乍练时是那样生疏,但并没有滚下马背,也没有落荒而走。放下马勒子不要紧,能抱住鞍桥,也是蹬底藏身的基本功。

第二十二首通过对比手法,说学打球的宫女们,确是外柔内刚。花蕊夫人的韧性感染了许多人。

自教宫娥学打球,玉鞍初跨柳腰柔。

上棚知是官家认,遍遍长赢第一筹。

为了报答君王的知遇之恩,花蕊夫人训练了一批骑马打球能手,看到君王期望的眼光,球打得格外出色。桃靥上凭添喜色,心底浮上一丝骄傲的甜意。

带着喜悦回宫,想象着君王在耳畔的赞语,花蕊夫人忘记了一天的劳累,不住地顾盼夕阳映照下的花树,数着归船。

翔鸾阁外夕阳天,树影花光远接连。

望见内家来往处,水门斜过雉楼船。

归船里的风流天子,今晚是乘羊车漫游呢还是乘软舆来款谈?

书法绘画

花蕊夫人并不满足自己才艺的现有水平,她努力练习书法。第四十四首写道:

清晓自倾花上露,冷侵宫殿玉蟾蜍。

擘开五色销金纸,碧锁窗前学草书。

她在清凉寂静的拂晓,从花上把露水倒在杯里,抬眼看一看月亮,顿时感到整个宫殿都沉浸在清爽之中。在书案前轻轻地研墨,似乎墨汁里夹着花香。打开并铺平了洒金纸,面对着雕镂云锁的窗户,刷刷点点地写起来,她要模仿书法家的笔致,以期与君王的草书媲美。

花蕊夫人绘画的技术不断提高的原因是善于选材。

看了那三幅画,孟昶曾拍案叫绝,眼珠一转,出了个难题:"何不自画一幅肖像,让朕随身携带?"

花蕊夫人说:"妾与君王在一起的时间,比起其他夫人不是最多吗?"不立即回答,反而肯定不用画像的意思,实质上是以退为进。内心里希望听到"看不够"三个字。

孟昶要保持君王的尊严,不愿在历史上留下话柄,便说:"备朕观察,做选美参考。"这不等于夸花蕊夫人是个最标准的美人吗!

花蕊夫人看不惯庸俗粉黛撒娇撒痴的伎俩,很会掌握适可而止的分寸。便微微点头,樱唇中清脆地吐出"谨遵圣旨"四个字。

第九十一首,朴朴素素地写出了呈画时羞赧,暗含着不以艳姿惑君、不以画技压众的深意。

春天睡起晓妆成,随侍君王触处行。

画得自家梳洗样，相凭女伴把来呈。

大有素面睹天颜，更觉心平气静的味道。

花蕊夫人作画勤苦，时刻留心寻找素材。

她画小宴流杯亭，重点没放在饮酒人身上，因为宴席规模不大，亭子也不出奇，唯一使人开眼的是"沉檀刻做神仙女，对捧金尊水上来"。这叫由平常转为稀奇。一脱尘气，巧借仙风。

再画一幅新宠"寻芍药"吧！第九十七首："慢梳鬟髻著轻红，春早争求芍药丛。近日承恩移住处，夹城里面占新宫。"这位受到宠幸的女子，为了巩固受宠的地位着意打扮。及早下手把环境美化，可见有工于在众美中斗艳的心计。

另一幅是新宠"献桔"。短短四句，就说清了因果关系：

内人承宠赐新房，红纸泥窗绕画廊。

种得海桔才结子，乞求自送与君王。

这幅画，展示的是受宠者的内心世界，一种感恩戴德的真挚感情，溢于画面。

花蕊夫人的这幅画，进入一个高层次。不妒不怨，不争不扰。比起贵妃姊妹草草迁入新居可沉稳多了。

第一百三八首，环境可观，人也美貌。心情未免太急了些。

小殿初成粉未干，贵妃姊妹自来看。

为逢好日先移入，续向街西索牡丹。

这个画面，容量较前增加了，应有看殿、迁移、索牡丹三个阶段。花蕊夫人运用巧妙画笔，在一张超常的宽幅上描绘那一望可知而迫不及待的心情。引得孟昶哈哈大笑，说："传神，传神！"

花蕊夫人又捧上两首诗，请教又兼请示地说："想就此画两幅画呢，第一幅题名《凭栏读文》，第二幅叫……"孟昶举起右手，示意暂停，慢慢地读下去：

薄罗衫子透肌肤，夏日初长板阁虚。

独立凭栏无一事，水风凉处读文书。

婕妤生长帝王家，常近龙颜逐翠华。

杨柳岸长春日暮，傍池行困倚桃花。

花蕊夫人递上纸笔，央求说："请陛下题个好名吧！"

孟昶提笔写了两行字：尚书捧卷；婕妤倚桃。

花蕊夫人何等机敏，谢过恩后，就构思标明季节的衬景：尚书捧卷要凭栏，再从服装上夸张薄、透，神情是专注的，意态是悠闲的。"潜勤"在其中。

婕妤倚桃应显出幸福带来疲倦。衬景是杨柳翠绿，桃花灼红。如将桃花比面，桃花减色，如将柳叶比眉，眉入鬓长。神态用"娇慵"凸现，体段用"婀娜"描线。

两幅画恰是鲜明对比。

画的草图已定，题名又是圣笔亲书，完稿的日子不能拖延。

孟昶看了花蕊夫人所画的人物，是那样的逼真，不仅为之动容，而且也动心了。什么时候能给朕画一张像呢？心里一想，花蕊夫人也真就"灵犀一点通"了。无时无刻不在注

意观察,但怕亵渎神明似的始终没有看笔。

第八十首遥望圣驾:

锦城上起凝烟阁,拥殿遮楼一向高。

认得圣颜遥望见,碧阑干映赭黄袍。

第八十四首天子便装骑马。

罗衫玉带最风流,斜插银篦慢裹头。

闲向殿前骑御马,挥鞭横过小红楼。

风度翩翩的形象,敏捷矫健的动作,因看得十分真切,便在大脑里贮存起来了。

第七十六首,三元节天子道装:

金画香台出露盘,黄龙雕刻绕朱阑。

焚修每遇三元节,天子亲簪白玉冠。

花蕊夫人随驾赏花、随驾钓鱼、侍宴、看舞……印象太多太深了,没有君王的命令岂敢轻易动笔,只怕有纤毫差错会惹来杀身大祸,赐给一条白绫自缢,那就算最便宜的了。

就是画美人也得特别加小心,得宠的,你画得好,她会在君王面前进点美言,如果一朝失宠呢,说不定还要怪你歪曲形象,借着骂故意给王昭君加个滴泪痣的毛延寿,出气泄恨呢。

思来想去,画画风景,既可陶冶性情又没什么危险。用比较法,写出蜀主孟昶所居之处超过名城古迹。第一〇四首便是:

杨柳阴中引御沟,碧梧桐树拥朱楼。

金陵城共滕王阁,画向丹青也合羞。

说的是从杨柳荫中挖出一条水沟,树影摇曳水面,水波流动树影,有动态美。碧绿的梧桐树簇拥着红楼,色调和谐,条条框框构成美丽的图案。又用拟人法指出名城胜境如果懂得感情也会自愧弗如。

更有环境美得难画难描的宣城院,花蕊夫人自叹:"粉壁红窗画不成",便暂时搁下画笔,随君伴驾欣赏歌舞去了。

孟昶喜欢音乐,擅长吹笛,又能编写歌词,花蕊夫人堪称知音。

歌舞场面是多得数不胜数的。花蕊夫人采取了歌舞合写、分写、连续写、交错写的方法。

分写,突出中心;合写,创造气氛;连续写,推进情节发展;交错写,互相配搭成趣。

离宫别馆绕宫城,金版轻敲合凤笙。

夜夜月明花树底,傍池长有按歌声。

离宫别馆里乐器合奏是习以为常的,"夜夜"说明毫不间断。按歌,说明欢娱的类别。

御制新翻曲子成,六宫才唱未知名。

尽将觱篥来抄谱,先按君王玉笛声。

觱篥从龟兹传入中国,发展成今日的喇叭。"不知名",说明新颖。按,随着音律节拍,以讨君王的欢心为目的。

第十首,写合奏,第十一首,写抄谱,各有中心,不觉雷同,当然无杂沓之感。

第三十首,写单人舞:

选进仙韶第一人,才胜罗绮不胜春。

重教按舞桃花下,只踏残红作地茵。

突显舞者年轻、貌美、技高、多情。

第三十三首,写集体舞:

山楼彩凤栖寒月,宴殿金麟吐御香。

蜀锦地衣呈队舞,教头先出拜君王。

前一首写外景,此首则是外景与内景结合。前首场地利用自然条件,此首则为特设场地。时间上的区分,前首为白昼;此首为夜深。

写苦练新曲的是第五十九首:

博山夜宿沉香火,帐外时闻暖凤笙。

理遍从头新上曲,殿前龙直未交更。

第六十首,告知人们的是词曲来源:

春殿千官宴却归,上林莺舌报花时。

宣徽旋进新裁曲,学士争吟应诏诗。

第九十二首,写舞头服装特殊,唱词熟练,责任心强,终朝每日训练不息。乐声飞入君王御座,不嫌喧闹,也不觉得是受到干扰。

舞头皆著画罗衣,唱得新翻御制词。

每日内庭闻教队,乐声飞上到龙墀。

第九十六首,写表演者集合,然后合奏新曲:

梨园子弟簇池头,小乐携来候宴游。

旋炙银笙先按拍,海棠花下合梁州。

整个过程叙述得特别清楚。簇,说明纷纷而来,携来小型乐器,专等一声令下。玉笙起调,其他小乐声奏齐鸣。最后一句写出具体地点和具体曲名,使人感到真切。

第一三九首,得知君王赏花消息,各自积极做准备工作。

内人相续报花开,准拟君王便看来。

逢着五弦琴绣袋,宜春院里按歌回。

由花开便联想到赏花的惯例,于是收拾乐器,千遍万遍地练习。第一四〇首:

巡吹慢遍不相和,暗数看谁校曲多。

明日梨花园里见,先须逐得内家歌。

巡吹,挨个歌曲吹了一遍,慢,表示谨慎,很怕出现漏洞。

第一五二首,写舞罢归来。倦极累极,用的是夸张衬托手法。汗透衣衫,下楼梯都迈不动步。

舞罢汗湿罗衣彻,楼上人扶下玉梯。

归到院中重洗面,金花盆里泼银泥。

除了歌舞之外,还有许多活动,但写得合乎实际情况,有的可以自成画幅,有的连缀成片,却类乎连环画呢。

三首连排,都写采莲。构成组诗,虽然人物各异,着眼角度不同,但青年人争强好胜之心,却祖露无遗。

内家追逐采莲时,惊起沙鸥两岸飞。

兰桨把来齐拍水,并船相斗湿罗衣。

这是采莲时,看哪只船划得快,不写如何采莲,这是丢开要做的事情不谈,仿佛是在进行一场划船比赛似的。"追逐"形容船行快,"齐拍水"说明各不相让。飞速的小船,打破了池中的平静。沙鸥夺路而飞,惊慌失措的形象构成不规整但又有对称美的画面。一前一后的两只船,经过互相追逐,已成平行角度,自然是不分胜负。"湿罗衣"更增加欢乐气氛。因为两船的主人都是太监,其泼辣大胆,合乎人物身份。好容易有个机会,顿感暂脱禁锢的轻松。

新秋女伴各相逢,卷画船飞别浦中。

旋折荷花伴歌舞,夕阳斜照满衣红。

船中主人是宫女,平日又很友好,乘船于水中相遇,格外高兴。为了折荷花于夜筵时伴歌舞用,略叙几句便分别去执行任务。这样的紧急任务,迫使她们无暇闲聊,船行如飞,不是赛船而是要早去早回。夕阳映照下,个个透露出文静的笑意,真是来时船如箭,归携飒爽风。

少年相逐采莲回,罗帽罗衫巧制裁。

每到岸头长拍水,竞提纤手出船来。

花蕊夫人抓住了人物性格的特点,通过竞争意识的描写,体现青年男女的上进心,在日常生活中最讲求快节奏的工作效率。从合身的罗衫和做工精巧的罗帽来看,男青年都有爱整洁的习惯,最后拉着同伴的手出船,表现互助友爱的良好风尚。

"诗中有画,画中有诗。"这是人们对诗人王维的称赞。花蕊夫人的诗更富蕴连环画的素材。因为她善于把有关联的人物、事件、场面加以巧妙的组合,别具新意。活泼、爽俐、娴雅或强悍、勤谨、肃谦,不正好赠给诗中的男女主人公,作为美的评价吗!

在这一组采莲诗的12首之后,即第三十九首,太监秋夜藏月采菱图更加吸引人:

内庭秋燕玉池东,香散荷花水殿风。

阿监采菱牵锦缆,月明犹在画船中。

这是一幅独立的画面,有牵锦缆的太监,有画船,"月明犹在"说明在月亮未出之前已经到了池中。刮过水殿的风,夹带着荷花的香味,还有酒宴上的酒香也阵阵袭来。采菱人没有完成任务自然是不甘心回去的。

这和第七首所写的专门提供御用活鱼的人家情况相近:

厨船进食簇时新,侍宴无非列近臣。

日午殿头宣索绘,隔花催唤打鱼人。

看来是打鱼人就守候在附近,专等传唤就献上活鱼。

第一一五首叙述与描写结合得极为紧密:

傍池居住有渔家,收网摇船到浅沙。

预进活鱼供日料,满筐跳跃白银花。

重点是突出新鲜二字。

为寻雅趣，皇宫中上自皇帝，下至妃嫔，都以钓鱼为逸事。第六十一首：

钓线沉波跃彩舟，鱼争芳饵上龙钩。

内人急捧金盘接，泼刺红鳞跃未休。

这是君王钓鱼。因称所用的鱼钩为龙钩，宫人用金盘来接活鱼。第一句，描写钓线，第二句，描写鱼上钩，第三句，叙述接鱼，第四句，描写红色鲤鱼的鲜活。总的突显钓鱼技术高超。表达了对君王的崇敬。

第一〇一首，是写妃子垂钓。第一句是描写，第二句是叙述，第三句是抒情，第四句叙述兼抒情。重点突显钓鱼尽管有趣，如技术不高便成了苦差事，缺乏耐心是不会有收获的。

慢揎红袖指纤纤，学钓池鱼傍水边。

忍冷不禁还自去，钓竿常被别人牵。

"忍冷不禁"说明钓鱼时间长，鱼不咬钩，心情烦乱。"还自去"坚持不住便放弃了。连钓竿都掌握不住，还有什么指望？技术不如别人，也是无可奈何。幽默中略带自嘲，讽刺中流露天真。

第一二二首，写观鱼奇趣：

嫩荷香扑钓鱼亭，水面文鱼作队行。

宫女齐来池畔看，傍帘呼唤勿高声。

前两句为描写，后两句为叙述。第二句堪称警句。强调鱼多，彩色斑斓，缕缕行行。众宫女互相提醒，不要高声呼喊或说话，以防惊动鱼群。水面上鱼行泼刺刺，岸边亭子中，人多却出奇地保持肃静。

诗笔春秋

花蕊夫人在创作宫词中，毫无疑问，是受到地位限制，有些地位高于自己的人物很少涉及。然而，她有反映宫廷实况的创作欲望，便采取写排场、写活动、写景物、写人群的诸多方面来充实内容，展示正确的观点。

首先，排场最大的莫过于君王上朝、君王巡幸；其次是君王的封官、赐福；再次是宴饮游乐。

第四十二首，写准备早朝：

翠华香重玉炉添，双凤楼头晓日暹。

扇掩红鸾金殿悄，一声清跸卷珠帘。

第一句写君王所乘之车玉炉添香已经好久了；第二句写双凤楼头已经升起太阳；第三句写御座旁的执扇女官已静立多时了；第四句写群臣等待朝拜君王。显然，君王早朝是晚到了。清跸，是清洁道路、避止行人，为天子出行做准备。可能君王尚在路上。暗示双凤楼女主人不够佐君贤后的资格，应负日高未起，耽误君王上朝的主要责任。花蕊夫人用具体描写、侧面衬托手法表示遗憾,暗含真诚的责难。真的,翔鸾阁只留下君王的清兴,何尝延误早朝!

第四十八首,写天子临朝,听群臣上奏:

御按横金殿幄红,扇开云表露天容。

太常奏备三千曲,乐府新调十二钟。

金扉红帐显出朝堂御座的豪华,气派宏伟。君王高踞宝座,仪容端肃。太常,是主持宗庙祭祀礼仪的官职。准备 3000 曲调,提出可供祭祀用的乐曲。

第四十六首写退朝:

琐声金彻合门环,帘卷珍珠十二间。

别殿春风呼万岁,中丞新押散朝班。

又是一天开始了,蜀主孟昶要举行祭祀大典。第三十七首写了尽职尽责的御史准确掌握焚香上祭的时间。可惜的是,略略错过一点:

晓吹翩翩动翠旗,炉烟千叠瑞云飞。

何人奏对偏移刻,御史天香隔绣衣。

第五十三首,写回銮仪仗:

天门晏闭九重关,楼倚银河气象间。

一点星球垂绛阙,五云仙仗下蓬山。

君王要出城巡幸,侍从前呼后拥。第一〇九首,写敬候相送的宫人:"翠辇每从城畔出,内人相次簇池隈。嫩荷花里摇船去,一阵香风逐水来。"用香风暗喻会给臣下带来幸福。

第九十三首写驾幸蚕市前的准备工作停当,人们盼望君王重视养殖事业,能提高和改善人民生活。花蕊夫人以切盼心情,等待着丝绸纺织有新的变化,写下了这首诗:

春早寻花到内园,竞传宣旨欲黄昏。

明朝驾幸游蚕市,暗使毡车就苑门。

大有保密的味道。私访、暗察,是明君、贤相、清官的举措,孟昶不以冶游为目的,正体现其关心民瘼的可取之处。花蕊夫人深知君王此举的政治作用,因此,先写了寻花到内园的闲散,忽然听到君王要游蚕市的消息,多少受到一些震动。由"竞传"到"暗使"证实,果然要有一番轰轰烈烈的行动。

回顾第五十四首中所写情景,"禁里春浓蝶自飞,御蚕眠处弄新丝。"说明宫中早有养蚕项目。蚕养得不错,君王也偶至养蚕的地方察看,使得养蚕人有忙有闲,不仅以蚕吐丝炫耀自己有本领,还要以训练鹦鹉能念出君王的诗,求得再次驾幸呢!灵机妙算,屡试屡验。

孟昶巡幸蚕市时,没让花蕊夫人随行,所以不敢猜测游蚕市的情况,更不敢妄下结论。那么,只好略写了。但,可以肯定,丝织品在当时社会上是高档商品,很有发展前途。尤其在皇宫内院中应用得更为普遍,品位极高。这样的例子不少,而第七十二首:"尽日绮罗人度曲,管弦声在半天中。"更具典型意义。

风流天子爱歌舞,爱名花,更懂得以封高官、颁重赏收拢人心。

第一三二首,写封高官令人又羡慕又嫉妒,受封者高视阔步,羡妒者望尘莫及。花蕊夫人既领会君王的用意,加以赞扬,又暗忖:"不一定尽情合理,有人与之攀比,会做如此想吧!"于是用对比法剖析不平者的心境:

金章紫绶选高班,每每东头近圣颜。

才艺足当恩宠别,只堪供奉一场闲。

第一句通过描写官服,说明官职之高;第二句通过受到君王的宠幸,说明应是国家栋梁。重点在第三句上,花蕊夫人代替别人抒发不满之情,也是阐明自己的观点,这是用讽喻的笔法,进谏君王。

第一四八首,写封女尚书,受封者官服立即改换,身价立即提高。而女伴们个个喜笑盈盈,纷纷祝贺:

御前新赐紫罗襦,步步金阶上软舆。

官局总来为喜乐,院中新拜内尚书。

给大臣的赏赐,各有等级差别。第一三六首,写一位大臣不仅得到一座新的庄园,而且还获得君王亲幸的荣光:

大臣承宠赐新庄,栀子园东柳岸旁。

今日圣恩亲幸到,板桥头是读书堂。

到底这位蒙重赏的大臣有没有保国靖边之功呢!那就不得而知了。

怎么能做到君恩普照、雨露均需呢?孟昶在节日里,别出心裁,让花蕊夫人帮着想想赐给群臣什么样的礼品既高雅又有深意。

花蕊夫人画了一个花样,唤来几个心灵手巧的宫女,照样编花。做花的原料是红缎子、白绸子,薰过香的绫罗,孟昶亲写敕字,宫女分别装在金盒里。红,象征官运亨通,白,象征不沾微尘。大臣们收到这样的礼品,怎能不心花怒放,感激涕零!都在想怎样报答君恩。有的琢磨:红,是红心似火,爱民如赤子;白,是明镜高悬,断案一清如水。

不管怎么说,都理解成大吉大利的象征。谁也想不到已经红袍罩体,还有白刃加身的日子。

花蕊夫人比得到赏赐更兴奋,因为她知道群臣绝对不能轻视这份宝物。她不无得意地吟着这第一四一首诗:

黄金盒里盛红雪,重结香罗四出花。

一一旁边书敕字,中官送与大臣家。

赏赐真花,有郑重其事的,第一四七首就是如此:

大仪前日暖房来,嘱向朝阳乞药栽。

敕赐一窠红踯躅,谢恩未了奏花开。

大仪,礼部官名。踯躅,红杜鹃的别名。

也有没经过请求,顺手就赏给宫女的。第八首,描写花朵的艳丽,经露珠润过,益发美:

立春日进内园花,红蕊轻轻嫩浅霞。

跪到玉阶犹带露,一时宣赐与宫娃。

孟昶新宠,不是迁入新宫便是住进殿堂。第四十一首,通过描写纱幔、帘钩的造型别致,体现女主人公甚得君心,通过墙壁使用蜀椒而又涂成红色,说明得椒房专宠的地位尊贵。

纱幔薄垂金麦穗,帘钩纤挂玉葱条。

楼西别起长春殿,香碧红泥透蜀椒。

第七十三首,用加长内宫周边外延,铺垫地面的奢侈,说明蜀主孟昶对"诸院娘子"格外加恩,后妃们谁也挑不出毛病来。

花蕊夫人是否惋惜:君王若是把这番细密心思,用到治国、治军上,可能常胜不殆。做了亡国之君的陪房时,不能无悔吧!

写宴饮,从不同角度,突显内容不断变化。第二十八首君王诞辰设宴,隆重非凡。

内家宣锡生辰宴,隔夜六宫进御花。

后殿未闻宫主入,东门先报下金车。

皇宫各院进御花增添花彩,公主亲来祝贺。

第六十三首,庆生子:

东宫降诞挺佳辰,少海星边拥瑞云。

中尉传闻三日宴,翰林当撰洗儿文。

挺,特出。少海,比喻太子。说明太子是星宿转世,吉日良辰降生,三日后酒宴规模之大、之盛,可以想见。文笔最冲的翰林都得写专题文章祝贺。

盛宴离不开好酒。第六十四首,先写酒库蕴藏量大,种类之新,后写宴上用酒之多,取酒频繁:

酒库新修近水旁,泼醅初熟五云浆。

殿前供御频宣索,追入花间一阵香。

五云浆,指代青、白、赤、黑、黄,各种颜色的酒。

美酒杂陈,还有监酒人,不依不饶,不醉不休。第六十七首写监酒人官职高,劲头足,靠能写的精明人做记录,仍然统计得不准。因为喝酒的人在耍小聪明,赖酒账,增加和谐气氛:

昭仪侍宴足精神,玉烛抽看记饮巡。

倚赖识书为录事,灯前时复错瞒人。

饮酒还得歌舞添趣,所以"宣索教坊诸伎乐",并催唤速速入船。

酒宴间,要行新酒令,调动近臣动笔抄写。而在酒令中所用的词章都是由君王决定的,群臣哪敢不认真对待。怕对不上,难称圣意,参加酒宴的人,先是惶恐不安,继而是稍稍稳定。瞧瞧,一场酒宴费尽多少心机。倘把这种精神用在安邦定国上岂不要好上万倍吗!花蕊夫人当然不能置身局外。按君王指示写词章,少不了她的份儿。第一二二首,突显准备工作由点到面,普遍铺开:

新翻酒令著词章,侍宴初闻忆却忙。

宣使近臣传赐本,书家院里遍抄将。

夜宴穿插游戏,什么身份、地位、礼仪,统统忘记,只求玩得快乐。第六十九首,反映

出酒不醉人人自醉：

管弦声急满龙池，宫女藏钩夜宴时。

好是圣人亲捉得，便将浓墨扫双眉。

孟昶放下了君王的架子，与众同乐。陪宴群臣，个个豪量善饮，所以在花蕊夫人的诗里，从没反映过烂醉如泥的丑恶形象。也倒是这么个理儿：君王喜怒无常，群臣善观颜色，十分检点，再贪杯，也不敢疏忽。

可是，夜深宴散，妃嫔们就撑不住酒力后反劲了，从乱插花的动作，已显出失态。群臣各自回家去喝醒酒汤，君王也急于回宫安寝：

夜深饮散月初斜，无限宫嫔乱插花。

近侍婕妤先过水，遥闻隔岸唤船家。

带来的后果是什么？第一一一首诗，写得明白："日晚合门传圣旨，明朝尽放紫宸朝。"

朝不上，游赏却是从早到晚不可或缺。花蕊夫人不用像后宫妃嫔那样专寻"祗承"，即侍奉君王的美差，看不厌绝世丰姿的君王却情有独钟，常召伴游。第一一八首写游百尺亭的原因和所见床上屏风花卉：

亭高百尺立春风，引得君王到此中。

床上翠屏开六扇，折枝花绽牡丹红。

蕊瓣逼真，仿佛面对花坛观赏红牡丹。花蕊夫人看得出神，半晌默无一语。

孟昶也觉得花蕊夫人绘画、书法，并臻绝境，达到了炉火纯青的程度，就说："爱妃，当朕面画几扇屏风吧！"

花蕊夫人原有随身携带笔砚的习惯，为避免招摇，行动很谨慎。第一五四首，可见写字作画均成拿手好戏：

众中偏得君王笑，偷把金箱笔砚开。

书破红蛮隔子上，旋推当直美人来。

花蕊夫人陪游的次数多一些，但孟昶也不能冷落群臣和众妃呀！

第一二〇首，写得宠的臣伴驾，慢步而行，共赏池头花树：

翡翠帘前日影斜，御沟春水漫成霞。

侍臣向晚随天步，共看池头满树花。

别有一番悠闲自得的神韵，也表现了君臣相得的融洽感情。

第八十二首，重点写天子在近臣陪侍下，与众多妃嫔乘船游乐：

平头船子小龙床，多少神仙立御旁。

旋刺篙竿令过岸，满池春水蘸红妆。

这两首诗，善用借代法。上一首，以"天步"代替君王的脚步，即是代替君王。下一首以"小龙床"代替天子，因为只有天子才能坐龙床。"红妆"用众妃的服装，代替众妃。总之，是表示尊敬的意思。

声势大，随从人物众多，但没点出都有哪些人参加。可以想：不是群臣还有谁？不是后妃还有谁？第一二六首，花蕊夫人很会渲染。

第一句"海棠花发盛春天",人们是为赏花而来的;第二句"游赏无时引御筵",注意力应放在"无时"上,说明时间不分昏晓,也许有宴饮,至于怎么推杯换盏,那就没有必要谈了。几经看多少图景,一想,就历历在目了。第三句"绕岸结成红锦帐",说明供休息的地方不能比这再大了。第四句"暖枝犹拂画楼船",是讲船多,人何能少? 真是怎么寻思怎么有理。

光游玩不开展些有趣味的活动,怎么算是锦上添花呢? 孟昶听惯了震动九重天的万岁声,倒想不失身份地参加自己有把握得胜的活动,小试身手,听听群臣的评价。

第五十一首写水上秋千的比赛。花蕊夫人观阵助战,希望君王得胜:

内人稀见水秋千,争掣珠帘帐殿前。

第一锦标谁夺得? 右军输却小龙船。

先写比赛项目的新颖,所以是宫中人少见的景观,个个怀着"看新鲜"的心情,争着抢着地劈开珠帘在帐殿前观瞻。这是引人注目的描写手段,抛开比赛的选手不写,反而把观众大写特写,无非是用衬托法把比赛项目含有的精奇奥妙之处,让读者去领悟。牵动人心,比赛必然是激烈的,水面秋千还会出现惊险镜头,但比赛时间是短暂的,人们不是要看有什么花样,最关心的还是结果。天子胜利了,回答一致。带来了一片欢声,连比赛中的输者也必定现出心服口服的喜色。

比赛,也不能只限定一两项,否则,怎么能选出不畏风险的勇武之士,做"公侯干城",成捍国良将? 孟昶由喜欢博戏,转为颇好投壶,并亲自参加,获胜时赢来"妙手"的一片称赞声。第一〇〇首,先写了兴趣的转移,次写威武雄姿,再写群臣的赞佩,最后写出君王获得冠军:

博蒲冷淡学投壶,箭倚腰身约画图。

尽对君王称妙手,一人来射一人输。

打猎,目的不在获得多少猎获物上,主要是练武演兵。孟昶也愿意手下的将士有高超的射猎本领,久而久之,弓马娴熟的人,愈来愈众。

第八十三首是写仍在皇宫内苑游乐,以箭射鸭,小试身手:

苑东天子爱巡游,柳岸花堤枕碧流。

新教内人供射鸭,长将弓箭绕池头。

经过初步尝试,孟昶觉得打猎更壮精神,于是,告诉花蕊夫人挑选一批太监、宫女参加。第一〇七首,突出写随驾诸人的打猎服装,有一股利落的英气:

明朝腊日官家出,随驾先须点内人。

回鹘衣装回鹘马,就中偏称小腰身。

随驾人选既已确定,都在喜悦地等待着,盼望着,要一睹天子的风采。

御马房的主管人,更不敢怠慢,把供君王打猎骑的御马,格外小心地装扮了一番:

盘龙鞍鞯闪色妆,黄金压胯紫游缰。

自从拣得真龙种,别置东头小马坊。

可以想象:骏马驰骋猎场,还不得四蹄生风? 精心的饲马人,说不定能受到奖赏。有关的人是越想越美。打猎的人,各逞神威。花蕊夫人用第一二七首诗,记录了猎手的

功绩。

日晚宫人外按回，自牵骢马出林隈。

御前接得高叉手，射得山鸡喜进来。

君王要射猎，先选好场地，然后再做一系列周密的安排。第一二八首，写了一个好环境，面对盛开的鲜花，打猎时可以爽心悦目，预排下供射猎的动物，保证箭不虚发：

朱雀门高花外开，球场空阔净尘埃。

预排白兔兼苍狗，等候君王按鹘来。

鹘，鸷鸟，能俯击鸽子之类的鸟。一说是隼。既然有了充分的准备，那么，射猎的场面会喧闹热烈，猎获良多，也是意料中事。

也有意料以外的情况。谁想到孟昶能与花蕊夫人携手去参加那别出心裁的女官们的捉迷藏游戏。第一三三首，只有一个天子藏进仙洞里的镜头，最逗趣了：

内人深夜学迷藏，偏绕花丛水岸旁。

乘兴忽来仙洞里，大家寻觅一时忙。

宫内组织的各种游戏，天子都要给胜利者发奖，这也是刺激开展活动的诱饵吧！

寒食清明小殿旁，彩楼双夹斗鸡场。

内人对御分明看，先赌红罗被十床。

第一五三首，写拳击武术，赏钱由国库支付。时间绝早："宿妆残粉未明天"，"总立昭阳花树边。"写在正宫娘娘的院里比赛，项目是"寒食内人长白打"，一个"长"字说明比赛活动常常进行，为什么能这样反复循环呢？那是因为君王喜剽悍，赏赐又破格。"库中先散与金钱"，说明一出场，双方都争做重赏之下的勇夫。输也不白输。一旦受到赏识，升官有指望。

宫中挥金如土，君王享乐无度。人间豪华，生活奢靡，无出蜀宫之右者。

花蕊夫人目睹繁华景象，频挥妙笔，记录了蜀宫实况。写景时，分社会环境描写，自然景物描写，有时在两景结合上煞费苦心。

第一，季节各具特色，感觉随之变化。

写春景，第八十九首，宫女冒着霏霏细雨，踏着滑腻的青苔，折一枝鲜花，奉献给君王：

小雨霏微润绿苔，石楠红杏傍池开。

一枝插向金瓶里，捧进君王御殿来。

第一、二句描写，第三、四句叙述，省略了献花的人，只用"插向金瓶"这个动宾结构，抒写其灵巧，善解人意。

写早春杨柳，第二十七首，动词用得神出妙化：

早春杨柳引长条，倚岸沿堤一面高。

称与画船牵锦缆，暖风搓出彩丝条。

一个"引"字，写出杨柳自身的生长能力。默默无声自伸枝，婀娜妩媚映岸堤。往上看一眼，其高度可见。此时不是写柳树整体，而是专写柳条下垂的位置。自然景物与社会环境糅合到一起，花蕊夫人就眼前的景物，驰骋贴切的想象，正好给画船配上这绿色的

缆绳,再和其他颜色的缆绳纠缠合股,要多美丽有多美丽。"搓"字显出春风的威力,也就是强调它动作用。心情舒展,眉逗喜开。柳丝垂垂,幸引青睐!

夏季系小船夜游,见第一一四首:

池心小样钓鱼船,入玩偏宜向晚天。

挂得彩船教便放,急风吹过水门前。

第一二一首,以蝉鸣、摇纨扇标志夏天。

第三十八首,写秋夜,写虫声、滴漏声,突显环境清静。络纬即是莎鸡,金井是有雕栏的井:

金井秋啼络纬声,出花宫漏报严更。

不知谁是金銮直,玉宇沉沉夜气清。

季节、时间皆明确点出。声音都有一定的节奏,人的感觉是一片清凉。

第七十首,写冬季屋中温度高。没写任何外景。"密室红泥地火炉",一片暖烘烘的感觉。

第二,时间交代明确,入目景物各殊。

第四十七首报晓,强调环境不再沉寂:

鸡人报晓传三唱,玉井金床转辘轳。

烟引御炉香绕殿,漏签初刻上洞壶。

第四十九首,在朝阳照耀下,门刚开锁,而夜宴迟归的人,尚在酣睡。拿白天当黑夜过呢!

宫女薰香进御衣,殿门开锁请金匙。

朝阳初上黄金屋,禁夜春深昼漏迟。

白昼,在写重大活动时,花蕊夫人都写得明白、具体,这里不再赘述。那么,黑夜的景色又是怎样描绘的呢? 第三十六首,写后妃在天子宫殿大聚会。

夜寒金屋篆烟飞,灯烛分明在紫微。

漏永禁宫三十六,燕回争踏月轮归。

真是地面灯光一大片,天上月轮照人圆。灯月相映,人喧神怡。

第四十首,单句皆为现实真景,双句都含有幻梦般的浪漫色彩:

东宫花烛彩楼新,天上仙桥上锁春。

遍出六宫歌舞奏,嫦娥初到月虚轮。

既说明月亮清澈团圆,又说明舞者美若天仙。一语双关,妙笔婉致。

第五十二首,写月亮与密灯,光色陆离:

夜色楼台月数层,金猊烟穗绕觚棱。

重廊屈折连三殿,密上珍珠百宝灯。

金猊,是涂金为狻猊状的香炉。觚棱,是殿堂上最高转角处。此诗说明楼高而层多,每层楼上都可以看见月亮。也是灯月交辉,强调数量之多,因此,一个月亮也可由观察位置不同,而成为"分身有术"毫不示弱。

第三,物体静态描写,流露喜爱心情。

人工造景,木刻装饰,第一三五首则通过鹤影映水中,随水波流动而变得富有生机:

岛树高低约浪痕，苑中斜日欲黄昏。

树头木刻双飞鹤，荡起晴空映水门。

写新妆的画船花舫是"松柏楼窗楠木板"（第七十一首），连造船的材料质地都研究透了，甚至可以闻到木板的香味。

写君王游幸避暑，屋中装饰的是金色盘龙，锦绣的麒麟："金作蟠龙绣作麟"（第四十三首），一派豪华富贵气象。

第四，以对仗壮大声势。

"一沟泛碧流春水，四面琼钩搭绮疏。"

"天外明河翻玉浪，楼西凉月涌金盆。"

"帘畔玉盆盛净水，内人手里剖银瓜。"

"春心滴破花边漏，晓梦敲回禁里钟。"

"丹霞亭浸池心冷，曲沼门含水脚清。"

此外，还可以从其他八首诗里，选出例句。

第五，写景目的在于抒情。

第八十一首，暗示君王为了个人享受，不顾别人如何劳累：

水车踏水上宫城，寝殿檐头滴滴鸣。

助得圣人高枕兴，夜凉长作远滩声。

这"滴滴鸣"，这"远滩声"，消耗强健者的体力，混合着汗水，溶进了泪滴。

第五十六首，是失意者触景伤情，自怜自叹：

太液波清水殿凉，画船惊起宿鸳鸯。

翠眉不及池边柳，取次飞花入建章。

翠眉，魏宫人多做翠眉簪鹤髻。此诗中代指美女。太液池，是汉武帝时修筑建章宫并开凿大池后为大池起的名字，以示津泽所及广泛。花蕊夫人用汉朝的建筑，魏宫的打扮，暗指蜀宫事。替失宠者抒怨，代鸣不平，希君王有所悔悟。

第九十首，一、二句为描写，第三句比喻，结句抒情：

锦鳞跃水出浮萍，荇草牵风翠带横。

恰似金梭穿碧沼，好题幽恨写闺情。

这首诗，省略了人称。不知女主人公为谁。但，肯定不是花蕊夫人，因为她很少写自己的心情，以防别人窥破奥秘，倘孟昶要问她有什么"幽恨"？无法回答。只能算作替心有郁闷，借景排遣的女官、宫女而写的吧！既然能觅到抒情的机会，难道就寻不到进身之梯！

花蕊夫人在描写人物上是不拘一格的，因而生动活泼。

一是直赞其美。"小小宫娥入内园，未梳云鬓脸如莲。"这是写以美貌获得夫人宠爱并严加管教的宫女。"别色官司御辇家，黄衫束带脸如花。"这是写受天子信任的参乘人员。服装与长相皆美。

二是以突出的才艺得宠。"宫娥小小艳红妆，唱得歌声统画梁。缘是太妃新进入，座前颁赐小罗箱。"根子硬，可能一步登天。

有个好姐姐也行。"小随阿姊学吹笙，见好君王赐予名。夜拂玉床朝把镜，黄金殿外

不教行。"以学筝作为进身之路。没人举荐,只怕没有出头之日。

三是描写神态。"月头支给买花钱,满殿宫人近数千。遇着唱名多不语,含羞走过御床前。"第八十八首,写宫人娇羞,惹人怜爱。

"会仙观内玉清坛,新点宫人作女冠。每度驾来羞不出,羽衣初着怕人看。"第一二九首,写宫人尚不适应新的环境,以道装为丑,用羞不出,掩盖一百个不愿意。

四是以首饰之美衬托人美。"翠钿贴靥轻如笑,玉凤雕钗袅欲飞。"

五是用服装的特异,标志地位身份。

"六宫一例鸡冠子,新样交镌白玉花。"这是着淡妆、道装的六宫妃子们已厌奇装异服,换换样追求新颖,为取得君王的欢心。而真正被派去当女官的人,从所着的"鹿皮冠子淡黄裙"来看,地位显然降低了许多。她们对已抛弃的后宫歌舞还非常眷恋。

六是写动作敏捷,显示勇敢、机智。

"侍女争挥玉弹弓,金丸飞入乱花中。一时惊起流莺散,踏落残花满地红。"花蕊夫人在这首诗里动词用得极活。"争挥"表示争先恐后,伶俐洒脱。目标是否瞄准尚且不知。"飞入"写弹丸去得疾速。"惊起"写引来的反响。"踏落"写流莺所登花枝,花瓣纷纷落下。一个动作发自人,于是便产生一系列的动作。而连续的动作产生于片刻中。猎物获得与否倒不重要,这股勇敢劲值得称道。

"秋晚红妆傍水行,竟将衣袖扑蜻蜓。回头瞥见宫中唤,几度藏身入画屏。"写宫女玩耍怕被发现,其躲藏之快透出聪明。

七是描写心理活动。

心细多乖巧,斗草见高低:"水中芹叶土中花,拾得还将避众家。总待别人般数尽,袖中拈出郁金芽。"整个过程显出绝具灵慧。

玩得痛快,又怕惹来麻烦,见第九十九首:

日高房里学围棋,等候官家未出时。

为赌金钱争路数,专忧女伴怪来迟。

即便是极得宠幸的"后宫阿监"还免不了朝朝暮暮提心吊胆:"承奉圣颜忧误失,就中长怕内夫人。"相形之下,天子的脉搏好摸,而夫人的深心难测呀!

这个裹罗巾的太监,处境比给天子薰衣"辄更阑"的宫女强得太多了。那个得不到君王、后妃赏识的人,心凉到底:"一枕西风梦里寒"。

宫廷里,钩心斗角的事情,没有一件能逃过花蕊夫人的眼睛,不需特意搜罗,扫视所及,看穿肺腑。那个"偷教鹦鸪儿"的妃子,因羡鹦鹉念诗,心生妙计,要以"八哥儿"的利口,压她一溜跟头。

各式各样的人,带着美好的想象,在角逐着……

八是留下悬念。

斗草深宫玉槛前,春蒲如箭荇如钱。

不知红叶阑干曲,日暮何人落翠钿?

输赢未卜,高下难分,赌樱桃掷双陆与此诗相近。

分朋闲坐赌樱桃,收却投壶玉腕劳。

各把沉香双陆子，局中斗累阿谁高？

前诗描写斗草时的环境，后诗叙述玩兴的倾斜。但均以疑问句结尾。

另外两首诗，结尾如同七嘴八舌地争问。第一三七首，众宫女问丢钗的人："拾得从他要赎吗？"这是一句问话，发自石榴花丛的美人嘴里，一片笑声中推测，一定要不惜代价赎回金钗的。第一四三首诗，宫人早起看见不认识的扫地夫，给他钱，只求他回答："外边还似此间无？"有问无答，事实是正确的答案。有一点常识的人，都会清楚：外面是大千世界，正翻卷着战争的风云。

玉殒留芳

蜀主孟昶，原名仁赞，改名为昶。他的父亲孟知祥系两川节度使，被封为蜀王，历史上叫作后蜀。自称帝未久，病死，传位于昶。父子两代，共在位32年。孟昶934年即位，965年遇害。

宋太祖赵匡胤以7万兵力打败了兵众粮多的后蜀。孟昶成了降虏，后妃宫嫔都成为亡国之妇。宋太祖封孟昶为检校太师兼中书令，授爵秦国公。宋太祖召孟昶饮酒，不久孟昶毒发而死。为其特建的500间大厦，收归大内。

花蕊夫人的《述国亡诗》发出对误国害民的蜀主的痛斥。不平之意，愤慨之情，可断行云，可遏流水，信知巾帼不让须眉：

君王城上竖降旗，妾在深宫哪得知。

十四万人齐解甲，宁无一个是男儿。

文韬武略，威风尽扫。罪在君王，无可恕矣。后蜀不是兵微将寡，错在君王不能识人善任。

爱国情，亡国恨，折磨着花蕊夫人。虽被宋太祖封为妃子，誓志再不写诗。

成往事，"百子楼"上回望："绿荫红艳满池头"。又浮起，"绕树藏身打鸟儿"。爱只爱君王多才多艺，感只感君王义重情深。谁稀罕楼台歌舞，懒重演禁中藏春。闷悠悠，韶华虚度，忽铭记，暗示写真。

花蕊夫人似从噩梦中醒来，铺纸，蘸墨，不敢画"赭黄袍""白玉冠"，还是画一帧俏郎君的风流肖像吧！所以，后来对宋太祖说这是"张仙送子"也没漏出破绽。

花蕊夫人画名大噪，妃嫔、女官，求画的接踵而至。孟昶啊！就成了受宫廷美女敬祀的，后又受广大民间妇女膜拜的真神。

赵太祖心血来潮，让花蕊夫人去陪猎。暗箭难防，赵光义虚张的弓，忽然转向花蕊夫人，血流如注。

血滋润沃土，沃土培育名花。为权位之争消除障碍者比比皆是，何止赵氏兄弟？

美人弃世，或说是玉殒香消，或说是玉碎珠沉。实际上，花蕊夫人既是诗人，又是画家，其158首诗，流传下来的画，皆可视为稀世明珠，两代名花，艳超群芳，深宫揭秘，红颜大成。

艳名留史

——李师师

名人档案

李师师:本姓王,北宋京师汴梁(今河南开封市)人。

性格特点:不卑不亢、温婉灵秀,忠烈刚强。

历史功过:她的事迹在笔记野史、小说评话中多有记述。较早的可见张端义《贵耳集》、张邦基《墨庄漫录》、宋代评话《宣和遗事》。相传李师师还为保护张择端的《清明上河图》画卷做出了很大的贡献。

名家评点:北宋末年色艺双绝的名妓,她慷慨有快名,号为"飞将军"。

染匠女儿

汴梁,又称汴京、东都、东京。公元11世纪末,这是世界上最富庶、繁华的城市。它位居汴河上游,"首承大河,漕引江湖,利尽南海"(《宋史·河渠志》)。地处黄河中下游平原,八方争凑,万国咸通。街巷旁铺店林立,屋宇雄壮,门面广阔;道路上绣衣雕车,摩肩击毂,金翠耀眼;市场里南北货物,琳琅满目,无一不具。全城居民二十万户,人口百万,分属十九厢一百三十五坊管辖。李师师的家在东二厢所辖的永庆坊。这里的居住者大部分是下层市民,他们或受雇于官府作坊、富商豪民,或从事小商业。早晚忙碌,仅得饱暖,一遇天灾人祸,则家破人亡。李师师的父亲,姓王名寅,是官营染局的工匠。每天在官吏们的监督下辛勤地染丝染布,并无偿地为主管大人干私活,终年劳累,所得雇钱与米,只能勉强维持夫妻二人的生活。

李师师自出生之时便饱尝人间辛酸。母亲生下她后,只给她留下几件旧装改成的衣裤,便在大出血中呻吟着离去了。一场"人争送米炭醋"的贺喜,顿时成为凄惨悲哀的送丧。父亲王寅凭着强壮的身体背着债务,咬紧牙关,起早贪黑,爹娘双任,以豆浆代乳汁,养活了她幼小的生命。

据说，她初到人世也有点与众不同。别家的孩子生下来就知道用大声地哭叫去向亲人表示饥寒疼痛，而她，不知是难产的缘故，还是怜悯父亲的艰辛，来到人世二十多天却不曾大声地哭叫过，这可急坏了她的父亲。汴京有个习俗，凡得到疼爱的孩子，父母总要到寺院中找一个和尚拜为"师父"，以求得菩萨的保佑，称"舍身佛寺"。为此，王寅备了斋礼，抱着方知孩笑的女儿来到皇城外的开宝寺，将她拜给一位老和尚。佛门拜师需经过受诫这一程序。当然，婴儿"受诫"，只不过逗惹一下而已。说也奇怪，当老和尚打量她一阵，刚说了声："这是什么地方，你也来了！"在这个庄严肃穆的地方，面对一副陌生的面孔，她居然放声大哭起来。这惶恐的哭声清脆、洪亮，驱散了父亲几十天的忧虑。王寅乐颠颠地抱着女儿，心中直道：真是个佛弟子！佛弟子，俚语称"师"，于是将她取名为师师。

王师师虽不能像富家小姐那样饮奶茹炙，穿绸佩玉，但在父亲的精心照料之下，倒也生活得健康、平安。不料，她四岁那年，王寅因罪下狱，一命呜呼，王师师失去了唯一的亲人，无依无靠，成了孤儿。金钱巷的青楼鸨母李姥，见她聪慧机敏，白净秀丽，便收为"义女"，改为李姓。从此，这个染匠的女儿便列入了被称为"贱民"的妓籍。

所谓"妓籍"，是宋政府专门记载妓女的户籍簿。宋代的妓女大致分三类。教坊的歌妓、军队中的女妓、中央和地方官署的歌伎称为"官妓"（《中华文史论丛》第二十八辑），分别隶属于宣徽院的左右教坊或州郡军营（《癸巳类稿》引《演繁录》，《萍州可谈》卷三）。国家重大节庆，州郡隆重宴会，她们要进行文艺演出，平时为将帅、郡守等官"歌舞佐酒，然不得私侍枕席"（《古今图书集成·娼妓部纪事》之六三引《委巷丛谈》）。贵族富商及士大夫豢养的歌舞美女称"家妓"，她们似妾非妾，似婢非婢，主要用陪伴宾客或供主人自己娱乐，实为主家一种奢侈的装饰品。市井的妓女称"私妓"，一般以卖艺为主兼卖淫。以卖淫为主的又称"土娼"或"私寮子"（《古今小说》卷三）。李师师属于私妓中的歌伎。官妓、家妓、私妓三类并不固定，有色艺的私妓要充当一段时间的官妓（邓之诚《骨董琐谈》），或被卖为家妓。官妓、家妓有时也会再沦为私妓。因此，有的书中也称李师师为"官妓"（《宋诗钞》），就是这个原因。

李师师被列入妓籍之时，正值北宋的统治阶级走向全面腐化、堕落阶段。宋太祖赵匡胤，自陈桥兵变，建立宋朝后，大肆倡导"多置歌儿舞女，日饮酒相欢"（《长编》卷二·建隆二年）的腐化享乐思想。宋太宗赵炅，太平兴国四年（公元 979 年），一次就赐给将帅们官妓百余名（《宋史·太宗纪》）。宋真宗赵恒时，仍公开要大臣们"以声妓自娱"（《龙山别志》卷上）。在这种思想的指导下，官吏们"官职稍如意，往往增置（歌舞妓）不已"（《宋人轶事汇编》卷一引《曲洧旧闻》），一般文人也认为"侈奢则长人精神"（《东京梦华录》序）。社会上狎妓之风盛行。国家庆典，官吏宴会，商贾冶游都离不开妓女。政府规定不准狎妓的提点刑狱、监司及其属官在圣节这二天也可通宵达旦挟妓淫乐（《画墁录》）。其中文人学士几至嗜妓如命。北宋著名词人柳永，怀才不遇，放荡不羁，终日纵游妓馆酒楼，在粉白黛绿中写诗作词，连死后也是妓女们凑钱埋葬（《岁时广记》卷三十一引《古今词话》）。欧阳修知扬州，每遇夏天，带客携妓，游山玩水，"往往浸夜，戴月而归"（《避暑录话》卷上）。苏轼家中有歌舞妓数人，供宾客来时侑酒，称为"搽粉虞候"（《轩渠录》），连出去拜访和尚也带着妓女（《调谑录》）。他出守杭州，一有闲暇，便约客挟妓千余人泛舟西湖上,任情谑戏欢饮,直到二鼓时方骑马列队,擎烛而归,这惊人的排场还成为杭州一时盛事(《挥麈后录》卷六)。更令人惊奇的是,开评议汉儒先声的刘敞,累迁知制诰、知永兴军时,因酷恋一官妓得了精神病。宋仁宗不仅没批评他,还赐给他新橙五十枚以示慰问(《郡斋读书志》卷四下)。狎客们挥金如土,动辄赠以千万。稍有才貌的妓女,只要博得他们的好感,转眼便可成为富人。长安妓女曹文姬,书法有"关中第一"之称,"豪贵之士愿输金委玉与偶者"就"不计其数"(《青琐高议》前集卷二)。汴京南曲的妓女潘琼,财产万计,别有高楼,金衣玉食,派头胜于王侯。一次招待登科的华状元,摆下宴席,每一举盏,都有乐色百戏为之表演,仅"佐樽利市"的小费就要用银百两。如此奢侈富有,连华状元也吓得当夜逃离(罗烨《醉翁谈录》丁集卷一)。统治阶级的腐化,促使娼妓业的迅猛发展。到北宋后期,仅汴京城内就有妓女万家(《东京梦华录》卷五)。宫城宣德楼旁的投西街以西妓馆集中,都人称之"院街"。甚至靠近汴河的相国寺南边录事巷,北边的小甜水巷亦多妓馆。(《东京梦华录》卷二、卷三)除了这些地方外,酒楼饭店,茶肆旅馆,市场瓦子,遍见妓女。真是:举目青楼画阁,绣户珠帘;放眼锦绣罗绮,金翠玉钗,一个妓女的世界!这些妓女们献技献艺,销茶售酒,拉客陪宴,在从事文艺商业服务的同时操持皮肉生意。甚至以色相图衣食的男妓也屡禁不绝。(《萍州可谈》卷三)。

在这种社会环境中,幼小的李师师在鸨母的摆布下,开始了青楼伎艺的学习。

歌妓生涯

大致宋神宗元丰年间(公元1078~1085年),业已学成的李师师在瓦子勾栏中正式开始了她的歌妓生涯。瓦子,是随着城市商品经济迅速发展在宋代兴起的一种易聚易散的娱乐场所,又称瓦市或瓦舍。瓦子中用栏杆围起来供演出用的场地称"勾栏",内设有乐棚。这种瓦子在汴京城内为数甚多,仅皇城东南角的东角楼附近的街上就有三个,其中桑家瓦子有勾栏五十余座,大的可容数千人。瓦子中除表演歌曲、舞蹈、杂技、皮影、说书等外,还卖饭、卖茶、卖旧衣、卖字画令曲以及理发、卜卦,赌博等等,使人"终日居此,不觉抵暮"(《东京梦华录》卷二)。在瓦子勾栏中表演的是有一定伎艺的私妓,被称为"勾栏妓"或"角妓"。

根据歌妓组织(行)所划分的地盘,李师师卖艺于中瓦子的勾栏中。这时的她,已是一个窈窕少女:小足细腰,乌发秀眉,粉红的蜀锦裙衬托着白里透红但又闪着稚气的脸庞,犹如一朵含苞欲放的牡丹花,在众多的勾栏妓中显得格外引人注目(《词苑丛谈,师师令》)。由于她从小受到李鸨等人的精心调教,熟悉宋代十八调四十大曲的歌舞内容,加之聪明伶俐,嗓音清亮圆润,歌唱艺术也属上乘。这时的歌曲,就艺术形式而言主要有三类:根据民间各种歌吟和卖物之声而创制的称"叫声"(《都城纪胜》《事物记源》)。对原有的小型歌曲,如令曲小调进行音乐上的加工变奏而形成的新民歌叫"嘌唱"(《演繁录》)。由若干传统的、民间的、外国的歌曲连起来而组成的一套歌舞并作的大型歌曲称"唱赚"。李师师主要从事唱词的"小唱"表演。这是北宋最为流行歌曲形式。它有两种

唱法：一种是旧谱填词，利用隋唐以来的民歌、曲子或歌舞大曲、法曲的片段——词牌填入新词。填时可以增减原词的句子或字数，相应地扩充或紧缩音乐。另一种则是利用民间流传各种乐曲的素材，自创新词新曲。不管是哪种唱法的表演，它都具有变化灵活，道具简单，不择场地的特点。

尽管唱小唱的人多，但要唱好小唱也非容易。它要求表演者谙熟当时的曲子及相关的舞蹈，能够通过艺术形式（如音乐节奏的变化，面部的表情）恰到好处地表达词义。李师师生而失母，幼年丧父，极少享受到家庭的温暖。堕入青楼后，不免又受鸨母的折磨。因此，她带着自己身世之感，将家庭多故、怀才不遇、艳情风月等情怀寓于歌词之中，就使其复杂细致的感情得以准确地表达。当歌词从她那"小于朱蕊"中吐出，伴以轻妙的舞姿，合以音乐、板声的节奏，顿时就带上了无限动人的情意。所以，李师师刚崭露头角，就吸引了不少能诗擅词的文人。与柳永齐名的词作家张先，看了她的演出，为她"特制新调，直题为《师师令》"（《本事诗·词品》）。其词云：

香钿宝珥，拂菱花如水。学妆皆道称时宜，粉色有，天然春意。蜀彩衣长胜未起，纵乱云垂地。

都城池苑夸桃李，问东风何似？不须回扇障清歌，唇一点，小于朱蕊。正值残英和月坠，寄此情千里。

——（《张子野词·师师令》）

张先的《师师令》，把李师师这颗幼嫩可爱、才艺超群的青楼新星捧到了众人面前，使她在歌伎艺术道路上迈出了成功的第一步。不过张先尽管情长意绵，但他毕竟风烛残年，步履维艰。面对如花似玉的雏伎，深感力不从心。因此，实际最先和李师师有密切往来的，当是江西诗派的著名作家晁冲之。晁冲之，字叔用，济州巨野（今山东巨野）人。曾受学于"诗人之冠"的陈师道，官至承务郎。元丰年间，他正值少年，壮志凌云，豪华自放，带着大量的钱财游历汴京，首先看中了李师师。他每有欢宴，必召师师侑酒。一遇冶游，定带师师出行。酒船歌板，宾从杂还，艳声轰动京师。他尤喜看李师师跳《霓裳羽衣曲》舞，听她唱《玉树后庭花》歌。《霓裳羽衣曲》，是唐朝天宝年间（公元742—755年），玄宗李隆基根据自己的幻想，吸取西凉进献的印度《婆罗门曲》所创作的一首舞蹈大曲。内容描写向往神仙的玄宗去月宫见到仙女的神话。舞人上穿彩霞似的披肩，下着虹霓般的裙裾，头戴插满珠翠的"步摇冠"，项挂嵌金颈饰，全身垂着飘带，如同道家仙子。舞时，随着音乐节奏由徐到急，回旋纵送，垂手点鬟，昂袖曳裾，变化多端，把人带入飘然欲仙的境界（《白氏长庆集》卷五十一）。跳这种舞时，要求全身动作协调，姿态妙曼，表情生动，需要扎实的基本功。不过，经五代战乱，《霓裳羽衣曲》仅存片段，师师所跳可能亦非全舞。《玉树后庭花》则是南朝陈皇帝陈叔宝（后主）在位期间（公元583—589年）与妃嫔、文臣宴游时创制的一首歌曲。内容描写后宫美女的娇姿艳态。唐朝著名诗人杜牧《泊秦淮》中"商女不知亡国恨，隔江犹唱后庭花"，即是指此。演唱这首歌曲时，要求做到声音软美，字真韵正，抑扬得当，感情充沛，还要含羞敛袂，通过面部的表情、眼睛的传神，把美女的"妖""艳"姿态表现出来，使听众得到富有美感的艺术享受。要跳好《霓裳羽衣曲》，唱好《玉树后庭花》，只有李师师这样的功底深厚、表演经验丰富的艺人才能做到。或许正

因为如此，李师师深得晁冲之的好感，在交往过程中，晁冲之赠送给她的财物，竟价值千万(《汴都平康记》《宋诗钞》)。

继晁冲之之后，李师师又结识了秦观和周邦彦。

秦观，字少游，扬州高邮(今江苏高邮)人。擅诗工词，为婉约派重要作家。少年时，十分敬仰号称"当代文宗"的苏轼，曾仿其笔调题诗扬州一寺院墙壁。后经人介绍从苏轼游，成为患难之交，与黄庭坚、晁补之、张耒合称"苏门四学士"。他三十岁应乡贡未中，三十七岁(元丰八年，公元1085年)方才登榜进士第。因苏轼推荐，曾任过定海县(今浙江定海)主簿、京师太学博士，迁秘书省正字兼国史院编修官(《宋史·秦观传》)。他的词多离情缠绵、怀才不遇、悲观伤世之感，深受歌妓们的喜爱。据说，在后来他被放逐之途，有长沙妓因爱其词而愿以身相许，他死后，该妓也自缢以殉(《陔余丛考》引《野客丛书》)。秦观一到汴京，就被李师师"远山眉黛长，细柳腰肢袅。妆罢立春风，一笑千金少"的娇美所吸引。认为"看遍辣川花，不似师师好"，表示要尽力地为她捧场(《淮海集·生查子》)。

周邦彦，字美成。本是钱塘江畔的风流才子。少年时，就"涉猎书史"，博学多才，"落魄不羁"(《东都事略·周邦彦传》)。元丰初年(公元1078年)入京师太学读书，因献"壮采飞腾""奇文绮错"的长达七千余言的《汴都赋》，"声名一日震耀海内"(《清真先生文集·序》)。元丰七年(公元1084年)，被宋神宗破格提拔为主管太学的太学正(《长编》卷三四四)。后来任过国子主簿、太晟府乐正等官。

当时的太学，虽有其制，但形同虚设，"讲官倚席，但为游寓之所。殊无肄习之法"(《宋史·选举志三》)。学生们除闹"学潮"外，大部分时间消耗于声色歌舞，冶游宿娼之中。有的与妓女爱恋，不惜放弃学业；有的为博得妓女们的欢心，不惜撒珍珠于屋顶，甚至包下千余人座位的大酒楼(《齐东野语》卷十一)。周邦彦大致就是此时认识李师师的。

李师师在与这些名人学士、风流才子的交往之中，获得了大量的财物，有了自己的楼院。同时也大大提高了知名度，很快成为汴京的烟花帐子头，歌唱界的头面人物，时人称之为"行首"(《宣和遗事》卷上)。

前途渺茫

正当李师师在文人学士们吹捧之下青云直上时，一场意料不到的政治事件发生了，这就是史书上所说的"绍圣绍述"。

说到"绍圣绍述"，还得从"元祐更化"谈起。北宋初期，由于实行"不抑兼并"和"守内虚外"的政策。豪强地主在土地商品化相对增强的过程中，用各种方式大量掠夺人民的土地。失去土地的农民不断成为大地主及寺院中的佃户。到北宋中期，国家财政匮乏，人民生活困苦，兵变与农民起义接连爆发。北边的西夏也乘机越界入侵，整个社会矛盾不断加深。宋仁宗时，范仲淹等人推行"庆历新政"失败，社会矛盾进一步尖锐。到嘉祐八年(公元1063年)，国库"累世所藏，几乎扫地"。一些州，军官库无钱，竟派官吏拿着

棍棒强借民钱(《长编》卷一九八)。面对此种局面,宋神宗赵顼继位后,于熙宁二年(公元1069年)任用王安石为参知政事,进行"富国""强兵"的变法运动。但由于新法推行过程中的失误,遭到司马光等人的反对,变法失败。王安石被罢相,在悲愤中死去。元丰八年(公元1085年),宋神宗病死,十二岁的儿子赵煦继位,是为哲宗。改年号元祐。祖母宣仁太后高氏垂帘听政,以恢复"祖宗法度为先务"(《宋史·宣仁圣烈高皇后传》),起用司马光、苏轼等人,废除神宗与王安石推行的大部分新法,黜贬熙宁、元丰时用事诸臣。史称此为"元祐更化"。元祐更化之后,保守派(亦称旧党)虽然当政,但由于政见不一,相互攻击,并未同心协力改善政治局面。元祐八年(公元1093年),高太后病亡,哲宗亲政,改元绍圣。以绍述(继承)其父成法为名,陆续恢复神宗各项新法。同时,以新党章惇代替旧党范纯仁宰相之职,苏轼首遭贬逐。这次绍圣年间的贬旧党、复新法的活动,叫"绍圣绍述"。在黜贬旧党过程中,章惇等人木兴党籍,元祐旧党在朝之臣,无一幸免,甚至已死者也要"祸及其孥"(《宋史·奸臣传》)。晁冲之因是苏门四学士之一晁补之的同辈兄弟,无力承受此种政治压力,抛开李师师,飘然遁至具茨山(今河南禹县)下,过起了隐居生活(《宋诗钞》)。作为苏门四学士之一的秦观,哲宗亲政的第一月,他已从微妙的政治局势变化中猜度出自己未来的命运。这时,他和李师师在密切的交往中已有了深厚的感情,但也深知离别的时刻即将到来。在"露华上、烟袅凉飔"的夜晚,他们相会在"疏帘半卷微灯外"的青楼,以酒浇愁,紧紧相偎,李师师为他"弹泪唱新词"。料定重逢的日子遥远,双双流露出无限的愁绪(《淮海集·一丛花》《词律补注》)。果然厄运难逃,绍圣元年(公元1094年),秦观出判杭州,尚未到任,被御史刘拯劾以"影附苏轼,增损实录"(《宋史·秦观传》),途中接旨,贬为监处州(浙江丽水县)酒税。接着,他的政敌不断罗织罪名,加上绍圣四年(公元1097年),加重对元祐党人的处分,秦观迭遭贬调,元符元年(公元1098年)被编管(囚禁)雷州(广东海康县)。

一场政治斗争,使李师师青楼内的"坐客半惊随流水",对她打击不小。在当时,一个歌妓的名声,不单靠自己的外貌和艺术造诣,更重要的在于文人们的宣传,随时有名人给予新词,才能保证自己地位的稳定,在众多的竞争对手中立于不败之地。晁、秦二人被迫出京,周邦彦虽未卷入这场争斗,元祐年间却已外放为庐州教授。李师师看到同情、尊重她的人,为了自己的前程,各自奔东去西;围绕在她四周的,仅剩俗士淫贾。因而,李师师顿感知音稀有,前途渺茫。

自秦观离京之后,她心灰意懒,无心歌舞,"鬓云偏、笼松未整,凤钗斜坠。宿酒残妆无意绪,春恨春愁似水"。自叹道:"谁共说,厌厌情味?"在夏初的天气里,她常从午睡中惊醒,面对满院的梧桐清荫,回忆自己过去的"春空梨花梦",思念着理解、支持她的知己,心中暗记着他们被贬出京的日期,以致"幽恨积,黛眉翠","流苏腰肢瘦"(《方是闲居士小稿》卷下)。在对元祐党人不断重处,动辄株连师友的恶劣局势下,一般的人都或离或躲,唯恐沾上一点党人的霉气,而李师师却用懈怠歌舞、以在思情中思人的方式,惦念、关注着党人的命运,表示对时局的不满。作为汴京歌唱界的行首,不能说在青楼和部分士大夫中没有影响。或许正是这样,时人才说她"有大丈夫侠气",并赠予"飞将军"的称号(《汴都平康纪》《宫闱小名录》)。

李师师这种忧伤状况直到周邦彦的再度出现和政治局势的好转才有所改变。绍圣四年（公元1097年），周邦彦被召回京师任国子主簿，以后迁秘书省正字。这个"京华倦客"见李师师"清润玉箫闲久"，秀眉长皱，"日日依栏愁"，便劝她振作精神，"莫将清泪湿花枝，恐花也如人瘦"。但是当师师把他引为知己，欲许身于他以结长好时，他又连连躲闪，唯恐沾上贱妓的晦气（《耆旧续闻》）。元符三年（公元1100年），二十五岁的哲宗病死，无子，异母弟赵佶在向太后及枢密院事曾布的支持下被拥立为帝，是为徽宗。徽宗继位初期，面对统治阶级内部的纠纷，企图调和新旧两党的矛盾，解除党禁，两党旧人均予起用。但局势的好转并未使李师师的幻想得以实现。因为这年，五十二岁的秦观在从雷州来京的途中病死。晁冲之则屡召不仕。于是，李师师重新回到瓦子勾栏之中。

受金封爵

政和、宣和年间（公元1111～1125年），李师师的小唱不仅士大夫喜爱，而且受到汴京平民的普遍欢迎。每当她一演出，不论风雨暑寒，观看的人从不见减少（《东京梦华录》卷五）。就在这时，一个做梦也想不到的狎客突然闯进了她的生活，使她的风流艳事一夜间便成为历史的传奇。这就是当时的皇帝宋徽宗。

宋徽宗是历史上有名的亡国之君。他即位之后，调和了一阵新旧两党的矛盾，不见成功。次年，倾向旧党的向太后一死，他便立即打起了"维新是图"，"以绍复为志"（《宋大诏令集》卷二、卷六四）的旗帜，改元崇宁，将反对他的人统统列入"奸党"，加以诛贬。他先后任用蔡京、王黼、童贯、梁师成、朱勔、李彦等人，借神宗新法之名残酷地剥削人民，被时人痛恨地称为"六贼"。六贼将搜刮来的财物集于京师，让徽宗观视，说："天下太平，百业兴旺"。特别是宰相蔡京父子，成天进言，这个说："陛下当享天下之奉"。那个讲："人主当以四海为家，太平为娱。岁月能几何？岂可徒自劳苦？"（《续宋编年通鉴》卷十六）宋徽宗本是一个"轻佻不可以君天下"（《宋史·徽宗纪》）的人，此说正合他的心意。于是便委政于蔡京一伙，理直气壮地过起了"丰享豫大"的骄奢淫逸生活。他大兴土木，先后修建了华阳宫、延福宫、"艮岳"等巨型宫殿，振朱勔等人在江南设局，收集奇花异草、珍禽怪石。用十只船为一纲，连续不断地运往汴京。这类东西仅"艮岳"内就数以万计（《东都事略·华阳宫附》）。他突破后宫一百二十妾的周制，不仅有三夫人，九嫔，二十七世妇，八十一御妻（《宋会要辑稿》后妃四之一至二），"更有三千粉黛，八百烟娇"（《宣和遗事》卷上）。君王如此，"六贼"更甚。其中，继蔡京之后的宰相王黼，卧室中金玉为屏，翠绮为帐，他睡觉的大床周围以小床数十环绕，上躺大群娇妻美妾供其淫乐。一到他与其中之一做爱，其余便在一旁助威，他称此为"拥帐"（《清波别志》卷下）。如此昏君佞臣，又怎能治国安民呢？因而，在徽宗统治时期，灾害频繁，赋税苛重，人民终岁勤劳"求一日饱食不得"（《青溪寇执》附《容斋逸史》），方腊、宋江等农民起义接连不断，北宋王朝进入危亡时期。

宋徽宗虽然治国无方，却也算个风流才子。他的画，存世的有《芙蓉锦鸡》《池塘秋

晚》，是公认的珍品。他的字，初学黄庭坚，后又受薛穆的影响，形成别具一格的"瘦金体"。他的诗词，尽管在脂粉气中透露着几分苍白，却也不乏名篇佳作。他的足球（时称"蹴鞠"）术虽不怎么样，倒也能充当一阵"球头"（主攻手）。除上述爱好外，宋徽宗还特别喜欢寻花问柳。他为端王时，就常和妓女们鬼混，有时还将自己填的曲子交给她们演唱。

李师师小唱数首，外貌出众，宋徽宗早有所耳闻。只是碍于嫖妓之事，家法不容，先王无例，未敢轻举妄动。一日，他厌腻了宫中娱乐、官宅私墅，又想起了这号称"白牡丹""飞将军"的李师师。童贯等人猜出了宋徽宗的心思，便怂恿他化装换名，做一尝试。于是，在一个秋天的傍晚，宋徽宗脱下衮龙黄袍，穿上唐巾道服，红带乌靴，扮成一个书生模样。童贯等人装成仆人，乘一顶轻便小轿，悄悄来到金钱巷。这金钱巷乃是青楼集中之地，起眼可见桃腮杏脸粉颈酥胸的妓女，侧耳便听吆五喝六、喧呼嬉笑的荡声，确实给宋徽宗一种异样的刺激。巷中那粉墙碧瓦、朱门兽环的宅院，便是李师师的青楼。徽宗一行到来之前，早有贴身宦官打点银钱，通过李宅对门茶房的周秀告知了李师师，说有殿试秀才赵乙欲与娘子雅饮几杯。殿试秀才，是即将取得进士资格的文人，学识、前途都不可估量。在文人吹捧中青云而上的李师师，自然不会拒绝。一接到门口丫头的通报，李师师立即请徽宗等人客厅相见。双方一打量，宋徽宗顿时被李师师那种梨花带雨的风韵、令人心颤的冷艳所惊呆。李师师见徽宗仪表堂堂，风流倜傥，谈吐雅趣，心中也先有了几分快意。客套一番后，便带着徽宗穿回廊，过深院，来到住所。他们落座的是师师的琴室。这里，一侧放置朱漆雕花桌椅，桌上有水果时鲜；另一侧放古琴一张；四壁挂山水名画，几根翎羽点缀其间。打起油绿窗帘，便可见修竹湖山之景，十分幽雅。管理事务的李姥安排好酒宴，李师师便照旧问起徽宗尊姓大名，仙乡近职。宋徽宗兴奋之下，口吐真言，一下道出实情。他这一说不打紧，却吓坏了李鸨和李师师，古来再贪色荒淫之君，哪有光天化日逛妓院的？诈称天子，非同小可，不仅自身头颅落地，知情不举的人也有灭门之灾。二人眼神暗换，留下李师师继续瞎扯，李鸨急忙出告左右厢捉杀使和汴京内外缉查皇城使。二使急点兵马，团团围住李宅。宋徽宗和李师师正说话间，猛听外面刀剑之声四起，忙派随从察看。这二使认得号称"媪相"的宦官童贯，急忙告罪退兵。李师师等人方知"秀才"所道实真，吓得魂不附体，倒身在地，不断叩头。徽宗一来自感唐突，二来雅兴未尽，也不便怪罪她们。

一场虚惊之后，侍女再备佳肴美酒，双双落座，重新开宴。酒过数巡，师师执板唱，合乐曼舞。宋徽宗几杯美酒进肚，龙颜大悦。他把盏看师师，果然名不虚传：面似春桃，口若朱蕊，眸如秋水，脉脉传情，指若柔荑，腰比杨枝，足似金莲，翩翩踏乐，虽是素妆淡抹，亦有袅娜娇态，令君顿生无限爱怜。把宋徽宗看得热血沸腾，神魂颠倒。一阵轻歌曼舞之后，带着醉意，拥了师师向寝室走去，吹灭了红烛……这一夜，"下贱无比"的妓女与"至高无上"的天子，便在青楼融为一体了。直到漏尽更残，宦官一再催促早朝，宋徽宗方才起身。临走时，还特地留随身携带的龙凤丝帕为定情之物。真是："翠华深夜访娇娆，恰值银河驾鹊桥。离别漫添牛女恨，君恩有约在鲛绡"（史梦兰《全史宫词》）。此事后来传出，有人填词《南乡子》云：

闲步小楼前,见个佳人貌类仙。暗想圣情浑似梦。追欢!执手兰房恣意怜。一夜说盟言,满搊沉檀喷瑞烟,报到早朝归去晚,回銮!留下鲛绡当宿钱。

——(《宣和遗事》卷上)

这以后,李师师接受了宋徽宗赐给的价值万贯的财物,其中包括国宝"蛇蚶琴"。据说宋徽宗还来过几次金钱巷。有一次,恰好周邦彦也在这里,听说徽宗驾到,慌忙藏于李师师的床下。宋徽宗拿出刚从江南快马送到的新橙,和李师师边吃边调情。这一切言行都被周邦彦收入眼耳,为此充满醋意地写下新词《少年游》:

并刀如剪,吴盐胜雪,纤手破新橙。锦帐初温,兽烟不断,相对坐调笙。低声问向谁家宿?严城上已三更,马滑霜浓,不如休去,直是少人行。

后来,李师师唱这首词时,为徽宗所知,以"课税不登"为名,免了周开封府税监一官,发配边疆。出行之日,李师师赶去相送,更初方归。徽宗见师师愁眉泪眼,憔悴可怜,又得知周邦彦有新词《兰陵王》甚佳,复召为大晟府乐正(《贵耳集》卷下)。两个狎客争风吃醋,至尊的皇帝居然没有斗赢擅词的文人。对于这段记载,王国维《清真先生遗事》、吕惠鹏《中国历代名作家评传》等书人加驳斥,而新近出版的《李师师传奇》作者周加楞在《后记》中却认为属实。这里姑且存疑。不过,宋徽宗嫖李师师之事倒是可信的,当时的笔记小说多有记载。官吏曹辅曾上奏指责道:"陛下厌居法官。时乘小舆,出入廛陌之中,郊坰之外,极乐而后返。"(《宋史·曹辅传》),也委婉地披露了这一事实。

李师师自接待了宋徽宗之后,名声顿扬天下,门第也一下峻严起来了。偶尔见个把名人,客退后,则焚香啜茗,潇然自如,一般的人根本见不到面(《汴都平康记》)。连前面说过的晁冲之,这时来京师,也只能在一旁写诗作文,追感往事(《墨庄漫录》卷八)。相传,梁山泊聚义的首领宋江,曾来找过李师师,并题下《念奴娇》一词:

天南地北,问乾坤、何处可容狂客?借得山东烟火寨,来买凤城春色,翠袖围香,鲛绡笼玉,一笑千金值。神仙体态,薄幸如何销得?

回想芦叶滩头,蓼花汀畔,皎月空凝碧。六六雁行连八九,只待金鸡消息。义胆包天,忠肝盖地,四海无人识。闲愁万种,醉乡一夜头白。

——(《瓮天脞语》)

宋江希望通过李师师与宋徽宗的关系,打通门路归顺宋廷。此事是否属实,不得而知。不过,通过与嫖客熟悉的妓女来打通某一关节的事,在宋代倒是屡见不鲜的。

金钱巷一夜,宋徽宗堕入情网。他不满足于同李师师偷偷摸摸的关系,同时为了避免嫖客间的纠纷。不久就把李师师接进了宫中。为此,遭到不少人的激烈反对。一日,妃嫔们同徽宗最宠信的道士林灵素串通一气,以有"妖气"为名,装神弄鬼。乘李师师路过便殿之时,林取御炉旁的掏火铁棍追击,说:此是无尾狐狸。欲置李师师于死地。徽宗"笑而不从"(《睽车志》卷一)。后来,干脆封李师师为"瀛国夫人"(又有说封为李明妃,见《宣和遗事》卷下)。宋人朱希真诗:"解唱阳关别调声,前朝唯有李夫人",即指她(《浩然斋雅谈》卷下)。看来,李师师确实使宋徽宗发了一阵情狂。建炎年间(公元1127—1130年),他被金人关在五国城(黑龙江依兰)时,还专门为李师师写了一本小传(《贵耳录》)。

芳踪难寻

妓女接待皇帝，并受金封爵，李师师可算得上开天辟地以来的第一人，但这种好景不长。正当宋王朝腐败不堪之时，北边女真族的金国兴起，他们攻占了邻近的辽国之后，宣和七年（公元1125年），借口宋朝破坏灭辽协议，分兵两路南侵。西路军以粘罕为帅由大同直驱太原；东路军在斡离不带领下，由平州紧逼汴京，马蹄鏖鼓，惊破了天子的风流梦；刀光剑影，扰乱了皇帝的恋妓情。一味追求享乐腐化的宋徽宗哪能应付此种局面！这年的十二月二十三日，他装病跌倒，"苏醒"后伸左手写了："皇太子可即皇帝位"，把应付内乱外侵的重任推给了儿子赵恒，即宋钦宗。自己抛开李师师，带着亲信逃往了京口（今江苏镇江）。

第二年正月初三，金兵渡过黄河，包围了开封。开封军民在兵部侍郎李纲的主持下进行了英勇的抗争。据说，这时李师师献出了自己的家资，以助饷抗金，并乞求到汴京城外的慈云观为道姑。由于开封军民的奋战，金人几次撤兵，但宋徽宗一意推行投降路线，派人向金求和。金人提出了交黄金五百万两，银五千万两，绢彩各百刀匹，牛马各万匹及割地纳贡等条件。为满足金人的欲望，宋钦宗派人分井巷搜刮市民的财钱，连妇女头上的钗钏也不放过。李师师及其他艺伎的全部家产被没收（《三朝北盟会编》卷三十，靖康元年），从此一贫如洗。靖康二年（公元1127年）正月上旬，宋政府终因交不足贡物而被金人扣压了钦宗，三月初七立汉奸张邦昌为伪楚王。三月二十七和四月初一日，金兵分两路，虏徽、钦二宗及后宫妃嫔、皇亲贵戚数千人北去，北宋遂告灭亡（《续通鉴记事本末》卷一四九）。

金兵在灭宋过程中，对汴京人民大肆抢掠，获金银财货不计其数，并责成开封府令牙婆、媒人追寻战乱中散失的妓女、宫人及贵族地主的妻妾女子，闹得鸡飞狗跳，"哭泣之声遍于闾巷"（《靖康朝野佥言》）。李师师的下落也不可确知了。关于这一点，目前主要有两种说法：

其一，殉节说。有一本《李师师外传》载：金人早闻李师师才貌双绝，攻破汴京后，"必欲生得之"，搜索数日不见踪影。最后，张邦昌费尽周折找到，把她献给了金帅。李师师在金营慷慨陈词，痛骂汉奸，说"吾以贱妓蒙皇帝眷，宁一死无他志"，而你们，得朝廷高官厚禄，却处处事事"为斩灭宗社计"，今天又像鹰犬一样效忠金贼，何面目为人？说完，取下头上金簪自刺其喉，吞金而死。对此，清代有人相信，并赞扬她"慷慨捐生一节，饶有烈丈夫概？"（《读书敏求记》）。近代徐宝山作《李师师考》，也深信无疑，说李师师"实在是青楼中的翘楚，巾帼的须眉"，要把她的事迹"发扬光大之"（《妇女杂志》十二卷八号）。但大多数学者表示怀疑，认为此书系后人为讽喻当世而妄作。鲁迅在搜集整理古籍时，把它编入了《唐宋传奇集》，定为南宋人所作。而著名宋史专家邓广铭先生则认为："是明末人妄作，不足为信"。

其二，南渡说。此说诸书记载接近一致，也为学术界许多人接受，被编入《中国历史大辞典·宋史卷》中。但南渡到什么地方与南渡后何以为生,尚无定论。宋人佚名的《宣和遗事》卷下说,徽宗禅位之前,下诏罪己,追咎逢迎谀佞之失,将李师师废为庶人。靖康之难后,李师师两手空空,无家可归,随逃难的人流落到"湖、湘间"。刘子翚的《汴京纪事》诗有:"辇毂繁华事可伤,师师垂老过湖湘。缕衫檀板无颜色,一曲当年动帝王。"宋人张邦基《汴都平康记》和《墨庄漫录》则讲,自靖康中李师师、赵元奴和筑球袁淘、吹笛武震等人被没收家财之后,便到了杭州一带,重操旧业,过着流浪伎人的生活。士大夫们还慕名相邀去听她的小唱,见其已是衰老憔悴,不复往日风姿了。《南宋杂事诗》厉鹗诗亦云:"筑球吹笛其流离,中瓦勾栏又此时。檀板一声双泪落,无人知是李师师。"对照《三朝北盟会编》的记载,似乎此说较接近事实。

然而,上述多出于稗官野史,小说传奇。"雪泥鸿爪,李师师兹在谁家?"(《板桥杂记·序》)莫说祸变惨烈之际,就是在"太平盛世",风尘女子一旦情淡色衰,又有谁愿顾及呢!君不见"色冠都邑"的秦妙观,晚年亦沦为乞丐吗?(《玉照新志》卷三)当封建地主阶级需要点缀歌舞升平的景象,满足其奢侈、腐化的欲望时,他们竭力刺激妓女的发展,让她们在自己尽情凌辱、蹂躏之下争芳斗艳,大显风流。一旦青春耗尽,他们又毫不留情地把这些凋谢的"花朵"彻底抛弃,然后再换上另一批。李师师只不过是所有妓女命运的一个缩影罢了。

李师师,注定是地主阶级的可怜的牺牲品,她的芳踪难觅了。文人学士们不再记得她为其创作激发的灵感,风流公子们仅津津乐道地谈论她的传奇韵事,唯有公正的历史记下了她为文学兴盛作了"弹泪唱新词"的艰辛努力。

女中俊杰

——李清照

名人档案

李清照:号易安居士,南宋女词人,济南章丘人。

生卒时间:1084~1155 年。

性格特点:豪情满怀,多愁善感。

历史功过:清照创词"别是一家"之说,创"易安体",为宋词大家。词集名《漱玉集》,今本皆为后人所辑。李词有两大特点,一是以其女性身份和特殊经历写词,塑造了前所未有的个性鲜明的女性形象,从而扩大了传统 婉约词的情感深度和思想内涵;二是善于从书面语言和日常口语里提炼出生动晓畅的语言,善于运用白描和铺叙手法,构成浑然一体的境界。

名家评点:婉约派代表词人。" 大河百代,众浪齐奔,淘尽万古英雄汉;词苑千载,群芳竞秀,盛开一只女儿花。"形容的便是李清照。还是中国历史上唯一一位名字被用作外太空环形山的女性。

如梦令

李清照

常记溪亭日暮,

沉醉不知归路。

兴尽晚回舟,

误入藕花深处。

争渡,争渡,

惊起一滩鸥鹭。

"红藕香残玉簟秋,轻解罗裳,独上兰舟。云中谁寄锦书来?雁字回时,月满西楼。花自飘零水自流。一种相思,两处闲愁。此情无计可消除,才下眉头,却上心头。"这首著

名的《一剪梅》表达了作者淡淡的离愁与相思，从遥远的宋朝一直唱到了现在。今人了解李清照多是由读她的词开始，这些词清丽婉约、临水照人，一如她的名字嵌入人心。这位女词人在生活中又是怎样的一位女性呢？

大户人家

宋神宗元丰七年（1084 年），济南府章丘明水镇一个大户李姓人家诞生了一名女婴，她就是后来名震北宋词坛的著名女词人李清照（号易安）。

李家是远近闻名的书香门第。李清照的父亲李格非（字文叔）聪颖好学，为官太学博士，以文章受知于苏轼。后升任礼部员外郎。李格非不仅学富识高，而且遇事有独立见解。在他青少年时代，礼部按照传统方式，以诗赋取士，而他却注意研究经学，写作了《礼记说》数十万言，对经书的《礼记》多有阐发论说，引起了当政者的重视，并由此考取了进士。李格非不图虚名，重视实际，识见确在一般士大夫之上，比如，当时爱好写文章的士大夫，都把用的墨看得很重，喜欢藏墨，而他偏偏写了一篇《破墨癖说》。文章写道："……今墨之所用在书，苟有用于书，与凡墨无异，则亦凡墨而已焉，乌在所宝者？嗟呼！非徒墨也，世之人不考其实用眩于虚名者，多矣，此天下寒弱祸败之所由兆也。吾安可以不辨于墨？"不重实际，而图虚名，实际关乎国家的衰败兴亡，这是由"辨墨"而生发出来的很深刻的见解了。李格非的个性还表现在另外一件事情上，绍圣元年（1094 年）章惇当宰相，编元祐章奏，要李格非参加，而被李格非谢绝了。这件事实际涉及了宋代的党争。宋哲宗元祐年间变法派和保守派的争斗异常激烈。哲宗绍圣年间编"元祐章奏"的目的是"外为检讨"，而李格非谢绝不就，很可以看出他对"党争"的看法。可是，绵延不绝的"党争"又和他的仕途升降，以及李清照的生活都结下了"不解之缘"，这自然是后话了。还有一件事也很可以说明李格非的个性。有一个道士能说人祸福，据说往往甚准。道士出必乘车，百姓都很信奉。一次李格非在道路上与道士相遇，他命令左右将道士从车中拽出，"穷治其奸"，狠狠地揍了一顿，驱逐出境。

李格非为元祐明士，又是一位著辞章的能手。在李清照六岁的那一年，他担任了太学正，"得屋于经衢之西"。他于是在屋前种了大片竹子。起名为"有竹堂"，专门从事写作。他的同门朋友晁补之经常造访，自然是品诗论文，极为投契，后来晁以赞赏的心情写了一篇《有竹堂记》，其中写道："为文章，日十数篇不休，如茧抽绪，如山云蒸，如泉出地流，如春至草木发，须臾盈卷轴。"李格非的才思敏捷、文如泉涌以及著文时的潇洒自得恍如就在我们的眼前。李格非还著有《洛阳名园记》，宋人邵博在这部书的跋语中说："洛阳名公卿园林，为天下第一；靖康后，祝融、回禄尽取以去矣。予得李格非文叔《洛阳名园记》，读之至流涕。文叔出东坡之门。其文亦可观，如论天下之治乱，候于洛阳之盛衰；洛阳之盛衰，候于园圃之废兴。其知言哉！"洛阳的著名园林皆毁于靖康之难；但《洛阳名园记》不仅是记载保留了名园当日的繁盛，也同时寄寓了作者有关国家的废兴感叹。这就愈发地显示出李格非不仅能文，而且有识。李格非对于著文也有自己的见解，说："诸葛孔明《出师表》、刘伶《酒德颂》、陶渊明《归去来辞》，李令伯《陈情表》，皆沛然从肺腑中流

出,殊不见斧凿痕。是数君子在后汉之末、两晋这间,初未尝以文章名世,而其意超迈如此,吾是知文章以气为主,气以诚为主;故老杜谓之'诗史'者,其大过人在诚实耳。"强调文章要表现作者的真情实感,强调为文要自然天成,这是很进步的文学主张,而且由此我们又可以看出李格非诚恳处世的品格。

李清照的母亲王氏,是状元王拱辰的孙女,也有很高的文化修养,善于写词做文章。《宋史·李格非传》说她"亦善文",《祖国名媛录》说她"工词翰"。如此富有文化氛围的家庭,对李清照的影响是不言而喻的。

李清照的少年时代主要是在东京汴梁(今开封)度过的,她读书、写字、绘画、弹琴、赋诗、填词,闺中生活优雅而又丰富多彩。父亲李格非结识的雅士墨客,在清照少小心灵里留下很深的印象。她晚年在《上枢密韩肖胄诗》中写道:"嫠家父祖生齐鲁,位下名高人比数。当时稷下纵谈时,犹记人挥汗成雨。""稷下"指齐威王、宣王之时的"稷下学宫","稷下学宫"聚集了全国的学者名士,"不治而论议",是国家的学术文化中心。"挥汗成雨",是用的《晏子春秋》中的典故:"齐之临淄三百闾,张袂成荫,挥汗成雨。"李清照是济南人,古属齐国。她把名士高人来家纵论比作战国时的"稷下学宫",把其热烈程度比作挥汗成雨,是最贴切不过的了。由此,我们也完全想象到虽然是在宋代理学的束缚下,而李清照闺阁生活却有着自由的天地。

李清照聪慧、多才、活泼、可爱,除了作画习文,她还全身心地投入到大自然的怀抱。她斗草,打秋千,划船,这既陶冶了情操,又给她的生活增添了无穷的情趣。在《如梦令》中写道:

常记溪亭日暮,沉醉不知归路。兴尽晚回舟,误入藕花深处。争渡,争渡,惊起一滩鸥鹭。

清照动情地记述了一次夏季远游,归来迷路的情景。当一个夏日的傍晚,因贪恋美景而归迟,当兴尽泛舟归,又误入荷花深处,从而出现了惊起鸥鹭齐飞和人舟争渡的热烈画面。清照少女时代的自得自乐以及洋溢着的青春活力,都像呈现在我们面前一样。在一首《怨王孙》写道:

湖上风来波浩渺,秋已暮,红稀香少。水光山色与人亲,说不尽、无穷好。

莲子已成荷叶老,清露洗、苹花汀草。眠沙鸥鹭不回头,似也恨、人归早。

一片深秋凄清的景象,而女词人感到那正是说不尽无穷好的山光水色。女词人热爱自然,与大自然融为一体,可她偏说"水光山色与人亲";女词人欣赏自然,流连忘返,可又偏说"眠沙鸥鹭不回头"的远飞,是"似也恨、人归早?"这种拟人化的写法反映出女词人天真俏皮和无拘无束的自然天性。

和普通富贵人家的女人一样,荡秋千是闺门中最常玩的一种游戏。清照在《点绛唇》中写道:

蹴罢秋千,起来慵整纤纤手。露浓花瘦,薄汗轻衣透。见有人来,袜划金钗溜。和羞走,倚门回首,却把青梅嗅。

女词人在一个"露浓花瘦"的清晨,荡秋千时的轻盈体态和娇憨神情,活灵活现地展现在我们面前。也表现出清照少女时代天真烂漫的性格特征。

随着年龄的增长,特别是在父辈们的熏染之下,李清照对国家政事渐渐关心,并发表了自己的见解。在她十六七岁时,写了两首《浯溪中兴颂诗和张文潜》诗。张文潜即张耒,是李格非的朋友,张耒被罢官时,李格非曾亲自相送。张耒曾作《浯溪中兴颂碑》诗,歌颂郭子仪平定"安史之乱",功高盖世,并慨叹时过境迁,和瓜果,然后夫妻对坐,一面欣赏碑文,一面品尝食品,那可真是像"葛天氏之民"一样地无拘无束啊!结婚的第二年,赵明诚拿到俸禄,生活明显富裕了,于是就广泛搜求天下碑帖,日积月累,日渐堆积。也就在这一年,赵挺之当了右丞相。亲戚朋友也多在馆阁任职,他们就利用这个有利条件,传抄内府秘籍,达到不能自已的程度。他们时或遇到古今名人书画,夏商周三代奇器,总是爱不释手,甚至脱下穿的衣服交换。这期间,曾经有人拿来一幅南唐徐熙的牡丹图,要价二十万钱。当时虽然是富家子弟,二十万钱岂能够轻易办到?只好又回还给了人家。多少天之后夫妻二人还因未收集到这幅名画而相向叹息。

婚后的李清照夫妻恩爱,情感甚笃。丈夫赵明诚以及收集古文石刻都成了李清照生活中重要组成部分。李清照虽由一名少女变成了少妇,她那天真烂漫、喜好自然的性格仍时时流露出来。春天,她把自己打扮得漂漂亮亮地去观灯、闹元宵,秋天她驾小舟远游,领略大自然的美好风光。自然,赵明诚或朋友诗酒相会,或外出为官,暂时的分别是不可避免的,李清照在词中细腻地描写了自己分别时的感情。在《点绛唇》(闺中)写道:

寂寞深闺,柔肠一寸愁千缕。惜春春去,几点催花雨。

倚遍栏杆,只是无情绪。人可处?连天芳草,望断归来路。

女词人闺中惜花,而阵阵春雨催花开花落,只能是惜春春流去。而丈夫远行未归,瞻望归来路,看到的只有连天芳草。主人翁的那种惜春伤别,怀念远方之人的慵态深情,就再清楚不过了。此间,清照还有作《一剪梅》:

红藕香残玉簟秋,轻解罗裳,独上兰舟。云中谁寄锦书来,雁字回时,月满西楼。

花自飘零水自流,一种相思,两处闲愁。此情无计可消除,才下眉头,又上心头。

时序已经人秋,荷花香尽,床上的竹席已嫌凉意。女词人追慕大好秋光,"轻解罗裳",荡舟远游。但眼前景又无法排除对远方人的思念,当大雁或成"人"字、或成"一"字南飞的时候,当月满西楼的时候,遥望云中,谁又能寄锦书报亲人的音讯呢?夫妻之间的离别思念,是人类最可宝贵的真实感情之一,"一种相思,两处闲愁",对这种相互思念之情作了高度凝练的概括。而"才下眉头,又上心头"则形象地写出了相思之情的无法排遣。

此间清照伤秋的作品莫过于《醉花阴》了,她写道:

薄雾浓云愁永昼,瑞脑销金兽。佳节又重阳,玉枕纱厨,半夜凉初透。东篱把酒黄昏后,有暗香盈袖。莫道不消魂?帘卷西风,人比黄花瘦。

金秋季节,又正逢重阳,应该是万里秋色无限。可是女词人或许丈夫的远行未归,面对萧瑟秋景引起了无限的愁思。主人翁先在"凉初透"的秋夜"愁永昼";傍晚的把酒赏东篱菊花也并没有引起多少喜悦;倒是阵阵卷帘的西风,更加触动了心中的烦怨愁苦,吟出了"人比黄花瘦"的妙语。人和黄花相比,主人的屏弱,主人的多情,甚至主人的美丽,都在这一丰美的形象中了。据记载,李清照将此词寄给了赵明诚,明诚大加赞叹,自愧自己不如,因而下决心要超过清照。于是他谢绝宾客,废寝忘食地做了三日三夜,写出了五十阕同一题目的词,并将清照的词杂于其中,让朋友陆德夫欣赏。陆德夫反复吟诵欣赏,

说:"只有三句绝佳。"明诚赶紧问是哪三句,陆德夫说;"莫道不销魂,帘卷西风,人比黄花瘦。"恰恰正是李清照所作。这虽然是传说,但也可以看出李清照的才气。

清照的闺中生活充满了对丈夫思念的"闲愁",也有着有身份的少妇的闲适。她在一首小词《如梦令》中写道:

昨夜雨疏风骤,浓睡不消残酒。试问卷帘人,却道海棠依旧。知否、知否? 应是绿肥红瘦。

词中写到了人物的对话,而对话又极符合人物的身份。一夜的风雨袭击,主人翁清早自然要问所喜爱的海棠花怎么样了。可是"卷帘"的婢女根本不懂主人的心思。反说:"海棠还是老样子。"于是主人翁很不满意地又迫不及待地告诉她:"知道吗,知道吗? 绿叶肥了而红花谢了。"主人翁浓睡乍起的慵态,对海棠花的喜爱,以及热爱自然的生活情趣都呈现在读者面前了。清照的这首词传出后,据说士人们无不击节赞赏。同时代人胡仔说:"'绿肥红瘦'此语甚新。"由此我们也可以想见李清照在当时词坛的地位了。

李清照从事大量词的创作,同时又钻研前代的词作词人,此间她还写下了我国第一篇后人称之为《词论》的词学专文。在《词论》中,清照先回顾了词的发展历史,她认为"乐府声诗并著,最盛于唐。开元、天宝间,有李八郎者,能歌擅天下。"到五代,由于干戈四起,四海瓜分,"斯文道息"。只有南唐"李氏君臣尚文雅。故有'小楼吹彻玉笙寒'、'吹皱一池春水'之词。语虽甚奇,所谓'亡国之音哀以思'也。"到本朝宋代,词得到大发展,先有柳永"变旧声作新声","虽协音律而词语下。"至晏元献、欧阳永叔、苏子瞻,学际天人,作为小歌词,直如酌蠡水于大海,然皆句读不葺之诗尔,又往往不协音律者。何耶? 盖诗文分平侧,而歌词分五音,又分五声,又分六律,又分清浊轻重。……王介甫、曾子固文章似西汉,若作小歌词,则人必绝倒,不可读也,乃知词别是一家,知之者少。又晏叔原、贺方回、秦少游、黄鲁直出,始能知之。又晏苦无铺叙,贺苦少典重,秦即专主情致而少故实,譬如贫家女,虽极研丽丰逸,而终乏富贵态,黄即尚故实而多疵病,譬如良玉有瑕,价自减矣。"对于李清照的《词论》,自古就毁誉不一。实事求是地讲,这是一篇很有价值的研究词发展史的文章。她讲到了词盛于唐,讲到南唐李璟李虞词的尚文尚雅,讲到北宋柳永作新声,讲到苏轼等人以诗文为词等等,都是符合词史发展的实际情况的。至于有人批评她对词的创作否定过多,并提出"词别是一家",也应该分析对待。诚然,清照对几乎所有的词人都指出了他们的不足,表现出十分的自尊自信,可能对他们的评价不够全面;但我们又必须看到,李清照指出的他们的问题又确实是客观存在的。比如说南唐李氏君臣的词是"尚文雅",是"亡国之音哀以思",这实际上指出了晚唐五代词状物则风花雪月、绮罗香泽,抒情则离愁别恨、男欢女爱的特色。比如,苏轼等人的以诗为词,其积极作用是打破了词只是"娱宾遣兴之资"的作用,将词用于记游、怀古、赠答、送别……,大大地扩大了词的表现领域;但也必须看到他的有些词有不符合词律要求的地方,清照《词论》批评他"句读不葺之诗尔,又往往不协音律者",是符合实际的。再比如对晏几道、贺铸、秦观、黄庭坚等人的批评,既指出他们词作的可取,又主要指出其不足,体现出李清照要求词重铺叙、尚典重,既有情致又重故实,有富贵态的主张。至于她提出的"词别是一家"的主张也符合实际。无论所表达的内容和表现的形式,词与诗的要求的确有所不同。李清照是几百年前的词人,她对词的认识不可能处处全面,而且她后来的创作

中华名人百传

奇才名女

实践也打破了早年作《词论》时的主张，更重要的，她以一个女子的身份，纵论词的发展历史，批评卓尔大家的历代词人，提出自己对词的认识，显示出一般闺阁妇女少有的豪气。这使我们认识到李清照性格的另外一个方面。

李清照与赵明诚夫妻相得、伉俪情深，春花秋月，时序更替，他们悄悄地打发着时日。但是朝中的争斗却没能让他们安逸的生活继续下去。

在李清照出嫁的第二年(崇宁元年)七月，蔡京担任尚书左丞，政局发生了变化。朝廷登记元祐党人的姓名，不准许在京做官。李清照的父亲李格非属元祐旧党，被赶出京，担任了提点京东刑狱的官职。到九月，宋徽宗又把元祐、元符党人的姓名亲自书写在碑上，让人刻石，立于端门之前。蔡京仍觉得未惬意，又将苏轼、李格非、秦观、张耒等一百二十人打成奸党，李格非因此被罢官。赵明诚的父亲清照的公公赵挺之正受到蔡京的重用，这一年他担任了尚书右仆射，也即副丞相。本是儿女亲家，现在却形同水火。李清照自然心急如焚，于是写诗给赵挺之救父，其中有"何况人间父子情"的诗句，受到世人的同情。清照对朝中的政治形势也颇为清醒，她看出奸相蔡京的胡作非为，倒行逆施，又写诗给她的公公，其中有"炙手可热心可寒"的诗句，对公公的处境十分担心。同年作的《浯溪中兴颂碑和张文潜韵二首》中又说："君不见当时张说最多机，虽生已被姚崇卖"，把唐代张说比成赵挺之。暗指其终被蔡京所卖。李清照的观察是异常敏锐的，事实上赵挺之担任右相不久，就与蔡京不和，赵挺之于大观元年(公元1107年)三月去世，去世才三天，蔡京就兴大狱治罪赵家，时间一直持续了四五个月。虽然无查出任何事实，但把赵挺之生前死后的一些官职都褫夺了。连带赵明诚也无法在朝中做官，就在这一年回到了故乡青州。

短暂时光

青州是赵明诚的故乡，这次是罢官归乡自别有一番滋味在心头。庆幸的是与李清照趣味相投、夫妻恩爱，还多少减少了一些心中的烦恼。赵明诚给自己的住处起名"归来堂"，清照还亲自题字，他们倾慕东晋大诗人陶渊明"归去来"，既表示了对黑暗现实的抗议，也同时是他们的精神寄托。清照本来就喜欢菊花，已有"帘卷西风，人比黄花瘦"佳句为世人赞叹，如今闲居乡间，菊花的高洁又一次引起她的神往，她写了一首咏菊的《多丽》词："小楼寒，夜长帘幕低垂。恨萧萧无情风雨，夜来揉损玉肌"，对无情风雨摧伤白菊充满无限同情。但是，"细看取，屈平陶令，风韵正相宜。"微风起，清芬蕴藉，不减酴醾，风雨后的白菊，在微风中依然像酴醾那样芬芳多情，只有陶渊明和屈原才能和她风韵相宜，词的下半阕写道："渐秋阑，雪清玉瘦，向人无限依依"，"朗月清风，浓烟暗雨，天教憔悴度芳姿！纵爱惜，不如从此，留得几多时？人情好，何须更忆，泽畔东篱！"女词人爱惜留恋菊花的凋谢，叹息年华流逝，又以菊花的孤傲高洁相自许。

饮酒赏花度良辰，是李清照重要的生活内容，她在一首《渔家傲》中写道：

雪里已知春信至，寒梅点缀琼枝腻。香脸半开娇旖旎，当庭际，玉人浴出新妆洗。造化可能偏有意，故教明月玲珑地。共赏金尊沉绿蚁，莫辞醉，此花不与群花比。

"绿蚁"即酒。词写出了乍开白梅的晶莹剔透、妩媚多姿，写出了月下饮酒赏花，花月

遇辉,生机益然,充满青春的活力和蓬勃朝气。大自然的美景让李清照陶醉,驱散了父亲和明诚官场蹉跎的阴影。

回到家乡后,清照明诚闲暇无事,于是又重操旧业,收集古籍碑帖。或在集市采买,或至民间访求,每得到一本古书,都喜不自禁,夫妻二人一同整理校勘,并题签编集。如果得到书画、彝鼎,二人则"摩玩舒卷"爱不释手,也指出其毛病所在。他们是太喜欢这些古董了,以至于通宵达旦,展玩不已。后来,只好做了个规定,燃完一支蜡烛就必须上床休息。每吃过饭后,清照还与丈夫做一种游戏,他们坐在归来堂上,烹好茶,指着堆满的图书,说出某事在某书的第几卷第几行,以猜中还是猜不中,来决定饮茶的先后。清照每每猜中,举杯大笑,茶水常常倒在怀中而站起,反倒饮不成了。这该是何等舒心的时候啊!由于收集到的古书文物愈来愈多,他们在归来堂建起书库,置办大书橱,将图书分门别类地加以整理,并对缺损进行修补。到政和七年(1117年)赵明诚编纂《金石录》已基本就绪,这其中也包含有清照的大量心血。赵明诚请他的朋友刘跂为《金石录》写了一篇序言。刘跂在《题古器物铭赠得甫简诸友》诗中说:"沉酣夏商周,余嗜到两汉。铭识文字祖,曾玄成籀篆。颇通《苍》《雅》字,不畏鱼鲁眩。"对赵明诚的学术造诣给予了高度评价。李清照与丈夫一同享受到了胜利的欢乐。

乡间生活平静安然,而朝中政治则风云变幻。宋徽宗政和元年(1111年),即清照屏居青州的第四年,由于赵挺之遗孀,即赵明诚的母亲请示,撤销了对赵挺之的种种处分,由此赵家的政治地位又有了转机。第二年,即政和二年七月明诚大哥赵存诚以秘书少监的身份上书言事:"诸州取访遗书,乞委监官总领,庶天下之书,悉归秘府。"这虽然只是建议朝廷统领收藏天下遗书,算不上什么宏谋,但被朝廷采纳了。这也说明赵家的地位正在好转。又过了八九年的时间,专权日久作恶多端的蔡京罢官,当年,赵明诚被任命为莱州知府,五年之后,又被任命为淄州知府。

明诚的再次出仕,李清照自然非常高兴,一连好长时间都沉浸在扬眉吐气的喜悦之中。开始的时候,清照并没有与明诚一同去莱州,夫妻恩爱,乍离乍别,特别在闺房独处或是在花前月下,良辰美景之际,往往抑制不住到丈夫的思念。又是初春季节,春风骀荡,细雨飘洒,柳已绽眼,梅已露腮,春光无限,而女词人却难以消遣离情别恨,只好是"酒意诗情谁与共","夜阑犹剪灯花弄"。又是七月七乞巧的时候,盼望天上牛郎织女喜渡鹊桥,也盼望自己能和夫君相会,可在这寂寞的秋夜里:

草际鸣蛩,惊落梧桐,正人间天上愁浓。云阶月地,关锁千重。纵浮槎来,浮槎去,不相逢。星桥鹊架,经年才见,想离情别恨难穷。牵牛织女,莫是离中,甚霎儿晴,霎儿雨,霎儿风

——《行香子》

天上是离愁,人间是别恨,虫鸣叶落,云遮月影,特别是"牵牛织女,莫是离中,甚霎儿晴,霎儿雨,霎儿风"的秋风秋雨,把"人间天上愁浓"的感情表现得淋漓尽致。

明诚出仕莱州几个月后,清照也由青州赴莱州丈夫任所。途中路过昌乐县,便在馆驿中住了下来。清照一边听着窗外萧萧的雨声,又回忆起闺中姐妹们送别自己的情景:

泪湿罗衣脂粉满,四叠阳关,唱到千千遍。人道山长山又断,萧萧微雨闻孤馆。惜别伤离方寸乱,忘了临行,酒盏深和浅。好把音书凭过雁,东莱不似蓬莱远。

清照青州乡间十多年的生活,和闺中姐妹结下了深厚的情谊,如今突然分离,其情难分难舍。自身虽已在馆舍,望断远山,可再也望不到自己姊妹的身影。又回忆临别仓促,忘记惜别酒盏里酒的深浅,心中又一次感到歉意。值得庆幸的是莱州青州相隔不远,还可鸿雁传书,互致问候。李清照热爱自然,热爱生活,看重友情,这首致远方姊妹的词,从侧面了解到她闺中另一方面的生活。

明诚知莱州和淄州一段时间的生活,还是相当平静的。他把挣来的俸禄钱,几乎都用来购置书籍、金石、字画。每得到一书,夫妻总是反复把玩、品赏,有时甚至通宵达旦。此间,明诚还经常外出访求石碑古器。莱州南山有一块后魏郑羲碑,明诚和同僚们登山寻访,并且在碑下徘徊了很久。宣和五年(1123年),青州临淄县有个农夫在齐故城遗址耕地,发现古器数十枚,刻着文字,最多的一枚有近五百字。明诚十分珍惜地摹写下来。靖康元年(1126年)明诚在淄州寻访时,发现一处水清林茂,环境优美的村子。村中有位名叫邢有嘉的人,看赵明诚身为太守却能造访农家,于是很殷勤地接待了他。这年夏天再去的时候,邢有嘉把自己所珍藏的白居易手书《楞严经》拿给了他。明诚如获至宝,上马急驰而归。到家时已过二更天。明诚酒渴,清照为之烹茶,二人一面喝茶,一面欣赏,心中非常高兴。明诚亲自在上面写了跋语,记载下意外的收获和二人展玩时的情景。

明诚收集编写《金石录》的工作进展很顺利,把收集到的古籍古物先做初步整理,每十卷装成一帙。然后每天晚上"更散"后,校勘两卷,写作跋题一卷。成年累月地搜集整理,古籍古器已经是"盈箱溢箧",颇成规模了。

然而,时局的动荡,没有使赵明诚夫妇将搜集工作继续下去,随着金兵的南下和攻克汴京,整个中国都陷入了血火之中,赵明诚和李清照一家与千千万万的家庭一样,开始了战乱中颠沛流离和生离死别。

在宋朝的西部和北部边境,有辽和金国。辽多次进逼中原,对宋朝统治造成很大的威胁。宋朝为联合金国共同对付辽,答应将原来贡献给辽朝的"岁币",全部贡献给金朝。公元1125年2月,辽天祚帝被金兵俘虏。金在灭辽之后,并不满足进贡的"岁币",把侵略的目标指向了宋朝。金国的第一次南侵兵分两路:一路由完颜宗翰(粘罕)率领,进取太原;一路由完颜宗望率领进取燕京。两路兵马在宋朝的东京(今开封)会合。宗望一路进兵神速,很快取燕京,入中山府,兵临东京城下。宋徽宗惊慌失措,慌忙退位,传位给太子赵恒,十二月赵恒即皇帝位,是为钦宗,改年号为靖康。钦宗继续执行投降路线,以割让太原、中山、河间三镇为条件,与金签订了屈辱的城下之盟。宗望的军队刚刚北返,进攻太原的宗翰军队又大举南侵,金兵很快攻克太原,并两部合兵,下真定,入中山,并渡过黄河。虽然李纲等抗战派将领和各地守土军民奋力抵抗,也没能挽救北宋灭亡的命运。靖康二年,徽、钦二帝被金兵扣压在营中,后又俘虏北去,北宋灭亡了。这年的五月,康王赵构在南京(今商丘)即皇帝位,称高宗,重建宋朝,是为南宋,改年号为建炎。

建炎元年,对李清照一家来说,国事不幸,家事也不幸。三月,赵明诚的母亲病逝于金陵,明诚和清照南行奔丧。考虑到金兵已陷汴京,青州的陷落只是早晚问题,所以他们非常担心的是已经有十余屋的藏书。这毕竟是他们多少年心血的结晶啊!思忖再三,决定尽量多地把书带到南方。可是装车之后,因为实在太多,无法都能运走,于是"先去书之重大印本者,又去画之多幅者,又去古玩之无款识者。复又去书之监本者,画之平常

者,器之重大者"。减到最后,还是装了满满十五大车。剩下实在无法装车运走的,就封存在十几间大屋子里,准备明年春天再运走。可是到十二月间,金人就攻陷了青州,十几间房子连同书册什物都化作了灰烬。李清照和赵明诚带着这十五车书,经过千难万险,先运至东海(今江苏东北部与山东连接一带),后换船渡过淮河,又沿运河南下,渡过长江,最后到达建康。

建康虽然尚未遭金兵侵略,但朝廷内的主张战和两派的争论以及沦陷区人民惨痛生活方面的消息,却是不断传来。高宗即位之初,迫于压力,不得不标榜"中兴",起用主张抗金的李纲为宰相,令副元帅宗泽作开封知府并领兵进驻东京。但同时,又起用副元帅黄潜善为中书侍郎,参预政务,汪伯彦同枢密院事,执掌军权。黄、汪实际是投降派的代表,处处与李纲、宗泽作对。李纲、宗泽力主高宗整顿军马,收复失地,还都东京抗金;而黄、汪劝高宗放弃中原,继续南逃。宗泽到东京后,整顿城市,稳定秩序,平折物价,上书高宗回汴,而黄、汪却说"东南方才力富盛,足以待敌"。李纲重用河北抗金的义军,而黄、汪却暗中反对,并制造事端,说李纲"狂诞刚愎","兹遣防秋,实为渡河之扰"。结果是李纲罢相。南宋小朝廷开始南逃,先是逃到扬州,接着又逃到镇江、杭州。

李清照于国破家亡之际,对以宋高宗为首的南宋小朝廷屈辱投降政策,极为不满;对李纲、宗泽等人的抗金壮举,表示出热烈的赞颂和同情。三年(公元 1129 年),宗泽部署大军,拟渡黄河全面反攻,可是奏章报到朝廷,黄、汪之流反说宗泽发了狂,拒不允准。70多岁的老将终于忧愤成疾,背发疽而死。临死前,对部下诸将说:"诸君能为我歼灭强敌,我死也不恨了。"最后长吟"出师未捷身先死,长使英雄泪沾巾",又大呼三声"过河"而死。此间,抗金名将岳飞也奏请恢复中原,朝廷不准,并罢官。清照有感时局纷乱和朝廷的黑暗,在所作绝句中写道:"生当作人杰,死亦为鬼雄。至今思项羽,不肯过江东。"屈原《九歌·国殇》中有诗云"子魂魄兮为鬼雄。"《国殇》是颂悼为国捐躯将士们的祭歌,清照此时此刻想到为国捐躯的楚国将士的英灵,其对抗金英雄们的赞颂之情,就不言自明了。项羽在乌江战败,乌江亭长曾劝他渡河,说:"江东虽小,还有千里土地,几十万人口,已经足以为王了,请大王马上渡河。"项羽笑了笑说:"天要亡我,我为什么还要渡河呢?况且我项籍率江东子弟八千人渡江西进,如今,没有一人能回来,即使江东父兄可怜我,拥我为王,我又有什么面目去见他们?即使他们不埋怨我,我难道心里就不感到惭愧吗?"在这里,李清照借项羽知惭而不肯过江东,来讽刺不以失地丧国为耻的宋高宗,其用心之迹也甚明。此间,清照还有诗直指宋高宗和南宋小朝廷的逃跑行为。全诗已不能见,其残句曰:"南来尚怯吴江冷,北狩应悲易水寒","南渡衣冠思王导,北来消息少刘琨。"宋高宗畏惧金兵南侵,一路南逃,尚且害怕吴江的寒冷,而被金人掳掠北去当奴隶的徽、钦二帝不是更感易水的寒冷吗?这应该说是对宋高宗背亲忘祖的直接谴责和讽刺了。王导是东晋元帝的丞相,东晋南渡不久,上下笼罩在一片哀苦投降的气氛中。过江人士,每至闲暇之日,相约到新亭饮宴。有人就感叹说:"风景不殊,举目有江河之异。"在座的人都相视流涕。只有王导"愀然变色",说:"当共戮力王室,克复神州,何至作楚囚相对泣邪?"刘琨是西晋怀帝时人,永嘉元年出任并州刺史,召募流亡与北方刘渊、刘聪对抗,兵败,父母遇害。晋愍帝时又受命都督并、冀、幽三州军事,又为石勒所败。后投奔幽州刺史段匹䃅。后被俘缢杀。刘琨在北方五胡十六国南侵之际,积极投入了保家卫国的战争。李清照在国家危难,衮衮诸公纷纷南逃之时,想起东晋渡江后"戮力王室,克复神州"的王导;在二帝蒙难,被金兵掳掠北上之时,想起国家缺少像刘琨一样的抗敌英雄,表现出对南宋朝廷投降派的愤激之情。

清照和明诚在建康住了近两年的时间,明诚在到建康的第二年被任命为建康知府。虽然是在战乱之中,但建康尚一直安宁,夫妻又可整理旧籍或约亲朋聚会,填词作诗,但那景象已远非过江之前相比了。赵明诚在清照经千难万险带到建康的《蔡襄书赵氏神妙贴》上写了跋语,说:"此帖章氏子售之京师,予以二百千得之。去年秋西兵之变,余家所资,荡然无遗,老妻独携此而逃,未几,江外之盗再掠镇江,此帖独存,信其神工妙翰,有物护持也。"其凄惨之状溢于言表。清照在上巳节,也曾召集族人饮酒,写下了《临江仙》和《蝶恋花》。《临江仙》的序中说:"欧阳公作《蝶恋花》,有"深深深几许"之语,予酷爱之。用其语作"庭院深深"数阕,其声即旧《临江仙》也。"欧阳修的《蝶恋花》原有"门掩黄昏,无计留春住"的诗句,这与清照青春已失,韶华不驻的心情是一致的。特别是流离江南,客居建康,更加触动惆怅心情,《临江仙》写道:

庭院深深深几许,云窗雾阁常扃。柳梢梅萼渐分明,春归秣陵树,人老建康城。感月吟风多少事,如今老去无成。谁怜憔悴更凋零!试灯无意思,踏雪没心情。

通篇词笼罩着一种压抑低沉的气氛。特别是"春归秣陵树,人老建康城","如今老去无成","谁怜憔悴更凋零",表现出词人愁容满面的情态和嗟老叹悲,一事无成,百无聊赖的心境。在《蝶恋花》中,又有"永夜恹恹欢意少,空梦长安,认取长安道"的词句,是对沦陷于敌手的汴京的深深的怀念,对"长安"的魂牵梦绕,寄托了作者对故国的无限哀思。

建炎三年(1129 年)二月,赵明诚被罢免建康知府官职。夫妇离开建康,乘船先到芜湖、姑苏,准备在赣江边找个地方居住下来。五月,当行至池阳时,明诚接到朝廷圣旨,被任命为湖州知州,并要他到行都(建康)上殿见过皇帝后赴任。清照于是在池阳居住下来,送明诚独去赴任。多少年后,清照还在《金石录后序》中回忆起当时送别时的情景:"六月十二日,始负担舍舟,坐岸上,葛衣岸巾,精神如虎,目烂烂,光射人,望舟中告别。余意甚恶,呼曰:'如传闻城中缓急奈何?'戟手遥应曰:'从众。不得已,先去辎重,次衣被,次书册简轴,次古器,独所谓宗器者,可自抱负,与身俱存亡,勿亡失也。'遂驰马而去。"这或许是与丈夫离别给清照留下极深印象的缘故,她把明诚的神态描绘得如此真切生动。因为天气炎热,明诚急于赶路,到达建康后,就病倒了。七月底,清照得到消息,心中非常着急,因为她知道明诚一向性急,如果是得了疟疾发热时,就一定会吃凉药,这样就很危险了。于是她就立即乘船顺流而下,一日夜行三百里,到达建康后,明诚果然是得的疟疾。又大服凉药,结果是疟疾又加痢疾,已是病入膏肓了。清照悲痛不已,仓促之间连后事都未来得及问。八月十八日,明诚勉强爬起,写了一首绝命诗,就去世了,没留下任何遗言。

清照强忍悲痛,料理完了丈夫的后事。国破家亡,而如今又丧夫,其悲痛就可想而知了。她写了一篇《祭赵湖州文》,来寄托对丈夫的哀悼思念,其中说:"白日正中,叹庞翁之机捷;坚城自坠,忧杞妇之悲深。""庞翁"指庞蕴,是唐代著名的佛教居士,文中用庞翁入灭的典故,写明诚正当壮年不幸早逝;"杞妇"指杞梁殖妻,春秋时齐杞梁殖战死,其妻乃枕尸于城下大哭,路过之人无不为之流涕,十日城为之崩塌。清照比自己为"杞妇",寄托

失去丈夫的悲痛心情。

悲伤临灾

建炎三年（1129年），即赵明诚去世的这一年的五月，高宗由杭州北上，进驻江宁，改为建康府，派洪皓为使者向宗翰求和。宗翰扣留了宋使。八月高宗又派杜时亮为"奉使大金军前使"求和，在求和书中写道："今以守则无人，以奔则无地，所以朝夕谒谒然惟冀阁下之见哀赦已也。"又说："前者连奉书，愿削去旧号，是天地之间，皆大金之国而尊无二上，亦何必劳师远涉而后为快哉！"其无耻软弱到如此境地。

但是，金朝统治者并不理睬宋高宗的摇尾乞怜，而是再次引兵南侵，金兵很快拿下山东登州，渡过黄河、长江，连续攻下杭州、越州、明州、定海。南宋小朝廷继续从海路南逃温州。金兵追击时在海上遇风雨，又被和州防御使张公裕率大船冲散，才退回明州。后又在杭州大肆掳掠后北还。

清照在丈夫病逝后，由于极度悲伤和劳累，大病一场。病还未痊愈，迫于形势急迫，先让门人将书二万卷、金石刻两千卷送到洪州赵明诚的妹婿家里。清照一方面在建康养病，一方面看形势发展再定夺去留。谁知，一场灾难又落在了她的头上。

原来在赵明诚病重的时候，有个叫张飞卿的学士拿着一个玉壶来看赵明诚，然后又把玉壶拿走了。其实，那个玉壶是石头作的。可是不知什么人这时造谣说，赵明诚让张飞卿拿了玉壶去投降金朝，且传说已有人向朝廷密奏了这件事。李清照非常害怕，自己知道虽然无辜，但朝廷完全可能以通敌治罪。于是就准备将家中所有金石文物贡献给朝廷。其时宋高宗已经南逃，于是清照沿着高宗南逃的路线，经杭州、越州。一直追赶到明州。高宗由明州入海，清照只好陆行，经奉化、剡县、台州，到达黄岩。在黄岩终于赶上了高宗逃难的船只。追随龙舟到达了温州。后随御舟离开温州回到越州，便在越州居住下来。中间又到衢州躲避了几个月，于第二年（1131年）又迁回越州。清照于逃难途中，风餐露宿，颠沛流离，担惊受怕，其悲惨之状可想而知。在越州清照暂时住在一位钟姓家中，随身带的五七箧书画就放在住室以供随身翻阅。不幸的是，盗贼在墙上凿了个洞，偷走了五箧。清照出重赏希望能够赎回，但也只得到十八个卷轴。第二年，清照才知道自己失窃的东西被当时著名画家吴说用很便宜的价钱买去了；而盗窃者就是钟姓家的一个邻居。在这之前的前两年，金人攻陷洪州的时候，清照运往明诚妹婿家的所有金石、书册，也都散为了云烟。可怜夫妇半世心血，至此已经十去其七八了。

绍光二年（1132年）正月，高宗返回杭州。此时金国军队北还，南宋小朝廷尚控制着半壁江山。时局相对安定后，清照也移居杭州。

三月，高宗开科取士，张九成以第一人及第。据《宋史·张九成传》，他对策中要旨有三：（一）中兴之术，以刚为心去逞节欲，勿畏金人；（二）迎还二帝；（三）勿使宦官干政。这些建议应该说是很好的，文章传诵一时。但其中用词却有不甚庄重之处，如说："澄江泻练，夜桂飘香，陛下享此乐，必曰：西风凄动，两宫得无忧乎？"清照戏作一联道："荷花倒影柳三变，桂子飘香张九成。"柳三变，即柳咏，北宋初年词人，其词格调不高，清照把头名进士张九成比作柳三变,既是对其文风的讥讽,同时,也是对朝廷无愤志图强之心的担忧。

在宋金对峙的形势下,金一方面对南宋施加军事压力,一方面则利用汉奸,建立所谓的朝廷。早在钦宗建康二年,金立宋投降派头目张邦昌作傀儡皇帝,国号楚。建炎四年(1130年)又立降金的原宋朝济南知府刘豫在大名(今河北大名县)作"大齐"皇帝,两年后,刘豫又迁都到东京(今开封)。清照对这些汉奸卖国贼,深恶痛绝,她曾在《绝句》中写道:

两汉本继绍,新室如赘疣。

所以嵇中散,至死薄殷周。

"新室"指王莽的新朝。诗中把北宋南宋比作两汉之时的西汉、东汉,虽说是两个朝代,但还一脉相承;而所谓的"大齐"等等傀儡,就像西汉末的王莽建新朝一样,只不过是人身上的多余的赘物而已。"嵇中散"即嵇康,他反对司马氏篡魏,因在一篇文字中写了"非汤武而薄周孔"而被杀。清照对他的赞扬,流露出赞颂之情。这首词通过对王莽的鞭挞和对嵇康的赞颂,表现出清照的爱国之情。

在国难当头之际,清照的个人生活又遇到不幸。明诚去世,整日的逃难,清照一直处在极度压抑之中,所以身体一直很坏。近来又旧病加重,虽然有个弟弟服侍吃药,但病"欲至膏肓"。正当清照孤立无援之际,媒人登门以"如簧之说""似锦之言"劝其嫁张汝舟。弟弟年幼无有主意,自己又疾病缠身,清照犹豫再三,最后很勉强地同意了。可是婚后不久,张汝舟就露出了本来的市侩嘴脸。原来,他对清照毫无感情,骗婚只是为了贪图她的财物,目的达到之后,对清照即加虐待,天天凌辱,日日殴打。清照毕生崇尚气节,怎能甘心忍受,于是告发到朝廷。按照宋代《刑统》的规定,妻告夫,虽属实,也要服徒刑二年。结果,清照被关在狱中。在狱中,清照痛苦而且非常后悔,她只希望离开张汝舟,至于财物是否归她,也不敢生任何希望。她甚至觉得受此祸难或许就是命里注定的。李清照这一遭遇被翰林学士綦崇礼知道了。綦崇礼在朝廷南逃时曾与高宗患难与共,很得高宗信任,又与清照有亲戚关系,所以极力搭救。清照只在狱中关了九天就被放出来了,而张汝舟则被开除公职,流放于柳州编管。清照像一场噩梦一样的再婚就这样结束了。事情结束后,清照对綦崇礼十分感激,写了一封长信《上内翰綦公启》,讲述了事情的全部经过,并表示"感戴鸿恩"。

家庭变故,并未使清照消沉下去,她仍然关心着国家的前途命运。绍兴三年(1133年),朝廷派枢密韩肖胄、工部尚书胡公出使金国,与金议和。李清照写了《上枢密韩公工部尚书胡公》一诗为他们送行。韩肖胄是北宋大臣韩琦的曾孙,李清照的父祖都出韩琦门下,因此与韩肖胄关系又多了一层亲切,诗所以写得更直接。清照对高宗的投降政策一向坚决反对,所以她一开始就批评高宗的软弱无力和屈辱卑怯:"勿勒燕然铭,勿种金城柳。岂无纯孝臣,识此霜露悲。何必羹舍肉,便可车载脂。土地非所惜,玉帛如尘泥。"后汉大将军窦宪曾率兵大破匈奴,一直追到燕然山,刻石记功而返;西晋时桓温曾北伐苻坚,途经金城,看到自己种的柳树已长到几围粗,心中非常感慨。清照此处用典,正批评高宗不能奋力挥师北伐,收复国土。名义上迎接二帝,通使和好,实则是丧权辱国、出卖土地和玉帛。清照对于冒着危险毅然使金的韩、胡,由衷地赞颂,"身为百夫特,行足万人

师"，"径持紫泥诏，直入黄龙城。单于定稽颡，侍子当来迎。仁君方恃言，狂生休请缨。或取犬马血，与结天日盟。"这虽是想象之词，但流露出很强的民族自豪感。清照非常惦记沦陷区人民的生活斗争，"不乞隋珠与和璧，只乞乡关新消息。灵光虽在应萧条，草中翁仲今何若？遗氓岂尚种桑麻？败将如闻保城郭"，希望使者能带回故乡人民抗金斗争的消息。清照想起漂泊流离的生活，更加怀念故土，"欲将血泪寄山河，去洒东山一抔土！"在最后的七律中写道：

> 想见皇华过二京，壶浆夹道万人迎。
>
> 连昌宫里桃应在，华萼楼前鹊定惊。
>
> 但说帝心怜赤子，须知天意念苍生。
>
> 圣君大信明如日，长乱何须在屡盟。

诗中想象到韩、胡北使受到故乡人民的热烈欢迎；对水深火热中的人民表示深深的同情；并指出朝廷对敌要有理有信，而屡败屡盟的投降政策，是不能改变这种动乱不止的局面的。

李清照南渡以后的生活与南渡以前相比，发生了很大的变化，国家的、个人的种种不幸遭遇，直接影响到创作。这不仅在诗歌中表现非常明显，词的创作也一改以前轻婉淡雅，而逐渐显露出深厚凝重，不仅在词的创作技巧上达到了新的高度，而且内容上也有了突破。她在《菩萨蛮》中写道：

> 风柔日薄春犹早，夹衫乍著心情好。睡起觉微寒，梅花鬓上残。故乡何处是？忘了除非醉。沈水卧时烧，香消酒未消

即使在心情好的时候，女词人也忘不了沦陷区的故乡，委婉曲折地表现出热爱故国之情。这与南宋统治者的文恬武嬉的投降行径，形成了鲜明的对比。

此间，清照还写下了在词坛上享有盛誉的《声声慢》：

> 寻寻觅觅，冷冷清清，凄凄惨惨戚戚。乍暖还寒时候，最难将息。三杯两盏淡酒，怎敌他晚来风急！雁过也，正伤心，却是旧相识。满地黄花堆积，憔悴损，如今有谁堪摘。守着窗儿，独自怎生得黑！梧桐更兼细雨，到黄昏点点滴滴。这次第，怎一个愁字了得。

开首的三句叠字的运用，受到历代批评家的激赏。它准确、生动地传达出女主人孤寂痛苦的感情变化。因百无聊赖所以要"寻觅"，越"寻觅"越感到"冷清"，"冷清"更触到凄惨的情感。再加之在"乍暖还寒""晚来风急"的时候，看到旧时雁飞过，怎不令人觉得往事如烟，物是人非。词的下半阕通过"满地黄花堆积"，"梧桐更兼细雨"等环境描写，暗示寂寞中时间的难耐，最后用"这次第，怎一个愁字了得"来集中概括出凄苦的心境。清照的愁自然包括失去丈夫后的痛苦，同时也包括对国家破亡的悲愁。联系清照的家国之恨，就更懂得"这次第，怎一个愁字了得"的分量。

怀着对丈夫的无限思念，李清照在绍兴四年（1134 年）的八月写成了《金石录后序》。《金石录》中记载的许多珍贵图书和器物已经在战乱中失散了，但夫妇二人收集时的情景就还好象在眼前一样，整理《金石录》曾经是他们的生活组成部分，甚至是他们的生命寄托。如今，睹物伤情，胸中的感情极其复杂。清照在《后序》中回忆了他们夫妇半生的经历，充满了对亡夫的深切思念。在文章的最后，无限辛酸感慨地写道："呜呼！余自少陆机作赋之二年，至过蘧瑗知非之两岁，三十四年之间，忧患得失，何其多也！"晋朝陆机二

十岁作《文赋》，"少陆机作赋之二年"，清照谓己从十八岁开始适明诚；蘧瑗字伯玉，春秋时卫人，史载他"五十而知四十九年之非"，"过蘧瑗知非之两岁"，清照又谓己作此文时52岁，自从嫁给明诚至今，已过去了整整三十四春秋。

绍兴四年的九十月间，金人与伪齐刘豫一同发动了对南宋的军事进攻，先是合兵进犯淮上，又进攻滁州（今安徽滁县）、亳州（今安徽亳县）、濠州（今安徽凤阳县一带）等地。宋高宗的朝野又是一片惊恐。清照后来回忆那场变乱说："闻淮上警报，江浙之人，自东走西，自南走北，居山林者谋入城市，居城市者诸入山林，旁午络绎，莫不失所。"一片狼奔鼠窜的惨痛之状。清照也随着这股逃难的人流离开临安，前往金华避难。

从临安出发，溯江流而上，到达桐庐的严陵濑，已经是深夜。不敢久留，当夜就又出发了。清照写下了《夜发严滩》的诗：

　　巨舰只缘因利往，扁舟亦是为名来。

　　往来有愧先生德，特地通宵过钓台。

汉代严光字子陵，少与光武帝刘秀同游学，光武帝即位，他变易姓名，隐而不见。光武帝赐谏议大夫之了，不就，耕于富春山，后人就名其垂钓之处为严陵濑。清照想起这位隐居不仕的古人，与眼前只顾追逐名利、畏敌如虎、仓促逃命的官宦们相比较，表示出了很深的蔑视和讽刺挖苦感情。

金兵的这次南侵，由于南宋军民的坚决抵抗，很快就北撤了。南宋小朝廷的江南半壁江山很快又平静下来。清照在金华也相对安定下来。她还像以前那样登高远游，还像以前那样与闺中之友博戏玩笑，还像以前那样赋诗填词，但其情其景都非同往昔可比了。在避难金华的第二年（1135年）她登上了金华城郊的八咏楼，赋诗曰：

　　千古风流八咏楼，江山留与后人愁。

　　水通南国三千里，气压江城十四州。

清照此时的感情是非常复杂的。八咏楼为著名古迹，沈约曾为之撰写碑记，并因作有八咏诗而得名，当然是"千古风流"了。可是如此的大好河山，统治者却无力抵御外族的入侵，说不定什么时候就要沦陷敌手，这"后人愁"蕴含诗人多少的痛苦！清照毕竟有性格豪壮的一面，诗最后两句从纵横交叉上写出了八咏楼的气势，表现出作者开阔胸襟和豪迈气概。

清照从小喜爱博弈，而且争胜心极强。金华闲暇之日，她把打马博弈游戏作改革，作了《打马图序》，详细讲解这种游戏的法则，并写了一篇《打马赋》。《打马赋》既是对博弈之戏的描绘，更寄托作者抵抗金兵、恢复失地的激切心情。"平生不负，遂成剑阁之勋；别墅未输，已破淮淝之贼。今日岂无元子，明时不乏安石。""成剑阁之勋"，指桓温伐蜀中李势；"破淮淝之贼"，指谢安、谢玄大破前秦苻坚；"今日岂无元子（桓温字元子），明时不乏安石（谢安字安石），"作者将恢复中兴的希望寄托在像桓温、谢安一样的抗敌名将的身上。赋的最后写道：

　　佛狸定见卯年死，贵贱纷纷尚流徙。满眼骅骝及骐骥，时危安得真致此。木兰横戈好女子，老矣不复志千里。但愿相将过淮水。

"佛狸"魏太武帝的小名。佛狸"卯年死"，比喻金寇即将灭亡。"骅骝""骐骥"为周穆王八骏中的两匹。真的骏马在国家危亡之时就应该驰骋疆场，杀敌立功。清照希望在

不久将来消灭金寇,恢复中原,自己虽然年老不能为国杀敌,但也希望"相将"渡过淮水,回到自己的故乡。

清照在金华住了一年多的时间,于第二年(绍兴五年)待时局安定,就又回到了临安,并且在这里度过了她的晚年。清照的为人和才华在当时的社会上层引起了不小的影响,同时人胡仔编成《苕溪渔隐丛话》收入李清照《词论》一篇。她曾代亲戚中的一位贵妇人撰写三首《端午帖子词》进献给朝廷。她曾拿着自己收藏中幸存的米芾的书帖访米友仁求跋,米友仁题了两则,其一曰:"易安居士一日携前人墨迹临顾,中有先子留题,拜观不胜感泣。先子寻常为字,但乘兴而为之,今之数句,可比黄金千两耳。呵呵!"当时有一富家孙夫人,幼有淑质,清照曾想收为徒弟,教其文辞。这都很符合清照的性格。

晚年的落寞孤寂,使清照往往陷入对过去生活的回忆,而又往往带来更深的伤悲,她怀念丈夫赵明诚写下了《武陵春》:

风住尘香花已尽,日晚倦梳头。物是人非事事休,欲语泪先流。闻说双溪春尚好,也拟泛轻舟。只恐双溪舴艋舟,载不动,许多愁。

"物是人非事事休",这既是对丈夫的怀念,又是自己坎坷经历的总结。那"载不动"的"许多愁",既是个人生活的悲愁,又有国破家亡的悲愁。

临安的元宵佳节,照旧是非常热闹,"落日熔金,暮云合壁","染柳烟浓,吹梅笛怨",可她辞谢"香车宝马","酒友诗侣",回忆起当年中州元宵佳节的情景:

中州盛日,闺门多暇,记得偏重三五,铺翠冠儿,捻金雪柳,簇带争济楚。如今憔悴,风鬟霜鬓,怕见夜间出去。不如向帘儿底下,听人笑语。

——《遇永乐·元宵》

当年中州过元宵佳节,是何等的重视,穿戴打扮得齐齐整整,漂漂亮亮,去游会逛灯;而今已近老境,容颜憔悴,谁还有心思夜间出去呢? 倒不如到"帘儿底下,听人笑语"。这中间包含有多少古今盛衰的凄楚之感。

在临安,清照过了二十几年的贫困生活,大约70余岁时离开人世。

色艺双绝

——陈圆圆

名人档案

　　陈圆圆:陈圆圆这位色艺双绝,明末清初的女性,曾在著名武侠小说家金庸的两本书中出现过,一本是《碧血剑》,一本是《鹿鼎记》,两本小说都描绘了她倾国倾城的美丽。本姓邢,名沅,字畹芬。明末清初苏州名妓。

　　生卒时间:1623~1695年。

　　安葬之地:思州城东北38公里,今水尾镇马家寨狮子山上。

　　历史功过:所谓的"冲冠一怒为红颜"吴三桂引领清兵火速进入北京,不仅加速了明王朝的灭亡,也攻破了李自成的"大顺"政权,使闯王李自成的命运发生了不可挽回的逆转,而且随着清兵快速入关,还大大推进了清朝定都北京和大清王朝的建立与崛起。

　　名家评点:能歌善舞,色艺冠时,时称"江南八艳"之一。

雏妓本为良家娇

　　陈圆圆,名沅,字畹芬,原籍苏州,《圆圆曲》中说"家本姑苏浣花女,圆圆小字娇罗绮",就是对其简况的介绍。

　　她原本不姓陈,而姓邢,父亲叫邢三,住在苏州奔牛镇四亩田,是个贫苦的农民,以耕种为生。圆圆初生时,有一群雉鸡飞集她家屋上,所以乳名叫"野鸡"。她幼年丧母,邢三就把她送给姨母抚养,姨母的丈夫姓陈,因而野鸡就改姓陈。

　　圆圆的养父是挑货郎担的,俗称陈货郎。陈货郎初时家境尚可,尤好听人唱歌,还不惜倾全部资财请善于唱歌的人到家里居住,有时竟请来数十位,日夜讴歌不止。慢慢地,陈家破产了。

　　陈姨母是个俗称"养瘦马"的人。所谓养瘦马,就是领着幼女,等长大后卖给人家做

妾或歌妓。白居易有诗曰："莫养瘦马驹,莫教小妓女。"由于陈氏家道中落,原本出身于良家的圆圆姑娘早早被送进了烟花场。

初操卖笑行当,甚为乖巧的小圆圆就被看作天生尤物,惹人怜爱。据说金衢道贡二出的儿子若甫一次去金华途中见到圆圆,当即倾其所有,拿出三百两赎金将她赎出。不料带回家后,内人不许。贡二山说:"这是贵人,命不该留我们家。"于是又送圆圆归去,并不索回赎金。

在明末江南,做不了出色的女演员也就成不了名妓,所以勾栏中人对串戏之类是很看重的。作为无名的"雏妓",孤苦幼小的陈圆圆为了学唱弋腔俗调,经常向民间老艺人请教,教曲技师也十分怜惜、精心点拨她。

陈圆圆从小读书识字、唱歌学戏,后来能写得一手好词。遗百《畹芬集》《舞馀词》,大多词意凄切。

据《妇人集》形容,陈沅生来"蕙心纨质,淡秀天然,"而且"色艺擅一时",天生一副好嗓子,兼工声律。

她填过不少"长短句",如有一首《转运曲·送人南还》写道:

堤柳堤柳,不系东行马首,空余千缕秋霜,凝泪思君断肠,肠断肠断,又听催归声唤。

写得别恨郁郁,黯然销魂,颇有唐代词人韦应物的遗韵。

年少的圆圆虽周旋于勾栏,毕竟未全失天真,也写过了一点生乐俏皮的词,如一首"丑奴儿令"中就有"声声羌笛吹杨柳,月映官衙,懒赋梅花,帘里人儿学唤茶"的句子。

陈圆圆俏丽绝伦,能歌善舞,陆次云在《圆圆传》中称之为"声甲天下之声,色甲天下之色"。她十八岁,在苏州登台演出,自称为"玉峰女优陈圆圆"。她演的是花旦,曾经扮饰过《长生殿》的杨贵妃、《霸王别姬》的虞姬和《西厢记》的崔莺莺,演得"体态轻靡,说白便巧"。一下子,她成了走红的红歌妓,声名大噪,四海闻扬。

当时,陈圆圆也很想借广泛交际的机会,结识一些名士,出籍从良。

明末社会,封建士大夫生活追求浪漫,很多人也是征歌逐妓,迷恋声色。冒辟疆,乃江南名士,与陈定生、侯方域、方以智,号称江南四公子,他们在政治上反对阉党,针砭时弊,不乏激扬文字。但在生活上却和一些妓女们日相唱和,流连风月。

崇祯十四年,即公元1641年春,冒辟疆与陈圆圆初逢。

少年倜傥的冒辟疆第一次见到陈圆圆就为其所迷。那次正值她演出弋腔《红梅》。在冒君眼里,陈姬丽容中显示的真可谓"著粉则太白,施朱则太赤,眉若翠羽,肌如白雪,腰如束素,齿若含贝,嫣然一笑,惑阳城,迷下蔡……"在他听来,陈姬口中唱出的燕俗之剧,咿呀啁哳之调,无疑似云出岫,如珠走盘,令人欲仙欲死。

到了及笄之年,陈圆圆便把自己完全托付给了冒辟疆。她对冒说:"我是风尘女子,残花败絮,今蒙公子错爱,愿终生以报。"她一直痴心地等待着心上人来娶。

在黑暗的封建时代,一个女子的如花似月的美丽,往往会给自己带来重重灾难,正所谓自古红颜多薄命。尤其是在灾荒之年,遭遇兵荒马乱,年轻女子的命运,就更是朝不保夕。

1642年。正当冒辟疆准备从外地赶回苏州与陈结秦晋之好的时候,祸从天降了。

冒辟疆到达苏州,陈圆圆已被一条老色狼田弘遇叼走。

田弘遇,名戚畹,陕西人,做过扬州把总的官,娶扬州娼家妇为妻,故亦称广陵(扬州

百称)人。女儿被崇祯选封为贵妃后,田弘遇官封左都督,在皇亲国戚中飞扬跋扈,不可一世。

为掠取陈圆圆,田弘遇倒也费了一番周折。

明代末叶苏州是当时中国经济最发达的地区之一。这里的市民阶层,已经开始形成一股新的社会力量,他们屡屡蔑视封建王法。田弘遇1641年(崇祯十四年)去南海普陀山进香时就要买陈圆圆,可是买到的竟是一个冒名顶替的女人。这里还有一段传说:

这年八月,冒辟疆从衡阳省父回来,到了西湖,便询问陈姬。有人说,圆圆已为田弘遇家掠去,冒闻之惨然,差点昏了过去。等他到了苏州,偶然晤见一位朋友,谈到陈姬时他悲切叹息:"有佳人难再得呀!"朋友告诉他:"你弄错了。前被劫去的是个假的,她本人藏匿的地方距此甚近。我同你去看她!"冒辟疆喜出望外,连忙同朋友赶去,果然见到了圆圆。

次年二月,田弘遇在普陀进完香,归途再经苏州,下狠心再次以势逼娶陈圆圆。没料到又遭到市民反对。一时未得逞的田弘遇哪甘示弱,拿大话吓唬人,又不惜出数千金加以贿赂,软硬兼施。地方当局怕事态再闹大了不可收拾,乃出面调停,田弘遇才算勉强把陈圆圆夺走。

苦矣,佳人爱的是才子而不是田弘遇这个六十四岁的糟粪老头。此际此时的陈圆圆是多么想念冒辟疆和不愿去北京啊!但在"横塘双桨去如飞,何处豪家强载归"的境况下,陈圆圆只得自叹薄命,以泪沾衣而已。

田弘遇这次是出于女儿田妃之请,专程到江南选美。因为明朝的末代皇帝朱由检登上皇帝宝座以后,国势正走下坡路,不仅内政腐败,东北边患日紧,中原各地虫灾旱灾频繁,闹得赤地千里,人竟吃人;阶级矛盾日益尖锐,农民起义的烈火,已燃遍大江南北,黄河上下,并且向京畿烧来。尽管这个"君非甚暗"的崇祯皇上也在不断地撤乐、减膳和下"罪己诏",但始终挽救不了太祖以来的十七朝皇业,更稳定不了大明千万里江山。他不仅心忧如焚,而且情绪愈来愈坏,脾气暴躁到了极点。田妃为了解除崇祯的苦闷,转移一下他的视线,便托请父亲去江南寻丽人。

此次为田弘遇所掳掠的妇女,名妓有杨宛、陈圆圆和顾寿等,以陈圆圆和顾寿当时身价最高。

为了讨主子欢心,田弘遇将圆圆送进皇宫,准备给皇帝聊以解忧。晋见时,圆圆着红霞仙子裳,蛾眉淡扫,但身处"熏天意气连官掖"关头的崇祯哪有心思瞥睹倾城好颜色的江南姝丽。他连看都没看一眼,只淡然地说:"国家弄到这个地步,我哪有这种闲情逸致?"便挥手下令将其送走。陈圆圆也只有抱着明眸皓齿无人惜的万分委屈心情回到了田家。

田家本来是骄奢淫逸的权贵府第。过去,陈圆圆是个很不错的弋腔演员。弋腔即弋阳腔,源起于江西弋阳。在明朝末叶虽然已从南方流行到了北方,但在士大夫阶级眼中仍属文辞俚俗、不登大雅的俗唱;在上层社会的宴集中,如果以弋腔来娱乐座客,是被认为大不敬的。当时弋腔的基本听众是广大市民阶层,而士大夫阶级所欣赏的雅音,乃是文辞典雅,声调宛转的昆腔。陈圆圆所擅的那种俚俗之调自然不能登皇亲国戚的大雅之堂。这就需要改学新腔,拿出昆曲的戏,方能适应田府上那班贵族官僚的需要。

在这"侯门歌舞出如花"的环境里,通过田府乐工的传授,也靠着自己的聪慧,陈圆圆

学成了人间几乎绝响的《高山流水》古乐曲。加之她一向舞姿婆娑,因此深受田国丈的赏识,将她比为"金谷园里的绿珠",使之常在饮宴中表演,正所谓"教就新声倾坐客"了。

陈圆圆被编入田府家庭乐队。但她是一个爱好自由,不慕虚荣的姑娘,虽然穿的是绫罗绸缎,住的是楼台殿阁,内心却是郁郁不乐。歌舞之余,就吟诗填词,她的题为《有所思》的"荷叶杯"云:

"自笑愁多欢少,痴了!底事情传杯,酒一巡时肠九回,推不开,推不开!"

这是颇有个性的作品,与通常的"闺词"大相径庭。有时呢,便唱唱《高山流水》曲,嗓音清脆,柔和婉约,以怀念她少年时期的知音。

1643年(崇祯十六年)秋天,农民大起义如火如荼,攻下了洛阳,京师为之震动。

崇祯在万不得已的情况下,把驻守在山海关的宁远总兵吴三桂叫到京城来,"召对平台",以国家重任相托。吴三桂当即慷慨受命,以忠贞自许。

吴三桂字顾甫,号月秋,锦州抱沙岭人。父亲吴襄,以养马见长,官至参将,又是宁远卫世将祖家的女婿。吴三桂从小相貌奇伟,勇略过人,娴于骑射,好田猎,很受舅父祖大寿的器重。在祖家的影响和培养下,吴很快成了出色的武将,担任宁远卫中军。有一次,吴襄出关侦查,被清兵包围,三桂单骑救出父亲。自此山海关内外,颇闻其名,监军太监高起潜还把他收为养子。总之,召对平台,确实事出有因。

农民起义军在1643年十月攻破潼关,转瞬之际全陕披靡,以摧枯拉朽之势,很快打到北京附近。

京中豪门权贵和富家巨室万分惶恐,害怕起义军一旦攻下北京,将无以自安。田弘遇焦头烂额,陈圆圆乘机献计说:

"你最好结交一些有实力的武将,好有个依靠。"田左思右想,最后想到了此时正在京师的吴三桂。大学士魏藻德应请前来商议对策,也力主抓住实力在握的吴三桂,并建议通过请吴总兵来田府观乐与他拉上关系。田弘遇遂下谏请吴。

吴三桂早就想到田家观看歌舞,借此一睹陈圆圆,听到田家来请,正中下怀,可说是求之不得,但他又故作姿态地推辞一番,等田国丈四请四迎,才戎服临宴。

一个初春的夜晚,天空星光闪耀,田府雕梁画栋的"碧云轩"灯火辉煌,田弘遇备办了丰盛的晚宴,迎来了"白皙通侯最少年"的吴三桂。酒过三巡,总兵大人故意站起来告辞,田国丈一把将他挽留住,并邀入幽静的邃室,以歌儿舞女、管弦丝竹相见。

此时,吴三桂直截了当地问:"听说玉峰歌妓陈圆圆曾入贵邸。这批歌姬中是否有她呢?"话语未落,忽然一个天姿国色的歌女手抱琵琶,姗姗走出。

她豆蔻年华,飘然若仙,云鬓堆丛,宛如轻烟密雾,飞金巧贴,凤钗半卸,耳坠如虹,上着白藕丝对衿仙裳,下穿紫绡翠纹裙,脚下露出红鸳凤嘴双钩。她立在那班"殊秀舞女"之前,拨动琴弦,弹了一曲抒发自己幽怨之情的《昭君怨》。接着即席唱了一曲《飘零怨》:

"侑酒承欢,豪筵彻夜;歌扇舞衣,消磨无价;似这般飞逝了少女年华,咨嗟!谁怜我禁闱巷永,横塘路赊,莺传呼:少年客乍到豪家,未必竟终身有托,祸福凭他。算来身世总飘零,思忖也心魂惊怕。罢!罢!罢!只恐宿缘注定,无错无差。"

这唱曲女子正是吴三桂欲一睹芳容的陈圆圆。

几时青鸟脱樊笼

听罢圆圆的唱曲,吴三桂不觉心荡神移。他解戎装,易轻裘,请求与这个歌女相见,并对田弘遇说:"国丈!这陈圆圆真称得上一笑倾城,再笑倾国了。"田弘遇不知如何回答是好,魏藻德从旁悄悄地对田说:"事到如今,乐得做个顺水人情。何况再好的东西,一旦到那玉石皆焚之时,也不可能坚闭存留的呀!我们正愁急中无计,姑且作条美人计罢!"田弘遇只好叫陈圆圆敬酒。

陈圆圆移步至吴三桂座前,吴总兵乘机低声问道:"你在这里想来一定很快乐吧?"圆圆也小声回答:"象红拂那样的歌妓。尚且不喜欢隋朝的越国公杨素而出逃到李靖那儿去,何况象我这样守着一个不及杨素的人,您想我会喜欢吗?从内心讲是绿珠哪能藏金谷,红拂何心事越公啊!"吴三桂频频点头,报以会心的微笑。

正当吴三桂拣取花枝累回顾时,山海关边事告紧。家人呈进邸报,上面只写了九个大字:"代州失守,周遇吉阵亡。"尽管总兵大人万分留恋"花明雪艳,独出冠时"的陈圆圆,可迫于军令,不得不怅然离座。

临行,田弘遇惨然失色,叹了口气问吴:"我是行将就木的人了,一旦李自成打进北京,将军您看如何是好?"吴三桂乘机说:"国丈如肯将圆圆相赠,那么我对您恩赐的报答将重于对国家的报答,保护田府定先于保国。"田说:"吾老矣,谢世后当以持赠。"可一看吴的脸色,便再也不敢推托,只好割爱了。

美人到手,吴三桂立即唤人给田弘遇送上早已备好的千两酬金,命令部将夏国相择上好马匹将陈圆圆接回家中。夏国相对吴三桂说:"将军,现在是什么时候!关外建州统治者野心勃勃,正伺机进窥中原,灭我大明。当此风云骤变之际,堂堂山海关总兵却回到京城流连风月,沉醉于醇酒妇人,这不是使人们太失望了吗?我劝将军还是不要收留陈姑娘为好。"但是一向刚愎自用的吴三桂,对这样的肺腑忠言,又哪里听得进呢?

崇祯一连下了几道手谕,催促吴三桂星夜赴任,速回山海关驻守。虽军中不准随带姬妾,吴三桂仍执意携眷同行,最后还是吴襄担心儿子带着陈沅去宁远会贻误军机,力加阻挠,才把陈圆圆留在家中。

吴三桂赴山海关不久,1644年(崇祯十七年,大顺永昌元年)三月十九日,李自成亲率大顺军攻入北京城,崇祯吊死在煤山。

农民起义军进入北京后,迅猛的胜利使少数将领开始沉醉在红灯绿酒之中,昏昏然,以为自此天下太平了。牛金星忙于招揽门生,筹备登基大典;刘宗敏则严刑拷打降官,搜罗赃款。

进京当日,身为大顺朝文武百官之首的"帅标权将军""领哨刘爷"刘宗敏,便占住了好佚游、为轻侠、恃宠甚横的田贵妃父田弘遇淫窟。

老实讲,这位刘将军是曾有"寡人之疾"的。崇祯十四年正月,大顺军拿下洛阳时,刘就对明朝致仕南兵部尚书吕维祺的孀居自守的弟媳楚氏非礼,使楚氏自缢而死。

这次进田府的翌日,"数十女人"随着一个美而艳的国公家媳妇在大白天前呼后拥到

了刘宗敏宅。刘宗敏日常是拥妓欢笑、饮酒为乐。

前文提到为田弘遇所得的杨宛、顾寿也遭刘宗敏追索。杨宛被刘带去;顾寿乘混乱与几名男优私下约好偷偷逃走了。

刚进京占据宫殿时,刘宗敏就向内监打听:"上苑三千,何无一国色?"内监说:"有一圆圆者,绝世所希,据说在田弘遇家。"在田家,刘又索圆圆,后得知被赠给吴三桂了,现留在吴襄府内。

于是乎,刘宗敏把吴襄抓来,拷掠甚酷。吴襄诈说圆圆早已到宁远去,因气候不适,死在宁远了。但刘不信,逼得更紧,最后竟杀死七位优人,采取遍索绿珠围内第的办法,抄了吴襄的家,果然找到了圆圆,便强呼绛树出雕栏了。

刘宗敏强索陈圆圆后,李自成听说她善歌舞,便请她表演。陈圆圆倒是加意用心地唱了一曲,可李却大呼不好。原来李是陕西米脂人,听不懂吴侬软语。陈改唱秦腔,李拍案大乐。李又命一群歌姬操阮筝琥珀唱西调,自己也拍掌随和,嘻闹得"繁音激楚,热耳酸心"。李又特意问圆圆:"这个乐调好吗?"圆圆答:"此曲只应天上有,非南鄙之人所能及。"

确实,大顺军内某些高级将领这时已沉湎在征歌挟妓之中,大顺政权的危机也迫在眉睫了。

冲冠一怒为红颜

等到传报吴三桂还兵据山海关,刑牲盟众,扬言兴复明室。李自成才感到刘宗敏是捅了乱子。于是一面责怪刘鲁莽,告诉他不可再对吴襄、陈沉造次;一面命牛金星代笔写了《吴襄招三桂书》,派唐通携招书连同李自成敕谕、万两白银、千两黄金、千匹锦缎前往山海关招降,封吴三桂为侯。

牛金星代笔的信写得委实不高明,通篇都是挖苦和训斥。收信,吴三桂虽尚不了解京中情况,更不知陈圆圆为刘宗敏所得,但开始也大为不悦。他想:手握几万兵马,何必俯首听令呢? 可一因阖家三十八口捏在人家手中,二为自己今后前途,又不能不考虑。经过一番权衡轻重,他动了投闯之念心,给吴襄回信说:"今我父谆谆以孝督责,儿下得不遵父命。"尽管不得已,可已准备归顺李自成了。

正当吴三桂打算顺闯的时候,投靠了清人的祖大寿以看望外甥为借口,混进关来,替多尔衮说项,怂惥外甥投降清朝。

此其时适逢吴三桂派往北京的探子回来,吴三桂问道:"我家里怎样?"探子回禀说:"被闯将刘宗敏抄掠了!"吴听后说:"这不关紧要,到我回去,他们会归还我的。"又一个探子回来,吴又问道:"我父亲怎样?"回禀说:"老太爷被刘宗敏抓走了!"吴又说:"这也不关紧要,到我回去,他们也一定会放出的。"

最后第三个探子回来了,吴三桂急出地问道:"陈氏夫人怎样?"探子迫不及待地回禀:"唉呀,大人呀,大事不好,夫人被刘宗敏强占了!"吴三桂不听则已,一闻此讯,火冒三丈,怒发冲冠,拔剑研案大骂道:"真是岂有此理! 一个铁匠竟敢强占总兵夫人,这叫我还能归顺他们吗? 大丈夫不能保全自己的家室,为人所辱,我还有何脸面再见京中父老兄弟。李自成啊李自成，我与你有不共戴天之仇。我意已决，兴兵剿闯！"

骂完，他咬破中指，立即仿效战国时代楚国申包胥哭秦廷的方式，向清统治者借兵。通过祖大寿的疏通，他向多尔衮表示：

"敝遭不幸，李闯犯阙，攻破京师，先帝殉国，九庙成灰；全国臣民，痛心椎血。三桂身受国恩，报仇雪耻，责无旁贷。怎奈京东地方狭小，兵力微弱，只能冒昧向贵国作秦廷之泣，望殿下予以一臂助力。"

多尔衮趁此大事要挟，强迫吴三桂率部投降，拱手让出大明锦绣江山。吴三桂此时也抱定了"且作七日秦廷哭，不负红颜负汗青"的想法开门揖清。

滑入降清抗闯，引狼入室泥坑的吴三桂按照多尔衮的意愿，下令全体官兵一律薙发，手缠白布，接受多尔衮的调遣。

清兵入关后，多尔衮立即封吴三桂为平西王，作前锋向导，誓师出征，与李自成率领的农民起义军相遇于一片石（今河北临榆县北七十里）。

由于仓促应战，大顺军遭到严重挫败，损兵折将，尸横遍野，于四月二十六日败归。

回到北京，李自成下令杀了吴襄、吴襄妻祖氏、于吴三辅及其家人三十四名，枭吴襄首级于城楼示众。而陈圆圆则于乱中置身于一个平民百姓的家里。

四月二十九日，大顺军离开大内西撤。后来李自成自己也带了箭伤，一直退到西安。吴三桂回到北京老家，不见圆圆，便四出探听，后来部将在一个小村里发现了她。

听说找到陈圆圆，吴三桂的喜出望外不言而喻。他立即下令结五彩楼，备藿蒣从香辇，列旌旗鼓乐，亲自前往迎接。正所谓"蜡炬迎来在战场，啼妆满面残红印。"

虽屡遭坎坷，陈圆圆风鬟雾鬓仍不减往日娇容。一见面，吴三桂问陈沅："圆圆！真没有想到会在此地找到你，这不是在做梦吧！"陈圆圆见到吴三桂已降清薙发，更是百感交集，她淡淡地回答说："月秋！你已不是大明的山海关总兵，而是建洲人的平西王了！"

吴三桂打算继续追击李自成。圆圆向他叙述闯王对她礼遇的经过，并说："李自成是英雄人物，军纪严明。秋毫不犯，有些将士不听号令，他也管教得紧。他们之所以扣留我，目的是为了要招你投降，所以你不必再追击了。"吴三桂复得陈圆圆，目的达到，所考虑得倒是如何对陈圆圆安置一番，忙于"峡谷云深起画楼，陕关月落开妆镜"了。于是，吴部留在北京，等候清世祖的到来。

清世祖一入京师，就着手建立全国性的清朝政权；也赐吴王桂白银万两、骏马三匹。吴三桂又为清兵先驱，进攻南明所统治的西南地区，经四川、贵州而入云南，杀明朝末代皇帝永历于五华山侧的金蝉寺。他奉命镇守云南，手握重兵，强大无比，形成地方割据的局面。清廷为了笼络吴三桂，封他的妻子张氏为福晋，令其子吴应熊到京师供职，并妻以太宗第十四女和硕公主。

那吴三桂一进昆明，便占据五华山大修宫殿，并将翠湖圈入禁苑之中。他占了永历故宫，该宫俗称"金殿"，素有"无双玉宇无双地，一半青山一半云"的美誉。但他认为此宫狭小，便填菜海子之半，更作新府。

据《续云南备征志》记载：新府"花木扶疏，回廊垒石"。当时的平西王府，可以说是千门万户，土木花石之盛，可以和帝居媲美。

吴三桂还在大观楼附近海中造亭，取名"近华浦"；又在北郊修建别墅和花园，称作

"安阜园",也叫"野园",楼阁耸峙,花木葱茏。并且将这些地方连在一起,可从野园乘辇进入新府,又从新府改乘船经篆塘通往近华浦,直入滇池游览。

这安阜园是特为陈圆圆修建的,不仅穷土木之工,凡民间名花怪石,无不强行劫掠,置之园中;珍禽异兽,大队优伶,除搜尽云南,还派人购于江淮闽粤。清康熙进士王畴五(思训)作《野园歌》道:

浮云渺忽春城限,乐游谁拟姑苏台。夷光未去走麋鹿,红墙碧树乌栖哀。放萤别苑千山拥,凿一池抛万姓冢。毕穿旧室求琼华,妙选良家唱罗喷。楼阁岧峣海市连,凤笙龙笛围红鸾。蛟宫深浅少人致,长鲸醉倒鼾狂澜。排山波涌飞衡崿,窃弄衣冠猿戏谑。云暗潇湘夜雨昏,肠断三声泪空落。澄怀坐啸惟青苔,弥天腥雾今尘埃。亡魂徒结分香恨,月冷荒台觅燕钗。

在当时的安阜园里,有花木千种,而且不少是花中极品。则有"神女花"一株,类似芙蓉,一天能变数颜色,子丑时为白色,寅卯时为绿色,辰巳时为黄色,午未时为红色,申酉时为橙色,戌亥时变为紫色,每年春开花,花期长达数十天,然后才慢慢凋谢。

园中珍宝器玩,可说是琳琅满目。如有大理石屏一堂,高六尺左右,屏上花纹画面,酷似山水木石,浑然天成,很象元代名画家倪瓒的手笔。据说这堂屏曾派专使前往大理石场,强迫石户村所有石工,花了近三年的时间,才从苍山里选采出来。单就为了打磨石面,又征用了全云南最上选的工人,受尽无数折腾,才琢磨成屏。为此后人有诗写道:"匠工十指淋漓血,血浸石骨成丹青。"

安阜园中心挖有观赏水池,波平如镜,清澈见底。池旁有珠帘绣幕的画楼,相传就是陈圆圆梳妆台。

此时的吴三桂,象夫差得了西施一样,拥着陈圆圆"移宫换羽""珠歌翠舞",为其设专房之宠,过着花天酒地的生活,终日迷于"天边春色来天地""越女如花看不足"的日子。

吴三桂每每让圆圆唱歌,圆圆总得唱汉朝留传下来的大风之歌。用"大风之章以媚之"。逢这种时候,吴便饮酒至酣,并拔剑应歌起舞,作"发扬蹈厉之容",让圆圆捧酒为自己祝寿,自以为神武不可一世。因此,吴对圆圆另眼相看,益发倍加怜爱。

为了安慰陈圆圆,以宽其思乡思亲之情,吴三桂还派人到陈的家乡招她的亲属。

据说吴传檄文到江南,张榜于通衢,查访陈圆圆的姨母(也是养母)和哥哥等。过了有十天,陈兄仍居住在村中全然不知,亲戚们得到消息告诉他,他还是不敢认。人们仔细对照榜中姓名居址,断定寻亲之人确是他的妹妹。经大家反复忖思,圆圆的哥哥才终于自己向官府言明,并同意与母亲一道随官府去和陈圆圆相认。

传报姨母兄长来,陈圆圆带着侍女百余骑出迎。姨母年老体迈,见许多飞骑奔近,惊惶不已。相见时,陈圆圆跳下马来搂定姨母哭泣;姨母认不出面前何人,惊恐得昏过去半天才苏醒。后来,姨母兄长不愿也不习惯长住宫府,几次要求回故里,吴三桂拿出许多银两来礼送他们。

除此之外,吴三桂还使人以千金欲招较有才华的圆圆之叔陈玉汝到云南。谁知陈玉汝执意不肯"攀龙附凤",他笑着说:"我是明朝的孝顺臣民,岂能成为清朝人宠姬的叔父呢?"

在滇中,陈圆圆被称作陈娘娘,前呼后拥,随心所欲,但她总难忘旧情。每当苏州的达官到来,她便在便殿召见,对平昔交好者一一问及,对冒辟疆也甚为关心。听说旧友无恙,她高兴地露出笑容。

婵娟了结冤孽债

吴三桂在滇中内宠颇多。原属礼部侍郎李明睿后为给事高安所得又奉送给吴三桂的歌妓"八面观音"和"四面观音",在当日王府的声色中也名列前茅,甚至与陈圆圆争宠,尤其是八面观音常与陈圆圆"并擅殊宠"。陈夫人渐渐发现"夫婿背侬从意愿",不得不"婵娟新斗两观音"。同时,吴三桂元配张氏又极嫉妒。

从此陈与吴的感情已非昔比。陈圆圆开始"梦醒繁华镜里花",看破了红尘。尽管吴三桂这时要给圆圆封正妃之位,也被拒绝了。

1673年(康熙十二年),时逢吴三桂六十花甲,平西王在安阜园布置了盛大庆典。

却说吴三桂那日在校场阅罢绿旗兵操练回到藩王府邸,正欲命丫头去请陈圆圆,一同喝杯普洱新茶,听听丝竹细乐,然后去参加庆寿活动。忽听一声高呼"圣旨下,吴三桂接旨",吴慌忙重整衣冠,命令摆下香案接旨。

圣旨的内容是吴三桂万万没预料到的,竟是康熙皇帝对他请求撤藩奏折的准奏批复,让他移镇关东。

送走钦差,吴三桂气急败坏地说:"关东一片荒凉苦寒之地,无异万里充军。我只不过想试探一下朝廷对我的看法,不想皇上竟准了削藩之请,这叫我如何是好!"夏国相在旁插嘴道:"朝廷既已逼到这种地步,只望王爷速举义旗,光复大明河山。"在场的部将马宝、胡国柱、吴应麒等亦都呼应。他们非常清楚,康熙撤了吴三桂的藩王爵位,自己的地位也不保,因此众口一声劝吴三桂反了。

吴三桂眼一瞪、脚一跺,为实现一己之私,借助"反清复明"的大旗,点燃了反清的战火。他调兵遣将,自封"天下都招讨兵马大元帅",大干起来。

正当吴三桂在兴头上准备大干一场时,不想却有人出来兜头给他浇了一瓢冷水。这人不是别人,正是陈圆圆。

尽管陈圆圆天生丽质,美貌非常,可在吴三桂眼里不过是自己的玩物,万没有想到她却很有见识。自从吴三桂举起反清之旗以后,她便终日闷闷不乐。

这一日,吴三桂问她:"爱妃为何不乐?"陈圆圆道:"妾本姑苏歌妓,如今做了王爷的妃子,侍候大王也已有二三十年,已是荣华富贵到头了。我恐怕长此奢华下去,会遭到老天的惩罚……"吴三桂听到此处吃了一惊,不由问道:"你……怎么说出这种话来?"

陈圆圆瞅了他一眼,缓缓地说:"请求王爷赐我一间净室,我愿意身披袈裟,吃素修斋,终享天年。"

这可急坏了吴三桂:"我正想推倒清朝,面南为帝,那时你也贵不可言,怎么你却起了如此想法?"他说。陈圆圆摇摇头,道:"从古至今,多少人为了争帝争王,扰得百姓不得安宁。待到当了皇帝,又为保住帝位费尽心思,有何乐趣可言?"

顿了顿,她接着说:"我幼年时,自以为容貌美丽,也曾有过非分之想。如今当了王爷次妃,反倒觉得那想法俗不可耐了。我看,王爷为自己着想,不如交出兵权,你我偕隐林下,象范蠡和西施那样泛舟五湖,该多快乐!人生在世,不过数十年,何苦再开战端,称王称霸,争城夺地,致使生灵又遭涂炭?"

吴三桂听了，多少觉得圆圆此说也有些道理，口里却说："这是妇人之见。"想到已骑虎难下，只好又硬着头皮说："大丈夫不能流芳百世，也要遗臭万年。"陈圆圆听吴三桂说出这等话来，心知事情已无挽回余地，不免叹息一声，垂下泪来。

第二天早晨，她又向吴三桂重申要求，执意要去净室。吴再三挽留，她无比伤感地说："为时太晚了，流光易逝，这些年来我经历了多少苦难和折磨，我已有所顿悟，一切都看透了；你已不是当年的吴总兵，我也不是年轻时的陈沅姬了。我再也不想回去，北国的风光已不再使我留恋，我将留在这清冷的莲花池畔，守着青灯黄卷，了此残生……。"

话还未了，夏国相进来报告："王爷，将领士卒都已集合在校场恭听您的训示。"

夕阳西下，时近黄昏，在凄冷尖利的号角声中，吴三桂无暇细想，只得默许陈的要求，拖着迟缓的步伐，向校场走去；陈圆圆也怀着莫可名状的心情立即移居宏觉寺，跟从王林禅师，正式做了尼姑，改名"寂静"，号"玉庵"，诵经念佛，日夜不辍，再也不去理会吴三桂。

陈圆圆毅然离去，虽给吴三桂带来不快，却并未能使他悬崖勒马。

吴三桂率兵离开昆明后，陈圆圆估计他此行必败。为了免受株连，迁居于昆明近郊瓦仓庄的三圣庵，与市区相距有半里多路。

这里很是宽敞，且远山近水，幽静异常，是个最佳去处。尤为可意的是这里有一现成的废弃园林，只需稍加修葺便好用来净修。于是她立即命奴仆整修，便住了下来。

该庵原为明代沐国公的属人所建，本名土主寺，万历年间改称为庵。陈圆圆在庵内与一名为智莹的尼姑和两个徒弟一起，茹素吃斋，不问世事，与吴家断绝了一切往来。

为了对付吴三桂，康熙皇帝亲自坐镇北京平叛。后来干脆将在京的吴三桂的儿子吴应熊和吴三桂的孙子吴世霖一起处了死刑。

1678年(康熙十七年)三月，吴三桂在衡州祭告天地，自称为帝，改元昭武，称衡州即今天的湖南衡阳市为定天府；八月，就一命呜呼，时年六十七岁。

后来，清兵攻入昆明。那吴三桂王府，果如吴梅村预言的成了香迳尘生、好鸟自啼、犀廊人杳、苔痕空绿的一片荒野之地。吴三桂妻张氏、吴三桂的孙子吴世璠及吴世璠的妻郭氏自杀，"八面观音"归了绥远将军蔡毓荣，"四面观音"归了征南将军穆占，其余吴家男女老幼尽遭杀害。唯独圆圆得免于难。

同年秋天，当智莹把吴三桂兵败并病死在湖广道衡州城的消息告诉陈圆圆后，圆圆若有所思地说："三十多年的冤孽债算是了结了。我这一生就是送在他手里，经过这些年来他的所作所为，使我了解到他只不过是一个表面逞强，心地险诈，患得患失，反复无常的小人；在我的心里，吴三桂早就死了！"

又过了几年，在一个木落萧瑟的深秋傍晚，陈圆圆正伴着青灯古佛，手持念珠，虔诚诵经的时刻，忽然传来了一阵紧急的敲门声。

智莹急忙出去一看，原来是蔡毓荣带领兵了，前来查抄珍宝古玩。智莹立即转身告知陈圆圆。

陈圆圆不愿被军兵认出，更担心会有不测，她打发智莹从后门逃走，然后从容走到窗前，遥望着秋水长天，深情脉脉地自言自语道："澄清澈底的莲花池水啊，我将永远倚傍着你！"

接着，她双手合十，在"祥中祥，吉中吉，波罗会上有殊利，一切冤家离了身，摩诃般若波罗密……"的佛语声中，安详地跳进了池水里。

静静的池水，掀起一圈圈波纹。

秦淮八艳之首

——柳如是

名人档案

柳如是:早年以杨为姓,先后用过杨爱、云娟等名,又名影怜;后改姓柳(一说原本姓柳),初名隐(一说隐雯),(据《柳如是别传》载:"至若隐遁之意,则当日名媛,颇喜取以为别号。"

生卒时间:1618~1664 年。

安葬之地:常熟虞山的拂水山庄。

性格特点:个性坚强,正直聪慧,魄力奇伟。

历史功过:明朝灭亡时,她敢以死来抗清,当自己的老夫君不幸入狱,她奔波官差间,愿以妾身换夫君救出自己的丈夫,她死后,大学问家陈寅恪教授花十年的时间给她写传记,然而,她自小却是一个隐入青楼做烟花的女性。

柳如是,名是,号"我闻居士",嘉兴人。公元1646 年,其夫钱谦益以八十二岁高龄撒手尘寰,年届半百且已皈依佛门的柳如是"居士",竟不能斩绝葛藤,为保钱氏一门不至"倾家荡产",自缢于荣木楼,时隔钱谦益谢世仅三十四天。柳诗擅近体七言,分题步韵,作书得虞世南、褚遂良笔法。年稍长,流落青楼。

名家评点:秦淮八艳之首。

还记得旧时飞絮

没读过《明清史讲义》或《南明史略》一类书的读者,并不要紧,只要耳闻目染过《李自成》这样的小说,对那自缢于煤山的崇祯皇帝不甚陌生就行。"风尘女子"柳如是,便一度生活在那特定的时空里。

崇祯帝朱由检在位时，有个叫周道登的大臣运气不错，由礼部尚书被提拔为太子的老师（太保）。不久，又晋升为文渊阁大学士，帮助皇帝起草诏令，批答奏章，实质上掌握了宰相才具有的大权。"伴君如伴虎"，春风得意的周道登可不觉得——那正是他忘乎所以的好日子。

柳如是就是这周道登府中的小丫头。她被主人赐以周姓，这是件"荣幸"的事儿。周姑娘天资聪慧，面容姣好，乖巧伶俐，嘴儿甜蜜，把个周道登的老母侍候得舒舒服服，颇讨得老人家的欢喜。那么，周姓小姑娘的生身父母是谁？这样可爱的小女子，怎么做了相府的下人呢？

这就有点说不清，因为小女子本人也茫然。她只依稀记得自个儿原姓柳，父亲瘦瘦的，母亲胖胖的，还记得念过的"床前明月光"之类的唐诗。后来呢，一位面善的大爷带了她出去玩，过桥摆渡，走村串巷，三天五天，就领她到了吴江。她便再也记不得归途，再也见不着读书的爹与贤惠的娘了。虽也曾哭过嚷过，但小孩子家的事，没什么可讲的"气节"，饿了得吃，渴了要喝，困了便睡，几天过去就莫名其妙地姓了"周"。春去秋来，她渐渐长大，也就渐渐淡忘了自己的故土与二老了。

现在推测起来，小姑娘是被歹徒拐卖了的。

那时拐骗女孩子的坏人，先看中了容貌秀丽、聪明悦人的女孩子，然后下手。得手后则疾速转移到异地他乡，以避人耳目。人贩子出卖她们，不外有两条路：一是卖给妓院，妓院买得这样的女孩子，称为"养瘦马"。"瘦马"可养，但倘长久不"肥"，老鸨可是等不得的。因此女孩子太小，妓院老鸨往往不愿承接。二是卖给大户人家做婢女，这条路儿的条件不高，只要略略懂事，便可教她管领更小的孩子，再由婆子教她怎样侍候大小主人。

柳如是幼时，因太小而被卖入相府未直接堕入烟花巷，算是她幸运。往事不堪，欲说还休，因此柳如是曾取单名为"隐"，确也有百年后曹雪芹写《红楼梦》甄士隐（真事隐）时的一段难言苦衷罢。她晚年所作《咏寒柳》词中有"更吹起，霜条孤影，还记得，旧时飞絮？"的句子，就分明是对自己不幸童年的低回叹息了。

周道登一人之下万人之上的好景不长，刚做了一年大学士，被大臣们七拱八翘，又遇着喜怒无常的皇帝老儿一翻脸，便下了台。下台之后，抑郁患疾，于是干脆弃官归田了。

中国的士大夫，做官倘不得意，在野可必须"得意"。得意之法，重在"自污"，免得被在朝的政敌疑为养精蓄锐以图东山再起。周道登这样的人物，本不是大德之士，当然乐于恣情声色，他不顾久病之身，采取了玩玩就玩玩的生活态度。他姬妾成群，整日夹在脂粉队中厮混，也歌也舞，亦诗亦画，做无益之事，想尽法儿打发自己的"有涯之日"。

几年过去了，昔日的小姑娘柳如是在"吴江故相"家，已从一个低贱的小丫头升为周母的贴身侍女了，人也出落得愈发标致。小女子美目流盼，俳达不俗，莺声燕语，常敢谐笑应对主人，把个周道登逗得心痒难忍，厚着脸皮恳请母亲大人赏小姑娘与他做妾。周母对此无赖子无可奈何，心想用这小精灵给儿子冲冲喜也好——于是十四岁的柳如是，一夜之间便成了"山中宰相"周道登的姨太太了。

中国的士大夫无论做何事总找得着理由替自个儿辩解。比如"纵情声色"，在政治上的好处已如上述，还能对个人身心健康有增进作用哩！他们认为，儒家思想的礼法只适

应社会与国家的需要,效法自然放任无为的道家法则才适合于个人的私生活。一个人要获得长寿、快乐甚至不朽,就应效法自然,采"阴"而补"阳"。男子为了养身,应从不同的女人身上获得"阴气"的滋补;如果一直与一个女人同床,她的阴气会越来越弱,以致无法滋补男身。周道登当然也深通此"道",便敢不惜久病之体,到了晚年还强迫柳如是做了"荐枕"的媵妾。

况且这小女子确也招人怜爱。如果一个女人喉结外突,面皮粗糙,声音嘶哑,那就是"阳气"太重,近乎男性了,而一个男人与这样的"女性"交接,不仅无法得到滋养,反而会受到伤害,所以士大夫们心目中的女性,最佳者是那种刚好到成熟期,发育良好,娇小丰满,曲线玲珑的女子。当时的柳如是,可以说已超越了这些"起码的条件",不仅外貌可人,而且外慧内秀,在"吴江故相"家耳濡目染十来年,亦能诗能画了。相比之下,众姨太难免相形见绌了。周道登一时独宠这新纳小妾,爱之怜之,尤疼她那对纤纤"金莲"。

中国妇女的缠足,据传肇自南唐李后主的癖好。缠足使女子变得颤颤巍巍,楚楚可怜,独具一种"病弱之美"。周道登逃不脱以女子的"病弱"来膨胀自个儿优越感的病态心理,与士大夫们的欣赏趣味完全无二,认定女人小足的用处无非是供夫子们昼间怜惜、夜里把玩。年纪尚小的柳如是,虽通文墨,却无后来的清醒认识,并没感到自己仅是周道登的掌中玩物,倒因自己有一双堪称"五式九品"中之上品的金莲而沾沾自喜,颇有一点老爷子当年做宰相时春风拂面的得意劲。于是小女子便愈发地撒娇戏谑,把个周老儿弄得神魂颠倒,单要她服侍。

周道登是做了皇子的老师的,那经史子集、琴棋书画,虽无一绝,却样样能舞得有板有眼。闲时吟诗,便叫"周"姑娘应对;夜间读书,少不了小爱妾"红袖添香";书写养气,自有小精灵磨墨;信笔涂鸦,高兴时唤小女子也来抹上几笔——不知不觉,周道登确成了柳如是的启蒙老师。这"老师"当得也够分的,常常把娇小的"学生"置于膝上,手把手儿地教她练习。这样相怜相逗,匆匆便是一年。

不想这一来,又应了道家预言:乐极生悲。周道登冷落众妾,独宠如是,太太们只好闲坐议论了。这个说:"我看那小妮子让老爷宠坏了。"那人接嘴:"哎呀,我家老爷子还把她抱在膝头上亲亲哩。"这个一撇樱桃口:"哼!得想个法儿治治她。"那个忙一嘘,"看!来了来了"。——周氏小姨太果然过厅而来,见众太太聚首说得热闹,忍不住掺和进去打笑:"你们促膝儿说话,也不叫我?"大家便嘻嚷开了:"哎呀,你忙着呐!你跟老爷子促膝儿操练去了,哪还记得姐妹们!"七嘴八舌,兜底翻转醋瓶儿,打趣个没了。本性狂放的柳如是,被惹得上了劲,利嘴还击:"有本事,也学着咱去跟老爷子操练操练么。"众"姐妹"立时便丧了脸,讪讪恨恨地各自走散。柳如是傲然一哼,袅娜而去。

不一日,忽生出闲话来,开头简单得很:"那小妮子偷人了!"渐渐传到周道登耳朵里,早已添足了油加够了醋:某年某月某日某夜子丑之时,老爷子病得昏沉,小妮子趁空便串进某男仆房中,一番密云浓雨,下得山响,哪有不露馅的事呢?况且那与小妮子早有勾搭的男仆,近日里莫名其妙地告了长假——这不明摆着:那小子闻得风声不对,干脆一逃了事喽!

有根有据的一段故事,立时把个"山中宰相"气得通身冒烟,怒立当庭,喝声:"拿下!"众家人早将柳如是拖翻。周道登不问皂白,叫拿家伙要将这偷汉的小荡妇立毙

杖下。

周氏小妾遭此变故,一时呆了,身不能动,口不能辩——怎能说清?只叹昔日几多"恩爱",原来并非"夫妻",自忖一贯清白,却难避众矢。想起"老爷子"日常于怀中、被中、灯下、帘下玩摩自己那对"香莲"的痴劲,想起案头笔间吟诗作赋的情景,心如刀绞:原来自己不过是老爷子的一件"小摆设",玩厌了、玩腻了、玩冒了火,便弃之如屣,抛之如咳唾。十五岁的柳如是终于清醒,她还有什么可申辩的?

若当时乱棍齐下,打死了柳如是,兴许倒是她的"造化"。所谓一了百了,便不会生出她劫后余年的几多磨难、几丝白发;也不会留下她的几曲哀歌、几段情话,更不会让后人忍泪听她那悲凄的长歌了。

然而周母蹒跚赶到,见姑娘悲切难言的惨相,忆起小丫头十来年的乖觉趋承,便叹道:"放她一条活路罢。"慈母有命,周道登只得强压心火,也长叹一声,卖了罢了……

柳如是十四岁为妾,十五岁被卖为娼。有人说:周道登姬妾成群,柳氏在脂粉队中,由受嫉妒而被谣诼,由被谣诼而遭斥逐,亦是情理之常。对其本人来说,当然是一种严重的打击,但从此飞出金笼,得以摆脱礼教束缚,和当时名流相往来,终于得到了理想的归宿,也未尝不是一件不幸之幸的事。这番话,的确不乏一腔怜香惜玉之情。然而仔细一想,柳氏未受杖杀而被卖娼家,飞出金笼又堕淫窟,本为一人把玩之妾,忽成众人戏浪之妓,恐也算不得不幸之幸吧。后来柳如是终于"从良",嫁了个钱谦益,又逢国破,又遭家难,在正人君子眼中照样不清不白。她哪里找到什么"理想的归宿"?柳如是以十年为妓作代价,方能与当时名流"相往还",议论国事,切磋文艺,确也有了一点"文学成就",然而失意一生,仅换得得意诗若干,其代价来免太高了些罢?

言归正传,柳如是悲愤地离开周家不数日,周道登就一命呜呼了,可柳如是的人生之路还长。

娟娟独立寒塘路

此后便是柳如是的十年妓女生涯。

又得说点历史背景。

崇祯帝登上宝座的当年,整个北中国发生了可怕的旱灾与蝗灾,千里赤地,寸草不生。饥民们不愿饿死,拒绝吃观音土,便集结起来,向官员乡绅强行夺取粮食。于是从陕西到河南,从武昌到成都,一片造反的呐喊,一闹就二十多年。那时李自成尚是"闯王"高迎祥的手下"闯将",有名的农民领袖还有个"八大王"张献忠。面对暴烈的内乱,崇祯帝已穷于应付,而外患又起,他简直是束手无策了。当时强盛的后金汗国(公元1636年改称清帝国,这时已是柳氏为妓三年了)跟大明以长城为界,却数次攻破大墙,发动了一连串的入塞攻击,深入中国的心脏地带抢掠烧杀,坚固的长城在明朝手中,只不过是脆弱的篱笆,外族只要高兴,可以在任何地方打开一个缺口,长驱而入。

然而,江南吴越之地,因占尽地利天时,又远离北国的烽火狼烟,不啻是乱世中的人间天堂。其时江南的富商大贾,诸多豪族名士,依旧过着醉生梦死的日子,对嚣嚣天下塞

耳闭目,抱着"我死了哪管它洪水滔天"的生活态度。有识的骚人墨客见此情形,不免吟出先贤的悲愤名句来:山外青山楼外楼,西湖歌舞几时休。暖风熏得游人醉,直把杭州作汴州!

妓院的兴盛,离不了这样的"沃土"。

柳如是从"吴江故相"的爱妾,翻手之间沦为盛泽的风尘女子。盛泽盛产丝绸,富甲一郡,客商云集,正是荡子娼妓集中的好所在。周家把柳氏卖给盛泽杨姓妓院,柳如是便又改姓了"杨",且名"爱"。

一般妓女,要混得出人头地,也非易事。而杨爱姑娘因是相府下堂妾,这面招牌,使她的身价不同一般,商贾市侩、名流雅士一时趋之若鹜,争欲先睹先近为快。杨氏鸨母由是"生意兴隆"。

传说自管仲设"女闾"以来,中国的历代封建王朝均允许妓院的存在。像社会中其他职业一样,这门行当中的卖身者也有等级。低级的只具肉体的资本,高级的则精通音乐歌舞文学,拥有自个客厅、卧室妆台之类的东西。前者是下层男子纵欲之地,后者是高官巨贾、士大夫们光顾流连的温柔之乡。这些有教养有身份的人常常为的是获得松弛与宁静,享受美酒佳肴歌舞音乐。也是,有美人在座,有歌舞助兴,无妻妾与子女在旁碍眼,确也不失为富有的中国士大夫们摆脱家庭琐事的一种办法。杨爱姑娘强颜欢笑接待的,便是这样一批平时"非礼勿视"的男人们。

内心沉痛而面带欢快的妓女们,最大的愿望当然是"从良"。从良也有几条路:或由一个有名望的眷恋"贱妾"的恩客花大把银子,替她赎身,买回去做妻做妾;或像"杜十娘"那样,趁机搞些私蓄,待到有了相当资财,拿出来自个赎回自己的身体,先求得不受鸨母控制的自由,再慢慢儿去寻那能白头偕老的"良人"。前条路,多是貌美而心气不高的妓女愿走的,取于走后路者,便是才貌双全并极力追求自由的女子。杨爱姑娘当然不甘永沉泥坑,她不仅要为求得身体的自由而奋斗,并想努力去获取一个人应有的尊严。

她忍辱含垢以自身的资本迷狂了公子哥儿们,确也成了杨氏鸨母的一株"摇钱树"。一时间,"五陵年少争缠头,一曲红绡不知数",阔人们倾囊相赠。柳如是终于积攒了大量财物。当杨氏鸨母在大盘金银前傻眼,不得不任"爱"姑娘弃"杨"而去之时,那老婆子嘴里说行,心里难舍的矛盾劲,就不必多加形容了。

杨爱离开杨姓淫窟之后,便弃杨而复姓了柳,单名一个"隐"字。这时节的柳隐,也不过十六七岁,本人虽已赎身,但在未从良前,"落籍"仍然是不可能的。身体虽自由了,而身份仍是"妓女",算不得"良民"。柳隐不觉萌发了更深一层的悲哀。她痛恨自己此生竟为"女儿",这一躯壳累得自己难以做人。但她很快明白自身由苍天造就,本"性"岂能改变?她认识到,不少女中豪杰之所以青史流芳,正是敢与男儿并驾齐驱,终于成就了一番功业!她耳闻天下嚣嚣,长岭狼烟腾空,眼见国家岌岌可危,内乱方兴未艾,慷慨之情油然而生,小女子竟作大丈夫口吻,长歌浩叹道:

> 人生苦不乐,意气何难雄?
> 走猎邺城下,射虎当秋风。
> ——柳如是《青青陵上柏》断章

柳隐不再因身为妓女而感到悲哀,也不再为操此贱业而有一般女儿的羞愧。她要借

此身份,广交天下名士,觅一有志郎君,协助他报效国家。

十六七岁的柳隐,有了"自由身"后,行径便与一般妓女不同。

江南一带的妓女,根据"营业"的方式,有"水、陆、空"三类。"陆"为土著之妓,靠山吃山;"空"为尼姑庵,专指那身在空门而实操皮肉生涯的年轻师姑;"水"则为漫游于河网四布的吴越之地的"船妓"。柳隐置得一豪华画舫。放浪湖山之间,北起常熟,东至嘉兴,西到松江,南下杭州,悠然往来,与高士名流相伴相处。

她的随波逐流的"香巢",备有妆台、卧室、客厅以及琴棋书画等。她养了不少下人,管家婆、使女、男仆、琴师、厨子等等。她的派头愈大,声价便愈高,结果门庭若市。

一日,有公子某赠黄金三十两,但求一睹柳姑娘。此人亦一浪荡哥儿,打听得柳姑娘满腹文章,于是命师爷拟定了几句文雅言语,背得烂熟,备临场用来曲意奉承。公子上船一见姑娘肃然端坐,慌忙口颂一句:"久慕芳姿,幸得一见!"这酸溜溜的话把个柳姑娘惹得忍俊不禁,破颜一笑。公子见状,记得师爷的指点,又赶紧趁热打铁道:"姑娘一笑,真倾了城也!"柳隐大笑,想不到世间还有这等蠢货!可公子懵然不觉,反以为自个儿已讨得了姑娘欢心,干脆连肚子里的残墨兜底儿泼出:"姑娘,你再笑就倾国了呀……"柳隐顿时沉下了脸,转身拂袖而入,问管家婆:"得金多少?"婆子忙答:"三十两。""还他罢了!""姑娘,公子送来好多时辰了哩,三十金,早用完了……"柳隐略一沉思,便操起剪刀,手削秀发一缕,付给婆子:"告诉他,这是对他的报答。"

公子一点不懊丧,喜出望外地捧了一缕头发,雀跃登岸而去。原来这小子得到了吹牛的本钱。他得意非凡,逢人便讲:"哥们儿这里有柳姑娘的定情物,看看这头发——你得到过吗?常言说,美人一笑,千金难买。嘿嘿,哥们破费才三十金,就买得柳姑娘两笑——你行吗?"闻者点头赞叹,齐说公子好手腕。

此类公子哥儿,不过是仗了祖上的余荫,腰缠万贯,整日里问柳寻花,虽对穷苦人一毛不拔,却甘愿在青楼上一掷千金。对这类人物柳姑娘避之不得,慢慢也就见惯不惊,随意打发了事。却不想又生出事后的笑谈来。

还有一个人,也有钱,也浪荡,自从见了柳姑娘后,却动了真情,一痴到底——可惜偏偏他命中注定没有那段姻缘,赢不得柳姑娘的心。在局外人看来,倒是一场多情反被无情"弃"的小小悲剧了。

这位公子姓徐,人称三公子,乃余山大户人家子弟。一日信步江畔,偶睹柳姑娘独立船舷的芳姿,顿时为之倾倒,弄得寝食不安,几番遣人携财相赠,叩问柳姑娘何时能见他一面。柳隐整日忙着与名伎如徐佛、林雪等成堆儿聊谈,酬唱应和,把个巴望接见的三公子忘到了一边,害得好端端的一条男子汉形消骨瘦。

一连几月过去,倒是平时受了三公子好处的几位姐妹们于心不忍,劝柳姑娘"稍假颜色,偿夙愿"。柳隐笑道:"你们不提,我倒真的忘了——放心吧,受人钱财,与人消灾,定个时辰见他一面得了……"说过就忘,忘了众人又提,柳姑娘终于遣人捎话去:"公子倘真有心意,不妨腊月三十晚来罢。"

这大年三十夜,是中国人雷打不动的"团圆之夜",怎能有家不归反往外溜呢?可三公子竟反了传统,置礼教于脑后,在料峭春寒中跌跌撞撞地摸到江畔来了。柳隐见三公子不顾一切地竟然来了,倒吃一惊,忙叫婆子上茶,使女备酒。几杯下肚,柳姑娘面色绯

红，便叫琴师鼓瑟，伴娘敲板，起舞为公子助兴。她长袖飘摆，款移莲步，作荷花露珠之旋，状霓裳飞天之像。三公子酒不醉人人自醉，通体舒泰，数月来的"相思苦"一时化解，竟神采焕发，连声喝彩。

柳隐见好就收，纤指一点，乐声戛然。她缓缓走到三公子面前，深深道个万福，肃然开口："公子，你可知道，妾身所以在大年三十夜约公子前来，原是想公子不会赴约的。但公子竟守信而来，足见公子确是一个有情有义的男子。然而在这普天同辞旧岁之夜，有家者无一不望骨肉团圆，共迎新春，图个来年大吉。公子倒好，舍家不顾，反在妾身这儿寻欢求乐——未免太不近人情了罢？"

一番话说得三公子好不尴尬，欲辩不能，欲辞难舍。柳隐长叹一声："公子啊，实话说了罢——妾见你身体魁梧，非一个读书之人。而与妾交游者，多是儒雅之士，公子倘将自己杂厕其间，孔武有余，风流不足，别人会看公子不起的，公子也恐怕难免自惭。公子呵，既读书不成，何不利用上天赐予的一副好身体，练弓习马，报效朝廷？到那时，公子功成名就，无愧天下名流，妾身亦好接待公子。去吧！为公子——掌灯，送公子归家！"

三公子热血涌动，霍然而起，点头道：

"在下当牢记姑娘企望——告辞了。姑娘，后会有期！"

柳隐独立画舫，目送灯火远逝。不觉倍感凄凉：我劝公子归家，但我家何在？……她一夜难眠。

徐三公子自那夜归家，真的弃文从武了。他娴习弓马，中了武举，而后领兵打仗，竟然死于炮石。"后会有期"终成泡影。呜呼！其情痴如此，亦可悯也。

闪烁珠帘光不定

柳姑娘乐于交游者，莫过于吴越之地的"党社"名士。

说到"党社"得从头起。崇祯帝的父亲朱翊钧在位的末年，当时的士大夫阶层出现了被称为"东林党"的团体。吏部尚书陈有年被迫辞职，他的部下文选郎中顾宪成上书请求皇帝留任，朱翊钧索性连顾宪成一并免职。顾宪成便回到他的故乡江苏无锡，在东林书院讲学。他经常谈论时政、抨击当朝，集结了一批同一观点同一利害的人物，时称"东林党"。天启年间，太监魏忠贤把持朝政，东林党人惨遭屠杀。在这场斗争中，"东林"中不少志士表现了不畏权贵、至死不屈的气节。后来，一些东林党人又组织了"复社"，复社中若干成员还搞了个"几社"。魏忠贤虽被崇祯帝谋杀，但"魏党"的残余当时还有不小力量，"复社""几社"的党社成员都坚持与魏党斗争。

柳隐实际上已为"几社"的成员了。党社成员皆为社会名流，文化根基深厚，关心天下大事。柳隐以一名妓的身份，与他们交往，渐渐地培养成了师友之谊。她天资聪慧，又虚心好学，无闺房之拘束，无礼法之顾忌，不仅与诸子切磋文艺，而且参与议论国事，其言辞常令四座惊叹。时人有这样的赞叹："凡所叙述，感慨激昂，绝不类闺房语。"

一个初夏的夜晚，蛙声如潮，月朗星稀，天凉似水，众名士围了柳隐海阔天空，尽情谈笑，一时觚觥交错，个个面热耳酣，慷慨长啸。柳隐作七律《初夏感怀》云：

荒荒慷慨自知名,百尺楼头倚暮筝。

勾注谈兵谁最险,崤函说剑几时平?

长空鹤羽风烟直,碧水鲸文瀺冶晴,

只有大星高夜半,畴人傲我此时情。

此歌将一个热血女子的形象,淋漓尽致地表现出来了。可以想见,当时在场的名士们,面对这如花美女,听其说剑雄词,怎能不"心已醉而身欲死"呢?

柳隐与党社中的三名才子,各有一段情话。这得一一叙来。

柳隐不仅诗文好,书画亦佳。她的书法得力于李待问的指点。李待问,字存我,崇祯十六年(公元1643年)进士。此公善著文,精书法,下笔颇有"晋唐人风神"。当时有位书法家叫董其昌,名冠江南。李待问却不服气,自诩在董其昌之上。他目空董氏,凡有董其昌题字留匾的寺院、民居、古迹、胜地,他都要照董氏的词句,另写一幅,列于其旁。大家一看,承认二人各有千秋,并认为李待问笔下的绝妙处确也有盖过董体的地方。这样一来,李待问也就有名了。他交游甚寡,却收了柳隐做"学生",师生之谊笃,慢慢地就产生了男女之情。

说到底,李待问与柳隐的一段缠绵岁月,来得不快,却去得匆匆。柳隐从李待问处得到两件值得纪念的"东西"。一种是"永久性"的,即书法,人们至今尚能看到柳隐的墨迹,笔法凝重,无闺房秀嫩之气,因而推许李待问确是一位好师长。另一件则是李待问为了功名与柳隐分手时,爽快地赠给柳姑娘一枚玉印,上刻"问郎"二字。这"爽快",虽也可见很难予人青眼的李待问对柳姑娘刮目相看,却也叫柳隐对"才士"们的认识更深了一层。男女之情,对那些浪子来说,不过是一件随时可穿可脱的衣服而已;可作为女儿家,她将情爱视为生命之依托。柳姑娘内心悲楚难忍,她强含泪水,对即将离去的李公子缓缓说道:"公子,此一别,多多保重。慎言妾观公子行事,常争胜好强,这样下去恐有不测——公子当行。妾从公子习书,只因公子自成一家,名满吴越。但公子之书挺拔张扬,杀气太重,请公子珍重……"

李待问凄然一笑,作别去了。后话便是,柳如是嫁与钱谦益后,作为"东林党魁"的钱氏,一日大宴宾客,李待问受邀而来。他一见昔日恋人做了钱公夫人,未免泛起往昔之情。柳如是亦有动于衷。然而,柳氏毕竟已为"钱夫人",往事可忆,而旧情难复,于是柳姑娘决意扫清前缘,便叫使女捧出那方"问郎"玉印,还与所赠之人。师友之谊终得长存,男女之情从此终了。时人有亲眼见此情景者,有诗写道:"内烁珠帘光不定,双鬟捧出'问郎'来。"

再后来,清人入关,李待问守城苦战,无力回天,城破兵败,便上吊自杀,而气息未绝,追兵已至,乱刀齐下,斩为数段——这似乎合了柳隐当年的预言:杀气太重,恐不得善终。

如果说李待问属薄情男儿,那么,另一名"几社"名士宋征舆,在与柳姑娘的一段情话中,就扮演着一种可怜的角色,使柳隐更为失望了。

宋征舆,字辕文,膏粱世族出身。他父亲宋幼清,据说精通相命之学。儿子一出世,马上占卜,其结果书于一纸上交给夫人道:"这孩子中了进士后,你才能打开看。"顺治四年(公元1647年),三十岁的宋征舆果然中了,宋母展开老头子的前书,有字云:"此儿三十年后当事新朝,官至三品,寿止五十。"宋征舆与柳隐同岁,当柳隐名噪江南时,宋辕文也正是翩翩少年,他对柳隐的爱慕之情自然而生。柳姑娘虽对宋公子的年龄、出身和才华颇为满意,但还是对他存有戒心。她想知道宋公子是一时的感情冲动呢,还是真的一往情深,能叫自己把终身托付与他。

一个初冬的早晨,白霜在江畔的衰草上闪烁,雾霭笼罩着柳隐泊舟的所在地"白龙潭"。青年书生宋辕文早早地赶到这里,提前来赴柳姑娘的约会了。宋公子心急如焚,在潭边叫舫公舟子,快快放下跳板。柳姑娘在床上未起,听得公子大呼,内心一动,便叫船工传话,让他先别上船,若真的有意,不妨跳在水中等着。话音刚落,宋辕文"扑通"一声,早跃入水中。宋公子本不娴水性,而这白龙潭也非浅濑,又加初冬天气,宋公子那番拼命挣扎的情景就不难想象了。

然而,这不要命的壮举,确也叫柳姑娘感动,忙叫篙师伸过篙杆去。宋公子认准了那救命的竹篙牢牢抓住。待船工们把这玩命的公子拖上船板,宋辕文早瘫作一堆,斯文扫地了。柳姑娘吩咐人替公子更换了衣服,然后扶上她的绣榻。宋辕文昏昏沉沉,好半天才缓过气来。睁眼一看,见柳姑娘偎着自己。兰麝扑鼻,温馨扑鼻。宋公子哪里还记得适才的狼狈相,急不可待地投入柳姑娘隐蔽的那方山水中……

这一番"考验",宋辕文得了满分。柳姑娘对他也动了真情。可是,随着时光的流逝,宋辕文明白了在这世界上,除了"爱情"以外,还有许多比"爱情"更"可爱"的东西,这念头一产生,又活该柳姑娘痛悔不已了。

再说,那掌握着儿子未来命运的宋氏夫人,渐渐发觉宋辕文三天两头不见了。一打听,原来儿子跟妓女"泡上了",老夫人怒不可遏。一日,宋辕文刚溜回来,老夫人一声怒喝:

"跪下!从何而来?"

宋公子知事情不妙,便慌忙跪下道:"母亲大人息怒,儿才在柳姑娘那里。柳姑娘为人甚好,与儿游处日久,并没要儿一分一厘钱财……"

夫人呵呵一笑:

"钱财算甚!那贱人要,当给就给——害怕她不要钱财,正要汝命呢!"

宋辕文一愣,板子已下,重责二十,把个"少爷"打得皮开肉绽。

时过境迁,宋辕文毕竟年轻,一方面记着夫人的教训,一方面又抑制不住自己,虽不敢再明目张胆地往柳姑娘处溜跑,可趁机还是悄悄往那儿溜。柳隐察觉到宋公子心中有事,而且来的次数也明显减少,不免黯然:难道又看错了?

在普通人眼中,柳隐不过是一"浮家泛宅"的船妓。但自从她恋上宋辕文后,她便长驻在松江了。这就引起"陆妓"们的不满:柳姑娘的名气大,无形中抢了她们的"生意",而驱逐"流妓",以保护本身利益,也是本土官员们的应尽之责。松江知府终于发话:限柳隐三日内出境。

柳姑娘着急了,便请宋公子商量。她打定主意,不能再这样下去,要么与公子成婚,一旦身有所属,就不存在"被驱"的事儿;要么,请公子出面,与知府说情,让自己暂留松江,待得公子安排妥当,再不慌不忙地嫁到宋家;要么,一刀两断……

宋辕文急急赶到,见柳姑娘案头放了两件东西:古琴一张,倭刀一口,有些莫名其妙。柳姑娘面色肃然,开口道:

"公子,你可知道了?知府限妾三日内离境——为今之计,奈何?"

宋辕文好一阵踌躇。"母命"不可违抗,他不可能迎娶柳姑娘,而且自己迄今无功无名,倘若出面替姑娘说情,知府大人也不会买账的。柳隐见公子不言语,又说道:

"公子,为今之计,还是早早娶了妾身的好——不然,公子可否代妾斡旋?"

宋辕文忽见倭刀,便道:

"姑娘,依小生之见,姑避其锋……"

柳隐一阵晕眩:好个宋公子,竟这样屏弱!不由激动起来:"他人这样说,不奇怪!与妾无关者,不必留意妾之去从,不必心念妾之归宿。公子却不该如此开口——也罢,长痛不知短痛,妾与君自此之绝!"

柳姑娘持刀在手,猛一挥,将那把古琴拦腰劈为两截。七弦铮纵,齐齐飞进,宋辕文大惊失色,惶然不知所措。柳隐一扬手,道:"送客!"

宋公子颓然登岸,转头见众船工正解缆动桨,不由得五内俱焚,柔肠寸断。

二十五年后,做了新朝三品官员的宋辕文,声名显赫,踌躇满志,却并没忘怀年轻时与柳如是的一段感情纠葛。当时的"柳夫人"已与钱谦益结为夫妻十余年了。夫妇二人你唱我和的诗集《东山酬唱集》刊布于世,二人间风流韵事,也在文人学士间流传。这些,宋辕文看过了听过了,放在心里却过不去。本来,时移事变,宋辕文在燕京做官,位列新朝之贵卿,钱氏夫妇隐于琴水,乃故国之遗民,志趣殊途,没什么关涉的。然而,宋辕文竟将一腔旧怨化为文字,不敢抱怨柳如是,却全力诋毁钱谦益。宋氏写书一封,遣人直付钱氏,其书云:"先生年少时才气横溢,到了中年就做了显官。先生服务的朝代,有一明一清,所服侍的帝王呢,前朝有万历、泰昌、天启、崇祯、弘光帝,加上而今圣上,先后已为六君效过犬马之劳了。据我所知,先生做官的历史已达四十八年。几十年的宦海沉浮,先生什么没见过呢?先生的经验是够丰富的了,先生的教训也够深刻的了。以先生这样聪明的人,经历这样复杂的人生,到了晚年,应该成为我们后生的表率,一举一动,不愧人师,一言一语,堪为人则。可惜先生完全没做到。先生不能割帷薄之爱,到了现在还跟些女人打得火热,背了受人指责的包袱,与她们谑浪湖山之间,弄得流言不断,路人都在议论先生太不检点,使我们这些家乡人也感到羞愧,一听到这些就脸发烧,无法找个什么理由来应付四方的询问与批评。先生虽不自爱,可别污秽了家乡的山水呀。呜呼!鬼神不来找先生,反而使先生长寿,这是准备算先生的总账——到先生百年之时才一并降个大大的惩罚,还是让先生自个儿充分表演无德之行,以告诫我们这些家乡人,不要学先生的样儿。不管怎样,像先生这样的人,说老实话,不论鬼神怎么想,自个儿早该收敛了,再聪明一点,早该自动找个清静去处了……"

宋辕文可鄙可笑之处在于:他痛诋钱氏,出于私意,与吴越间旧时党社名流不忘故国旧君而嘲骂钱谦益者,不可同日而语。观其书中"不能割帷薄之爱"一语,便可见其真意。宋氏不检讨自己二十五年前的过失,不检查自己当时何以失去柳姑娘的爱情,反而几十年后挟了旧时恩怨大骂钱氏。为人如此,可笑可鄙。

看来,那场"倭刀古琴"的考验,柳隐没有白设。

一种凄凉人憔悴

　　李待问、宋辕文与柳隐的两段情话匆匆过去,柳姑娘心灵的创伤,渐渐愈合,对两位风流名士的印象,终于淡漠。

　　此后,柳隐便开始了另一段感情生活。这生活的另一方便是那在"中国文学史"占有重要一席的陈子龙。

　　陈子龙,字大樽,号卧子,松江人,比柳隐大十岁(公元1608年生)。子龙是"复社"的主将,也是明代中叶以来"复古派"的最后一个重要作家,其文学成就却在中叶的"前后七子"之上。

　　陈子龙生当乱世。所谓"国家不幸诗家幸",他学问渊博、功力深厚,作品注入了忧愤沉痛的感情,显得悲劲苍凉,音调铿锵,具有感人的力量。子龙各诗体中最富特色者是七律,如《辽事杂诗》写道:

　　　　二月辽阳大出师,无边云乌尽东驰。

　　　　乌鸢暗集三军幕,风雨惊传两将旗。

　　　　长白峰高尘漠漠,浑河水落草离离。

　　　　国殇毅魄今何在? 十载招魂竟不知。

　　陈子龙不仅是一个才气横溢的诗人,而且是一个铁骨铮铮的英雄。清兵破江南后,他坚决抗清,表现了坚贞不屈的民族气节。最后被清人所获,他得机投水而死,时年四十。一百三十年后,即清乾隆四十一年(公元1776年),为了让臣僚忠于本朝,清朝号召大臣们向明末殉国的忠烈之士学习,清廷乃赐陈子龙"忠裕"谥号。利用死人,是政治家们治理天下的手段——陈子龙九泉有知,是定不肯领受这迟来的"荣誉"的罢?

　　以上是对陈子龙生平的粗略叙述,现在还是回到他与柳隐的感情纠葛上。

　　陈子龙本有妻室,夫人姓张。这婚姻当然是"明媒正娶,门当户对",含着父母包办的意味。陈子龙心高气盛,追求自由,张氏岂能拴住他的心? 日常里"流连声色",以诗酒自娱。张氏着急,乃主动替子龙纳妾蔡氏,意在借此杜绝其夫在外"浪荡"的行为。对蔡氏,子龙也不满意,便将两个女人扔在家中,独自一人北游去了。

　　这一游,就生出许多缠绵的艳史来。

　　陈子龙北游,一个重要目的是为考取功名,可惜那年竟榜上无名。陈子龙应考碰壁,干脆甩掉八股时文,又专心从事古文诗词的创作,闲暇时免不了惹花拈草。

　　崇祯五年(公元1632年)春,陈子龙在苏州遇见柳隐,可谓一见倾心,迷恋之至。不久便随着柳姑娘到了佘山。佘山是个好地方,名士陈眉公在那儿修了一大片庄园,广植松杉,有古梅百株,成为一冶游之所。每值春时,倩女如云,绣弓窄窄,斗草拾翠,嬉笑不绝;游子乌帽黄衫,担花负酒,达旦酣歌,并日而醉。

　　此情此景,使陈子龙诗兴大发,佳句迭出。他极力描摹柳隐在众姝之中的特出风采,喜慕之情溢于言表。

　　　　晓日垂杨里,去鬟锁绛纱。

自怜颜色好，不带碧桃花。

——《朝来曲》之一

日暮吹罗衣，玉闺未遑入。
非矜体自香，本爱当风立。

——《古意》之一

问妾门前花，殷勤为郎起。
欲攀第几枝，宛转春风里。

——《长乐少年行》之二

诗中所描写的柳姑娘，其姿态动作，可当"传神"二字。

此时的柳隐，所过的大半是以船为家的生活，如浮萍飘叶。一次次的打击，一次次的失望，使她心灰意冷，很难相信世间还有幸福。面对新的追求者，她踟蹰犹豫。其词常常流露出害怕希望再度幻灭的心情：

金猊春守帘儿暗，一点旧魂飞不返。
几分影梦难飘断，醒时恼见小红楼。
朦胧更怕青青岸，薇风涨满花阶院。

"醒时恼见小红楼""朦胧更怕青青岸"两句，真切地表现了作者对过去、对现实的厌烦。

陈子龙便作《早梅》一首，寄托他对柳隐人格的赞美和对她的鼓励。

垂垂不动早春间，尽日青冥发满山。
昨岁相思题朔漠，此时留恨在江关。
干戈绕地多愁眼，草木当风且破颜。
念尔凌寒难独立，莫辞冰雪更追攀。

陈子龙的精诚、才华和英雄男儿的气概，终于打动了柳隐。二人情感日笃，后便同居了。在这期间，他们忘怀一切，沉浸在爱与恋的幸福之中。陈子龙视柳姑娘为仙女，戏称为"洛神"。柳隐便作《男洛神赋》一章，以相嬉笑，中有妙句云：

尔乃色愉神授，和体饰芬。启奋迅之逸姿，信婉嘉之特立，群妓媚而悉举，无幽丽而勿臻。扩乎纱兮，斯固不得而夷者也。

此赋文虽丛杂，题目却新，后人便知柳隐会开玩笑了。

韶光易逝，欢娱夜短，新的"会试"即将来临。陈子龙经世之略未展，又打算北上赴试。科举制度，肇自隋唐，千余年来令天下学子为此皓首穷经以图博取功名。当日东南党社名士，无一不具这样的抱负，非独陈子龙一人有此企望。世俗小说中，才子总得金榜题名，方能与佳人团圆，虽有虚构，确也反映出当日社会的一部分真相。

陈子龙北上，不得不与柳隐暂别。子龙"离情壮怀，百端杂出"，有诗云：

高秋九月露为霜，幡然黄鹄双翔翔。
云途窈窕星苍茫，下有江水清淮长。
嗟予远行涉冀方，嵯峨宫阙高神乡。
良朋徘徊望河梁，美人赠我酒满觞。
欲行不行绕中肠，何年解佩酬明珰。

燕尔恩爱，如今却要分别，柳隐黯然销魂。一直盼望意中人成为功盖天下的英雄人物吗？但她毕竟是女中人杰。自己不是也时时"闻鼙鼓而思将帅"，立志扶助郎君成就一番巾帼女子所向往的伟业吗？想到这里，她暂将"儿女情长"置于一旁，作《送别》二首，赠予子龙：

> 众草欣有在，高木何须因。
>
> 纷纷多远思，游侠几时论？

陈子龙起程了。柳隐望着北去的心上人，伫立良久，悲从中来，《梦江南·怀人》四首涌出心间：

> 人去也，人去小池台。道是情多还不是，若为恨少却教猜。一望损莓苔。
>
> 人去也，人去梦偏多。忆昔见时多不语，而今偷悔更生疏。梦里自欢娱。
>
> 人何在，人在木兰舟。总见客时常独语，更无知处在梳头。碧丽怨风流。
>
> 人何在，人在玉阶行。不是情痴还欲往，未曾怜处却多心。应是怕情深。

陈子龙三秋出发，应次年春天的"会试"，结果又名落孙山。生活无情，现实严酷，子龙颓然而返，而柳姑娘待之如故。陈子龙一下决心，要迎娶柳隐来家。但往昔主动为夫婿纳妾的张氏，这回可不干了，冷笑道："相公，你拿什么养她？"陈子龙家不富裕，平日在外游荡，多为朋友接济；与柳隐同居，也全是柳氏开销。这句话，便把他问住了。柳隐得知，明白子龙为难，竟不提"明媒正娶"的事儿。要说经济，柳姑娘本可以"包销"下去，可她清楚作为"大丈夫"的陈子龙，自尊心极强，是绝不同意那样办的；再说，柳隐本人也不愿意在张氏手下做受气的"小婆子"。这样，陈柳二人又不得不割爱分离。

陈子龙与柳隐分居之后，两人仍时有来往，以诗文相交。子龙集资，为柳隐刊刻了她的诗集《戊寅草》，并为之作序。当时的陈子龙，名气颇大了，经他题序的《戊寅草》，流传甚广。序中，子龙赞赏柳隐的诗作，尤钦佩她独立的人格。

柳隐脱离子龙后，又陷入了难以排遣的苦恼中。回首往事，感慨万千，乃作《金明池·咏寒柳》长调一首，深沉地表达了她的哀婉之情：

> 有恨寒潮，无情残照，正是潇潇南浦。更吹起，霜条孤影，还记得，旧时飞絮？况晚来，烟浪离迷，见行客，特地瘦腰如舞。总一种凄凉、十分憔悴，尚有燕台佳句。春日酿成秋日雨，念畴昔风流，暗伤如许。纵饶有，绕隄画舸，冷落尽、水云犹故。忆从前，一点东风，几隔着重帘，眉儿愁苦。待约个梅魂，黄昏月淡，与伊深怜低语。

陈子龙后来总算中了进士，可明王朝也接着垮台了。子龙"壮志未酬身先死"，捐躯殉国，徒留下一段英雄美人的短暂姻缘，令后人唏嘘感叹。

烟雨湖中人何在

《戊寅草》刊布东南，当时的文坛泰斗钱谦益读了以后，十分赞赏。竟很想一睹这位"奇女子"的风采。

读者也许还记得，柳姑娘十来岁的时候，不过是"文渊阁大学士"周道登家的一个小丫头。而那时的钱谦益已四十七岁，官居礼部侍郎之职了。他正趁喜欢换人的崇祯帝上

台的好机会,使足了劲与温体仁、周延儒二人争当宰相。结果宰相没有当成,反而惹恼了皇帝老儿,把牢骚太盛的钱侍郎遣返回家。钱谦益还乡后,待遇上还是"朝廷二品大员",心中虽不痛快,却善于排解,一年到头吟诗作赋,游山玩水,倒也过得逍遥自在。他的诗文,名噪一时,确也不愧为文坛领袖。青年学子纷纷拜他为师,同辈命官常常出入其门。他的府第,热闹非凡。

这样的日子过了十来年,钱氏已五十多了。而这时柳隐也二十余岁了。

柳姑娘处卑微之中,择婿十年,竟无一可托付终身者。几年来,她不再愁苦着脸儿过日子,她追求精神快活,凡四方名士,都盛情接待,应席酬唱。时人便吹捧柳姑娘"美丰姿,性猿慧,知书善诗律。分题步韵,顷刻立就。使事谐对,老宿不如"。一传十,十传百,传到钱谦益耳中,钱老便愈发想亲眼见见。

事有蹊跷,有人开玩笑说柳姑娘"嫁得人了",柳隐吃不住众人的笑乐,干脆说个大话:"吾非才学如钱学士虞山者(世称钱氏为虞山先生)不嫁!"这话等于说"这辈子不嫁"。但说者无心,听者有意。钱谦益本盼着能与柳隐有缘相识,一闻柳姑娘赌咒发誓,竟大喜过望,也说出大话来:"吾非能诗如柳如是者不娶!"

这柳、钱二人或无意或有意的"一唱一和",倒成了他们结合的起因。在众名士的撮合下,两人了解日久,她就慢慢"当真"起来。大约过了两年,柳隐便过访钱家。钱氏居室称"半野堂",这是柳姑娘第一次跨入钱府大门。钱家上下,热情万分,包括钱氏原配夫人与儿辈。

钱谦益在半野堂,另筑一屋,称"我闻室",留柳隐居住。"我闻"二字,出自《心经》"如是我闻"。从此柳隐不再"隐"于风尘,而更名为"是",且字"如是"了。柳如是留居钱府半年,并不急着与钱谦益行"结拜"之礼,主要是争个"名义"。如果堂而皇之做钱氏的小老婆(妾姬),柳如是是决不干的。她的条件"苛刻":要得到仪礼俱备的"命妇"身份。她吃的苦头太多了,她已不是任人玩弄的女子,她坚决要在最低级的社会阶层中来个大翻身。她争取的那种不同于姬妾而实质上并无区别的"命妇地位",在今人看来似乎是"概念的游戏",而在当时人心目中,确有天壤之别。她是对的,应该奋争。

柳如是独居"我闻室",回顾身世,掂量眼前,几多愁绪,油然而生。数年前与陈子龙相亲相爱,酬唱低语,可后来偏有不测。而今又有迷恋者,可此生仍然吉凶未卜,不禁感慨赋诗(《春日我闻室赋》)。

> 裁红晕泪碧漫漫,南国春来正薄寒。
> 此去柳花如梦里,向来烟月是愁端。
> 画堂消息何人晓?翠帐容颜独自看。
> 珍重君家兰桂室,东风取次一凭阑。

此诗令钱谦益大为感动,爱怜之心倍增,乃和诗一首,题云:"河东君(以其族望称柳氏)春日诗有'梦里''愁端'之句,怜其作憔悴之语,聊广其意。"对柳如是幽怨的情怀,百般抚慰。同时见柳姑娘"春日诗"尾联,分明表达了她"从善而终"的誓愿,钱谦益便决定正式迎娶柳如是了。那么,他迎娶柳氏的名义称什么呢?称"继室",这就有点不合规矩。依理说,原配死了以后,才有"继配",而钱氏陈夫人健在,怎么能这样称呼?当时的缙绅大夫,便愤愤不平,认为钱谦益这老头子简直不像话。柳如是也太不知趣。

钱谦益可不管那一套,择个黄道吉日,竟将柳如是的画舫张灯结彩,登船举行婚礼了。钱谦益皤发冠带,抖擞五十九岁老来愈壮的精神,怡然立于船首;柳如是罩了盖巾,默默在舱间念佛。爆竹齐鸣,花烛辉煌,二人行合卺之礼。这一场不合时尚的"演出",引来观者如堵。有鼓掌喝彩的钱氏门生,祝贺送礼的亲朋好友。更多的却是缙绅乡老,站在岸边破口大骂。他们骂钱氏"亵渎朝廷之名器,有伤士大夫之体统",骂着骂着,有人喊打,众乡老便捋袖卷裤,要扑上船去叫那俩"鸟男女"饱尝一顿老拳。篙师见状,慌忙起舵,扬帆而去,众人顿足大骂不止,纷纷抛瓦扔石头,把个画舫砸如"乌篷船"。钱谦益仰头大笑,柳如是惨然自得,并立船舷,"满船载瓦砾而归"。

钱谦益蔑视世俗礼法,爱情至上,敢与柳如是这样的"沦落女子"结为夫妻,其勇气是值得赞赏的。轰动一时的"江上婚礼"才过,钱氏又干了件让正人君子瞠目结舌的事:他花钱建了"绛云楼",壮丽无比,楼上藏书七十三大柜,多是稀世的宋、元刻本,楼下设立床帐,与柳如是双双栖居。惹得缙绅先生再次大跳"亵甚矣!"

对这一切钱氏夫妇干脆不理。钱谦益每有心得,提笔作文,有所检勘,皆由柳如是查找。"虽牙签万轴,而某册某卷,立时翻点,百不失一。所用事或有舛误,河东君颇为辨正。"夫妇你唱我和,其乐融融。这样的好日子,可惜没有过多久。

公元1644年,钱氏夫妇婚后三载,李自成攻进北京,崇祯帝走投无路,自缢于煤山。吴三桂大开山海关,放清人入关。清兵顺利进入北京,李自成兵败如山倒,彻底失败了。清政府一面督促吴三桂领兵继续南下,一面派满洲兵团向长江流域进攻,消灭明王朝的残余力量。

明王朝苟延残喘,一连有三个皇帝出现在江南。可惜他们全是十足的酒肉皇帝,成不了大事。

第一位便是朱由崧。他当了皇帝的第一道命令,就是征集宫女,第二道命令是叫各地进贡春药秘方。不知第几道命令,忽将一度很想做官的钱谦益任命为礼部尚书。

六十二岁的钱谦益,受命于危难之际,又遇着这样的皇帝老儿,哪里能整顿什么"教育"?他分明是这残喘王朝中配盘的角色,算不得数,也干不成事。他一辈子确想做大官,却没想到在这小朝廷中才得到升迁。面对危如累卵的国家,他雄心已泯,只将精神寄托在"生平第一大快事"上,即与柳如是的恩恩爱爱。

朱由崧组成的小朝廷,乌烟瘴气,维持了十三个月,清军便攻破南京了。城破之时,柳如是便劝钱谦益自杀,以身殉国。

"自杀"是自己的事,由别人来"劝",已说明钱氏何等留恋残生。他也许不怕死,可以死,但把他"偷生之心"牢牢拴住的,据说是"佳人难再得"的柳如是。他"不爱江山爱美人",不能看破俗世情爱,甘冒"失节"之不韪,苟活人世。那么,逻辑推理的必然结论是:柳如是连累了钱谦益,使他不惜名节,为河东君做了最大的"牺牲"——呜呼!吴三桂卖国献关,非三桂之罪也,全是其妾陈圆圆的责任!钱谦益以城迎降,亦非学士不敢死也,全是柳如是这"佳人"害了的!中国的士大夫们,凡做错了事,总找得着弱女子当替罪羊!他们随便怎样做,都能寻些理由为自个儿辩护开脱。有什么办法?

柳如是立于池畔,肃然道:

"君不忍死,是为了我吗?那好,我先死……"便欲投水,左右侍儿手快,拼命拖住,钱

谦益老泪纵横。柳如是心一软，结果两人都活了下来。投降了清廷的钱谦益，做了五个月的官后，已有"一失足成千古恨"的痛苦。他深悔当初未自裁捐躯，不仅自己遭受千古唾骂，还连累了柳如是，会使她蒙羞含冤，难得清白，他常常喟叹："苦恨孤臣一死迟"。

钱氏夫妇在一片嘲骂声中，无法辩解，只得暗地里使劲，积极参加了"复明运动"。夫妇倾家荡产，甚至借债，资助南明的残余势力。当时南明的第三位皇帝叫朱由榔，在西南地区诸省狼狈逃亡。钱氏门生瞿式耜，正做南明广西留守、东阁大学士，钱谦益与之"蜡书往来"，颇为密切，通过他向朱由榔汇报自己的情况以及暗中策反马进宝的经过，并定期向南明纳款。

钱氏与另一门生郑成功，关系也密切。郑成功之父原为海盗，后欲降清，郑成功力谏不从，郑成功便与他分道扬镳，勒兵抗敌。他见清兵追击朱由榔，便倾全国之师进入长江，直逼南京，以阻挠清兵穷追南明皇帝。郑成功挥师西进，有歌云（《出师讨满夷，自瓜洲至金陵》）：

> 缟素临江誓灭胡，雄师十万誓吞吴。
> 试看天堑投鞭渡，不信中原不姓朱！

然而大势已去的南明，决定了"气吞万里如虎"的郑成功也不会成功。攻金陵失败后，郑成功率余舰扬帆出海，又攻崇明。钱谦益冒死以往，师生二人相会于崇明附近海船之上，密谈形势，依依惜别。后来，人们发觉钱氏夫妇早有与海上反清将士往来的嫌疑，曾移居于临海之白茆湾芙蓉庄。其后清军水师封锁白茆港，郑成功亦以余力攻取台湾，不复卷土重来。钱谦益方归城中旧宅，柳如是仍留居芙蓉庄，直至钱氏将死前才返回。

公元 1664 年，八十老翁钱谦益归天而去，其愧恨之情，毕生未消。"绛云楼"早不复存在，被十多年前的一场大火，烧为白地了。柳如是也年届半百，鬓发上霜，虽口诵佛经，而心念天下，郁郁寡欢毛为资助复明，他们借了不少债，此刻债主们便逼上门来，打闹不休。柳如是难逃此厄，为使钱氏一门不致彻底破败，她自缢于荣木楼。一见闹出了人命案，债主们才不得不偃旗息鼓。

柳如是遗嘱，有两方面内容。她嘱咐亲生女儿道："我来汝家（即钱家）二十五年，从不曾受人之气。我死之后，汝事兄嫂，如事父母。"可见从个人生活来说，柳如是与钱谦益结婚后，钱家以"匹礼"相待，原配夫人纵有妒意，也奈何她不得。作为"继母"，她平时与"前夫人"所生之子钱孙爱也相处得好；柳如是死后，钱孙爱以"匹礼"葬之，亦足见对她的尊重。总之，柳如是的后半生确实"大大翻了一个身"，不再是受人欺凌玩弄的风尘女子。钱谦益为了使她能突破社会制度与感情的矛盾藩篱，任人笑骂，以"爱情至上"的精神，展开翼护一个弱女子的有力翅膀，确也难能可贵。

从政治立场上看，柳如是则不愧为"一代国士"。她在遗嘱中，吩咐子女将她"悬棺而葬"，表示死后也不践踏清朝土地。山河破碎，当与国家共存亡，这是柳如是一贯的思想。虽然因钱谦益"艰于一死"的连累，柳如是多活了二十年，但她绝非苟且偷生之辈，夫妇二人沉默相伴，竟从事了十多年的"地下活动"。

柳夫人殉家难之后，儿辈将她礼葬于拂水山庄秋水阁庭中，东距钱谦益墓四十步。棺用铁索悬于墓室，而遂其不愿践踏清朝土地之志。呜呼！世人仅以才女目之，以名姝赏之，而不知其亦为爱国之奇女子。柳如是眷怀故国，至死不悔的凛凛巾帼形象，正是刻在后人心中的墓志铭。

　　三百多年过去了，柳如是的墓冢几经沧桑，在荒烟蔓草中已难辨认。旧事随流水，人们只见衰草翠柏，游人耳畔，似乎回荡着《梦江南》的悠然曲调：

　　　　人何在？人在烟雨湖，

　　　　蔫水月明春腻滑，舵楼风满睡香多，

　　　　杨柳落微波。

　　　　　　　　　　——柳如是《梦江南·怀人》之十七

　　柳如是给我们留下了宝贵的文化遗产，也给我们留下了她坎坷的人生经历，更给我们留下了对人生的思索。

民国侠妓

——小凤仙

名人档案

小凤仙：又叫筱凤仙，原籍浙江钱塘，光绪年间全家流寓湖南湘潭，父亲经商颇有所成，后因被不肖友人拖累而倾家荡产。小凤仙被卖为奴婢，不久被卖到妓院，辗转到了北京。

生卒时间：不详。

安葬之地：不详。

性格特点：侠肝义胆。

历史功过：她曾帮助共和名将蔡锷将军逃离袁世凯的囚禁，更因为与蔡锷的那段至死不渝的爱情而被人传颂，上世纪八十年代，这段爱情被拍成名叫《知音》的电影。

名家评点：蔡锷送给小凤仙一副对联中这样写道："不信美人终薄命，从来侠女出风尘。"

南帮翘楚

小凤仙19世纪80年代末出生在杭州。她是满族人的后裔。父亲是没落的满族八旗武官。在那清王朝彻底崩溃前的苟延残喘的年月里，那个八旗武官又突然落职了。小凤仙的幼年，生活在一个日趋贫困、后母对她很冷落的家庭中。在小凤仙约十三四岁那年，她的父亲故去。由此家庭生活更为艰难。后母意欲再嫁谋生路，狠心要将小凤仙卖掉。

这一天，杭州的一条街上挤满一群人，围观一个身上被插了草标出卖的小女孩。一对男女走过来，仔细打量这个瘦弱的小女孩，见她虽衣衫褴褛，却浑身透着一股清秀和聪灵。这对男女当即以八十两银子的身价将小女孩买去。

这个被抛弃给陌路人的小女孩,便是后来闻名北京的艺妓小凤仙。可怜当时她被卖身时,连姓名也被卖得无从知晓。这对男女给她取名小凤。

小凤没有落到正经善良人家的枝头。买回她当婢女使唤的这对男女。据说男的是在宣统年间写过一本庸俗的自传体小说《鲁男子》的风流文人,叫曾孟朴。此人以寻花问柳为乐。女的叫彩鸾,是曾孟朴在上海清和坊"媚莲小榭"狎妓时宠爱的一个雏妓。后来曾孟朴花了一大笔赎身钱从鸨母手上赎她出来,娶回家中。这两个男女成婚后双双来到杭州,在官场上谋了一个差事。

小凤在曾孟朴家里当了一年婢女后,已是一个十五岁的少女了。尽管吃的残羹剩食,而又重活劳累,她仍然发育成熟了,出落得十分标致。当初买她时就不怀好意的曾孟朴,迫不及待地要摧残这支刚刚含苞的小花,他时常拿贪婪的目光在小凤身上扫来扫去。天真纯朴的小凤尚不谙人事,对这些浑然不察。

这日一大早,小凤见主人曾孟朴和彩鸾忙着梳妆打扮完毕,便有说有笑地出门去了。她料想他们一时片刻不会回转,便想把自己身上穿的衣裳换洗一下。她走进自己的小寝室,刚刚闭门解了衣扣,便听见男主人急促地敲着她的门叫她。她以为主人突然转回来必是忘了带上什么物品或忘了吩咐什么事,急忙应声掩了衣襟开门出去。谁知男主人一头闯进门来,把她也拽进去,闩了门栓便行非礼之举。可怜小凤一个奴婢,哪敢有任何反抗?只得在惊慌和恐骇中任由男主人凌辱……偏偏这时女主人彩鸾不迟不早赶回家来,撞见了男主人的丑行。

原来,曾孟朴乃是故意骗彩鸾一同外出,然后借故甩脱彩鸾溜回家来的。但他却瞒不住彩鸾这个风流场所里滚出来的泼辣女人,她早就在暗暗提防他的言行举动。当初她花银子买下小凤是另有打算,想使唤她几年,再转手卖给鸨母赚一笔银子。她自然不容曾孟朴去狎昵一个婢女而冷落她。她急急忙忙赶回家中,拿着了把柄便醋劲大发又哭又闹。

小凤也挨了女主人的痛骂。听了一番不堪入耳的污言秽语后,她才知道自己宝贵的童贞被男主人强夺去了,不禁失声痛哭。

男主人恼羞成怒,索性公开地一再蹂躏起小凤来。小凤的身心遭此摧残,从此形成忧郁寡欢的性情。

正巧,这时上海清和坊"媚莲小榭"的那个鸨母忽然来杭州进香。她顺路到曾孟朴家看她过去的"女儿"彩鸾,撞见了这对男女的闹剧。

鸨母见小凤姿色不凡,暗忖可从这个年龄正合适的女孩子身上捞一把。便打定主意,故作半真半假的语气对曾孟朴说:

"当初老身为了成全你,狠狠心把老身最疼爱的女儿给了你,也是指望你们恩恩爱爱的过日子。你如今也该寻一个孝顺的女儿还给老身材好……依老身之见,不如让老身把这个小凤带回上海去。她一走,你们两口子也没事了。"

彩鸾一听正中下怀,自然是抢先满口应承。曾孟朴也不便再说什么。

鸨母回上海时,便象花钱买小羊羔似的把小凤牵走了。

小凤被带到上海,从一个火坑里被推进另一个火坑,被迫入了清和坊"媚莲小榭"为妓。她开始痛恨这世间的不公正,性格更忧郁而冷漠。鸨母给她易花名凤云,逼她立即

接客。尽管小凤哭泣不从,怎奈老鸨冷眼凶脸,威逼利诱,她已是身不由己了。

从此,小凤(凤云)在上海沦落风尘。

那正是"二次革命"失败时期,革命志士或远逃他乡或亡命国外。官僚、巨贾、豪绅们却洋洋得意。一时间,冠盖京华,挥金如土。上海的名妓,也趋炎附势,纷纷北上"淘金"。凤云(小凤)也随着这股潮流漂泊到北京。

北京八大胡同,是达官贵人醉生梦死,妓女们强作欢颜的青楼之地。

八大胡同的兴起,是民国前后一、二十年的事。前清禁止官吏狎妓。但不禁"男风",俗称"相公",士大夫选歌征色,都重在那些扑朔迷离、难辨性别的戏班"歌郎",也就是扮花旦扮得惟妙惟肖的俊俏小生。这些"歌郎"名为郎君,实则视同女身。到了光绪中叶,北京内城口袋底一带出现了歌妓,与戏班相区别,称为小班。庚子年间,八国联军进犯北京,京城大乱,内城的歌妓班子也都逃散躲避了。等到局势平定以后,歌妓小班渐渐集中到八大胡同:陕西巷、石头胡同、皮条营、王广福斜街、百顺胡同、韩家潭和后来名存实亡的胭脂胡同、万佛寺湾共八处。

小班,全称是清吟小班,表示她们卖艺不卖身,流品不同,是娼寮中身份等级最高的。清吟小班,又分南帮和北帮。两帮界限划分极严,本来南不北侵,北不南扰。但自从上海和南方各地的艺妓歌女纷纷入京以后,使南帮的势力扩大了,尤其是南帮中的苏帮,地盘向北帮占据的东段延伸。原先是北帮天下的陕西巷,渐渐由南北两帮平分秋色。陕西巷在八大胡同中名气最大。据说当年赛金花就曾在此高张艳帜。

凤云来到京城,就入在陕西巷南帮的云吉班。她改叫艺名小凤仙,度卖艺生涯。

小凤仙的身姿、容貌可谓天生丽质。但在美女如云的八大胡同,她的相貌并不特别突出。她是凭自己非凡的气质而迅速引人注目的。命运对她不公道的摆弄和折磨,倒使她在生活中熬得性情孤傲。她很不善于侍候客人,尤其不愿逢迎巴结,为此不知遭到鸨母多少次叱骂讥讽,可她仍我行我素。她很聪慧,颇能识文断字,癖好读书。这使她在艺妓群中超人一等。她本一口吴侬软语,进京后很快又说得好一口京片子。她擅长作歌缀词,更兼博览群书,很有思想,且有一副侠义心肠,被人称作侠妓。

所以,小凤仙在陕西巷挂的牌子很快名噪京城,成为南帮翘楚。

民国初年,北京官僚狎妓成风。革命党人也以烟花胡同作掩护,从事秘密活动。

蔡锷闻得小凤仙的名气,便到陕西巷云吉班探访,结识了小凤仙。这是在1913年至1914年之间(民国二年至民国三年)的事。当时小凤仙约十七八岁。

小凤仙与蔡锷交往的背景很复杂微妙。

蔡锷是北洋军阀的滇系将领。年轻有为,军事才干卓著,深得云南将士的拥戴。以当时蔡锷身为云南都督的实力地位和影响,加之他敬重梁启超师长,被一心策划称帝复辟的袁世凯视为大隐患。袁世凯便用民国大总统委以组阁重任或派往湖南率军的名义,骗蔡锷入京。蔡锷尚在进京途中,袁世凯已背信弃义,宣布了另外的组阁和治湘军人选。等蔡锷到京后,袁世凯委他以参政院参政员、全国经界局督办等重职,并赠予梅花胡同66号豪华公寓和一万元金,以示大总统爱才重才,"上马赐金,下马赐银"。其实,封给蔡锷的都是空衔,他被软禁起来了。袁世凯专门指使长子袁克定,派出众多党羽,严密监视蔡锷的一举一动。

这些都是小凤仙和蔡锷深交之后才得知的。

蔡锷是一个爱国的热血壮士。他出身在湖南宝庆县(今邵阳市)一个清贫的农家。这个寒门学子,从小就立志救国,长大留学日本,寻求真理。后来投笔从戎,从重九起义到督军云南,屡建奇功。蔡锷的政治抱负,是巩固刚刚建立的民国基础,结束军阀割据的局面,安定天下老百姓的生活;训练一支强大的军队,用以对付日益贪得无厌的帝国主义列强尤其是日本。蔡锷对袁世凯的认识,经历了一个过程:由全心拥护、寄予幻想,到半疑半信、提高警惕,直至彻底失望,认清了窃国大盗的狰狞面目。

蔡锷遂与其师梁启超密谋反袁大计,极其隐蔽地与云南将士频繁联系。为了迷惑袁世凯,蔡锷宣称与其师梁启超政见不同,公开签名拥护帝制。并进一步麻痹袁贼,终日混迹八大胡同,纵情声色,不问公务,表现出一副沉沦壮志的庸倦形态。评价这段历史的人称之为"醇酒妇人计策"。

自然,此时的蔡锷,目睹令人作呕的拥帝派丑行,叹满京城的文武官吏、学者名士中,竟难觅知音,也不无索性遁身歌楼酒肆,借以排遣积淤满胸的忧愤愤懑之心境。

一天,蔡锷易戎装为商贾服来访。他自称是商人,出言谨慎,对自己的身份来历讳莫如深。小凤仙很善于察言观色识别人物,一眼看出蔡锷气宇轩昂,仪表非凡。凭直觉,她感到此人绝非一般拉皮条的官绅富贾、无聊文人之类,象是一个身负有重大使命的人。

小凤仙置酒款待蔡锷。应酬交谈中,小凤仙更见这人谈吐不凡,便说道:

"我自堕于风尘卖艺,几年来也接待了各色各样的客人。未尝有丰采似君,令人钦仰,今日可谓仅见斯人了。"

蔡锷忙答道:"都门繁盛,游客众多。王公大臣,不知凡几;公子王孙,不知凡几;名士才子,不知凡几。我贵不及他人,美不及他人,才不及他人,怎得谓仅见斯人?"

小凤仙摇首道:"如君所言,均非我意。试想当今举国萎靡,国将不国,贵乎何有,美乎何有,才乎何有? 我独重君,因见君眉宇间有英雄气,不似那寻常人醉生梦死的模样。"

说得蔡锷半晌不言,暗暗赞叹小凤仙果然是娼寮中的特色女子,不愧侠妓声名。但他毕竟不放心直言自己的来历,只好言不由衷地应付别的话儿。

小凤仙见蔡锷似有难言之隐,遂离席抚琴,奏一曲《高山流水》。委婉真切,情意淋漓。蔡锷为歌曲所动,也离席聆听。一曲罢了,他还愣在那里若有所思。

小凤仙见状,又为蔡锷满斟一杯酒。递给他说:"细观君态,外似欢娱,内怀忧结。我虽弱女子,倘蒙不弃,或许能替君解忧。请勿视我仅为青楼浅薄女郎!"

蔡锷听罢,对小凤仙更为赏识,他接过酒,一饮而尽。这才仔细打量小凤仙,见她确实妩媚动人,衣饰装扮却淡雅,眼神天真中透着孤傲和深沉,显得格外端庄清秀,全然没有青楼脂粉气。

小凤仙被他的眼光逼得垂下眼睑,但她很快迎眸对望过去。两人心里都有了一种碰撞般的震荡。

蔡锷看到小凤仙的箱头柜面上堆满了书籍和许多卷轴。他信手展阅卷轴,见多是文士赠联,便笑着问小凤仙:

"对联如许,何联最适卿意?"

小凤仙答道:"我略谙文字,未通三昧。但觉赠联中多是泛词,不甚切合。不知君肯

赏我一联否?"

蔡锷概允不辞。小凤仙当即取出宣纸,磨墨润笔。蔡锷不假思索,挥毫疾书,但见一联跃然纸上:

不信美人终薄命

自古侠女出英雄

小凤仙十分欣慰。当她看到蔡锷署下款"松坡"二字时,略微思忖,猛悟道:

"君莫非蔡都督吗?"

蔡锷神情漠然地点点头。

小凤仙欲问又止。犹豫片刻,仍旧问道:

"如今这都门系龌龊地方,君本在云南率军,何为轻身到京?"

蔡锷一惊,毕竟不敢轻易道出实情,便试探说:"现在袁总统要做皇帝,哪一个不想攀龙附凤,图些功名。就连女界中也组织请愿团,什么安静生,什么花元春,都趁机出风头。我为你计,也不妨附入请愿团,借沐光荣。何必甘落人后?"

小凤仙却正色答道:"你们大人先生,应该攀龙附凤,似我命薄,想什么意外光荣?君且休说得肉麻。"

蔡锷并不在意,又问道:"你难道不赞成帝制?"

小凤仙反问道:"帝制不帝制,与我无涉。但问君一言:三国时候的曹阿瞒,人品如何?"

"也是个乱世英雄。"

蔡锷的话音刚落,小凤仙立刻声色俱厉地接道:"君去做华歆、荀彧罢,我的妆阁,不配你立足!"

蔡锷又是半晌不语。他对面前的小凤仙已是钦佩不已,不禁在心底吟诵起唐代诗人高适的名句:"莫道前路无知己,天下谁人不识君。"一时竟有此番入京,不虚此行之慨。

从此以后,小凤仙赢得蔡锷的爱慕和信赖。

蔡锷对小凤仙推心置腹,视为知己。小凤仙也爱蔡锷的将军风采和才华胆识,尤其敬佩他反袁护国的英雄壮志。他俩相见恨晚,两情缱绻。

一时间,满京城流传开将军狎美人的风流韵事。

局外人却绝少知道,这是一对侠义情侣。小凤仙在大胆、机智地配合掩护蔡锷秘密筹划的反袁护国行动。小凤仙的妆阁内室,成为蔡锷收集情报、拟发密电、隐秘与反袁志士会见接头的安全掩所。

小凤仙与蔡锷形影相随,外界的议论沸沸扬扬。蔡锷的家里也风波迭起,夫妻反目。蔡夫人与他狠吵了几回,哭闹着要回老家去,蔡锷也不劝阻。风声都传到袁世凯的耳朵里去了。流言对蔡锷颇有贬责。其实,蔡夫人很贤惠而晓大义,她是在配合蔡锷演"苦肉计"。这是蔡锷巧妙筹划的"佯狂避世"迷惑袁世凯计谋的一部分。

起初,小凤仙尚不知蔡锷与夫人演的"双簧"。当有人指责蔡锷"宠妓灭妻"的同时,针对她的各种飞短流长也纷至沓来。这对小凤仙的为人是一大考验。她难堪,为蔡锷夫妇的不和而愧疚不安。她确实倾心于蔡锷这位英俊勇敢而又温文儒雅的将军,但为蔡夫人考虑,她准备痛苦地提剑斩断情丝。她采取了理智、大义而富于同情心的行动,大胆去

奇才名女

拜访了蔡夫人并博得蔡夫人的好感。

小凤仙拜访过蔡夫人之后，才把见夫人的经过，告诉蔡锷。

这天中午，蔡锷又来见小凤仙。小凤仙自与蔡锷结识后，虽未摘"牌子"，实际上已不再接待别的客人。所以蔡锷每次来访也不再通报，可以排闼直入，毫无顾虑。

小凤仙起床不久，刚刚梳妆完毕。见蔡锷进来，两人便手拉手来到套房，套房里有一张很舒适的小床，蔡锷喜欢在这里睡午觉。蔡锷往小床上一坐，把枕头垫到背后靠起来。小凤仙先向窗外望了望，然后挨着蔡锷坐下。她见蔡锷似无要紧事待开口，便握起他的一只手合在自己的掌中，若有所思地说：

"我到府上去过了，见到了蔡太太。"

蔡锷未免有些惊讶，说："我怎么不知道？"

"我特意瞒着将军去的。"小凤仙说，"我是忍声吞泪去的。见了面才知蔡太太的大贤大德。"

接着她说了去见蔡夫人的经过。她决意去见蔡夫人表明心迹，事先打电话给蔡夫人道明了身份，说有话要跟太太谈谈，请太太约一个见面的地点。太太表示欢迎她直接到家里来说。

一见了面，小凤仙很坦诚地表示，她不愿意看到蔡将军与太太闹家庭纠纷，但也不能立刻与蔡将军绝交，以免激得蔡将军与太太之间产生更大的裂痕。她希望太太信任她，给她一段缓冲时间，让她设法慢慢地与蔡将军疏远。

小凤仙说着便流泪了：

"将军猜蔡太太怎么说的？真令人感动。她拉着我的手说：'好妹妹，别这么说，蔡将军不得志，正要靠你的安慰和帮助。你是聪明人，别的话我就不便多说了。'我回来整整想了一夜，才知将军的良苦用意。"

她哽咽着说："听太太说，趁袁世凯还没有看破，她近期就准备从京城这虎穴脱身回老家去。太太若一走，我得承担起照顾将军身体的担子……从此我追随将军也更无顾虑了。"

蔡锷默默听着，一直不语。待小凤仙说完，他慢慢抽出捧在小凤仙掌上的手，去抚着她的肩膀。两人挨得紧紧的，他都听到了她的心跳。

小凤仙这一番披肝沥胆的表白，使蔡锷进一步认识到她可亲可敬，有一副炽热而善良的心肠。

小凤仙巧妙地帮助蔡锷的反袁行动，很精彩的一幕，是智送热血青年金云麓投奔上海革命运动。

大学生金云麓，是小凤仙的云吉班姊妹雅梅的痴情恋人。他发誓要解救雅梅跳出火坑挣个自由身，雅梅也情深意笃地将终身大事期许在他身上。不料，金云麓因事暂离北京不久，袁世凯的爪牙突然闯进云吉班来捉雅梅进宫。

袁世凯的爪牙为什么要来云吉班捉雅梅？起因是这样的——

袁寒云是袁世凯的二公子，以风流自许。又喜舞文弄墨，自命清高，常以曹植自诩。他与一心巴望袁世凯做了皇帝自己便好做皇太子的大公子袁克定不合，对父兄二人常有讥讽。这一日袁寒云又与某文人唱和了几首诗，被袁克定偷看了，便去向袁世凯告状说，

家里有人造反，反对帝制。袁世凯听了大怒，令袁寒云搬到北海公园里去住，不准随便出入，"禁与当代名士唱和"。并派兵警卫，软禁了袁寒云。

袁寒云倒无所谓，说不如趁此机会潜心研究古钱，但他那"非正式"的夫人薛丽清却被激怒了，她对袁寒云说："我本没有做王妃的命，犯不着跟你一起被人关起来！今日正要与你好说好散！"

这薛丽清原来也是八大胡同清吟小班的艺妓。她被袁寒云相中，接回宫里同住了一年多，已给袁家生下了一个男孩，而她的身份却一直未被袁家认可。虽说袁寒云倒还温柔，不似其父其兄那么霸道，但她嫌他酸气太重，又受兄长挟制……凡此种种，使薛丽清这个个性很强的女子总觉此身如在金丝笼中飞不出去。她一直忍耐着。如今袁寒云竟被关进北海，她再也忍耐不住了，便不顾袁寒云百般劝阻，撇下孩子，毅然决然离宫出走了。

此事本来也就罢了。不料薛丽清走后年余，袁世凯庆贺他的生日大寿，提前三日举行家宴，儿女、孙子都去给他磕头。临到一个老妈子抱着一个襁褓里的婴儿去磕头时，袁世凯一问才知是二公子新添的少爷，便再问孩子的生母何在？老妈子搪塞说，"孩子的生母住在府外，未奉皇上恩准不敢入宫。"谁知袁世凯这天兴头很好，随口就说："叫她搬进宫里来住，等候传见。"

这就难倒了袁寒云和几个管家。那薛丽清早已出走去了上海，据说又在那里重张艳帜。这事千万不能传到袁世凯耳朵里。几个管家便给袁寒云出主意说，不如赶紧到胡同里随便寻一个来充数，反正皇上并不认识孩子的生母。袁寒云说只好如此了。管家便随口报出八大胡同几个名角的花名叫袁寒云挑。连报了几个袁寒云都不中意，报到"小桃红"雅梅时，袁寒云便中意了。他以往到八大胡同去混时，识得雅梅小巧玲珑如香扇坠，很是喜爱。于是厄运落到雅梅身上：进宫去为袁二公子李代桃僵，给薛丽清当替身蒙混袁世凯。

管家们马上吩咐军法处到八大胡同去要人。当军警们闯进云吉班气势汹汹地指名道姓要雅梅快快入宫时，雅梅慌忙从侧门溜进小凤仙的房里。小凤仙把她拉进里间藏起来。鸨母知道雅梅藏在小凤仙房里。她起先也装作不知道，假意诘问军警凭什么要抓人？其实她是在要价，当随后赶到的管家拿出五千银洋时，她的冷脸立即变作笑脸，帮着军警把雅梅从小凤仙房里拖出来。小凤仙气得满脸通红，却无力相助。雅梅悲痛欲绝，也无可奈何。她临走留下信物，委托小凤仙较交金云麓。金云麓从关外回京，看到雅梅留下的信物，悲愤交加，陷入不可自拔的苦楚中。

这天中午，小凤仙约了蔡锷一起，到东交民巷西口一家僻静的俄国餐馆，与金云麓交谈。小凤仙真诚地劝慰、开导金云麓。蔡锷鼓励他振作起来，去干一番事业。金云麓透露出他是革命党人，并说他有意南下，去上海投入反袁革命运动，只是犹豫会荒废了学业。

小凤仙和蔡锷都建议他以报国为重，他这才打定主意立即南下。一谈到动身日程时，金云麓支晤其词，似有难言之隐。蔡锷猜到他必是囊中羞涩，没有盘缠又好面子，不以实相告。

偏偏蔡锷身上只带了些零钱。小凤仙打开手提包，取出三百元整扎的钞票，不容推

谢地赠给金云麓。

他们当即商定，金云麓次日启程经天津坐海船赴沪。蔡锷有一密件要托金云麓带到天津。约定当晚六时，金云麓再来此处与个凤仙接头。

等金云麓照嘱换了一身漂亮西服按时赶到时，早候在此的小凤仙却取出两张舞票，邀他去六国饭店跳舞。上了车，小凤仙在金云麓耳边低语一声"靠紧我坐"，然后故用亲昵的语态与他调情说笑。到了六国饭店，小凤仙给了司机小费，叫他不要等，还故意关照司机：不要对蔡将军多说什么。果然蒙蔽过了一路上竖着耳朵偷听，并从反光镜中盯着他们的司机。事后，小凤仙听蔡锷说，司机倒劝他别太痴情，何苦大把洋钱给人去倒贴小白脸。两人忍俊不禁。

刚进入舞厅坐定，金云麓急切要小凤仙交代正事。小凤仙却谈笑风生。直到音乐声起，两人随众旋入舞池，她才低语道：

"座位上有可疑的人在偷听。我已放了一张纸条在你上衣左面口袋里。这曲舞罢，你借故去寻个地方赶紧记熟了便销毁。"

金云麓一摸，果然衣袋里不知何时有了一张纸条。他躲进一间单人房展开纸条，是写的一串阿拉伯数字，四个数一组，显然是电报密码。金云麓也很机灵，他把数字化作简谱，谱成一首曲子，顷刻背熟了。

他再返回舞台时，小凤仙才将收件人梁启超的地址告诉他。

金云麓很感激小凤仙和蔡锷的关怀、信任，自知受托事关重大，也急于早日投奔血与火的革命新天地，以斩却私情烦恼，他低沉、急促地告诉小凤仙：

"我决计提前启程以防不测，连夜搭货车走。"

小凤仙默默点头嘉许，两人旋出舞池。她再次打开手提包，将剩下的五十多元倾囊塞给金云麓：

"一路保重！"语毕，她凝望着他义无反顾的背影，直至他消失在夜幕中。

把盏饯行

1915年（民国四年）秋，八大胡同里，依然日日是欢声笑语，轻歌曼舞。似乎在这繁华的京都，官僚富豪们能挥金如土、寻欢作乐，便能证明天下是一派歌舞升平景象。真所谓："商女不知亡国恨。"

然而小凤仙知道，袁世凯登基称帝的日子越来越迫近。在水深火热中煎熬的中国人民，面临着一场更为巨大的灾难。形势逼人，刻不容缓，蔡锷必须立即离京赴滇，率领将士们发动反袁护国的军事行动。

小凤仙还知道，蔡锷除了已与梁启超和各省反对帝制的人士有过周密计划外，早在九月间，还与革命党领袖黄兴秘密接上了头。蔡锷返滇向袁贼发难，时机也成熟了。

令小凤仙焦虑的是，怎样才能帮助蔡锷甩脱密探的监视离京呢？她看到，蔡锷成天陷入苦思冥想。有时她深夜一觉醒来，见蔡锷还坐在灯下反复思量，她也睡意索然，披衣起床，给他煲上红枣莲米香粥，或重新沏上一杯浓茶，然后，默默地陪坐到天明。

在小凤仙的慨然允诺下,蔡锷终于拟定了一条脱身妙计。

那是1915年(民国4年)11月11日。

小凤仙精心梳妆完毕,着一身格外惹人注目的华贵服饰,让蔡锷搂着她,二人卿卿我我地离开陕西巷云吉班,坐车来到中央公园(今北京中山公园)。小凤仙大声招呼司机把汽车开回去,她娇媚地说,"今日妾陪蔡将军在公园里好好散心。"

入得园来,两人徐徐散步。踱到大松柏树下的"来今雨轩"露天茶社前,便停步饮茶。

坐定以后,蔡锷将手上提的银丝网袋放到茶桌上,只听哐当一响,网袋里白花花的银圆十分显眼。

小凤仙又招呼蔡锷摘下巴拿马草帽,帮他脱下长衫。两人这才开始品茶。蔡锷点燃一支烟徐徐吐着烟圈,听小凤仙眉飞色舞地说着一件什么趣事。

跟踪而来的密探们见状,便松了一口气,都充作游客,坐在距离不远的茶座上。

少顷,蔡锷起身对小凤仙说:

"我去解手即回,你不要离开。"说着,便向厕所走去。密探们交换了一个眼色,见蔡锷身穿短衣去厕所,衣帽、钱袋都留在茶桌上,尤其是一向形影相随的小凤仙还坐着没动,断定他必然会很快转回来,所以没跟上去。

蔡锷佯作解手,绕过厕所,迂回走出中央公园,疾步直奔府石街石板房20号曾鲲化府中。

曾鲲化,时任民国交通总长。他是辛亥革命的前驱。从日本留学归国后,在袁世凯政府中任职。曾鲲化先生也是一位支持反袁斗争的志士。不过蔡锷在京两年,与他往来甚少,他便不为袁世凯的党羽们所注意。

早等候在家里的曾鲲化,急忙帮蔡锷换上曾夫人刘灿华的蓝衫和黑裙。男扮女装的蔡锷,钻进事先备好的轿子里,由曾府的一个湘籍厨师和一个北京籍的马车夫,一前一后抬着,径直抬到崇文门火车站。

当时北京火车站军警宪兵林立,严密盘查进出站的乘客。只有崇文门火车站是专供外国人和高级官员使用的,检查不甚严格。加之曾鲲化以交通总长之衔亲送家眷,轿上的"女客"便顺利登上了开往天津的火车包厢。

在"来今雨轩"茶社,一直盯着小凤仙守候蔡锷的密探们,见他迟迟未从厕所转回,慌忙去把厕所周围、公园内外搜寻了个遍,这才知道上当了。密探们气急败坏地返回茶社,围住小凤仙,逼问蔡锷的下落。

小凤仙由此判断,蔡锷必是安然脱身了,她一直惴惴不安的心情顿时宽松下来。她嘲笑地反诘密探们:

"各位大人一直在此监视小民,莫非哪位能证明小民藏匿了蔡将军吗?"

密探们面面相觑。

这时,蔡锷已安全抵达天津。袁世凯闻讯惊慌失措。

小凤仙首当其冲地成了重点审查对象。密探们把她抓去盘问了一整天。她镇定自若,从她口中得不到一句有价值的线索。密探们不得不把她放出来。

为了推诿责任,密探们便向袁世凯谎报军情,说小凤仙坐马车去丰台,车内掩藏了蔡锷。蔡锷离京前一天,曾去密友哈汉章家里打牌,哈汉章为避嫌疑,也趁机大肆鼓吹说,小凤仙如何勇敢侠义，冒险走丰台，故意混淆视听。于是，小凤仙挟走风流将军的美谈，成了京城的街谈巷议。刘成禺在《洪宪纪事诗》中，有一首专叙此事：

> 当关油壁掩罗裙，
> 侠女谁知小凤云。
> 缇骑九门搜索遍，
> 美人挟走蔡将军。

送走蔡锷后，小凤仙的心境是复杂的。京城的议论使她欣慰，但她仍很不安。她想，蔡锷到了天津并非就是脱险，赴滇的路途上必伏满杀机。她还有一种强烈的失落感。两年来，蔡锷与她朝夕相处，心心相印。使她有希望，有寄托，生活富有了光彩。如今斯人一旦离去，她感到孤寂和无聊。

她只知道，蔡锷到天津后将住进日本人办的共立医院。她仔细从报纸上寻找蔡锷在天津的消息。报载，蔡锷称喉疾，向袁世凯请假赴日治病，袁世凯已照准。她思忖，蔡锷确乎喉部有小恙，但事态绝非如此简单，其中必有险诈。她带着满腹的牵挂和思念，悄悄离京赴津，去寻蔡锷。

袁世凯果然是一方面假意照准蔡锷东渡治疾，一方面密令日本和云南等地党羽，不惜一切代价堵劫捕杀蔡锷。蔡锷早有防范，他与梁启超密商后决定，绕道日本返滇。并事先派专人到云南向唐继尧报告，同时与正在海外的孙中山、黄兴取得联系，以期沿途布置人接应保护。

小凤仙赶到天津，在蔡锷离津前夜，为他把盏钱行。别离愁绪，语重心长的叮嘱，都倾注在满杯满盏的送行酒中。

饮到酣畅之际，小凤仙起身趋前，哽咽道：

"将军此去，任重道远。本欲为君高歌钱行，但恐袁贼耳目甚近。愿拟歌词几阕赠别。"

当即找了笔墨来，蔡锷取出怀里揣着的一个笔记本，小凤仙便舒开纤腕，一字一句地默写着——

[柳摇金]丽歌一曲开琼宴，且将之子钱。（将军呵！）你倡义心坚，不辞冒险。浊着一杯劝，料你食难下咽（蔡郎蔡郎！）你莫认作离筵，是我两人大纪念。

[帝子花]燕婉情你留恋！我这里百年预约来生券，你切莫一缕情丝两地牵。（如壮志未遂啊，）化作地下并头莲，再了生前愿。

[学士巾]（蔡将军呵！）你须计出万全，力把渠魁珍。（若打不倒袁贼呵，）休说你自愧生前，就是侬也羞见先生面，妾要见，到黄泉。

写着写着，涌满小凤仙眼眶里的泪珠断线而落，砸得满纸湿痕斑斑。蔡锷轻轻地为她拭泪，但自己的眼眶也通红了。

这是1915年《民国4年》12月初的一天深夜。寒风呼号，残月惨淡。小凤仙依依送别蔡锷，默望着他换上一套灰色西装，手提简单的行李，大步流星向塘沽港而去。

那里泊着一艘日商"山东丸"轮，即将起锚东渡日本。

魂牵沙场

小凤仙怀着沉重的心情回到北京,回到陕西巷云吉班,竭力保持平静地挨过一天天时光。

但她的心一直激动难宁。这次蔡锷离京,她本愿跟随他去,哪怕山高路远,风吹雨打。想前一段时间,满京城里"风流将军狎美人"的议论沸沸扬扬的时候,曾风传蔡锷欲"置金屋以藏娇"。事实上,小凤仙与蔡锷之间,确实就小凤仙的归宿有过打算。蔡锷有心助她跳出风尘。她虽知蔡锷已有妻室,也愿以终身相许。有一次,小凤仙陪蔡锷去中学看望他收养的阵亡部下的孤女胡小静时,三人交谈中,蔡锷已有携小凤仙带养女东渡日本的主意。

不料蔡锷因形势险迫而仓促离京,行前局势不允许他与她从容商计小凤仙的日后事。两人都是欲言又止,将万语千言滞留在胸臆。蔡锷只能反复叮咛,嘱咐她自珍,待他完成壮举重返京城时,再来相会。他认为这段时间不会很长……

而今斯人已去,在这严寒的冬季,小凤仙独守孤灯长夜。空空的妆阁里,将军的音容笑貌骤然消失了,但那宛若昨日的缱绻情谊又难以忘怀。小凤仙常常彻夜思念挂牵。每到天色微明,她就推窗遥望天津塘沽方向,眼前立刻浮现她与蔡锷挥泪而别的一幕。这时,她心里总有一种似担心又不只似担心的不祥怕意,于是便联想起古人易水送别荆轲的悲壮场面,不禁默吟:"风萧萧兮易水寒,壮士一去兮不复返"。

小凤仙每天清晨做的第一件事,就是将京城所有的报纸都找来翻阅。其时,蔡锷已是全国景仰的人物,有关他的报道,相当详细。小凤仙将关于蔡锷的每条消息都剪下来,贴在本子上,不放过一鳞半爪——

蔡锷安全到达云南。

蔡锷与唐继尧等人致电袁世凯作最后通牒:取消帝制,惩治重要罪犯即拥护帝制派十三人。

最后通牒到期这天,云南通电独立。组成护国军,蔡锷任护国军第一军总司令。

护国军兵分三路北上。蔡锷率中路直取川南重镇泸州,声势壮大。广大革命党人同时掀起强大的反袁革命浪潮,各省纷纷响应,通电独立。

……

但报道毕竟不能涉及蔡锷更具体的状况,而这是小凤仙更为关注的。

一天,小凤仙接到从袁府出走的雅梅的电话,约她去六国饭店见面。

见面后,雅梅告诉小凤仙:"我准备与袁寒云分手。等我与他的事了结,我们一起先去上海,我帮你去找蔡将军。"

小凤仙初觉这个主意好,但细细一想,又觉不妥,便说:

"我还是守在北京的好。他正在忙着打仗,我不能再拿不相干的事去扰乱他。"

"怎么不相干?这可是你的终身大事。"

"比起他的大事业来,我的事太小了。等到仗打完了,他一定不会忘记我。我相信他。"

雅梅不语了。其实,她偶然从别人口里听到了蔡锷的消息。蔡锷目前正在泸州、叙府一带作战。他的生活极其艰苦,经常几日几夜不能好好睡一觉,一身军服,从出师以来从未换洗过。原本不好的身体,益发瘦弱了。雅梅不忍将这些告诉小凤仙,免得她担惊受怕。

让小凤仙平静地期待战事平息的那一天吧,她想。

小凤仙期待的日子,到底来临了。

1916 年(民国 5 年)6 月上旬。袁世凯在全国人民的唾骂声中一命呜呼。黎元洪继任总统,段祺瑞组阁。护国军罢兵。

小凤仙开始急切地盼望蔡锷派人来,或者至少写信来。可是一天天过去了,她望眼欲穿,依然是音讯渺茫。她的一颗心,忐忑不安,滋生出无穷的忧愁和疑虑。

她竭力宽慰自己说,蔡锷还羁留在硝烟未散的前线,他眼下还没有功夫派人或写信来。

到了 7 月下旬,消息说,蔡锷到达成都,就任四川都督。小凤仙更为期待而焦虑了。他怎么仍无信来呢? 他该想到天涯有人魂牵梦绕的呵!

小凤仙终于盼来了一个人。这人便是她和蔡锷资助、鼓励赴沪投入革命运动的金云麓。他五天前由四川到上海,又匆匆赶来北京。原来,他自从离京南下后,一直受命往来于沪蜀之间,联络各地的反袁护国行动。

金云麓告诉小凤仙,他是二十天前与蔡将军分手的。将军郑重委托他来看望小凤仙,还捎来了口信:"将军说,对不起你。请你不必惦念他。"

小凤仙听了此话,感到很费解。她欲再问详情,却见金云麓向陪她而来的雅梅递了个眼色,便匆匆起身说今日另有要事,要告辞。

不祥的预兆猛地袭向小凤仙的心头。她明白,他有些不便说的话,转而委托雅梅来对她说。她便不挽留他,只约改日再见。

金云麓一走,雅梅并不等小凤仙催问,主动按照金云麓的嘱咐说起来:

"蔡将军说,他不能派人来接你。他也拿不出一些钱来托金云麓捎给你。蔡将军和他的弟兄们苦得很,几个月发不出饷,伙食钱是找地方上的绅士东拉西借的⋯⋯"

"难道我指望他给一大笔钱发财?"小凤仙听得不禁恼怒起来。

雅梅愣了愣神,迟疑着说下去:"蔡将军的反袁壮举是成功了,却没人管他的事。弟兄们要解散,要补发欠饷,他拉了两三百万的亏空。"

小凤仙听了也一惊:"竟拉了这么大的亏空?"

雅梅点点头,无意中又冒出一句:"蔡将军的病,也更加治不好了。"她立即知道失口了。金云麓关照过,暂不要对小凤仙说蔡将军的病情。

小凤仙立刻惊讶变色,接二连三追问道:

"蔡将军何时患上了病? 是什么病? 有没有危险?"

雅梅惶惑地摇摇头,她不敢再说,也说不清楚。

小凤仙赶紧向她问清金云麓的住址,向他挂通了电话,请他连夜赶到她的住处再谈。

雅梅陪小凤仙回到家里,表示要再陪她等金云麓到来。小凤仙谢绝了,她想独自静

一会儿,理理纷乱的思绪。

送走雅梅,她虚掩大门,点燃煤油灯,仰头靠在窗前,紧闭双目。她凝听窗外,西风乍起,尖利地扯叫着,吹打起落叶,哗哗啦啦地,不知卷向何处……

金云麓很快赶来了。他见已隐瞒不住,便将真相和盘托出。

"……蔡将军率军入川时,只领了四个月的饷……他以三千饥卒,与北军四万为敌……与张敬尧在合江、纳溪之间,一连交战二十多天。他未曾好好睡一觉,未曾好好吃一顿饭,终致病倒了。不断发高烧,军医诊断不出病因,束手无策……

"幸亏当地有一座天主教堂,法国神父精通医理,诊断蔡将军咽喉部位的细胞畸形发展,蔓延极快,已属不治之症。若再不好好休息疗养,则最多只有半年时间了……"

金云麓已泣不成声:

"将军恶衣废食,自戕其身,瘦得脱了形。说话要拿耳朵贴在他的嘴上才听得见。就这样,他还不躺下休息。我从未见过这样的硬汉子,一步一步往死里走,自己也知道,可决不泄气……"

小凤仙听得心如刀绞。但她还没流泪,她忘了哭,只顾死死盯着金云麓的嘴巴,不放过一字一句地听着。直到他说完,她还目不转睛地望着他,但她的双眼已失了神,她的一颗心,早已飞到成都,扑到蔡锷身上。

她明白了蔡锷千里迢迢捎来的话的意思。将军必是在深夜病痛发作,剧疼失眠时,通前彻后地想过了,对他和她的恋情姻缘绝望。便托金云麓带信来,让她早早忘掉他,好减免许多痛苦。

体察到蔡锷之心,越发勾起她刻骨的思念。她痛苦地想象着蔡锷被病魔缠身的身影,也不知金云麓何时辞去了。

她终于涕泗滂沱。整整一夜,悲啼压倒了凄厉的风声。

隐居至老

蔡锷的病情日益恶化。8月9日,他被从重庆送到宜昌。一艘军舰全速驶来,载着他顺长江急下,沿途所经武汉、南京均不停留,直抵上海。他的行踪极为隐秘,以防有人去探望反而打扰了他。

但小凤仙还是打探到了蔡锷的消息,并知道他住在上海哈同花园。她急切地邀金云麓马上同她一道去上海,她要去探望、护理蔡锷。

金云麓以为小凤仙不去为好。但他一时难以劝说,便推说有急事要办,三日后再会面商量启程日期。小凤仙则催促他有事赶紧料理,三日后便启程。

金云麓陷入了沉思中。他早料知,蔡将军所托此行,使命艰难。而今小凤仙的念头果然难倒了他。从蔡锷考虑,以他危重病状之身,他感情上的负担,本已断然抛开。如果又玉人觌面,古井重波,对需要绝对静养的他来说,何堪承受这番巨大波澜的刺激?为小凤仙设想,一旦去见了蔡锷,目睹他形容枯槁,失音难语,连一吐相思都不能够。除了平添摧肝裂胆的巨大痛苦,于小凤仙的今后又有何益?

……我不能让小凤仙去上海见蔡锷！他考虑笃定。可是，怎样劝阻她呢？他搜遍枯肠，猛然想起一句话来。这句话，足以打消小凤仙的念头。但这句话也会象一把利刃，深深刺伤她的心……别无选择了，他狠心对自己说。

第二天，小凤仙突然接到金云麓约她去明湖春吃饭的电话。她想，他提前找她见面，必有要紧话说，便准时赴约。

见面后，她见金云麓的表情很紧张，果然似欲相告要紧事的神态，便也不催问他赴沪的准备如何，听任他闲聊起他的故乡和出身。

"我的故乡徐州，是当年楚霸王项羽镇守之地，古迹名胜甚多。有个燕子楼，不知凤姐听说过否？"

小凤仙答道："是不是关盼盼绝食的地方呢？"

"正是。"他趁机接着讲起，白居易如何应邀到张尚书家做客，如何见面认识了关盼盼。张尚书死后，关盼盼怎样誓死不嫁人，怎样在燕子楼独居十余载。她苦吟了思念张尚书的三首诗落到白居易手里的经过。

小凤仙伤感地说："我闲来读书时，也读过这三首诗，确实催人泪下。"说着，她不禁小声吟哦起来：

"楼上残灯伴晓霜，夜眠人起合欢床；相思一夜知多少，地角天涯不足长。"

这一首是说寂寞恨更长，纵天高路远，也不比一夜思念更长。第二首说是张尚书葬在洛阳北邙，她去谒墓：

北邙枕柏锁愁烟，燕子楼中思悄然；自埋剑履歌尘散，红袖香消二十年。"

她闭目略为思忖了一会儿："第三首写得更是凄凉：

适看鸿雁岳阳回，又睹玄禽逼社来；瑶瑟玉笛无意绪，任从蛛网任从灰。"

金云麓说："这三首诗落到白居易手上，他依韵和了三首。你可曾读过？"

"未曾。你记得吗？"

"我只记得第三首。"他说着吟道：

"今春有客洛阳回，曾到尚书墓上来；见说白杨堪作柱，争教红颜不成灰。"

小凤仙听了惊疑地问："白居易要叫关盼盼去死？"

"白居易另外有一首诗赠关盼盼，说得更明白：黄金不惜买蛾眉，拣得如花四五枝；歌舞教成心力尽，一朝身去不相随！"

"岂有此理！"小凤仙勃然变色："难道教成歌舞，就应该身去相随死吗？"

金云麓并不停嘴，依然说下去：

"关盼盼看了白居易的诗便绝食而死。但她未绝食前，有一番解释的话。她说张尚书故世时，她不是不肯殉节，是怕人贬议张尚书重色，所以有姬妾愿意跟他一起死。这不是损害了张尚书的名誉？"

说到这里，他顿了顿，终于脱口说出最后一句话：

"我觉得，关盼盼的想法很对。这样爱惜张尚书的名誉，才是真正与张尚书好。"

小凤仙默然。她不再说话，只是低着头沉思。她完全明白了金云麓引出这个话题的用意。

好一会儿过去，小凤仙才猛然昂起头：

"上海,我不去了。蔡将军本是大人物,如今更是全国景仰,一举一动,都有人注意。我这个风尘女子去找他,被人传说开去,不是对将军不合适吗?"

她的话骤然而止,浑身的血都奔涌到脸上。她确实也悟到了,此时去见蔡锷,会使他激动,对他的病体不利。但她心中翻腾着更多的感慨。

"去不去上海,请凤姐再从容考虑……我断无意语伤尊敬的凤姐……"金云麓深抱歉意地说。

"我的主意已定。"小凤仙面色惨白,却很豁达地说。

小凤仙不去上海是绝望的决定。但她对蔡锷的期待还没有绝望,她默默祈祷他康复。"

她依然仔细地从报纸上寻找蔡锷的消息,小心地剪贴在本子上。这时全国都关注着蔡锷的病情,报纸上的消息较为详细。报载——

蔡锷于9月初由上海东渡日本,在神户登岸转道福冈。一路由他在日本陆军士官学校时的老同学蒋百里护送。

福冈医科大学病院的医师们对蔡锷的病症进行会诊,一致认为:蔡锷的病已属不治之症。只能安慰病人使之保持良好的心境以拖延时间。

小凤仙对这残酷的诊断结论惊讶失色之余,仍在心里暗自祈祷:但愿蔡锷能因护国成功而感到宽慰。她想,这种宽慰能使蔡锷避死回生,天不应绝此救国救民的良将。

然而蔡锷的心境是难以宽慰的。他不顾医嘱执意要看报了解国内政局。护国战争的告捷并未带来他预期的结果。军阀割据之势已形成。袁世凯死后继任大总统的黎元洪与总理段祺瑞勾心斗角,致成府院对峙……这一切对蔡锷都是刺激。

这些坏消息,折磨得小凤仙柔肠寸断。但她的心里还是抱着苦苦的希望。

11月中旬,一个噩耗从上海传到日本:黄克强以四十三岁的英雄年华,忽于一天傍晚口吐狂血,致当夜2时气绝身死。蔡锷闻讯顿足捶胸,痛呼国家于用人之际失却一栋材。他由此愁闷益增,病势更为沉重……

小凤仙泪流满面地读到这些消息:

至11月8日,蔡锷感觉天旋地转,自知死神临近了,他以低得几乎听不见的声音对蒋百里说:

"我不死于保卫国家的疆场,死有余憾……古来大臣临终,必有遗奏。人之将死,其言也善……我要尽最后的言责,请你代我拟遗电。"

他艰难地口诉起来,一字一句都凝聚着满腔的爱国情义。这就是历史上著名的蔡锷四点遗电。其中有一点就是要求北京政府令饬四川有关当局,将护国军将士在四川作战的阵亡及有功人员,核实请恤请奖。他临死尚念念不忘他的将士。

他喘不成声地口诉完最后一句遗电,说他"以短命未克尽力民国,应以薄葬。"

护国运动的主将,一颗耀眼的将星,陨落了。

蒋百里急电回国报告噩耗:"……公恶衣菲食,以戕其身……临终之际,犹以未能裹尸为恨,然蔡公身虽未死于疆场,实与阵亡者一例也……"

急电传到北京,传遍全国。

小凤仙彻底绝望了,她痛不欲生。她摘掉云吉班门前她那块早已是虚挂的"牌子",

几日几夜把自己反锁在内室卧床不起,拒食拒饮。

蔡锷的灵柩于 1917 年(民国 6 年)元旦的第二日运回国,扶送到湖南长沙。依照不久前公布的"国葬法",蔡锷获当时民国的最高哀荣,国葬于巍巍雄峙的岳麓山。

不久,在北京举行了隆重的追悼会,公祭蔡锷灵堂四壁挂满了政界军方文坛名流的挽联祭文。而小凤仙的一副挽联,却特别引人注目:

不幸周郎竟短命

早知李靖是英雄

此联运典浑成,而又以红拂自拟。于极简十四字之中,凝注了无穷无尽的感慨和悲哀,使参加悼念的人赞议、叹息不已。

但人们并未看到小凤仙参加追悼会。挽联是小凤仙请人送去的。新闻记者由短命的英雄联想到飘零的红颜,急忙赶到陕西巷云吉班去采访小凤仙,谁知早已是人去楼空了……

小凤仙离开京城后,人们长期以来对她的去向猜疑纷纷。有人说她经上海乘舟去了湖南。说蔡锷临终前留有给她的遗书,她照蔡锷的遗嘱,捧了蔡锷遗书去蔡锷的原籍寻找到蔡锷的母亲,在那里度过了清苦而不失宁静的一生。又有人说,小凤仙不久后重新返回了京城。说她不得不斩断旧情,嫁给了一个富商,改名易姓做了寂寞尚且安逸的富贵妇人。这些都是捕风捉影的猜测。其实,小凤仙远远地去了东北。她痛失知音,万念俱灰,唯对蔡锷的音容笑貌难以忘怀。在东北,她在对蔡锷的永久悼念中隐居至老。全国解放以后,据说,梅兰芳先生于五十年代初期赴朝鲜民主主义人民共和国演出归来,途经东北时,还曾见过小凤仙的。

舍身济世

——赛金花

名人档案

赛金花:原籍安徽黟县,原姓赵,小名三宝,又叫灵飞,清朝同治十一年十月初九生于苏州。她的父亲在太平天国运动时流寓苏州,娶了当地的女子为妻,先生一女赛金花,后生一男

生卒时间:1879~1936 年。

安葬之地:陶然亭公园。

性格特点:性情温良、贤惠耐劳。

历史功过:赛金花曾作为公使夫人出使欧洲四国,是一个生活在 19 世纪末 20 世纪初叶中国的具有传奇色彩的女子。

名家评点:林语堂《京华烟云》:"你做过一些义举,于社会有功,上苍总会有眼的。"

林语堂《京华烟云》:"北京总算有救了,免除了大规模杀戮抢劫,秩序逐渐在恢复中,这有赖于名妓赛金花的福荫。"

胡适《新青年》:"北大教授,为妓女写传还史无前例。"(注:北大教授是指刘半农和他的学生商鸿逵亲自采访赛金花后,为赛金花写传记《赛金花本事》。)

夏衍《懒寻旧梦录》:"朝堂上的大人物的心灵还不及一个妓女。"

刘半农《赛金花本事》:"中国有两个"宝贝",慈禧与赛金花,一个在朝,一个在野;一个卖国,一个卖身;一个可恨,一个可怜。"

鲁迅《这也是生活》:"连义和拳时代,和德国统帅瓦德西睡了一些时候的赛金花,也早以封为九天护国娘娘了!"

可怜人家

赛金花原籍安徽徽州（今歙县），祖上原是当地一个大姓人家赵氏，堂屋殿宇，极其壮丽。（《赛金花本事》。下引此书不再注出处）不过，这番景象，已是小彩云闻之于老祖母之口的旧日风光了。安徽城乡自然难免兵火之苦。太平天国农民革命爆发后，赛金花的祖父赵多明随着逃难的人流从徽州来到了苏北，凭着变卖家资后的几个铜板，与人合开了一家当铺。承蒙送子娘娘特别关照，他妻子一连串生了八个孩子。可惜其中七人都因战乱失踪，只剩得个幺儿，唤作八哥，大名阿松。战乱中跑来苏州找到了父亲，遂定居苏州城萧家巷。既长，娶妻潘氏。这潘氏本苏州人氏，长得十分标致，虽是布衣荆钗，也难掩其丽质。她自幼寄养于别家，历经磨难，性情温良、贤惠耐劳。三十岁上，产下一女，老祖母高兴异常，亲自为小乖孙取名"彩云"，希望她能给这个家庭带来一片幸福的云彩，却不知反而成了小孙女将来"朝为行云，暮为行雨"生涯的谶语。

赵氏家业还在老祖父手中便已萧条，与人合伙经营的当铺渐渐入不敷出，以致不得不歇业。祖父死后，彩云的父亲八哥儿似乎没有什么生计，一度挑水、抬轿，还有鸦片烟瘾。好在母亲潘氏吃苦耐劳，节约度日，方使这个家不致于乞食。后来又凑凑合合开了一爿老虎灶，以五个小钱一瓶水，一个铜板一客茶，"过着艰辛的生活"（《名人传记》1988年第6期陈藩《话说赛金花》。下引此文简称"陈传"）。不料上天偏不容人，同治十二年（公元1873年）初冬，邻家一场火，殃及池鱼，赵家两间茅屋顿时化为乌有。

生活是更加贫困了。赵氏夫妻东奔西颠以维系一家老小的生活，而小彩云则每天与祖母相伴，成天听几则祖上如何如何富裕，怎样怎样风光的旧话。这对赛金花那为了饱暖富贵而不惜一切代价去追求的个性的形成，具有一定的作用。

小彩云就是在这种充满了对美好生活回忆与企盼的家庭中长大成人的。

豆蔻梢头

"上有天堂，下有苏杭"。苏杭一带，吴山越水，绮丽多姿，钟灵毓秀，美女如云，故越女吴娃成了美人的代称。傅彩云祖籍虽非苏非杭，而母亲潘氏却是地道的苏州人，由于"钟"这么一点灵气的缘故，小彩云也生得西施一般的美丽。十余岁时，已出落得俊俏非常。你看她小巧玲珑，一身秀气，肤莹肌润，修短有致，脓纤得体。一张瓜子脸，樱唇一点含皓齿，回头一笑两靥生。还有那"抗鲜""碧霞"般的媚眼，简直是"一泓秋水照人寒"，勾人心魂。老祖母有她在身边逗趣，减却了许多老来无事的寂寞与凄凉，因而对她倍加疼爱。家中凡有好衣美食，自然首先就是满足她，小彩云天性喜欢打扮，爱擦胭脂、抹粉、穿好衣裳。那天生丽质，再加这么一打扮，真是锦上添花。渐渐地，远远近近，没有不知道萧家巷生个俏姑娘的。那抚台、学台老爷们，打轿从萧家巷过时，无一不被站在门首看热闹的小彩云撩得心花怒放，心里痒痒的。

小彩云自幼便很聪明机敏，记忆力特好，模仿力又强。七八岁的小个头，便懂得待人接物的全套礼节，并学得许多民间故事和地方唱腔，每当有客造访，那装烟倒茶，延坐问安，全是这小妞子的精彩表演。还陪着客人们聊天说故事，逗得人满心欢畅。她从不知道怯场，没有一般穷家小孩的猥琐拘束，没有富门闺秀的羞颜满面、忸怩作态，她大方自如，八面玲珑。

出生在这个穷家庭的小家碧玉，自然无法将聪明与灵秀用于诗赋、挑花、刺绣等事情上，她除了平时随大人学些日常礼教和民歌故事外，将更多的好奇心和精力转为贪玩、爱热闹、寻快活上去了。在她年方十三的豆蔻年华，就因这贪玩被人引诱着开始了她时而荣华、时而贫贱的生涯。

赵家在小康之时，还有个丫鬟使女，名叫阿金，是母亲潘氏的陪房丫鬟。后来由于家道日衰，只好把她打发走了。阿金两嫁之后投到苏州阊门金家门下。金家有女叫云仙，是阊门一带有名的为狎家介绍婊子的"皮条客"，她早听说萧家巷有个小美人儿，就是无从下手。现在阿金去她家，于是授命阿金带彩云常来赵家玩耍。在彩云十三岁上的春天，阿金背着老祖母把彩云引到了金家。对这位小仙女的降临，金云仙自然是高兴得了不得，对她热情相待，趁彩云高兴，云仙便带她出去游玩。小彩云最贪玩，一听有好玩的地方，便不问去处，跟着云仙便走。原来这金云仙早接了客人要几个姑娘陪酒的"条子"，正要寻几个去交差哩。既然彩云已经上钩，她便穿街转巷，把彩云领到了苏州花船停泊的仓桥滨。那日正值清明的前夕，彩云看见那里神会灯戏，很是热闹，篷舟画舫，济济一河，船上游人有的猜拳斗酒，有的唱曲吟诗，好不新鲜！真叫这爱热闹、寻快活的小姑娘心驰神往。岂奈囊中无物，好不沮丧！正当她自叹无钱登舟一乐的时候，对面一只船上有人向金云仙打招呼，云仙会意，忙拽了彩云跨过去。彩云喜从天降，嘻嘻一声，小燕般灵巧的娇体已立船头。她只觉得开心，岂知这只游船决定了她一生的荣辱！

原来，这江南水乡，风光秀丽，春来夏至，游人如云。或沿河看柳，或游湖戏莲，皆需借助船。在南京秦淮河、杭州西子湖，这种专供游人租用的篷舟回舫，比比皆是。苏州城水路密如蛛网，是个"人家皆枕水，出门须乘船"的东方威尼斯，游船之盛，更是首屈一指。这些游船大致分为两类：一类是小船一叶，人称"七板子"，陈设简陋，但进退自如，十分灵便，是观光览胜的好工具；一类是画舫，这种船体积较大，在船上起屋，双开门，四面窗，外围一圈朱栏，室内室外，油壁彩绘，十分精致。室内宽绰，可安两桌酒席，高悬华灯，再点缀茉莉花篮，清香幽雅。苏州人的风俗，凡亲朋高会，王孙冶游，佳节出行，大多数情况下是包乘画舫，茶水饭菜俱不用操心。在阊门与虎丘之间，有夹岸杨柳、迎面人家，舟行其间，真有几分陶然世外，脱却尘凡的轻松感觉。船家为了招徕顾客，常买几个标致的姑娘，侍候船中，称为"坐舱姑娘"。这些姑娘多半能唱小曲，未开宴时，咿咿呀呀唱上几段，或雅部昆腔，或缠绵评弹，和以丝竹管弦，五音和谐，往往能动人心怀，不失为助酒增兴的好办法。但是一旦游客看上了坐舱姑娘，多出些银两，那为云为雨的事也就不可避免了。这称为"花船"，其实是水上流动妓院。当然，也有另一种不带姑娘的画舫，叫作"清船"。游客到前，先由船家伙计持红帖到妓院或"拉纤"家预约几个姑娘（即"叫条子"），到时上船助兴（叫"应条子"）。小彩云这天便是被金云仙叫去"应"了"条子"。这其中三味，对于天真的小彩云来说，自然是不得而知的。

她们先是上了一只"七板子"。那船家技艺高超,在河心一篙打去,"七板子"便围着篙儿直打转,霎时间,天旋地转,屋动柳移,乐得小彩云嘻嘻哈哈,前仰后合。云仙见她忘乎所以,又把她带上了画舫。那里有几个漂亮青年围坐一席,彩云见他们猜拳行令,十分好玩,便随着云仙走在旁边坐下。那些青年倒是待人热情,与彩云调笑逗乐,十分友好。小彩云只知好玩,哪知这一个个后生色眯眯地把她当成佐酒的雏妓了哩。这天,彩云跟着云仙从一船玩到另一船,得到的都是眯眯笑眼,还赚了几箸好菜,两杯美酒,直到天晚,才晕乎乎地离船而归。末了,金云仙还大方地给她一把铜钱,约她下次又来。其实依当时"清倌"(不卖身的妓女)出局一次四元的行情,金云仙领着彩云转了十多条船,少不了也赚四五十元大洋了。

以后彩云又瞒着家里人出去了几趟。既有玩的,又有吃的,还能赚几个子儿,真是天下难找的便宜事!这对生性就爱热闹、寻快活、爱打扮、好穿好衣服的小彩云来说,又何乐而不为呢?况且,自己只做个"清倌",并不卖身。

俗话说:"好男不游春,好女不看灯。"一个涉世未深、情窦初开的美貌少女,在那班狂蜂浪蝶的日夜追逐纠缠中,纵然她当初也许全然不晓那个人事,但她难免有羞红了粉脸,身不由己的时候吧?当彩云家里的人知道她出入于画舫的事情之后,都觉得辱莫大焉。特别是爱她疼她的老祖母,更难过得几天吃睡不安。但是生计促迫,他们还有什么别的办法来满足小彩云那渴望快乐和享受的要求呢?况且,她似乎已有过那么一两回的了,再有三回、四回好像也没有什么不可以了。这样,家人默许了彩云的行为。她由懵懵懂懂地做应条子"清倌",而调笑戏闹,而半推半就地"破瓜"陪床。由偷偷摸摸地来去,而明火执仗地起了"朝为行云,暮为行雨"的"神女"生涯。后来,赵家见再要给她择个"才貌双全的夫婿,好好地嫁了"已不可能,便干脆把她典押给了大郎桥娼家。彩云还为了顾全本家面子,易姓"富"字,希望能借这点吉利富起来。外人不知其中奥秘,写"富"为"傅",人称傅彩云。

苏州盛产美人,但是在旧时代,不少女子由于生活所迫和社会风气的污浊,从事卖性为生的贱业。在全国许多通都大邑,都有苏州籍的妓女,号称"苏帮",与来自扬州的"扬帮"、南京的"南京帮"相匹敌。苏州城内的妓女就更多了。士大夫、贵公子,车马轻裘,一斗千金,争相以嫖娼宿妓相矜尚。还品评等级优劣,第其高下,设立"花榜"。彩云姑娘凭着自己美丽的姿质,乖巧的性格,大得豪门公卿、江湖骚客的赏识,一时趋者若鹜。不久便力压群芳,夺得了"花榜林元"的雅号,饮誉一时。

一笑倾城

不料这"花榜状元"的称号,却惊动了卜居苏州城内的真正状元——洪钧。洪钧字文卿,原籍安徽徽州,算来还与彩云同乡。这洪状元家居悬桥巷,此时正为母守丧在家。他虽是"代圣人立言"起家,大讲"正心诚意,修身齐家治国平天下"。但是也深谙"小雅好色而不淫"和那诗始《关雎》《易》首"乾""坤"的命意所在。还在未得志时,他便在烟台妓家相识小红,打得火热,不久囊空如洗,赴考无资,还赖那侠心未泯的小红解囊相助,才使

他一举成名。既魁天下，重担孔夫子"唯女子与小人难养也，近之则不逊，过之则怨"的话，幡然"知新"，本着"过勿惮改"的精神，斩断情丝恨缕，避道南下，空让小红独守"永不相负"之誓。现在又闻傅彩云的艳名，又想重效夫子之访南后，再演一段名士风流。怎奈母孝在身，不便走马章台，只好叫条子，邀那"花状元"来到状元府上，陪二三好友玩牌。虽然状元公已有一正一副妻妾二位，见了彩云，似乎多年吟哦的"肤如新凝脂，颈若蝤蛴，巧笑倩兮，美目盼兮"的"诗教"，才在这红衫绿裙底下找到恰当的注脚，顿生怜香惜玉之感，后来竟"一日不见，如三秋兮"。好友们瞧透机关，极力劝他拯彩云于水火，既可救人一命，亦可独占花魁。洪状元先是因自己年纪太大（五十岁），"觉得有些不好意思"，但又经不住劝说，便以三千金为彩云赎了身子，买得专利。只是母丧未除，为顾全礼制，仍将彩云寄宿在大郎桥，自己只好辛苦些，暗度陈仓，以全孝子之名。

次年（公元1887年）正月总算脱下孝服，状元公换上红锦喜袍，正式"用凤冠霞帔"这种诰命夫人才享用的盛装，"绿绒喜轿"将彩云迎娶过来。彩云易名梦鸾，以期鸾凤和鸣，朝朝如梦。（《赛金花外传》，下称"外传"）。她正式成了洪状元的第三房姨太太。洪状元自喜在"知天命"之年独占花魁，对这样一个娇小玲珑、混沌初开的美女真是又怜又爱，恨不得含在口中、揣于怀中。虽然这半百之叟已无法掀起那青年夫妇的百尺热浪，但是那真挚的情感，抑或胜过青年。梦鸾太太除一点美中不足外，在人间真富贵面前倒也心安理得了。

这年四月，洪钧回朝，举家迁京。在当时海禁大开，中西交往日繁的时势下，这洪钧却仍然是个"尊王攘夷""内诸夏而外夷狄"的圣徒，不仅对那世界大局、国际潮流一点不知，而且讨厌那着西服的"假洋鬼子"。"老佛爷"慈禧太后也许正是看上了他这一点"气节"吧，偏授命洪钧为"出使俄、德、奥、荷四国钦差大臣"，即驻外公使。制书五月下来，洪府上下，忙成一团。当时的人们对出国万万没有现在人开通，因为在天朝上国的臣民心目中，外国犹夷狄之地，"无父无君，是为禽兽"。可是圣命难违，洪状元只有勉为其难了。又按照当时国际交往的惯例，公使出国必须携带夫人同行。考虑再三，其他两位太太都不能随洪公漂洋过海，只剩下这个正与先生缱绻绸缪的新太太了。她年轻貌美，见得客，而且过从来往，也不怕。于是洪钧只得上奏太后，一诉苦衷，请求以妾代正。孀居多年的慈禧太后倒也理解，准允了洪钧的奏请。

圣旨一下，乐得这生性就爱热闹、寻快活的梦鸾太太高兴得了不得，她乐得到外面寻找另一个世界，去阅历一番异国人情的风味。

1887年中秋节后，梦鸾随着夫君从上海启航放洋去了。他们搭乘的是德籍"萨克森"号货船，经马六甲海峡、印度洋、红海、地中海，直至9月13日才到达德国柏林。一路上万里鲸天，波峰浪谷，起初很让这好奇的公使夫人受了一番罪，且不幸将她与夫君的爱情结晶流产了。

临行前在上海逗留了数月，主要是让公使和随员熟悉一些外交礼节。梦鸾出于好奇心，曾向两位随行的中国翻译学习英语、德语会话。上船后又遇上德国驻上海商务会馆的打字员夏玛丽小姐，梦鸾与她一见如故，又拜她为师，学习德语。凭着她那超人的模仿力和过耳不忘的记性，在这短短的航程中，梦鸾鹦鹉学舌，竟然掌握了英、德两种的日常生活及官场社交用语，为她来日成为"交际社会之花"奠定了一点基础。

当时柏林的中国使馆非常阔气。它的前身是德国一位公爵的别墅，非常幽雅。一幢三层楼的长形主体建筑，修得宏丽曲邃；院落周围遍栽花木，春来夏至，草木青青，百花吐芳，再配上那绿茸茸的草坪，真是好看极了！楼后环绕着一湾流水，闲暇时或划桨荡舟，或素足涉水，好不惬意！至于室内的陈设，其豪华之况更是梦鸾在国内时看都没有看过的。能置身在这个特别的环境里，在梦鸾眼里，这里是获得解脱和自由的瑶池。不负这良辰美景的是，而今这幢大楼的主人婆又是个花枝招展的青春少妇，她披着孔雀毛的围巾，穿着二十四条飘带的六幅湘绫裙，每条带上系一个玲珑别致的小银铃，随着她那斯文款缓的脚步，发出一连串丁零有致的响声。还有那三寸金莲上的宫鞋，每只后跟都凿成莲花模样，再塞进粉色，在那一尘不染的大厅里忸怩作态地走过，一摇一个模样，一移一个花印，真个步步莲花！连欧洲贵族见了，也莫不啧啧称奇，自愧不如(《外传》)。至于那些略闻一点公使夫人底细的随员或使馆公务员，被梦鸾的这番表演更是诱得心花怒放，看得如迷如痴。不过，身为公使的洪大人此时还是能保护爱妾的，因此，对公使夫人怀有不正之心而又表现得露骨的人，被公使免职回国也就在所难免了。

公使及夫人虽远居海外，过的仍然是"合乎中国国情"的讲排场、讲体面的寄生生活。他们除了从国内带来了用五十两银子一月请来的男女仆从各两名外，还带有厨师、缝纫师、剃发匠等。公使夫人爱洋婢，于是又用每月四十元大洋的价钱雇了四个洋丫头。不仅饭来张口、衣来伸手，而且夜间有四个洋丫头打着"角明灯"迎送，白天有摩登女郎陪着打牌、下棋、跳舞、弹钢琴。在吃的方面，也不马虎。公使大人深谙"食不厌精，脍不厌细"的圣人之教，"对于饮食上最爱讲究，也最有研究，家里每次请客，调制出的菜品，有许多样是外边做不出来的"。公使虽不拒绝西菜洋餐，但却严格执行"中体西用"的方针，主茶主食必然由自己研究方案，而由自带厨师如法炮制出来。因而每次宴后，外国客人都交口称赞，说中国菜好吃。

在欧四年，公使夫人不仅经常出入于柏林的剧院、舞厅之间，徜徉于商场和乐园之中，还访名都，会名人，成了饮誉欧洲上流社会的交际花。她经常与德国首脑人物见面，她曾经与威廉二世握过手，有名的"铁血宰相"俾斯麦曾称赞她"美丽"。特别值得一提的是，她还与当时任德军总参谋长的瓦德西跳过舞，当然那时他们未必就有染了，但结下了异日相会于赤县神州的姻缘。梦鸾托洪状元的福，爬上了公使夫人的特殊地位，又借公使夫人的桂冠，任情炫耀于异国他乡，享尽了人间荣华富贵。一片又一片的喝彩，自然也留下许多风言风语。

光绪十六年(公元1890年)，公使任期已满，梦鸾随夫君回到上海，结束了那段异国情调的公使夫人生涯。在苏州祭过祖先之后，于当年年底，梦鸾与洪氏全家，又随夫君回京述职。这次北上，仍乘画舫，沿大运河至通州登岸。朝廷派来八辆大马车装行李，六辆装人，另有两顶花轿，一顶大红轿，十二人开道，一字排开，队伍长达一里，煞是威风！入京后，卜居东城区史家胡同。

重张艳帜

洪钧入京，以兵部左侍郎的官职参办外交事宜，一时官场引为荣耀。岂奈这位状元公、旧公使，虽没少喝那莱茵河、多瑙河和大西洋水，却对"夷务"毫无兴趣，就连这做官也缺乏热情，成天价研究他的元史。这梦鸾太太本是个生性活泼爱快活的人，自然难作那添香红袖，老关在屋里厮守那书斋中的夫子。她于是花着状元公的钱，以状元夫人身份，逛公园、进戏馆，一时间状元夫人誉满京华，招来了一群狂蜂浪蝶的觊觎。不少人为了瞧一眼状元夫人，或者更有幸能得到她飞来的媚眼，常常借故来洪府走上一遭。老迈气竭的洪老爷自然难叫春情方盛的梦鸾满足，于是侍僮阿福和贵儿便"近水楼台先得月"了。洪先生虽然可以对四夷之事漠不关心，但对爱妾的行为却难闭目塞听。于是，他逐掉了仆童，以绝祸根。

洪状元与爱妾先时在圣彼德堡高价购得的中俄边界图，当曾矜为秘本，请人翻译，付诸梨枣，原本想掌握一点俄人内部的边界图，以便将来在中俄边界交涉中握有铁证。殊不知那幅图竟是伪品，将整个帕米尔都画到了大清版图的界外。公元1892年帝俄公使根据这幅据说是中国承认了的地图，向清政府提出领土要求，朝野哗然。那些铁面御史看准洪状元的弱点，交相弹劾，说他"识浅昏庸""里通外国"。满朝惊动，合家惶恐！好在对那边界得失看得很通达的李鸿章为之疏解，慈禧太后也记起了洪钦差放洋回来时敬献的那好玩的滑冰车、小火轮，至今还放在颐和园，于是龙颜顿缓，恕其无罪。但是这一惊却非同小可，内忧外扰，积劳成疾，洪状元没等到那部曾"取材域外，时论称之"的《元史译文证补》"杀青"斯尽，便撒手归天了。

面对夫君的亡灵，这位飘浮于极乐世界的"飞天"才猛然回到现实中来，亲不亲，夫妻情，相处七年，没有爱也有亲，虽是老夫少妻，难得有那少年夫妇的火样热情，可他对自己的一腔痴情，千种怜惜，都还历历在目。特别是自从跟了洪状元，实现了儿时的幻想，享尽了人间富贵和绝世风流！可自己那可恨却又可爱的爱热闹寻快活的个性，虽然也没少给夫君带来快活，但也难免给夫君带来麻烦。念及这些，这心肠软的梦鸾少不得泪如雨下。再看看，如今大厦已倾，自己这漫天飞舞的彩蝶顿时成了断线风筝，何去何从，心中无数。固然，初嫁夫君时，怜爱之余，他曾向自己允诺："吾年倍于汝，他日倘有不测，当畀汝五万金以终老。"（《二南随笔》）而且在临死前，夫君又重复过这话，但是迄今并未拨到自己名下，不过一张空头支票；还有，夫君有意在史家胡同为自己盖几间洋式楼房，以便满足自己随君万里时养成的喜洋楼的兴趣，哪知还没动工他便一病不起了。

想到这些，这位未亡人又顿增十分悲戚。于是，她哭罢夫君哭命运，如泣如诉，好不动情！

不过，哭也罢，悲也罢，总得为自己的将来找条退路。要么，长做未亡人，但是这对自己这个年龄不足三十又活泼多情的人来讲，实在是可怕的漫漫长夜；要么……想到这里，她也难免羞红了沮丧的脸蛋。不过她并不觉得十分对不起状元公，而且相信那已入黄泉的夫君会原谅她，会理解她的。不是吗，还在三天前，那时夫君正卧病在床，奄奄一息地

望着这位风韵正浓的爱妾,缓缓地握住她那伸来喂药的酥手,吃力地对她说,等自己丧事过后,一俟"断七",她便可以再醮他夫。梦鸾觉得在良心上并没有什么不安,便从灵前站起,急忙去找大太太王夫人交涉遗赠五万元和许嫁的事。宽厚的王夫人以及其他亲属都知道这个三姨太的底细,她没有要留她守寡的意思,只是状元新丧,劝她应尽妾之道,戴孝至"断七"以后,才能脱离洪籍。而且还约法三章:脱籍后不能在京师胡来,以免有辱状元公面子。五万银两可以拨给,不过银票先交给洪氏族弟洪銮收管,等梦鸾实践诺言后再交还与她。现有梦鸾房中资产尽归其所有,但是梦鸾与洪先生在德国生的小女儿德官却必须留住洪家。梦鸾勉强服满丧,又扶柩经运河到了苏州。

谁知到了苏州地界,却不见洪銮,他竟昧着良心把五万银圆给硬吞了!梦鸾找不到洪銮,便到洪府去要,可是洪家不仅不给钱,还讥讽她是妓女出身,有丧洪门风范。一种被愚弄的怒火在她胸中燃烧,她决心报复洪家:"你们嫌我是妓女,有辱洪家。我索性叫你洪家丢人丢到底,我宁可伤身,也要跟他们较量!"(《忆赛金花》,《中外妇女》1985.5期)其实,这只是问题的一方面,另一方面,而且是主要的方面:她已过惯了不劳而获的寄生生活,而且是豪华的生活,她不愿凭自己的劳动来获取生活资料,也不愿就手中现有的几千两银子来维系简朴的生活。况且,她已经干过那种皮肉生意,并不视妓女生涯为畏途。由于这内因外因的促成,她便暗打主意再入平康,重操旧业。

公元1893年,她易名曹梦兰,卷资来到上海,暂居址坺桥保康里。初来上海,她也不急着挂牌接客,她要趁着手中还有几个钱,趁着年轻,放松一下自己,享受一下人生。那时,好心的媒人为她提亲的不少,但似乎都不中意,她也就乐得无拘无束地日游张园愚园,夜坐戏馆。这时的梦兰既有人才,又有钱财,惹得一班少年抓耳搔腮,一位当时的过来人说:"风声传播,遐迩咸知。狂且狡童,皆利其囊中之物,更可一亲香泽,人财两得,何乐不为?"(陈荣广《老上海》)可见当时在梦兰鞍前马后伺候的人确实不少。其中有一个成功地闯进了梦兰的怀抱,他便是与曹梦兰保持了近十年同居生活的孙作舟。孙氏系当时一名业余演员(时称"票友"),别名少棠,排行老三,人称"孙三爷"。父辈在天津开珠宝店,爱唱几句京腔,这时正走票上海。孙氏样子虽谈不上帅,一脸大麻子,但是身体魁梧,精力旺盛,又是走风月的老手,一开场便把曹梦兰整治得舒舒服服,快快活活。于是,二人朝夕追欢,情好日笃。不过,二人都"明知不是伴,情急且相随",只是恩恩爱爱,无休无止地同居,却不正式办理结婚手续,这在孙三爷意下,图的就是亲其芳泽、利其囊资,有手续不是反而成了枷锁?他寓居上海的开销都出自梦兰,这还不算,梦兰还把洪老爷洪侍郎的三大毛缺襟袍、貂马褂、忠孝带等遗爱都转赠给了他。这些东西按《大清会典》可得要五品官员才配享受哩!而在梦兰心中,也不是没有别的打算。她看见那上海勾栏林立,行情看好,那些烟花姊妹自由自在。蜂飞蝶舞的生活,既无室家之累,亦无柴米之忧,好不快活!于是她名义上与孙三爷夫妻同居,暗地里仍然朝看"髦而戏",夕观斗蟋蟀,打探花界行情(同梦庄《雪窗闲话赛金花》),一伺时机成熟,便挂牌开业。到那时,这个孙三爷么,正可用来撑门立户,做个妓馆的"叉杆儿",到外面去应付应付。

时机终于成熟了,光绪甲午年(公元1894年)二月,曹梦兰在上海二马路鼎丰里旁边的彦丰里租了一所"五楼一底"的豪华寓所,用两千多元大洋包了两个姑娘——素娟、月娟,正式开了个"书寓",让两位姑娘挂出"新月娟娟""素月娟娟"的招牌接客,自己则一

半是居家主妇，一半是领家鸨母，过起那"半居家半书寓"两栖生活。曹梦兰既是开的妓院，为何又称"书寓"呢？原来这是上海滩花界的规矩。

在中国近、现代史上，"上海青楼之盛，甲于天下。十里洋场，钗光鬓影，几如过江之鲫。每逢国家有变故，而上海北里（妓院）繁盛，益倍于从前。贵游豪客之征逐于花场中者，肩摩毂击。一岁所费金钱，殆难数计。自道光二十二年（公元 1842 年）未与外人通商之先，上海仅海滨弹丸小邑。公元 1842 年后，其娼妓事业与工商业，有骈进之势"（《中国娼妓史》）。这日盛一日的娼妓之业，为了协调关系，共荣共存，也形成了许多规矩，妓院分成若干等级以别贵贱。最上的叫"书寓"，其次叫"长三"（其姑娘出局佐酒例收银洋三元），再次"么时事"（姑娘出局取二元），再往下便是"烟花馆"和不入流的"野鸡"之流了。其中的"书寓"最高级，其院落整洁，陈设豪华，什么五色保险洋灯、著衣大柜、自鸣钟等物，都是不能缺少的。箱箧、床榻、桌椅，再添上屋里的一些应用零碎东西及被褥、四季衣服、首饰等，真是了不得！与当时居家的豪门闺秀没有两样。"书寓"里的姑娘也不同一般纯粹卖身的妓女，她们必须能弹会唱，具有一技之长。与客相见，第一面便是一曲迎客，谓之"堂唱"。来宾入座，四季鲜果，清香点心，任其啖食，量腹取足。"书寓"的姑娘也不随便陪宿，如客有意，得经较长时间接触，叫处朋友。即使双方有意，掌班的（即鸨母）也要估摸来客已将银钱花得差不多了，再摆上一桌酒席定亲，方才能谐鱼水之乐。除了卖身一项外，这"书寓"实与高级俱乐部加高级宾馆相当。曹梦兰在上海开的就是这类高级妓馆。

这时正是中日甲午战争打得十分激烈的时候，各地富豪裹挟重资来到上海，与妓女们打得火热。那千里之外的轰轰炮声把豪绅王孙们素来虚骄炸得粉碎，他们仿佛大难临头一样，跑来上海乘时挥霍那身外之物，以填补一点心灵的空虚。由于这一刺激，上海的妓业又出现了惊人的"繁荣"。这时的曹梦兰正是三十许年华，表现出成熟的少妇之美，加之善于打扮，头插翡簪，髻挽五套头，耳带公使当年用几千两银圆从英伦买来的牛奶珠坠子，光润如蝤蛴的颈上挂着公使千金买的柏林金链珐琅表。这些所配之物，直让人有"光摇银海眩生花"之感，能不"称美不已"吗？（《雪窗闲话赛金花》）她不仅有响当当的"吴娃"籍贯（须知上海滩以苏常娇娃为上），还见过世面，吸取了柏林姑娘的热情和泼辣、巴黎女郎的多情与开放。这样一来，与那般逆来顺受的娇娃大异其趣的是，她将火样的热情、泼辣与生就的那副爱热闹、寻快活的本性发挥出来，使那班自命风流的大人先生们在玩腻了多愁善感的林黛玉式的女人后，为她的新奇所吸引，为她的多情所陶醉。更何况，她还有"花榜状元"的历史和"抹元太太""公使夫人"的头衔哩，一有头衔便畅销，古今一例，中外同理。于是乎，曹梦兰再要隐姓埋名，过"半住家半书寓"的生活都不可能了。想见她的人太多了，想一睹芳容的人太多了。她"觉得实在推脱不开"，心肠素来就软的她只得羞答答地重挂牌，规定周末两天出来见客。对这段得意生涯，后来人老珠黄的赛金花回忆起来也不无眉飞色舞："这么一来，每到这两天，真是客人络绎，车马盈门。忙得我吃饭的工夫都没有！"

当时的大小记者和报纸大肆采访报道，还举办赛金花会，将上海名伎林黛玉、金小宝、陆兰芳与这曹梦兰一齐评为明星，号为"四大金刚"。而这曾远涉重洋，又会几句"哈罗！"（Hello）、"达令！"（Darling）的状元娘子，当然又被推上榜首，再享"花榜状元"之号。

这样云里雾里地过了五年，甲午战争的炮声已经消失。《马关条约》也在"精通"夷务的"外交家"李鸿章手下签署了，无非断送些国土主权，再带上二万万银两，送给那贪鄙的东洋人，以取得友邦睦邻。那群来沪斗酒千金的富商豪绅又各就各位，回到当初的地方去了。昔日靠这些人挥霍而呈现出的繁荣景象顿时薪去羹冷，盛极一时的妓业也陡然逆转，曹记"书寓"也是"门前冷落鞍马稀"了。作为上海滩上的顾主，一则对这状元夫人的好奇心已得到了满足，二则梦兰与"叉杆儿"孙三爷过分亲密的关系，使他们即使在兴奋的时候，也总觉得像咽了苍蝇一般不是滋味。这自然会大减他们光顾"书寓"的热情。这些"随喜功德"越来越少，而梦兰与孙三爷的挥霍却不减分毫，坐吃山空，形见拮据。一种被冷落的寂寞和经济的压迫感，使曹梦兰将一腔怨气都向那孙三爷发来。起初的孙三还赔着笑，渐渐地也不让不饶，于是争吵打骂时有发生。曹梦兰暗地里筹划着脱离孙三，以便重整旗鼓（《赛金花故事编年》，下称"编年"）。正在这时，苏州状元、洪钧亲家陆润痒，为了维护苏州人和已故洪老爷的面子，说上海滩离苏州太近，改名换姓，又没换个脑袋（《忆赛金花》），遂串通上海知府，强迫那曹梦兰离开上海，并下令：江、浙、皖三省都不得居住！她再次面临着人生的十字路口。孙三爷总算不忘旧情，极力鼓动梦兰迁往天津码头，以便自己控制。

南妓北移

公元 1898 年，曹梦兰不得已带上潘氏母亲，随孙三来到了天津，在江贫胡同旧"金花班"重开旧业，自己易名"赛金花"。从此"赛金花"的名字逐渐响彻寰宇了。

这时中日和约已签订三年，社会又恢复平静，京津一带又出现了所谓升平气象。人们对中国战败的国耻虽记忆犹新，但清政府自皇族以下大小官吏，又恢复了过去醉生梦死的糜烂生活，以乐韬忧。再加上新任直隶总督荣禄又是个极爱闹阔绰的"八旗子弟"的领袖，在他统治下的天津等地，虽然官场贪污受贿、庸愚腐朽，而娼馆戏院却格外红火。赛金花的班子也欣逢"盛世"，生意兴隆。来到天津后，赛金花也一扫离开上海时的落寞气象，重振精神，再焕容光。她广交名流，出入京津，什么户部尚书杨立山（豫甫）、直隶总督荣禄、浙江江西抚台德馨、小站练兵起家的新建陆军统帅袁世凯，概与之有一日之雅会。还因杨立山的介绍，北京名儒兼巨商卢玉舫与赛金花拜为把兄弟，赛排行第二，人称"赛二爷"。这拜把之事，本系当时色情行业的风尚，有地位的名伎，多与江湖名流结拜为兄弟，不过借以重其身价、使其营业。这赛金花借着"赛二爷"之称，果然女扮男装，进出豪门贵第，与那班风流士大夫称兄道弟。有知其底细者，作打油诗一首以戏之："嗡嗡苍蝇戏彩蝶，状元有灵九泉泣。自古红颜多薄命，女扮男装赛二爷。"（《陈传》）

在这段时期里，据说赛金花还利用与荣禄、袁世凯的特殊关系，在戊戌政变这个政治事件中扮演了角色。

甲午战争，堂堂大中华居然败伏在弹丸岛国日本的脚下，以割地赔款告终，这使百年沉睡的巨人惊醒了！人们意识到，日本之所以能以小胜大，由弱到强，是由于采用了西方先进的生产技术和先进的管理方式的缘故。于是，一部分代表新兴民族资产阶级利益和

开明士绅要求的中国知识分子，如康有为、梁启超等人，便鼓吹维新，要求变法。公元1897年冬，德国又强占胶州湾，帝国主义瓜分中国的步伐加快。于是光绪皇帝命康有为、梁启超、谭嗣同等人，从公元1898年6月至9月百日之间，颁布了一系列维新法令，推行新政，史称"百日维新"。可是，这场志在改革图强的政治改良运动却触动了以慈禧太后为首的"后党"的专制权益，遭到疯狂的反扑。"后党"不仅拼命控制军政实权，阻挠新政的推行，还阴谋在当年九月，趁光绪皇帝去天津检阅陆军操练的机会，将光绪杀死。这时，直隶总督荣禄正统领当时比较有战斗力的三支军队，即董福祥的"甘军"、聂士成的"武毅军"、袁世凯的"新建陆军"，慈禧太后便把这兵变的任务交给荣禄。一天李莲英奉慈禧懿旨来天津与荣禄密谋，刚好被荣禄留居府中的赛金花听见了。由于维新人物中的谭嗣同系洪钧好友湖北巡抚谭继洵之子，赛金花从前曾与谭大公子相识，出于一种善良的情感，赛金花决计帮他一把。当时在荣氏所辖三军中，以新建陆军尤堪举足轻重，而袁世凯又是个人中奸雄，在维新派与"后党"之间态度暧昧，依违两可。在维新之初，他曾表现出极大的热情，赢得"进步开明"的声誉和维新派的好感；但是他又在"后党"面前大表忠心，大耍两面派手腕。荣禄为了固结袁世凯，除封官许愿外，还跪求赛金花，要她下嫁袁世凯，以行那王允献貂蝉于董卓的美人之计。赛金花怀着倒戈的意图答应了他。当谭嗣同奉光绪之命来袁营说项，要他入京勤王时，赛金花暗中差人将荣禄等阴谋兵变之事告诉了谭大公子，使年轻的皇帝免于一死（《忆赛金花》）。不过，戊戌政变还是以另一种形式发生了，光绪皇帝喋血瀛台，谭嗣同也成了菜市口的"六君子"之一，她的反戈到底十分有限。不过，如果此说不虚，赛金花表现出来的那一点正义感和同情心，还是可以嘉许的。

公元1899年，杨立山的老太太做寿，"赛二爷"从天津赶来北京敬献"蟠桃"。在那里又与在京诸友相聚，诸人情意缠绵，依依难舍，都挽留她迁进京城，好行方便。赛金花觉得"对他们这番美意，很难违拂"，况且北京乃帝都所在，公卿所聚，有这班大人捧场，一来肯定走红。于是她便勉为其难地留下来陪侍诸友，另遣人去天津将班子迁来。卜居李铁拐斜街"鸿升店"。

赛金花迁来北京，不仅遂了在京诸相识的心愿，而且一改北京妓业旧貌，也给北京其他章台折柳诸人带来了倾心的艳福。原来在大清初入关时，为力矫晚明颓俗，顺治皇帝下令废除京师官妓，康熙时又陆续废除各省官妓，一时颇称清静。不过政府虽然也对民间宣布"禁良为娼"，限制私妓的发展，但却是有禁不止。不仅外埠的南京、苏州、扬州、广州、上海等通都大邑青楼林立，即便是这"日下"京都，其外城内之东西、外城外之南部，在清初已是"都为香巢"。不过在清律上仍禁止命官士夫宿妓。凡文武官吏，公然宿妓者杖八十，监生生员狎妓赌博者，贬为庶民。因此文人雅士往往"既慕予兮然疑作"，望而生畏。因此北京的妓女之业与外埠相比稍显萧条。加之北京妓女多出自燕地，有人比较各地的女子时说："燕赵佳人，以壮迈胜；吴姬越女，以婀娜胜；粤东珠娘，以刚健胜。"（《中国娼妓史》）这壮迈的燕地佳人，除了装烟递茶、卖笑卖身等"尚实行"的技巧外，却缺乏点艺术气质，远不如南方妓女能歌善舞，以至当时"评春"品藻的士大夫对这"都中妓鲜解音律"的不足，深以为憾（《燕台评春录》）。赛金花之来北京，大胆引进南妓乐班，算是开风气之先。这些南国佳丽，轻盈婀娜，朱唇小启，南曲斯兴；有的还锦心慧口，粗通文墨，

更能适应文人雅士在那实质内容外的精神慰藉和灵魂寄托等多种要求。面对这新奇而又全能的南妓,北京的王公大人们哪能不为之粲然、为之颠倒呢? 从此后,北京花界逐渐形成了一种色艺皆营的名副其实的"清吟小班"。能使京师的妓业从纯粹的卖淫提高到兼卖艺术,这也算是她赛二爷的一项"功德"吧。

赛金花的"金花班"以崭新的面目令京中骚客耳目一新,而她本人的神采风韵,更具有吸引力。《清裨类钞》说她当时"性俊爽,客至,掀帘出,神光四射。其装束日必数易,有见之者,谓此一赛金花,彼亦一赛金花也。"花样翻新,真是深得"苟日新,又日新"的圣训之三味,不读诗书,尽得风流! 当时曾有幸一睹芳容的巡城尉史陈恒庆也说:"初见时目不敢逼视,以其光艳照人,恐乱吾怀也!"(《谏书稀庵笔书》)不过,又有几个王孙贵胄能像陈学究"非礼勿视",坐怀而不乱呢? 因而赛金花在京里这么一住,时间不久,被她乱了心怀的人实在不少。"每天店门前的车轿,总是拥挤不堪,把走的路都快塞满了"。还有那因碍于高官显爵的尊严而不便寻花问柳者之流,便打发方便人去把赛金花"邀到他们府里去",诸如庄王府这样的似海侯门,她也经常乘便去走走。这样一来,我们的主人翁就"越发忙了,夜间在家里陪客见客,一直闹到半夜,白天还要到各府里去应酬"。真是太难为她了。

赛金花虽然一开京中"南妓"的风气之先,却"但开风气难为师",到底初来乍到,阵营尚弱,在居住地上就受了许多限制。《京华春梦录》上说:"斯时南妓根蒂未固,僻处李铁拐斜街胭脂胡同等处,曲径小巷,地势鲜宜。寒葭潭、百顺胡同以东,似均北妓根据之地。鸿沟俨然,凛不可犯。"赛金花居住的李铁拐斜街,不仅"曲径小巷",而且"太脏太乱",她试图改变这一现状,"想在内城找一所清洁宽敞的房子",结果虽然在刑部后边高碑胡同找到了一所,但刚搬过去就逢着官家禁止在内城设曲班妓馆而被撵走了。

赛金花只得又回到天津孙三爷的"码头"去。

舍身济世

法国大作家莫泊桑在小说《羊脂球》中写了这样一个故事:在普法战争中,一群同车逃难的人途中被普鲁士士兵拦劫拘留,人群中有公爵、夫人、修女以及其他正派的大人先生,他们对敌人的刁难都束手无策,甘作囚徒。于是他们怂恿,甚至哀求同车的一位妓女羊脂球,以出卖自己的肉体来换取同胞们的自由。她十分不情愿地去了,公爵保住了身份,夫人保住了体面,修女保住了圣洁,群人获得了自由,而她——羊脂球却蒙受了卖身之辱。由于她而得自由的同胞们因她卖身于敌人而觉耻辱,于是群起而轻蔑她、遗弃她。如果说《羊脂球》还是小说家创作的"子虚赋"的话,那么在中国近代史上则实实在在地出现了一个羊脂球似的人物,她就是本文传主赛金花。

中国在 19 世纪与 20 世纪之交也发生了一场惊心动魄的大战乱。那时帝国主义加紧瓜分中国,在沿海占军港、设租界、修铁路、开矿藏,划分势力范围,严重侵害了中国的主权。而洋货的倾销与铁路的修通,又大大侵害了沿海京津一带世代以手工业为生的中国人民的利益。此外,帝国主义者在经济掠夺的同时,还伴之以文化侵略,大批外国传教士

来华，四处修教堂、招教民，用西方的基督教来取代中国的儒学，用耶稣来代替孔子；而且，这些传教士以及部分"汉儿学得胡儿语，又向城中骂汉儿"的教民，在宗教的幌子下，也进行经济剥削，还横行霸道，包揽词讼，无恶不作。中国人民面临亡国、亡教、灭族、灭种的危险！可是以慈禧太后为首的清廷政府，却不思奋起，一味妥协退让，卖国求荣！处于帝国主义和封建主义双重压迫下的中国人民，特别是沿海京津的手工业工人、农民，于是替天行道，举起了"扶清灭洋"的义旗，这就是公元1900年的义和团反帝爱国运动。由于义和团运动缺乏正确的引导，采取了无原则反科学的斗争方式，给帝国主义留下了向中国内地甚至首都北京派遣军队的借口。八国联军占领天津后，继而又攻进了中国首都北京，几天前还振振有词地宣誓"与其苟且图存，贻羞万古，孰若大张挞伐，一决雌雄！"的慈禧太后顾不得万古贻羞，挟持光绪废帝逃往西安。尽管义和团团众不停地口念真诀，仙佛关圣也不附体，尽管巫师们搜罗来女人的缠脚布、亵物以及马桶，挂满了北京的大街小巷，可是帝国主义者的洋枪洋炮还是打响了，一队队挥舞着大刀长矛、祖胸露臂的义和团团众倒下了，一车车王公大人裹袭金银细软、妻儿老小躲避国难去了，一队队官兵退避三舍……八国联军彻底地控制了北京城。为了显示"西方文明"的伟大征服力量，联军司令部"特让军队公开抢劫三日"。于是乎有些"专长"之英军，"最善寻宝"之印度兵，掠夺归公的有纪律的日本兵，"精明巧识"的美国兵，"颇称粗野"的俄国兵，"不曾落后"的法国兵，还有那因在中国死了个公使的德国兵，皆"不甘落后"，战果"辉煌"！不过，这只是"文明"行为的开端，至于那不公开的抢劫掳掠则"一以贯之"地在侵略者留京的全过程中进行。（瓦德西《拳乱笔记》）这样一来，什么"冬宫""夏宫"（故宫、颐和园）没有不遭洗劫的了。那年轻媳妇、居家姑娘以及皓首龙钟的老头，也无不受辱。北京街头，侵略者肆虐的浪笑，与那无辜男女惊恐悲痛的哭号，声声交织。此时此际，莘莘士夫，衮衮诸公，不是随君"远播"，就是袖手旁观。李鸿章除了在谈判桌上向洋鬼子叩头而外，别无他能。这时节有一个人，一个为人所不齿的娼妇走向街头，向被辱的姐妹、受难的父兄伸出了同情之手。她，就是赛金花。

早先，赛金花在侵略者炮轰天津时，于6月份从天津逃到了通县，既而战火烧到通县，她又辗转逃到她认为是固若金汤的北京城。到底她的两条腿没跑过洋人的火车轮，等她8月份到达北京，北京已落到八国联军的控制之中。原先她准备投靠的吏部左侍郎许景澄大人已被杀了，旧日相好户部尚书杨立山亦已问斩。彷徨城隅无所之，只得屈居旧时仆人杜家。杜升虽然与定王府结邻，但他却家徒四壁，食不果腹，好在邻家院里有棵大枣树，得以逾篱"攘鸡"，过那"落叶添新啖枣梨"的生活。后来大街上闹闹嚷嚷地抢起了粮店，好在杜升大着胆子也去抢了些米面回来，这才让赛金花一行人有了吃的。但是总不能没有营生，等过了几天外边风声稍松些，赛金花举班来到南城，凭她往日学得的几句洋腔，咿咿呀呀，过关斩将，"占了许多便宜"。遂在李铁拐斜街一家三等妓院（"下处"）暂住下来了。

那时，南城的洋兵很多，毫无纪律可言。他们日夜饮酒作乐，胡作非为，在那一带，无论是民女，还是青楼娼妓，都备受蹂躏。一天夜里，忽然一阵"咯噔！咯噔！"的皮鞋声在赛金花暂居的门前停下了。赛金花虽是见多识广，对这不速之客仍然难免有几分恐惧。但又不能不开门，因为那扇虽然上了杠的小门迟早会被撞开的。门一打开，好家伙，一道进来了几个小军官。一听口音，是德国人，于是，机警的赛金花口操德语，笑脸相迎。待军人入座，赛金花端上茶来，随即陪着他们闲聊，提出一大串当年随公使在柏林时相识或听说过的人名来，还问到了当时的总参谋长瓦德西。军人们先听她操德语已是一惊，又见她举出一串名人，特别是还问及他们联军元帅瓦德西，更觉这个女人不寻常，于是将那进门时的粗野与傲慢顿时改为恭敬之容。临行时还表示一定要将她的问候转告元帅，并说要请她去军官总部观光。第二天，元帅果然派来了车骑，把赛金花接到了大元帅府所在地——故宫。

一相见，那戎机在身的大元帅对昔日光彩照人的公使夫人记忆犹新。尽管这眼前人自称只是公使小姨子，但是那口流利的德语和她对西方风物掌故的娴熟程度，又蒙骗得了谁呢？索性扯开面具，讲出真情。那威风凛凛的元帅不免为燕落平康的变故而感慨欷歔。于是吩咐侍从拿来两套夹衣服和一千块钱（"都是现洋"，却铸的是中国文字），赠予赛金花，算是压惊，亦是见面礼。此后，瓦德西差不多每天都来接她，在他营里一呆就是多半天。渐渐地，两人仪銮殿里诉恩爱，芙蓉帐暖度春宵。这在瓦德西看来，从前那可以远观而不可亵玩的公使夫人，如今在自己这征服者面前荐枕承欢，亦是不虚此行；而在赛金花看来，以一个烟花女子，在兵乱的恐慌中、在京中诸相识皆死的死逃的逃的情况下，也算找到了一顶保护伞。因而他们怀着不同的心态，各自在共同的结合中寻求不同的心理满足。

不过，赛金花究竟还是个善端未泯的中国人，她既没有发国难财，更没有仗洋大人的势力来欺凌百姓，而是利用自己与瓦德西的特殊关系，尽量为国为民做些好事。

一是直接救助被害百姓。洋兵初进城时，野蛮恣肆，任意奸淫抢掠，一见形迹可疑的人，便指为义和团，男的按倒就杀，女的则放倒便奸。一些刁顽教民也往往乘洋人威风，诬陷良民，以泄私愤。偌大京师，十室九空，所剩不过三分之二。这仅存的老弱病残，性命也朝不保夕。赛金花每逢出行，凡遇上洋兵欺凌国人，她都勇敢上前，或用英语，或操德语，解救说："他不是义和团，我敢担保，我敢担保！"凭着她能讲外语这点，也常常令洋兵起敬；又倘若那洋兵还知道她与元帅的关系，就更不敢怠慢了。因而凡赛金花出面担保时，往往能逢凶化吉，着实也救下不少的人。还有那未被赛金花遇上而被欺凌的，"而欲诉于瓦德西者，辄挽傅（彩云——赛金花）为介绍，傅甚工辞辩，所言，瓦帅无弗应，由是保全者甚多"（《花史·赛金花》）。当然，这些方式仍然是小范围的救助，对于国人当时面临的灾难无异杯水车薪。于是赛金花又趁瓦德西高兴的时候对他说："义和团一听你们要来，早逃窜得远远的了，现在京城里剩下的都是些很安分守己的良民。他们已经受了不少义和团的害了，现在又被误指是义和团，岂不太冤枉。"瓦德西一听有理，便下了道命令，不许兵士们随便杀人。

二是协助议和。洋兵入京，慈禧太后留下奕劻和李鸿章等人善后，订立"城下之盟"。但是联军代表以战胜者的姿态、强盗的逻辑，要价很高，条件苛刻，一个个瓜分中国的野心毕露，连最善于答应条件的李鸿章也觉难以应允。赛金花虽然够不上直接参与谈判的资格，却能在床第宴私之间，没忘了劝几句瓦德西，要他从两国广大的老百姓计，不要"过于执拗"。清政府在同其他国家议和中，特别难办的是原德国公使克林德的夫人。克林德在义和团初入北京时，无视中国主权与民族尊严，不仅联合外国驻华公使要挟清政府

镇压义和团,而且自带兵众出动,屡屡制造绑架义和团团众、残杀义和团团员数十人的惨案,后来在他乘轿进宫途中,与端王载漪的神虎营士兵遭遇,克林德被击毙。这本是罪有应得,但是,如今德国成了战胜国,而且德国人又是八国联军中的首领,在"强权即是公理"的当时,克林德夫人提出了种种蛮横条件,什么要西太后抵偿啦,要皇上赔罪啦,不依不饶。把个全权议和的大臣李鸿章弄得简直下不了台! 于是只好来求助于赛金花。赛金花以女人的身份去见克林德夫人,又通德语,自然就方便得多了。经赛金花一番劝慰,多方比况,最后夫人答应以给克林德建立牌坊的条件了事。自然,这牌坊仍然是中国人民国耻的象征,是压在中国人民心头的耻辱碑。但是在国家已虚弱得别无他法的时候,能尽可能地减少些损失,让侵略者早些撤出北京,以恢复人民正常的生活秩序,难道不是有补于时吗?

三是劝瓦德西保护故宫文物。八国联军入北京后,列强分区设防,其中颐和园、故宫落入俄兵手中。俄军贪婪粗野,除颐和园中宝物尽行掠去外,故宫中"最大部分可以移动之贵重物件皆被抢去,除少数例外。只有难于运输之物始获留存宫中"。(《拳乱笔记》)对那些喜欢却又无法搬走的东西,则粗暴地砸烂,使故宫之中,成了垃圾之场。后为瓦德西建帅府于此,为清除砸烂的东西,动用了九十个士兵,干了十日,才初步腾了块落足的净土。从前清朝等皇帝接见外国公使谒见的壮丽宫殿,里里外外,皆被破物塞满。可见破坏之惨重。对那些劫后余生的古董器物,瓦德西入主后虽然是比较"文明"地取用,但仍有随时丢失的可能,赛金花出入禁宫,对这些本来唾手可得的宝物,不但没有顺手牵羊,而且还劝瓦德西要加以保护,严禁士兵出入(《忆赛金花》)。

诚然,赛金花能在战乱中起这些有利于国和民的作用,是付出了她自己的代价的,而且也使中华民族跟着付出了心理上的代价的;不过,作为一个弱女子,在那个满朝文武束手无策、普天之下惶恐不安的日子里,能减少一点哀哀生民的痛苦,她又能做什么? 她不是颐指气使的皇太后,也不是手握千军的元帅,她是一个妓女,她的全套家当只有色相和她那善于应酬的乖巧! 她在与瓦德西的交往中,夜宿仪銮殿、颠倒太后床,闹出仪銮殿遭火灾时,与瓦德西双双赤身裸体破窗而出的笑话,还为了求得瓦德西的垂爱,挨家挨户为之购买粮饷,等等。这些在中国人敏感的神经上自然刺激很深。不过,对于一个正做着送往迎来的"神女"生涯的妓女来说,又何必硬要用什么"贞操"去责求她呢?

也许是这个原因吧,当时的好多人,无论出于什么目的,原谅了她,甚至还感激她。平民们煮了饺子等着她的光临;富家儿争相拜她为干娘,以求得庇护;"一时亲贵",更趋之若鹜(《清稗类钞》)。自然,赛金花本人也再度得意,很是风光了一阵。她女扮男装,性情豪爽,日跨骏马,走东闯西,偌大个北京城,没有人不知道赛金花大名的了。真个"九城芳誉腾人口,从此争传赛二爷!"

和议成,慈禧太后回銮,还特许赛金花进宫面圣,在举行对外使节及其夫人的盛大招待会时,赛金花还充任过几次女宾翻译(《花史》)。她的声誉以一种扭曲了的形式,再度出现热点。

逼良为娼

公元 1901 年 7 月和约正式签订，10 月慈禧太后带着光绪回京了；瓦德西也已离京去日本，绕道回国；王公大人们又热热闹闹地回到了京师。在清廷论功行赏、觥筹交错的庆功大典中，赛金花除获得两次淡淡地面圣的恩准外，又静悄悄地回到了她原来的位置上去了。不过，对于她的事业来说，这已经够了。还在公元 1889 年，樊樊山已根据赛金花的事迹，写成了脍炙人口的长篇叙事诗《彩云典》，在文人士大夫之间广为传颂；现在又经她自己的一番精彩表演，更扩大了知名度。有这文学和实际的宣传，再来干那万人光顾的营生，真是锦上添花！根据一位堪舆先生的指点，赛金花又把班子从李铁拐斜街搬到陕西巷一所带龟形的寓所来。赛金花以那样的资本投放这样的市场，果然"龟孙"云集，宝货滚滚。她自己说："每天除去开销，能净赚一个大元宝！"一个大元宝，按当时的铸制，为五十两一锭的白银。真是红火！

这样红红火火地过了两年，1903 年 5 月的一场官司，结束了她的好运。1902 年秋天，赛金花因弟丧回苏州料理，次年 4 月返京时，又挑了六个苏州姑娘来京，以便扩大营业。由于生意太好，还是应接不暇，于是又在北京买了两个，其中一个名叫凤铃（原名蝶芬）花容月貌，最为杰出。内务府的一位官员对她特别钟情，往来频繁，"缠头"之资，所费无数。按照这清吟小班的规矩，当客人与某姑娘长期相处，钱花得差不多时，就该从献艺佐酒转而献身侍枕了，这叫"度夜"，当然度过夜后会有更多的收入。赛金花既然是过来人，又是本班掌班——鸨母，当然知道这规矩，便要凤铃与之度夜。哪知这凤铃已另有所爱，生死不从。气得个赛金花七窍生烟。于是叫伙计来，先给她个开张见红，还不从，上家法动硬的，"数凌虐之，鞭笞无完肤"，可怜这个身陷火坑的烈女子，"不堪其毒，遂仰药死"。内务府官员伤悼不已，向五城公所告发了赛金花，于是巡城御史将她逮捕归案。（《清稗类钞》）赛之相好，纷纷为她说情，五城不敢轻断，遂将赛金花移交刑部，赛氏遂被打入"天牢"。

当时，与赛金花相继押于一室的另有两位大名人，一是名士沈荩。沈原名克诚，字愚溪，是当时进步的资产阶级革命家。戊戌变法失败后，他东渡日本，1900 年春返上海与唐才常共同组织正气会。后以记者身份潜入北京从事反封建反清政府的活动。1903 年因揭露丧权辱国的《中俄密约》，有"泄"机密，被清政府逮捕入狱。在狱中，他铁骨铮铮，在严刑面前不屈服，被慈禧太后下令活活杖死狱中。继沈入狱的是一位名将苏元春，字子熙，1884 年署广西提督，率军驻守越南谷松一带，多次击退法军。又与冯子材阻击法军，取得镇南关大捷。1903 年 6 月因纵兵殃民，被革职拿问，后充军新疆，死于乌鲁木齐。第三位进来的便是名伎赛金花，时称"三名狱"（即名士、名将、名伎之狱）。当时，沈荩被杖死狱中，血肉模糊，苏元春进来时，目不忍睹，以三百金请改系一室。继而赛金花进来，见状叹曰："沈公，英雄也。"遂捧其碎肉，和以灰土，埋之窗下（《中国大运动家沈荩》），人称义举。

在旧社会里，妓院中发生凤铃那样服毒自杀的事，简直屡见不鲜，许多时候司法部门都是睁只眼、闭只眼地敷衍了事。可赛金花的案子，在当时牵动却很大。那些过去与赛金花有间隙者，此时不是幸灾乐祸，就是火上浇油，主张给她点颜色看。还有洪钧的亲家

陆润夫,为了苏州人的面子和洪大人的风范,更四处活动,欲处她个"二千里流"的刑法,远远地发配四夷!至于那平日被这位来自南班咄咄逼人之势侵迫的北妓各班,也未尝不想趁机撵走这位来自南国的竞争对手。不过,赛金花毕竟是个风月场中能征贯战的宿将,这时,诸多宾友纠纷拔刀相助,一时间"为傅(彩云)缓颊(说情)者,积函盈箧"(《花史》)。因而使此案呈现出错综复杂的情形,刑部也不便遽断,于是采取了素来行之有效的平衡各方关系的传统做法——拖!一直拖到次年(1904年)春,这时赛金花的老母已在刑部内外大把地挥洒银洋,于是刑部开堂会审,结果"以误杀定徒刑",流一千里(冒广生《孽海花闲话》),将她从京师发配回原籍苏州。

出狱后,赛金花的班子却已糟踏得不成样子了。妓院中的龟奴伙计、老妈使女纷纷趁火打劫,特别是那有情无义的孙三爷,此时竟拿走了赛金花足足有三分之二的金银首饰、珠宝玉器,逃之夭夭(《陈传》)。赛金花真是有苦难言。

6月,一道行文下来,催促磨磨蹭蹭的赛金花快快离京回籍。赛金花不得不起解了。那些曾经爱慕过彩云色笑的知己争来饯行。那旧日相好一想到赛金花这一别京都,何年才能相逢?即便相逢,是在云山烟水的江南,还是在这琼楼玉宇的京中呢?前路茫茫,后会无期,莫不黯然怆然。这个起解饯别,虽然没有当年苏三起解时的凄凉悲壮,但还是有点"君泪盈,妾泪盈"的味道。

赛金花偕老母从北京到天津,再由天津乘海船到上海,然后改乘火车到苏州。到苏州的那天,天色已晚,虑城门已关,便叫了条小船,飘向位于虎丘下的萧家巷故里。这次回乡,自然比不得从前以公使夫人身份荣归故里的排场了,因而赛金花感慨颇多。后来她回忆说:"船在初夏的夜色里,款乃而前,微风犹带着嫩寒,行经仓桥滨的停泊处,只见那里仍有窗明的画舫,仍有青春活跃的少年,仍有划拳饮酒的文士,仍有悄然无声的'七板子',小船停泊在近旁,舷边只有三两个船夫,在那里吸旱烟。我回想到幼小的时候,在河上乘着'七板子'打转,我回想到十七年前我犹是一个天真的小姑娘时,我要乘'七板子',而云仙却拉着我手跳上画舫时的情景,历历如在目前。今事隔境迁,我已被解回籍,此后前途渺茫,何处是归宿?真不可逆料。十七年的色笑生涯,只是一片过眼烟花而已。昔日豪华今已风流云散,世情如纸,淡薄空清。人生原不可以留恋在繁华里。我受着这等感触,觉得风月场中,已是可厌的了!"(《外传》)观此语,似乎有一番鸟儿倦飞、浪子回头的觉悟。

门庭冷落

经过那场官司和世态炎凉的刺激,赛金花已"知今是而昨非"了,她不再愿以声容来博取人间的欢乐,更不愿再用色笑之业来侍奉老母。她希望有一个归宿之所,有一个安静的室家,以了此疲倦的人生。可是,她能得到吗?她是一个妓女,又是一个名妓女。在那个"礼教"的社会里,纵然士大夫君子自己可以寻花问柳、嫖娼宿妓,但是,当那些被他们百般蹂躏,给他们奉献了千种风情、万般欢娱的人,希望能过正常人的生活时,他们不仅弃之若敝屣,而且视之为忌物,更何况赛金花又是个无人不晓的名妓呢?当其希望顾客盈门时，盛名帮了她不少忙，让她着实风光了一阵；但当她希望隐姓埋名，屏居静处时，这"名"却害了她。这实实在在应验了"人怕出名猪怕壮"的千古名言！那个极力将赛金花赶出北京、发配回原籍的陆润庠陆大人及洪氏家族呢，当赛金花在外面大张妓业时，他们觉得有辱洪老爷清范，有扫苏州人面子；而此时赛金花被发配回籍，家资荡尽时，他们又觉得赛金花已脱离洪籍，其生死存亡已与自己无关！道理全在这帮"礼教"圣徒手中了！他们自己过着肥马轻裘、饱食温衣的优裕生活，却要赛金花空着肚子来为洪老爷守节尽妇道！当赛金花倦鸟欲栖、彷徨世路的时候，他们谁肯破费一个铜板来指点迷津、超度残花呢？不仅不援之以手，而且连赛金花的亲生女儿德官也不让她探望，却只能"偷偷站在街外遥望"，惨兮兮弄得她"肝肠寸断，涕泪交流"（《编年》）。这个现实既然对她是那样的不公平，作为她这个因多样的人生体验养成了泼辣而倔强性格的妓女，自然不会低头认输，就此穷愁陋巷！她要趁自己还没有完全消失的风采和自己那八面应酬的本领，去再寻幸福，再博千金，再觅知己，去再一次闯荡人生——直至油干灯尽。

赛金花于是用银洋疏通了县衙，打发了解差，重新获得了自由。1905年她再度来到上海滩，在昔日烟花姊妹苏州籍的金小宝帮助下，又在上海小花路挂牌开业了。门上高悬"京都赛寓"的大红匾额。为了招徕远客，捞得外汇，她还别出心裁地在旁注上英文。虽然这次来沪已今非昔比，当初她年正芬芳，她住的是"五楼一底"的洋楼，开的是十足的上等乐园，故题记"书寓"；而今已年届不惑，纵然"泽发雪肤，略施膏沐，犹似三十许也"，但厚粉之下，难掩皱纹，因而按花界规矩，只能称"寓"了，降为二等妓院（"长三"）了。不过，这"寓"前的"京都赛"三字却分外惹眼，至于她对"外交掌故，肆应如流"的本钱，更填补了她年龄稍大一些的不足。而且那旁注的一段洋文，又激起了洋老爷们希望一睹他们当年联军元帅的异国情侣的热情。因此，赛金花一开张，竟是个开门大喜，宾客盈门。

稍后，又因为美帝国主义订立排斥华工案，迫害我旅美华侨，国内掀起了以沿海城市为主体的全国性抵制美货运动，民族自觉意识高涨，许多爱国的小说家、杂文家，大量出版反美作品，从前那位洪老爷"门生的门生"曾朴也把"小太师母"赛金花的韵事搬进小说，写成"文采斐然"（鲁迅《中国小说史略》）的讽世文学《孽海花》问世。由于小说以尽人皆知的风云人物赛金花为主线，又淋漓尽致地写了那些人们口头上讳莫如深而暗地里却手舞足蹈的情节，并且还配合了反美反帝的浪潮，因而也是一出行销，洛阳纸贵。虽然现实中活生生的赛金花不满意小说中对她的太多暴露和时有的歪曲，但是却帮助她获得了更高的知名度，激起了人们对她更高的热情。因而她在上海再度走红，这四五年间的生意，竟然有超过当年之势！

花木逢春犹再发，人无两度再少年。这时的赛已年近五十，再是"金花""银花"，没有不凋谢的鲜花。这以色事人的行当就是那样，花艳花红任蝶舞，花黄花谢不值钱！尽管是"京都赛寓"，任你旁注洋文，也难免"门前冷落鞍马稀"的结局。赛金花的时代已经过去，形势逼着她冷静下来，"总愿遇着一个真心男子，过过家庭生活"（《外传》）。1910年，果然遇着了，其人便是曹瑞忠。曹是沪宁铁路上的一个总稽查，权力涉及四十余个大小车站，他是一个实心的人，虽然不如青楼中其他豪富少年那样会调笑取闹，一挥千金，却具有一片真诚的热忱和实实在在的情感，对赛金花体贴入微，这样一来，竟使赛金花大受感动，将他推为"阅历中的一个特殊的男子"，当年便同居，撤牌住家（《外传》）。可惜

这种她渴望既久的"做人家"（吴人谓勤俭度日的家庭生活为"做人家"）的生活又是昙花一现就消失了。1912 年曹就去世了，赛金花只得又拉开帷幕，继续演完她为妓生涯的最后一幕。这时，满清政府已在武昌起义的一声炮声中宣告灭亡，1912 年中华民国亦已成立。但是大权落在了窃国大盗袁世凯手中，他演了一场帝制复辟的丑剧。革命并未完全成功，大批革命党人群集上海，娼楼妓院成了理想的避难所和策源地。赛金花以当年曾经同情过革命党的同志沈荩的资格，又结识了一批革命党人，其中的魏斯炅（耿）便是赛心目中最"真心"的一个。魏氏系江西金溪人士，曾在反袁的"二次革命"中，出任过李烈钧江西军政府的民政厅长、参议院议员。后来"二次革命"被袁世凯扑灭，魏潜逃至上海。1913 年赛与魏相识，1916 年魏携赛金花一同回到北京樱桃斜街的寓所。这时恢复帝制的袁世凯已在举国共诛的声讨中死去，全国上下额手称庆。"匈奴"已灭，魏先生可以"为家"了。1918 年他们来到上海，在魏氏上海的寓所中举行了盛大的结婚典礼。魏氏身着大礼服，赛氏身披拖地长纱巾，高高兴兴地照了结婚照，这结婚照后来也就成了赛金花永远保存留念的珍品。五十五岁的赛金花终于找到了个合法的归宿。不过需要交代的是，魏先生与赛金花虽然是合法婚姻，但家中也另有明媒正娶的一妻一妾。

婚后重返北京居住。一段时间内，魏斯炅待赛金花十分体贴，对赛的母亲潘氏也竭尽孝心，让折腾半生的赛金花及其辛苦一世的赛母充分享受了平等自由的家庭生活。不幸 1921 年赛母去世，更不幸的是六个月后魏斯炅也离她而去。赛金花痛失爱夫，再做孀妇。面对这接二连三的打击，她变得木人一般，欲哭无泪，欲诉无言了。这时，魏斯炅的妻妾以及亲戚对赛金花十分鄙夷，百般凌辱。在人们心目中，女人是祸水，而这女人中最下贱的娼妓自然就更是祸水了。当魏斯炅亡灵在北京江西会馆祭奠时，人们又在挽联中诅咒她，使本来心已破碎的赛氏又添万分屈辱。后来在与魏氏家属分割遗产时，赛氏又彻底败北。绝望之下，赛金花只好将家迁至天桥附近居仁里的一所平房中，隐居起来，直到 1933 年才再度为人所知。

蛰居天桥

天桥，那是个艺文荟萃、喧嚣繁华的所在，它位于北京永定门内。那里不仅是北京最大的农产品、手工艺品集中的地方，而且是三教九流聚集的地方。清末至民国时期，在那里聚集着各种表演戏曲、曲艺杂技、杂耍、木偶戏、武术及民间艺人和剪纸、绣品等艺术品，吸引着北京居民和四方来客，堪称露天俱乐部和民间艺术博物馆。在一个绣品摊旁边，有一个年逾花甲的老妇人，要不是太粗心的话，还能发现她当年的一点风采。这便是隐姓埋名多年的名伎赛金花！终日没有多少顾主，也许是从事同行业的人太多了吧？也许，是自己早年太贪玩，没有学成那饮誉遐迩的苏州刺绣？也许……她想不下去了，于是收了摊子，向回家的路上走去。

我们随着她的身影，就会看到居仁里。居仁里的巷口也是一个小小的集市，这里远没有天桥的气派，更没有天桥的风雅，那杂乱无章的皮货摊、家具铺，以及简陋的茶水肆、乏味的说书大鼓……构成了这里的一切。顺着这条巷道一直往前走，那最里边的一个门洞十六号，便是赛金花的寓所。自从与魏家闹翻后，她便居于此。那是一幢矮小的房屋，虽是北京传统民居四合院，但却破败陈旧，院落荒芜，除了自民国初年已跟随了赛金花的一对"义仆"老妈子蒋氏及其痴弟而外，只有活泼可爱的小犬、小猫穿梭其间，方显出一些生气来。这里自然不是花枝招展的傅彩云锦衣玉食的"书寓"或"清吟班"，也不是公卿名流斗酒寻欢的"京都赛寓"。这里居住的是位风华已逝的老妇人，她失却了为男人们提供欢乐的资本，自然男人们也就顺理成章地离开了她、忘记了她，不再将元宝往这里扔。此时的她，见那"秦楼笙歌楚馆笛舞不过一刹那风流而已"，她万念俱灰了。于是她越来越"无心修饰"，日日夜夜，面对绣佛，"礼佛自忏"。一则以忏悔自己因"爱热闹，寻快活"而堕入平康、游戏青楼，以至于落得被凌辱、被遗弃的下场；二则以寻求精神寄托，以减轻一点现实生活中的孤凄与寂寞；三则以重修因缘早成善果，进入那西方极乐世界……但是任凭她如何意诚心敬，仍然无法忘却过去的一切。

居住天桥的最初几年，仗着往日的一点积蓄，再辅以手工活、作佛事，倒也勉强过得平平安安。到公元1933年，她锦囊殆尽，连每月大洋八角的房租也缴纳不起了。有好心人为赛金花写了纸呈文给北京公安局，请求为她豁免房租。文中历陈赛金花在公元1900年八国联军攻陷北京时，"忧时伤国，不忍坐视，原本与瓦德西氏有结交之谊，挺身谒瓦，劝令约束联军，尊重人道，毋再蛮横，以复邦交。瓦从其言，联军纪律顿肃，而吾国民命斯保"的功劳。被一好事记者拿去往报上一发表，立即震动了北京社会，轰动大江南北，埋没多年的赛再次成了新闻人物。

这时，是"九一八"事变后三年，日本帝国主义者的铁蹄已踏遍东三省，并进而入长城，威胁华北。这年五月卖国的《塘沽协定》签署，北京有重陷帝国主义蹂躏的危险。中国人民，尤其是北京人民，对赛金花的再度出现，产生了强烈的联想和预感。有爱国心的文人希望从赛金花的身上找到作警世之言的素材；历史学家希望从赛金花这具"出土文物"那里，得到考据庚子国变的史料。更有那被《孽海花》陶醉过的读者，根据作者提供的聪明、美丽、放荡、轻佻不拘的线索，希望从赛金花那额角的皱纹中读出点什么。至于那电影、戏剧、小说的作者和老板，更认为赛金花的身世是难得的奇货。于是，记者、教授、作家以及猎奇士绅，纷至沓来，登门造访。冷落了多年的"赛寓"成了人们寻奇猎宝的对象，一时又变得车错毂兮马摩肩了。北"京"南"海"大报小报，有关赛金花的采访、回忆、评述的消息不断。随着采访者的满意离去，便是小样礼品的遗赠，赛氏主仆也暂免饥冷。

北京大学教授刘半农与弟子商鸿逵在访问赛金花后，写成《赛金花本事》，答应将润笔所得如数交给赛金花；1936年，进步作家夏衍编成的七幕话剧《赛金花》，也在上海金城大戏院上演，轰动一时，蓝平就因争演该剧主角未成而大发醋劲的；上海"四十年代"剧社也排演赛金花剧，并宣言要从营业所得中抽出部分利润来拯救名花；上海业余剧社甚至以高薪约赛金花登台演出。只可惜雷声大雨点小，此时的赛金花已人老珠黄，从前那种时代早已成了过去，这靠施舍敛钱的方式又哪里能与当初令人在狂迷中倾囊的买笑盛况相比呢？某公慨然应允要在上海这个赛金花当年数度走红的乐园里为她募捐，尽管他东奔西走，声嘶力竭，也只汇来了二十余元。因此，当赛金花收到韩复榘的一百元赏赐时，竟是感激涕零，花了两天时间，歪歪扭扭地写了一封感谢信，千恩万谢地说："含情不忍诉琵琶，几度低头掠鬓鸦。多谢山东韩主席，肯持重币赏残花！"(《赛金花轶事汇编》)

靠人施舍的生活到底有限得很，至 1936 年，赛金花已积欠房租达数百元，被房东控告，法院判令赛金花必须于次年端阳节前搬离！也许赛金花已走投无路，也许她礼佛已修成正果，于是，在"无钱加煤，炉火不温"，"拥败絮，呼冷不已"的处境中，连呼"我今去矣！阿弥陀佛！观音菩萨、教主、洪状元已来迎我！"在数阵狂笑中，求得了人生的彻底解脱。（《中国近世十大新闻》）其时公元 1936 年 12 月 3 日是也！

长眠香妃冢

一代名花，历尽风风雨雨后，与世长辞了。据说临死前，赛金花曾写下一首《悠悠曲》：

天悠悠，地悠悠，风花雪月不知愁，斜睇迎来天下客，艳装袅娜度春秋。度春秋，空悠悠，长夜尽成西厢梦，扶疏深处唱风流。唱风流，万事愁，一朝春尽红颜老，门庭冷落叹白头。叹白头，泪水稠，家产万贯今何在？食不果腹衣褴褛。衣褴褛，满身垢，一副骸骨谁来收？自古红颜多薄命，时运不济胜二尤。胜二尤，深海仇，纨绔王公皆猪狗，赏花折柳情不留。天悠悠，地悠悠，贞操牌坊万世流！《(陈传)》

字字血泪，长恨悠悠，这便是赛金花从十三岁豆蔻年华走上卖笑生涯后，时浮时沉，最终穷困凄凉而死的写照，也是古今众多妓女生涯的共同写照。赛金花到底是一个见多识广的人，在这万般皆苦的人生弥留之际，不仅能深深反省自己那放浪形骸的痛苦而罪过的一生，而且还能预言自己的"一副骸骨谁来收"的后事。果然，她死后，棺木无着，装裹阙然，急得两位忠心耿耿的"义仆"号啕大恸。

好在这个世界上具有"善端"的人确也不少，只要有人率先为之诱导或倡议，还是不难有人起而为善的。在前北京商会会长孙晋卿和沈钧等人的倡导下，发起了义葬赛金花的募捐活动：名教授肖一山等发起助葬筹备处，教授多人列名；画家李苦禅、王青等将自己和徐悲鸿的画作六十余幅，义卖于中山公园以助葬。众人葬花，居然募得款项一千三百多银圆，可以热热闹闹将赛氏亡灵营葬复营斋了。

至于墓地，赛金花临死时也知道她不会"涅架"，其最高的奢望是"进万安公墓"。但是义葬名花的二三君子，都认为赛金花一生经历，既已谱成诗歌小说，若葬之公墓，似乎有些明珠投暗，太可惜了。为给北京风光添一韵迹，一致主张将赛金花布满风流色彩的"遗蜕"，卜葬于陶然亭之旁，而建墓于有口皆碑的香冢与鹦鹉冢之间。慈悲庵的佛弟子也大发慈悲，献地一分八厘。

1936 年 12 月 16 日，雪后方霁，义仆蒋乾方充孝子，义女侯秀贞充孝女，裹罩着绣有寿福字样棺罩的赛氏灵柩，在一遍哀乐和五三欷献声中，随着引魂幡的招引，踏着纸钱铺出的路，缓缓地移向另一个世界。人们来到陶然亭，放眼一看，只见白茫茫看似洁净的瑞雪埋葬了整个世界，就像一个大大的雪墓一样，再近看这陶然亭的雪墓下面，掩盖不住的是更小的点点乱冢，处处坟茔。原来这里是个野鬼啼号的乱葬岗，特别是那妓女的香窟特多。每到清明寒食，活着的妓女悲其性命，感其身世，常来这里烧纸哭诉，大放悲声。只因这里处于城南郊外，颇带几分清空与寂静，那看破红尘的和尚尼姑便来这里修炼，把

它当成净土。康熙时工部郎中江藻又建亭于此,取白乐天"更待菊黄家酿熟,与君一醉一陶然"之意,命名为"陶然亭"。于是这荒冢野寺便与文人雅士结下了缘。那些厌倦了城里生活的墨客词人,便携酒会友于此,任情抒发一番才情与忧伤。倘若连这抒发也厌倦了,便把诗稿就地一焚,随风飘扬,化为虚空。那赛金花卜葬处的鹦鹉冢便是某词客焚稿的纪念碑哩!至于那"香冢",有人说是名伎倩云的归宿,有人说是清官不敷自香的香妃的秘密冢。不管是谁,都充满了风流色彩。赛金花能置身于这风流女伴与闲情词客之间,与她那平生风流,不是相得益彰吗?再请看那香冢前面,一断残碑上刻着:

浩浩愁,茫茫劫!短歌终,明月缺!郁郁佳城,中有碧血!血亦有时尽,月亦有时灭,一缕香魂无断绝!是耶非耶?化为蝴蝶!

原来这好客的香冢已为新来的伙伴准备好了共同的墓碑!安息吧,傅彩云,赛金花!

她就是这样一个复杂的人,当她可爱时,她是一个天真活泼的美人;当她淫荡时,她又是一个放浪形骸的妓女;当她善良时,她是一个见义勇为的救星;当她心狠时,她又是一个逼良为娼的恶鸨;当她富贵时,她是一个称艳上流的贵妇;当她贫贱时,她又是一个摇尾乞怜的乞婆……这就是她,她就是这样!她不仅与同辈们形成鲜明对比,她还在自己一生中对比鲜明。多种特性,多样人生,多种面貌,这就是赛金花的风格。人们可以认识她,可以评说她,可以喜,可以怒,可以弃,可以悲,但是却不能简单地用"好"与"坏""是"与"非"来一言以蔽之。如果硬要强做结论的话,那只能是:荒唐世道荒唐人生,可怜命运可怜人儿。

辛亥女杰

——秋瑾

名人档案

秋瑾：女，原名秋闺瑾，字璿卿（璇卿），号鉴湖女侠。祖籍浙江山阴（今绍兴市），出生于福建厦门。蔑视封建礼法，提倡男女平等，常以花木兰、秦良玉自喻。

生卒时间：1875～1907 年。

安葬之地：湘潭昭山。

性格特点：性豪侠，习文练武，喜男装。

历史功过：光绪三十三年正月（1907 年 2 月），秋瑾接任大通学堂督办。不久与徐锡麟分头准备在浙江、安徽两省同时举事。联络浙江、上海军队和会党，组织光复军，推徐锡麟为首领，自任协领，拟于 7 月 6 日在浙江、安徽同时起义。因事泄，于 7 月 13 日在大通学堂被捕。7 月 15 日从容就义于浙江绍兴轩亭口。

名家评点：孙中山和宋庆龄对秋瑾都有很高的评价。1912 年 12 月 9 日孙中山致祭秋瑾墓，撰挽联："江户矢丹忱，重君首赞同盟会；轩亭洒碧血，愧我今招侠女魂。"1916 年 8 月 16 日至 20 日，孙中山、宋庆龄游杭州，赴秋瑾墓凭吊，孙说："光复以前，浙人之首先入同盟会者秋女士也。今秋女士不再生，而'秋风秋雨愁煞人'之句，则传诵不忘。"1942 年 7 月宋庆龄在《中国妇女争取自由的斗争》一文中称赞秋瑾烈士是"最崇高的革命烈士之一"。1958 年 9 月 2 日宋为《秋瑾烈士革命史迹》一书题名。1979 年 8 月宋为绍兴秋瑾纪念馆题词："秋瑾工诗文，有'秋风秋雨愁煞人'名句，能跨马携枪，曾东渡日本，志在革命，千秋万代传侠名。"

生性豪爽

1903 年春,秋瑾跟随当京官的丈夫王子芳从湖南湘潭来到了京城。这一年是清朝光绪二十九年。

从 1840 年以来,历经西方列强的多次侵略和战乱,此时的清王朝已经走向了衰落。在来京的路上,秋瑾看到曾经的大好河山已是满目疮痍,民不聊生。她那兴奋的心情不由得转为低沉:"我多难的国家啊!我该为你做点什么呢?还有京城,那陌生的地方,又将给予我怎样的未来呢?是依然将我束缚在家庭中,有志不得伸,还是会赐予我志同道合的知音呢?"带着这些疑问,秋瑾走向了茫然不可知的未来。

王家为王子芳捐了一个户部主事的官职。七年前,由父母之命、媒妁之言的安排,秋瑾嫁进了湘潭王家。王家是湘潭的大富户,这个封建大家族,从上到下充满铜臭味,只知道关起门来过自己的富贵生活,没有人关心国家的前途和民族的命运,也没有人胸怀救国救民的大志。生性豪爽侠气的秋瑾与锱铢必较的王家格格不入。在这样的一个家庭里生活,秋瑾感到窒息。

秋瑾的丈夫王子芳更是典型的纨绔子弟,不学无术,胸无大志,只知道吃喝玩乐,秋瑾和他根本就没有共同语言。当时,秋瑾深感国势衰落,恨自己报国无门。她就常常劝王子芳革掉嫖赌等恶习,改邪归正,做一点救国救民的事。不料王子芳竟毫不在乎地说:"国家的兴亡,民族的消长,都是天注定的,非人力所能强挽的,那么多的朝廷大员都无能为力。中国这个样子,是天运的安排……你一个女流之辈,何苦为这些国家大事操心呢?"秋瑾听到丈夫说出如此不成器的话,一时悲从心中来: "这样的丈夫,有什么地方值得敬爱?这样的家庭,这样的婚姻,又有什么意义呢?"她恨父母的安排,恨命运的不公,将自己这样一个有志气的女子配给一个纨绔子弟:"知己不逢归俗子,终身长恨咽深闺。"

来到京城,离开了封建大家族,秋瑾稍微得到了一点自由。每当丈夫去了衙门,秋瑾就跑到结拜姐妹吴芝瑛家。由于吴芝瑛和丈夫的思想都倾向维新,他们家有大量的新书报,如康有为的文章、梁启超所编的《新民丛报》和《新小说》,以及邹容的《革命军》等,秋瑾如饥似渴地阅读着。这些书为秋瑾打开了一扇通往外面世界的大门。以前,被束缚在封建大家庭中的秋瑾常常感到苦闷,感到有志难伸,她忧心国事,却只能困于家庭袖手旁观。封建社会的伦理道德规定女子只能依附于丈夫和家庭,女子连人身权利都没有,更没有参与国事的权利。因此,秋瑾感怀时事,除借诗抒怀之外,便别无他法。

而现在,这些书报里所宣传的男女平权和女权思想给了秋瑾一把打开困境的钥匙。她看到,女子也可以读书自立,不依附丈夫。更重要的是,很多新思想也提倡女子的参政权利。在梁启超所著的《近世第一女杰罗兰夫人传》《意大利建国三杰》《东欧女豪杰》《新中国未来记》等书中,提到了许多外国女豪杰,这些女豪杰跨出了家门,参与国事,并做出了经天纬地的事业。她们的事迹深深地感染了秋瑾。

这些书秋瑾都爱不释手。在写给妹妹的信中,她对书中的女豪杰大加称赞,说道:

"这里的女同胞，都以读这些书为快事，把她们都视为女界的楷模。"秋瑾自小就仰慕古代的女侠，对秦良玉、沈云英、梁红玉、花木兰等历史上的或传说中的女杰都推崇备至，并视之为榜样。

在少女时代，她就曾写道："肉食朝臣尽素餐，精忠报国赖红颜。壮哉奇女谈军事，鼎足当年花木兰。"

为了像这些古代女杰一样驰骋疆场为国效力，14岁时她随着母亲到萧山外祖母家探亲，看到四表兄单宝勋会武术，便闹着要学。因此，她虽然是一个官家大小姐，但是她学会了骑马、击剑和武术。秋瑾所生活的时代和社会是不会为她提供这样的机会的。在晚清时期，统治者昏庸腐败，连有志气的男儿都难一展抱负，何况她这个被困在闺阁中的小女子呢？如今，这些外国女豪杰的事迹如春风拂面，沁入到秋瑾的心里，使她久被压抑的豪情和壮志解放出来了。

提倡妇女解放

她决心效法这些女豪杰。于是，她激烈地提倡妇女解放，她说："女子应当有学问，求自立，不应当事事都靠男子。现在人们动辄说革命，我认为革命就应当从家庭开始，将妇女从家庭里解放出来，这才是真正的男女平权。"她决定去实践她所仰慕的外国女豪杰们所走的道路：做一个有学问，能自立，并能够为国分忧的女志士。秋瑾不再甘心做一个蛰伏在家中的官太太。她想到美国留学，她想学习知识以自立，同时考察一下西方的妇女解放状况和国家富强的原因。秋瑾的这些思想和行为很自然地引起了丈夫王子芳的不满。

一日，王子芳回到家，信步走进书房，只见书房到处都放着书，拿起来一看，居然都是一些反书，不是维新派梁启超的《近世第一女杰罗兰夫人传》，就是邹容的《革命军》以及留日学生办的革命刊物。"反了！反了！"王子芳愤愤地跺着脚。这个书房虽然名义上是男主人王子芳所用，但是下了衙门，他总是忙于花天酒地和官场应酬，很少来书房。倒是秋瑾自小就爱读书写诗，因此，书房便成了秋瑾专用的了。走到书桌前，桌上放着秋瑾刚刚写完的《宝刀歌》，王子芳拿起来一看："不观荆轲作秦客，图穷匕首见盈尺。殿前一击虽不中，已夺专制魔王魄……"诗中句句透露着不平之气，好象要挥舞宝刀砍向清王朝统治者。

这时，秋瑾穿着一身男子装束走了进来，王子芳看了，更生气："太不象话了！太放肆了！你还像一个官太太吗？反了！"秋瑾反唇相讥："你像一个国家的官员吗？一天吃喝玩乐，不思为国为民。"王子芳气得大叫："从今天起，你不许出门。"秋瑾毫不示弱地说："我不但要出门，我还要出国呢！"你敢！我不会给你钱的，你要出国，我们王家就将你扫地出门。"随便，我就是要留学，我自己筹钱，不要你的臭钱。"说完，秋瑾头也不回地就走了，丢下瞠目结舌的王子芳。

第二天，秋瑾来到吴芝瑛家，看到在坐的有一位日本妇人，一问才知道是服部繁子。服部繁子看到秋瑾更是惊诧不已："出现在我面前的朋友，究竟是男是女？"因为站在她面前的秋瑾,高高的个子,戴着鸭舌帽,穿着蓝色的旧西服,胸前系着一条绿色的领带,手中提一根细手杖。白皮肤,大眼睛,高鼻梁,薄嘴唇,好一个潇洒的青年。服部繁子好奇地问:"您为什么要着男装呢?"秋瑾红着脸,坚定地说:"您知道,在中国男子强,女子弱,女子总是受到压迫。我要成为像男人一样的强者,为国效力,为女子争气。所以我要先从外貌上像个男人,再从心理上也成为男人。这样才能成功。"

"身不得,男儿列;心却比,男儿烈。"秋瑾在《满江红》中写到的这几句词正是秋瑾自我性格的真实写照。

远渡日本

通过与服部繁子的接触,秋瑾了解到日本的女学很发达。于是秋瑾改变了去美国留学的打算,而决定去日本。因为,一来去日本的费用比较低廉,再加上,秋瑾知道在日本有很多中国留学生组织的爱国团体。回到家,秋瑾就找出自己陪嫁的妆奁,一清点,发现其中最值钱的珠帽和珠花都不见了。她问仆人,才知道是王子芳拿走了。原来,王子芳知道秋瑾是一个敢作敢为的人,害怕秋瑾真的去留学,于是就卑鄙地把她最贵重的首饰偷走。王子芳心里盘算:家里不出钱,秋瑾的首饰又当不了几个钱,她娘家败落,也无法支持她,那么,秋瑾没有路费和学费,最终无可奈何,就会死了留学的心。

不料,这更坚定了秋瑾留学的心:"这样的丈夫,还有什么留恋可言?家庭的幸福既无可挽回,那么就让我把一生的幸福寄托在国家的兴旺上吧!"她不愿意做一个只会听命于丈夫的官太太,她要追求更广阔的天地,她要实现自己当女侠救国家于水火的愿望。她把剩下的首饰和一些贵重的衣物交给好友包荻漪变卖,筹备学费。

正当秋瑾艰苦筹集学费时,忽然听说王照因为赞成戊戌维新,而被牵连入狱,急需要金钱来运作打点。秋瑾与王照素昧平生,但是她一向钦佩戊戌党人的爱国热忱,立刻就将学费的一部分托人送给王照的家人,并嘱托不要告诉他们自己的姓名。直到王照被赦出狱后,才知道这个不留姓名的救命恩人是秋瑾,他感激涕零,要登门致谢。但是这时秋瑾已经远去日本了。

其实,这并不是秋瑾第一次这样慷慨助人。两年前,她随夫进京。途经上海时,结识了琴文。相识后二人言谈投机,结为好友。后来,琴文的旅费告罄,秋瑾慨然资助。在日本留学期间,尽管自己的生活艰苦,秋瑾仍然资助了一名叫蔡竞的女学生。

因为帮助了王照,秋瑾的学费不够,只好暂留国内。但是她已经与丈夫为留学的事决裂了,有家不得回,就随吴芝瑛在上海小住。最后,经过多方筹措,才凑齐一部分学费。

1904年6月28日,秋瑾第一次东渡日本。但是,在日本一年半后,秋瑾的经费用尽,她只好回国筹措。后来,是她的母亲典卖衣物筹得几百银圆。

1905年7月15日,一艘从上海开往日本的轮船缓缓驶出港口。为了节约经费,秋瑾坐三等舱,和人力苦力杂处。为了安全和防身,她一身男装打扮:身穿长衫,结着辫子,穿着皮鞋,腰间系着倭刀。秋瑾静静地站在三等舱甲板的铁栏边,忧郁地望着渐渐消失的大陆,心潮起伏。她正在告别的祖国已经四分五裂,处于风雨飘摇之中,祖国的苦难何时

是个尽头啊？作为一名女子，一位曾经的官太太，抛夫别子，两次只身前往日本留学，所为何来？为的是一颗赤诚的爱国心。她要到日本去学习先进的科学，要考察日本崛起的奥秘，要结识志同道合的同志探求救国之途……想到这里，一时间秋瑾豪气满怀："祖国沉沦感不禁，闲来海外觅知音。金瓯已缺总须补，为国牺牲敢惜身？嗟险阻，叹飘零，关山万里作雄行。休言女子非英物，夜夜龙泉壁上鸣！"

为了表达自己要做一番伟业的决心，秋瑾将自己的字改为竞雄，意味着要与男子一争高下，并自号鉴湖女侠。尽管学习紧张，但从踏上日本之日起，秋瑾就以极大的热情，广泛结交留学生中的志士仁人。她频繁地参与各个爱国团体的活动。人们常常看到秋瑾束着头发，身披一件翻毛黑白道花纹的外套，戴着黑白围巾，佩戴着日本刀，出入各爱国团体。每次集会，她几乎都要登台演讲，她的演讲慷慨激昂，荡人心魄。

秋瑾平时待人接物和蔼可亲，但她是一个爱憎分明的人。与志气相投的人在一起，不言则已，言则滔滔不绝，无话不谈，十分坦诚。而对那些浮薄轻佻、只知吃喝玩乐的纨绔子弟，深恶痛绝，不相往来，有时还当面呵斥，毫不留情。对那些顽固透顶、视留学为升官发财之途的人，她更是口诛笔伐，大有"杀尽胡虏方罢手"的气概。有一个叫胡道南的绍兴留学生，反对革命，反对男女平权，秋瑾对他很是不满，便当面骂他是"死人"。胡道南颜面尽失，因而怀恨在心。后来，正是他向官府告密说秋瑾是革命党人，导致她被捕遇害。

同时，秋瑾也是一个敢于为捍卫自己的信念而斗争的人。当时湖南人陈范带着两个小妾湘芬、信芳来到日本。秋瑾反对封建一夫多妻制，她认为陈范养小妾，是对女界的侮辱。于是，她鼓动湘芬、信芳二人脱离陈范，二人离开陈范后，无以为生，秋瑾便号召同学集资为她们凑齐学费读书。其时，陈范的女儿陈撷芬也随父亲来到日本。陈撷芬曾在上海办过《女苏报》，在女界有一定的影响。她父亲要将她嫁给一位广东商人为妾，留学界闻之哗然。秋瑾就召集全体女同学开大会，向陈撷芬提出警告，要她解除婚约。陈撷芬面有难色："父亲定下的婚约，我不得不从。"秋瑾义正词严地说："逼女做妾，这是不讲道理的父命，不应当遵从。而且，此事关系到所有女同学的声誉。我们出国留学，是为了自食其力，不再做父母和丈夫的依附，你这样做，不是玷污我们女学生的名声吗？这个婚约必须取消。"女同学们纷纷热烈鼓掌。陈撷芬羞愧万分。最终，婚约被解除。

秋瑾如此爱憎分明的性格，深得爱国留学生的爱戴。秋瑾虽然身为女子，但在众多的男性有志之士中毫不逊色。许多的有志之士纷纷将秋瑾引为知己，常常邀请秋瑾加入他们的革命团体。渐渐地，秋瑾开始和一些志同道合的同志结社。她参加了"演说练习会"，提倡用演说作为革命和爱国斗争的一种武器，对民众宣传革命、爱国道理。

投身革命

1904 年，她参加了由冯自由、梁慕光等革命党人组织的三合会。三合会以"推翻清朝，恢复中华"为宗旨。在会里，秋瑾被封为"白扇"（就是军师）。1905 年秋瑾暂时回国期间，她参加了光复会。光复会 1904 年 11 月由蔡元培、龚宝铨等人在上海成立，是辛亥革命期间的一个重要的资产阶级民主革命团体。它以"光复汉族，还我山河，以身许国，功成身退"作为誓词。

1905年7月孙中山在日本成立同盟会。在同盟会正式成立后半个月，秋瑾由冯自由介绍，在黄兴寓所加入了同盟会。秋瑾是浙江人入同盟会的第二人，并被推为浙江分会主盟人。正是在日本，秋瑾终于找到了自己今后要走的道路。她认识到要实现男女平权，要改变国家贫弱的面貌，只能通过暴力革命的手段推翻满清政府才能成功。从此，秋瑾就坚定地走上了革命道路，把自己的一切都献给了革命事业，就像她自己所说的那样："以身许国。"

看到国内的革命形势一天天地发展，秋瑾开始积极准备着回国从事武装革命。她坚持练武，还到东京神乐坂武术会练习射击技术，又到横滨学习制造炸药。

1905年冬，清政府驻日本公使杨枢为了破坏留日学生的爱国活动，勾结日本文部省颁布了所谓的《清国留日学生取缔规则》，它要求日本政府驱逐留日的革命党人，禁止留学生的爱国活动，并且限制留学生的行动自由。八千多留日中国学生向日本政府多次交涉，均无效，于是实行罢课。

从一开始，秋瑾就激烈地反对《清国留日学生取缔规则》。在反对运动初起时，她所在的学校就严令不准中国留学生到校外参加反对运动。秋瑾对此愤然不顾。她冲破校方的禁令，毅然前往参加12月5日在富土间楼召开的中国留学生集会。商讨时，她代表全体女留学生，在会上慷慨陈词，号召留学生以行动反对《清国留日学生取缔规则》。为此，学校开除了秋瑾。秋瑾强烈抗议。她站在学校的路边，大声斥责校方和日本政府对中国留学生的压制，引得学校学生和路人纷纷围观，使马路成了一个临时的演说会场。最后，警察出动，才将人群驱散。

当时，在反对运动中，留学生们有两种不同的意见：一部分人主张为了国家的将来忍辱求学，另一部分则极力主张抗议这个反动的规则，应该全体留学生立刻回国进行革命。在浙江同乡会集会上，秋瑾慷慨激昂力主回国。当她演说完，随手从靴筒里拔出匕首，插在讲台上说："如果有人回到祖国，投降满虏，卖友求荣，欺压汉人，吃我一刀。"

1905年12月，秋瑾从日本风尘仆仆归来。一到上海，就寄信给留在日本的同学："我回国以后，将尽力筹划，以期光复旧物。虽然成败不可知，但是我将以我的有生之年，不息一日。自庚子（指1900年的八国联军入侵北京事件）以来，我已经置自己的性命于身外，即使没有成功而死，我也不后悔。"她还坚定地说："光复之事，不可缓行。男子死于图谋光复的，自唐才常后，还有沈荩、史坚如、吴樾等诸君子，不乏其人。但是却没有听说过女子为光复尽忠，这是我们女界的羞耻。我愿意以此和诸君共勉。"看得出来，秋瑾是抱着牺牲的信念回国的，她是想做中国第一个为资产阶级民主革命流血的女英雄，要以自己的鲜血来浇灌革命之花。为了明志，秋瑾还创作了弹词《精卫石》。这是一部带有自传性质的作品，主人公黄鞠瑞（后改名黄汉雄）是秋瑾的化身。秋瑾以"精卫填海"之意，表达自己的革命意志。

1906年，上海虹口厚德里一幢普通弄堂里一座房子的二楼，挂着"蠡城学社"的牌子。在这里，秋瑾一边筹办《中国女报》，一边从事革命活动。

在房子里，她设置了一间密室，和陈伯平一起研制炸药，为起义准备军火。一天，他

们正在紧张地配置火药，不料，炸药突然爆炸，一声闷响，整个房子都被震动了，秋瑾和陈伯平都被炸伤倒地，陈伯平伤了眼睛，秋瑾伤了手臂。为了怕被人发现，他们忍痛爬起来，将炸药隐藏起来了。等到循声而来的印度巡捕来搜查时，他们已经将爆炸痕迹消灭干净。秋瑾让陈伯平躲在密室里，自己把手臂简单地包扎一下，用袖子遮住就在外面应付巡捕。印度巡捕问她："怎么回事？"秋瑾也装作茫然不知的样子，问道："是啊，怎么回事？地动山摇的，出了什么事？"巡捕半信半疑地看着秋瑾，四处搜查了一番，也没有发现蛛丝马迹，只好走了。

不久，主持浙江绍兴大通学校的革命党人徐锡麟捐了安徽候补道员，准备去安徽开辟革命阵地。大通学校全名"大通师范学堂"，创立于 1905 年 9 月，目的是为了聚集和训练革命力量，招收金华、绍兴等各处的会党骨干，进行军事训练，为革命起义做准备。

徐锡麟与秋瑾早在日本就相识。秋瑾的豪爽性格以及忧国忧民的爱国情怀，都使徐锡麟将秋瑾引为知音。他曾经致信给秋瑾说："如同志者，有英雄之气魄，神圣之道德，麟实钦佩之至，毕生所崇拜也。"秋瑾的组织能力也让徐锡麟很放心。于是，他将大通学校所有事务都委托给秋瑾。秋瑾于 1907 年 2 月正式接任大通学堂督办之职，并成为准备起义的浙江革命力量领导人。

临行前，吴芝瑛和徐自华为秋瑾饯别，她们二人都很担心秋瑾此去凶多吉少。吴芝瑛劝秋瑾："你还是留在上海，办《中国女报》吧！这也是为国为民的大好事啊。"秋瑾摇头说："中国这个睡狮，睡得太熟了。一两声呐喊叫不醒它，非要更激烈行动才能将它震醒。""但是太冒险了！"徐自华劝到。秋瑾却毫不在乎地说："别这么前怕狼后怕虎的！我今天很高兴，来，你们看我舞刀吧。"说完，她拿出倭刀舞起来，放声高歌："吾辈爱自由，勉励自由一杯酒！男女平等天赋就，岂甘落后？原奋然自拔，一洗从前羞耻垢，责任在肩头，恢复江山劳素手！"

到了绍兴后，秋瑾每天骑着马，往来于住处和学堂之间，早出晚归，全力以赴主持学堂工作。人们常常看到秋瑾梳着一条辫子，身穿鱼肚白竹布男长衫，脚穿一双黑色的皮鞋，全副男装打扮，进出于绍兴的大街小巷。秋瑾在大通学堂自任教练，常常身穿着男式体操服，骑着高头大马，腰插手枪，手提着倭刀带领学生练射击、劈刺，英气勃勃，气度非凡。同时，秋瑾还在浙江各地联系会党，为起义做准备。风餐露宿，跋山涉水，秋瑾以自己一双缠过的小脚，三四个月中走遍了金华、处州、绍兴三府的十余个县，其革命之志可谓感天动地。

三月，杭州西湖碧波荡漾，景色明丽，一艘小船在湖中央轻轻划过。秋瑾和好友徐自华并肩而坐，这是秋瑾难得轻松的一刻。秋瑾是来杭州联系革命事宜的，久未见面的两位好友分外亲切。为了让秋瑾放松心情，徐自华带着她来游西湖。她们登上了凤凰山巅，俯瞰整个杭州城，秋瑾感慨万千："多么美好的景色啊！只可惜，满清政府昏聩无能，眼看着就要将这大好的河山拱手送给洋人。我辈不努力，国家就会像南宋王朝一样灰飞烟灭了。"说完，秋瑾拿出随身带的纸笔，将杭州的城池、街道、路口和地形都一一绘制成地图，为以后进军杭州做必要的准备。

临别时，她们来到南宋抗金名将岳飞的坟墓前，秋瑾留恋不忍离去。望着这位爱国名将的坟茔，秋瑾嘱托徐自华说："人生如此，也不枉为一生。自华，如果我哪一天撒手而

去,你就将我埋在岳墓旁吧!让我在这青山绿水中安眠,护卫着岳将军的魂灵。"

回到绍兴后,秋瑾又投入到繁忙的革命活动中。秋瑾决定将各地的革命力量统编起来,组成光复军。

1907年4月,秋瑾将浙江会党的领导人,分干部为十六级,以"黄河源溯浙江潮,卫我中华汉族毫;莫使满胡留片甲,轩辕神胄是天骄"这首七绝诗中,从"黄"字到"使"字的十六个字,代表十六个等级。并铸造金指约,上面分刻了这些文字颁给干部。这些字均系干部的代号。如"黄"字为首领,推徐锡麟担任;"河"字为协领,秋瑾自己担任,"源"字为分统,推王金发等人担任。分统以下的职位,因为一职数人,所以在字之后加英文字母A、B、C等符号。经过这样的编排,原先处于散乱状态的会党干部,都被纳入统一的组织中来了,而且各负其责,有利于起义行动。

紧接着,五月,秋瑾又将所有浙江会党成员和光复会成员用"光复汉族,大振国权"八个字,统一改编成八个军,总称"光复军",而且她为每个军设置具体的军职。在其《光复军军制稿》中,规定得十分详细。她为还光复军设计了军服和军旗。

关于发动起义的具体时间和行动计划,秋瑾也做了初步的安排:7月6日,先从金华起兵,处州府响应,引动杭州的清军前来镇压。这时省城空虚,绍兴的义军立刻渡过钱塘江,直袭杭州。同时留在杭州的革命党人按约定从内部响应。里外配合,一举夺取杭州。如果这个计划失败的话,义军将到安徽,与徐锡麟的力量汇合。在浙江起义的同时,徐锡麟也在安庆发动起义,两省配合,先夺取两省的要地,再合取南京……为了配合这些军事行动,秋瑾还草拟了《普告同胞檄稿》《光复军起义檄稿》以及《同胞苦》等文件,以便起义后到处张贴这些文件号召人民起来反抗。

这些计划制定得非常周密而详细,显现出了秋瑾出众的军事才能。在起义举行之前,秋瑾加紧筹款,购买武器。这年端午节刚过,她前往上海向陈伯平通报起义计划的途中,顺道来到了崇德徐自华家,请求经济支援。徐自华将自己所珍藏的全部首饰和贵重衣物,十分慷慨地交给了秋瑾。秋瑾深为感动:"谢谢你的馈赠,我真是无以为报啊。"她从自己的手上脱下戴着的一副翠钏,回赠给徐自华,并说:"我已身无长物,只剩下这副镯子,值不了几个钱,但是它是我母亲给我的,我一直戴着。现在我就把它送给你作为纪念吧。"临行前,秋瑾再次以"埋骨西泠"相嘱托。

国葬西泠

秋瑾的革命活动日渐引起了清政府的注意。1907年5月,省里就专门派人到大通学堂,以盘查仓谷为名进行密查暗访。秋瑾事先得到了消息,便指挥学员将一切机密文件、枪支收藏起来,使来人没有查到任何"不轨行动"的证据。但是,徐锡麟在安徽的行动计划却很快就暴露了。当时,一名浙江会党人物在上海被捕并叛变,供出了在安庆的部分光复会成员的代号。徐锡麟得到消息决定提前起义。

1907年7月6日,徐锡麟在安徽巡警学堂毕业典礼上刺杀了安徽巡抚恩铭,但因寡不敌众被俘,最后被清政府严刑拷打后,处于剖心酷刑,惨遭杀害。

徐锡麟起义失败后，引起了清政府的恐慌，各地都严查革命党人的活动。当时的绍兴府学总办胡道南，就是在日本留学时曾被秋瑾当面斥责为"死人"的人。胡道南早就对秋瑾怀恨在心。此时，胡道南听说徐锡麟的事以后，正好公报私仇。于是，他密报绍兴知府贵福，说秋瑾是徐锡麟的同谋。贵福大惊，慌忙立刻到杭州请兵。

秋瑾是在 7 月 10 日得知徐锡麟牺牲消息的。她悲愤之极，坐在室内一言不发。又一位同志牺牲了，而他们的事业还有漫长的道路要走。想到这里，秋瑾立刻意识到要做好应对之策。她将收藏在家的文件和往来电函统统烧毁。

7 月 11 日，清政府从杭州派兵三百人，来绍兴逮捕秋瑾等革命党人。7 月 12 日，秋瑾得到了消息，她并没有立刻避祸而去，也没有孤注一掷地举行起义，因为此时留在绍兴的革命党人人数不多，而又没有时间通知其他地方的革命党人接应。为了保存实力，她指挥藏匿好起义用的武器弹药，并命令学生各自分散隐蔽。

7 月 13 日下午四时左右，清军包围了大通学堂，学堂留守的学生劝秋瑾立刻逃走，但是秋瑾却镇定自如地指挥学生和其他革命党人离开。最后教员程毅等几人坚决不肯走，愿共存亡。由于枪支弹药均以隐藏，学堂内只有秋瑾一人随身带枪。因此清军很快就从前门破门而入。不一会儿，秋瑾被双手反缚，被清军押出了学堂，直接押到了绍兴知府衙门。

当晚，秋瑾就受到严刑。知府贵福升堂就座后，喝令秋瑾招供革命党的名单和起义计划。秋瑾临危不惧，根本不把贵福的知府威风放在眼里。贵福问她："你认识徐锡麟吗？""认识！"秋瑾理直气壮地回答。"那么你还认识哪些革命党人？"贵福进一步地追问。秋瑾冷笑说："不知道常来大通学堂，并赠我'竞争世界，雄冠全球'对联的贵福大人算不算？"贵福一听，气得大拍桌子："一派胡言，你还不老实招供，我就要用刑了。""随便！"残忍的贵福，为了逼出秋瑾的口供，便令兵丁架着秋瑾跪火链、火砖。他认为秋瑾乃一女流之辈，必定受不住如此酷刑。没料到秋瑾始终岿然不动，坚决不招供。

第二天上午，贵福又派山阴知县李钟岳出面，在县衙的花厅里再次审讯秋瑾。李钟岳佩服秋瑾的硬气，并没有对秋瑾用刑，而是和颜悦色地让秋瑾写下笔供。秋瑾拿起笔，望着窗外，凝思片刻，挥笔写下"秋风秋雨愁煞人"七个大字。这七个字饱含秋瑾此时的全部感情：对起义失败的惋惜之情；对风雨飘摇之中的祖国的担忧之情，也有壮士之志难酬的慨叹……

深夜，漆黑的天，山阴县监狱外却被火把照得通明，几百兵丁团团围住监狱，如临大敌。秋瑾戴着手镣脚铐，镇定地从监狱里走了出来。士兵押着秋瑾来到了绍兴古轩亭口。站在刑场上，秋瑾仰望夜空："黑夜，何时是个尽头啊？中国，你的女儿今天就要将一腔热血抛洒在这里了，为什么这么多志士的热血和呐喊都不能够唤醒你呢？但是，我不后悔，我说过我要作为革命而献身的第一位女子，现在我做到了。我死而无憾。"秋瑾仰天长笑，英勇就义。年仅三十一岁。

秋瑾就义后，其家人避祸逃匿，烈士的遗体由同善局收葬。徐自华和吴芝瑛听到秋瑾牺牲的消息，悲愤不已。二人星夜兼程赶往绍兴，她们将烈士的遗体从同善局取出，移葬在烈士生前嘱托的杭州西湖的西泠桥畔。墓前碑上题为："呜呼鉴湖女侠秋瑾之墓"。她们还冒着生命危险四处奔走，为秋瑾申冤。但是，清朝政府在 1908 年毁了西湖秋瑾

墓,并要严惩徐自华和吴芝瑛。只因中外舆论及各方面都反对此举,她们二人才幸免株连。但是,秋瑾的遗骨只能迁葬到湘潭。

三年后,胡道南被革命党人在绍兴诛杀。民国元年(1912年),秋瑾的遗骨以国葬的礼遇,复葬在西湖西泠桥畔,与岳飞墓同垂不朽。

特别提示:

　　本书在编写过程中,参阅和使用了一些报刊、著述和图片。由于联系上的困难,和部分作品的作者(或译者)未能取得联系,对此谨致深深的歉意。敬请原作者(或译者)见到本书后,及时与本书编者联系,以便我们按照国家有关规定支付稿酬并赠送样书。

　　联系电话:010-80776121　　联系人:马老师